唐山玉清观道学文化丛书

董沛文/主编

参同集注

——万古丹经王《周易参同契》注解集成

东汉 魏伯阳◎等著

周全彬 盛克琦◎编校

【第一册】

宗教文化出版社

图书在版编目(CIP)数据

参同集注:万古丹经王《周易参同契》注解集成/周全彬,盛克琦 编校.－－北京:宗教文化出版社,2017.3 重印
ISBN 978－7－80254－622－6

Ⅰ.①参… Ⅱ.①周…②盛… Ⅲ.①道教－气功②《周易参同契》-注释 Ⅳ.①B234.992

中国版本图书馆 CIP 数据核字(2012)第 286820 号

参同集注
——万古丹经王《周易参同契》注解集成

(东汉)魏伯阳等　著

周全彬　盛克琦　编校

出版发行：	宗教文化出版社
地　　址：	北京市西城区后海北沿 44 号　(100009)
电　　话：	64095215(发行部)　64095210(编辑部)
责任编辑：	袁　珂
版式设计：	陶　静
印　　刷：	北京柯蓝博泰印务有限公司
版本记录：	787×1092 毫米　16 开本　138 印张　1960 千字 2013 年 1 月第 1 版　2017 年 3 月第 2 次印刷
书　　号：	ISBN 978－7－80254－622－6
定　　价：	388.00 元(全四册)

唐山玉清观道学文化丛书

名誉主编：

陈会新（河北省民族宗教事务厅厅长）

刘　青（中共河北省委统战部副部长）

康志锋（河北省民族宗教事务厅副厅长）

学术顾问：

任法融（全国政协常委、中国道教协会会长）

张继禹（全国人大常委、中国道教协会副会长）

黄信阳（全国政协委员、中国道教协会副会长、北京市道教
　　　　协会会长）

牟钟鉴（中央民族大学教授、博士生导师）

胡孚琛（中国社会科学院教授、博士生导师）

主　　编：

董沛文（董崇文、文道子）

执行主编：

盛克琦

编　　委：（排名不分先后）

董沛文　赵明宇　马万廷　赵明远　张艳春

张　硕　杨　琦　齐秀玲　陈全林　谢路军

董文佐　孙　哲　果兆辉　滕树军　周全彬

盛克琦　马　波　吴　晟　冯新宇　董　华

河北唐山玉清觀

玉清观记

　　玉清古观,处冀东之城,倚燕山之脉,傍滦水之涘,望渤海之滨,立石城(唐山市开平区,古称石城)垣内,聚亿万年之钟秀,享千百年之香火。山水环抱,京津毗邻,鸾翔凤集,人杰地灵。黄帝问道而登空同,轩辕学仙而礼广成,鼎湖跨龙以飞升,仙宗道脉,由之滥觞。昔古孤竹国君,嗣子伯夷叔齐,立次子为储君。国君殁,齐让伯夷,夷不受而遁,齐不立亦逃。闻西伯善养老,相偕欲适周。当值盛夏,路过石城之地,腹饥口渴,踌躇间,突现一淙清泉,汩汩而流,急掬泉水,捧之尽饮,入口温如玉,至腹冽沁腑,饥渴顿消。昆仲绕泉徘徊,流连忘返,决意结庐而居,烧茅修炼以求仙。其玉浆清泉,即后世之玉清古井也。数年后,往西岐,复隐首阳山中,不食周粟,杳失所踪。燕君昭王,遣使求不死药,入海登蓬莱方丈,卜地石城合药以炼丹,其丹炉遗迹尚存井隅也。秦皇寻神山,觅仙药,游碣石,尝饮玉清之水,顿改容颜,身轻而转体健。张陵演教,天师布道,桓灵帝间,有观筑于古井之侧。唐王东征,屯兵大城,山赐唐姓,筑立石城,二百余丈。有随军道士,长于望气,见紫霞缥缈如飞鸾,仙气凝聚似丹鼎,遂离军隐居,潜修仙道,升举而去。刘操仕燕主居相位,正阳垒卯以度化,易号海蟾子而学仙,为演清净无为之宗,以道全形之旨。复遇吕祖纯阳于原野,饮玉清之神水,授以金液还丹之秘,遁迹修真,得成仙道。丘祖长春真人,会元世祖于雪山,赐号神仙,颁虎符玺书,掌天下道教。越二载,驻鹤燕京,大阐玄风,道侣云集,化道十方,建宫立观,设坛作醮。丘祖座下,有一弟子,结庐于石城,立宫于井侧,见水清泠,故题观名曰澄清,祀三清之真容,布道德

一

之宝章,香火鼎盛,终日不绝。几经兵火,焚毁殆尽。明永乐间,召仙真三丰张真人于金阙,犹龙不见,惟隐迹名山,藏身大川,隐显戏于人间耳。一日携弟子游蓟北,途经石城,睹残垣败瓦,黯然神伤,咐弟子云:"此地古炼丹之处也,尝有观名澄清,惜毁于兵祸,留汝此地,募修宫观,异日将兴。井名玉清,乃古仙遗迹,以之为观名可也。斯井水清如玉,可传淮南王之术于乡里,授做豆腐,济养百姓,以解温饱,亦可彰我仙家飞丹砂而点灵汞之玄妙也。以火炼金而丹成,今岁丙申,正其值,玉清当兴,因缘所定。越五百余年,火燥土焦,木以犯土,当有浩劫,观随亦毁。金木交并,九返还丹,观必重兴,香火复盛也。"真人语毕,飘然而去。弟子遵真人之命,修道观,兴香火,并用古井之水,盐卤以点豆汁,其术不日而风行四乡。以玉清神水所点之豆腐,质地柔嫩,晶莹如玉,味道鲜美,烹调得味,有远胜燕窝之美誉。光绪初,开平建矿,近代工业之始兴,人口增多,商贾云集,成京东之重镇。玉清观,历数百年之风雨,几经增葺,规模宏大,坐北朝南,处石城西门外,火神关帝二庙侍立左右。岁临丙辰,乙未之月,地动山摇,突发地震,房屋摧倒,楼宇化为平地,玉清观亦随之毁塌。多难而兴邦,艰苦而奋志。唐山儿女,意坚志强,抗震自救,恢复建设,经廿余年之拼搏,重塑辉煌于冀东,再兴繁荣于滨海。玉清古观,亦得之以复建也。董道长崇文,号文道子,讳沛文,皈依全真,嗣教龙门。董道长乃著名实业家,河北省政协委员。清秀浑朴,端庄大方,谈吐间声和语慢,儒雅温和,亲切近人,无烟火气息,真道家风范。幼读诗书,博阅经籍,早年隶职企业,后弃职经商。历经多年之艰辛,饱尝恒沙之磨砺,奋志不懈,果业斐然。荏苒光阴,感人生如梦。芸芸众生,名利绊身,几失真我;追名逐利,沦丧道德,世风愈下;人心不古,禀赋天和,损耗殆尽。甲申冬月,睹道观之残垣,望断壁之朽木,不忍坐视,乃盟愿发心,斥以巨资,再塑三清真容,复兴玉清古观,上接轩辕遗教,绵老圣之心传;下振道门宗风,扬钟吕之秘旨。洵属不愿独善己身,达而兼善天下者也。国运隆,有祥瑞,吉士出,观必兴。玉清之塌毁复建,斯应仙真之谶语乎?复建之玉清观,由政府拨地廿余亩,座落于开平老城遗址北门外,坐北朝南。正南牌楼,雄伟壮丽,气势非凡。牌楼之上,手书玉清观三大字,字劲苍道,金光闪灿。由南往北,大殿三重,依次为灵官殿、文昌殿、玉皇殿。再之往后,乃高达三层之三清殿。各殿建筑,风格迥异,却又有异曲同工之妙。主殿气势宏伟,雕梁画栋,斗拱飞檐。配殿小巧玲珑,精工细做,结构严谨。每重殿内,绘有壁画,均乃道教典故,及山水人物,供游人香客之观赏,劝善以净化人心,使之人人奉善,不为恶习之所染。纵观整个道观,红墙黄瓦,苍松翠柏,具浓厚道教古韵之风貌,与开平古艺街遥相呼应,珠联璧合,古文化之气息犹若天成。观内奇花异草,绿树成荫,鸟语花香,道教独具之仙乐,道众诵经之天韵,不时幽然入耳,仿佛置身于仙境之中。玉清古观,重焕仙容,琳琅殿阁,日臻完善,谋公益之慈善,造大众之福祉,弘文化之传统,扬道教之祖风,殊为唐山福地洞天之胜境,河北仙府宫观之翘楚。诚邀国内之羽士道子,喜迎海外之仙客高真,会四洲之宾朋游人,接五湖之善信男女,驾临驻鹤,共庆国昌,同祈太平,是幸甚哉。

道历四千七百六年岁在己丑

漢魏先生伯陽

清·《于越先贤像传赞》之魏伯阳画像

明刊《正统道藏》本题名阴长生注《周易参同契》

明刊《正统道藏》容字号无名氏《周易参同契注》

周易参同契註卷上

無名氏註

周者乃常道也易者變改之義言造化之大還丹運火皆用一周天故曰周易者汞為日南方離火屬巳太陽之精為青龍鉛為月北方坎水屬戊太陰之精為白虎亦為丹砂為日汞為月故日月為易字參者雜也雜其一體故曰參同契昔真人號曰龍虎契其一體故曰參同契昔真人號曰龍虎上經龍者汞也汞是水銀之別名也虎者

明刊《正统道藏》容字号《周易参同契通真义序》

周易參同契通真義序

朝散郎守尚書祠部員外郎賜紫金魚袋昌利化飛鶴山真一子彭曉註

紫霞山人涵蟾子編輯

按神仙傳真人魏伯陽者會稽上虞人也世襲簪琚惟公不仕修真潛默養志虛無博瞻文詞通諸緯候恬淡守素惟道是從每視軒裳如糠秕焉不知師授誰氏得古文龍虎經盡獲妙旨乃約周易譔參同契三篇又云未盡纖微復作補塞遺脫一篇繼演丹經之玄

高丽刊本朱熹《周易参同契考异》

日本刊本朱熹《周易参同契考异》

明刊《正统道藏》映字号
无名氏《周易参同契注》

高丽刊本陈显微注《周易参同契解》

明刊《正统道藏》俞琰《周易参同契发挥》

李师匡抄本青霞子《参同契注》

李师匡抄本青霞子《参同契注》

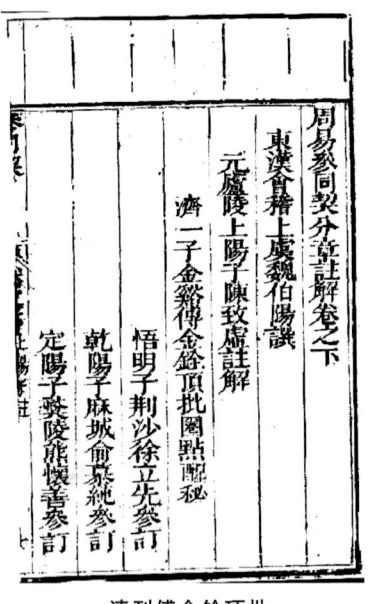

清刊傅金铨顶批
《周易参同契分章注解》

清刊纪大奎《周易参同契集韵》

目 录

唐山玉清观道学文化丛书序一 ……………… 任法融(1)
唐山玉清观道学文化丛书序二 ……………… 康志锋(3)
唐山玉清观道学文化丛书序三 ……………… 董沛文(5)
《参同集注》序 …………………………………… 胡孚琛(1)
前 言 …………………………………………… 盛克琦(1)
点校凡例 ………………………………………… 周全彬(1)

第一册

第一卷 周易参同契 ……………… 汉·阴长生注(1)
  点校说明 ………………………………………… (1)
  序 ………………………………………………… (3)
  卷上 ……………………………………………… (4)
  卷中 ……………………………………………… (26)
  卷下 ……………………………………………… (45)
  鼎器歌 …………………………………………… (51)
  附录：
  阴真君传 ……………… 宋·张君房《云笈七签》(54)

第二卷 周易参同契注 ……………… 唐·无名氏注(56)
  点校说明 ………………………………………… (56)
  卷上 ……………………………………………… (57)
  卷下 ……………………………………………… (80)

第三卷　周易参同契分章通真义　………　五代·后蜀彭晓注(103)

点校说明 …………………………………………………………… (103)

《周易参同契分章通真义》序 …………………………………… (104)

《周易参同契分章通真义》卷上 ………………………………… (106)

乾坤者易之门户章第一 …………………………………………… (106)

牝牡四卦章第二 …………………………………………………… (106)

朔旦屯直事章第三 ………………………………………………… (107)

既未至晦爽章第四 ………………………………………………… (107)

春夏据内体章第五 ………………………………………………… (107)

赏罚应春秋章第六 ………………………………………………… (108)

天地设位章第七 …………………………………………………… (108)

以无制有章第八 …………………………………………………… (108)

言不苟造章第九 …………………………………………………… (109)

易者象也章第十 …………………………………………………… (109)

于是仲尼章第十一 ………………………………………………… (110)

圣人不虚生章第十二 ……………………………………………… (110)

复卦建始萌章第十三 ……………………………………………… (110)

十六转受统章第十四 ……………………………………………… (111)

壬癸配甲乙章第十五 ……………………………………………… (111)

元精眇难睹章第十六 ……………………………………………… (112)

御政之首章第十七 ………………………………………………… (112)

文昌统录章第十八 ………………………………………………… (113)

日合五行精章第十九 ……………………………………………… (113)

辰极受正章第二十 ………………………………………………… (113)

黄中渐通理章第二十一 …………………………………………… (114)

上德无为章第二十二 ……………………………………………… (114)

知白守黑章第二十三 ……………………………………………… (115)

金为水母章第二十四 ……………………………………………… (115)

采之类白章第二十五 ……………………………………………… (116)

旁有垣阙章第二十六 ……………………………………………… (116)

是非历藏法章第二十七	(117)
明者省厥旨章第二十八	(118)
《火记》不虚作章第二十九	(118)
金入猛火中章第三十	(118)
子午数合三章第三十一	(119)
巨胜尚延年章第三十二	(119)
胡粉投火章第三十三	(120)
世间多学士章第三十四	(121)
若夫至圣章第三十五	(121)
《火记》六百篇章第三十六	(122)
以金为隄防章第三十七	(122)
捣治并合之章第三十八	(123)
推演五行数章第三十九	(123)
名者以定情章第四十名	(124)
《周易参同契分章通真义》卷中	(124)
乾坤刚柔章第四十一	(124)
君子居室章第四十二	(125)
聊陈两象章第四十三	(125)
二至改度章第四十四	(126)
动静有常章第四十五	(126)
晦朔之间章第四十六	(127)
昴毕之上章第四十七	(127)
循据璇玑章第四十八	(128)
朔旦为复章第四十九	(128)
临炉施条章第五十	(129)
仰以成泰章第五十一	(129)
渐历大壮章第五十二	(129)
夬阴以退章第五十三	(130)
乾健盛明章第五十四	(130)
姤始纪序章第五十五	(130)

遁世去位章第五十六 …………………………………………（131）
否塞不通章第五十七 …………………………………………（131）
观其权量章第五十八 …………………………………………（131）
剥烂肢体章第五十九 …………………………………………（131）
道穷则反章第六十 ……………………………………………（132）
玄幽远渺章第六十一 …………………………………………（132）
将欲养性章第六十二 …………………………………………（133）
阴阳为度章第六十三 …………………………………………（133）
类如鸡子章第六十四 …………………………………………（134）
阳燧取火章第六十五 …………………………………………（134）
耳目口三宝章第六十六 ………………………………………（135）
世人好小术章第六十七 ………………………………………（136）
太阳流珠章第六十八 …………………………………………（136）
子当右转章第六十九 …………………………………………（137）
不得其理章第七十 ……………………………………………（138）
五行相克章第七十一 …………………………………………（138）
河上姹女章第七十二 …………………………………………（138）
物无阴阳章第七十三 …………………………………………（139）
坎男为月章第七十四 …………………………………………（139）
金化为水章第七十五 …………………………………………（140）
丹砂木精章第七十六 …………………………………………（140）
刚柔迭兴章第七十七 …………………………………………（140）
关关雎鸠章第七十八 …………………………………………（141）
《周易参同契分章通真义》卷下 ……………………………（142）
惟昔圣贤章第七十九 …………………………………………（142）
法象天地章第八十 ……………………………………………（142）
升熬于甑山章第八十一 ………………………………………（143）
阴阳得其配章第八十二 ………………………………………（144）
先白后黄章第八十三 …………………………………………（144）
补塞遗脱章第八十四 …………………………………………（145）

大易情性章第八十五……………………………………（146）

枝茎华叶章第八十六……………………………………（146）

象彼仲冬节章第八十七…………………………………（146）

会稽鄙夫章第八十八……………………………………（147）

务在顺理章第八十九……………………………………（147）

审用成物章第九十………………………………………（147）

《周易参同契》鼎器歌明镜图…………………彭　晓（149）

鼎器歌………………………………………………（149）

赞序…………………………………………………（151）

日象火气魂…………………………………………（153）

月象金气魄…………………………………………（153）

明镜图………………………………………………（154）

附录：

一、还丹内象金钥匙…………………………彭　晓（157）

二、《周易参同契分章通真义》序………宋·刘永年（163）

三、《参同契分章通真义》三卷《明镜图》一卷……宋·陈振孙（163）

四、《周易参同契通真义》三卷………《四库全书总目》（164）

五、《周易参同契通真义》三卷……………余嘉锡（165）

六、程晓传……………………《历世真仙体道通鉴》（167）

七、彭晓传……………………………《光绪永康县志》（167）

第四卷　道枢·参同契……………………宋·曾慥集（168）

点校说明……………………………………………（168）

《参同契》上篇……………………………………（169）

《参同契》中篇……………………………………（185）

《参同契》下篇……………………………………（192）

附录：

曾慥传………………………………清·《泉州府志》（203）

第五卷　周易参同契考异………宋·朱熹注 清·袁昶批（204）

点校说明……………………………………………（204）

卷上…………………………………………………（206）

上篇 .... (207)

卷中 .... (216)

中篇 .... (216)

卷下 .... (222)

下篇 .... (222)

五相类 .... (224)

鼎器歌 .... (225)

讚序 .... (226)

附录：

一、《周易参同契考异》提要 .... 《四库全书》(229)

二、题袁机仲所校《参同契》后 .... 朱熹(229)

三、《朱子解周易参同契》跋 .... 朝鲜·南九万(230)

四、《周易参同契考异》一卷 .... 清·周中孚(231)

五、《参同解》跋 .... 朝鲜·崔锡鼎(231)

六、《参同契》吐注 .... 朝鲜·南九万(232)

第六卷　周易参同契注 .... 宋·无名氏(234)

点校说明 .... (234)

卷上 .... (235)

卷中 .... (247)

卷下 .... (257)

补塞遗脱 .... (259)

鼎器歌 .... (262)

第七卷　周易参同契 .... 宋·储华谷注(266)

点校说明 .... (266)

卷上 .... (267)

卷中 .... (275)

卷下 .... (283)

五相类 .... (285)

鼎器歌 .... (287)

第八卷　周易参同契解 ………………… 宋·陈显微注（289）

 点校说明 …………………………………………（289）

 《抱一子周易参同契解》叙 ………… 宋·郑伯谦（291）

 自序 ………………………………………………（292）

 卷上 ………………………………………………（294）

 卷中 ………………………………………………（310）

 卷下 ………………………………………………（322）

 法象图 ……………………………………………（323）

 寅申阴阳出入图 …………………………………（323）

 五行相得而各有合图 ……………………………（324）

 鼎器歌 ……………………………………………（327）

 《参同契》摘微 …………………………………（330）

 《参同契》后叙 …………………………………（332）

 又叙 ………………………………………… 宋·王夷（333）

 附录：

 《周易参同契解》三卷 …………… 《四库全书总目》（334）

第九卷　周易参同契发挥 ……………… 元·俞琰 注（335）

 点校说明 …………………………………………（335）

 《周易参同契发挥》序 ……………… 元·阮登炳（337）

 《周易参同契发挥》题词 …………… 元·张与材（337）

 杜道坚序 …………………………… 元·杜道坚（338）

 重刊《周易参同契发挥》序 ……………………（339）

 《周易参同契发挥》序 …………………………（340）

 《周易参同契发挥》卷之一 ……………………（342）

 上篇第一 …………………………………………（342）

 《周易参同契发挥》卷之二 ……………………（348）

 上篇第二 …………………………………………（348）

 《周易参同契发挥》卷之三 ……………………（360）

 上篇第三 …………………………………………（360）

 《周易参同契发挥》卷之四 ……………………（371）

上篇第四 …………………………………………………… (371)
《周易参同契发挥》卷之五 ……………………………… (379)
中篇第一 …………………………………………………… (379)
《周易参同契发挥》卷之六 ……………………………… (394)
中篇第二 …………………………………………………… (394)
《周易参同契发挥》卷之七 ……………………………… (409)
中篇第三 …………………………………………………… (409)
《周易参同契发挥》卷之八 ……………………………… (421)
下篇第一 …………………………………………………… (421)
《周易参同契发挥》卷之九 ……………………………… (431)
下篇第二 …………………………………………………… (431)
鼎器歌 ……………………………………………………… (433)
序 …………………………………………………………… (438)
讚序 ………………………………………………………… (440)
周易参同契释疑 …………………………………………… (442)
序 …………………………………………………………… (442)
上篇释疑 …………………………………………………… (443)
中篇释疑 …………………………………………………… (449)
下篇释疑 …………………………………………………… (453)
鼎器歌释疑 ………………………………………………… (455)
《序》释疑 ………………………………………………… (456)
《赞序》释疑 ……………………………………………… (457)

附录：

一、俞石涧易外别传 ………………………………… 俞　琰(458)
二、石涧先生小传 …………………………………… 元·杨炳(475)
三、《周易参同契发挥》提要 ……………………… 《四库全书》(476)
四、《周易参同契发挥》三卷《释疑》一卷 ……… 清·周中孚(477)
五、《周易参同契发挥》残二篇 …………………… 民国·张元济(477)
六、宣德本《周易参同契发挥》题辞 ……………… 民国·沙元炳(478)
七、《周易参同契发挥》三卷《释疑》一卷 ……… 民国·缪荃孙(479)

第十卷　周易参同契简要释义　　　　　金·郝大通(480)

　　点校说明···(480)

　　序···(481)

　　乾象图···(485)

　　坤象图···(486)

　　日象图···(486)

　　月象图···(487)

　　天地交泰图···(487)

　　日月会合图···(488)

　　天数奇象图···(489)

　　地数偶象图···(489)

　　二十八宿加临四象图···(490)

　　二十四气加临七十二候图···(491)

　　河图···(492)

　　变化图···(492)

　　五行图···(493)

　　天元十干图···(493)

　　三才入炉造化图···(494)

　　八卦收鼎炼丹图···(495)

　　十二律吕之图···(496)

　　乾坤生六子图···(497)

　　八卦数爻成岁图···(497)

　　二十四气加临乾坤二象阴阳损益图···(498)

　　六子加临二十四气阴阳损益图···(499)

　　八卦反复图···(500)

　　六十甲子加临卦象图···(500)

　　二十四气加临卦象图···(501)

　　五行悉备图···(502)

　　天地生数图···(502)

　　天地成数图···(503)

五运图 ··· (503)

六气图 ··· (504)

四象图 ··· (505)

北斗加临月将图 ··· (506)

二十四气日行躔度加临九道图 ······································· (507)

三才象三坛之图 ··· (508)

第二册

第十一卷　周易参同契分章注　　　　　元·陈致虚(509)

点校说明 ··· (509)

序 ·· 清·俞慕纯(511)

序 ·· 清·朱仲棠(512)

《周易参同契分章注解》卷之上 ··································· (513)

大易总叙章第一 ·· (513)

乾坤设位章第二 ·· (517)

日月悬象章第三 ·· (519)

圣人上观章第四 ·· (521)

君臣御政章第五 ·· (523)

炼己立基章第六 ·· (525)

明两知窍章第七 ·· (527)

明辩邪正章第八 ·· (529)

龙虎两弦章第九 ·· (530)

金返归性章第十 ·· (531)

二土全功章第十一 ··· (533)

同类合体章第十二 ··· (535)

三圣前识章第十三 ··· (536)

金丹刀圭章第十四 ··· (539)

水火情性章第十五 ··· (542)

《周易参同契分章注解》卷之中 ··································· (545)

阴阳精气章第十六 …………………………………………（545）
君子君室章第十七 …………………………………………（546）
晦朔合符章第十八 …………………………………………（549）
爻变功用章第十九 …………………………………………（550）
养性立命章第二十 …………………………………………（553）
二气感化章第二十一 ………………………………………（555）
关键三宝章第二十二 ………………………………………（556）
傍门无功章第二十三 ………………………………………（558）
流珠金华章第二十四 ………………………………………（559）
如审遭逢章第二十五 ………………………………………（560）
姹女黄芽章第二十六 ………………………………………（561）
男女相胥章第二十七 ………………………………………（563）
四者混沌章第二十八 ………………………………………（564）
卯酉刑德章第二十九 ………………………………………（565）
君子好逑章第三十 …………………………………………（566）
《周易参同契分章注解》卷之下 ……………………………（567）
圣贤伏炼章第三十一 ………………………………………（567）
法象成功章第三十二 ………………………………………（570）
鼎器妙用章第三十三 ………………………………………（572）
补塞遗脱章第三十四 ………………………………………（575）
自叙启后章第三十五 ………………………………………（576）

附录：

《周易参同契分章注》三卷 ………… 清·《四库全书总目》(577)

第十二卷　周易参同契药物火候图说 ……… 明·楼英(578)

点校说明 ……………………………………………………（578）
《周易参同契》药物火候图说 ………………………………（579）

第十三卷　周易参同契测疏 ………………… 明·陆西星(582)

点校说明 ……………………………………………………（582）
序 ……………………………………………………………（583）
《周易参同契测疏》上篇 ……………………………………（584）

周易参同章第一 …………………………………………（584）
乾坤二用章第二 …………………………………………（586）
中宫土德章第三 …………………………………………（587）
日月神化章第四 …………………………………………（587）
朔受震符章第五 …………………………………………（588）
天心建始章第六 …………………………………………（589）
日月始终章第七 …………………………………………（590）
药生象月章第八 …………………………………………（590）
阴符转统章第九 …………………………………………（591）
象彼仲冬章第十 …………………………………………（592）
推度符征章第十一 ………………………………………（592）
御政之首章第十二 ………………………………………（593）
内以养己章第十三 ………………………………………（594）
知白守黑章第十四 ………………………………………（595）
道术是非章第十五 ………………………………………（597）
二八弦炁章第十六 ………………………………………（598）
金火含受章第十七 ………………………………………（599）
二土全功章第十八 ………………………………………（600）
金丹妙用章第十九 ………………………………………（601）
同类相从章第二十 ………………………………………（601）
背道迷真章第二十一 ……………………………………（602）
三圣前识章第二十二 ……………………………………（603）
金火铢两章第二十三 ……………………………………（604）
水火情性章第二十四 ……………………………………（606）
古今道一章第二十五 ……………………………………（607）
《周易参同契测疏》中篇 …………………………………（608）
乾坤精炁章第二十六 ……………………………………（608）
入室休咎章第二十七 ……………………………………（609）
晦朔合符章第二十八 ……………………………………（610）
卦律火符章第二十九 ……………………………………（612）

性命根宗章第三十 …………………………………… (616)

二气感化章第三十一 ………………………………… (618)

关键三宝章第三十二 ………………………………… (618)

旁门无功章第三十三 ………………………………… (620)

珠华倡和章第三十四 ………………………………… (620)

五行逆克章第三十五 ………………………………… (621)

龙虎主客章第三十六 ………………………………… (622)

不得其理章第三十七 ………………………………… (623)

父母滋禀章第三十八 ………………………………… (623)

药物至灵章第三十九 ………………………………… (624)

天元配合章第四十 …………………………………… (624)

日月含吐章第四十一 ………………………………… (625)

四象归土章第四十二 ………………………………… (626)

阴阳反覆章第四十三 ………………………………… (627)

牝牡相须章第四十四 ………………………………… (628)

《周易参同契测疏》下篇 …………………………… (628)

继往开来章第四十五 ………………………………… (628)

丹法全旨章第四十六 ………………………………… (629)

鼎器歌第四十七 ……………………………………… (632)

序第四十八章 ………………………………………… (634)

赞序第四十九 ………………………………………… (636)

紫阳真人读《周易参同契》文 ……………………… (636)

第十四卷　周易参同契口义 ………… 明·陆西星(639)

《周易参同契》口义初稿引 ………………………… (639)

《周易参同契口义》上篇 …………………………… (640)

周易参同章第一 ……………………………………… (640)

乾坤二用章第二 ……………………………………… (642)

中宫土德章第三 ……………………………………… (643)

日月神化章第四 ……………………………………… (644)

朔受震符章第五 ……………………………………… (644)

天心建始章第六 …………………………………………… (645)

日月始终章第七 …………………………………………… (646)

药生象月章第八 …………………………………………… (647)

阴符转统章第九 …………………………………………… (648)

象彼仲冬章第十 …………………………………………… (649)

推度符征章第十一 ………………………………………… (650)

御政之首章第十二 ………………………………………… (651)

内以养己章第十三 ………………………………………… (652)

知白守黑章第十四 ………………………………………… (653)

道术是非章第十五 ………………………………………… (656)

二八弦炁章第十六 ………………………………………… (656)

金火含受章第十七 ………………………………………… (657)

二土全功章第十八 ………………………………………… (658)

金丹妙用章第十九 ………………………………………… (659)

同类相从章第二十 ………………………………………… (659)

背道迷真章第二十一 ……………………………………… (660)

三圣前识章第二十二 ……………………………………… (660)

金火铢两章第二十三 ……………………………………… (661)

水火情性章第二十四 ……………………………………… (663)

古今道一章第二十五 ……………………………………… (664)

《周易参同契口义》中篇 ………………………………… (664)

乾坤精炁章第二十六 ……………………………………… (664)

入室休咎章第二十七 ……………………………………… (665)

晦朔合符章第二十八 ……………………………………… (667)

卦律火符章第二十九 ……………………………………… (669)

性命根宗章第三十 ………………………………………… (672)

二气感化章第三十一 ……………………………………… (674)

关键三宝章第三十二 ……………………………………… (675)

旁门无功章第三十三 ……………………………………… (677)

珠华倡和章第三十四 ……………………………………… (677)

五行逆克章第三十五 …………………………… (678)

龙虎主客章第三十六 …………………………… (679)

不得其理章第三十七 …………………………… (679)

父母滋禀章第三十八 …………………………… (679)

药物至灵章第三十九 …………………………… (680)

天元配合章第四十 ……………………………… (680)

日月含吐章第四十一 …………………………… (682)

四象归土章第四十二 …………………………… (683)

阴阳反覆章第四十三 …………………………… (684)

牝牡相须章第四十四 …………………………… (685)

《周易参同契口义》下篇 ……………………… (686)

自叙启后章第四十五 …………………………… (686)

丹法全旨章第四十六 …………………………… (687)

参同字义分属 …………………………………… (687)

月节气候卦斗律火总纪 ………………………… (688)

斗建子午将指天罡图 …………………………… (691)

九宫八卦图 ……………………………………… (693)

昏见图 …………………………………………… (693)

晨现图 …………………………………………… (694)

八卦纳甲之图 …………………………………… (695)

含元播精三五归一图 …………………………… (695)

附录：

陆西星先生年表 ………………………… 周全彬(696)

第十五卷　参同契疏略 …………………… 明·王文禄(703)

点校说明 ………………………………………… (703)

《参同契正文》序 ……………………………… (704)

上篇 ……………………………………………… (705)

下篇 ……………………………………………… (710)

鼎器歌 …………………………………………… (717)

自序篇 …………………………………………… (718)

跋 ··· (718)

附录：

王文禄传 ·· 清·《海盐县志》(719)

第十六卷　古文参同契玄解 ························ 明·彭好古(720)

点校说明 ··· (720)

《古文参同契玄解》序 ·· (721)

《古文参同契》题辞 ······································· 一窒居士(722)

《玄解》凡例 ··· (723)

《参同契经文》叙 ··· 东汉·魏伯阳(723)

古文参同契 ··· (725)

上篇 ··· (725)

中篇 ··· (731)

下篇 ··· (736)

《古文参同契》笺注 ······································· 东汉·徐景休(739)

《古文参同契》笺注叙 ··· (740)

上篇 ··· (740)

中篇 ··· (745)

下篇 ··· (748)

《参同契·三相类》叙 ···································· 东汉·淳于叔通(754)

古文参同契·三相类 ··· (754)

上篇 ··· (754)

下篇 ··· (757)

附录：

彭好古传 ·· 清·王修厘《问津书院志》(759)

第十七卷　周易参同契解笺 ········· 明·张文龙解 朱长春笺(760)

点校说明 ··· (760)

《周易参同契注解》序 ····································· 张文龙(762)

《契笺》后叙 ··· (762)

《周易参同契解》序 ··· (763)

《周易参同契解》序 ··· (765)

《周易参同契解》序 ······················· 明·张惟任(766)
周易参同契解后跋 ······················· 明·张维枢(767)
周易参同契解笺上篇 ································ (769)
乾坤设位章第一 ····································· (772)
日月悬象章第二 ····································· (774)
圣人上观章第三 ····································· (776)
君臣御政章第四 ····································· (779)
炼己立基章第五 ····································· (782)
明两知窍章第六 ····································· (784)
明辨邪正章第七 ····································· (787)
龙虎两弦章第八 ····································· (788)
金返归性章第九 ····································· (790)
二土全功章第十 ····································· (791)
同类合体章第十一 ·································· (793)
三圣前识章第十二 ·································· (795)
金丹刀圭章第十三 ·································· (796)
水火情性章第十四 ·································· (800)
《周易参同契解笺》中篇 ···························· (803)
阴阳精气章第十五 ·································· (803)
君子居室章第十六 ·································· (805)
晦朔合符章第十七 ·································· (809)
爻象功用章第十八 ·································· (813)
养性立命章第十九 ·································· (822)
二气感化章第二十 ·································· (825)
关键三宝章第二十一 ······························· (825)
傍门无功章第二十二 ······························· (830)
流珠金华章第二十三 ······························· (830)
如审遭逢章第二十四 ······························· (833)
姹女黄芽章第二十五 ······························· (833)
男女相胥章第二十六 ······························· (837)

四者混沌章第二十七 …………………………………… （839）

卯酉刑德章第二十八 …………………………………… （841）

君子好逑章第二十九 …………………………………… （843）

《周易参同契解笺》下篇 ………………………………… （844）

圣贤伏炼章第三十 ……………………………………… （844）

法象成功章第三十一 …………………………………… （849）

鼎器妙用章第三十二 …………………………………… （856）

补塞遗脱章第三十三 …………………………………… （860）

自做启后章第三十四 …………………………………… （861）

《契解》后跋 ………………………………… 张文龙（864）

附录：

一、访玄栖山房记 ………………………… 明·张维枢（865）

二、朱长春传 ……………………… 清·光绪七年《乌程县志》（866）

第十八卷 周易参同契注解 ………………… 朝鲜·权克中（867）

点校说明 ………………………………………………… （867）

魏真人传 ………………………………………………… （869）

周易参同契注解序 ……………………………… 青霞子（869）

魏伯阳《周易参同契》上篇一卷 ………………………… （872）

第一章 …………………………………………………… （872）

第二章 …………………………………………………… （872）

第三章 …………………………………………………… （872）

第四章 …………………………………………………… （873）

第五章 …………………………………………………… （873）

第六章 …………………………………………………… （874）

第七章 …………………………………………………… （875）

第八章 …………………………………………………… （876）

第九章 …………………………………………………… （877）

第十章 …………………………………………………… （878）

第十一章 ………………………………………………… （878）

第十二章 ………………………………………………… （879）

第十三章 …………………………………………（880）
第十四章 …………………………………………（881）
第十五章 …………………………………………（882）
第十六章 …………………………………………（882）
第十七章 …………………………………………（883）
第十八章 …………………………………………（883）
第十九章 …………………………………………（884）
第二十章 …………………………………………（884）
第二十一章 ………………………………………（886）
第二十二章 ………………………………………（886）
第二十三章 ………………………………………（887）
第二十四章 ………………………………………（887）
第二十五章 ………………………………………（888）
第二十六章 ………………………………………（888）
第二十七章 ………………………………………（889）
第二十八章 ………………………………………（889）
第二十九章 ………………………………………（889）
第三十章 …………………………………………（891）
第三十一章 ………………………………………（891）
第三十二章 ………………………………………（892）
魏伯阳《周易参同契》中篇二卷 ………………（892）
第三十三章 ………………………………………（892）
第三十四章 ………………………………………（892）
第三十五章 ………………………………………（893）
第三十六章 ………………………………………（893）
第三十七章 ………………………………………（893）
第三十八章 ………………………………………（894）
第三十九章 ………………………………………（894）
第四十章 …………………………………………（897）
第四十一章 ………………………………………（897）

第四十二章 …………………………………………… (898)
第四十三章 …………………………………………… (898)
第四十四章 …………………………………………… (899)
第四十五章 …………………………………………… (900)
第四十六章 …………………………………………… (900)
第四十七章 …………………………………………… (901)
第四十八章 …………………………………………… (901)
第四十九章 …………………………………………… (901)
第五十章 ……………………………………………… (902)
第五十一章 …………………………………………… (902)
第五十二章 …………………………………………… (902)
第五十三章 …………………………………………… (903)
第五十四章 …………………………………………… (903)
第五十五章 …………………………………………… (904)
第五十六章 …………………………………………… (904)
第五十七章 …………………………………………… (904)
魏伯阳《周易参同契》下篇三卷 ………………………… (905)
第五十八章 …………………………………………… (905)
第五十九章 …………………………………………… (906)
第六十章 ……………………………………………… (906)
第六十一章 …………………………………………… (906)
第六十二章 …………………………………………… (907)
第六十三章 …………………………………………… (908)
第六十四章 …………………………………………… (909)
魏伯阳《周易参同契》疏论四卷 ………………………… (912)
原本 …………………………………………………… (912)
炼己 …………………………………………………… (913)
制度 …………………………………………………… (914)
采取 …………………………………………………… (915)
火候 …………………………………………………… (915)

互修 ··· （916）

魏伯阳《周易参同契》图说五卷 ··············· （917）

　　金丹炉鼎图 ··· （917）

　　金丹药物图 ··· （918）

　　金丹坎离交媾图 ··· （919）

　　金丹逆流还丹图 ··· （920）

　　金丹五行三要图 ··· （921）

　　金丹八卦图 ··· （922）

　　丹法三关图 ··· （923）

　　八卦纳甲图 ··· （925）

　　周天火候之图 ··· （926）

　　金丹明镜之图 ··· （927）

　　日月晦朔弦望之图 ··· （928）

　　一年阴阳升降节候进退图 ······························ （930）

　　六十四卦方圆之图 ··· （931）

　　太极之图 ··· （932）

《参同》后序 ····································· 青霞子（933）

附：

一、青霞子金丹吟 ························· 权克中（934）

二、青霞子权公墓碣铭 ··········· 朝鲜·赵文命（936）

第十九卷　参同契阐幽 ················ 清·朱元育（938）

点校说明 ··· （938）

序 ·· （939）

《参同契阐幽》卷之一 ······································ （941）

　　上篇 ·· （941）

　　乾坤门户章第一 ··· （941）

　　坎离二用章第二 ··· （945）

　　日月含符章第三 ··· （948）

　　天符进退章第四 ··· （951）

　　君臣御政章第五 ··· （957）

《参同契阐幽》卷之二 …………………………………………… (959)
上篇 ……………………………………………………………… (959)
炼己立基章第六 ………………………………………………… (959)
两窍互用章第七 ………………………………………………… (961)
明辨邪正章第八 ………………………………………………… (965)
《参同契阐幽》卷之三 …………………………………………… (966)
上篇 ……………………………………………………………… (966)
两弦合体章第九 ………………………………………………… (967)
金返归性章第十 ………………………………………………… (969)
真土造化章第十一 ……………………………………………… (970)
同类相从章第十二 ……………………………………………… (973)
祖述三圣章第十三 ……………………………………………… (976)
还丹法象章第十四 ……………………………………………… (978)
还丹名义章第十五 ……………………………………………… (981)
《参同契阐幽》卷之四 …………………………………………… (985)
中篇 ……………………………………………………………… (985)
四象环中章第十六 ……………………………………………… (986)
动静应时章第十七 ……………………………………………… (987)
坎离交媾章第十八 ……………………………………………… (990)
乾坤交媾章第十九 ……………………………………………… (995)
《参同契阐幽》卷之五 …………………………………………… (999)
中篇 ……………………………………………………………… (999)
性命归元章第二十 ……………………………………………… (999)
二炁感化章第二十一 …………………………………………… (1004)
关键三宝章第二十二 …………………………………………… (1005)
旁门无功章第二十三 …………………………………………… (1008)
《参同契阐幽》卷之六 …………………………………………… (1009)
中篇 ……………………………………………………………… (1009)
性情交会章第二十四 …………………………………………… (1009)
审察真伪章第二十五 …………………………………………… (1013)

铅汞相投章第二十六 …………………………………………（1015）
制炼魂魄章第二十七 …………………………………………（1017）
三家相见章第二十八 …………………………………………（1020）
刑德反复章第二十九 …………………………………………（1022）
阴阳交感章第三十 ……………………………………………（1024）
伏食成功章第三十一 …………………………………………（1026）
《参同契阐幽》卷之七 …………………………………………（1029）
　下篇 ……………………………………………………………（1029）
鼎炉妙用章第三十二 …………………………………………（1030）
火候全功分章第三十三 ………………………………………（1034）
三道由一章第三十四 …………………………………………（1042）
四象归根章第三十五 …………………………………………（1044）

第三册

第二十卷　周易参同契脉望 ……………… 清·陶素耜（1051）
　点校说明 ………………………………………………………（1051）
　《道言五种》批注叙 ……………………………民国·玉溪子（1052）
　《参同》《悟真》注序 ………………………………清·仇兆鳌（1052）
　《参同》《悟真》注自序 ………………………………………（1053）
　读《参同契》杂义 ……………………………………………（1055）
　上卷 ……………………………………………………………（1061）
　　上篇 …………………………………………………………（1061）
　中卷 ……………………………………………………………（1088）
　　中篇 …………………………………………………………（1088）
　下卷 ……………………………………………………………（1110）
　　下篇 …………………………………………………………（1110）
　鼎器歌 …………………………………………………………（1115）
　参同契金丹图说 ………………………………………………（1120）
　河图作丹图说 …………………………………………………（1120）

洛书作丹图说 …………………………………… (1121)
先天八卦图说 …………………………………… (1122)
后天八卦图说 …………………………………… (1123)
呕轮吐萌图说 …………………………………… (1124)
含元播精图说 …………………………………… (1125)
十二卦律图说 …………………………………… (1126)
六十卦用图说 …………………………………… (1126)
药火万殊一本图说 ……………………………… (1127)
斗建子午将指图说 ……………………………… (1128)
静照图说 ………………………………………… (1129)
附录：
陶式玉传 ………………………… 清·《绍兴府志》(1130)

第二十一卷　古本周易参同契集注 ……… 清·仇兆鳌(1131)

点校说明 ………………………………………… (1131)
集注姓氏 ………………………………………… (1136)
陆长庚《参同》、《悟真》总论 ………… 明·陆西星(1137)
彭氏《周易参同契通真义》序 ………… 五代·彭晓(1137)
《周易参同契集注》序 …………………………… (1139)
《周易参同契集注》例言二十一条 ……………… (1140)
《古本周易参同契集注》卷上 …………………… (1145)
四言经文 ………………………………………… (1145)
魏真人自序 ……………………………………… (1146)
乾坤坎离章 ……………………………………… (1148)
君臣御政章 ……………………………………… (1151)
发号施令章 ……………………………………… (1153)
坎离戊己章 ……………………………………… (1156)
晦朔合符章 ……………………………………… (1159)
卦律终始章 ……………………………………… (1162)
性命根宗章 ……………………………………… (1170)
养己守母章 ……………………………………… (1175)

日月含吐章 …………………………………… (1180)

流珠金华章 …………………………………… (1182)

三五至精章 …………………………………… (1183)

四象归土章 …………………………………… (1185)

阴阳反覆章 …………………………………… (1186)

以类相况章 …………………………………… (1188)

父母滋禀章 …………………………………… (1189)

姹女黄芽章 …………………………………… (1190)

牝牡相须章 …………………………………… (1192)

后序孔窍章 …………………………………… (1193)

《古本周易参同契集注》下卷 ………………… (1195)

五言传文 ……………………………………… (1195)

徐从事《传》文序 …………………………… (1196)

牝牡四卦章 …………………………………… (1197)

乾坤二用章 …………………………………… (1201)

日月神化章 …………………………………… (1202)

发号顺时章 …………………………………… (1204)

朔受震符章 …………………………………… (1205)

药生象月章 …………………………………… (1209)

八卦列曜章 …………………………………… (1212)

上下有无章 …………………………………… (1213)

二八弦气章 …………………………………… (1216)

金火含受章 …………………………………… (1217)

三性会合章 …………………………………… (1218)

金水铢两章 …………………………………… (1220)

水火情性章 …………………………………… (1224)

二气感化章 …………………………………… (1226)

关键三宝章 …………………………………… (1227)

同类伏食章 …………………………………… (1230)

背道迷真章 …………………………………… (1232)

三圣制作章 …………………………………… （1234）
三相类序 ……………………………………… （1236）
大丹赋 ………………………………………… （1237）
鼎器歌 ………………………………………… （1243）
《参同契》附录：
张紫阳真人《读参同契》文 ……………… 宋·张伯端（1247）
萧元瑞《读〈参同契〉作》 ………………… 元·萧廷芝（1248）
《参同契集注》后跋 ………………………… 清·洪熙捺（1250）
玄妙观碑记 …………………………………… （1251）
附：观中题咏 ………………………………… （1251）
附：轶事二条 ………………………………… （1252）
周身六关三脉图 ……………………………… （1253）
十二雷门测候图 ……………………………… （1254）
河图三五之数 ………………………………… （1255）
洛书四象之图 ………………………………… （1255）
先天八卦对待图 ……………………………… （1256）
后天八卦流行图 ……………………………… （1257）
一月六候图 …………………………………… （1258）
六候纳甲图 …………………………………… （1259）
十二月卦律图 ………………………………… （1260）
六十卦火候图 ………………………………… （1261）
淳于氏《三相类》图 ………………………… （1262）
《三相类·图说》辨疑 ……………………… （1263）
太极顺生图 …………………………………… （1265）
丹道逆生图 …………………………………… （1265）
二十八宿玄沟图 ……………………………… （1266）
斗建月将天罡图 ……………………………… （1267）
附录：
一、《古本周易参同契》三卷 ……………… 清·龚易图（1269）
二、《古本周易参同契集注》 ……… 《续修四库全书总目》（1270）

三、石印本《参同契集注》序······································ 缪咏仁(1271)

四、仇兆鳌先生年表·· 周全彬(1272)

第二十二卷　参同契章句·································· 清·李光地(1286)

点校说明··· (1286)

《参同契章句》引··· (1288)

《参同契》上··· (1288)

《参同契》中··· (1291)

《参同契》下··· (1293)

《参同契》后语··· (1295)

炉火说··· (1296)

炉火后语··· (1297)

参同契序··· (1297)

《三相类》上··· (1298)

《三相类》中··· (1300)

《三相类》下··· (1302)

《三相类》后语··· (1305)

炉火说··· (1307)

炉火后语··· (1308)

三相类叙··· (1308)

附录：

一、《参同契注》旧序··· (1309)

二、鼎符··· (1310)

上篇··· (1310)

中篇··· (1311)

下篇··· (1311)

后语··· (1312)

炉火··· (1313)

炉火后语··· (1313)

三、《参同契章句》一卷············· 清·《四库全书总目》(1313)

四、《参同契章句》一卷······································ 清·周中孚(1314)

第二十三卷　古文周易参同契注　……………清·袁仁林(1315)

点校说明 ……………………………………………………(1315)
《古文周易参同契注》自序 ………………………………(1316)
朱子《考异·前序》 ………………………………宋·朱熹(1316)
《考异·后序》 ……………………………………………朱熹(1316)
明杨升庵慎《古文参同契·序》 …………………明·杨慎(1317)
《古文周易参同契注》卷一 ……………………东汉·魏伯阳(1318)
上篇 ………………………………………………………(1318)
《古文周易参同契注》卷二 ………………………………(1346)
中篇 ………………………………………………………(1346)
《古文周易参同契注》卷三 ………………………………(1366)
下篇 ………………………………………………………(1366)
后序 ………………………………………………魏伯阳(1380)
《古文周易参同契注》卷四 ………………………………(1383)
《笺注》上篇 ……………………………………东汉·徐景休(1383)
《古文周易参同契注》卷五 ………………………………(1396)
《笺注》中篇 ………………………………………………(1396)
《古文周易参同契注》卷六 ………………………………(1401)
《笺注》下篇 ………………………………………………(1401)
后序 …………………………………………………徐景休(1413)
《古文周易参同契注》卷七 ………………………………(1413)
三相类上篇 ……………………………………东汉·淳于叔通(1413)
《古文周易参同契注》卷八 ………………………………(1418)
三相类下篇 ………………………………………………(1418)
鼎器歌 ……………………………………………………(1418)
后序 …………………………………………………淳于叔通(1422)
《古文周易参同契注》跋 …………………………清·王德修(1423)
附录：
一、袁仁林传 ……………………………清·《三原县志》(1424)
二、古文周易参同契注八卷 ……………清·《四库全书总目》(1424)

第二十四卷　读《参同契》　　　　　　　清·汪绂(1425)

　点校说明 …………………………………………… (1425)

　序 ………………………………………… 清·陈璃(1426)

　读《参同契》卷之一 ……………………………… (1426)

　读《参同契》卷之二 ……………………………… (1439)

　三相类 ……………………………………………… (1443)

　读《参同契》卷之三 ……………………………… (1450)

　序 …………………………………………………… (1459)

　附录：

　　汪绂传 ………………………………… 《清史稿》(1461)

第二十五卷　周易参同契正义　　　　　清·董德宁(1463)

　点校说明 …………………………………………… (1463)

　《周易参同契正义》序 …………………… 清·徐立纯(1464)

　序 ………………………………………… 清·平圣台(1465)

　《周易参同契正义》自序 …………………………… (1465)

　《周易参同契正义》凡例 …………………………… (1467)

　《周易参同契正义》卷上 …………………………… (1469)

　　上篇 ……………………………………………… (1469)

　　乾坤者易之门户第一章 ………………………… (1469)

　　天地设位第二章 ………………………………… (1473)

　　易者象也第三章 ………………………………… (1475)

　　圣人不虚生第四章 ……………………………… (1477)

　　八卦布列曜第五章 ……………………………… (1481)

　　内以养己第六章 ………………………………… (1487)

　　知白守黑第七章 ………………………………… (1490)

　　是非历脏法第八章 ……………………………… (1495)

　　《火记》不虚作第九章 …………………………… (1496)

　　金入于猛火第十章 ……………………………… (1498)

　　子午数合三第十一章 …………………………… (1501)

　　胡粉投火中第十二章 …………………………… (1504)

世间多学士第十三章 …………………………………… (1505)
若夫至圣第十四章 ……………………………………… (1506)
以金为隄防第十五章 …………………………………… (1509)
推演五行数第十六章 …………………………………… (1512)
《周易参同契正义》卷中 ……………………………… (1515)
中篇 ……………………………………………………… (1515)
乾刚坤柔第一章 ………………………………………… (1515)
君子居其室第二章 ……………………………………… (1518)
晦朔之间第三章 ………………………………………… (1523)
朔旦为复第四章 ………………………………………… (1527)
将欲养性第五章 ………………………………………… (1532)
阳燧以取火第六章 ……………………………………… (1536)
太阳流珠第七章 ………………………………………… (1540)
不得其理第八章 ………………………………………… (1543)
河上姹女第九章 ………………………………………… (1544)
坎男为月第十章 ………………………………………… (1546)
丹砂木精第十一章 ……………………………………… (1548)
关关雎鸠第十二章 ……………………………………… (1551)
《周易参同契正义》卷下 ……………………………… (1552)
下篇 ……………………………………………………… (1552)
惟昔圣贤第一章 ………………………………………… (1552)
法象莫大乎天地第二章 ………………………………… (1553)
升熬于甑山第三章 ……………………………………… (1555)
自然之所为第四章 ……………………………………… (1558)
圆三五第五章 …………………………………………… (1559)
参同契章第六章 ………………………………………… (1562)
会稽鄙夫第七章 ………………………………………… (1564)
辞隐而道大第八章 ……………………………………… (1567)

第四册

第二十六卷　参同直指 ……………………… 清·刘一明(1569)

　点校说明 ………………………………………… (1569)

　《参悟直指》序 …………………………………… (1571)

　张紫阳真人《读参同契》文 ……………… 宋·张伯端(1572)

　《参同契直指》序 ………………………………… (1572)

　《参同契经文直指》 ……………………… 东汉·魏伯阳(1574)

　　上篇 …………………………………………… (1574)

　　中篇 …………………………………………… (1588)

　　下篇 …………………………………………… (1595)

　《参同契》笺注原序 ……………………………… (1603)

　《参同契》直指笺注 ……………………… 东汉·徐景休(1603)

　　上篇 …………………………………………… (1603)

　　中篇 …………………………………………… (1613)

　　下篇 …………………………………………… (1620)

　三相类原序 ……………………………………… (1626)

　《参同契》直指三相类 …………………… 东汉·淳于叔通(1626)

　　上篇 …………………………………………… (1626)

　　下篇 …………………………………………… (1631)

　附录：

　《参同契直指释义》跋 …………………………… 张德广(1635)

第二十七卷　周易参同契集韵 …………… 清·纪大奎(1636)

　点校说明 ………………………………………… (1636)

　序 ………………………………………………… (1637)

　《周易参同契集韵》目录 ………………………… (1637)

　《周易参同契集韵》前卷上 ……………………… (1639)

　周易参同契三篇总叙 …………………………… (1639)

《参同契》上篇 ……………………………………… (1641)
四象章第一 ………………………………………… (1641)
御政章第二 ………………………………………… (1642)
顺时章第三 ………………………………………… (1644)
先天坎离章第四 …………………………………… (1646)
后天复姤章第五 …………………………………… (1653)
《周易参同契集韵》前卷中 ………………………… (1659)
《参同契》中篇 ……………………………………… (1659)
虚无章第一 ………………………………………… (1659)
性命章第二 ………………………………………… (1663)
男女章第三 ………………………………………… (1667)
孤阴章第四 ………………………………………… (1669)
《周易参同契集韵》前卷下 ………………………… (1670)
《参同契》下篇 ……………………………………… (1670)
伏食纲领章第一 …………………………………… (1670)
金木交并章第二 …………………………………… (1672)
龙虎呼吸章第三 …………………………………… (1674)
三五为一章第四 …………………………………… (1676)
药物比喻章第五 …………………………………… (1678)
末章总结 …………………………………………… (1680)
《周易参同契集韵》后卷上 ………………………… (1681)
周易三相类三篇总叙 ……………………………… (1681)
《三相类》上篇 ……………………………………… (1682)
三圣作《易》章第一 ………………………………… (1682)
六十四卦体用章第二 ……………………………… (1683)
先天八卦进退章第三 ……………………………… (1686)
河图四象章第四 …………………………………… (1692)
《周易参同契集韵》后卷中 ………………………… (1695)
三相类中篇 ………………………………………… (1695)
抱一章第一 ………………………………………… (1695)

守中章第二 …………………………………（1697）

内养旁门章第三 ………………………………（1700）

《周易参同契集韵》后卷下 …………………（1701）

三相类下篇 ……………………………………（1701）

两弦合精章第一 ………………………………（1702）

变化还丹章第二 ………………………………（1705）

刀圭入口章第三 ………………………………（1709）

终始相因章第四 ………………………………（1712）

交感自然章第五 ………………………………（1713）

《火记》源流章第六 …………………………（1715）

外药旁门章第七 ………………………………（1716）

末章总结 ………………………………………（1717）

四象归根章注 …………………………………（1718）

《周易参同契集韵》后卷末 …………………（1720）

法象歌 …………………………………………（1720）

鼎器歌 …………………………………………（1726）

《俞氏〈参同契发挥〉五言注》摘录 ………… 清·纪大奎（1729）

点校说明 ………………………………………（1729）

法象歌 …………………………………………（1739）

鼎器歌 …………………………………………（1743）

附录：

纪大奎传 ………………………………《清史稿》（1747）

第二十八卷　参同契金隄大义 ……………… 清·许桂林（1748）

点校说明 ………………………………………（1748）

《参同契金隄大义》序 ………………………（1750）

参同契河图 ……………………………………（1751）

上篇 ……………………………………………（1751）

中篇 ……………………………………………（1761）

下篇 ……………………………………………（1769）

鼎器歌 …………………………………………（1771）

附录：

许桂林传 ……………………………………《清史稿》(1774)

第二十九卷　周易参同契秘解　　　　清·吕惠连(1775)

点校说明 …………………………………………………… (1775)

重校《古文参同契》序 …………………………… 清·马一贞(1777)

《古文参同契秘解》序 …………………………………… (1777)

《古文参同契秘解》原序 ………………………… 清·青阳山人(1779)

《参同契分节秘解》第一卷 ……………………………… (1780)

上篇 ……………………………………………………… (1780)

《参同契秘解》自序卷二 ………………………………… (1828)

重注《古文参同契秘解分章》卷二 ……………………… (1831)

中篇 ……………………………………………………… (1831)

《参同契重注秘解》分节第三卷 ………………………… (1869)

《参同契秘解》自序 ……………………………………… (1869)

下篇 ……………………………………………………… (1870)

后叙 ……………………………………………………… (1914)

重注《古文参同契秘解分章》卷四 ……………………… (1914)

《参同契秘解》自序 ……………………………………… (1914)

《笺注》上篇 ……………………………………………… (1916)

《参同契秘解分章注》第五卷 …………………………… (1960)

《参同契秘解》自序 ……………………………………… (1960)

中篇 ……………………………………………………… (1962)

下篇 ……………………………………………………… (1977)

后叙 ……………………………………………………… (1992)

《参同契秘解》自序 ……………………………………… (1992)

《参同契三相类第一卷秘解》卷之六 …………………… (1996)

上篇 ……………………………………………………… (1996)

《参同契三相类第二卷秘解》卷七 ……………………… (2023)

下篇 ……………………………………………………… (2023)

后叙 ……………………………………………………… (2029)

第三十卷　《参同契》诸家序跋汇编 ………… 周全彬 辑录(2031)

一、《参同契》之序跋提要类……………………………… (2031)

1. 赞魏伯阳《参同契》 ……………………… 隋·青霞子(2031)
2. 《参同契》序 ………………………………… 元·吴澄(2031)
3. 《古文周易参同契》序 ……………………… 明·杨慎(2032)
4. 《古文参同契》后序 ………………………… 明·张愈光(2033)
5. 《参同契分节》序 …………………………… 明·徐献忠(2034)
6. 跋《参同契》后 ……………………………… 明·熊过(2035)
7. 《考定周易参同契》序 ……………………… 明·王樵(2036)
8. 注《参同契》序 ……………………………… 明·徐渭(2037)
9. 《古文参同契集解》序 ……………………… 明·蒋一彪(2038)
10. 敬书西厓先生手写《参同契》卷后 …… 朝鲜·李万敷(2040)
11. 题《古文参同契》后 ………………………… 朝鲜·许筠(2041)
12. 《参同契衍义》序 …………………………… 清·汪琬(2041)
13. 参同契校正序 ………………………………… 朝鲜·朴守俭(2043)
14. 《参同契证易解》序 ………………………… 清·屈大均(2044)
15. 注石函古本《参同契》自序 ………………… 清·陈其扬(2045)
16. 《参同契》序 ………………………………… 清·程嗣立(2046)
17. 刻《参同契》序 ……………………………… 清·朱骏声(2047)
18. 书《参同契》 ………………………………… 清·余廷灿(2048)
19. 《参同契》识 ………………………………… 清·王谟(2049)
20. 《周易参同契》序 …………………………… 清·郑观应(2049)
21. 《参同契》写本跋 …………………………… 马一浮(2050)
22. 庚辰孟春仙学院听讲《参同契》已毕作歌
　　见意 ……………………………………………… 吴竹园(2051)
23. 道家类《参同契》案语 ……………………… 任松如(2053)
24. 《周易参同契注》三卷　　清·《四库全书总目》(2053)
25. 《参同契注》二卷　　清·《四库全书总目》(2053)
26. 《古参同契集注》六卷　　清·《四库全书总目》(2054)

二．诸家论《参同契》类……………………………………… (2054)

1. 《参同契》论 …………………………… 宋·蔡权(2054)
2. 钟筠溪论《参同契》 ………………… 明·钟筠溪(2056)
3. 徐文长论《参同契》 …………………… 明·徐渭(2058)
4. 朱晦庵谓《参同契》非虚语辨 ………… 朝鲜·李德弘(2066)
5. 《参同契》句读二则 …………………… 清·张尔岐(2068)
6. 读《参同契》 …………………………… 清·王 钺(2069)
7. 李光地论《参同契》 …………………… 清·李光地(2069)
8. 吴名凤论《参同契》 …………………… 清·吴名凤(2074)
9. 孙诒让论《周易参同契》 ……………… 清·孙诒让(2076)
10. 杭辛斋论《参同契》 ………………… 民国·杭辛斋(2077)
11. 《古文参同契集解》三卷 ………………… 余嘉锡(2079)
12. 马叙伦读《周易参同契》 ………………… 马叙伦(2082)
13. 《参同契》的年代 ………………………… 胡 适(2083)

附录:《周易参同契》研究文献索引 …………… (2086)
一、《周易参同契》注本存世目录 ……………… (2086)
二、《周易参同契》研究论文 …………………… (2087)
三、《周易参同契》研究学位论文 ……………… (2100)
四、《周易参同契》研究专著 …………………… (2101)
五、英、韩、日《周易参同契》研究专著及论文 …… (2103)

后 记 ……………………………………… 周全彬(2107)

唐山玉清观道学文化丛书

序 一

任法融

　　董君沛文,余之旧知,修太上之大道,传龙门之法脉,以道士身,扶玄元教。悟大道之理,兴实业以济世;契圣祖之心,用慈俭而化人。投数千万巨资,复兴玉清名观;历五六载苦功,重塑仙真金身。昔日捐资于学府,助学者编辑圣典;今则统众于京都,携道友点校仙经。经书流通,可辅正道之传承;道术修炼,能健国民之身心。

　　道依教传,法随文化,经能载道,书可救世。道法经书,玄门之珍宝;历祖仙真,太上之法裔。余注《道德》,讲《参同》,解《阴符》,冀弘道于斯世;栖楼观,住白云,理道协,愿兴教于十方。文字之功不可没,经书之教不可废,道院之根不可除,祖师之业不可亡。今董君发愿,出版圣祖仙真之经书,建立养生修真之道院,乃振兴玄宗之作为,实双修功德之正道。山人闻之,随喜赞叹!

　　是书系总名曰:《唐山玉清观道学文化丛书》。言道学则道教在其中矣,论文化则经法在其中矣。三百年来,道门未能大兴；一甲子际，经书不见普印。虽曰气运，亦关人谋。人能弘道，众志成城。方今之世，政通人和，宗教复兴，信仰自由，正我道门光大之时也。董君应缘而出，邀学界之名流，统道门之同修，整理仙经，出版道书，化道教于日常，传正法于当世，使道流有道书可读，冀信众有道法可习。功益斯民，德泽后昆。

仙学丹道，摄生要术，最宜普世而利民者也。今以吕洞宾、张三丰仙书为发端，继则编陈图南、李道纯、陆潜虚、李涵虚、傅金铨、闵小艮诸仙全集。是则道门罕印之书，名山深藏之典，如能精编精校，广传广化，则太上之道脉能扶，仙真之正法可续。道济天下，德化苍生，斯功巨矣。

唐山玉清观，古仙葛洪访道之处，真人三丰隐修之地。仙迹随道书以神化，大道借名观而传承。经千年风雨以护道，因国初地震而败落。董君沛文，睹道观之残垣，望断壁之朽木，不忍坐视，乃发心重建玉清道观，再塑三清真容。今则观成而道化，复思经教而民敦。劝善化人，移风易俗，敦伦尽诚，此道教之所当为也；养生强身，修真还丹，羽化飞升，此道士之所当修也。劝善当藉经教，修真须知法诀。道观容道流而弘化，道书载道法而育仙。则知胜地非常，经书宝贵，仙诀难得，因缘殊胜。

书将成，董君索序于余，乐而述之，与共勉焉。

岁在戊子年古历八月十五日于京华白云观
（作者系全国政协常委、中国道教协会会长）

唐山玉清观道学文化丛书

序 二

康志锋

　　道教既是一种宗教也是一种文化，中华民族传统文化以道学文化为根基。博大精深的道教文化不仅是中华民族传统文化的重要组成部分，也是中国传统文化的宝贵遗产。道教文化内涵十分丰富，"人法地、地法天、天法道、道法自然"言简意赅，是道教对宇宙万物对立统一规律的高度总结概括。道教中的诸如道法自然、尊道贵德、清静无为、返璞归真等理念，为许多思想家、政治家、文学家、教育家乃至普通百姓所尊崇。古往今来无数人都从道教文化、从《道德经》汲取过智慧和营养。

　　中华民族创造了灿烂瑰丽的中华文化，作为土生土长的道教在长期发展的过程中积累了众多的经论典籍，对于哲学、文学、艺术、医学、化学、天文、地理等方面都产生过重要影响。《道德经》可谓道教文化的奠基和代表之作，《道德经》在中华文化史上产生的重大而深远的影响是不可估量的。

　　道教的宗旨是修仙成道、济世利人。道学文化的精华在于其性命学说，也即道教养生。作为中国传统文化根柢的道教，挖掘利用其积极因素，为人民服务，为社会服务是道教义不容辞的责任。

董沛文道长自皈依道教以来，信仰虔诚，道风纯正，学识丰富，一直热衷弘扬中华优秀传统文化，长期致力于道家典籍的保护整理工作，且学以致用，尤其对道教养生情有独钟，无论是经商还是修观都乐此不疲，精神实在可嘉！近年有缘与董道长相识，深感其对道教事业的热忱，近知他再次斥资策划编纂《唐山玉清观道学文化丛书》，颇为感慨，略叙管见，是为序！

（作者系河北省民族宗教事务厅副厅长）

唐山玉清观道学文化丛书

序 三

董沛文

  中华民族历史源远流长，文化丰富璀璨，中国是世界文明古国之一。华夏文明据传说肇始于轩辕黄帝，教导民众播五谷、创文字、制衣冠、作历律、定算数、立音律、造舟车、创医学，开创了中华民族的古代文明之河。黄帝战蚩尤，平叛乱，立为天子，居五帝之首。访天师岐伯，问疗病之方，作《内经》，用以解除人民的疾病痛苦。登空同山，拜广成子问道学仙，佐五谷而养民人，用以强健黎民的体魄，延长民众的寿命，道统仙学由此而滥觞，道教也由此而初具雏形。

  民族的根基在于传统，一个民族之所以成为独立的民族，关键在于他的传统，它是民族的旗帜，是区别于其他民族的显著标识。没有自己独特传统的民族，不能保持自己民族传统的民族，已经不是一个独立的民族，更不会有独立的民族精神和民族个性。华夏民族的传统，就是五千年的历史，就是民族一脉相承的国学文化。弘扬国学，弘扬传统文化，就是发扬爱国主义精神，是民族精神的皈依，民族精神得以独立，才能将中华民族腾飞于世界民族之上！

　　从文化角度看，中华民族的传统来源两个方面：一是道家，创立于史官，以《老子》为代表，崇阴尚柔，提倡静、柔、谦、弱、下、和之六德。道学文化，实际是继承了母系氏族文化传统，拥有几十万年的实践和发展经验，是成熟的"传统文化"，是华夏民族的"老传统"，是我们民族文化的原始基因。二是儒家，创立于孔子，曾问礼于老子，以《诗》、《书》、《礼》、《易》为代表，贵阳贱阴，推行仁、义、礼、智、信之五常。儒学文化，是继承了夏商周三代的父系氏族文化传统，拥有四五千年的实践经验，是渐进成熟的"传统文化"，是华夏民族的"新传统"，是我们民族文化原始基因的外延和发展。战国时期的"百家争鸣"，不过都是在祖述道家，我们应向以《老子》为代表的道家文化中发掘智慧！

　　鲁迅先生在《致许寿裳》的信函中说："中国根柢全在道教，……以此读史，有多种问题可以迎刃而解。"研究中国科学技术史的著名学者、英国皇家科学院院士李约瑟博士也曾强调："中国如果没有道家思想，就会像是一棵某些深根已经烂掉了的大树。"

　　东汉时期张道陵以道家之学为基础，吸纳原始巫觋之术创立"五斗米道"和以《太平经》为经典的"太平道"，都是早期的道教。从此，道学与道教合流，道学与道教并行不悖，不明道学不足以识道教，不知道教不足以悉道学。

　　道学和道教不是普通民众眼中的消极、陈腐、浮妄的封建迷信学说，更不是教人离群寡居、消极厌世、不近人情、行径怪异的乖巧邪说，而是非常积极的文化，解决人们日常生活中方方面面的所想、所需和所求，所涉及的范围非常广泛，上到朝政辅国，下到衣食住行，是非常注重实践的实用文化。道家之学，有帝王御政之术，有辅国经世之略，有强兵战胜之策，有经商治业之谋，有冶炼烧制之方，有祛病延年之药，有服食驻颜之饵，有导引强身之技，有御敌抗辱之功，有夫妇床笫之戏，有预知未来之占，有趋吉避凶之法,有长生不老之丹,有修心养性之道,有飞升轻举之秘,有祭祀先人之礼,有超度亡魂之仪,有祈祷太平之醮,有怡情冶性之乐,可见道学、道教覆盖面之广,凡是人们之所想,必有与之相应的技术和方法。因此道学、道教,是以人为本之学,是人性化之教,是人生不可缺少、不可不学的文化和信仰。道教经典《度人经》中说:"仙道贵生,无量度人",充分体现了道学和道教贵生度人的特点。仙学养生大师、前中国道教协会会长陈撄宁(1880－1969)就曾指出"仙家唯生的宗旨",并且说:"神仙之术,首贵长生。惟讲现实,极与科学相接近。有科学思想、科学知识之人,学仙最易入门。"(陈撄宁《读〈化声自叙〉的感想》)

古代道家道教圣贤真人,无不利用自己的道学智慧建功立业,标名青史,垂德后世,为道家学子立行的典范。黄帝为天子,"且战且学仙",登空同问道广成,鼎湖跨龙升举。太公吕望辅佐武王,立周天子八百年基业。老子为柱下史,走流沙而化道西域。范蠡献妙计帮助越王勾践复国,三年灭吴,后封金挂印,乘舟泛五湖而去,遵循了道家"功成名遂身退,天之道"的教诲。后定居于陶,自称陶朱公,经商集资巨万,后散给黎民,曾"十九年之中三致千金",真是"天生我材必有用,千金散尽还复来"。陶弘景归隐山林,心存魏阙,梁武帝"每有吉凶征讨大事,无不前以咨询,月中常有数信,时人谓为山中宰相"。(《南史·陶弘景传》)吕祖曾中进士,刘海蟾为燕相,重阳应武举,三丰做县宰。诸葛亮、徐茂公、刘伯温等,更是人们耳熟能详道家人物。

道教中的仙人、真人的境界更是让人魂牵梦绕,遐想向往。《庄子·大宗师》中说:"何谓真人? 古之真人,不逆寡,不雄成,不谟士。若然者,登高不慄,入水不濡,入火不热,是知之能登假于道也若此"。"古之真人,不知悦生,不知恶死,其出不欣,其入不拒;翛然而往,翛然而来而已矣。不忘其所始,不求其所终;受而喜之,忘而复之,是之谓不以心捐道,不以人助天。是之谓真人"。"其好之也一,其弗好之也一。其一也一,其不一也一。其一与天为徒,其不一与人为徒。天与人不相胜也,是之谓真人"。这就要求真人能看破世俗的成败得失,能看破生死以及人生旅途上的生命价值,在行为状态上与道合真。能够树立天人合一的宇宙观和生态观,不掠夺大自然,不戕天役物,要与自然界万物和睦共处。真人在生活态度和精神面貌上更要保持一股中和之气。《汉书·艺文志》叙神仙云:"神仙者,所以保性命之真而游求于其外者也。聊以荡意平心,同死生之域而无怵惕于胸中。"

《黄帝内经·素问·上古天真论》中说:"黄帝曰:余闻上古有真人者,提挈天地,把握阴阳,呼吸精气,独立守神,肌肉若一,故能寿敝天地,无有终时,此其道生。中古之时,有至人者,淳德全道,和于阴阳,调于四时,去世离俗,积精全神,游行天地之间,视听八达之外,此盖益其寿命而强者也,亦归于真人。其次有圣人者,处天地之和,从八风之理,适嗜欲于世俗之间,无恚嗔之心,行不欲离于世,举不欲观于俗,外不劳形于事,内无思想之患,以恬愉为务,以自得为功,形体不敝,精神不散,亦可以百数。其次有贤人者,法则天地,象似日月,辩列星辰,逆从阴阳,分别四时,将从上古合同于道,亦可使益寿而有极时。"揭示了仙人、真人是"此其道生",是可以通过修炼达到的,不仅仅是神话小说中编造的美丽故事。南宋陈泥丸在《翠虚篇·丹基归一论》中说"一阴一阳之谓道,道即金丹也,金丹即是也。古仙上灵,诏人炼七返九还金液大丹者,是乃入道之捷径耳。"白玉蟾《紫清指玄集·鹤林问道篇》中也说:"夫金丹者,金则性之义,丹者心之义,其体谓之大道,其用谓之大丹,丹即道也,道即丹也。"因此道教内丹学就是通向仙人、真人境界的阶梯,人们只要修炼成大丹,便成了驻世逍遥快乐的仙真。

道教内丹学是参天地、同日月、契造化的金丹大道,又是返自然、还本我、修性命的天人合一之学,源远流长,肇始于伏羲、神农、黄帝上古时期,与道学同源,乃中华民族传统文化的瑰宝。

老子、庄子集其成,阴长生、魏伯阳、葛洪、魏华存奠其基,钟离权、吕洞宾、陈抟、刘海蟾将内丹学理论体系发展成熟,大开法门传道,从此内丹流派纷呈。北宋以来,直至明清,丹道流派大多都上溯钟(钟离权)、吕(吕洞宾),宣称是钟吕门下,由之又分为南、北、中、东、西五大流派。南宗创始于浙江天台张紫阳(984-1082),名伯端,有《悟真篇》、《金丹四百字》、《青华秘文》等;北宗创立于陕西咸阳王重阳(1112-1170),传全真七子,尤以长春真人丘处机创立的龙门派,广开教门,至今传承不衰;中派肇始于元朝李道纯,其本是南宗白玉蟾门人王金蟾的门人,入元后加入全真道,因之调和南北两派之学于一炉,被丹家尊为中派。东派创立于扬州陆潜虚(1520-1606),名西星,著《方壶外史》、《三藏真诠》等。西派创立于清道咸年间李涵虚(1806-1856),著有《道窍谈》、《三车秘旨》等。

世间芸芸众生求财、求禄、求寿、求平安者,如过江之鲫。然其中最难求者就是"寿",千古一帝秦始皇,权倾天下,富有四海,却求"寿"无门,望"寿"而叹。而道教之内丹仙学文化中服食、服药、辟谷、导引、胎息诸术,恰是养生长寿、长视久生之妙术。内丹学,陈撄宁会长早年称之为"仙学","盖神仙者,乃精神与物质混合团结煅炼而成者。"(陈撄宁《答复浦东李道善君问修仙》)以法、侣、财、地为修仙炼丹的四大条件。法,就是丹道法诀,是内丹修炼的具体操作功程,其理法存于丹经道书,其关键秘密处则在于口诀,必须由师父口传才能掌握丹诀次第和火候细微。侣,就是修真的道侣丹友,结伴共修大道,同参玄机,互相扶助,过大关防危虑险之时更是不能缺少;阴阳丹诀中的金鼎、火鼎、水鼎,也属于侣的范畴。财,就是修道用的资财,一是访师之用,有"法财互施"之说;二是备制炉鼎器皿之资;三是在日常生活中的支出。地,就是适宜从事修炼的洞天福地。从事修炼,首要必须积功累德,以增福培慧,所谓"道高降龙虎,德重鬼神钦",更有"有道无德,道中之贼"之说。做"一个高尚的人,一个纯粹的人,一个有道德的人",才是一个完整的"全人",才有资格修炼丹道,仙经谓:"欲修仙道,先尽人道;人道不修,仙道远矣。"所以内丹学不是普通的信仰,是真知践履之学,不仅仅是养生全形、延年长寿之学,更是"一套凝练常意识(识神),净化潜意识(真意),开发元意识(元神)的心理程序"。丹道具有净化人之心灵,塑造人之道德,化解心中之恶,走向至美之善。内丹学可以树立正确的人生观、价值观、道德观,培塑人们的道德情操,必然会在构建和谐社会中发挥积极的作用。

在从事道教仙学丹道养生修炼的过程中,访师求诀自不可少,但是真师难遇,真诀难得。陈撄宁会长早年耗费五六年的时间寻师访道,结果"都是空跑",自思"这样的寻访,白费光阴,还不如自己看书研究,因此遂下决心阅览《道藏》。"(陈撄宁《自传》)历经数年苦读,参悟《道藏》中所秘载的丹诀道法,终成为一代仙学巨子、养生大师,新中国成立后参与筹备道教协会,曾被选举为会长,教内有"当代太上老君"之美誉。丹道法诀常隐藏于丹经道书之中,博阅丹经,广参道典,不失为没有条件访师者的首选。近年虽然有《道藏》、《藏外道书》、《道藏辑要》、《道藏精华》、《道书集成》等大型丛书影印刊行,然而仅一部《道藏》就五千四百余卷,浩如烟海,普通读者焉有时间逐卷研读?另外,这些丛书都是影印出版,竖版繁体,不利于阅读,同时价格昂贵,普通读者购买颇为吃力。

余自幼就非常爱好传统文化,对于古籍经典苦读孜孜不倦,常通宵达旦,乐此不疲。及长进入工作岗位,每以微薄薪金购书渴读。因缘所致,弃职经商,尝将所学到的道家玄妙思想用于为人处世之中,事半功倍。庚辰年皈依道教,承嗣全真龙门派二十六代薪传。从之深研道家文化,遍游洞天福地,寻仙访道,拜师学艺,研习养生术,体悟道教之奥妙精深。甲申冬月,斥资复建唐山玉清观，再塑三清真容。古时玉清观，在开平古建筑中，是规模较大的一座庙宇。坐落在开平西城门外，火神庙与关帝庙之间。坐北朝南，始建于汉代，初毁于宋，复建于明，后毁于唐山大地震。再建的玉清观，坐落在开平老城遗址北门外，坐北朝南，由政府拨地二十余亩，总体建筑面积约九万六千平方米。完成建筑后的玉清观与开平古艺文化街遥相呼应，形成浓厚的古文化氛围。丙戌年，唐山道众发起筹建唐山市道教协会，被推选为道协负责人。

宫观虽立不可无文化，道士虽众不可无道统。文以载道，书以救世。且玉清古观，乃古仙合药炼丹之地，三丰隐居修炼之所，与丹道仙学早已结下千古之殊缘。故邀请专家学者为顾问，携手道门同修为编纂，将浩如烟海的道书古籍加以整理校订，首以吕祖、三丰之仙书为发轫，继理陈抟、李道纯、陆潜虚、李涵虚、傅金铨、闵一得诸仙书道籍，编纂为《唐山玉清观道学文化丛书》。丹经道书，几经传抄翻刻，鲁鱼豕亥之处颇多，影响阅读，也不利于道教文化的传播。本次点校整理，务求善本，必致精良，努力使《唐山玉清观道学文化丛书》成为名山深藏之宝典、道流渴读之仙籍，予愿足矣。

在编纂本丛书的过程中，先后得到中国道教协会任法融、张继禹、黄信阳三位会长的鼓舞，得到中央民族大学牟钟鉴教授、中国社会科学院胡孚琛教授的赞许，也得到河北民族宗教事务厅陈会新厅长、康志锋副厅长、王兴社处长等领导的支持，在此一并表示衷心的感谢！

岁在戊子识于唐山玉清观
（作者系中国道教协会副秘书长、
河北省政协委员、唐山市道教协会会长）

《参同集注》序

胡孚琛

东汉魏伯阳所著《周易参同契》和北宋张伯端所著《悟真篇》，被后世丹家奉为丹经之祖，故凡研习丹道者，莫不深究此二书。四川绵竹周全彬君和河北唐山盛克琦君，皆研习丹道有年，各有成就。去年彼二君通力协作，对《悟真篇》多种注解版本编校，集为《悟真抉要——道教经典〈悟真篇〉注解集成》一书，由董沛文道长主编的《唐山玉清观道学文化丛书》出版，可谓一大功德。时过一年，周全彬与盛克琦二君又推出《参同集注——〈周易参同契〉注解集成》一书，可谓功德无量矣。

在中华民族的道学文化中，有五部典籍极为珍贵，至今东西方现代科学和哲学的发展水平，都没有达到这五部经典的高度，当世海内外学者能稍入其堂奥者已属凤毛麟角，更不用说真正掀翻境界破解其奥秘了。这五部经典，一是老子的《道德经》，二是《黄帝内经》，三是魏伯阳的《周易参同契》，四是《易经》和《易传》，五是张仲景的《伤寒杂病论》，其中蕴藏了我们祖先通天彻地的智慧，必将成为中华民族在21世纪重新崛起的文化资源，也必将成为拯救人类脱离核战火和灾病毁灭的圣典。

当今的世界，已进入一个"全球化的战国时代"，国与国之间不仅会发生军事实力的冲突和战争，而且在政治领域、经济领域、文化领域都在进行全方位的较量。外交斗争是军事斗争的变形，金融战争是经济实力的比拼，而政治体制的优劣决定着战争的胜败，文化实力的强弱却最终决定着民族的兴亡。一个真正的大国不但要有能力保护自己的版图主权不被侵犯，还要拥有自己的金融主权、科技主权、教育主权、经济主权和文化主权，归根结蒂是要在价值观上拥有引领这个世界前进的文化力量。文化实力是政治、经济、军事实力的根基，国家文化主权的丧失必然导致政治腐败、道德沦丧、思想僵化、学术平庸、精神空虚、缺乏活力，进而沦落为强国的附庸。因之，中华民族要在21世纪重新崛起，必须首先要珍惜、发掘、识别、弘扬中华民族的传统文化。然而在近世，中华民族的传统文化遭到自阉式的破坏，古代圣贤的道统和学统被中断，中华之魂被西化，中华民族的文明史被误导、曲解得一塌糊涂。道学文化是中华文明的灵魂和根基，我们要破解道学文化的上述五部经典，就必须认真厘清中华文明史上的种种谜团。

实际上世界各地的文明，都是从一万年前新石器时代的同一个起点起跑的。中华之古文明，号称源自三皇五帝。三皇依次为伏牺、神农、黄帝，五帝依次为少昊、颛顼、高辛（帝喾）、唐尧、虞舜。伏牺（羲）氏时代，为考古学上大约距今七千年至五千年的仰韶文化时期。伏牺时河出图，洛出书，始画八卦，作甲历，以俪皮（双兽皮）为礼制嫁娶之法，创琴瑟之乐。伏牺氏百年之后，其同氏族女皇女娲氏立，正婚姻之礼，四时之序，并命祝融氏讨伐共工氏取得胜利。历经多代，后神农氏兴，称炎帝，教民耕种，为民疗疾，治麻为布，煮海为盐，聚货为市，于是北至幽都，南至交趾，东至旸谷，西至三危，莫不从其化，享国日久。其后帝临魁、帝承、帝明等相继掌国，传至帝榆罔，为政苛急，诸侯怨贰。炎帝之族蚩尤兴起，为中华之战神，且为九黎族之祖，兴兵攻帝榆罔于空桑。黄帝有熊氏兴，征师诸侯，与蚩尤战于涿鹿之野，擒杀蚩尤，后又与炎帝榆罔战于阪泉之野，代有天下，以土德王，号轩辕黄帝，中华文明大兴。后经少昊金天氏、帝颛顼高阳氏、帝喾高辛氏、帝尧和帝舜，统谓之三皇五帝。

中华民族最古的文献，传说有《三坟》、《五典》、《八索》、《九丘》，《三坟》为三皇之书，《五典》为五帝之书，当无疑义。《八索》本为上古结绳记事的绳索，然自伏牺画卦以来，巫史以八条绳子索求卦象，以绳记之，如后世之甲骨卜辞，谓之《八索》。后蓍草之占兴，故孔安国《尚书序》谓孔子"赞易道以黜《八索》"。孔安国《尚书序》又云："九州之志，谓之《九丘》。丘，聚也；言九州所有，土地所生，风气所宜，皆聚此书也。"《左转·昭公十二年》贾逵注云："九丘，九州亡国之戒。"或曰"九丘"是古代的地图沙盘模型，皆觉牵强。我们以流溯源，以为《九丘》盖由河图、洛书演化为"九宫"，初为祭祀之礼，筑九丘以祭神，又用于丧葬，并由此发展出"明堂"之学。八卦、九宫广泛用于方术，为巫史所必学，故良史必知《八索》、《九丘》。古之良史如巫咸、文挚、伯阳父、老聃、倚相，皆精通三坟、五典、八索、九丘，能识别多种古文字者也。

中国三皇五帝时代，主流文化是母系氏族公社的原始宗教，此宗教以图腾崇拜、自然崇拜、生殖崇拜、女性崇拜、祖先崇拜为特征，为道学文化之滥觞。自五帝时代不断有原始宗教发生，先是统治者垄断了祭祀权，再就是洪水时期父权上升，至夏、商、周三代时期进入父系氏族社会。然而，父系氏族公社的原始宗教——宗法礼教，却是在周代才确立起来。礼教以天帝崇拜、祖先崇拜、君权崇拜、圣人崇拜、父权崇拜为特征，敬天法祖、男尊女卑、忠君孝亲、克己复礼，为儒学文化之发轫。春秋战国时期，诸子百家争鸣，中华文明在第一轴心时代发生了哲学的突破，这次文化重构历时550年奠定了中华文明的根基。直到魏晋南北朝时期，中华文明又发生了第二次重构，历时400多年，形成了儒、道、释三教分立而互补的文化格局。这种型态的文明日益成熟和发展，至宋代达到高峰，而后逐渐僵化和没落。中华文明的第三次重构，发生于1919年开始的"五四"新文化运动，这是中西文化的一次大碰撞，百年来此起彼伏发人深思，直至今天仍在继续。

在21世纪的第二个十年里，我们要恭请《道德经》、《黄帝内经》、《周易参同契》、《易经》、《伤寒论》这五部圣典来引领中华文明的第三次重构，并进一步催生全世界人类文明的第二轴心时代。《黄帝内经》和《伤寒论》是中华民族神圣的医典，是东方人体科学的明珠，其学说既能摄生，又能医病，还能医世。人类一旦把这两本书的精华破解出来，就培养出一批医人兼医世的大医，而大医的最高境界与道相通，大医无医，人人都懂医道而不需要庞大的医院设施了。《周易》传自伏牺、文王和巫咸，承载了先民天人交通的信息和象数思维的精华，是一种推天道以明人事的宝典。学者能精通《周易》，便能推往知来，所行皆宜，从容应世，逢凶化吉，修身治国，合道通灵。《道德经》是周代史官伯阳甫和老聃精研史籍，妙悟天道，察古今之变，究天人之际，相继著述和流传下来的圣典，其中隐藏着中华民族自三皇五帝至夏、商、周三代的智慧，贯通得道修仙、治国用兵、处世应物等不同层次的功用，是全人类阐述宇宙运行规律，探讨社会和心灵奥秘的无与伦比的文化瑰宝。《周易参同契》号称为"万古丹经王"，是彻底开发人体和心灵的潜能，使人修炼成仙，人类演化为仙类的绝学。《参同契》一书，参是参天地造化之体，同是资同类造化之用，契是契合造化生成之功，其书贯通地元灵丹、天元神丹和人元大丹，并将人元大丹的三家四派法诀皆隐于书中。张三丰《金液还丹破迷歌》云："讲《悟真》，说《参同》，此理原来是一宗。此药虽从房中得，金丹大液事不同。"《参同契》虽有多种解释，看来还是张三丰真人所传三家相见的龙虎丹法为正宗。

《周易参同契》自古版本甚多，词韵奥雅难通。就其版本而论，约分两类，其一是最早传世的五代彭晓《参同契通真义》，朱元育《参同契阐幽》注释较好，但朱熹《参同契考异》较为流行。

其二是杜一诚、杨慎推出的《古本参同契》,以仇兆鳌《参同契集注》较为精当。还有陈致虚《参同契分章注》、陶素耜《参同契脉望》,为龙虎丹法注本。其中得《参同契》真传者,为紫阳真人张伯端,他有《读周易参同契》一文,又著有《悟真篇》,而《悟真篇》也是传承《参同契》丹法的,读者以此入手,当不失大旨。今周全彬、盛克琦二君又复推出《参同集注——〈周易参同契〉注解集成》一书,读者可由此破解丹道之奥秘,为中华文明的复兴尽智尽力矣。

识于中国社会科学院
壬辰年元宵节
(作者系中国社会科学院研究员、博士生导师)

前　言

中华民族内丹学是参天地、同日月、契造化的金丹大道，是返自然、还本我、修性命的天人合一之学，源远流长，肇始于伏羲、神农、黄帝上古时期，与道学同源，乃中华民族传统文化中的瑰宝。据史书记载，昔黄帝访天师岐伯问医论药，作《内经》阐明医学以疗民众之疾苦，始开中华医学之先河；复访广成子学仙问道于空同，鼎湖跨龙白日飞升，大道仙学由斯而滥觞。嗣后老子、庄子集其成，阴长生、魏伯阳、葛洪、魏华存奠其基，钟离权、吕洞宾、陈抟、刘海蟾将内丹学理论体系发展成熟，大开法门传道，从此内丹流派纷演、法脉大彰。其法脉大略可以分为南、北、中、东、西五大流派，其余尚有龙门派、伍柳派等分化孳生。其间张紫阳、白玉蟾、王重阳、丘处机、李道纯、陈致虚、张三丰、陆西星、伍冲虚、柳华阳、刘一明、李涵虚、黄元吉、汪东亭等丹道俊彦一时齐显，群仙汇聚，代代相承，不绝如缕，直至当今。

一

中国是世界上最早从事炼金或炼丹活动的国家，中国在商朝时期就已经出现了简单的炼金术，到公元前2世纪的西汉时代已经相当盛行。西汉武帝刘彻（前156—前87）曾召"天下怀协道艺之士"从事炼金活动。西方直到公元后1世纪才在埃及出现，比中国约晚500多年。到了唐代初期，炼金术发展达到了一个高峰，影响到许多文人墨士也参与了活动。大诗人李白在

《寄王屋山人孟大融》中就有"所期就金液,飞步登云车"的诗句。杜甫在《先寄严郑公五首》中则提到:"衰颜欲付紫金丹"。诗人沈佺期《同工部李侍郎適访司马子微》云:"柱下留伯阳,储闱登四皓。闻有《参同契》,何时一探讨。"而白居易则曾钻研炼丹之学,说"授我《参同契》,其辞妙且微"①,"欲问《参同契》中事,更期何日得从容"②。并曾亲自炼丹,在《炼药不成命酒独醉》中说:"丹砂见火空,不能留姹女,争免作衰翁。"当时炼金术盛行的情况可见一斑了。

公元7世纪,中国炼丹术西传至阿拉伯,8世纪开始传入欧洲,并同西方炼金术结合在一起逐步发展成为近代化学,直至现代化学科学。炼金术虽然是古人企图"点石成金"或炼制"长生不老"药物的方术,然而也都是以古代物质理论和古代化学工艺知识相结合而形成的"类化学实验"活动,从而也积累了相当丰富的化学知识,并成为近代科学化学产生的前驱或基础,例如现代的"化学"(Chemistry)一词就是由"炼金术"(alchemy)一词演化而来。因此可以说,中国不仅是炼金术的发源地,而且也是整个化学的发源地。著名科学史家李约瑟说,中国是"整个化学最重要的根源","化学是地地道道从中国传出去的"。

同时,中国也是最早撰写炼丹著作的国家。公元2世纪东汉炼丹家魏伯阳所著《周易参同契》,总结了当时的一些化学知识和化学变化,推动了古代化学事业的发展,在中国和世界科技史上有重要的地位,是现今世界上现存最古的炼丹文献,受到世界各国的公认,它比欧洲保存在威尼斯的希腊文抄本《圣·马克书稿》(Manuscript of St. Mark)至少要早五百年。现代实验化学起源于炼丹术,而炼丹术则起源于中国。这使得《参同契》在化

---

① 白居易《同微之赠别郭虚舟炼师五十韵》。
② 白居易《寻郭道士不遇》。

学史上的地位更为突出。1932年广州中山大学化学教授吴鲁强与麻省理工学院的戴维斯(Tenney L. Davis)合作将《参同契》译成英文 An Ancient Chinese Treatise on Alchermy, entitled Tsan Tung Chi(《〈参同契〉——中国古代的炼金术著作》)，发表在同年出版的科学史杂志 Isis 上，介绍给西方，吸引了世界上化学史界的注意目光。著名科学家李约瑟、席文(T. Sivin)等人的研究进一步奠定了《周易参同契》在世界科学史上的地位。自此以后，国外许多出版物，美、英、苏等国的教科书和百科全书都有提到，例如《苏联大百科全书》中"炼丹术"条和苏联化学家涅克拉索夫著的教科书《普通化学教程》都作了介绍。李约瑟称它是"全球第一本这方面的书籍"。我国科学家钱学森教授也指出："《周易参同契》是第一本中国古化学著作，这是中华古代文明对世界文明的重要贡献，也是对世界化学科学的极大贡献。"因此说，《周易参同契》不仅是"第一本中国古化学著作"，也可以说是世界上第一本"古化学著作"。

对于内丹学而言，《老子》、《庄子》、《周易》、《黄帝内经》等典籍中多藏有丹道法诀，但是均一鳞半爪，非常不系统，是一种有术无学的状态。至东汉魏伯阳著《周易参同契》，全书计六千余字，总结了东汉以前炼丹学的经验，汇通大易、黄老、炉火三家之说，著成《周易参同契》，进而构建起一套完整的炼丹理论体系，为后世内外丹修炼奠定了坚实的理论基础。外丹炉火之术，是古代化学，因而《参同契》所阐述的内容在当时是属于最尖端的自然科学范畴，由此所建立起来的炼丹理论体系具有朴素的唯物主义科学思想，是该时期最先进的科学理论和最前沿的哲学体系。同时，《参同契》所构建起来的丹道理论体系在丹道史上是一个重要的里程碑，是炼丹理论发展的巨大飞跃，成为后世内丹家的必读之书，以致诸家丹书的著述无不沿袭了《参同契》的理论构架，无不被历代内丹家们所推崇。胡孚琛教授指出：

"《参同契》的传世标志着内丹学的形成。"①

《周易参同契》作为世界上第一部炼丹著作，是近代化学的先驱。《四库全书总目》中就说："后来言炉火者，皆以是书为鼻祖"。唐·刘知古在《日月玄枢论》中说："道之至秘者，莫过还丹；还丹可验者，莫若龙虎；龙虎之所自出者，莫若《参同契》焉。"北宋·高象先在《金丹歌》中盛赞："又不闻（淳于）叔通（徐）从事魏伯阳，相将笑入无何乡。准《连山》作《参同契》，留为万古丹中王。"张紫阳在《悟真篇》中云："叔通受学魏伯阳，留为万古丹经王。"宋末俞琰《周易参同契发挥序》也说："《参同契》乃万古丹经之祖。"王明先生在《〈周易参同契〉考证》一文中总结说：自汉而唐而宋，论炼丹者，代不乏人，溯流寻源，大要如尔：魏伯阳导其源，钟吕衍其流，刘（海蟾）、张（紫阳）、薛（紫贤）、陈（泥丸）扬其波。由外丹而内丹，流变滋多，《参同契》洵千古丹经之祖也。《参同契》尊为"万古丹经王"的学术观点逐渐确立，自唐朝以来，降至今日，未曾动摇。

由此可见《周易参同契》一书的影响之大，在我国科技史、思想史、宗教史和丹道史上都占有着独特的重要地位，同时也蕴藏着深奥的内丹修炼秘诀。

二

晋·葛洪《神仙传》中记载："魏伯阳……作《参同契》、《五相类》凡二卷。"其作者据之可成定论，然而《参同契》的作者问题却历来存在着争议，颇不统一，或谓魏伯阳，或谓徐从事，或谓淳于叔通。综合考察，大抵分作二大类观点。

第一种观点认为《参同契》系魏伯阳在徐从事所传的《古龙

---

① 胡孚琛《道学通论——道家·道教·丹道》（增订版），534页，社会科学文献出版社，2004年。

虎上经》的基础上撰著而成,以题名阴长生注和《道藏》容字号无名氏注本《参同契》为代表。阴本《参同契》序中云:"盖闻《参同契》者,昔是《古龙虎上经》,本出徐真人。徐真人,青州从事,北海人也。后因越上虞人魏伯阳,造《五相类》,以解前篇,遂改为《参同契》。更有淳于叔通,补续其类,取象三才,乃为三卷。叔通亲事徐君,习此经,夜寝不寐,仰观乾象而定阴阳,则以乾坤设其爻位,卦配日月,托《易》象焉。"无名氏本《周易参同契注》序云:"凌阳子于崆峒山,传与徐从事,徐从事传与淳于君。淳于君仰观卦象,以器象于天地,配以乾坤;以药象于坎离,配以水火,则为日月;以鼎象于大白,亦为镇星,以炉为城郭。余六十卦,以定升降消息、阴阳度数、二至加减、翻转鼎器,所以便造篇名《五相类》,类解前文,集后一卷,并前三卷,以表三才、鼎药,以象三光。第一卷以论金汞成形,日月升降;第二卷论增减、十月脱胎;第三卷淳于君撰,重解上、下二卷,疑于始传魏君。"实际这些问题主要集中在魏伯阳、徐从事、淳于叔通三人的关系上。

第二种认为《参同契》是魏伯阳根据《古龙虎上经》所撰,徐从事注之,并传与淳于叔通,以后蜀彭晓《周易参同契分章通真义》为代表。其在《通真义》序中讲:"按《神仙传》:真人魏伯阳者,会稽上虞人也。世袭簪裾,唯公不仕,修真潜默,养志虚无,博赡文词,通诸纬候,恬淡守素,唯道是从,每视轩裳如糠秕焉。不知师授谁氏,得《古文龙虎经》,尽获妙旨。乃约《周易》,撰《参同契》三篇。又云未尽纤微,复作《补塞遗脱》一篇,继演丹经之玄奥。所述多以寓言借事,隐显异文,密示青州徐从事,徐乃隐名而注之。至后汉孝、桓帝时,公复传授与同郡淳于叔通,遂行于世。"

其后注家多承袭彭晓之说,如朱熹、清四库馆臣等官方学者俱持此说。元·俞琰也全盘接纳此说,在《周易参同契发挥》序注中云:"魏公生于东汉,名伯阳,号云牙子,会稽上虞人也。今言邻国者，隐其辞也。本高门之子，世袭簪裾，惟公不仕，修真潜默，养志虚无，博赡文词，通诸纬候，恬然守素，惟道是从，每视轩裳为糠粃焉。不知师授谁氏，而得大丹之诀，乃约《周易》，撰此《参同契》三篇。又恐言之未尽，复作《鼎器歌》，以补塞三篇之遗脱，润色三篇之幽深。密示青州徐景休从事，徐乃隐名而注之。至桓帝时，复以授同郡淳于叔通，遂行于世。"

《参同契》中有庾词（又称覆射，古代的一种猜谜游戏）一段，其云："委时去害，依托丘山。循游寥廓，与鬼为邻。化形为仙，沦寂无声。百世一下，遨游人间。敷陈羽翮，东西南倾。汤遭阨际，水旱隔并。柯叶萎黄，失其华荣。各相乘负，安稳长生。"从现有的文献看，俞琰是历史上第一个猜出此庾词中隐有"魏伯阳"三字的人。解出的谜底是："此乃'魏伯阳'三字隐语也。'委'与'鬼'相乘负，'魏'字也；'百'之'一'下为'白'，'白'与'人'相乘负，'伯'字也；'汤（湯）'遭旱而无水为'易'，'陃'之厄际为'阝'字，'阝'与'易'相乘负，'阳（陽）'字也。魏公用意可谓密矣。"清人陶素耜在《参同契脉望》中更进一步解其谜底曰"此'魏伯阳歌'四字隐语也。上三字，俞琰解之详矣。后四句，'柯失华荣'，去木成'可'；乘者，加也。两'可'相乘为'哥'；负者，欠也。'哥'傍加'欠'为'歌'。有韵之文曰歌，所谓歌叙大易也。留传隐语，垂示后昆，古仙往往有之。"

元陈致虚《周易参同契分章注》中云："真人彭晓序谓：仙翁不知师授谁氏，得《古文龙虎经》，尽获妙旨，乃约《周易》撰《参同契》三篇。又云：未尽纤微，复作《补塞遗脱》一篇，继演丹经之玄奥。盖仙翁初授真人阴长生之旨，后复师徐从事，由是备悉玄微，《仙传》载详。真一又云：书成密授青州徐从事，徐乃隐名而注之。是则源流真实奚辩？"

清刘一明在《参同契直指序》中说："东汉魏伯阳真人，得长生阴真人之传，会悟圆通，了却大事，垂悯后生好道之流，准《易》

道而作《参同契》，分上、中、下三篇。首叙御政之道，中叙养性之理，末叙伏食之方，罗列三条，贯通一理，别开门户，多设寓言，接引方来。以有象比无象，以有形示无形，其中药物火候，无一不备。书成之后，证诸青州从事景休徐公，徐公遂笺注三篇，发明《契》中奥妙。魏真人又传同郡淳于叔通，淳于氏又作《三相类》上、下二篇，补塞《参同契》之遗脱，于是金丹之理尽出而无余蕴矣。如三翁者，皆亲面参证，心印成书，非他一切模仿猜疑可比。此又《参同》中之《参同》，后世万卷丹经皆本于此，所以人皆称为万古丹经之王。"

近代很多学者就《参同契》作者问题进行广泛翔实的考证，如潘雨廷教授《参同契作者及成书年代考》[①]、孟乃昌《周易参同契考辩》[②]、萧汉明和郭东升合著《周易参同契研究》[③]、曾传辉《元代参同学——以俞琰、陈致虚为例》[④]等等。现今大多通行的《周易参同契》将作者署名为魏伯阳著。

《参同契》的作者魏伯阳，其事迹在正史中均未记载。据宋·曾慥《道枢》记载：魏伯阳，其名翱，字伯阳，汉人，自号云牙子，游于长白之山，而遇真人，告以铅汞之理，龙虎之机焉。[⑤]

另据葛洪的《神仙传》记载："魏伯阳者，吴人也。本高门之子，而性好道术，不肯仕宦，闲居养性，时人莫知其所从来，谓之治民养身而已。后与弟子三人入山作神丹，丹成，知两弟子心不尽诚，丹成，乃试之曰：'此丹今虽成，当先试之饲于白犬。犬即能飞者，人可服之。若犬死者，即不可服也。'伯阳入山时，将一

[①] 潘雨廷《〈参同契〉作者及成书年代考》，《中国道教》杂志1987年第3期。以及中国道教协会印行道教知识丛书之六《周易参同契考证》。

[②] 孟乃昌《周易参同契考辩》，上海古籍出版社，1993年。

[③] 萧汉明、郭东升《周易参同契研究》，上海文艺出版社，2001年。

[④] 曾传辉《元代参同学——以俞琰、陈致虚为例》，宗教文化出版社，2004年。

[⑤] 出宋·至游子曾慥集《道枢》卷之三十四。

白犬自随。又丹转数未足，和合未至，自有毒丹，毒丹服之皆暂死。伯阳故使以毒丹与白犬食之，犬即死。伯阳乃复问诸弟子曰：'作丹恐不成，今成而与犬食，犬又死，恐是未得神明之意。服之恐复如犬，为之奈何？'弟子曰：'先生当服之否？'伯阳曰：'吾背违世路，委家入山，不得仙道，吾亦耻复归。死之与生，吾当服之耳。'伯阳便服丹，丹入口即死。弟子相顾谓曰：'所以作丹者，欲求长生耳！而服之即死，当奈此何？'惟一弟子曰：'师非凡人也，服丹而死，得无有意邪？'又服之，丹入口复死。余二弟子乃相谓曰：'作丹求长生耳！今服丹即死，当用此何为？若不服此，自可得数十年在世间活也。'遂不服，乃共出山，欲为伯阳及死弟子求棺木殡具。二人去后，伯阳即起，将服丹弟子姓虞，及白犬而去。因逢入山伐薪人，乃作手书与乡里人，寄谢二弟子。弟子见书，始大懊恼。"

三

丹道之学以钟吕、三丰大张法门，理论的构架却在汉代魏伯阳的《周易参同契》和北宋张紫阳的《悟真篇》。宋阮登炳《周易参同契发挥》序云："《参同契》乃万古丹经之祖，其辞古奥密微，莫可测议。然亦未有真知实践得其正传，而不能通此者也。若其论议与之相戾，而曰我自有秘授，焉用此为，则亦妄人而已。"元陈致虚《周易参同契分章注》云："倘有所师，先以《参同契》一书辩之，若句句能明，章章洞晓，方是真正；苟有一句懞懂含糊，便难信受。若除此书，谓别有途可成道者，此大诳人。"清仇兆鳌在《周易参同契集注》例言："古今丹书万卷，必推《阴符》、《道德》为丹经鼻祖。《参同》约两经而著书，词简义赅，又后世丹学之津梁。"

魏伯阳在《参同契》讲："天地至精，可以口诀，难以书传。"

"窃为贤者谈,曷敢轻为书?若遂结舌瘖,绝道获罪诛。写情著竹帛,又恐泄天符。犹豫增叹息,俛仰辄思虑。陶冶有法度,未忍悉陈敷。略述其纲纪,枝叶见扶疏。"体现了一种既难以将全部丹道口诀著书传世,又恐怕不留著作会失传天道的矛盾心理,因此采取"故为乱辞,孔窍其门"的方法。《周易参同契》既用隐语韵文写成的,文字古朴,故其辞难解,其理难明,其诀难彻。宋代著名学者朱熹晚年酷好研读《参同契》,著有《周易参同契考异》,也感叹其"词韵皆古,奥雅难通"[1],曾为研读该书"终夕不寐",叹息"眼前见得了了如此,但无下手处",又说"不得其传,无下手处,不敢轻议"。《悟真篇》也讲:"契论经歌讲至真,不将火候著于文。要知口诀通玄处,须共神仙仔细论。"自古丹经都是用隐喻的形式写作而成的,后世丹经道书的著述也继承了这种写作风格,为研修丹道者制造了诸多的困难。

正因该书采取隐语譬喻等象征或借喻的方法写成,奥雅难通,易生误解,所以自唐代而后《参同契》注家蜂起,历代都有很多注本行世。《四库全书总目》谓:"至(南宋)郑樵《通志·艺文略》,始别立《参同契》一门,载注本一十九部三十一卷。今亦多佚亡,独晓此本尚传。共分九十章,以应阳九之数;又以《鼎器歌》一篇字句零碎,难以分章,独存于后,以应水一之数;又撰《明镜图诀》一篇,附下卷之末。晓自作前后序,阐发其义甚详。诸家注《参同契》者以此本为最古。"唐宋以来的《参同契》注本颇多,明《正统道藏》收入十一种,清《四库全书总目》道家类收入六部十六卷之多。主要注本有后蜀彭晓《周易参同契分章通真义》三卷、阴长生《周易参同契注》三卷、宋朱熹《周易参同契考异》一卷、宋储华谷《周易参同契注》、宋陈显微《周易参同契解》、宋俞琰《周易参同契发挥》、元陈致虚《周易参同契分章

---

[1] 朱熹《周易参同契考异》。

注》、明蒋一彪《古文参同契集解》、陆西星《参同契测疏》《参同契口义》、清陶素耜《参同契脉望》、仇兆鳌《参同契集注》、李光地《参同契章句》、刘吴龙《古参同契集解》等等。据不完全统计,现存于世的《参同契》注本有四十余种。

吾国道家丹道学术,自东汉末浙江会稽上虞魏伯阳著《周易参同契》,集大易、黄老、炉火三家之道,契而合之,以论神仙丹道,于是玄风大畅,遂成"万古丹经王"。但是后来释者纷纷,而得其枢机者殊鲜。不是流于炉火外丹丹法,耗火费财,了无所得;便是清修寡坐,老死山林,无有成效。后世丹家能诠释《参同契》的,惟有北宋张紫阳所作的《悟真篇》一书,始能上接魏真人《参同契》之玄脉,稀释《参同契》之奥旨。该书全面系统地阐释了丹道理法学说,提出了一套完整的丹道修炼次序,并强调丹道的地位和作用,为道教内丹学的发展奠定的理论基础,大大推动了道教内丹学的发展,在内丹学发展史上占据有很高的学术地位,因此与"万古丹中王"的《周易参同契》相提并论。清康熙间仇兆鳌《周易参同契集注》云:"《周易参同契》乃儒门而兼道术者,千载以还,张紫阳真人复著《悟真篇》,以发挥《契》理。两书相为表里,有功玄学非浅。考南宗一派,首创于上虞,而再振于天台,先后著述,皆能大畅玄风。东浙数百里间,上真竟两见,斯亦奇矣。"清刘一明在《参悟直指序》中云:"及宋张紫阳真人,仍本《参同》之旨,推广其义,作《悟真篇》,发《参同》所未发,较之《参同》,尤为显明详细,金丹之道,无余蕴矣。无如后世迷徒,不知个中妙义,执象扯文,以有形有象之物,妄加笺注,或认为炉火,或认为闺丹,或认为搬运,或认为静守,以讹传讹,以盲引盲,并不知《参同》、《悟真》为何书矣。"在《会心外集·参悟直指吟》中诗曰:"丹经尽是祖《参同》,独有《悟真》辅魏公。一个孩儿兄妹抱,承先启后德无穷。"在《参同契笺注直指》更指出:"殊不知此书(《参同契》),为列仙丹书之祖,后来紫阳《悟真》、杏林《复命》、毗陵《还元》、紫清《地元》、长春《西游》，皆本此书而作。"甚至丹家认为丹道理法偏离了《参同契》与《悟真篇》，那么他就不是纯正的丹法，难称丹道。

胡孚琛教授在《〈周易参同契〉秘传仙术的来龙去脉》一文中指出："《周易参同契》实际上是一本研究如何长生久视、得道成仙的学术专著，它是古代神仙家、秦汉方仙道、黄老道的学者们为同死亡作斗争长期积累的理论和方技的总结，其中隐藏着可以返老还童的妙术。""《周易参同契》所传返老还童的仙术，为中国古代神仙家的千古绝学。""《参同契》记述的古代仙术至今并没有过时，神仙家发明的这一奇异的人体科学成果是受西方科学思维方式训练的中外科学家难以预料的，它在未来的科学前沿上仍将闪烁着智慧的光芒。""由于人元丹法阴阳交感之术最秘的是'火候'，而《参同契》恰是以外丹烧炼来隐喻其火候的。"在《道学通论·丹道篇》中特别强调："丹经中最秘的法诀是同类阴阳丹诀，然而古仙担心此道失传，故意将其法诀隐入《参同契》和《悟真篇》中，以留待有缘者索解。同类阴阳派门中龙虎丹法和彼家丹法最秘密的口诀有八个字，就在《参同契》中，《悟真篇》是注解《参同契》的。无论学炼同类阴阳派还是自身清净派的丹士，必须认真钻研《参同契》和《悟真篇》，凡是和此二书抵触的丹书都是错的，这是历代丹家称此二书为丹经之祖的原因。"①

四

孟乃昌先生在《万古丹经王〈周易参同契〉三十四家注释集

---

① 胡孚琛《道学通论——道家·道教·丹道》（增订版），572页。

萃》①序言中认为:"《周易参同契》在中国乃至世界文化史上都占有一席地位,它以《周易》在两汉时代的表现形式,以气功的开创性理论阐释,以化学的原始原理建树,以三者的巧妙结合,在文化史上发挥着别具一格而又不容忽视的文献源头作用。大思想家周敦颐、朱熹、王夫之都非常关心和重视《周易参同契》,更有许多各层次的名人或非名人认真地注释它。自北宋以来,它被炼丹家高象先和张伯端称为'万古丹经王',即受到一致公认。朱熹通过反复研读、讨论和注解,得出了此书'词韵皆古,奥雅难通'的认识。于是,这部语言优美、内容晦涩的文化典籍吸引了更多的读者和注释者,像滚雪球一般不断扩展、开发、层积了它的丰厚内容和内涵,蔚然而形成了一门'参同学',给现代各国学者和无数读者提供了关心、钻研、探讨的一个独特领域。"首次提出了以《周易参同契》所汇集而成的学术系统称为"参同学"。其实南宋郑樵《通志·艺文略》,已独辟《参同契》一门,载注本一十九部三十一卷之多。胡孚琛教授认为:"足见至少在宋代治《参同契》者俨然成为中国传统文化中一门独立之学术矣。"②牟钟鉴教授也指出"事实上它(《周易参同契》)是作为一门相对独立的学问存在着和发展着"。③

　　曾传辉博士《元代参同学——以俞琰、陈致虚为例》一书,是一部研究《周易参同契》的专著,承袭孟乃昌先生之说,认为"参同学"的确立条件已经成熟。在书中指出:"各朝各代的文人学士为之作注的不下百余家,现存的有四十余家,其中有代表性的约有二十多家,有关论文更是难以统计。这些文献有的侧重易学,有的侧重外丹术,有的侧重内丹术,有的侧重学术史,都代表

---

① 孟乃昌、孟庆轩辑编《万古丹经王周易参同契三十四家注释集萃》,华夏出版社,1993年。
② 《元代参同学》胡孚琛序。
③ 《元代参同学》牟钟鉴序。

了所在历史时期和学派教派的特色,汇成了一个规模可观的学术系统,我们称这个系统为'参同学'。近年来,老学和庄学的研究日渐隆盛,硕果频结,这在很多方面都刷新了我们的国学知识。我们预期,对'参同学'研究的重视和投入必将会取得相同的效果。"

胡孚琛教授满怀憧憬地认为:"看来'参同学'有望像敦煌学那样成为世界性的显学。"同时又指出了一个严峻的任务:"丹道学要在21世纪走向世界,'参同学'要成立为一门学术,当务之急是首先将丹道从江湖文化提升到学术殿堂,以现代科学和哲学破解内丹之秘。"①

五

"参同学"既然已经构建,研究《参同契》的专著和论文逐年频出,研究成果堪称璀璨。为了让这门即古老又崭新的学科更好的蓬勃发展起来,那么历代研究《参同契》之古注不能不深入研究,在继承前人的珍贵研究成果的基础上,拓展研究领域,将《参同契》的研究推向新的学术高峰。我和周全彬兄借助《唐山玉清观道学文化丛书》编纂出版的东风,汇集自唐代以来,降至晚清一千多年间的《参同契》古代注本二十九部,精校编纂为《参同集注——〈周易参同契〉注解集成》一书,为治"参同学"的中外学者和爱好者提供翔实全备的研读资料,节省了学者们搜集散在诸大型丛书和图书馆《参同契注》的时间和精力。

周全彬兄与我相知几近十载,系四川绵竹人,雅好丹道之学二十多年,博闻广读,遍参师友,见地卓绝,谈吐非凡,窥灵文之真旨,得丹道之堂奥,真吾之良师益友也。曾历汶川地震之波

---

① 《元代参同学》胡孚琛序。

劫，塑就坚忍不拔之精神，铸得吃苦耐劳之魄力。在编纂《参同集注》期间，身负学校教学事务缠身的全彬兄克服种种困难，抢抓一点一滴的宝贵时间，调动了所有可以调动的资源，尽其全力、倾其心血搜集各种《参同契》注解的刊本、抄本、善本和孤本，以及关于《参同契》的吉光片羽，零珠碎玉也决不放过。校勘厘误，断句敲字，更是呕心沥血，耗损精神，坚忍着难以言说的痛苦，披星戴月，通宵达旦，孜孜不倦，精校不辍。经过一年多紧张而认真细致的校勘，一百六十余万字资料翔实蔚为大观的《参同集注——〈周易参同契〉注解集成》终告杀青，可以即将付梓了。此编虽云仅历年余校勘之苦功，实蕴周兄廿多年研《契》之学力。余能与周兄联袂从事《参同集注》之编纂，幸之甚矣！希望我们的艰苦努力，能为研究《参同契》之学者有所帮助，以不负诸多学者和爱好者的期望，吾等所愿足矣。

  遗憾的是，一些《参同契》古注善本尚尘封于全国各大图书馆，虽然我们查得收藏信息，但碍于我们的搜集能力，这些善本古注未能获得，从而不能编入本书之中。故在本书后附录中提供了这些善本的收藏信息，待有心人挖掘整理以补本书之缺失。另外，我们编纂了《〈周易参同契〉研究文献索引》附在书后，收录了自20世纪30年代以来研究《参同契》的专著和论文成果，提供给治"参同学"的研究人员参考之用。

  限于我们学识、能力和时间等诸多因素，本书中必然存在着这样或那样的不足与讹误，敬请专家学者和读者诸君批评指正！

  最后感谢中国社会科学院博士生导师胡孚琛教授拨冗作序推介本书，感谢本《丛书》主编董沛文先生这些年来无微不至的关怀和支持！

盛克琦
2012年2月16日识于唐山崇文书院

点校凡例

一、本书点校，尽可能搜集《参同契》各注解版本，但是有的注解尚存而超出校者收集能力范围之外：如明徐渭的《参同契分释》、明王九灵《校注古文参同契》、清姜中真《参同契注解》、清刘吴龙《古参同契集注》以及清黎世序《参同契注释》，因此本书虽称"集成"，也只是取集其大成之意。至于未搜集到的诸家注解，俟他日得到后，再行刊布续集。

二、本书每一种注解以时代先后为序列篇次，每篇注解在整理点校时都写有"点校说明"，简略地介绍作者生平、注解大意，以及整理点校取用的版本文献情况的说明。在"点校说明"中，校者就自己的理解程度，对各注解的说明详略各有不同：大抵注重对文献版本值得考证分析处，则详言之；于注家丹法评介，多片语只字作扼要介绍。

三、本书每一篇注解后，就校者所见到的文献，觉得有利于参悟注解内涵和考详注家生平以及与注本相关的文献，皆作为"附录"附于注解之后，以便检读。

四、全书后附有"《参同契》之序跋提要类"、"诸家论《参同契》类"两种，为校者悉心收集的资料，对于《参同契》的研究，有很大的价值。校者每篇之后都写有简要的"按语"，读者可以参看。但"按语"中有校者自己的见解和评判，属一家之言，谬妄之处，望仁者赐教为盼。

五、在整理时，凡改正底本，均作校勘记，若无版本而有疑义处，也作校勘说明。异体字、通假字，一般通行的，皆直接迳改，不出校记，而部分少见异体、通假字则未改动，也不出校记。

六、原书文字脱落、模糊不清之处，用"□"符号代替。

七、原书注解不分段，点校时，作适当的分段，部分注文用"○"为分隔号，便于醒目。

八、《参同契》正文各家注解不尽相同，有不少地方属明显错误，整理时，依据一般通行的《参同契》注解本作改正，并出校记。而某些文字虽觉错误，但无充足证据，也不敢妄改。

九、此次整理时，特编详细总目，这样能利于对本书的检阅。

周全彬

2011年11月6日

第一卷

周易参同契

旧题 汉 阴长生

点 校 说 明

1.《周易参同契》三卷,旧题汉·阴长生注。考阴长生之事迹,阴长生乃东汉延光间人,其学道从师于马明生,专主外丹烧炼之道,此注也专主外丹。其题名阴长生注,陈国符《〈道藏〉经中外丹黄白经诀出世朝代考》一文中考证:卷上引《金海》,按《新唐书·艺文志·子部丙录·兵书类》著录萧吉《金海》三卷。按《隋书·萧吉传》,萧吉一生,自梁(时建都江陵)经北周至隋,卒于隋炀帝时,著《金海》三十卷。《北史》萧吉亦有传。卷上屡引《乙巳占》。按《新唐书·艺文志·子部丙录·天文类》著录李淳风《乙巳占》十二卷,李淳风乃唐人。按《新唐书·李淳风传》:"贞观初,(李淳风)与傅仁均争历法,议者多附淳风。"是李淳风乃初唐人。此注未引宋人撰述。故此乃唐人注,依托东汉人阴长生,撰此注,最早于李淳风在世时,或更晚。因此,此注题名阴长生注解则出于伪托,但是其更大的意义在于确定此注出于唐人之手,孟乃昌先生惊叹为"定此二注注本为唐代所出,石破天惊,发人深省"。不过,潘雨庭《道藏书目提要》认为"此书署名长生阴真人注,显系托名。书前有序,亦系宋人言",则潘氏又目为宋人托名之注,其所持理由认为此注序言关于徐从事与魏伯阳的关系是"本彭晓之说而以意改变,殊未可信",潘氏又根据注文,说:"此以徐君仰观而合以天象,亦与魏著《周易参同契》之古说未合,是皆改彭说之失。"其也即认为此注不但不是唐人注解,且更晚彭晓注本之后,并认为此注"由外丹为喻而返诸内丹,由内外一致而大还丹,所以《周易参同契》有万古丹经王之誉。于其宋代其理大兴,此注乃当其时而出,乃有所得之言,不失注《参同》之一名家。"

按:此注之究属唐注或宋注,颇堪研究。若就丹法之内容考察,赵宋时代烧炼外丹致仙之说已渐趋衰歇,而内丹之道正值大兴,若此注以外丹作注,似逆当时修真之趋势;其二,就阴注文献引用而言,陈国符先生之论证以及孟乃昌先生通过二十六种炼丹原著所引句的对勘,较为有力地证明阴注本为唐代所产生。故今集成本将此注冠为全书之首,一方面固然从时代先后为序,另一方面乃因仙传谓阴、魏二真人有师徒之关系。虽然师徒之传说稽考史实或然无据,但可略见道门丹法授受间的某种潜在的联系,这也是读此注本时所需要深思之处的。

2. 本注据《道藏》本点校整理,无参校本。末附《阴真君传》,系从宋张君房编辑之《云笈七签》卷一百六录出,以供读者参考。

周易参同契

旧题 长生阴真人 注

序

　　盖闻《参同契》者，昔是《古龙虎上经》，本出徐真人。徐真人，青州从事，北海人也。后因越上虞人魏伯阳，造《五相类》，以解前篇，遂改为《参同契》。更有淳于叔通，补续其类，取象三才，乃为三卷。叔通亲事徐君，习此经，夜寝不寐，仰观乾象而定阴阳，则以乾坤设其爻位，卦配日月，托《易》象焉。故夫子曰：悬象著明，莫大乎日月。所以服此还丹者，皆得寿同天地。故日者，太阳之火精，则朱汞为龙是也；月者，太阴之水精，即铅银为虎是也。此之二宝，天地之至灵，七十二石之尊，莫过于铅汞也。感于二十四气，通于二十四名，变化为丹，服者长生，乘龙紫府。朱砂者，火之子；水银者，金之孙。金者，日之所生；银者，月之所育。日月互用，水火合成，龙虎相须，阴阳制伏，而成大丹。其大丹者，有八，而三品最尊。上品，有神符白雪、九转金液大还丹，神水化之，五符蒙覆，人食者，当白日冲天，八石五金，被化为宝；次中品有金花，黄芽所制，养汞而成紫金丹砂，或有月月倍添，名曰正养之道；下品有雄黄，属土，得位中宫将军之号，能偃于水，曾青属木，明目养神，变化水银，成砂洞耀，名紫金丹。八丹之中，唯三法为贵也。鸟食成凤，蛇饵为龙，人服长生，天地同寿。收人魂魄，返老归童，呼风叱云，玉女来侍。此实还丹之功力也。

　　故乾坤者，上下釜也；坎离者，水火为药也；震艮者，运卦合符也。中安金汞，傍助金华、黄芽，赤门养成，运火三岁，象自然之还丹，即太玄之炁足矣，何不成丹？夫大丹者，朱化为汞，汞变为金，金变为砂，砂化为丹，故曰还丹。还者，返旧之义；丹者，赤色之名。汞者，本体是金，成砂之后,故号金砂。紫赤成丹,还归本体,故称大还丹。其《参同契》具显,人不能明究,擅意自裁,遂成败失,所以无长生,度世非丹不能长年也。若服金丹大药,云腾羽化。不服金砂,而不可驾鹤。尝闻无能生有,有能成无,既有既无,何不服金汞之药?且五谷犹能益寿,何况神药金丹?毒药尚能杀人,还丹岂无仙寿?人无坚固之心,道岂违人之愿?何弃红颜白日,玉貌成尘,若不学长生,须臾而为下鬼。惟此还丹之理,《参同》皎然,遂见诸贤所注,悉皆隐密。余玩其术,颇得其旨,劳苦不辞,所失无怨,志在金鼎。而玩《参同》,被褐常思,云林性好,常存道教。虽在世俗,其心不群,思慕长生,而依仙术,道不违愿,忽遇真人,明旦而受之,亲蒙口诀,兼梦神授,握笔记之,伏火汞成还丹,岂得谬也?余长嗟学道之人,未经炉火而欲疾成,才有小失而起大怨,如此之流,皆为习气不真,邪正参杂,心生犹豫,弥历岁年,血气才枯,奄归朝露,深可悲哉!徒为学道之名,而无炼丹之志。若有清虚志士,立性淳和,见世务如探汤,弃妻子如脱屣,睹浮生之遄速,知大道之攸长,即可以授之此经,研寻义理,莫辞得失之必成。一成之后,看海水为丘陵,睹人生如聚沫,飞腾于太虚之上,逍遥于造化之中,此非天地之功,实为还丹之力。但寻《参同》,必晓其由,沿波索源,何忧不可?余今所注,颇异诸家。合正经,理归大道;论卦象,即火候为先;释阴阳,则药物为正。其事显,其理明,看之炯然,必无疑惑,使后来君子,同归大道,岂不善欤!

《周易参同契》卷上

长生阴真人注

乾坤者,易之门户,

《系辞》曰:乾坤,其《易》之门户邪?乾,阳也;坤,阴也。阴阳合德,而刚柔有体。阴阳者,气也;刚柔者,形也。禀阴阳之气,成金水之形。易者,变易也。象其物宜。金象乾,以其刚直;水象坤,以其柔顺。金水合体,凝而正坚,是变易也。金性不败朽,是为万物宝,是不易也。万物变化,必由阴阳之中,如人出入,皆从门户也。

众卦之父母。

《易》曰：乾，天也，故称其父；坤，地也，故称其母。震一索，而得男，故谓之长男；巽一索，而得女，故谓之长女；坎再索，而得男，故谓之中男；离再索，而得女，故谓之中女；艮三索，而得男，故谓之少男；兑三索，而得女，故谓之少女。众卦之父母，即乾坤之谓也。

坎离匡郭，运毂正轴。

坎为水，离为火。火性常动，水性常静。静以比轴，动以比毂。言坎离二气，含受匡郭，运转以毂轴。坎卦《象辞》曰：习坎，重险也，水流而不盈，盈刚在中也。即是水注器中。离卦《象辞》曰：离，丽也，刚化成柔，故亨通。丽，著也。重明者，阳也。柔者，阴也。火著器外，水著器中。水火气交，然后通达其情，化成其宝。坎中盛阳，离中盛阴，亦匡郭之义。

牝牡四卦，为橐籥，覆冒阴阳。

牝牡者，雌雄也；雌雄者，阴阳也。乾坎二卦为阳，坤离二卦为阴。橐籥，水火之气运于其中；覆冒，犹包裹也。金为阳，水为阴。一阴一阳，变易之道也。

道犹御者，执衔辔，准绳墨，随轨辙。处中而制外，数在于历纪。

车中者，君也；驾车者，马也。马虽至顺，非人君无所制之；君虽在车，非马不能行。以金为君，刚之极也；以水为马，顺之至也。金在中而时动，水居外而常转。水欲逃逸，金能制之，故曰处中以制外也。

月节有五六，

五六者，三十也，为一月之数。刚柔各半，昼为刚阳，夜为柔阴。刚柔相交之时，即是金水会合之际。

经纬奉日使，兼开六十四卦，

《白虎通》曰：日月为经，五星为纬。月者，太阴之精，积而成象，魄质合影，禀日之光，以明照夜。日为君，月为臣，禀日之光，故为日之所使。水禀和于金，亦如是也。兼开者，为《易》卦兼阴之谓也。

刚柔为表里。

《系辞》曰：阴阳者，言其气；刚柔者，言其形。变化始于气象，而后成形。形者，金水也；气者，水火也。以水火之气，变金水之形也。

朔旦屯直事,

《序卦》曰:屯者,物之始生也。王辅嗣曰:此卦阴求于阳,弱者不能自济,必依于强。弱者水,强者金也。金既用事,水来顺之,金能应焉,所以交也。《彖》曰:刚柔始交而难生,动乎险中,大亨贞。刚者,金也;柔者,水也。得水火之气而相交,动乎阳中为水,轮转于器中,亨通贞正。阴阳既交,然后通达其情,而成正性。正性者,即真宝之谓也。谓朔月一日,旦言平明也。直事者,谓当直之人,执其事也。《遁甲经》曰:八门直事。即其义也。阴阳始交,屯难之际,故以屯卦执其事也。

至暮蒙当受。

《序卦》曰:物生必蒙,故受之以蒙。蒙者,物之稚也。王辅嗣曰:此一卦,阴亦先来于阳,阴昧而阳明,阴困童蒙,阳能发之。非独此两卦阴求于阳,自十一月至四月,皆纯阳用事,阴求于阳也。《彖》曰:匪我求童蒙,童蒙求我。我者,阳也,阳则金也。童蒙者,阴也,阴者水也。金能用事,阴求于阳也。水故求之,故曰童蒙求我。《象》曰:九二,包蒙,吉。纳妇,吉。刚柔接也。阳为男,阴为女,阴合于阳,故云纳妇。刚者,金也;柔者,水也。金水相交,即刚柔合也。

昼夜各一卦,用之如次序。

昼用屯,夜用蒙,童蒙求我。屯谓阴阳始交,循环不绝也。

既未至晦爽,终则复更始。

晦昧,爽晦也。月初为明,月尽为晦。既未至晦爽之时,昼夜用屯蒙矣。屯蒙者,金水始交之义也。

日辰为期度,动静有早晚。

辰谓十二时,每辰至一月十五日,受一气乃有小变易。每受一气,则一变焉。一年二十四气,万物大成。金水受气成形,形亦如之矣。日行迟,一日行一度;月行疾,一日行十三度。日则一岁一周天,月则一月一周天。金象日,水象月,转之迟速,取此喻焉。测此度数,而知运转之期候;候此动静,而知凝结之早晚。动静谓水火,早晚言文武也。

春夏据内体,从子到辰巳。

子、丑、寅为春,卯、辰、巳为夏。此六月,纯阳用事,阴求于阳也。

秋冬当外用,自午讫戌亥。

午、未、申为秋,酉、戌、亥为冬。此六月,纯阴用事,而阳求于阴也。即是水已凝而纳金,金消散而入水。夫卦有内体外体:内为阳下三画也,外为阴上三画也。上三,即下三之用。伏羲画卦,本有三画以象天、地、人,谓之三才,未尽天地之物宜,因而重之,更画三画,内为体,外为用。春夏据内体,即当乾之初九、九二、九三也;秋冬当外用,复当坤之初六、六二、六三也。处阳之时,则水求于金也;在阴之时,即金求于水。金居内,水居外,内外之际,取象卦中也。

赏罚应春秋,

春生万物,如天之行赏;秋杀百草,如天之行罚。火气行,则金水冲融,是春也;水气行,而金水凝结,是秋也。

昏明顺寒暑。

虽昼夜用,而不违寒暑。寒则以文,暑则以武,以顺其时,不违天道。

爻辞有仁义,随时发喜怒。

爻者,画也;仁义者,阴阳也。谓卦六画之内,有阴阳。阳则生物,故称仁;阴则成物,故称义。在阳则舒,故喜;在阴则惨,故怒。还如,金得水气则喜,水得火气则怒。《系辞》曰:禁人为非曰义。即是禁其金水,不令流逸。

如是四时之气顺,五行得其理。

四时谓春、夏、秋、冬,五行谓金、木、水、火、土。顺四时之气,依五行之用,则金水不失其宜。

天地设位,而易行乎其中矣。

《系辞》曰:天尊地卑,乾坤定矣。卑高以陈,贵贱位矣。天地既立,易乃生焉。天地谓阴阳,阴阳交而万物化生。阴阳交而万物化生者,即变易之义也。金水为天地,水火为变易也。

天地者,乾坤也;

天地者,形也;乾坤者,气也。始于气象,而后成形,亦由金水受水火之气,而后成形也。

设位者,列阴阳配合之位也。

阴禀阳受,谓之配合,即金水相交之谓也。

易谓坎离者,乾坤二用。二用无爻位,周流行六虚。

乾坤者,天地之用;坎离者,乾坤之用。四方上下,为之六虚。言其器中,非六位。坎离者,水火之气;乾坤者,金水之形。形者有质而块然,气者无形而潜运。周流六虚之内,变化之义也。在二用之中,金水用之,故无爻位。《系辞》曰:变动不居,周流六虚。上下无常,刚柔相易。即金水、水火变易之义也。

往来既不定,上下亦无常。

水火之气相蒸,金水之形常转,自然往来不定,上下无常也。

幽潜沦匿,升化于中。

水得火而升腾,金居水而潜匿。递相变化,凝结器中也。

包囊万物,为道纪纲。

纲为阳,纪为阴。此言纪纲者,阴在上,阳在下也。包囊万物者,天地也;为道纪纲者,阴阳也;包囊金水者,炉器也;为器纪纲者,水火也。

以无制有,器用者空。

金水之质为有,水火之气为无。水火之气相交,金水之姿自合。用此二气,等于虚无也。

故推消息,坎离没亡。

《易正义》曰:能消息者,必专无败。谓消息,水火也。消息以时,即金水相得;消息不以时,即水火相克。水火者,即坎离也;没亡者,非水尽也。日没即月生,月没即日出,盖谓阴阳循环相用事也。

言不苟造,论不虚生。

《参同契》依此三圣之至言,以极阴阳之变化,非不师古,虚生此文。

引验见效,校度神明。

日月为金水之验,阴阳为神明之度。欲知金水之会合,但候日月之运移。日月相推之谓变,阴阳不测之谓神也。

推类结字,原理为证。

字谓日下著月成易字,类谓以龙喻乾,以马喻坤也。

坎戊月精,离己日光。

坎为水,离为火;戊为阴,己为阳。阳之精,积而为火;火之精,积而为日;阴之精,积而为水;水之精,积而为月。故曰:坎戊月精,离己日光。还如,水火之气,薰蒸金水之形。

日月为易,刚柔相合。

日下著月为易字。昼为刚,夜为柔。金水象日月之相合,终一载之凝结。

土旺四季,罗络始终。

日与月,一月一相合,十二合而成岁。土无正形,常王四季,即炉之四面也,终始而为罗络焉。

青赤白黑,各居一方。皆中宫所禀,戊己之功。

于炉四面,随方画其神也。东方青龙,木之精;南方朱雀,火之精;西方白虎,金之精;北方玄武,水之精;中央戊己,土之精。故以土实器中,兼画此四神,以防金水之逃逸。制水者,惟土而已,故云戊己之功。下文曰水以土为鬼,土填水不起是也。

易者,象也。悬象著明,莫大乎日月。

象也者,象其物宜。离为日,坎为月。日月者,水火之精是也。运天之道,唯日月为先。昼则阳刚,日之正也;夜则阴柔,月之功也。以金水之用,莫先于水火。水火之精,日月之谓。万物非日月不生,金水非水火不成也。

穷神以知化,阳往则阴来。

《系辞》曰:阴阳不测之谓神,一阴一阳之谓道。能穷阴阳之道,则知变化之源。金水即变化之源,水火乃阴阳之道。阴阳往来,相荡成宝。夫子曰:知变易之道者,其知神之所为乎。

辐辏而轮转,出入更卷舒。

谓水火之气,争凑于器中,薰蒸金水之形,如车轮之常转。水气入,则火气卷;火气入,则水气舒。卷舒不离于器内。

卦有三百八十四爻,据爻摘符,符谓六十四卦也。

爻者,画也;摘者,别也。一卦六画,六十四卦都三百八十四画,以当一斤之数。一斤之金,都有三百八十四铢也。用金水、水火之际,或象卦体,或象爻辞,爻象虽殊,不出于六十四卦也。

每至朔旦,震来受符。

每至月朔,即地气动出地上也。是以震卦当其位焉。震卦《象》曰:震厉,成刚也。震者,动也;厉者,危也。阴在上,而阳在下,阳既升矣,变柔在刚。阴居阳上,是以危也。水在金上,是乘刚也。得火则动,常危厉焉。候气之法,以十二律依神埋之于室内,取芦葭灰实中,罗谷幕上,气至则吹动灰也。以此候之,即其验也。

当斯之际,天地媾其精,

《系辞》曰:天地纲缊,万物化醇;男女媾精,万物化生。天地者,男女也;精气者,阴阳也。男女结媾,精气乃舒。男女相交,精气为物。金水者,天地也;精气者,水火也。金水感水火之精,而化为真宝,即是水火震动之时。金水结其精气,非唯一月,而气一动。一日一夜,亦有阴阳之气也。

日月相撢持。

撢持者,杼柚之貌;日月者,天地之用。天地之气交接,以藉日月运移。还如,金水须水火变易也。

雄阳播玄施,雌阴化黄色。

《坤·文言》曰:玄黄者,天地之杂色。天玄地黄,即是阴阳相交也。雄阳者,武中之武;雌阴者,阴中之阴。猛武之气既施,弱水之姿潜转,一寒一暑,变化黄色之芽,即此谓也。

混沌神交接,权舆树根基。

天地未分,谓之混沌。混沌之时,乾坤默默,虽未变易,终为万物之根,即是金水湛然之时,乃为还丹之本也。

经营养鄞鄂,凝神以成枢。

经营者,运为之貌;鄞鄂者,品棱之词。运为水火之功,以赞品棱之美。神理凝寂,寂然自成其枢。枢者,还丹棱之气也。

众夫蹈以出,蠕动莫不由。

众夫者,人民之称;蠕动者,含灵之流。俱在天地之中,任其陶铸者也。金水、水火并出阴阳,有为、无为,莫不由斯道也。

于是仲尼始鸿蒙,乾坤得①洞虚。

仲尼,孔丘之字;鸿蒙者,混沌之名。孔丘依《十翼》以阐幽,彰《易》道之玄妙,始分混沌之理,方见乾坤之德,傍通情也。合彼虚无,未由不因《参同》之文,岂识还丹之理也?

稽古当元皇,关雎建始初。

稽,考也;元皇,天皇也。考上古天皇之时,男女不求而自合。自黄帝已后,男女非求而不成,即关雎之义也。《诗》曰:关关雎鸠,在河之洲;窈窕淑女,君子好逑。逑,匹也。盖谓求其淑善之女,以配君子。金者,男也;水者,女也。金既先动,水乃应之,即是男求女也。

冠婚气相纽,元年乃芽滋。

冠婚之时,男女交会,精气纽结,滋蔓成躯,亦如九层之台,起于垒土。元年岁首,万物芽生,渐渐滋多,非算能及,金水相感,亦如是耶。

圣人不空生,上观显天符。

圣人,谓伏羲。伏羲画八卦之时,仰则观于天文,俯则察于地理,中观万物之宜,与鸟兽之文,近取诸身,远取诸物,始作八卦,以通神明之德,以类万物之情。天符,谓七曜,配五行,即还丹之始也。

天符有进退,屈伸以应时。

《系辞》曰:变化者,进退之象。往者屈也,来者伸也,屈伸相感,而利害生焉。谓日月五星,阴阳昼夜。是以刚柔相感而万物生,金水相感而真宝成。

故易统天心,复卦建始萌。

复者,阴阳返本之谓。天地以无为之心,无为即天地之本。《易》曰:复,亨,出入无疾。亨,通也。冬至之日,阴阳气复于地下,亨通之际,出入俱无病焉。又曰:复,其见天地之心乎?且夫雷动风行,千变万化,寂然至无,是其本也。本者,即天地之心矣。复,既非静而自静,则

---

① 得,据注文,当作"德"字。

天地之心可见。十一月,一阳爻动于黄泉之下,万物萌动,故云始于萌。当此之时,金在下,居一阳之位;水在上,处五阴之位。阴为阳变,渐成坚冰,及至金水俱伏之后,即是无为之际。无为者,大道之本;得一者,还丹之功。非还丹而莫契其道,其唯无思无为也。不舍有为,寂然不动,此即真无为之理也。

长子继父体,因母立兆基。

震,是乾之长子。夫子曰:震一索,而得男,故谓之长男者也。震居东方,纯阳之位,承乾之功,长养万物,万物之旨,非动不生,是以称长子。因母者,谓震卦二阴在上,渐化为阳,故曰母也。一阳初动于下,即其萌兆,根基也。金,长子也。铅是父,是五金之精,而生于金,故云长子。母者,水也。金因母化,却化为金,即是因母之义也。

消息应钟律,升降据斗枢。

消息,谓伺候也。伺候金水,得阴阳之时,须测十二钟律。钟以度天上之文,律以测地中之气。用火之际,以此伺候焉。金得水火之气,升降旋转,象彼枢星之移建。欲知器内形状,但候此而为验也。

三日出为爽,震受庚西方。

爽,明也。月生三日,而后有明,出于西方庚地。火动三日,气方达于器中。当是时也,水亦居庚。水为阴,月之象也。谨候月之生,生即知水之动静,故云震受庚西方。

八日兑受丁,上弦平如绳。

月生八日为上弦者,象弓之挂,弦平如绳。八日,月方见南方丁地是也,金亦随焉。金为君,转迟,故八日而后行;水为臣,转疾,故三日而已行。金水流行,验此,知候时矣。

十五乾体就,盛满甲东方。

月至十五日,出于东方甲地而圆满。是时,金合水于甲地,而受一气,有金之形体。

蟾蜍与兔影,日月两气双。

蟾蜍与兔,俱居月中。影者,光明之貌。至十五日,一兽之气双明于月中,余日则亏缺,不复全其貌。每十五日,则万物各受一气。一气至,金水之姿亦双明白,盖取象于二兽焉。

蟾蜍视卦节,兔者吐生光。

《白虎通》曰:兔者,吐也。言其吐月之光华。蟾蜍见,则月圆;蟾蜍没,则月缺。以此为金水之候也。

七八数已讫,屈折低下降。

七八十五日已后,其月渐渐亏缺,归功于日,受符复行。金受水符,复周游也。

十六转受统,巽辛见平明。

月为臣,日为君,故月禀日之光。三日成魄,八日成光,十六日归功于日,受符复行也。月出巽地,至辛平明,金受水符,还如日变于月也。

艮直于丙南,下弦二十三。

二十三日,为下弦月欲尽时,还如初生之象。其时月出艮,至丙南平明,乃以水之候也。

坤乙三十日,东北丧其朋。

至三十日,月出乙,没于坤。坤者,阴也,故云得朋;东北及西南者也,故云丧朋。水自东北流至西南,同丧朋也。

节尽相禅与,继体复生龙。

节尽,月终;禅与者,阴禅位于阳也。月终为阴,月初为阳。阳即龙也。继阴之体,而复生阳,故云继体复生龙是也。金继水体,复生于阳。阳,火气也。王辅嗣曰:以龙喻乾,以马喻坤,从其类也。

壬癸配甲乙,乾坤括始终。

括,结也。壬癸,水以配坤;甲乙,阳以配乾。盖言一月之内,阴阳各半,成结万物,实在阴阳。阴阳者,即水火之气,故能成金水之形。《系辞》曰:乾知太始,坤作成物。始终之义也。

七八数十五,九六亦相应。

七、九,阳数;六、八,阴数。阴阳相配,已成一月。金水、水火变化亦然。

四者合三十,易气索灭藏。

四者,谓七、八、九、六,共成三十。变易之道,顺其阴阳,阴至则藏,阳至则出。

八卦列布耀,运移不失中。

八卦,为乾、坤、坎、离、震、巽、艮、兑也。八卦布列,运转阴阳,阴阳和平,不失中道。亦如金水,用水火之气,而不失于器也。

元精眇难视,推度效符证。

元精者,元气也。《易》谓:太极生两仪,两仪生日月,日月生四时,四时生五行,五行生十二月,十二月生二十四气。十五日成节,二节成一月,四时成一岁,周而复始。推度谓日月,符证谓八卦。元气悬远,不可见其形容,故推日月以度寒暑,占其卦象以明吉凶。即金水禀精气于器中,不可见其状貌,亦以寒暑、日月、卦象测焉。他皆仿此。

居则观其象,准法其形容。

《系辞》曰:仰则观象于天。象,谓日月、五星、二十八宿。日月合则金水合,金水合则内外之形可见矣。

立表以为范,占候定吉凶。

范,法也。立日月以为法则,乃金水凝结,可候而知。《系辞》曰:吉凶者,得失之象;悔吝者,忧虞之象。既有失则悔吝生,悔吝生则忧虞至矣。谨候消息,无乃忧虞,则还丹可见也。

发号顺时令,勿失爻动时。

冬至后,一阳爻动于黄泉之下。此时起火,可谓顺时宜也。

上察河图文,下序地形流。中稽于人情,参合考三才。

天文谓火,地形谓水,人情谓候文武。火炎于下,水流于上,人情候于中,即三极之道备矣。

动则循卦节,静则象彖辞。

震卦,动也;复卦,静也。火炎而动,顺其卦也;水流而静,象其辞也。《复·彖辞》曰:复,其见天地之心乎？天地以静,无为之谓也。

乾坤用施行,天下然后理。可不慎乎,御政之首。

《乾·文言》曰:时乘六龙以御天,乾道变化,各正性命。乾坤者,天地之用。乾坤行而万物化生,则天下之物,各得其理。水火象此,不失其宜,则金水得其理也。

管括密微,阖舒布宝。

为还丹之法,务在纳闭管口,使其坚密。然后金水舒畅,乐得阴阳,是以能成其真,无差失也。

要道魁柄,统化纲纽。

《金海》曰:北斗七星辅一星,太微、北斗为帝车。运于中央,临制四方,分别阴阳,建于四时。构立五行,移应节度,定诸纪纲,太乙之使。第一至第四为魁,第五至第七为构,合为斗,居阴布阳,故称北斗。开阳重宝,故置辅易。夫斗上一星主天位,二主地,三主火,四主水,五主土,六主木,七主金,是以日月会焉。若顺于斗,则知五行。能顺五行,纪纲自立。纪纲既立,何患乎金、水、火之不理焉?

爻象内动,吉凶始起。

夫列卦者,爻象也。爻象动乎内,吉凶见乎外。谓金水取准于爻象焉。吉者,金能留水;凶者,谓水逃亡。二者之中,在于水火,少失时候,凶其降之。

五纬错顺,应时感动。

《乙巳占》曰:日月为经,五星为纬。五星,则水、火、金、木、土也。五星顺,则阴阳调;五星错行,则阴阳逆。所经之国,无不灾害。水火若调,金水则顺;水火不节,金水则亡。感动之间,以此之为候。

四七乖戾,侈离俯仰。

四七,二十八宿也;乖戾者,差跌也;侈离者,失位也。二十八宿以应五行所历,而皆侈离差跌,此即金、水、火之象也。

文昌总录,诘责台辅。

《乙巳占》曰:文昌六星,在北斗魁前,经纬天下文德之官,谓金、木、水、火、土、谷。第五为司中,主司过诘咎。第六司禄,佐理扬宝,亦主集计祸福。三台六星,两两起居。文昌行,承太微。太微阶平,则阴阳调,风雨顺。时辅一星,在北斗构傍,丞相之位,明则四时序,五行理。五星、二十八宿、三台、辅星等,悉为文昌所管。阴阳顺时,则众星受符复行;阴阳过差,则文昌诘之以为过咎。言此者,皆炉火取象于中。文昌者,土之象也;阴阳者,水、火、木、金也。四者之中,土能制之,所以广引譬喻,以大其功也。

百官有司,各典所部。

《神枢灵辖》曰:柱史一星,主记过失;三公三星,主宣德化;九卿三星,主理万事;尚书五星,主纳言咨谋;大理二星,主刑狱事。其余众官,各有其位。恐繁文墨,不复尽书。中国之官皆象于此,即谓五方之神,水火之精,各有所主也。

日合五行精,月受六律纪。

《乙巳占》云:日月与五星,一月一合于午,月受律气,亦与日合。金、木、水、火,各效于此也。

五六三十度,度竟复更始。

日,一日行一度;月,一日行十三度。而与日合,合而后行也。月初为阳,月尽为阴。一月之中,而有阴阳更始,终而复始。如循环金水,象之轮转。

原始要终,存亡之绪。

始为阳,终为阴。阴阳之道,即文武之谓。文武以时,则金水存;文武不节,则金水逃逸。终始存亡,在乎水火也。

或君骄溢,亢满违道;

君者,金也;亢,极也。言金得猛武之气,至多则亢极,不成正道。正道者,其唯还丹乎。

或臣邪佞,行不顺轨。

臣者,水也。水得刚阳之气,流荡不顺循轨,则既非其道,邪佞之行于是彰焉。君臣之象,此之谓也。必使乎金水相得,实藉于水火以时也。

弦望盈缩,垂变咎咎。

月,八日为上弦,二十三日为下弦,十五日为望。望者,日月相望见也。月有盈缩,度数不明,则难知金水之期。悔吝过度,则咎生矣。

执法刺讥,诘过移主。

《金海》曰:太微、十星、翼、轸,此天子之庭,诸侯府也。列宿受符,诸神考节。南蕃一星,曰端门;东曰左执法,廷尉之象;西曰右执法,御史大夫之象。所以刺举凶奸者也。五星二十八宿及诸杂星,转离其次,不循阴阳,则左右执法举其过失,移其所主。主者,金也;执法者,火也。金不能制水,则使火气逼而逐之。

辰极受正,优游任下。

《乙巳占》曰:北极五星谓之北辰,天之中以正四时。天运无辍,而极星不移。含光出气,以斗布常。关命运节,神明流精,生一以主黄帝。辰极者,金象也。金在器内,优哉游哉,任其水火薰蒸,自然而成其正体。

明堂政德,国无害道。

明堂三星,天子布政之宫。明堂,器之象也;金者,君之象也。金在器内,修德而居。水火薰蒸,亦无害矣。

内以养己,安静虚无。

内,谓器内。金水自安于器中,寂然无为,与虚无同体也。

原本隐明,内照形躯。

谓矿中出金,金虽昭昭而内明,外如顽愚,常暗也。

闭塞其兑,筑固灵株。

株者,根本也;兑者,器口也;根本者,金水也。金水为还丹之根,故曰灵株。固塞器口,勿失毫厘,金水虽灵,不能流逸。

三光陆沉,温养子珠。

日、月、星为三光。日为阳光,星、月为阴光。阳者,金也;阴者,水也。俱沉伏于器中。子珠者,视子如珠也。金生于水,水是金子,受气而存,故称温养子珠也。

视之不见,近而易求。

谓金水在器中,不可得而可见也,常易于水火也,还丹易求。

黄中渐通理,润泽达肌肤。

《坤·文言》曰:君子黄中通理,正位居体,美在其中,而畅于四肢,发于事业,美之至也。水白,金黄也。金入水中,其情通畅。金能变水,使色如身,非独黄中,肌肤亦尔,自然润一体,美畅四肢。

初正则终循,干立未可持。

阳为干,阴为肢,即金水之谓。金虽唱水,尚力微,未可扶持,即成真宝。但初首火正,则一月正,一年可得而知之,终始循环,更相代也。

一者已掩蔽,俗人莫知之。

一者,谓水。水数一也,而水蒙蔽器上,制水使其不逸焉。而世俗之人,莫知有此道,虚亡货财也。

上德无为,不以察求;下德为之,其用不休。

上德言水,下德言火。水则湛然常静,无为之体;火则炎而常动,有为之宗也。处无为之地,自求无为;在有为之时,则用不休矣。

上闭则称有,下闭则称无。

上者,水也;下者,火也。火以气达用,气者虚无;水以体位,见体者为用。

无者以奉上,上有神德居。

神德者,水也;火气者,无也。无以炎上,凝水而流,水火气及还丹之用也。

此两孔窍法,吟气亦相须。

两孔为经纬,上下口也;须,相也。上口近水,下口逼火。水火之气,两相调和。调和顺宜,金体成矣。

知白守黑,神明自来。白者金精,黑者水基。

水黑,金白也;金精者,黄芽。必使水之不流逸,莫先于金精者焉。神者,妙万物之为言者也。物之极妙,方化为真,如神降之不知来迹也。

水者道枢,其数名一。

五行之中,水数一也。水能变化,为道枢机。

阴阳之始,玄含黄芽。

玄者,水也;黄芽,金精也。金水初交之时,即是阴阳之始也。

五金之主,北方河车。

河车者,五金之精,即铅之异名。

故铅外黑,内怀金华。被褐怀玉,外为狂夫。

铅虽外黑,内有金华之象,如人怀玉,外衣褐而佯狂也。

金为水母,母隐子胎;水者金子,子藏母胞。

金生水,故为母焉;水生于金,复称其子。未产之际,常隐胞胎。
真人至妙,若有若无。
虽有真宝之象,未为真宝之形,故云若有若无也。
仿佛大渊,乍沉乍浮。
大渊者,器中也。水得火气,浮沉无常。
进而分布,各守境隅。
谓水、火、金、木,俱进之时,则四神分布,各守于境隅也。
采之类白,造之则朱。
采动之时,金如白色;造作既毕,其色如朱也。
炼为表卫,白里贞居。
白者,水也;贞者,正也。采炼之时,水为金表;道成德就,水隐金中。合体而居,共成正道。
方圆径寸,混而相扶。
金水两相和同,方圆共有一寸。
先天地生,巍巍尊高。旁有垣阙,状若蓬壶。环匝关闭,四通踟蹰。守御密固,阏绝奸邪。曲阁相通,以戒不虞。可以无思,难以愁劳。神气满堂,莫之能留。守之者昌,失之者亡。动静休息,常与人俱。
先天地者,器也;天地有金,生水也。先立其器,然后入于金水,是以称先。器首出于炉头,故称尊高矣。以土为炉,状如垣阙,炉器相接,有如山形,所以比其蓬莱,谓真人在内。炉中器外,周匝如环,轮回相通,象于曲阁。固塞际会,阏绝纤微,务使坚完,贵其牢密。识其妙理,则无思而成;失其本源,乃忧愁无益。动静休息之间,为取舍之际,虽功在水火,而成在金水,亦由于人,非自得也。故曰动静休息,常与人俱也。
是非历藏法,内视有所思。
谓胎息之道,视五藏而存思也。
履行步斗宿,六甲以日辰。
履行星,步北斗,服六甲之符,吞日月之炁也。
阴道厌一九,浊乱弄元胞。

一者,元炁;九者,阳道。为房中之术,则元炁阳道乱浊,而将亡也。

食气鸿肠胃,吐正吸所邪。

身中为正,身外为邪。吐身中之正,吸身外之邪,常使肠之鸿满也。

昼夜不卧寐,肠鸣未尝休。身体既疲倦,恍惚状如痴。百脉鼎沸驰,不得清澄居。

为历脏等法,日夜肠鸣,未尝休歇,则百脉疲倦,状若痴人也。

累垣立坛宇,朝暮敬祭祀。鬼物见形像,梦寐感慨之。心欢意悦喜,自谓必延期。遂以夭命死,腐露其形骸。举措辄有违,悖逆失枢机。

此数者,为信鬼神之道,而数祭祀为功,妄想心成,梦寐亦见以为得道,遂自悦焉。不知失天命之中,更加夭折也。为法者,多在山林之间。至于命终,自然腐露。胎息已下,皆非正道,所以引而明之,殊非合和之流,乃是乱常之类。《太清经》曰:长生之道,不在祭祀事鬼神也,不在导引屈伸也,不在呪呵多语也,不在精思自勤苦也。长生之道,要在神丹。知之甚易,为成是难,唯待九转八琼丹。其余杂法,多所误人。苟知正道,慎勿为也。

诸术甚众多,千条有万余。前却违黄老,曲折戾九都。

《太清经》曰:黄老,谓中央黄老君;九都,谓九真之法,皆自然之道。

明者省厥旨,旷然知所由。

以要言之,黄者,土也;九者,阳也。土压阳也,不令飞举。诸术之中,唯《参同》最妙。审察圣意,知其事源,则道无不成,德无不就也。

勤而行之,夙夜不息。

营之一年,昼夜不倦。

经营三载,轻举远游。

日服一稻米,三年道成。即欲冲虚,任其多少。

跨火不焦,入水不濡。能存能亡,长乐无忧。道成德就,潜伏俟时。太一乃召,移居中洲。功满上升,应箓受图。

太一之神,监护烧炼。合丹之后,先白上清,上清知之,当受图箓矣,身亦上升也。

《火记》不虚作,演《易》以明之。

炉火之事,本法阴阳。人者,阴阳之元,取象以相明也。

偃月法炉鼎,

器形如偃月。

白虎为熬枢。

白虎者,金也。先下金,后下水,水以金为枢纽。

汞日为流珠,

流珠,汞也,太阳之精物也。

青龙与之俱。

青龙者,水也。水与金,俱入于器中矣。

举东以合西,魂魄自相求。

龙为水,虎为金。金水相合,如人之有魂魄。阴神曰魄,阳神曰魂。魂魄相求,即是阴阳相合矣。

上弦兑数八,下弦艮亦八。两弦合其精,乾坤体乃成。二八应一斤,易道正不倾。

二八一十六,共成一斤。虽取象阴阳,乃变易之道也。

铢有三百八十四,亦应火候爻象之计。

二十四铢为一两,当三百八十四铢,一卦六爻,六十四卦都有三百八十四画,即与易道相应也。

以金入猛火,色不夺晶光。自开辟以来,日月不亏明。金不失其重,日月形如常。

引喻以明之。

金本从月生,朔旦受日符。

月既受符于日,水亦受符于金。

金反归其母,月晦日相包。

月晦之时,金包于水。

隐藏其垣郭,沉沦于洞虚。

金水未成垣郭之状,且沉没于洞虚之内。

金复其故性,威光鼎乃嬉。

以金成金,复其本也。金既受已,鼎喜其功。

子午数合三,戊己号称五。三五既谐和,八石正纲纪。

子为水,水数一;午为火,火数二。相合成三。戊己,土也,土数五。三与五合成八。为金水之纲纪者,唯水、火、土而已。《中经》曰三物一家,都归戊己者是也。凡言三物者,即是水、火、土之三物也。

呼吸相贪欲,伫息为夫妇。

水火之气,呼吸于器中,金水禀之而相交。金为男,水为女。金水合体,即夫妇之道存焉。

黄土金之父,流珠水之母。水以土为鬼,土填水不起。

流珠者,丹砂之名。金生于土,水出于砂,土克水,故言鬼。使水不飞者,唯土之功也。

朱雀为火精,气平调胜负。

朱雀火之精,炉南以画之。能调金水者,唯火而已矣。

水盛火消灭,俱死归厚土。

火虽炽盛,终为水之消灭。俱息之际,土块然独存;还丹既成,水火亡矣。

三性已会合,本性共宗祖。

三性为金、水、火,五行相生,更为宗祖。水与金合,遇火而成。

巨胜尚延年,还丹可入口。

服巨胜,尚得延年。饵还丹,岂无羽化?

金性不败朽,故为万物宝。术士服食之,寿命得长久。

金非常金,还丹之谓。

土游于四季,守界定规矩。

炉之四面,以土涂之。

金砂入五内,雾散若风雨。薰蒸达四肢,颜色悦泽好。鬓发白变黑,更生易牙齿。老翁复丁壮,耆妪成姹女。改形免世厄,号之曰真人。

黄芽状如金砂,入水之中,其疾如风雨。水为金变,初黑后黄。金为父,水为母,故云老翁、耆妪。金水化为金,既成宝,自免陶甄世厄也。丁壮者,金盛之貌;姹女者,处子之名也。

若胡粉投火中,色坏还为铅。

炼铅为粉,炼粉为铅,归其本也。

冰雪得温汤,解释成太玄。

水凝而冰,冰消为水,亦归本也。

金以砂为主,禀和于水银。

砂者,黄芽之别名,投水银而成矣。

变化由其真,终始自相因。

以金为金,金必成矣;种粟望粟,粟亦生焉。

欲作服食仙,宜用同类者。植禾当以粟,覆鸡用其子。以类辅自然,物成易陶冶。

男生而伏,女偃其躯。自然之理,还丹成矣。何异陶冶之力也?

类同者相从,事乖不成宝。是以燕雀不生凤,狐兔不乳马,水流不炎上,火薰不润下。

金水与铅,是其类也。过此以往,事乖不成。

世间多学士,高妙美良才。邂逅不遭值,好火亡货财。据案依说文,妄以意为之。端绪无因缘,度量何操持。捣治羌石胆,云母及矾磁。硫黄烧豫章,铅鸿合和治。鼓下五石铜,以之为辅枢。异性不同种,安肯合体居。千举必万败,侥幸讫不遇。稚年至白首,用索怅狐疑。背道守迷路,履径入曲邪。管窥不广见。难以揆方来。

此叹世上之人,不误①还丹之道,广求石药,至白首无成也。

若夫至圣,不过伏羲,数画八卦,效天地图。文王帝之宗,修而演爻辞。夫子庶圣雄,十翼以辅之。三君天所挺,迭兴更御时。优劣有步骤,功德不相殊。制作有所踵,推度审分铢。有形易忖量,无兆难虑谋。造事令可法,为世定诗书。素无前识资,因师觉悟之。浩若褰帷帐,瞑目登高台。

此叹三圣帝,犹不能知还丹之道,而闭目入于泉台。况矾矾苍生,锵锵冠冕,举世迷惑,岂能为之?《尚书》曰:知之非艰,行之惟艰。

---

① 误,疑为"悟"字之误。

《火记》六百篇,所取等不殊。文字郑重说,俗人不熟思。辄为贤者谈,曷敢诈伪词。若遂结舌瘖,绝道获罪诛。写情著竹帛,恐泄天之符。犹豫增叹息,俛仰掇虑思。陶冶有法程,未忍悉陈敷。略述其纲纪,开端见枝条。

恐人不悟,慇懃说之,犹尚昏迷,莫知道本。虽乱辞至博,门户逾深,智者参焉,无由不得也。

以金为隄防,水入乃优游。

先为隄防,水则不溢矣。隄防何为?故先下金,后方投水。水遇金也,优哉游哉。

金计有十五,水数亦如之。

水成数六,金成数九。六九相计,共成十五。举其阴阳,非斤两之也。

临炉定铢两,五分水有余。

十分为一寸,一寸为一斤。即金有五分,余是水也。此为定数也。

二者以为真,金重如本初。

二者,为金水。金水入器,共有一斤,及成真也,不减元数。

其三遂不入,水二与之俱。

金、水、土为三,水与金为二。金水自入,土在外焉。

三物相含受,变化状若神。

三物谓金、水、土。金水相成制者,土也。居中变化,若有神灵。

下有太阳气,伏蒸须臾间。

谓火为太阳也。

先液而后凝,号曰黄舆焉。

金水得火而俱成,其液随气凝结,渐成坚冰,其色如金,故号黄舆也。

岁月将欲讫,毁性伤寿年。

还丹既成,金水性灭。

形体如灰土,状若明窗尘。捣治并合之,驰入赤色门。

此言还丹,欲成变化之状,象人捐节,而后归真。

固塞其际会,务令完致坚。

岁月欲终,火气复猛,固塞不密,败于垂成也。

炎火张于下,昼夜声正勤。始文使可修,终竟武乃陈。

《歌》曰:首尾武,中间文。始七十,终三旬。二百六,善调均。谓初武七十日,复武七十日,后武三十日,中间三百六十日,文也。

候视加谨慎,审察调寒温。

寒温,文武也。

周旋十二节,节尽更始元。

以月为候,候金水焉。

气索命将绝,休死亡魂魄。

谓欲终时,冬三日,水王,木相,火死,土囚,金休。阴为魄,阳为魂,阴阳俱废也。

色转更为紫,赫然成还丹。

还者,还其本色也。人禀道气而生,服之却归于道,故名之曰还丹也。

粉提一刀圭,九鼎最为神。

还丹既成,日服稻米。即欲羽化,顿服刀圭。

推演诠五行,较约而不烦。举水以激火,掩然灭光荣。

若知五行之道,事省不烦于人。水火之气相蒸,本金之光自灭。

日月相激薄,常存晦朔间。

日月薄蚀,常晦朔之间,阴阳交会之时,更相掩冒也。此时,金水亦复如之。

水盛坎侵阳,火衰离昼昏。

水火气交,更相休旺。

阴阳相吞食,交感道自然。

若非自然,谁使为也?金水相感,理亦如之。

名者以定情,字者缘性言。

以金为金,金名不易。黄芽金字,因性而称。

金来归性初,乃得称还丹。

炼金成金,即成还丹。

吾不敢虚说,仿效圣人言。

仿效《易》象也,非敢擅为宗旨。

古记提龙虎,

龙虎,金水也。

黄帝美金华,淮南炼秋石,

矾石粉也。

王阳加黄芽。

还丹之道,唯此二物。金水总三名,同出异名。

贤者能持行,不肖毋与俱。

臆度银之与铅,同入金水。

古今道犹一,

年代虽殊,道无二也。

对谈呰所谋。学者加勉力,留念深思惟。

圣人立法以自明,恐时俗之流不信也。

至要言其露,昭昭不我欺。

不我欺者,不欺于人也。

《周易参同契》卷中

长生阴真人注

乾刚坤柔,配合相包。

乾,阳也,故刚直;坤,阴也,故柔顺。柔顺喻水,刚直比金。刚柔相包,以为配偶也。

阳禀阴受,雌雄相须。须以造化,精气乃舒。

阴阳配合,若雌雄相须。相须之时,精气为物。即是金水合体,禀气成真也。

坎离冠首,光耀垂敷。玄冥难测,不可画图。

坎为水,离为火。火在下,水在上,居器之端。端者,首也。炎赫炉内,故云垂敷。玄冥谓道之幽微,言说莫契,况乎图画而测其源也。

圣人揆度，参序元基。

圣人，谓伏羲；元基，道之本。圣人，仰观俯察，而知道根。

四者混沌，径入虚无。

四者，谓乾、坤、坎、离，即金、木、水、火之谓。四者浑合，自然生成。虚无，无心为喻。

六十卦用，张布为舆。

阴阳之用，如人之用车舆，运转循环，无穷极也。

龙马就驾，明君御持。和则随从，路平不邪。邪遇险阻，倾危国家。

龙者，乾也；马者，坤也；君者，火也；国家者，炉器也。火气调通，则金水循常而不飞；火气不和，则金水淫溢而流荡。流荡之际，坏器败炉。以龙喻乾，以马明坤也。

君子居其室，出其言善者，千里之外应之。喻金公处神室，为万乘之主。处九重之室，发号出政，顺阴阳节令。藏器俟时，勿违卦日。

《系辞》曰：君子居其室，出其言善，则千里之外应之，况其迩者乎？出其言不善，则千里之外违之，况其迩者乎？以喻金也。二至之日，阴阳俱复，先王以是日闭关，商旅不行。人君顺阴阳以开阖。金木居器中，喻九重室也；发号出政，用水火也；顺寒暑生成，候也；屯蒙以日用，则不违卦体，而合卦爻辞也。

屯以申子，蒙用寅戌。

《乙巳占》曰：同类异位者，寅、午、戌为火，申、子、辰为水。申、子、辰属阴，寅、午、戌属阳。平明至日中为阳，日中至黄昏为阴，即当朔旦屯直事，其暮蒙当受。

余六十卦，各自有日。

即谓晦至朔旦，震来受符，复卦建始萌之类也。

聊陈两象，未能究悉。当仁施德，立义刑设。逆之者凶，顺之者吉。

两象，谓水火。水有仁而好惠，火有义而多刑。顺之，则金水调和；逆之，则金水逃逸。

按历法令，至诚专密。谨候日月，审察消息。纤介不正，悔吝为贼。

《系辞》曰：吉凶悔吝生乎动。动，有火也。火气既动，审明消息，消息无方,悔吝生矣。若日辰过刻,纤介有差,则金水不凝,而生灾害也。

二至改度,乖错委曲。隆冬大暑,盛夏霜雪。二分纵横,不应漏刻。风雨不节,水旱相伐。虫蝗涌沸,天见其怪。山崩地圮,群异旁出。

《乙巳占》曰:二至、二分之日,阴阳分至。先之一辰为离,辰至此之位,皆在四仲之月。八月、二月,阴阳分位;五月、十一月,阴阳俱至。二月,阳气始出,阴气始入,为阴离;八月,阴气始出,阳气始入,为阳离。阳生于子,阴生于午。五月,阴气始至,阳气始屈,故分至。先之一辰为离,言阴阳以此辰分离也。上数事者,盖谓阴阳不调,即有如此之应也。若水火不节,金水亦斯变也。

孝子用心,感动皇极。近起于口,远流殊域。

孝子者,水也;皇极者,金也。即是水感于金,流转不停,适于异域,处他方也。

或以招祸,或以致福,或兴太平,或造兵革。四者之中,由乎胸臆。

四者,谓乾、坤、坎、离,谓甲、胄、兵、戈。阴阳不调则祸起,阴阳调则福来。福来之时,自太平也。二者之中,由于火,火之猛烈,有若兵戈。

动静有常,奉其绳墨。

火动水静,以顺阴阳,不移如绳墨之准的。

四时顺宜,与气相得。

水火之气,以顺四时。

刚柔断矣,不相涉入。

昼则阳刚,夜则阴柔。昼夜自分,不相凌铄。

五行守界,不妄盈缩。

五方之神,各守本界,以卫金水,不使亏盈也。

易行周流,诎伸反覆。

变易之道,周流而行。阴屈阳伸,阳屈阴伸,反覆其位,循环无穷也。

晦朔之间,合符行中。

晦朔之间,日月交会,既以受符,复行金水。以此时亦相结媾,将毕,还游器中。符谓直符,言朔及旦用震为直符,屯为直事;暮及月晦,用巽为直符,蒙为直事。

溷冏濛鸿,牝牡相从。滋液润泽,施化流通。天地神灵,不可度量。

溷冏濛鸿,混沌之貌。水为牝,金为牡。金水合会,相从不违,遂能润泽肌肤,流通施化,难测何异神灵。

利用安身,隐形而藏。

《乾·文言》曰:利者,义之和也。既以物和,身自安也。谓金水利用,隐于器中也。

始于东北,箕斗之乡。旋而右转,呕轮吐萌。

日月右转,五星左旋,起于斗中,而合于午。当是时也,月呕其轮,物吐其萌,金吐其液,水呕其光。

潜潭见象,发散精光。

潜潭谓水,精光谓金。金王可以发辉,水清可以见象。

毕昴之上,震出为证。

毕昴,西方宿。月,三日魄生,而见于毕昴之上。起火三日,气方达于器中。水得火气而震动也,故以月为证验。

阳气造端,初九潜龙。阳以三立,阴以八通。故三日震动,八日兑行。

九者,阳之极数,龙能变化,故以喻乾。二月仲春,枝叶成立;八月仲秋,根核始成。火之三日而水动,八而金行。金象日,行迟;水象月,行疾。三三相应,八八相通,谓阴阳感之,相须成物,潜龙勿用,正当建子之月,金水初入之时,故以潜龙为喻也。

九二见龙,和平有明。三五德就,乾体乃成。

《乾·文言》曰:九二,见龙在田,君德也。德博而化。三五,十五日,月满之时,即金体渐渐成就,正当九二之时。

九三夕惕,亏折神符。盛衰渐革,终还其初。巽继其统,固际操持。

巽为长女，长女者，水也。兑上离下曰章①。水火相战，而后生变者也。《易》曰：九三，君子终日乾乾，夕惕若厉，无咎也。九三非龙德也，故以君子喻之。九三之时，阳气盛，盛而必衰，阴阳终始也。阳气既盛，阴气则衰，阴阳相战，所以革也。是以火在器下，水在器上，长女居中，外水火气交，金水自变，即乾乾夕惕，而后变生。

九四或跃，进退道危。艮主进止，不得踰时。二十三日，典守弦期。

《乾·文言》曰：九四，或跃在渊，无咎，何谓也？子曰：进退无常，非离群也。《艮·象》曰：艮，止也。时止则止，时行则行，动静不失其时。艮其止，止其所也。九四或跃在渊之时，即当金水沸涌，居其器之中，或进或退，不离其居，顺时候也。复当二十三日，下弦之际也。

九五飞龙，天位加喜。

九五飞龙在天，即是君王之位。君既当位，能无喜乎？纯阳之时，金正用事也。

六五坤极，结括终始。温②养众子，世为类母。

《坤·象》曰：六五，黄裳元吉。王辅嗣曰：黄，巾之色；裳，下之饰。垂黄裳以获元吉，非用武也。极阴之盛，不至疑阳，以文在中，美之至也。坤卦六五之位，乃是纯阳之时，阴极阳生，相承变化。坤为万物之母，故韫养众子。阴为终，阳为始。当是之时，水亦全盛，而代于金也。

阳数已讫，终则复始。推情合性，转而相与。

阳生于子，终于巳；阴生于午，终于亥。阳生则阴复，阴生则阳复。虽性自然，而有如禅位。

上九亢龙，战德于野。

亢，极也。阳极阴生，故战于野。金水之道，与此无殊也。

用九翩翩，为道规矩。

九者，阳也。阳，刚直之物，唯乾体取用之。乾金，阳火也。金能用火，是以成其真也。

循据璇玑，升降上下。

---

① 章，疑为"革"之误，因其形近似，故讹。
② 温，疑为"韫"字之误，注文固作"韫"字。

璇玑,北斗星也。北斗左转,日月右璇。璇主金,玑主水。升降轮回,无常也。

周章六爻,难可察睹。故无常位,为易宗祖。

谓乾、坤六爻变化,循环无常位。乾、坤立,而变易生焉。是以称其宗祖也。

朔旦为复,阳气始通。出入无疾,立表为刚。黄钟建子,兆乃滋亨。播施柔暖,黎蒸得常。

十一月一日,阳气始复。复者,入也。阳气初生,生者,出也。各禀自然,俱无疾病。冬至之日,律中黄钟,阳气始生于子,万物方动,萌芽渐滋,黎众蒸进播布也。谓天布其阳气,众庶进其常道。常道,火道也。是时,金水初复器中,俱禀阴阳,亦无疾病。

临炉施条,开云正光。光耀浸进,日以益长。

《晋·象》曰:晋,进也,明出地上,顺而丽乎天。《益·象》曰:天施地生,其益无方,凡益之道,与时偕进。明为阳火地上,为炉下火者,器也。言火进炉下,而著于器。金象于天,水象于地。金水施生,自然相合也。

丑之大吕,结正低昂。

建丑之月,律中大吕。吕,申也。阳气火申之时,金水正低昂也。低昂者,高下无恒之貌。

仰以承泰,刚柔并隆。阴阳交接,小往大来。

《泰·象》曰:泰,小往大来,吉亨,则是天地交而万物通,上下交而其志同。刚柔者,金水也;阴阳者,水火也。金水变而水火通,水火通而其志同,盖取象于六十四卦也。

辐凑于寅,运移趋时。

建寅之月,阳气大申。当此之际,金水辐凑运转,顺时也。

渐历大壮,侠列卯门。

《大壮·象》曰:刚以动也,故大壮。刚者,金也。即是金初化液,渐至大壮。壮者,坚冰之貌也。

榆荚坠落,还归本根。

立春木王,甲往召乙,乙怀金气,以还应甲,故仲春杀榆荚。荚白,象金色也。榆荚归根,金以还本。

刑德相负,昼夜始分。

《遁甲经》云:天地之道,阴为刑,阳为德。出则万物犯刑,入则万物存德,故曰:刑德集聚,俱会于门,天地解离,不可复合。二月、八月,阴阳分位。二月,阳气始出,阴气始入,为阴离;八月,阴气始出,阳气始入,为阳离。金水、水火,亦顺于此也。

夬阴以退,阳升而先。洗濯羽翮,振索宿尘。

《夬·象》曰:夬,决也,刚决柔也,柔乘五刚也。刚,金;柔,水也。金化于水,欲至无刑,五刚一柔,决无难也。

乾健盛明,广被四邻。

乾,健也。阳气刚健,盛于四月,故曰广被四邻。当此之时,金亦如是。

阳终于巳,中而相干。

阳生于子,终于巳;阴生于午,终于亥。一年之中,阴阳各半。相干,谓阴阳相干犯也。阴附于阳,故战于野,即相干之义,金水亦时相干。

姤始端绪,履霜最先。

《姤·象》曰:姤,遇也,天地相遇,品物咸亨。《坤·象》曰:履霜,坚冰,阴始凝也,驯致其道,至坚冰也。天地相遇,即是金水相亲;履霜坚冰,金水变化之貌。《参同契》取象至深,研之唯深也。

井底寒泉,午主蕤宾。宾服于阴,阴为主人。

《井·象》曰:改邑,不改井,乃以刚中也。以刚处中,故能定居其所。器以象金,以喻刚。刚处器中,不离其处。夏至之日,律中蕤宾,阳也。宾服于阴,建午之月,阴生阳,复于阴,阴者为主。当是时,金方用事,金复水中,则水为主。

遁去世位,收敛其精。怀德俟时,栖迟昧冥。

遁之为义,以阳附阴,阴道欲浸而长,正道亦未全灭。夏至已后,阴长阳消,阴为主人,阳附阴也。即是金附于水,水道盈,阳敛其精,待时而动。建子之月,即是其时。栖迟,犹隐遁,潜龙勿用,遁身于幽冥之内也。

否闭不通,萌者不生。阴伸阳屈,没阳姓名。

《否·象》曰:大往小来,则是天地不交而万物不通。天地不交,以象金水未合。金水未合,复由水火不通。阴气既伸,阳气自没。金水象日月,十二月合而成真。

观其权量,察仲秋情。

北斗第四星权。权为伐,伐者阴也。仲秋阴盛,以此相应,此时,以其凝结也。

任畜微稚,老枯复荣。

微稚,为姹女;老枯,为耆妪。耆妪成真人,真人既成,荣枯自无也。

荠麦芽蘖,因冒以生。

卯,冒也,言物生长覆地,因以为冒。建酉之月,万物死,荠麦生,当六三含章可贞之位。阴之月,阳气盗生,水盛之时,金亦盗变于水也。

剥烂肢体,消灭其形。

《象》曰:剥,剥柔变刚也。谓阳气剥尽其形也。此时金体散尽,水能变金,剥之象。

化气既竭,亡失至神。

言阳气变易,八月而竭。阴阳不测之谓神。阳气既衰,神将亡矣。

道穷则反,归乎坤元。

阳道既伏,归长于坤;金德既衰,水其用事。

恒知地理,承天布宣。

地为阴,天为阳,阳宣而阴闭。阴非永闭,要待阳而始生。阳虽育之,必藉阴而成物。

玄幽远眇,隔阂相连。

天玄地黄,相去玄远,云雾隔阂,不可得而亲之。至于日月著明,山泽通气,雷风恒若,寒暑运行,则如循环相连,不知穷极,况乎金水,近而感之,不难也。

应度育种,阴阳之源。

育养众类,皆应度数。而生度数之源,即是阴阳之本,还丹之根也。

寥廓恍惚,莫知其端。

言寥廓之内,恍惚之中,阴阳潜运,莫测端倪。寥廓谓炉,恍惚谓器。金水流转,循环其中。

先迷失轨,后为主君。

《坤·象》曰:先迷失道,后顺得常,西南得朋,乃与类行。谓阴也。《文言》曰:坤至柔而动也,刚至静而得方,后得主而有常。水柔动,渐成坚冰,是其刚也。金为水,水之得金,得长道也。

无平不陂,道之自然。

泰卦曰:九三,无平不陂,无往不复。九三,阳之极位,阳及则陂。陂者,坦荡之貌;复者,反本之谓。阴阳通泰之时,荡荡而无疾病,自然之理,非是有为。金水交通之时,与此无异也。

变易盛衰,消息相因。

阴阳变易,更为盛衰,消息其原,皆相因也。阳育而阴成,阴杀而阳生。金水之道,相因愈深矣。

终坤始复,如循连环。

乾为阳,阳生万物,故言初;坤为阴,阴成万物,故言终。阳生则阴复,阴生则阳复,阴阳生复无穷,如环之无端也。金水、水火展转以如此。

帝王永御,千秋常存。

九五飞龙在天,则是帝王之位;乘六龙以御天,复是永御之义。常存者,不灭之貌,谓乾道不息,千秋常存,以乾象金常存也。

将欲养性,延年却期。审思始末,当虑其先。人所禀躯,体本一无。

人欲延其性命,悟道归真,则必思虑其躯,从何禀受?禀受知已,道即可为。苟慢于斯,徒劳竭力。亦由还丹之道,须识其源,未晓端倪,虚为好火也。

元精云布,因气托物。

元精者,元气也。元气生于阴阳,阴阳精为万物,人则天地之中一物耳。有金水之体,用水火而成还丹。

阴阳为度，魂魄所居。阴神月魄，阳神日魂。魂之与魄，互为室宅。

室宅者，炉器也。阴阳尚相配偶，况乎金水，而不相须？《上经》曰：举东以合西，魂魄自相求是也。

性主处内，立置鄞鄂；

诸葛武候曰：性者，命也，性能与命通。谓金水处于器中，金水凝形，成其鄞鄂。鄞鄂者，坚冰之貌也。

情主营外，筑垣城郭。城郭完全，人民乃生。

情者，意之主。此言器居于炉，如城郭。人民谓金水。炉坚密，则金水化生；炉器不坚，则金水逃逸。喻人无城郭，则何所依投也。

当斯之时，由乎乾坤。

乾为金，坤为水。还丹之用，只在乾坤，非自为之，由人情之所致也。

乾动而直，精布能流；

《系辞》曰：夫乾，其静也专，其动也直，是以大生焉。乾为金，金能流通，布其精液也。

坤静而翕，为道舍庐。

《系辞》曰：坤，其静也翕，其动也辟，是以广生焉。坤为水，水居金上，故曰舍庐。

刚施而退，柔化以滋。

刚阳柔阴也，阳极自退，阴生自滋，阴阳循环，谁使为也？是以金入于水，变化为真也。

九还七返，八归六居。

一、三、五、七、九，阳之数也；二、四、六、八、十，阴之数也。共五十有五，即是天地之数。九当乾卦亢龙之位，七当乾卦飞龙在天。飞龙在天，大人造也；亢龙有悔，穷之灾也。故从九位而反六。八当坤卦龙战于野，六当坤卦黄裳元吉，文在中也。故从八位而居六焉。取此阴阳天用之时，衰极之际。正用者，金水和合；元极者，水火道穷也。

男白女赤，金火相拘。拘即水定，水五行初。

金为男，金色白；离为女，离色赤。金得火气，留水不逸。水数一，为五行之首。变化还丹者,其在于水乎?

上善若水,清而无瑕。

老子曰:上善若水。水清而净,净无瑕秽。至道之源与此同,即还丹也。

道之形象,真其难图。

至道无形,非图画之所测。还丹之道,岂是凡俗之能知也?

变而分布,各自独居。

金水初变之时,各自居于一处。

类如鸡子,白黑相扶。

金白水黑,相会器中,未化之时,状如鸡子。

纵横一寸,形为始初。

金体至重,方圆一寸,即一斤。金水入时,各有八两。及成真时,不减于初。

四肢五脏,筋骨乃俱。

岁月欲终,冰乃凝结。四肢之内,一体之中,俱化为金,秋毫无失也。

弥历十月,脱出其胞。

十一月起火至十月,则一岁之事毕矣。岁终后,还丹乃成。出离器中,如婴儿之出胞胎也。

骨弱可卷,肉滑若铅。

还丹即成,美丽柔软,至于细滑,不减于铅。

阳燧以取火,非日不生光。

以火镜向日,以艾承之,须臾之间,火自生矣。

方诸非星月,安能得水浆?

以水镜取水,镜承月下,以碗承之,片时盈碗。

二气虽悬远,化感而相通。

二气,谓日月在天,水火在地,相去三十余万里,感化咫尺之间,即明阴阳相通,非远近能隔也。

何况近存身,切在于心胸。

《系辞》曰:近取诸身,远取诸物。近取者,金水之道;远取者,日月之精。虽阴阳出微,而不脱于人意也。

阴阳配日月,水火为效证。

积阳之精为火,火之精为日;积阴之精为水,水之精为月。不信阴阳感通,水火从何而至?还丹之道,本自阴阳。既有证明,还丹岂无神验也!

耳目己之宝,固塞勿发扬。

《说卦》曰:坎为耳,离为目。言水火为金水之耳目,闭塞耳目,无妄发扬。

真人潜深渊,浮游守规中。

真人谓真宝,真宝谓还丹,还丹谓金水。金水潜于泉内游泳,守其规模。深泉谓器中也。

旋曲以视览,开阖皆合同。

炉中器内旋曲徘徊之间,不离金水、水火合同其精也。

为己之轴辖,动静不竭穷。

为金水之毂轴,唯水火之最先。火炎而动,水清而静,二气感化,不竭不穷,已为金水也。

离气内营卫,坎亦不用聪。兑合不用谈,希言顺以鸿。

离为目,坎为耳,兑为口,火气营卫于内,水形沉静于外,口乃三缄于中。既缄之,自无谈也。耳既寂默,自无听也。顺彼鸿鹄,希其音声。此谓火既发动,水助飞升,同际不坚,恐其逃逸也。

三者既关键,缓体处空房。

三者,水、火、器口也。合有关键,非钥不开,则金水宽缓其形。处此空房,谓器中也。

委志归虚无,无念以为常。

金水在于器中,寂然无所为也,即与虚无合体,无念为常。无念虚无,是其常道也。

证难以推移,心专不纵横。

谓金水随水火之气推移于器中,专一而居,不复有纵横。纵横,谓逃逸也。

寝寐神相抱,觉寤候存亡。

为道之人,守一无杂,则睡梦之内,仿佛神来。神谓太一,存亡谓水火也。

颜容浸以润,骨节益坚强。

金得水而颜容浸润,水得金而形体坚强。非独阴阳感之,亦由水火之用焉。

排却众阴邪,然后立正阳。

众阴谓二水,正阳谓一金。水变为金,邪气自消。

修之不辍休,蒸气云雨行。

云行雨施,乾道变化。变化金水,却成于乾。

淫淫若春泽,液液象解冰。

言金水得水火之气,流液状如冰之释也。

从头流达足,究竟复上升。

谓金水合和,升为真人。真人谓真宝,真宝是还丹也。

往来洞无极,怫怫被器中。

怫怫者,怫静之貌。言金水得水火之气,往来怫郁于器中也。

反者道之验,弱者德之柄。

阴阳反本,即道之验。反本者,归之于器。器者,大道之体;弱者,谓水。水有志德,能成于金也。

耘锄宿污秽,细微得调畅。

细微谓金,秽污谓水。芟夷水体,而变成金,则细微之间,皆得和畅。

浊者清之路,昏久则昭明。

昏浊谓水,清明谓金。金体既成,水性自灭也。

世人好小术,不审道浅深。

小术谓吞日月之精、为房中之法、导引服气、正念存思,徒积劬劳,终无利益。岂知大还丹之道,神妙无方也。

弃正从蹊径,欲疾阏不通。

阏,塞也;正,谓大还也;疾,谓小术。言还丹迟而无效,谓小术疾而有征,孰知塞其所为,反其正道?

盲者不柱杖,聋者听宫商。

好小术之人,如盲者不策杖、聋者听音而无所辩。

投水捕雉兔,登山索鱼龙。

雉兔居山,鱼龙在水,捕索异处,岂可得乎?亦如还丹,非类不合也。

植麦欲获黍,运规以求方。

以喻还丹,非类不获。

竭力劳精神,终年不见功。

虽竭其智力,劳其精神,不知金水之由,徒尽终年之费。

欲知服食法,事约而不烦。

还丹之道,唯金水、水火四者之用,省约不烦,虽日月至多,而所费甚寡。

太阳流珠,常欲去人。卒得金华,转而相因。

流珠者,汞也,汞出于丹砂。丹砂者,太阳之精,汞之别名,得火便走,故曰常欲去人。烧合之时,非金华不能留水。金华水造,水被金留,是以相因展转,无失者也。

化为白液,凝而正坚。

火气销金,金化为液,金与水合,渐成坚冰也。

金华先唱,食顷之间。解化为水,马齿阑玕。

金华得火,先化为水,水与金结,如马齿形也。

阳乃往和,情性自然。追促时阴,拘畜禁门。

阳者,金也;阴者,水也。金和于水,性禀自然,拘系器中,人所为之也。

慈母养育,孝子报恩。遂相衔咽,咀嚼相吞。

金生于水,故云慈母;水反为金,故曰报恩。咀嚼相吞,金水会同之貌也。

严父施政,教敕子孙。

土生金，金生水。土是金父，水是土孙。使金水不离流，唯土之功也。

五行错王，相据以生。火性销金，金伐木荣。

春木王，夏火王，秋金王，冬水王。还丹之道，春夏金王，秋冬水王，又火王，此即五行错王者也。土虽生金，而制于金。金被阳销，入于水为正道，安得不荣？

三五与一，天地至精。

水数一，火数二，一与二为三，土数五。一者，器中之水，是三五与一也。还丹之道，唯此四般。四般合成和，遂成真宝。至精者，阴阳之精气也。

可以口诀，难以书传。

书不尽言，言不尽意，道之微妙，书岂能传也？

子当右转，午来东旋。

子为阴右转，午为阳左旋。阳为金，阴为水，俱得火而流转。

卯酉界隔，主定二名。

日出在卯，月生在酉，月以喻水，日以喻金，金水相成，唯水能定，二名之谓金水也。

龙呼于虎，虎吸其精。两相饮食，俱相贪荣。

青龙为水，白虎为金。金水缠食，甘于人口。

荧惑守西，太白经天，杀气所临，何有不倾？

荧惑，火也；太白，金也。金得火气，流转器中，故云经天。杀气，谓荧惑也。

狸之捕鼠，雀之畏鹯，各得其克，何敢有声？

阴水之得火，如狸犬之捕田鼠、鹰鹯之逐鸟雀，无敢不伏也。

不得其理，难为妄言。

不得金水之理，徒怀妄想之言。

竭殚家产，妻子饥贫。自古及今，好者亿人。讫不谐偶，希有能成。

广求石药，竭尽资财。既与道违，自无成也。如审遭逢，睹其端绪。以类相况，揆物终始。

以类者,金生水,水结为金。揆度阴阳,即知终始也。

五行相克,更为父母。母含滋液,父生禀与。凝精留形,金石不朽。审专不泄,得为成道。

《神枢灵辖》曰:二气交会,各立五行。金、木、水、火、土,如循环之无竭也。故金作而水生,水流而木荣,木动而火明,火炎而土平,土积而金成,此五行相生也,而更相爱者也;金入火而销亡,火得水而灭光,水遇土而不行,土植木肿疮,木逢金而折伤,此五行相克而相恶者也。金为父,水为母,父母相交,禀精气于水火。水火不息,金水各流其形,形不流,得成正道。正道者,还丹之谓也。

立竿见影,呼谷闻响。岂不灵哉,天地至象。

立竿则影见,呼山则响应,睹此尚为灵异,阴阳岂不神哉!阴阳者,天地之源;乾坤者,还丹之本。天地,谓金水也。

若以野葛一寸,巴豆一两,入喉辄僵,不得俛仰。当此之时,虽周文揲蓍,孔父占象,扁鹊操针,巫咸叩鼓,安能令苏,复起驰走。

谓野葛、巴豆毒人,食必死之。征金水,大还丹必成之物。

河上姹女,灵而最神。得火则飞,不染垢尘。鬼隐龙匿,莫知所存。欲将制之,黄芽为根。

河上姹女,水之异名。傥不入黄芽,独烧于火,虽器厚盈尺,固塞百重,火动则飞,黄芽之能止。须臾去尽,不见纤毫,如鬼之隐于冥中,如龙之匿于泉下,纵有骊珠之目,亦不睹其踪由。必使水不东西,唯黄芽之力能制,故曰金之根。

物无阴阳,违天背元。牝鸡自卵,其雏不全。夫何故乎?配合未连。三五不交,刚柔离分。施化之精,天地自然。

天地者,阴阳也。阴阳合万物,万物变化,有如牝鸡食谷,肥则自生其卵,虽成复无雏也。盖谓雌雄未合,达彼事原。三五谓水、火、土,刚柔谓金水。水火之气未交,金水之形不合。水火、金水,皆是阴阳。阴阳之精,化为真宝,自然之理,违此无成也。

犹火动而炎上,水流而润下。非有师导,使其然也。

自然之理,证使为之,金水相须,亦如是也。

资始统政,不可复改。

《乾·象》曰:大哉乾元,万物资始,乃统天。谓乾道变化,不可改移。乾,金也,金能变化,故取喻于斯矣。

观夫雌雄,交会之时,刚柔相结,而不可解。得其节符,

刚柔谓金水,雌雄谓水火。水火气交,则金水凝结而不可解,为得节符。节符,谓八卦依八节而施寒暑,顺八卦而列阴阳也。

非有巧夫,以制御之。

巧夫,谓造物者,刚柔自然而交,非造物之能制御也。

若以男生而伏,女偃其躯,禀乎胞胎,受气元初。男则背阳而向阴,女则背阴而向阳,非徒生时看而见之,及其死也,亦复效之。此非父母教令,乃阴阳之顺宜其然。率在交媾,定置始先。

以喻金水自然生成,非由于人抑令和合。

坎男为月,离女为日。日潜遁而沉彩,月施德以舒光。日受月化,体不亏伤。

《说卦》曰:坎再索,而得男,故谓之中男;离再索,而得女,故谓之中女。坎为男,离为女。坎卦阳在阴中,故称男;离卦阴在阳中,故称女。日沉其彩,谓金入水中;月施其德,谓水入金内。月变日化,受符复行。水化于金,体不亏缺也。

阳失其契,阴浸以萌。晦朔薄蚀,掩冒相倾。阳销其形,阴凌生灾。

日月薄蚀,必于晦朔之间。月掩于日,谓之薄食,盖谓阴凌于阳也。言水冒于金,此于日月阴阳交会,常有此灾也。

男女相须,含吐以滋。

男女,谓金水相含,渐成滋蔓。

雄雌杂错,以类相求。

雄雌者,金水也。金合于水,以类相交是也。

金化为水,水性周章;火化为土,土不得行。

金得火气,化而为水,水入于金,周章成文。火变为土,土填水凝,即是水以土为鬼,土填水不起。

故男动外施,女静内藏。

男，火也；女，水也。火动之时，水藏器内。

过度淫节，为女所拘。

金得火气，散入水中，却为水之拘执也。

魄以检魂，不得淫奢。

阳神曰魂，阴神曰魄。魂魄相合，水不淫奢。淫奢，过差也。

不寒不暑，进退得时。各得其和，俱吐证符。

看进退以候时，顺寒暑而施火。欲知金水之和合，先视卦节而证明。即是朔旦屯直事，其暮蒙当受也。

丹砂水精，得金乃并。

水生于砂，水得金而体易。体易之后，即是金水相并。

金水相比，水火为伍。

金水既相比和，水火自相邻伍。

四者混沌，列为龙虎。龙阳数奇，虎阴数偶。

四者，谓金水、水火也。金水得水火之气，混沌而未分。龙为水数一，虎为金数四，而为奇为偶也。

肝青为父，肺白为母，肾黑为子，气为五行之始。

肝主东方木，木色青，东方纯阳之位，故称父；肺主西方金，金色白，西方，纯阴之位，故称母；肾主北方水，水色黑，水是金之子，故称子也。五行，子者气之始；气者，五行之源，还丹之始。以直言之，青为木，白为金，黑为水，气为火，赤也。

三物一家，都归戊己。

戊己者，土也。三物，谓金、水、土。水欲去，土能制之，故言都归戊己。

刚柔迭兴，更历分布。

刚金柔水也。金位在西，金水得火，流转无常，故言更历分布也。

龙东虎西，经纬卯酉。

东方，青龙，木也；西方，白虎，金也。日月为经，五星为纬。此言阴阳交感，如经纬之织络也。日出为卯，月生为酉，为金为水。日月为金水交错，亦如经纬之相逐矣。

刑德并会，相见欢喜。

阳为德，阴为刑。阴阳相会，感而遂通，故称欢喜。阴阳者，金水也，金水和会，欢喜亦同也。

刑主杀伏，德主生起。

阴为刑，刑主杀；阳为德，德主生。即是金水、水火之位。

二月榆死，天魁临卯。

立春，木王，甲从召乙，乙怀金气，以还应甲，故仲春杀榆荚。榆荚白，象金也。春分金气在卯，盗杀春草，故榆荚落。《神枢灵辖》曰：卯为河魁，二月建卯。日月合宿在卯，其神河魁，万物皆生，各依本根，以类合取水，故曰河魁也。

八月麦生，天刚据西。

立秋，阳气在西，盗生施养，故麦生。《神枢灵辖》曰：枝条已定，核实俱刚，故曰天刚。榆死麦生，皆是阳盗施生养，即是金王之时，水入金也，水王之时，金入水中也。

子南午北，互为纲纪。

子为水，午为火。水火气交，更相为长也。

九一之终，终则复始。含元虚危，播精于子。

九者，阳也；一者，阴也。阴阳循环，终而复始。元者，道之本，为还丹之道，起于建子之初也。

关关雎鸠，在河之洲。雄不独处，雌不孤居。

雎鸠，黄离也；关关者，雌雄相求之声。言金水和合于器中，亦如黄离相求于洲上。水中可居，曰洲。

玄武龟蛇，盘斜相扶。

玄武者，龟蛇也。龟与蛇合，盘虬相依，即今之人画龟，以蛇盘之是也，以喻金水阴阳相须也。

以明牝牡，竟当相须。

须，相也。牝牡两求之，亦如金水俱来合也，故取龟蛇明之。

使二女共室，颜色相殊，令苏秦通言，张仪结媒，发辩利口，奋舒美辞，推心调谐，成为夫妻，弊发腐齿，终不相知。

苏秦、张仪同事鬼谷先生,学摆合六国,谈说却秦,然犹使二女为夫妻,不可得而成也。亦如使二水相合而成金焉,谓纯阳、纯阴不能交结也。

若药物非种,名类不同。分剂参差,失其纪纲。

以水投石,种类不同,若更分两乖张,自然差失纲纪。

虽黄帝临炉,太乙执火,八公捣炼,淮南调合,立宇崇坛,玉为阶陛,麟凤脯腊,茅藉长跪,祝祷神祇,请哀诸鬼,沐浴斋戒,冀有所望。

药物既乖,分两殊别,虽先圣咸集,鬼神并臻,刺血刳腹,亦无所成也。

亦犹和胶补釜,以硇涂疮,去冷加冰,除热用汤,飞龟舞蛇,终不可得。

诸石药和水,用合还丹,同此数流,反相乖戾也。

《周易参同契》卷下

长生阴真人注

惟昔圣贤,怀玄抱真。服食九鼎,化冶无形。含精养神,通德三元。精液凑理,筋骨致坚。众邪辟除,正气常存。累积长久,变形而仙。

圣贤为黄帝,铸九鼎于荆山而得道。其一曰天光鼎,二曰地光鼎,三曰人光鼎,四曰日光鼎,五曰月光鼎,六曰星光鼎,七曰风光鼎,八曰音光鼎,九曰灵光鼎。三元者,气之本;正气者,道之宗。若欲白日升天,必成仙道,神丹之外,徒竭精神也。

忧悯后生,好道之伦。随傍风采,指画古文。著为图籍,开示后昆。露见枝条,隐藏本根。托号诸石,覆谬众文。

魏公忧其后生之徒,撰《五相类》,以明其道。故引诸石,兼书乱辞,使智者用心辩其真伪也。

学者得之,韫椟诸身。子继父业,孙踵祖先。传世迷惑,竟无见闻。

若非通炉火之道,穷乾坤之源,百代犹不可知,况乎子孙矣?

遂使宦者不仕,农夫失芸,商人弃货,志士家贫。

不知至道,空竭货财,如此之流,可为愚痴矣。

吾甚伤之,定录此篇。

魏公伤之,阐斯文也。

字约易思,事省不烦。

四卦五神,真为省学约文。

披列枝条,实核可观。

披寻药物,真实不虚。

分两有数,因而相循。故为乱辞,孔窍其门。智者审思,用意参焉。

金水斤两,依爻象以取定。其余杂数说,并是乱辞,智者参详,自知的审也。

法象莫大乎天地兮,玄沟数万里。

取象于天,取法于地,天地虽远,感而遂通也。

河鼓临星纪兮,人民皆惊骇。

河鼓一星主兵,纪星在北斗傍,河鼓临北斗,则天下兵起,是以人民惊骇也。

暑景忘前却兮,九年被凶咎。皇上亲览视兮,王者退自改。

此喻用火。九者,阳之极数;皇上,土地也;王,金也。火之至极,则土能镇之,使金退而改过。改过者,谓水逃逸也。

关键有低昂兮,同气而奔走。

关键,谓固济不坚,则水随火气而奔走。

江淮之枯竭兮,水流注于海。

河海纵枯竭,器上之水恒流也。

天地之雄雌兮,徘徊子与午。

雄雌者,阴阳二气。阳生于子,阴生于午,循环徘徊,不离子午。阴阳,水火也。金水得水火之气,亦不越于南北矣。

寅申阴阳之祖兮,出入终复始。循斗而招摇兮,执衡定元纪。

寅辰曰吕申,建寅之月,阳气大申,故言吕申;申神曰武德,建申之月,万物欲死,荠麦生,故曰武德。以为正当六三含章可贞之位。阴阳者,水火也。金水得水火之气,随斗而转。衡星主水,谓金执水,而定其元之纲纪。

升熬于甑山兮,炎火张设下。

谓器象甑山,炎火设下,周武之时也。

白虎倡导前兮,苍液和于后。朱雀翱翔戏兮,飞扬色五彩。

四神在外,土居其中,是为五色。

遭遇网罗施兮,压之不得举。

四神及土,共为罗网,镇压于炉器,令水不得飞也。

谑谑声甚悲兮,婴儿之慕母。颠倒就汤镬兮,摧折伤毛羽。漏刻未过半兮,鱼鳞狎猎起。五色象玄耀兮,变化无常主。漓漓鼎沸驰兮,暴涌不休止。接连重叠累兮,犬牙相错距。形如仲冬冰兮,琅干吐钟乳。崔嵬以杂厕兮,累积相支拄。

此皆水为火逼,变化无常。或作婴儿之声,终日号而不嘎;或为暴涌之势,昼夜沸而不休。象鸟摧折其毛羽,如龙鼓怒鳞甲,既类钟乳,又似坚冰,崔嵬嵯峨,积叠枝拄,有四神之卫,畜五星之光,其状难名,约文申义而已。

阴阳得其配兮,淡薄而相守。

金水为偶,守道器中。

青龙处房六兮,春华震东卯。

房六星,东方之宿。青龙,木也。二月建卯,春华火动之时也。

白虎在昴七兮,秋芒兑西酉。

昴七星,西方之宿。白虎,金也。八月建酉,兑金火盛之时,当是时也,纯阴用事。阴既用事,金水俱凝结也。

朱鸟在张二兮,正阳离南午。

火数二,朱鸟,火之精。正阳离南午,谓阳没复阴生也。

三者俱来朝兮,家属为亲侣。

三为青龙、白虎、朱雀。青龙者木、白虎者金、朱雀者火,三物相亲,同为伴侣也。

本之但二物兮,末之为三五。三五之与一兮,都集应二所。

二物为金、水,三为水、火、土,土之数五,水之数一,火数二。二与一为三,即是三五也。一者是器中之水,二即金水之谓。集会器中,唯此三物耳。

治之如上科兮，日数亦取甫。

捣治之法，文武火候，一如上经文，不再说。

先白而后黄兮，赤黑达表里。

金水相和，状貌如此。

名曰第一鼎兮，食如大稻米。

即黄帝第一鼎也。日食稻米，三年成道。

自然之所为兮，非有邪伪道。

禀自然而为，非邪伪之道能致也。

若山泽气相蒸兮，兴云为风雨。泥竭遂成尘兮，火灭化为土。若蘖以染黄兮，似蓝成绿组。皮革煮成胶兮，曲蘖化为酒。同类易施功兮，非种难为巧。

以汞投铅，黄芽自出；以芽投汞，还丹自成。是其种也。取诸石药，使水为金，非类不同，徒施功巧，终无成之也。

唯斯之妙术兮，审谛不狂语。传于亿后代兮，昭然如可考。

魏公恐后人不信，重此自明也。

焕若星经汉兮，昺如水带海。

星入汉中，焕然明白，水流潮海，心景之光。言水之得金，状貌如斯也。

思之务令熟兮，反覆视上下。千周灿灿兮，万遍将可睹。神明或告人兮，魂灵乍自悟。操端索其绪兮，必得其门户。天道无适莫兮，常传于贤者。

皇天无亲，唯德是辅，至诚不歇，神必自来。神衣白衣，循上从下。

《参同契》者，敷陈梗概。不能纯一，泛滥而说。纤微未备，阔略仿佛。今更撰录，补塞遗脱。润色幽深，钩援相连。旨意等齐，所趋不悖。故复作此，命《五相类》，则大易之情性尽矣，各如其度。

古人则辞寡意深，今人乃辞多而义寡。魏公恐学者难悟，故润色于其中，更撰《五相类》，以证其易道。《五相类》者，以五行相类也。

黄老用究，较而可御。炉火之事，真有所据。

中央黄老君,自然之术,炉火象自然以为之,岂无据？以真言之,黄老是土,土镇压水,不能飞耳。

三道由一,俱出径路。

三道,谓金、水、火。五行相生,皆从一起,故云由其径路耳。

枝茎华叶,果实垂布。正在根株,不失其素。诚心所言,审而不误。

根株者,金水也。其余杂说,尽是枝条华叶,不足取也。

象彼仲冬节,竹木皆摧伤。佐阳诘贾旅,人君深自藏。

冬至之日,阴气伤物,先王以是日闭关,商旅不行,顺候也。仲冬谓十一月也。

象时顺令节,闭口不用谈。

以土实器,不使开张。

天道甚浩广,太玄无形容。虚空不可睹,匡郭以消亡。

太玄虚寂,不得见其形容。中为棱郭,消亡而凝结。太玄虚寂,即是寥廓虚无。棱郭消亡,即是金水之谓也。

谬误失事绪,言还自败伤。

谬误之中,即失金水之事绪也。

别序斯四象,以晓后生盲。

四象,谓乾、坤、坎、离,亦谓之金、木、水、火四象也。

鲁国鄙夫,幽谷朽生。挟怀朴素,不乐欢荣。栖迟僻陋,忽略利名。执守恬淡,希时安平。

乃谓北海徐从事,《参同契》起于徐公之作矣。

晏然闲居,乃撰斯文。

即魏公自谓也。

歌咏大易,三圣遗言。

大易,言易道。三圣,谓伏羲、文王、孔子也。

察其所趋,一统共论。

三圣定易道,更无差别也。

务在顺理,宣耀精神。神化流通,四海和平。

阴阳不测之谓神,阴阳和平,四海自然清。

表以为历,万世可循。序以御政,行之不烦。

魏公润色之后,则可循而行之。

引内养性,黄老自然。含德之厚,归根反元。

黄老有自然之术,即道之本元,亦道之源也。黄土不动,可谓自然也。

近在我形,不离己身。

我形谓金,金之不离己身也。

抱一毋舍,可以长存。

一者,水也。金抱于水,故得长生,是为毋舍也。

挺除武都,五石弃捐。

雄黄出武都山,五石谓云母、礜石、磁、硫、雄黄之类,须弃之,即还丹自然成。

审用成物,世俗所珍。罗列三条,枝茎相连。

三条,谓金、水、火。唯此三物还丹,既成,则世俗之人乃为珍宝。

俱出异名,皆由一门。

三物异名甚多,由乎一门而出。智者详之,终自悟也。

非徒累句,谐偶斯文。

撰此本为还丹,岂徒累其文句。

殆有其真,砾硌可观。

此文砾硌,理甚可观。

使余敷伪,披却赘愆。

是文字令妙理之纷敷,去赘愆,使不见有谓之辞。

命《参同契》,唯览其端。辞寡意大,后嗣宜遵。

辞寡而意大,言微而旨深。学道之人,宜其遵奉也。

委时去世,依托丘山。循游寥廓,与鬼为邻。

虞翻以为委边著鬼是魏字,斯得与鬼,不然,其悟道之后,何得与鬼为邻行耳?

化形而亡,沦寂无声。

魏公初服丹时,化形而亡。亡后,乃与鸡犬同仙矣。

百代一下，遨游人间。

仙人百代一下，游于人间。

陈敷羽翻，东西奔倾。

羽化之后，随意东西。

汤遭厄际，水旱隔并。柯叶萎黄，失其华荣。

谓水厄火，如汤逢旱也。

吉人相乘，安隐长生。

吉人学道者，负荷此法而为还丹，必得长生也。

鼎器歌

圆三五，

器腹圆处，围之而有一尺五寸。

寸一分。

器口明间，阔一寸一分。

口四八，

从口上际至器下底，长三寸二分。

两寸唇。

器唇横阔二寸。

长尺二，厚薄匀。

器顶并腹，并一尺二寸，令厚薄匀平相似。

腹齐三，

器腹外当中，安三个齐孔，阔狭须匀，以铁穿为器足，则入火之际，免其动摇。

坐垂温。

空中悬物谓之垂，即明器于炉中，悬之而不著地。

阴在上，

器中流水。

阳下奔。

器下有火，密塞炉，令火气下奔。

首尾武,

初时及欲终,并皆用武。

中间文。

中心用文火也。

始七十,

初,以七十日武火也。

终三旬。

欲终时三十日,还用武火。

二百六,善调均。

初七十日武火,中间二百六十日文火,终三十日武火,通计三百六十日,即一年功毕矣。

阴火白,黄芽铅。

黄芽是铅之中所出也。

两七聚,辅翼人。

硇砂固口,金水不飞。

缮理脑,定升玄。

以理石、石脑固际之也。

子处中,得安存。

子谓水也,水是金子,故言子也。若以硇砂、理石、石脑固济,则子在器中而安存也。

来去游,不出门。

固济坚密,水游器中。

渐成土,性情纯。

金水凝结,渐至坚冰,即成还丹。

却归一,还本源。

炼金成金,是还本也。一者,道之根源也。

至一周,甚辛勤。

还丹之功,一年方毕,昼夜不歇,可谓劬劳。

密防护,莫迷昏。

固济坚牢,不得体怠。
途路远,复幽玄。
一年始成,方可玄远,变化无准,岂不幽玄?
若达此,会乾坤。
若达水火之道,即会乾坤之门。乾为金,坤为水也。
片子霶,净魄魂。
日服一稻米,即为片子也。
乐道者,寻其根。
寻其根源,不离金水等物。
审五行,
金、木、水、火、土。
定铢分。
一斤当三百八十四铢,以应三百八十四爻。
谛思之,不须论。
审思之,不得与非道者论说。
深藏守,莫传文。
藏诸箧笥,毋妄传人。
御白鹤兮驾龙麟,游太虚兮谒仙君,录天图兮号真人。
道成之后,福应如斯。

附录：

阴真君传

阴长生者，新野人。汉和帝永元八年三月己丑，立皇后阴氏，即长生之曾孙也。少处富贵之门，而不好荣位，潜居隐身，专务道术。末闻有马明生得度世之道，乃以入诸名山求之。到南阳太和山中，得与相见，乃执奴仆之役，亲运履舄之劳。明生不教以度世之法，但旦夕与之高谈荣华当世之事，治生园圃之业。十余年，长生未尝懈怠。同时有共事明生者十二人，皆怨恚归去，独长生礼敬弥肃，而明生数因言语得失之际屡骂之，长生乃和颜悦心，奉谢不及。如此积二十年。后清闲之日，明生问其所欲。长生跽曰：惟乞生尔。今以粪草之身，委质天匠，不敢有所汲汲，惮于迟速也。明生哀其语，乃告之曰：子真是能得道者也。乃将长生入青城山中，煮黄土为金以示之，立坛歃血。即日，以太清金液神丹授之。欲别去，长生乃叩头陈谢，暂留仙驾，拜辞曰：弟子少长豪乐，希执卑逊，克身励己，若临冰谷。不能弘道赞德，宣畅妙味，徒尸素壁立，而老耄及之。是以心存生契，舍世寻真，天赐嘉会，有幸遭遇。自执箕帚二十二年，心力莫殚，常惧毁替筋，力弱蒲簿，微效靡骋，恩养不酬，夙夜感慨。告以更生，顿受灵方。是将灰之质，蒙延续之年；炎林焦草，惠膏泽之霶。若绝炁以其苏息，瞽暗开其视听，感荷殊戴，非陋词所谢。昔太岁庚辰，闻先生与南岳真人、洪崖君、云成公、瀛洲仙女数人共坐，论传授当委绢之誓，教授有交带之盟，应祭九老仙都、九炁丈人诸君。祷祠受之，大药必行；不祭而受，为之不成。弟子预在曲室，尝侍帷侧，亦具闻诸仙起末得道之言，说昔受丹节度矣。先生今日见谕，不复陈此，或非先生所授之不尽，将恐是弟子困穷尔。马明生慰谕之曰：非有不尽，汝性耽玄味，专炁而和，灵官幽鉴，以相察矣。不复烦委，为俗人之信耳。于是长生入武当山石室中合丹，又服半剂，不即升天，而大作黄金数万斤，以布施天下穷乏，不问识与不识。周行天下，与妻息相随,举门皆寿。后委之人平都山,白日升天。临去,著书九篇,云:上古仙者多矣,不可具记而论。但汉兴已来,高士得仙者四十五人,追予为六矣。二十人见尸解去,余者白日升天焉。弟子丹阳葛洪,字稚川,尝闻谚言有云:不夜行,则不知道,上有夜行人。今不得仙者,亦安知天下山林间,密自有学道得仙者耶?阴君已服神药,虽未升天,然方以严丽同声相应,使自与仙人相寻求闻见,故知此近世诸仙人之数尔。而俗人谓为不然。己所不闻,则谓之无有,不亦悲哉!夫草泽闲士,以隐逸得志,经籍自娱,不耀文彩,不扬名声,不修求友,不营闻达,犹不能识之,又况仙人。亦何急令朝菌之徒,知其所云为哉!

阴真君《自叙》:惟汉延光元年,新野山之子,受仙君神丹要诀。道成去世,副之名山。如有得者,列为真人。行乎去来,何为俗间?不死之道,要在神丹。行炁导引,俛仰屈伸,服食草木,可得小道;不能永度于世,以至天仙。子欲闻道,此是要言。积学所致,不为有神,上士为之,勉力加勤,下愚大笑,以为不然。能知神丹,久视长存。

——出宋·张君房编纂《云笈七签》卷106

第二卷

周易参同契注

唐 无名氏 注

点 校 说 明

1.《周易参同契注》，两卷，唐无名氏注。关于此注，陈国符《〈道藏〉经中外丹黄白经诀出世朝代考》一文中，以注中用辰州、锦州等地名，考证得出此注也为唐代之注本。今阅本注，通篇皆论外丹，颇重铅汞二物。注中频引草堂注本，或草堂注本即指当时之别一以外丹为注之《参同契注》。本注注解颇详，但现仅存《参同契》上篇注而已，但注中引《参同契》中篇、下篇之文，可知此注作者于《参同契》版本多有了解。至其序云《参同契》之流传有凌阳子其人为传承之枢纽，则为众多《参同契》研究者所未重视，读者于此可加注意。

2. 本注据《道藏》容字号本点校整理，无参校本。

周易参同契注

唐 无名氏注

《周易参同契注》卷上

周者,乃常道也;易者,变改之义。言造大还丹,运火皆用一周天,故曰《周易》者。汞为日,南方离火属己,太阳之精为青龙;铅为月,北方坎水属戊,太阴之精为白虎。亦为丹、为日汞、为月,故日月为易字。参者,杂也,杂其水、土、金三物也。同为一家,如符若契,契其一体,故曰《参同契》,昔真人号曰《龙虎上经》。龙者,汞也,汞是水银之别名也;虎者,金公也,亦丹砂。赤色曰赤龙,汞白色为白虎,水银为湿银,故称白虎。后魏君改为《参同契》,托在《周易》,谓《易》者有刚柔、表里、君臣、父子、水火、五行,其神丹不出阴阳五行,所以托于《周易》也。经者,常也,常经圣人传授,故曰经也。所以,凌阳子于崆峒山,传与徐从事,徐从事传与淳于君。淳于君仰观卦象,以器象于天地,配以乾坤;以药象于坎离,配以水火,则为日月;以鼎象于大白,亦为镇星,以炉为城郭。余六十卦,以定升降消息、阴阳度数、二至加减、翻转鼎器,所以便造篇名《五相类》,类解前文,集后一卷,并前三卷,以表三才、鼎药,以象三光。第一卷以论金汞成形,日月升降;第二卷论增减、十月脱胎;第三卷淳于君撰,重解上、下二卷,疑于始传魏君。

乾坤者,易之门户,

乾坤,谓鼎器也。乾为上釜,坤为下釜。易者,金汞象于日月,以为药物。又《运火诀》云:乾形西北,借阳而居阴位;坤形西南,借阴而居阳位。故乾借阴、坤借阳。乾借阴者,谓乾五月,一阴爻生;坤借阳者,谓坤十一月,一阳爻生。故乾发火,而坤直至震来受符,终乎十五日;后即坤发火,亦终十五日。乾出坤入,开闭鼎器,故为门户,二义俱通用也。

众卦之父母。

谓乾坤为六十四卦之父母，故大丹非鼎器不能养成。《说卦》云：乾为父，坤为母，乾天坤地。宇宙之内，莫非乾坤所养也，万物皆由天地阴阳而生长，故曰父母。

坎离匡郭，

言伏汞为丹，上安水，下安火，亦将鼎时蘸水，令受水火之气。故歌云：上水成汤，流珠彼防是也。亦谓药物，坎是金公，离是朱汞，以二宝为丹，用水火。匡郭，上下釜也。谓匡是辅、郭为器，故辅之二义通也。

运毂正轴牝牡，

毂，器也。故乾为阳牝为，上盖；坤为阴牡，为下鼎。釜，谓运火转其鼎器，如日月在乾坤之内轮转，又似车轴而转也。

四卦为之橐籥。

四卦者，乾坤象器，坎离象药。橐是器，籥是鼎。四边安纽，关籥令牢密也，故云橐，喻器也，籥喻关也。老君曰：橐，鞴也；籥，笛也。喻笛空心，以鼓口鞴气而吹之，成宫商之语辞。言鼎内空象如笛，用鞴火气而运之，如气吹笛。

覆冒阴阳之道，

阴阳，是金、汞二药；冒，喻在鼎内用金花等急按之，覆藉上下。冒者，谓之牢固际。故乾坎为阳，坤离为阴，故曰阴阳之道，如籥运鞴，火气乃成丹。

犹御者之执衔辔，

是守御鼎器，恐有走失。衔在口，关须密闭，在固际牢，如辔在手以运之，故不停者。

有准绳，正规矩，随轨辙，

绳者，界伴随十二时转，如车轴转也。轨辙，轴也。准平，常令轴逐平，故随轨辙而转也。

处中以制外，

谓鼎在炉中，得外火制之，又药在鼎中，得外火水所制，故云处中以制外也。外须牢固际，乃调水火以相伏制，四义通也。

是故在历纪。

纪，月也。若论上，六十年为一纪；为月言历，六十卦为一纪。为旦暮运火，常用一卦，经历十一月而成一转丹。

月节有五六，

五六，谓三十日成一月。每月一开，看觑，淘研，重入鼎中，而成第一鼎大丹也。

经纬奉日使。

言运火依奉晨，使是择日，经是秉持也。纬五星，言秉持皆依星宿，故月受日化，化生万物，所以择元日泥灶，火日杀汞，成日合捣，收日炼治，闭日入鼎，建日祭炉，王相日服药，十一月上元日发火者，依遁甲。假如冬至前后见甲子为上元，又见甲巳之日，故取夜半时发火也。

兼并六十四卦，

兼并，是夜也。谓一依遁甲计五十日，有六十日行六十卦，一时行一卦，并前在乾坤、坎离四卦，成六十四卦，是一日运火，一月亦用六十四卦。一日用二卦，谓从屯蒙所起也。一日用六十四时，时者，谓五日一易符，以折论入小时，计有六十时。

刚柔有表里。

乾刚坤柔，是阴阳之运动。东为表，是子终于巳；西为里，是午终于亥。又阳为表上盖阴为里下盖。又刚是外器，柔是内药。言三义俱通。

朔旦屯直事，

言一日有一直事、一直符也。震是朔一日直符，为坎在上，震在下。坎是药汞，震是鼎，从子至午，器仰是屯卦直事。震是直符，即是一日用事，一月亦然。后十一月，坎卦用事。坎有三爻，上下二爻是阴，中一爻是阳。十一月阳爻于盛阴中生，外制，二阴爻令入，阳爻令出。至五月，离卦用事。离有三爻，上下二爻是阳，中一爻是阴。一阴爻于盛阳中生，阴制于阳屯，阴出阳入，故旦用屯者也。

至暮蒙当受。

暮用艮在上为直符，坎在下，蒙卦。从午后至子，转器向下成蒙卦，卦直事，故云蒙受。昼夜十二时，六时艮蒙，六时震屯，故昼屯夜蒙。所以用颐为鼎器，上艮下震，故山雷曰颐卦。用坎为药，坎是水银，在震艮中也。

昼夜各一卦，

言一日十二时，昼屯夜蒙，各用二卦。一月即用六十卦。

用之有次序。

言一日、一月、一年，皆行用六十卦。一月从屯次蒙，二月从需次讼，以次尽终乎既济成丹，故云次序。前论昼屯夜蒙者，即是反转鼎器；后论次序者，即是依卦据爻用火数也。

既未至晦爽，

既是既济，未是未济，言既济为水在火上，谓汞属坎，本是阳而居阴位，阴中有阳，喻硃砂是太阳精，居南属离；离，阳中有阴，故离属阴，是阴居阳位。今变为汞在北方，硃砂南方位，变汞为硃，令北归南，令复本位，故为既济。未济者，火在水上，本未伏位，为水银本是硃砂生，属离，今为阴，居北，今未归南，未位本体，故云未济。又谓运六十卦，起屯蒙，终既、未二卦，至月晦及月朔，更循环爽明也，其二卦乃是一阴一阳之道。

终则还复始。

言既、未二卦，一月迄至后月，亦从屯起次蒙，终既、未二卦，十二月皆然。是十一月坤复卦起至月末，后月朔亦从后卦。终是月末，始为月初。一月迄，更依前起是也。

日辰为期度，

一日行十二时，取一周天三百六十五度，足日之一日辰，谓十二辰。又用二卦，卦有六爻，一爻主一辰，所以用屯蒙二卦爻足十二时。

动静有早晚。

言动器皆据子午，前后反复，阳动为早，阴静为晚，春夏亦为阳动，秋冬亦为阴静也。

春夏据内体，

言春夏为阳，从冬至后十一月建子起首，左行四月，阳气终，为东方，为内是也。

从子到辰巳。

言发火从子起,左行终于辰巳,为阳气绝,汞死也。

秋冬外当用,

言秋冬为阴,从五月夏至后,从午终亥,阴气灭。阴生于午,而终于亥故象在外,西为外。

自午讫戌亥。

午起事讫戌亥,阴道灭也。汞欲伏也,为亥子,为水神。坤黑色,亥正位。乾也,汞此伏也,经十二月俱终于乾位也。阴阳交通,初乾终坤,自然之理也,故大还丹成也。

赏罚应春秋,昏明顺寒暑。

春夏暑为阳、为明,则赏用武火;秋冬寒为阴、为昏,则罚用文火。昏谓夜,明谓旦,言一年及一月、一日皆应春秋,运火行器须顺寒暑。寒为文火,暑为武火。夏至后加炭用武火,冬至后灭炭用文火,故顺寒暑。

爻辞有仁义,随时发喜怒。

言运火皆据卦依爻辞,随卦之爻用火。火有仁有义,仁为文火喜,义为武火怒。又春夏为仁文火喜,秋冬为义武火怒。此是用文武火。故得其理则喜,失其辞则怒。如君得臣,万姓喜,风雨调;得逆谄之臣,则君常有怒,宇宙不安。丹道亦然。用文武之火,须顺其理。

如是四时之气序,

气者,火也。言今用四时火气使用,则四序气足。

顺五行,得其理。

顺五行气火,则得其理。夫合大丹大药,伏制成败在火。火若均调,文武得所,药则无火;火若不顺,药虽精华,即有飞散。故谓心勤务在火也。如国安万姓欢,立国不安即万物忧遁者也。

天地设位,而易行乎其中矣。

乾天也,坤地也,是鼎器也。设位,是阴阳配合也。易者,是日月,是药,药在鼎中,居乾坤之内。坎为月,是铅;离为日,是汞。上日下月,配而为易字,喻于日月在其鼎中,故曰易行其中。

天地者,乾坤也;

乾为天,上鼎盖;坤为地,下鼎盖。

设位者,列阴阳配合之位也。

言鼎唇作雄雌相合,阴阳是雌雄配合也。设位者,是炉上列诸方位、星辰、度数,运乾坤,定阴阳也。

易谓坎离,坎离者,乾坤二用。

言大丹同日月之精,故日月为易。坎月是金,离日是汞,故用坎离为药。乾坤为鼎,故此四卦不同六十卦,而自一用也。亦云须水火上下攻之,运乾坤之鼎,故二用也。汞居鼎内,事须水火而伏制成大丹。

二用无爻位,

言坎离为药,乾坤为鼎。其爻,用位不同六十卦,而无爻位。

周流行六虚。

言坎离二药在乾坤鼎中,常被水火攻迫,运转飞伏东、西、南、北、上、下,故云六虚。六虚者,六位也。

往来既不定,上下亦无常。

言汞及反覆其鼎,一日十二时,六时向上,六时向下,无常定。言从子至午已下,言从午至亥上。阳往则阴来,阴往则阳来,反覆不定,故曰上下无常定。言汞幽潜鼎内,上被水火攻,下被文武火迫,乃无常定而成大还丹也。

幽潜沦匿,

言金公潜匿于汞中,汞得金公而沦没。二物相伏,隐于鼎中,故幽伏沦没也。

斗化于中。

斗者,言炉上著秤衡,如象天北斗。斗柄逐月建而转,一日亦柄指一时,一月亦然。假如上月末间开,即斗柄指子,后月指丑,起次顺之,其取时须定漏刻。又鼎运火亦然,言鼎象北斗而能运化。

包囊万物,为道纲纪。

包,言金花等能包于汞,如子遇母,龙虎相吞,故称为道。又用土、金花等为泥,包囊金汞,内于鼎中。囊者,盛万物也。言其丹成后,号曰紫金砂大还神丹,点化万物,枯骨重荣,土石为宝,人服成真,故为道之纲纪也。

以无制有，气用者空。

夫阳者是无，阴者是有。有是坎金，无是离汞。此乃坎离水火之位也。空，道也，道者，是空、虚、无之称也，化而生万物。无者，谓阳形人无见之，是为冲和气；有者，是阴凝滞不通，名曰冲和二气，相感风雨乃成。故汞是阳而反归金。金者，正阳丹也。又其汞金是阴，以阳得阴，是名以无制有。气者火，亦属阳，其金汞得火而制伏，火即空，无药而成有，故曰气用者空。

故推消息，

消息者，论阴阳升降。消时减炭，息时加炭。升时器向上，降时器向下。

坎离没亡。

坎为金，离为汞。汞得金华相配，故没亡也。

言不苟造，论不虚生。

言留法传文不苟谬，而言皆据阴阳爻象。金汞相亲，同类而生，故不立虚论真说也。

引验见效，授度神明。

言据爻象运火，每月验者，皆有变有通于神明，乃相教示。度者，法也，取其法则，而成大还丹。

推类结字，原理为证。

言大还丹，皆推阴阳以取坎离之象，结为易字而取同类者，金类汞以为丹，非类无证验。

坎戊月精，离己日光。日月为易，

言铅精象月，为坎，属戊；汞光象日，为离，属己。故引日月之精光，配而为易字。且阴阳二宝者，至九月、十月、十一月是坎戊之位，阴之极也。阴之精上升为月，属金，为水，故《经》中言金是九炼铅精金花也，非是用真金精也。《经》云：乍用道中宝，不用世中金。大丹若有金银杂，即不可服饵。但汞一味，向成金丹，即是神药。虽云用九，转银精铅乃成灰矣。借银之气，以阴助阳也。阳至三月、四月、五月是离己之位，阳之成也。阳之精上升为日，属汞，为火，故日月为易。丹若得金汞合之，自然精光变化。

刚柔相合。

坎阳汞为刚，离阴铅为柔，故阴阳相合而成大丹。

土王四季，

土者，华也，亦是鼎也。又曰四黄属土，而王四季，此非黄土为鼎。若是用金铁鼎，即用黄土涂鼎内，土然生金，乃用也，亦金华黄牙乃称土也。

罗络始终。

始是月朔，终是月晦，罗络是器也。又用黄土涂鼎内，上又涂金花、黄牙等，用黄土镇之。

青赤白黑，各居一方。

青是东方木，青龙，汞也；赤是南方火，硃砂也；白是西方白虎，金精也；黑是北方水，铅也。所以金汞各配居四方，又属戊己而居中宫。

并由中宫所禀，戊己之功。

言金汞二名而属四方，并属中宫戊己，属土之所成。若正阳及独化之药，不要雄、曾，唯任汞金相配，日久火养，自化成丹事。须涂黄土及镇土，涂药金花、黄牙，可厚半寸。金花者，是真铅，铅入汞所成；黄牙者，是烧黄丹所作成。为坎铅属戊，离汞属己，正称戊己，故禀戊己，属土之功，化汞为丹也。或人云：丹硫黄化汞为硃，号硫黄为上。应非。

易者，象也。悬象著明，莫大乎日月。

故日为硃汞，月属铅银。七十二石之中，莫过于铅汞，故得称日月之号，所以日月为易字，托于《周易》也。故夫子曰：悬象著明，莫大乎日月也。悬象著明，至妙莫大乎《易》，故以易象于金汞。

穷神以知化，阳往则阴来。

穷神，火也，火化万物。阳往是坤，十一月一阳爻生，终坤至乾，乾则往阴，来是五月一阴爻生也。故阳往则乾消，阴来则坤息。来者伸，往者屈。皆是加减变卦运火也。

辐辏而轮转，

言运火转器,如车轮转也。辐者,谓三十辐共一毂;三十者,一月也;毂,器也。所以一月轮转鼎器也。

出入更卷舒。

阳出阴入,言出震成乾,入巽成坤。消即为卷,息即为舒。运火用丹成卦也。又法,专法,每月开鼎,倍添生汞,令汞拨入鼎,计从一两起,至一周年。若九转添拨法,后一年一火,红赤色,至伏火,即镕成铤,黑色,打碎重研入鼎,又火一月,至紫色即休。又有正阳法,以凡铅汞等分,从冬至起首,夏至加火,渐武,至来年冬至停,每一月一开,看知存亡。至一周,其汞独出铅上,紫色,名曰阳元正阳之丹。取此正阳,又重入净金花器,又经一月,紫色即了。又法,一月一开,出虎入龙,增龙减虎法。龙是汞,虎是铅花,更著雄黄而重入鼎为丹。是三法,此《契》论正阳之法。

卦有三百八十四爻,爻据谪符,符谓六十四卦也。

其六十四卦,有三百八十四爻,象一斤药有三百八十四铢。计一日行一周天,小火气足;又计一周年,其药受大火气足。药已成也。象自然还丹,受太阳之气生焉。符者,言每日及月皆用二卦,一卦直事,一卦直符。又符者,五符、金花等也。正云天地之符,金汞是也。谪者,度也。是《易》之为丹,用一周年成也。体运火,取周天度数,数足而为丹,其丹有二义。此《参同》说者,是半斤汞,半斤花,合为丹,用一周年成。若白雪九转,三年成专阳丹,上可百斤,下可一斤、二斤,十五月成也。

晦至朔旦,震来受符。

言月晦终坤,月朔变坤。一爻为震,震为直符,复为直事,当此一日十二辰转也。从子至巳,阳道已终,阴道已起,壬午发火也。又一卦当直终亥,每朔旦初一日即震动,如符如印,所使必定也。

当斯之际,

接也,孔子曰:天地洽合。是用火之鼎,密固其际。

天地媾其精,日月相撢持。

天地者,鼎也;精者,药之精华也;日月,金汞也;撢,探也;扶,持也。

言二宝在器,当天地鼎器之间,运太阳之火而化,使日月之二药交媾,精气相探,扶持成丹。如天气下降,地气上腾,日月相交,阴阳媾会,即有祥变而应丹道象。此谓震来受符。应命之时,刚柔交媾,金汞俱吐精华,系日月,天地媾精,万物化生。丹道亦然,皆禀阴阳而生。

雄阳播玄施,

雄阳是汞,玄是铅。铅精谓九铅之精,得火即成水,而入其汞,铅精即施而受其汞,汞得铅而布散入于铅中,待冷凝,捣碎入于鼎中后,运火成大还丹。

雌阴化黄包。

雌阴,金公也。其金公得汞,猛火食顷而吐金华,号曰玄黄之花。将此花烊包汞入鼎,得火之后,詪詪作声,重沓状似鱼鳞,金花而相拒,声若定,汞即伏火,紫色即丹成,未紫更重烧,故下文云:詪詪如婴儿慕母,漏刻未过半,鱼鳞狎猎起是也。又《金碧·中篇》云:此议者,雄阳即是雄黄,玄是汞,雌是雌黄。言将雄、曾捣为泥,上合盖;雌黄和烧礜石末,为下合盖。皆和左味为泥,包裹干汞砂如毬子形,纳于金鼎中。不者,土器中,周一年之火成,名曰紫金还丹。然点化五金,服之长生,如论。此《契》中不用雌雄,用铅精为根,养汞一味,而成正阳真一神丹,也神仙羽化。中篇云:将欲制之,黄牙为根。牙者,铅精也。下篇又云:挺除武都。是据此一句,不合用雄雌,只用铅汞二宝,故西国贵黄丹,中国贵朱汞,为铅丹中国所出,故号中丹。

混沌既交接,权舆树根基。

树者,汞也;根基者,黄牙也;权舆,始也;坤,鼎也。言汞得华黄牙,混沌交接,入于鼎中而自成丹,故万物皆因元始。元始是天地之气,乾坤所育,故乾坤为器,生长成丹。又云:坤是雌黄,混杂金为丹,故云根基也。

经营养鄞鄂,

言金汞得火一年,经状如严霜,亦似鱼鳞起。

凝神以成躯。

躯,体也。凝,言金汞得火,先液后凝,合为一体,而为神丹,故十一月一阳爻生。《易》曰：初六，履霜，坚冰，阴始凝也。故合丹，起取十一月上元日子时一阳爻生，发火制于汞阴，被阳伏阴，故凝一体。

众夫蹈以出，蠕动莫不由。

言十一月一阳爻生，坤一爻化为震，阳气动。震为雷、为春，蛰虫皆动，莫不由阴阳之气也。喻汞为蠕，得太阳之火气。又一阳爻生之发火，汞又是拥阴阳感应，所以震动欲飞。众夫者，是众共造丹之首，所以其汞欲飞，被人众等将火所制，欲飞欲伏，所以蠕出震，众动而不自由。喻于万物蠕蠢，皆由道之所生，所以仙人得丹所化，变为金骨玉体，莫不由丹之所化也。

于是仲尼赞洪濛，乾坤得洞虚。

乾坤者，釜也；洞，炉也；虚，宿火。言金汞得火，在器中通畅也。

稽古当元皇，关雎建始初。

元皇，是初皇太上元始皇老君，所建此神丹伏制之法，炼汞成丹，令人长生，所服羽化。关者，闭也；雎者，汞也，亦号姹女。关闭汞入鼎中，文火养之，不令飞散。《诗》云：关关雎鸠。雌雄相命，喻其汞得金花相和顺，是雌雄相命成丹也。若无雌雄，将何伏制变化成丹？雄者，汞也；雌者，铅精也。九元君曰：单服其汞砾，名曰孤阳；单服其铅花，名曰孤阴。故铅汞相须而成丹也。又《经》云：凡炼铅精，固我躯命；七返砾砂，变我常性。又云：化汞为丹，可坐玉坛。夫丹不得阴阳而成，终无得理。二味成丹同服，正合阴阳之道。《经》云：借铅气为丹，复须出铅，单服汞丹，亦当有理。若是九转铅花，即堪久服。若一转花牙为种，理然须出除铅，恐铅使人出铅法，成砂伏火，后水团药为团，用黄丹水溲其砂，坐甑上，四边著火以鼓之，其铅自化，漏出其汞，独坐零垅，而坐出铅了。又入合中，养六十日成丹，经紫色即休。又在合中，时以急火逼之，上安水盘，其药独坐中央，或吐出铅，上成铅饼，名曰铅脱胎法，故云用铅精为种。其汞伏化成丹后，自透出其铅，铅久乃为灰。或火太盛，其花牙化为铅，裹汞于中而自成丹也。亦止出铅灰上，罕见今人略得其法。云用七返砾砂，和九炼铅粉，入鼎而烧，不测其理，不晓阴阳运火度数，汞即飞走，唯铅得在，色似黄丹，即云用汞伏火成丹矣。故令人服者,腰重体沉,瘦人衰阴,必无长生之理。伏火试之即知,若铅火烧,即有汁硃生,冷之,即软白而重,若伏火烧之,即与火同归本色,红紫如粉,指楷之入,故知所服,非伏火汞不可服。夫大丹但从铅起,铅尽汞伏,即可服之。若不从铅,必无得理。其铅须九转精花,非白铅也,若能七返,亦妙也。

冠婚气相纽,

言汞得铅伏,如夫妻,汞为夫,铅为妻,故为冠婚。气者,火也。得火即相合和,纽结如夫妻会,阴阳之气,乃得相交结。

元年乃芽滋。

元者,周年也。布六十日为一元,《遁甲经》云:六十甲子为一太元,其汞经一年火气,即阴阳交媾,因肇立形,萌芽乃生,滋茂成丹,赤索美理,谓汞从十一月起首,渐渐滋生也。夫运卦定元气者,五日一行旬,至十五旬,甲子是六旬,六甲讫,一日又六十时。一日运行,亦须取一元气足也。

圣人不虚生,

圣人,言太上真人,变化大丹,令人长生羽化。唯汞灵变,非圣人不能知,故立此法不虚生。

上观显天符。

言符者,直符也。徐真人仰观卦象,以定阴阳。言上釜底玄黑如天,下釜如地,中居日月,以表三才,故托显于天地、日月、星辰。故汞象日,以铅象月,以器象星,上下二釜以为天地。故大丹象日月之精,通自然变化,如符若契,故显天符。符者,天之信。故立易卦象焉。

天符有进退,

进退者,直符也,定阴阳,加减炭数。十一月一阳爻生进,一阴爻退;至五月,一阴爻追,一阳爻退。退时减炭,过一斤半;进时加炭,不过三斤。

屈伸以应时,

言朔至望,伸;从望至晦,屈。屈时阴消,伸时阳息;息时加炭,消时减炭。火诀具明之。

故易统天心。

易者，日月也，是铅汞也。在于器中，器如天，故居天心。所以《易》统论天地之事，故立象以尽言，立言以尽意，此已前论丹意。从此以后，论火至丧其朋。

复卦建始萌，

复卦以明初起火，十一月坤卦一阳爻化为震。复卦始者，初也，初从复卦而起，渐立萌芽，而既生长，终于乾。

长子继父体，

既震卦以明其变。震是乾之长子，谓坤一爻化为震，至四月成乾卦，故继父体也。

因母立兆基。

既坤卦以明其化。坤为震母，所以因母立兆基，而化为震。

消息应钟律，

黄钟，是十一月之律管名也。故黄钟是十一月一阳爻生之律，息至五月，应于蕤宾之律消也。十二月二阳爻生，律大吕，临卦也；正月三阳爻生，律太簇，泰卦；二月四阳爻生，律夹钟，大壮卦；三月五阳爻生，律名姑洗，夬卦；四月六阳爻生，阳欲绝，阴气兴，律仲吕，乾卦。是坤一爻生阳息也，至五月变乾阳爻，一阴爻生，律蕤宾，姤卦；六月二阴爻生，律林钟，遁卦；七月三阴爻生，律夷则，否卦；八月四阴爻生，律南吕，观卦；九月五阴爻生，律无射，剥卦；十月阴气灭，阳气兴，应钟之律，坤卦。故阴为消，阳为息，轮环不息。运此二卦，寒爻看火，所以真人殷勤属在于火，其火是阴阳之气也。故火急即药焦而失，火缓又恐不伏，所以令消息应律候、则炭数，其药不失色而滋润。故一年用乾坤二卦，二卦有十二爻，一爻主一月。又一月用二卦，主二日半，乾坤各主十五日。又一日用二卦，一卦主一时。是故须消息年月及日，加减炭数，应于钟律，不失之也。

升降据斗枢。

从子至巳阳降，午至亥阴升，升之时，鼎口向上，降之时，鼎口向下，只论反轮鼎器。又是炉上安斗柄，随月建而顺转亦然，此月建及十二时著火。

三日出为爽，震受庚西方。

既震卦以明，言月初三日，月出西方庚地。爽，明也。庚属震，为坤一爻，化为震，是一阳爻生，故震以明。初一日发火，阳火阳爻，当得火气，汞一两变困；二日阴又起，汞又欲飞；三日阳爻又伏，汞又欲伏；十五日内，汞一飞一伏；至十五日外，汞半伏，状如月圆满。稍干，未全伏火。

八日兑受丁，上弦平如绳。

既兑卦以明，其中兑是西方金，其卦一阴爻在上，二阳爻在下。以二阳爻，故月八日，月出于丁。丁者，兑也。言汞得八日火气，金汞相入成汁，而平未变化。

十五乾体就，盛满甲东方。

既乾卦以明，其体至十五日，火变坤至乾，故金汞十五日稍干，就刚卦，如半月圆满。又其日，日出东方，三阳爻足，故云满，甲属乾也。

蟾蜍与兔焕，日月两气双。

蟾蜍是月精，铅是也；兔是日精，汞是也。言日月二精之气，故云双也。焕者，明也。言汞十五日虽干，如水圆满明净，仍未矩火。若黄白，一月伏火。若作大丹，其汞三百五十日伏火矣，仍未成丹。喻月水之精，不能自明，皆假日照。言汞虽灵，不得九转，铅精不能自伏火化成丹。故《经》云：覆鸡须得子，种禾须得粟，非类不生长。汞非铅为种不成丹，黄白非金银所为句，而不成宝也。似兔日之精，吐光射于月，故云兔焕明。

蟾蜍眡卦节，兔者吐生光。

眡，视也。铅视汞，汞即铅。视汞，汞即交汞，乃得铅。铅则吐光，得火已伏，俱吐精光。似月虽明，假日所照，光射天下。至月晦，日月即同宿，二光并相映，不明名之变化，至月晦即相离，离而明，八日兔形消，十五日蟾蜍全视，故言焕。至十六日，兔景消，吐去其光，故蟾蜍眡卦节。

七八道以讫，屈折低下降。

既此卦以明其阴阳之正位矣。十五日，其阳折损，月满则亏，形渐消灭,变乾为巽,折刚为柔。七八是十五日至望,亦如从至中用此,故借此卦,用以成乾卦象,故云乾以道讫从朔。

十六转受统,巽辛见平明。

既巽卦以明其减。至十六日,变乾一爻为巽卦,一阴爻生,变刚为柔,巽受乾化,故云受统。统,领也,是巽受领也。为月十六日,月出于巽,行至辛地,即乃平明。言至十六日,光明欲伏火而成其丹。

艮直于丙南,下弦二十三。

既艮卦以明其止伏。艮卦一阳爻在上,二阴在下,二阴爻生,其乾渐损变为艮。二十三日,其月行至丙,即平明。言汞至二十三日,如山不动,鱼鳞以成,若作黄白,伏火艮止也。

坤乙三十日,东北丧其朋。

既坤卦以明其终。乾以损尽,三阴爻生,变而成坤。坤者阴,阴初坤属乙也。又其月三十日,月亏于乙地,乙是坤之位,而居西南。今见乙地东方,晦朔交分,从艮为坤,故曰东北丧朋,《易·坤卦》曰:东北丧朋,乃终有庆。庆者,喜以阴就阳,喻铅汞得火交媾后,终成丹而喜也。若为黄白,是一月用功即了。若作大丹,即一年火气毕,小还丹成也。若是月,一月尽以变乾为坤,月月轮环,周而复始,终乎一年,即周天火气足。

节尽相禅与,继际复生龙。

节尽,是一月尽也;禅与者,是从月朔分交爻之。际又从坤一爻生震,震为龙,故云生龙。是前一月毕,以将生汞添之。若是金丹,即添龙减虎,入鼎重修。又重坤初六,一阳爻而起为复卦,故坤节尽震,复受更依前,相继坤际而起。

壬癸配甲乙,

甲是阳之始,壬是阳之终;乙是阴之始,癸是阴之终。乾主甲、壬,坤主乙、癸。乾太始,坤代有,终以明变化一周旋也。亦为药物。甲乙青龙是汞,壬癸玄武为铅,以二物相配。

乾坤括始终。

言一年、一月、一日,皆用乾坤二卦运火。言初发火从乾起坤,即是初起首也。常用此二卦,故乾为阴之初,坤为阳之初。乾生于始,始,初也;坤主于终,终,月末也。故用乾坤二卦,轮环相括结也。

七八数十五,

七八是十五日,即是汞得十五日火。

九六亦相应。四者合三十,易气索灭藏。

九六十五日,并上七八,合三十,以一月火运讫。易者,药也。德火运阴阳之气,月月渐灭。藏,伏火也,故阳灭即阴藏。一月一周旋,故七为少阳,八为少阴,九为老阳,六为老阴,四者合为三十,成一月,故有阴阳之气,而有灭藏也。

象彼仲冬节,草木皆摧伤。佐阳诘商旅,人君深自藏。象时顺节令,闭口不用谈。天道甚浩广,太玄无形容。虚寂不可睹,匡郭以消亡。谬误失事绪,言还自败伤。别序斯四象,以晓后生盲。八卦列布辉,运移不失中。

八卦列布,炉八方;辉,火也。言太一炉布卦于八方,运火于十二辰。坎为阳,中阴为离,中不失一阴一阳之道。鼎在中,其运火转鼎,不失中也。故乾甲坤乙,天地定位;艮丙兑丁,山泽通气;震庚巽辛,雷风相薄;坎戊离己,水火不相射。所以日月行于八卦,而经黄道,故不失中。

元精眇难睹,

元精,汞也;眇,纯粹。精喻金汞禀阴阳二气,象色精微,是天地之灵。眇难睹,不可见也。

推度效符证。

言运火行卦,皆周天法度,以取真符为证。

居则观其象,准仪其形容。

象,谓日月在天成象,在地成形,运火观鼎,不得失仪式。推阴阳之气,象时而动,故易者,观其气象,察其成形,以为仪准。所以徐真人仰观卦象,丹道准此也。

立表以为范,

范,法也,言炉上安筒,画作十二辰形为漏刻。子时即鼠头辰现,以顺次见之。运火转,亦一辰一移,表于十二辰,不令有失也。

候占定吉凶。

言依漏刻占候十二卦,以定吉凶。

发号顺时令,勿失爻动时。

时,谓十二时;令,顺四时,勿废其号令。故春养秋成,夏长冬藏,刚极则亢,阴极则邪,一以贯之,莫失四时之道。若巽卦先庚,蛊卦先甲,言运火转器,皆依乾坤二卦。又生变发动,顺时应令者也。

上察河图文,

文,天文也;河图,八卦也。言运火常察八卦所在,故《易》曰:观乎天文,以察时变。

下序地形流。

序,置也,言上置炉灶、药院等,须择名山,选于胜地,顺其地形水流,向利则吉也。

中稽于人情,

论合丹好道。稽,考也。同共营丹之士,须考其情,和纯志道,即可共为事丹道。

参合考三才。

三才,天、地、人也。夫合丹炼药,事乃非轻,上择吉辰,则其星象;下观其地,背阴向阳;中考人情,宜须温善。飞丹炼石,皆通神明者。不择地山,精损人;不定阴阳,丹有危败;自心有虑处,同伴亦疑。二人如此顺和,不可造次营合。故河洛出图,圣人所作如周召相,宅营于洛汭。三才若有备,必无休咎。

动则循卦节,

节,言冬、夏二至。夏至后,依乾坤卦,所以运火,皆据乾坤爻动而变。

静则因象辞。

故象者言乎象,爻者言乎变,所以阳动阴静,因循卦节。言运火皆逐阴阳动静变化,如象辞动静。

乾坤用施行,天下然后治,可不顺乎。

言若依乾坤运转,刚柔施行,何所不从？故乾道施仁,坤道施义,故天下理四时,岂不顺乎？如君臣有德,施行万姓,宇宙之间,可不顺之安泰也？

御政之首,

御,统也;政,理也;首,始也。言常守御依理,存终始治也。

管括微密。

管,籥也;括,结也;微,细也。言固济如关锁籥,令甚微细牢密,其精不失也。

开舒布宝,

言每月一开,研治陶洗。增龙减虎、涂土,更依前月。安布二宝,内于器中,日满开舒成丹。

要道魁柄,统化纲纽。

纽,带也,言炉上安秤茎,以壮斗柄承其漏水。斗柄指月建转斗,鼎运火,皆以助之。纽是斗边安之,又伏汞作乾银壶子,即着小长锁子,系如带,常纽系鼎悬炉中。汞若欲走,其锁即动,即须蘸水。又丹器若锁鼎日然,须蘸水者,西方之王,金得刚而制,喻将伏汞,必顺无失。又《易》者,是变化之纲纽,还丹亦然。

爻象动内,吉凶始起。

依爻象卦,顺阴阳而动,鼎内吉凶,起失顺之。

五纬错顺,应而感动。

五纬,五星也,言器为镇星,火为荧惑星,上安水为北辰星,金花为太白星,汞为岁星。四时若应,必无动败,不以丹则无感应。

四七乖戾,侈离俯仰。

四七,二十八宿也;侈,奢也。人若奢佚不勤,药则离散。俯仰者,是一日反鼎也。故运火须依二十八宿也。

文昌总录,

文昌者,言北斗边六星名,主六宫也。凡典录总称,诘问众星,喻丹道皆依星象主之。

诘责台辅。

辅,是北斗辅星也。是鼎,言上安斗,下安鼎,象之北斗星。台,三台,星名也,三钉配合也。各有所主,令文星主也。

百官有司,各典所部。

部,管也;司,掌也。言烧大丹,皆取象天地、星宿、日月,各有所掌管典录者也。

日合五行精,

日者,汞也。汞感五行之精,上升为日。硃砂为火,火精化为青龙,为木精。水银为水精也。其汞形而曰如银,号为湿银,为金精,化为金花,又为土精,故合五行精也。

月受六律纪。

月,金公也,属阴。阴六为纪,汞阳六为律。调金汞,含阴阳之正气,故受律纪之德而为丹。

五六三十度,度竟复终始。

五六三十日,是一月也。取前日月,借五六之数以为一月,故每月看所以不过一月。度者,是度数,计一日、一月、一年,皆同天度数。一日行一度,三百六十日一周天;月一日行十二度,一云十三度,一月一周天;天则一日一夜,行三百六十度四分度之一一周天。三十日皆日月一合。正月合在亥,二月合在戌,左行乃在十二月合在子,所以运火皆依二十八宿度数,遍历看之。终始者,是一月度毕,又一月起者。

原本要终,存亡之绪。

阳为始,阴为终,阳亢阴极,除邪则亡,原始反终,死亡之道也。物极则反,月尽复生,所以每月一开看,知存亡得失,更续绪相添入更造也。

或君骄逸,抗满违道;

君是火,号曰阳君。若文武不调,必有抗逸于道。又君者为金,不得多分两者也。

或臣怀佞,行不顺轨。

臣,阴水也,上安水当行顺轨,令平而满。又云:汞若多分两,于雄黄失,切须慎之。

弦望盈缩，乘变吝咎。

言汞得火，八日上弦，欲平生；至十五日望，欲乾成砂；二十三日下弦，欲伏化。故金汞一月之间，乃有盈缩。故象日月有盈昃也。若不顺，即有吝咎，如君臣不务于道，如日月薄蚀，五星孛彗，天垂殃咎。若修丹泄秽，则神灵惩罚殃咎，故注精谨者。

执法刺机，诘过移主。

言修丹运火，心不精勤，不执法录，致失机。过主者，汞也。心必移动不在，如国有执正忠臣，见君有过，方便谏之，冀君应机移改。若丹术不修精谨，神必殃过人也。

辰极受正，

辰，北辰星也。言鼎如北辰星之不移，正受灵汞，无不失众星仰之，亦依日辰正位而行者也。

优游任下。

任，下火也。任火调适，汞在器中，优游四时。又失文武不均，下火养之。火若急，即药飞有失，若在药，亦燋枯色弱也。喻如北辰为君受国，王理委以臣佐，优游百姓，如北辰众星所仰之。

明堂政德，国无害道。

明堂，言器也。火字于明炉，均调鼎器，坚固蒙密，即无害也。炉喻国，鼎喻君，以政德兴道，天下太平，国无邪害者也。

内以养己，安静虚无。

己者，药也；内，是器内。若内外安静，即能养成，丹无虚失，如人凝澹虚寂，其心安静，即内智自明养己。

原本隐明，内照形骸。

言金汞如日月为明，隐于鼎内，得火于金，成汁受于汞，形本为一体，白而且静，内当自照。火气足后，汞自吐出花居铅上，故见形骸，此是元阴之丹。若黄牙为根之丹，汞入花芽之后，研之成粉，入鼎如丹，其花芽得火，日久自为灰形，露出铅骸，喻如坐忘遗照，玄览澄凝，内照自见五脏，内朗明彻而成道也。

闭塞其兑，筑固灵株。

灵者,汞也;株者,金花也;兑者,鼎口也;筑者,固际也。言牢固塞际口,莫令灵汞飞失,喻如人口为门,舌为籥,籥动即门开,口舌不慎,于祸而出。

三光陆沉,温养子珠。

子珠,汞也,亦名长生子,亦名流珠;三光者,日、月、星也。日为汞,月为金,星为鼎,亦为药。三光者,水、土、金三物也;陆沉者,火也。谓金汞得火,温养变成丹。喻三光者,人之三官。陆沉为六府,存三宫之气,灌于六府,温养精神,神令不散,魂魄长存。丹道亦然,得四时之火,温养三光,神丹即成也。

视之不见,近而易求。

言汞在其内变化,不可得见,其法在近而可易求,故《老子》曰:视之不见,名曰夷。夷者,希夷之道,故不可见,求之不远,心悟乃通。成准如银壶,伏汞为白汞,在壶子内一时一分一四分度之一,每上鼎为一刻,一日一夜有二十四刻,一月有七百二十刻,计汞一月死,伏火成宝也。此是分刻,非漏一日百刻也。其汞若伏至月末,其瓶通红赤,冷即白,如微有黑点未伏。此作黄白法,其先结汞为砂入壶也。视之不见,为药即不可见者也。

黄中渐通理,润泽达肌肤。

言金汞得火温养,玉之所化,日月久后火多,渐渐成丹,紫色润泽,人之所服,达于肌肤。

初正则终修,

言月初正理入器,日终重以修理也。

干立未可持。

干,乾华也。言将本乾花芽研入,亦可火镕花成汁入汞,或先干汞碌砂,皆立为本,研入花芽等,为末如粉,可持入鼎,不得其本为种类,万无一失。成丹之日入干持。成丹之日入干持,干也,如人才虽干秀,道与行违,托意自裁,兼用势望,亦未可修于丹术。故知修丹得本类,如无本难成。本,是金花、黄芽也。

一者已掩蔽,俗人莫能知。

一者，道也。故人知一，万事毕。一是水银，水银属北方水，水数一，一是法。又一是铅，铅黑属水，水数亦一。铅中有白金掩蔽，铅中子含其母，二义故俗人莫能知也。

上德无为，不以察求；下德为之，其用不休。

上德之人，无名之士，无为无事，无欲无思，心若死灰，形同枯木，坐忘内照，唯慕长生，不求利养，乃修丹术，志在求成，唯在一心，不以察求诸事；下德之人，是显名之士，用为而求，口虽好道，心在黄白，唯贪名贵财色性耽，学得丹方即显，且使用而不休，泄漏天符，去道甚远。若修丹者，隐德合道，即合大道，丹法必成。露泄名丹，为科必败矣。

上闭则称有，下闭则称无。无者以奉上，上有神德居。

有者，药也；无者，空也。上闭称有者，是上釜则药飞上，下闭则下釜即药空。以此返转鼎器，水奉上下，故神丹上居。上有下无，是其理也。

此两孔穴法，吟气亦相须。

言两孔穴是上下二鼎也。开闭汞于鼎中，得火气作呻吟声，故龙吟虎啸，龙虎在内，故内相须。从首至北，论以运火、卦爻、鼎器、君臣、道德，为此丹道至尊至贵，故言君臣之德也。以下渐论丹意者也。

知白守黑，神明自来。

白是水银，黑是金公。金公守得其汞，故神明自来也。

白者金精，黑者水基。

金精，汞也，为是金之孙，又号湿银，故曰金精；黑者，金公，金公属北方水，故曰水基。白为银，是一义。又金精者，是汞入金公中吐花，号曰金精，亦名玄黄之花，亦名金花。故金公得汞，即金花之精，流见金公，色黑，即汞之根基，而吐黄牙，名曰金公黄之花，亦号单门，亦名紫粉，亦号立制石，亦名石胆，亦名流珠，亦名秋石，亦名玄白，亦名黄轻，亦名天地之符，亦名天地之约，亦名河车，亦名金狗，亦云金虎，甚有多名，不能具录。所以合丹不得花牙为根，及涂鼎器，及覆藉固际等，万无一成。

水者道枢，其数名一。

为铅汞,俱属北方水。水数一,谓天一以生水。又道生一,一为五行之初,道之枢机,故用铅汞各一斤。据此经所说,用汞一斤,应天之度,应《易》之数,即是阴元之丹,以一斤为一剂。若用朱砂一斤,黄丹覆藉,名阳元丹。若专阳化之丹,即用黄牙。不者,金花一两为本,月月而添,九月计得三十斤,亦名特行九转法。故还丹之法,乃有数家,变转虽乃不同,造作还同一法,得理由人,并是大丹。但至伏火,即是上上神仙之药也。

阴阳之始,玄含黄牙。

为铅,属水,故称玄;矿铅内有黄牙,如金状,故号黄牙。

五金之主,北方河车。故铅外黑,内怀金华。

阴者金公,阳者汞。五金者,铅名也,亦金公也;金公者,铅名也。谓铅内怀五彩,造五色之金,故号五金,为汞之主。为属于水,能载舟船,又如车乘,故号河车;内有金色,故怀金花。若黄丹所化,冷凝如镜,打破如马牙,乃号黄牙。若贵黄牙者,未抔矿铅,是其金花与黄牙,虽俱出铅中,造作有别。金花者,是取九转铅,去除上如镜,计一斤铅,投入汞四两。一云二两,诸家所说不同,或云等分,或云四六,多应不尔,唯三四为宝。所以古人有秘。入汞唯须急下火,半日即金花吐,状如云母,五色玄黄,以铁七接取。若金花令色不变如金,即是汞花,若冷后色变带青,青即是铅花。其花不中,造亦无花出。有汞即有花,花尽更投汞,取足即休。亦云:不要九转铅,多应不尔。不者,亦须三转,始可出花。若依此《契》云,即将其花一斤烊成汁,入汞一斤凝,捣碎入鼎。若专阳之丹,即将花以铅砂,郁一百日,令花赤色而褐,一两花入生汞一两,和研如粉,入鼎其郁,花名曰秋石,亦名立制石。作若特行,将花涂鼎,唯入生汞,不限多少,亦得成丹。若作黄牙者,取京丹一斤,入汞四两,寿州瓷碗中,唯火急鼓之,成汁如镜,即下碗冷凝,如黄金之色,打破,状如马牙,用亦如金花。余说多误也。其郁花牙,须入铅砂中,炼金九转者,炒铅为砂,鼓砂为铅,如此九转,名曰九铅之法,未能具陈。玄含者,玄是汞,含为铅花,花为黄牙,故曰玄含黄牙。

被褐怀玉,外为狂夫。

言铅外黑带黄,故如被褐。怀玉者,内白。如狂夫者,铅白如玉,如狂夫被褐,故曰狂夫也。

金为水母,母藏子胎;

金者银,水者铅,铅中有银,以为铅母,铅是银子,故藏子胎。

水者金子,子藏母胞。

母是银,水是铅,银为子,故居藏母胎胞,故知其银是七宝之良媒,阴阳之骨髓。《经》云:莫败我铅,废我命金;莫破我车,废我还家。又云:若铅不真,使汞难亲;其铅若实,不失家臣。青腰使者,赤血将军;和合两姓,异族同群。所以大丹非铅不成。夫用铅须得错,铅咸白腻者,即出得花牙,抔了者,青澹无花也。玄铅青腰者,曾青也;赤血将军者,雄黄也。二家一是汞,一金花也。

《周易参同契注》卷下

真人至妙,若有若无。

无是阳铅也,有是阴汞也。又银属阳宝,真人是太上宝,人知铅中有宝,化汞为丹者矣。

仿佛大渊,乍沉乍浮。进而分布,各守境隅。

大渊者,是烊铅成汁,投汞入铅汁,汞入铅中,乍沉乍浮,是作金花法。其汞入铅汁之中,分布铅内,所以被铅所守,不得飞出境隅,故知合丹先炼铅,作花伏汞。又一解,大渊者,是灰池,抔铅取银,故《经》云:灰池炎灼,铅沉银浮。洁白见宝,可造黄金。二义俱通。

采之类白,造之则朱。铅为表卫,帛裹贞居。

言烊铅成汁而白,入汞造作,色变如朱。铅为表,上卫如帛鍊,汞入内被裹,漠之不得飞,故贞正而居,从白守黑。至此论造花牙,此后别陈入鼎。

方圆径寸,混而相扶。先天地生,

生,混杂也。谓汞入铅华中,混杂相扶,后入玄白金华。鼎中汞是金体,方圆一寸,计重一斤,《契》中所用一斤也。先作鼎也,上盖为天,下盖为地,故天地既立,万物生焉。宇宙之间,莫非天地所养,故道生天地。丹是于道,故须天地所养,所以先论鼎器,而养成大丹也。

巍巍尊高。

言鼎在太一炉中,三台之上独尊,而故巍巍焉。所以道德尊高,巍巍焉。然故丹道至尊而高者也。

傍有垣阙,

垣墙,是太一炉也。言炉四面而开八门,而通八风,安十二突,象十二时,窟象十二辰,乃有四层而应四时,故云垣阙者也。

状似蓬壶。

壶,鼎也,亦似投壶,瓶准如鼎,有数种样,似瓜形亦得,方作亦得,边皆有取耳。著小长锁子用,时时蘸水及秤。若伏火为黄白,即作银壶芦子,径二寸,长一寸半,受一斤汞。蓬是炉,炉按五岳,似蓬莱山。

环币关闭,四通踟蹰。

环币者,鼎四耳,或二耳,下关关之,汞居内,踟蹰不出。

守御密固,

固是固际,守御是看火,昼不得怠慢失。固际最是急事,固若不牢密,药即走失尽。假在固密,精华若无,只有铅丹在耳。若银壶子不谨密,唯丹在,汞走尽。《经》云:六一者,以六及一为七,合固际如漆物,非乎七种泥。若八石、四神、金英、玉粉等丹,即礜石粉、赤石脂二味,为上下可使灰、盐也。著此丹,唯在金花、黄牙。不者,铅砂皆细研,和醯如泥用之,上与盐、灰,若银壶芦子,即用大鹏砂和鎔银末等翰下砒砂。余说云:不灰木、戎盐等,非也。

阏绝奸邪。

谓固际牢密,即无败亏。邪,飞失也。

曲阁相通,以戒不虞。

虞,失也。言作雄雌,犬牙相合,外著象鼻,殷勤深嘱,务在牢密。

可以无思,难以愁劳。神气满堂,莫之能留。守之者昌,失之者亡。

神气者,火也;堂者,炉也;满者,武火盛满也。其火若盛,汞力难当,滑利莫过于汞,去之无踪,寻之无所,故须牢固际。若密,鼎无穿穴损坏。得四时火性,文武应期,所以无诸多思,在即昌盛,成即为丹,失即消亡。凡欲飞炼，先炼鼎器，后明固际，火气均调，勤心不息，岂有损败也。

动静休息，常与人俱。

言反覆鼎器及运火，常须三人看守，故阳动阴静，或进退不得离炉，思有动，乃无休息，故常与人俱。

是非历藏法，内视有所思。

历，遍也。言运火动气，皆历星宿。藏法得所，又其室内，须得清净，烧辟鬼，九炉画五岳真形、八方真文，天童玉女、八公九真、十二神王、三大将军，步虚坛，八方悬镜，四面卓刀，烧香步虚，清净洁戒，及精思常存太上、九真八圣、玉女仙童、天兵力士，左右龙虎，前后朱雀、玄武，在一室之内。若得其丹妙理，不能绘画形象。有置太一炉，但清净思存众圣，随事炉灶亦得。

履行步斗宿，

言房内坛中，初发火及雷雨恶风等，皆须禹步。步斗星，三步九迹。

六甲次日辰。

运火①皆依十二辰，次第而转，历六十甲子，从先天至此。论鼎及固际运火作法，此再三深属者，又令人细心也。但初文后武，渐渐养火，即得不失。

阴道厌一九，浊乱弄元胞。

阴道者，阴元法也；一是铅精，属北方坎水，水数一；九者，汞也。汞为朱砂生，属于南方离，火数九。以烊铅精为水，投入炼汞，相和得乱，汞压在铅，铅乃蔽其汞在铅内，如子居胎，不得飞遁，被铅胞包裹，或上或下，故云弄胞也。

食气鸣肠胃，吐正吸所邪。

邪是铅，正是汞，气是火。言汞得火气相食，乃成一体，故龙吐虎吸，言龙虎呼吸也。汞于铅内，故㵆鸣肠胃，日满已后，其汞吐出铅上，状如朱砂，其色红紫，名曰正阳丹也。俗喻人服气，吐死纳生也。

---

① 火，原本作"大"，误。

昼夜不卧寐，阳明未常休。

阳明，火也。言一年之内，上至三年，朝夜火不得休息。俗喻朝夜服气，无有休息。

身体以疲倦，恍惚状若痴。

言汞在铅花汁中，以经昼夜，火稍恍惚，状若痴伏，亦喻人侍其炉火，日夜不休，以至疲倦，神情恍惚如痴。又作丹及黄白，皆先煮汞结为砂，若丹用三年，左味以入金花和煮，亦入银器中煮，续续向四边刮取干汞。若黄白，以对半入母同煮汞，以成砂如石。将砂入器中，一百二十日，伏火为宝，以充用，不堪为药，为有金铅故也。若作九转丹，煮汞为砂，捣碎入鼎，五符覆藉。若此经正议，如前金汞入鼎，俗喻服气休粮，精神恍惚，身体痴倦矣。

百脉鼎沸驰，不得清澄居。

言汞居铅内，在鼎中被火迫，常漫涌沸，汞驰入铅，百脉中不得清澄居。而俗喻从服食其气，咽元至此，气至丹田满，其百脉常若雷鸣，亦如沸汤，至久亦不得长生。虚动疲倦，不得丹服，神若如痴，终无长生之理也。

累土立坛宇，朝暮敬祭祀。

言丹院内立坛，朝暮祭祀。俗喻人求道，立坛对祭，勤苦亦不能得道。

鬼物见形象，梦寐感慨之。

言术士恭勤炉火，常以精心，得鬼神见护，夜梦神感教汞也。亦喻人立坛祭祀，感得鬼见梦通，谓言得道也。

心欢意喜悦，自为必延期。

期，寿年也。为心身勤苦，得神助，心意喜悦，神丹一成，服必延年不死。俗喻感得鬼见梦祐通，心将喜悦，言得长生。

遽以夭命死，腐露其形骸。

言汞一年伏火已后，吐出铅上，伏死成丹，名曰正阳之丹，故曰伏火，腐露其形也。《经》云：十月脱出其胞。是汞火足，脱出铅上也。俗喻人求道，服气休粮、立坛勤祭，感梦神现，心怀其喜，意谓得长生之道。

如此之辈，不免其死，不得大丹服之，终不免腐露而死者也。

举错辄有为，悖逆失枢机。

言伏汞为丹，悖不得理，辄自气意心粗，逆失枢机之秘法。若求法不明，费火丧财，遽失生路而夭其命。假得丹成，不晓出毒，辄为便服，为毒所中，亦丧其命。喻如人不得其丹理，徒费其功，服气立坛，终不免死，失其机要也。

诸术甚众多，千有万余言。

言飞丹炼石，千万余方；大丹之秘，不过一二。具此《参同契》经内，亦说三二之法，但明其金石阴阳药性，但得汞伏火，成丹紫色，即是大还丹药。任诸方所说，终不离铅汞。但学炼铅精妙，即是伏得汞也。无其种类，万无成日，乃妙者要务，在由人制作。故知学道，须广集经方，莫耻下问，道无不成也。若恃心高，自执一理，必不能成，成亦不妙。所以其丹不出铅汞也。古歌曰：白汞生朱砂，黑汞化黄丹。其中数九九，变化五三般。若至紫河车，黄金无处安。故知大丹不离铅汞，只是变化由人。且大丹若化得五金入汞成宝，始是大还丹也。罕见今人学得一法制汞，始至伏火，即云大还丹，上更无法，甚愚甚愚。夫大丹，但莫著金银、石药等所杂，即是上无毒神丹。若杂诸石，只可治病，有毒损人，但调得铅汞，即是长生神丹也。又见愚人只得调铅制汞之法，云炒铅九转为丹，烧汞七返为朱，相和入鼎，雄雌所制，礜石固际，或黄丹荡治，亦有取银为末，用金为泥，将和雄雌、曾等，飞炼入瓶，一年之火伏养，及其年毕，无有半成，唯有金、银、铅在，余尽为灰，灵汞独飞，更无一分。愚瞽之士云是神丹，服后不调，体沉腰重，忽有毒发，便当伤逝。即云犯触，被神惩罚。据此，不知药性，何大之甚？故人命至重，一死更无再生，服毒乃在其身，仙路如何可望？但明铅汞为丹，虽未至精，但得伏火，即是长生之药。虽知用铅，仍不得铅居汞内，须去铅尽，然可服之。故暂借铅为根，岂应堪服？故知其法甚多，须广商量，不可造次，得一小法，即将世法言无过此法，乃非也。

前却违黄老，曲折戾九都。

夫飞丹炼石，起自黄老，次太上老君。九转者，是仙宫调服丹学道之士。名庚九都者,仙宫又是《九教丹经》,是老君度关授与尹喜,说三化五转、九还七返之法及诸丹术,非其一二,或前或后,不依科禁,故云前却曲折经法矣。

明者省厥旨,旷然知所由。

令学丹术之士,旷然明其法,多集仙经,自悟其理,故知其所由也。

勤而从之,夙夜不息。经营三载,轻举远游。跨火不焦,入水不濡。能存能亡,长乐无忧。道成德就,潜伏俟时。

言好道之人,勤求丹术,供侍炉火,朝夕不休,不敢怠堕,乃经三载,得丹成后,服之得仙,道成德就,水火不害,坐在立亡,千变万化,役使鬼神,寿同天地,长乐何忧,潜遁人间,待时而仙也。

太一乃召,移居中洲。

太一是仙伯,中洲是仙宫也。服丹之后,金骨玉髓,乃非凡体,及行阴德,精思坐忘,餐霞行气,太一使玉童、玉女,取召入仙宫也。

功次上升,应受图箓。

言服半剂,且住人间,待功满三千,然后服尽一剂升天。箓是仙人戒,图是五岳真形图,一斤为一剂,大还丹四两为一剂,此应是二斤药也。

《火记》不虚作,演《易》以明之。

《火记》者,谓大还神丹,象于《周易》,以明其用爻卦转鼎运火,故托于《周易》,明述其妙,而不虚作之也。

偃月法鼎炉,

炉,锅也。言鼎如仰月,亦如瓜形,亦有太一鼎也。

白虎为熬枢。

草堂注云:白虎为礜石。熬,煎熬也。言用礜石为汞之枢机。恐不然。为礜,言至毒,若作干汞为白,即用特生鹳巢中者,或用紫礜石,及乌卓草为灰,淋煮汞。不然,三毒灰、五礜、二使药等。若大丹大药,不应用礜石,据白虎者,又二议。若作白,即用银为壶芦子,号银为白虎。若依此《契》,白虎者是金花玄白等,和醋研如泥,涂鼎,为汞之枢机也。熬,为火也。

承日为流珠,

汞是日精,因日而生,光明流转,滑利如珠,故曰流珠。是铅入汞,为九转花,承日为流珠。又将玄白釜盛汞,为砂如珠,亦曰流珠。汞是日精,故云承日。

青龙与之俱。

青龙是汞,汞属水,水数一;朱砂属火,火数二。二与一成三,三数属木,木位东方,故号青龙。将龙和流珠合为丹,故与之俱。前白虎,俱也。白虎者,九铅精,为汞之枢机,是熬铅也,化为汁,投入青龙汞也。得火已后,吐花五色,名曰流珠,一名天地之符。此符化重花汞为丹,名曰还丹。草堂云:青龙是曾青。应不然,若作九丹,即先用曾青为水,此《经》应不用。

举东以合西,魂魄自相求。

东方是青龙,属木,木主肝,肝是阳神,曰魂,魂是汞;西方是白虎,属金,金主肺,肺是阴神,曰魄,魄是铅。故以铅汞相合,故以魂魄相求。据《经》引东西求合,岂是礜石、曾青?

上弦兑数八,下弦数亦八。两弦合其精,乾坤体乃成。二八应一斤,易道正不倾。铢有三百八十四,亦应爻之计。

《诀》云:上弦八,金半斤,汞也;下弦八,金半斤,铅花也。兑主金,故二八应一斤。斤有三百八十四铢,象《易》三百八十四爻。汞为日,铅为月,日月为易字,故易不倾。应计汞本属金,汞中有金,金赤属南方,故号赤金;铅属金者,铅中有银,银白属西方,故称白金。又怀金花,故号金。又一释作白。法上弦兑八,下弦兑八,都十六两,银为壶子,作干汞法。兑者,合也,故乾坤乃成。乾坤,器也。若正解,是作药斤两也。

金入于猛火,色不夺精光。

汞金之性,本无损折,得火不失精光。成丹之后,经火色不变,有杂即变。亦云金银为器,被火不损。又云著金银为丹,金不失,其性亦在。

自开辟已来,日月不亏明。

喻日月自从本有天地开辟已来,至今日月常明。喻药在鼎,每月一开之看,不有亏失也。

金不失其重,日月形如常。

汞者,金也。体如金重,且其汞自有日月之形,在朱砂为日,在汞为月,故汞为日月、为金也。罕见愚人执此金议云:大丹用金,故不敢造。不知其金是汞及金花。古歌曰:乍用还中宝,不用错中金。岂用真金银为丹?言用者甚误也。

金本从月生,

言金花本从铅生,铅是北方水,水为月,故金本从月生。金是铅花者也。

朔受日之符。

日是汞,谓坤卦皆从月朔一爻变为震,震为直符,复为直事,震为下,器盛汞,故云受用朔。朝用震卦,暮用艮卦,所用一日及一月,用此二卦也。又议,是汞入铅中而吐金花,名曰天地之符,故曰朔受日符也。

金反归其母,

言汞本是金孙,朱砂之子,朱是汞母,今烧汞成砂,变砂为金,故归其母。从金复化为砂,号曰金砂,还丹道毕。

月晦日包居。

言月晦火气足,是一小周天,阴阳数备,即重开研治。又从月初一日起,重包裹居之。

隐藏其垣郭,沉沦于洞虚。

垣是太一炉,郭是太一鼎,虚是南方之火宿。谓金汞藏鼎中,得洞中之火,潜阴伏隐而未见,故曰沉沦。

金复其故性,

言汞本属于金,今得阴阳火养,化成金砂,故复其故性也。

威光鼎乃嬉。

嬉,美也。言丹欲毕,汞为砂,鼎药乃有光明威德,人乃嬉者也。

子午数合三,

子是水银,午是朱砂。朱砂属火,火数二;水银属水,水数一。一与二为三,故合三也。亦是汞一名而有二号,居南北二方也。

戊己号称五。

戊是阳,属银;己是阴,属铅。是北方水,水数一,内有银为白,金数四,以一及四,故称五也。亦金花于铅汞中,故称五是也。

三五既和谐,八石正纲纪。

三是水银,五是金花,上二释以三及五,故云八。及八月金王,故八石。世人不晓,云用八石为大还丹,甚误也。为汞得金,俱共和谐,丹之纲纪也。

呼吸相贪欲,伫思为夫妇。

言汞属木,铅属金,金是木夫,木为金妇,龙呼虎吸,遂相贪欲,勾制相伏,故以伫思,相为夫妇。龙者汞,虎者金花,故知大还非阴阳同类而相伏,所以诸石傍助,不入其汞,非金汞不可也。

黄土金之父,

黄土是金,为鼎内涂玄白金花,号曰金鼎,非是用金银为鼎。为土能生万物,金之是土生,故为金父。金者是汞,化为金砂,又议号金化黄芽,有戊己之号,戊己属土,用和汞及涂鼎内。又《诀》云:黄土者,雄、雌、砒流是也。为四黄属土,土王四季,无正形,因火立名,一王十八日,托在四季,用以为泥,涂于鼎内。此《契》宝不用四黄。

流珠水之母。

流珠是金花,水是汞,汞属水,故为水母。又流珠,金花之别名,得汞亦为汞母。

水以土为鬼,土填水不起。

草堂注云:用黄土填压上之,多不然,唯以诸诀皆云,用金、五符等覆藉,不唯用土填压,用亦得,故知土即是金花、黄牙等。水是汞,被土伏,故不起,非硫黄为土,用于化汞为朱。

朱雀为火精,

朱雀是火也,南方火之宿日精。

执平调胜负。

胜负是升降,升时加炭,降时减炭。平平者,斗柄,看斗所指定漏刻,如知时候调火者也。

水盛火消灭,俱死归厚土。

水是铅,火是汞。言水得火,即烊成汁,故曰盛也。汞入其中,得火,汞死成砂,砂如土、如灰,故归厚土是也。

三性以合会,本性共宗祖。

土是祖,金花也。一汞、二金、三朱,本是一宗,三性共奉土为祖,所以宗祖共相会也。

巨胜以延年,还丹可入口。

巨者,大也,大胜一切诸丹,故称巨胜。巨胜是日名,亦是还丹之别名,亦名十胜丹,亦名紫粉,亦号金砂,所以丹成服后,延年益寿,入口长生不死也。

金性不朽败,故为万物宝。

汞本是金性,今化为金砂,此砂最尊最贵,万物之中上妙宝,乃化五金,所以金汞成丹,服之与天地毕也。其丹千变万化,人服之乃无休败,不死而得长生者也。

术士服食之,寿命得长久。

言好道之人,服此大还金丹,寿长久,变形神仙飞空。

土游于四季,守界定规矩。

土者,黄土为鼎,或以铁鼎内涂黄土,及涂黄牙,及将覆黄牙藉,故能守界定于规矩,土为王于四季也。又土者,雄雌二黄也。故雄为将,能守四夷,故云守界。界者,是色裹承汞也;规者,圆汞也;矩者,方金也。土能制也,故云界。二义俱通。

金砂入五内,

金砂,即大还丹也,言汞本是金体,经三年火,及变为金砂;五内者,五脏,言术人服金砂入五脏四肢。

雾散若风雨。

言凡人服金砂,入五脏之内,流散若风雨,皆令暂死。为身宿秽,谷气不除,有七病、九虫、三尸等皆在,所以暂死,虫即苏,兼丹内或有礜石及雄黄、曾青,并火毒未除,故令暂死。亦有不死者,或是一年之药,及无别毒药。又人常行修德,休粮日久,肠净脏净,故不死。故造大丹,莫杂石药。若作黄白,及点化五金,制汞令干,若无毒制,不能干者也。

熏蒸达四肢,颜色悦泽好。

言服丹后,老得童颜,四肢润泽好,筋坚髓满。

鬓发皆变黑,

服丹后,白者变如黑。

更生易牙齿。

牙齿毁落者,必更重生也。

老翁复丁壮,

言老翁反少归童,多力丁壮。六十曰老人。

耆妪成姹女。

女是处女。服丹后,颜色如处女。老女曰妪,七十曰耆,九十曰颐。

改形免世厄,号之曰真人。

言人禀阴阳精成。今炼阴阳精为丹,所以服丹之人,改形易容,生羽翮,隐沦变化,役使鬼神,久视长生,阴阳不能陶铸,水火不侵,与死长辞,寿同天地,金骨玉髓,号曰真人,此是大丹之功积无限,三灾不能害也。

胡粉投炭中,色坏还为铅。

此喻水银本是金。今烧必成金,变金为砂,必成金砂还丹。如胡粉,本是炒铅和酢盐作,令安火上炒,必变为铅。

冰雪得温汤,解释成太玄。

太玄,水也,如冰雪得阳,必化为水,自相制伏变化。又云玄伏金汞,为丹岂不成也?

金以砂为主,禀和于水银。

金者,久炼铅花也。言将铅出花,名曰金砂。将砂和水银,亦烧黄丹为黄牙,亦名金砂。亦将黄丹鼓烧出铅,炒铅为砂,亦镕铅化砂为汁,入汞得理。并通。不晓者云:将金银作末,为砂入汞,甚非也。此是作勾留黄白法。若作丹,非金花、黄牙不成。草堂云:用朱砂,及用黄金和水银,未能烊。

变化由其真,终始自相因。

言金与汞为真，自有变化为丹，终始自相因，非此真不入宝妙也。

欲作服食仙，宜用同类者。

若合大丹，为汞难制滑利。又属太阳，不得其铅，金终无得理也。其金属太阴，以阳得阴，乃为同类。夫大还丹者，象自然。天生还丹，其自然丹生于有砂之地。四千三百二十年即生，生时光明照山，彻于千里。至三元之日，上元紫微天官、诸天仙人、玉清仙官下采，非凡世人之可得也。生时上有曾青，左有雄黄，右有雌黄，下有金砂，南有朱砂，北有水银，为天地太阴、太阳冲气交腾，一千八十年则生金矿，矿一千八十年生丹砂，丹砂一千八十年生水银，水银一千八十年生自然还丹，合四千三百二十年。计一年十二月，有四千三百二十时，一时为一年，故则一年火气成小还丹，二年火气成中还丹，三年火气成大还丹也。为用乾坤二卦运火，其二卦有十二爻，一爻主二日半，二爻主五日，五日一行旬，合六十时。一爻三十时，二爻六十时，计一月三百六十时，象一年三百六十日也。是一月火气足，故一月一开。以此计一年，得四千三百二十年，火气足，故成大还丹。用三大元半及一小元，长十年火气，言于中有闰及大小月也。一千三百二十年为一大元，六十年为一小元，今造大还丹，则此气计火数而造也。且朱汞专生以南，为南方向太阳，日气盛照生焉。《十洲记》云：若扶南林邑及五天竺国，朱砂状如瓦砾，今辰、锦州及五溪甚多。岭南外国，汞一斗一升，始有百斤。若辰、锦州等汞，每斗一百斤也。据此，辰州、五溪汞为上也。其汞有生有熟，若天生流出者，清而白利，堪为丹；若蒸烧水银为熟，白浊而钝，是粗烧之，不堪入药也，只堪入粉家及金用。所以烧大丹大药，皆取光明砂，自烧出汞，乃为丹也。使丹砂大方三四寸，有文理，似马齿，光明通彻，曰光明砂；如小儿拳，似人齿，名朱儿；似粟米大者，名朱砂；外白内红，名曰白马齿砂。但砂色紫、色赤、光明者为上，次如石榴子亦可用，无石即并堪也。

《五金诀》曰：金得银而虚，银得铜而疏，铜得铁而殊，铁得锡而俱，铜得汞伏而无忧，汞得金而濡；金得雄而事通，银得雄而始终，铜得雄而异性同，铁得雄而去危凶；金得雌制一时，银得雌变无疑，铜得雌成道去非，铁得雌自令坚持，锡得雌成垅令宜。故知物有同类，非类难伏。所以大还丹,非阴阳伏制,不成丹也。故《经》云:伏汞为丹,可坐玉坛。若独制汞为丹,为真一法,亦名如意法,亦名真一特行法。九元子曰:不许单制。故用其铅为单制汞,名孤阳事须阴药。又《诀》云:用银为同类。用银为末八两,汞七两,雄黄一两,每月除虎添龙。龙者生汞,虎者伏汞,乾银亦是好法。计大丹无理。又法,用银器煮汞为砂后,用雌雄、曾流为泥,裹汞砂入银合子中,礜石、赤石脂固际,赤盐覆藉,名曰特行。此法亦同类,多是小紫,未审实成,不成必有毒,未审堪久服否?又法,有黄金和汞入雄。又法,朱砂和汞,每月添朱砂,名赤龙,屡降白虎饮之。又法,朱砂和汞等分,每七日添生硫黄,待成砂入瓶。亦有用银朱汞,一向十二月添雄修赤盐覆藉,总为同类。若依此《契》,即非唯金汞为真同类。

植禾当以粟,

喻如种禾须得粟为种,作药须得铅丹为种,丹成后用丹为种,余非种类。

伏鸡用其子。

言伏鸡须卵,必得鸡儿,故还丹须金花为同类,必成矣。

以类转自然,物成易陶冶。同类易施功,非种难为宝。是以燕雀不生凤,狐兔不乳马,水流不炎上,火熏不润下。

言铅汞所合,事须谐和,后得丹成,复以丹为种,故以物转自然成,易陶冶。类若同,岂不成宝哉?不同类者,燕雀岂生凤,狐兔不生马,水流必不向上,火炎必不向下,故知同类即成,非类不可。

世间多学士,高妙美良才。邂逅不遭值,耗火亡货财。

言世人多好学长生神丹,术士志慕炉火,不遇明师示其真诀,自恃才高,学得一小法,以意为之。或云用金银,或云用雄雌、曾、空朱等,或云一年,或云六十日,或云九转,斤两不明,或伏得汞即言是大丹,或成丹而又不得伏火,或有败失,怅望即休,或羞而不伏问于人,以此懈怠,经诀不明,进退狐疑,遂成败失,弃火损财。如斯之辈多矣。

据按依托文,妄以意为之。端绪无因缘,度量可操持。捣治羌石胆,云母及礜磁。硫黄烧豫章,铅䤹相炼治。

言好道炉火之士，不得真诀，遇一小法，或寻古文及诸隐言，又执此《契》，云金是银，称水为木，云虎是礜，云龙是曾青，称土为雄黄，称金花为白银，号黄牙为硫黄，号秋石是礜石，称石胆云出蒲州，一云羌道。用碧翠者，托意自能，强称我解，岂知神方秘重，隐乱真言。岂石胆出于铅中，秋石、黄牙俱出金公之体？《经》云豫章者是道州，古属饶州。豫章县非今洪州豫章，为道、永等州，出朱砂、水银。今人将为用洪州豫章之土为器，及捣云母、礜石、磁石、硫黄、石胆为丹，岂非大谬？托意为之，故《经》云：持之有法礼，则未忍悉陈程敷。岂秘直说也。如斯之士，未足可言。澒，水银之别名。

鼓下五石铜，以之为盉枢。

盉枢，器也。不知其理，妄将五金为鼎，岂有得耶？五星、五金皆出石中，故云五石。非鼓石能出金铜也。若伏干汞为银，即须银器。若作丹须土鼎，用铅不炼，玄白金花涂内即成也。

杂姓不同种，安肯合体居。千举必万败，欲黠反成痴。侥幸讫不遇，圣人独知之。稚年至白首，用索怅狐疑。

物非种类，杂何可成？千举万败，至老不悛，心生怅望，犹自狐疑。又侥幸不服膺于师，广集经诀及《参同契》，索尽财货，谬杂诸石，至老不可得也。

背道守迷路，履径入曲邪。

言人寻《参同契》及隐诀，云：法非在此中。不识真经，妄屈曲邪路，故把道守迷，此之谓欤。

管窥不广见，难以揆方来。

谓人执一法，或得一经一诀，即云妙。犹如管中窥明，岂是广见远方处来？

若夫至圣，不过伏羲，始画八卦，效法天地。

伏羲太皞氏，木德王，仰效天象，龙马负图，由河出现，而定八卦。后神农重其卦，引而申之为六十四卦。《系》云：天生变化，圣人则之。

文王帝之宗，修而演爻辞。

后周文王演《易》而定爻辞、繇言。

夫子庶圣雄，记十翼以辅之。

夫子是众圣之雄，故作《十翼》。爻辞、象、系、卦、象辞并前为十卷，名曰《十翼》。后夫子赞易道，述彖、象，所以《易》者，微妙之宗旨，照玄志命之书，故在夏曰《连山》，在殷曰《归藏》，在周名《周易》，在汉名《太玄书》，在晋名《同林》。故丹道至妙，托易象焉。

三君天所挺，迭兴更御时。优劣有步骤，功德不相如。

言天下至圣，无过伏羲、文王、孔子，三君是天下之挺特，画卦演爻，作《十翼》，知盛衰，犹不敢御炉火，同彩不能明，何况凡流而辄合造化？此道幽玄，亲承火诀，然可合之。又三皇已前，人乃淳素，五帝已后，世法日浇，所以古人用一味成丹，后人乃知众石。所以论其功，优劣不相得也。

制作有所踵，

言制作自有踵，非类不成。

推度审分铢。

铢者，一斤药有三百八十四铢，应天度数，须审分铢，应度数也。

有形易忖量，

言汞得金花为形，为丹必成。如作黄白，用金银和汞，易忖量也。

无兆难虑谋。

谋，计策也；兆，基本也。汞不得金为基本，难谋计。故水火有形，尚不可调制，汞甚神化无兆，实难谋思也。

造作令可法，为世定诗书。

法，则也。言真人造作丹术，著于经方，在世人自不悟。《诗》是古歌，书是《参同契》，故《同契》详古歌而造，俱流在《契》。丹方了了，人自不明其理，谬自出意，犹如孔子删《诗》定《礼》，永为法则。故丹术若不明《同契》之人，道必不成，成亦不长，不得神妙变化之理。

素无前识资，因师学悟之。

素者，白汞；金，铅汞也。非师不悟，所以徐君自言因师始悟。今言《同契》及别经诀，多有隐秘，或前或后，故乱著文言，素既不明，皆因所学，经师而悟者也。

浩若褰帷帐,

如旷野之中,而无帷帐,托空出意而造,何益也?

瞑目登高台。

闭目自意,终无得理。如瞑目上高台,而无所见。如人好此丹道,见登于此,所费无成,瞑目不悟。

《火记》六百篇,所趣等不殊。文字郑重说,俗人不熟思。

《火记》是丹经也,言神丹大药六百余条,虽有多方,其趣虽殊,终归一理。恐人不晓,故文字重重而说。何故不真说者?为神丹秘重,始不直说,恐泄漏天机。始秘此文,又恐长生之道绝,人不修道,谤世无有长生神仙之药。又其道在近,俗人自不熟思,使寻金汞阴阳,一金一石可晓者也。

窃代贤者谈,曷敢诈为辞。

辞者,经方、《同契》也。言我此书,实说不诈为谬,传于后代。诸贤窃心见之,须自思取悟。

若遂结舌瘖,绝道获罪诛。

始实说之,恐人不遵道,始结舌不言,又恐道绝获罪也。

写情著竹帛,恐泄天之符。

符,汞也。是天之心,汞又生五符也。

犹豫独增叹,俛仰缀思虑。

谓始写情竹帛流文,恐泄漏不说,道绝获罪于身,故犹豫二途,思情缀录,故隐言乱说。

始之有法程,未忍悉陈敷。

言修治丹法,自有法程,未忍悉陈敷露程数。

略述其纲纪,开端见枝条。

所作有法,未能尽说,略述纪纲,开视枝条,敷露此法。故制伏之道,表以天心,立象以言,象若不立,天心不可见,故以敷露枝条,知其表象。从此以后,直论金汞成丹,所以重程敷露其条也。

以金为隄防,水入乃优游。

金者,是九炼铅精金花牙也。以金花为隄防,能制汞,其隄防是勾留法,能勾其汞,故曰隄防。制汞成丹,非用金银勾汞用,即是黄白勾留法。又云用金为鼎,号曰隄防,此是银壶子法,非丹所用,所以其汞得金花相入相谐无失,故曰优游。本云水为木字,非也。云用曾青为木,未详也。

金计有十五,

用金花十五两,水银性燥难制,故用金花。不者,黄牙勾留为根,以阴制阳也。

水数亦如之。

水是水银,亦十五两,象一月之数。草堂云:水为木字。云用曾青十五两,为五分,则三两为一分,云金花三分,用九两,曾青二分,用六两,其汞即用一斤。若论丹法甚真,唯曾青有疑,口诀皆云不用石药,当审用曾青,通否?计曾青明目来神,是金之精,入亦何妨!若云水为木字,呼曾青,恐有非。又云金是汞,义亦通。云木是曾青,用十五两,更详。准如草堂真人,岂是几夫?注应不谬。若将水银为木,呼号青龙,既有金数,水银之数何在?如有金汞,数必即合相汞对,必非曾青,水银真也。古人特行,唯用曾青一味,制汞成丹,今此《契》唯论金汞二物,应无曾青。

临炉定铢两,五分水有余。

五分者,即三两为一分,五分者,即是用十五两。余者,加一两为一斤,有三百八十四铢,象其《易》,所以合用一斤。前云用十五两,虽象半月,未应《易》之道也。临著余加一两,成十六两,为一斤定也。又释余者为一斤,汞重如金,金二寸,可有十分,五分是汞,余五分是金,如前十五两,故同前十五两。乾体就后,十五两坤乙,成三十日,为一月,故金汞各十五两者也。

二者以为真,

唯金、汞二物为真,据此可言将为木号为曾青,假如用曾青,未合言数者也。

金重如本初。

言金汞之体常如初重,故令时时上秤秤,莫令失,失即火急,急即微退火。

其三遂不入，水二与之俱。三物相含受，变化状若神。

一金、二汞、水是三，非三味也。云其三不入，二者为真，何得三物？唯金、汞二真得火，十月脱胎后，六十日变化为正阳神丹者也。

下有太阳气，

气，火也，言鼎下有火。夫合炼成败在火，火急有失，在亦枯焦，宽又不休，状如驱鸡，准如汞，甚难得成火。前云四时火者，令人细心。但火从文入武即得也。

伏蒸须臾间。先液而后凝，号曰黄舆焉。

为未消花为液，别暖汞投中。一云入曾青末，去火令冷，捣碎入鼎，下火渐渐如蒸物状，年月满为丹，黄金紫色，故号黄舆。亦云黄舆如车舆，服药升人，故号黄舆。又初伏汞，须臾之间，从液后凝，色微带青黄，亦云黄舆。此一注至前以金为隄防，具论药味斤两，合治入鼎已讫，如若不悟，不可求道矣。

岁月将欲讫，毁性伤寿年。

言年月满为汞性伤毁，而自然伏火。

形体为灰土，状似明窗尘。

言经十月脱出胎，其汞独出铅上，红赤若阴阳二炁，从冬至起首至夏至文火，至冬至武火，后开，其汞亦出铅上，名曰正阳丹，状如尘灰，收取其药，更入鼎。夫汞火气未足，皆黑如死炭灰，人至此，皆心退休罢，不知从此但与火，其药色即归就紫，如烧小还丹，令伏火亦至黑灰，从此变褐，后为红紫之色，故后人见黑便休。夫汞成粉，皆轻如尘，失其汞体，莫疑，但任以年、日、月，长久火养之，色变自成丹也。但研之，即知重，但以此一年火即成尘，更入赤门，又经一年，即成大丹。

捣治并合之，驰入赤色门。

门者，是赤土鼎，以金花涂鼎之令赤，是故收其前尘药脚，捣治入鼎。二元云：炼丹即收下脚铅砂，又如黄土捣为泥涂鼎。然正阳之药，经武火六十日，其丹紫色，未紫更烧，故紫赤为上上，青黑为下下。若二元丹，无覆藉；若九转丹，每转用玄白金花四两覆藉；若紫游丹，用赤盐覆藉,呼为赤门。

固塞其际会,务令完致坚。

言固际须令牢密。

炎火张于下,

言下火常炎炎,不得火猛。别记出先小武火七十日者也。

昼夜声正勤。

言汞得火作声,状似婴儿啼,啼声若息,其汞即是伏火,故其火昼夜更不得停。

始文使可修,

始,初也;初,文火也。别记云:三百六十日文火,谓中间文。又前云炎炎,今何须文?其汞伏火,故令小武火也。

终竟武乃陈。

月末年终,事须武火,后须大武火。鼎须与火同色,又专阳丹,须经大武火,方伏火,后须化成铤,捣为末,开头烧经一伏时,此应须三年火,一年火亦得服,未有变化,三年丹为上。别记云:若三十日武火,即成一年火也。

候视加谨慎,审察调寒温。周旋十二节,节尽更亲观。

每一月一开看,洗,重入鼎,节是一月,故经十二节也。

气索命将绝,休死亡魄魂。

气,火也;索,尽也。言经十二月火毕,汞死伏火。魂日是汞也,魄月是铅也,故一年魂魄散化为大丹也。

色转更为紫,赫然成还丹。

还丹紫色,一名紫金砂,二名紫粉,三名河车,四名巨胜。巨胜者,日名也,其汞象曰巨胜。五名十胜丹,六名大流灵砂,谓老君度关津,往流沙西国,故留此法授与尹喜,名曰流灵砂。色若不紫赤,不名为大药,未赤紫更烧,若色如黄丹赤土,未名为丹,只是小伏火汞药也。

阴阳相饮食,

阳汞阴金,谓金得汞,自相饮食,伏制成丹也。

交感道自然。

谓金汞相交感,故丹道自然成,亦长生,能除万病。若伏火干汞,只堪为膏为粉,服亦长年,亦非大丹。大丹者,为汞本是金孙,朱砂之子,今令归本,复如金体,赤紫如丹,故曰还丹。丹者,赤色之名;还者,返归之义。故曰还丹。若不者,何以为还丹?

粉提以一丸,刀圭最为神。

去毒了,以枣肉丸,不者,黄龙膏为丸。丸如梧桐子大,一丸是一刀圭。圭是金之一小两,一刀圭通二十四气,丹成取一刀圭,鼓成金,若不化五金,不可辄服。其丹生有毒,未有灵化,更依前烧之成金,有灵化深紫色,始号为大还丹。服此一丸,即通神也。又将一刀圭化五金,及一斤生汞,立成黄金。若至此,即四两为一剂,若且住人间,即服半剂;若欲冲天,即服尽一剂。

推演诠五行,较约而不烦。举水以激火,掩然灭光荣。

言大丹推诠,不出五行也。汞属水,朱砂属火,铅银属金,曾青属木,雄黄属土。只如大丹,唯用二宝,金、汞是也。其金、汞自有五行之名。朱砂属火,水银属木,铅黑属水,银白属金,又号戊己,以当属土,故曰五行。激者,灌也。水阴火阳,以水灌火,阴入灭阳,故曰灭光荣也。水是金花,火是真汞,以金得汞,是水灌火中,故不烦,非上有水、下有火也。

日月相激薄,常存晦朔间。

日汞月金,常存一月之间,候火存亡。朔,月初;晦,月尽也。一阴一阳之间,常自激薄也。

水盛坎侵阳,火衰离昼昏。

坎为水为月,离为火为日。阳,乾旦也昼;阴,坤昏以著也。言阳时水王,至六日后坤,故侵阳,即火衰。

名者以定情,字者缘性言。

言汞一是太阳生,金含朱赤色,故曰名丹。湿如水,白如银,故号水银。白赤之情,似银之性,故号水银是也。

金来归性初,乃得称还丹。

言水银本是金性,丹者,赤色之名;还者,返归之义。伏汞为朱,变朱为丹,故曰还丹。此为正阳,名外还丹。为人素禀冲和元气,虚无自然而生,本从空来。今服丹后,令归虚无,升天而去,故曰还丹。丹丘,仙宫地名。虽服外还丹,亦服内还丹,内是还精补脑,故二还同服,乃得长生也。

吾不敢虚托,仿效圣人文。

徐真人云:吾录此《龙虎上经》大还之法,不敢妄托。仿效圣人文,则《易》之文也。

先圣(一本云"古记")提龙虎。

虎是金花,龙是金汞,所以上古先圣,号曰《龙虎上经》。又一义直云:水银朱砂有龙虎之号,故朱砂曰赤龙,汞为白虎。亦汞有二名,汞为木精,号曰青龙,而白似银,号为白虎,所以金花亦有龙虎之名。为铅若不投汞,必无金花五色,亦无花出。假令冷后色青黑,亦名龙虎。所以作丹,以花为虎,以汞为龙,将龙取龙,以虎为虎,非此二宝不能伏也。假用雄、曾,入亦无妨,久为灰,亦无制伏之理,只是用为傍助,染色取气也。草堂注云:虎是礜石,号为白虎,称曾青为青龙。既云曾青、礜石为真,将金汞何号? 应不然也。直言龙虎者,金花、水银,亦不用金银诸石也。

黄帝美金花。

若非金花为虎,黄帝岂应美之? 为水银奸滑,性燥难伏,为金花铅入汞所成,故是同类。又有金性,故能吸汞,勾制相留,变化为丹。又金花有数法,若得错铅白腻饶州者,但猛火炒三转可用。不者,但炼了,未抔熟,铅入仰月炉下,火令急,略除粗皮,黑末令尽,即投汞,但猛下火,食顷之间,金花咄出。又将此花烊成汁,更投汞,其花五色,名曰天地之符,亦名流珠花,化汞为丹是也。若一转花用,即须郁郁者,是专阳丹法。一两花勾一两汞,研如粉入鼎,鼎内用黄牙,不去未郁花,但一物即得为泥涂鼎内,入汞可一月养之。又二两添二两生汞,月月以一倚添得,此汞色如土青黑。添金得一百日后,用九转铅砂育之,令伏火,色黄微赤。更月一日一度蘸水。若土鼎不须蘸,熟铁须蘸。生铁柔令为熟铁,若柔,入土坑没头,大火通赤,一日一夜即熟。若土鼎,即用甘土及黄土浆，并寿州破瓷末，等分为之，量大小厚作。干后，用铅砂研泥蘸揩之，火渐爔之，令赤熟后，内涂花牙。用将前未伏药，九月毕，不要多亦得，但三五月间者，量多少，且伏亦得。伏，即将添了药，重入鼎，一百五十日，渐从文火入武，临未著大武火，可一日二日。又更将此药烊成汁为铤，捣碎，又更入鼎一月日，不烊，亦得服也。前添汞火须养火，不得猛火。若阴元正阳之法，即将再转花，不者一转花，不者九转铅，烊成汁。计一斤铅入一斤汞，从今年冬至至来年冬至毕，毕日，猛火一周，其汞吐出铅上，收取其药，又入鼎中武火六十日，名正阳丹。丹毕，若阳元法，用朱砂，以黄丹覆藉。亦如阴元法，若流珠九转法，但煮汞令干，治碎入鼎，以金花玄白覆藉，每月一开，每日用四两炭。若良雪神水法，火不录。若此经，唯烊花入汞，如二元法，唯用朱、曾、雄，稍异，即不著亦得，是故黄帝唯重此金花也。

淮南炼秋石，

秋石，是将前金花入铅砂一百日，都名秋石。又为金花属西方，西方为秋，故号秋石。刘演云：草堂云礜石，应非也。礜至毒，如何堪入药？唯四神八石丹用，及干汞家用，此应不用，故秋石可量。淮南王立号，岂应礜石？淮南王重之，亦如玄白出于铅中，号为石胆。时人云用蒲州者，岂非谬乎？淮南王是汉刘安，厉王之子，封于淮南，因号淮南王，王性好道，感八公授道，王弃位随八公往寿州，飞炼丹成而去，今八公山见在。

王阳加黄牙。

黄牙是错铅及黄丹，亦名京丹。一斤用汞四两，入寿州瓷碗中，猛火烧之，食顷，成水如镜，待冷凝如黄金，打破如马牙，因号黄牙。是王阳为金花、秋石难作，烧黄丹为上，据力亦与金花同等，稍优劣耳。时人云金花为黄牙，亦得，终稍别耳。更有人去硫黄及雌雄等，甚谬也。只据硫黄制汞为朱，岂知黄牙所出？《十仙记》具明，亦有铅、汞、石胆、黄礜，所作此经应不用也。唯错铅及黄丹作为真。王阳，汉时有益州刺史，常好道，以作金救人，故阳贵此，立号黄牙。故知人但调铅得理，即大还丹可致也。

贤者能特行，不肖与母俱。

特行者，是伏汞一味为丹，非用二青也，及四黄也。母者，金花也。故上古真人，唯谓汞一味，任火日月久长，火养成丹，入曾青同养，故上贤者是上古人也。今不肖后贤者，言与金花、黄牙制力一同，故云不肖，不许与母俱也。所计上古之人，非一二年丹成也。据《九丹经》云，亦用金花涂鼎养汞，岂应将汞独入空鼎而成者，何得阴阳龙虎之名？必应加减别耳。若论特行，妙名曰孤阳，九元君曰：孤阳之丹，不可辄服，须借阴成丹。若成铅即尽，何执特行而无阴药？准如特行，其性甚冷。丹成已后，又热毒性生，为铅属水，而汞属火，故须水灭火。丹成无毒，亦有伏得干汞，色如红玻璃，将为世绝作粉为膏，有服五两之后，彻骨如冰而冷，状似长病人。干汞银只可为世宝，何得长生之理？经诀具明，阴阳龙虎而成，岂独化汞？故汞为主，金花为君，曾青等使，雄黄为佐，君臣相使，返恶伏制成丹，入身散如风雨，立能输骨续筋，故能长生不死也。且天为阳，地为阴，日为阳，月为阴，一阴一阳曰道，亦二气相化，万物而生，其中阙一不可，岂去天留地，去日留月？故须金汞、雄、曾所成甚妙，如不著雄、曾，其丹最尊至重也。

古今道由一，对谈咄耳谋。

自古及今，唯一味为丹，借铅花句伏。细论其金花，亦与汞等分，何妨对谈不悟也。

学者加勉力，留念深思惟。至要言甚露，昭昭不我欺。

昭，明也，我示此法，深思此《经》，我不欺谬于汝。其加勉力者，为昔特行任士养，今令加勉力，金花、黄牙之力，而成大还丹矣。

第三卷

周易参同契分章通真义

五代　彭晓

点 校 说 明

1.《周易参同契通真义》，三卷，五代后蜀彭晓撰。彭晓，一作程晓，五代后蜀永康人。本注彭晓主以外丹，但也不废内修之说，故其注颇能得《参同契》之要旨。惟其分章琐碎至九十章，则为后世丹家所诟病，故一般注家皆不取其分章。或云其分九十章非彭晓之原本，为后人之妄为，但此说尚待证据以明。

2.本注整理时以《道藏》本为底本，校本有二：一、明嘉靖年间《金丹正理大全》本，二、明崇祯年间《道书全集》本。

3.附录《还丹内象金钥匙》一篇，宋王道《金碧古文龙虎上经注疏》后序云："真人彭晓作《金钥匙》云：'余始分擘《参同契》章义毕，偶温故经，览太白真人歌，遂起意撰《黑铅水虎》、《红铅火龙》而篇'"云云，知《金钥匙》确为彭晓所撰，且王道以外丹神丹注《龙虎经》，其引用《金钥匙》语，故王道视《金钥匙》一篇为外丹矣。本篇以《道藏》本为底本，《四库全书》本为校本。

4.末文字六篇，或考证或传记，可供研究本注之用。

周易参同契分章通真义

后蜀 飞鹤山真一子彭晓 注

《周易参同契分章通真义》序

序曰：按《神仙传》：真人魏伯阳者，会稽上虞人也。世袭簪裾，唯公不仕，修真潜默，养志虚无，博赡文词，通诸纬候，恬淡守素，唯道是从，每视轩裳如糠粃焉。不知师授谁氏，得《古文龙虎经》，尽获妙旨。乃约《周易》，撰《参同契》三篇。又云未尽纤微，复作《补塞遗脱》一篇，继演丹经之玄奥。所述多以寓言借事，隐显异文，密示青州徐从事，徐乃隐名而注之。至后汉孝、桓帝时，公复传授与同郡淳于叔通，遂行于世。公撰《参同契》者，谓修丹与天地造化同途，故托易象而论之，莫不假借君臣以彰内外。叙其离坎，直指汞铅；列以乾坤，奠量鼎器；明之父母，系以始终；合以夫妇，拘其交媾；譬诸男女，显以滋生；析以阴阳，导之反复；示之晦朔，通以降腾；配以卦爻，形于变化；随之斗柄，取以①周星；分以晨昏，昭诸刻漏。故以乾坤为鼎器，以阴阳为隄防，以水火为化机，以五行为辅助，以真铅为药祖，以玄精为丹基，以坎离为夫妻，以天地为父母。互施八卦，驱役四时，分三百八十四爻，循行火候；运五星、二十八宿，环列鼎中。乃得水虎潜形，寄庚辛而西转；火龙伏体，逐甲乙以东旋。《易》曰：圣人有以见天下之赜，而拟诸其形容，象其物宜。公因取象焉，非天下之至通，其孰能与于此哉！乃见凿开混沌，擘裂鸿濛，径指天地之灵根将为药祖，明视阴阳之圣母用作丹基，泄一气变化之元，漏大冶生成之本，非天下之至达，其孰能与于此哉！其或定刻漏，分暑时，簇阴阳，走神鬼，蘸三千六百之正气，回七十二候之要津，运六十四卦之阴符，天关在掌，鼓二十四气之阳火，地轴由心，天地不能

---

① 以，校本作"其"。

匿造化之机,阴阳不能藏亭育①之本,致使神变无方,化生纯粹,非天下之至明,其孰能与于此哉!《契》云:混沌金鼎,白黑相符。龙马降精,牝牡袭气。如霜马齿,似玉犬牙。水银与姹女同名②,朱汞共婴儿合体。明分药质,细露丹形,尽周已化之潜功,大显未萌之朕兆,非天下之至神,其孰能与于此哉!其有假借爻象,寓此事端,不敢漏泄天机,未忍秘藏玄理,是以铺舒不已,罗缕再三,欲罢不能,遂成篇轴。盖欲指陈要道,汲引将来,痛彼有生之身,竟作全阴之鬼,非天下之至仁,其孰能与于此哉!复有通德三光,游精八极,服金砂而化形质,饵火汞以炼精魂,故得体变纯阳,神生真宅,落三尸而超三界,朝上清而登上仙,非天下之至真,其孰能与于此哉!

晓所分《真契》为章义者,盖以假借为宗,上下无准;文泛而道正,事显而言微。后世议之,各取所见。或则分字而义③,或则合句而笺,不无畎浍殊流,因有妍皓媸互起。末学寻究,难便洞明,既首尾之议论不同,在取舍而是非无的。今乃分章定句,所贵道理相粘,合义正文,及冀药门附就。故以四篇统分三卷,为九十章,以应阳九之数,名曰《分章通真义》。复以朱书正文,墨书旁义,而显然可览也。上卷分四十章,中卷分三十八章,下卷分十二章,内有歌《鼎器》一篇,谓其词理钩连,字句零碎,分章不得,故独存焉,以应水一之数。喻丹道阴阳之数备矣。复自依约《真契》,撰《明镜图诀》一篇,附于下卷之末,将以重启《真契》之户牖也。

晓因师传授,岁久留心,不敢隐蔽玄文,是用课成《真义》,庶希万一,贻及后人也。昌利化飞鹤山真一子彭晓序。

---

① 亭育,校本作"亭毒"。
② 同名,校本作"同居"。
③ 义,校本作"议"。

《周易参同契分章通真义》卷上

朝散郎守尚书祠部员外郎赐紫金鱼袋
昌利化飞鹤山真一子彭晓注

乾坤者易之门户章第一

乾坤者，易之门户，众卦之父母。坎离匡郭，运毂正轴。

太易、太虚①、太初之前，虽含虚至妙，则未见兆萌；太始、太素、太极之际，因有混成，乃混沌也。中有真一之精，为天地之始，为万物之母。一气既形，二仪斯析，然后有乾坤焉，有阴阳焉，有三才、五行焉，有万物众名焉。故配乾坤为天地之纪纲，运阴阳为造化之橐籥，是以乾坤立，而阴阳行乎其中矣。魏公谓修金液还丹，与造化同途，因托易象而论之，莫不首采天地真一混沌之气而为根基，继取乾坤精粹潜运之踪而为法象，循坎、离、否、泰之数而立刑德，盗阴阳变化之机而成冬夏。阴生午后，阳发子初，动则起于阳九，静则循于阴六，乃修丹之大旨也。故以乾坤为鼎器，以坎离为匡郭，以水火为夫妻，以阴阳为龙虎，以五行为纬而含真精，以三才为经而聚纯粹。寒来暑往，运行于三百八十四爻；兔起乌沉，升降于三百八十四日②。此皆始于乾坤二卦之体，而成变化者也。故云：乾坤者，易之门户，众卦之父母也。

牝牡四卦章第二

牝牡四卦，以为橐籥。覆冒阴阳之道，犹工御者，准绳墨，执衔辔，正规矩，随轨辙。处中以制外，数在律历纪。月节有五六，经纬奉日使。兼并为六十，刚柔有表里。

凡修金液还丹，鼎中有金母华池，亦谓之金胎神室，乃用乾坤坎离

---

① 太虚，底本无此二字，据校本补。
② 日，校本作"爻"。

四卦为药。橐籥者,枢辖也;覆冒者,包裹也。则有阴鼎阳炉,刚火柔符,皆依约六十四卦,周而复始,循环互用。又于其间运春、夏、秋、冬,分二十四气,擘七十二候,以一年十二月气候蹙于一月内,以一月气候陷于一昼夜十二辰中。定刻漏,分二弦,隔子午,按阴阳,通晦朔,合龙虎,依天地之大数,协阴阳之化机,其或控御不差,运移不失,则外交阴阳之符,内生龙虎之体。故云:善工者,准绳墨以无差;能御者,执衔辔而不挠。合其规矩轨辙也。盖喻修丹之士运火候也。月节有五六,乃三十日也;昼夜各一卦,乃六十卦也。乾坤坎离四卦,为药之父母,枢辖鼎器,则非昼夜之数,《契》乃统而言之,兼并为六十四卦也。经纬奉日使者,卦爻为日用之经,而纬者律历数也;刚柔有表里者,阳刚阴柔,水火金木,互为表里也。

朔旦屯直事章第三

朔旦屯直事,至暮蒙当受。昼夜各一卦。用之依次序。

凡运昼夜阴阳升降火数,皆依约卦爻。昼夜各一卦直事,始以屯蒙二卦为首,朝屯暮蒙,从此为次序也。

既未至晦爽章第四

既未至晦爽,终则复更始。日辰为期度,动静有早晚。

既未者,既济、未济二卦也;晦爽者,晦朔、阴阳、明暗、往复也。日辰为期度,动静有早晚者,谓阳属动,阴属静,于十二辰中,早晚分隔,阴阳升降,火数周而复始,更互用之也。

春夏据内体章第五

春夏据内体,从子到辰巳。秋冬当外用,自午讫戌亥。

阳火自子进符至巳,纯阳用事,乃内阴求外阳也;阴符自午退火至亥,纯阴用事,乃外阳附内阴也。此内外之体,盛衰之理,始复而终坤,皆以爻象则之也。

赏罚应春秋章第六

赏罚应春秋,昏明顺寒暑。爻辞有仁义,随时发喜怒。如是应四时,五行得其理。

春气发生谓之赏,秋气肃杀谓之罚。自子、丑、寅为春,卯、辰、巳为夏,阳火候也;午、未、申为秋,酉、戌、亥为冬,阴符候也。乃于十二辰中,运其火符,应此四时五行,昏明寒暑、仁义喜怒,爻象不得纤毫参差,故谓之不失。鼎内四时不亏,象中寒暑则一,其丹必成矣。古歌曰:圣人夺得造化意,手抟日月安炉里。微微腾倒天地精,攒簇阴阳走神鬼。日魂月魄若个识,识者便是真仙子。炼之饵之千日期,身既无阴那得死?是故修金液还丹,若非取法象天地,造化以自然之情,则无所成也。

天地设位章第七

天地设位,而易行乎其中矣。天地者,乾坤之象也;设位者,列阴阳配合之位也。易谓坎离,坎离者,乾坤二用。二用无爻位,周流行六虚。往来既不定,上下亦无常。幽潜沦匿,变化于中。包囊万物,为道纪纲。

天地设位者,以其既济鼎器,法象乾坤也;易行乎其中者,乃阴阳、坎离、符火运行其中也。既鼎器法乾坤,复于其中安金母,以备天、地、人三才也。坎离二用无爻位者,谓外施水火,运转动静无常,故周流六虚,往来上下无常位也。或隐或显、或用或潜,更为变化之宗,互作生成之母,故云为道纪纲也。

以无制有章第八

以无制有,器用者空。故推消息,坎离没亡。

无者,龙也;有者,虎也。无者,汞阳之气也;有者,铅阴之质也。铅汞处空器之中,而未能自生变化,因坎离升降,推运四时,遂见生成。盖用空器,而以无制有也。《古文龙虎经》曰:有无相制,朱雀炎空。故阴生阳退,阳起阴潜,一消一息,则坎离随时而没亡也。

言不苟造章第九

言不苟造,论不虚生。引验见效,校度神明。推类结字,原理为证。坎戊月精,离己日光。日月为易,刚柔相当。土王四季,罗络始终。青赤白黑,各居一方。皆禀中宫,戊己之功。

圣人不苟造虚言而惑后世,故引验日月,推校神明,分擘刚柔,指陈金水,喻龙虎而取象,运阴阳而采精,以五土而终功,以四季而结里,遂得青赤白黑循环,而皆禀戊己也。坎戊月精者,月阴也,戊阳也,乃阴中有阳,象水中生金虎也;离己日光者,日阳也,己阴也,乃阳中有阴,象火中生汞龙也。故修丹,采日月之精华,合阴阳之灵气,周星数满,阴阳运终,尽归功于土德,而神精备矣。推类结字者,盖易字象日月也。

易者象也章第十

易者,象也。悬象著明,莫大乎日月。穷神以知化,阳往则阴来。辐凑①而轮转,出入更卷舒。《易》有三百八十四爻,据爻摘符,符谓六十四卦。晦至朔旦,震来受符。当斯之际,天地媾其精,日月相撢持。雄阳播玄施,雌阴化黄包。混沌相交接,权舆树根基。经营养鄞鄂,凝神以成躯。众夫蹈以出,蠕动莫不由。

易者,象也,盖以日月相合而成也。金液还丹,莫不合日月、阴阳、精气而成也。故阴阳精气,出入卷舒,昼夜循环,周而复始。约六十四卦,依三百八十四爻,据爻摘符,火随进退,阴来阳往,阳伏阴施,东西之气相交,夫妇之情相契。当斯之际,震来受符,天地媾其精神,日月合其魂魄。混沌者,神室象鸡子,两弦相合如混沌也。阳龙阴虎在混沌中,相承交感之气,树立根基,长养鄞鄂,以至凝神成躯,终为精物也。故鼎

---

① 辐凑,校本作"辐辏"。

室中，乃自是一天地也。凡关蜿动之物，莫不由之也。雄阳属天，乃玄也；雌阴属地，乃黄也。此乃老阳老阴、乾父坤母，互用火符极数也。则知一鼎中造化，一一明象天地运动发生万类也。若火候失时，抽添过度，寒暑不应，进退差殊，则令天地之间，凭何节候而生物象哉？凭何阴阳而生龙虎哉？

于是仲尼章第十一

于是仲尼赞鸿濛，乾坤德洞虚。稽古当元皇，关雎建始初。昏冠①气相纽，元年乃牙滋。

仲尼赞易道，分乾、坤为万物之首，立咸、恒为夫妇之宗，辟之鸿濛，凿之混沌，显鬼神之状，通天地之情，则君臣、父子、夫妇、男女、五行相生相克，万物变化之机尽矣。乃乾坤昭其洞虚也。故魏公喻《易》，创立鼎器，运动天机，媾龙虎之形，合夫妇之体。初则全无形质，一如鸿濛混沌之中。既经起火运符，则男女精气相纽，故关雎两慕，昏冠相求。自此起火之初，便应元年滋产，日居月诸，龙虎之体就矣。

圣人不虚生章第十二

圣人不虚生，上观显天符。天符有进退，诎伸以应时，故易统天心。

伏羲圣人，仰观俯察，定易象之数，知万物之情，留示后人俾未达者。既得窥天地之窍，盗阴阳之精，识造化之根，辨符应之体，相生相克，进退诎伸，皆在乎掌握。故云易统天心也。是以设法象，采至精，具鼎炉，运符火，循刻漏，行卦爻，定时辰，分节候，以尽天地之大数也。

复卦建始萌章第十三

☷☳复卦建始萌，长子继父体，因母立兆基。消息应钟律，升降据斗

---

① 昏冠，校本作"冠婚"。

枢。三日出为爽,☳震庚受西方。八日☱兑受丁,上弦平如绳。十五☰乾体就,盛满甲东方。蟾蜍与兔魄,日月气双明。蟾蜍视卦节,兔者①吐生光。七八道已讫,屈折低下降。

　　复卦始建萌,长子继父体,因母立兆基者,六阴爻下初变一阳爻,为复卦,故云建始萌也;谓因坤卦下变一乾爻,内体成震,坤是震之孕母,故云立兆基也;震是乾之长子,从此随时渐变,至十五日变成纯乾,乾父也,故云继父体也。亦如月自三日生形,至于八日②成上弦,阳数得半,喻鼎中金水各半也;至十五日圆满,出于东方,蟾蜍与兔魄双明,喻鼎中金水圆满,得火候也。魏公托此卦象,喻月生者,盖将半月三候,陷于半日六辰内。进阳火抽添于鼎中,内受火符,有此变化兆萌也。七八道已讫者,谓十五日乾体成就也;屈折低下降者,谓下文十六日以后,退阳火、用阴符也。

十六转受统章第十四

　　十六转受统,☴巽辛见平明。☶艮直于丙南,下弦二十三。☷坤乙三十日,东北丧其朋。节尽相禅与,继体复生龙。

　　十六转受统者,谓十六日以后,阳火初退,阴符始生也;巽辛见平明者,亦如阳火初进之时,与月生三日同也;下弦二十三者,复如上弦同义,金水各半也;坤乙三十日,东北丧其朋者,阴符到此,消尽阳火也。缘一月内,阴阳各半,阴阳相禅,水火相须,一月既终,复又如初,再用复卦起首,故云继体复生龙也。

壬癸配甲乙章第十五

　　壬癸配甲乙,乾坤括始终③。七八数十五,九六亦相应。四者合三十,阳气索灭藏。八卦布列曜,运移不失中。

---

① 兔者,校本作"兔魄"。
② 日,底本无,据校本补。
③ 始终,校本作"终始"。

壬癸，阴也；甲乙，阳也。阴阳相配，谓丹母在乾坤鼎中，受阳龙阴虎相合之气，故云乾坤括始终也。七、八、九、六，四者合三十日也。三十日内，七、九应阳数，六、八应阴数，乾坤各分其半，至三十日而尽，阴符、阳火俱终。故当一月运火之时，皆循八卦、列曜，运行子午东西，抽添升降，则阴阳舒卷，使金水调和。如或运火失时，霖旱不节，既亏生成之理，难留龙虎之形。运火之士，细忖度之。

元精眇难睹章第十六

元精眇难睹，推度效符证。居则观其象，准拟其形容。立表以为范，占候定吉凶。发号顺时令，勿失爻动时。上察河图文，下序地形流。中稽于人心，参合考三才。动则循卦节，静则因象辞。乾坤用施行，天地然后治，可得不慎乎。

元精者，是鼎中神灵真精，天地之元气也。抟之不得，视之不见，而能潜随化机，生成万物。既窈冥难睹，当推效符证，立表为范，发号施令，以应天符。故仰观象天文，俯察循地理，乃得合天地之魂魄，会阴阳之惨舒，树立三才，勘定休王，依卦象，顺爻辞，分旦暮，叙升降，故得乾坤泰而夫妇和，龙虎交而天地理。以上并论循刻漏、运符火、明抽添、分进退，一一不失日月星辰行度之数，则鼎内依四时生产万物神精也。运符火之士，得不慎乎。

御政之首章第十七

御政之首，管括微密。阖舒布宝，要道魁柄，统化纲纽。爻象内动，吉凶外起。五纬错顺，应时感动。四七乖戾，誃离俯仰。

御政之首者，运符火之士起首次第也。既铸金成鼎器，则管括固济，令微密也。开舒布宝者，内金舒畅滋液，金水相依也。复随斗柄，经历十二辰，上顺五星于四七之间（四七，乃二十八宿也。）。如或纬候参差，节符不应，则吉凶生于爻象，符火失于晨昏，致使外五星错乱，则内五气不和。四七乖戾，则周星誃离，而鼎内不生成也。外火虽动而行，内符闲静不应，则天魂地魄不相交接。是以星辰错乱，日月差殊，四季不调，万物不产，良由运火，夏秋失节，致鼎中霖旱不常也。

文昌统录章第十八

文昌统录，诘责台辅。百官有司，各典所部。

文昌统录者，斗魁戴筐六星，曰文昌宫，一曰上将，二曰次将，三曰贵相，四曰司命，五曰司录，六曰司灾。台辅者，魁下六星，两两相比者，曰三台，主宰天下者，上佐天子，理阴阳、顺四时，下遂万物之宜，使卿大夫各得任其职，则象鼎内受天地万物之气，而生成变化也。阴阳既乖，四时失度，犹运符火之士，调燮过差，故云诘责也。金液还丹，秘在铅、火二字，为之终始。既得真铅，又难得真火也。其可轻议也哉？是以魏公广而喻之，犹虑后人之迷惑也。

日合五行精章第十九

日合五行精，月受六律纪。五六三十度，度竟复更始。原始要终，存亡之绪。或君骄溢，亢满违道；或臣邪佞，行不顺轨。弦望盈缩，乖变凶咎。执法刺讥，诘过贻主。

日合五行精者，每一月一度与月交媾也；月受六律纪者，谓金水于鼎内，逐月分受得半月律气也（律吕各六，而日月共分之。）。日月、五星、经纬共生万物，喻鼎内受外来阴阳之气，升降子午之符，排运五星之精，交媾日月之粹，否泰相继，存亡相绪，周而更始，始复而终坤也。其神室阴精，处中宫，居土德而象君。若鼎内应而外不专，良由国君骄溢，则四方贡输不入，臣下邪佞，致使时刻有差，弦望亏盈，晦朔咎咎，皆归过于主。主即金精、土德、神室也，臣即五行、六律、精气也。得失，即运符火之士也，因兹姹女逃亡，赤龙奔逸，神精既走，金液何求？

辰极受正章第二十

辰极受正，优游任下。明堂布政，国无害道。内以养己，安静虚无。

原本隐明,内照形躯。闭塞其兑,筑固灵株。三光陆沉,温养子珠。视之不见,近而易求。

辰极受正,优游任下者,谓神胎居中宫,喻君处明堂,如北辰也。阴阳五行之气,臣下也。但君臣理内,如北辰正天之中,则阴阳五行之气顺和,鼎室金水之液滋生,君得以养己安静,任运虚无,自然变化也。原本隐明,内照形躯者,谓金能隐明,又能自照,得火而同益光明也。闭塞其兑者,兑,口也,既安金虎灵根于中宫,则须固济筑塞其鼎口,运役三光真精而入其内,哺养子珠灵汞,故云三光陆沉也。三光者,即阳火、阴符、金胎,以象日、月、星也。外运亦有三光,分在动静爻刻之内,阴阳符火之中,变化而成也。缘内外各有阴阳变易之体,不可备论。到此微妙,非口诀难以书传也。金汞在鼎,变化难测,莫可得而窥视。或以天机运制,法象枢辖,则金汞不敢逃亡,龙虎得以交媾,故云近而易求也。《阴符》曰:宇宙在乎手,万化生乎身也。

黄中渐通理章第二十一

黄中渐通理,润泽达肌肤。初正则终修,干立末可持。一者以掩蔽,世人莫知之。

《易》曰:君子黄中通理,正位居体,美在其中,而畅于四肢,发于事业,美之至也。谓金虎在鼎中,初受外来阴阳精气,渐渐润泽肌肤。既初受气,始生萌芽,正其枝干,而终成果实也。盖喻金砂真汞初吐芽蘖也。一者,水也,缘水根真金在器内,固济蒙蔽,常人莫能知之也。

上德无为章第二十二

上德无为,不以察求;下德为之,其用不休。上闭则称有,下闭则称无。无者以奉上,上有神德居。此两孔穴法,金气亦相须。

上德者,水在上也;下德者,火在下也。水火既济,乾坤之谓也。水在上常静,无为而处阴,不以察求也;火在下常动,运转经历十二辰内,其用不休也。上闭称有,内水也;下闭称无,外火也。无者以奉上,谓火运四时五行之气,以资奉神胎,故云上有神德居,即神胎金汞也。此两孔穴法,金气亦相须者,谓水火阴阳二气,双闭相须,而成神药,余无别径也。魏公述此一章,深明法象大纲、神药指归也。

知白守黑章第二十三

知白守黑,神明自来。白者金精,黑者水基。水者道枢,其数名一。阴阳之始,玄含黄芽。五金之主,北方河车。故铅外黑,内怀金华。被褐怀玉,外为狂夫。

白者,金也;黑者,水也。知金水之根,用为药基,则神精自生于器中,故云神明自来也;白金自水而产,及为神器,水体不绝,乃金水两情,为道枢纽也。水数一,为天地、阴阳、五行、万物之始也。水一、火二、木三、金四、土五是也。玄含黄芽者,谓金水生黄芽也。五金之主,北方河车,河车者,水火也。谓水火二气,运生五行也。故铅外黑,内怀金华者,谓铅未化白金之前,混于矿内,外貌黑而内藏金华,犹被褐怀玉之狂夫也。

金为水母章第二十四

金为水母,母隐子胎;水者金子,子藏母胞。真人至妙,若有若无。仿佛大渊,乍沉乍浮。退而分布,各守境隅。

水生于金,金为水母,谓金生水,而反隐形于水,乃隐子胎也。水者金子,子藏母胞,谓黑铅变质,而寄位西方,为白虎金胎,水含金,而复藏质于金胞中,真水银是也。真人至妙,各守境隅者,谓真汞被外来符火逼逐,在母胞中,乍沉乍浮,飞伏不定,若有若无,继以符应进退,又各守其界分,则不敢动越也。魏公述此一章,深明内象视听,不及真精希夷出没之状也。玄妙哉,神圣哉!

采之类白章第二十五

采之类白，造之则朱。炼之①表卫，白里贞②居。方圆径寸，混而相拘。先天地生，巍巍尊高。

采之类白者，谓初运动之时，先以白金为首也；造之则朱者，谓陶冶之际，次以赫火成朱也；炼为表卫，白里贞居者，盖以白金为神室也；方圆径寸，混而相符者，谓金胎象混沌，而制造分上下两弦，中宫方圆径寸，以安真汞。既两弦相合，固济绵密，使阴阳相符，纤微不漏，以养龙虎。古歌曰：固济胎不泄，变化在须臾是也。先天地生，巍巍尊高者，谓真铅未有天地混沌之前，铅得一而相形，次则渐生天地、阴阳、五行、万物、众类，故铅是天地之父母，阴阳之本元。盖圣人采天地父母之根，而为大药之基；聚阴阳纯粹之精，而为还丹之质。故殆非常物之造化也。则修丹之始，须以天地根为药根，以阴阳母为丹母。如有不能于其间生天地阴阳者，即非金液还丹之道。若以有天地阴阳之后所产者，五金八石、草汁木灰、晨霜夜露、雪浆冰水、青盐白卤诸物杂类而为之者，不亦难乎？同志思之，久而自悟，故后篇云：万遍将可睹，神明或告人（下卷八十三章内云）。

旁有垣阙章第二十六

旁有垣阙，状似蓬壶。环匝关闭，四通踟蹰。守御密固，阏绝奸邪。曲阁相通，以戒不虞。可以无思，难以愁劳。神气满室，莫之能留。守之者昌，失之者亡。动静休息，常与人俱。

凡修还丹，有坛炉、鼎灶，上下相接，如蓬壶之状，周旋四通。鼎内复有神室金胎，委曲相连；鼎外复有枢辖固济，阏绝奸邪，以防真气走失，方免别生思虑，仍无愁劳也。虽固密隄防，得神气满于室内，又须调

---

① 之，校本作"为"。
② 贞，校本作"真"。

运阴阳,交互施功,将以留连真精,而成变化。如运火符差忒,纵有真精在内,亦复飞走不住。全在燮调水火,守而勿失,则必昌盛。故真气动静休息,一一常与人俱也。

是非历藏法章第二十七

是非历藏法,内视有所思。履行步斗宿,六甲以日辰。阴道厌九一,浊乱弄元胞。食气鸣肠胃,吐正吸外邪。昼夜不卧寐,晦朔未尝①休。身体日疲倦,恍惚状若痴。百脉鼎沸驰,不得清澄居。累土立坛宇,朝暮敬祭祠。鬼物见形象,梦寐感慨之。心欢意悦喜②,自谓必延期。遽以夭命死,腐露其形骸。举措辄有违,悖逆失枢机。诸述③甚众多,千条有万余。前却违黄老,曲折戾九都。

是非历藏法之曲折戾九都者,魏公谓世人不达大道之宗元,而趋旁门之曲径,故有内思小伎,履步魁纲,六甲日辰,乃童蒙之渐阶也。复有对境接气,房中之术;屈伸握固,闭气咽津。因兹气乱神疲,魂伤魄瘁,以致阳神逃于宫宅,阴贼盗于肺肝,良由内外相侵,寅申相逼,七魄游于死户,三尸战于眼睛,百脉沸腾,三田溃乱,本期永寿,反尔伤生,岂得见于清澄乎?复有外立坛墠,祭祀淫鬼,欲希遇道,乞遂延龄,致使鬼气传于精魂,邪风起于心室,或交梦寐,或见形声,自谓长生可期,不知我命在我,乃致促限,弃腐形骸。此属多般,皆为左道。欲行转住,欲速更迟,悖乱至真,乖讹天理。妄称高道,明违黄帝之文;蔽隐真诠,全失老君之旨。故魏公不欲人习旁门,便令径入正道。而历藏诸法,纵有小成,终亦不免其死坏。唯金液还丹得服之后,返老为婴,位证真人,与天位同其长久也。故下文云:金砂入五内,雾散若风雨。薰蒸达四肢,颜色悦泽好。鬓发白变黑,更生稚牙齿。老翁复丁壮,耆妪成姹女。改形免世厄,号之曰真人(本卷三十二章内云)。又《黄庭经》曰:百二十年

---

① 尝,校本作"常"。
② 悦喜,校本作"喜悦"。
③ 述,校本作"术"。

犹可还,过此修道诚甚难。须待九转八琼丹,日月之华救老残。则知此法,是白日冲天、长生之上道,明矣。

明者省厥旨章第二十八

明者省厥旨,旷然知所由。勤而行之,夙夜不休。服食三载,轻举远游。跨火不焦,入水不濡。能存能亡,长乐无忧。道成德就,潜伏俟时。太一乃召①,移居中洲。功满上升,膺箓受图。

魏公警好道之人,省究其旨,当自豁然。既得之后,夙夜勤修,终始勿怠。药成之后,服食三年,轻举远游,水火无碍,坐存立亡,暗施阴德,潜伏俟时,太乙见召,移居中洲,计日上升,膺箓受图也。太乙,乃修丹之主司也;中洲,乃神州也。世人初得道,镂名金简,于此膺受图箓,获上升也。

《火记》不虚作章第二十九

《火记》不虚作,演《易》以明之。偃月法鼎炉,白虎为熬枢。汞日为流珠,青龙与之俱。举东以合西,魂魄自相拘。上弦兑数八,下弦艮亦八。两弦合其精,乾坤体乃成。二八应一斤,易道正不倾。铢有三百八十四,亦应卦爻之数。

火虽有《记》,须约易道而行之。循诸卦爻,运诸否泰。鼎器偃月,即仰月也。金虎在内,为药枢机。朱汞青龙,被丙丁朱雀随时趁逐,俱入金胎,故谓之举东合西也。魂魄者,东龙魂、西虎魄也。上下两弦,合为一斤之数,分三百八十四铢,应一月二八之候,则乾坤形体俱就,与一周天之数同也。

金入猛火中章第三十

金入于猛火,色不夺精光。自开辟以来,日月不亏明。金不失其

---

① 召,校本作"诏"。

重,日月形如常。金本从月生,朔旦受日符。金返归其母,月晦日相包。隐藏其匡郭,沉沦于洞虚。金复其故性,威光鼎乃熺①。

五行相克,火乃克金,金得火复能成器,两不伤损,故金胎在鼎中,而不耗散,金色益自光明。自立乾坤鼎器以来,日月运精入内,两相有益,俱得精明。金体重如初,日月常环照也。金本从月生者,金是阴精,寄位西方,故云金从月生。月自朔旦,受日辰之符,因生金也。金返归其母者,月转受统,金归于水,至月晦阳气消尽,则金水两物,情性自相包裹,隐藏匡郭,沉沦洞虚也。月晦象年终,月朔象年首也。金水成形,鼎室长含和气,乃见成功,故云鼎喜。喜则和怡,和怡则金水凝结,自然之道备矣。

子午数合三章第三十一

子午数合三,戊己号称五。三五既和谐,八石正纲纪。呼吸相贪欲②,佇思为夫妇。黄土金之父,流珠水之母。水以土为鬼,土镇水不起。朱雀为火精,执平调胜负。水盛火消灭,俱死归厚土。三性既合会,本性共宗祖。

子水数一,午火数二,共合成三也,戊己土数五也,三五合成八,此乃三五既和谐,八石正纲纪也。故得青龙呼白虎,白虎吸龙精,呼吸相贪育,佇思为夫妇也。黄土金之父,流珠水之母者,土能竭,水银乃得不飞走,则四季尾火行土候是也。金全自朱雀火神,调匀胜负,水盛火灭,晦朔俱终,归功土德也。三性既合会,本性共宗祖者,谓金火自一数水气中产出,盖是先天地生元始气中,而能生五行,非只以金火二味而已。

巨胜尚延年章第三十二

巨胜尚延年,还丹可入口。金性不败朽,故为万物宝。术士服食

---

① 熺,校本作"嬉"。
② 贪欲,校本作"含育"。

之，寿命得长久。土游于四季，守界定规矩。金砂入五内，雾散若风雨。薰蒸达四肢，颜色悦泽好。发白皆变黑，齿落生旧所。老翁复丁壮，耆妪成姹女。改形免世厄，号之曰真人。

巨胜，胡麻，人食之尚得延年，况金液还丹，入口岂不长生乎？还丹始生于真金，金体故无败朽。然真金是天地元气之祖，以为万物之母。《道德经》曰：无名天地之始，有名万物之母是也。天地之先，一气为初，而生万象。金是水根，取为药基，是故真金母能产金砂而成还丹也。土游四季，为丹道始终也。魏公喻后人修炼服之，神妙不同凡药。此砂入口，如云雾风雨，径入五脏四肢，还童却老，变发生牙，长生久视矣。

胡粉投火章第三十三

胡粉投火中，色坏还为铅。冰雪得温汤，解释成太玄。金以砂为主，禀和于水银。变化由其真，终始自相因。欲作服食①仙，宜以同类者。植禾当以黍，覆鸡用其子②。以类辅自然，物成易陶冶。鱼目岂为珠，蓬蒿不成槚。类同者相从，事乖不成宝。是以燕雀不生凤，狐兔不乳马，水流不炎上，火动不润下。

胡粉，制黑铅而成，若投火中，却归铅体；冰雪，自水气而结，若以汤沃，还化为水。金砂、水银，皆一体之物，以金为母，还产砂汞，故云：植禾以其黍，覆鸡以其卵。一旦受气足，乃成鸡与黍。盖种类相生，终始相因，自然之道也。若以金石、草木、霜露、冰雪、盐卤之类，皆为误用。上文注中，已详说矣（本卷二十五章内注）。是将天地根为药根，真金母为药母，令产阴阳成精，金砂灵汞，以为长生之药，不其然乎？故云：燕雀不生凤，狐兔不乳马。火性本炎上，不可使润下；水性本润下，不可使炎上。既以自然本性根类而推之，则金母产金砂明矣。

---

① 服食，校本作"伏食"。
② 子，校本作"卵"。

世间多学士章第三十四

世间多学士，高妙负良才。邂逅不遭遇①，耗火亡货财。据按依文说，妄以意为之。端绪无因缘，度量失操持。捣治羌石胆，云母及礜磁。硫黄烧豫章，泥汞相炼飞。鼓下五石铜，以之为辅枢。杂性不同类，安有②合体居。千举必万败，欲黠反成痴。侥幸讫不遇，圣人独知之。稚年至白首，中道生狐疑。背道守迷路，出正入邪蹊。管窥不③广见，难以揆方来。

魏公谓世间多有博学通儒之士，留心道域，好火求玄，邂逅不遇明师，但只看文据诀，妄自出意，虚损货财，捣治杂药，拟望长生，度世历年，白首执而不回，迷守管窥，自入邪径，千举万败，难揆将来。杂性不同类，上文注中已释之矣。

若夫至圣章第三十五

若夫至圣，不过伏羲，始画八卦，效法天地。文王帝之宗，结体演爻辞。夫子庶圣雄，十翼以辅之。三君天所挺，迭兴更御时。优劣有步骤，功德不相殊。制作有所踵，推度审分铢。有形易忖量④，无兆难虑谋。作事令可法，为世定诗书。素无前识资，因师各⑤悟之。皓若褰帷帐，瞋目登高台。

魏公讚伏羲、文王、孔子三圣人，天纵英灵，互有明德。演易道，则通天地万物之情；删《诗》、《书》，则叙君臣众名之训。复有定爻象，析分铢，算辖周星，数穷大衍。天地虽大，难缄否泰之机；阴阳至虚，无藏动静之数。是以圣人因之，取谋大道，以乾坤象鼎室，使抱一气而宗万

---

① 遭遇，校本作"相遇"。
② 安有，校本作"安肯"。
③ 不，校本作"非"。
④ 忖量，校本作"忖度"。
⑤ 各，校本作"觉"。

灵；以阴阳贯昼时，俾历六虚而生庶类。然有形易忖者，天地也；无兆难谋者，阴阳也。若不因三圣演《易》，将水火何路施张？若不赖万世垂文，驱龙虎何门钤键？故云：素无前识，因此悟之。若搴帷帐，则明有所睹，如登高台，复莫知其极。盖喻圣人之道，仰之弥高，钻之弥坚也。因《易》道而复明《火记》，下文当略释之。

《火记》六百篇章第三十六

《火记》六百篇，所趣等不殊。文字郑重说，世人不熟思。寻度其源流，幽明本共居。窃为贤者谈，曷敢轻为书。若遂结舌瘖，绝道获罪诛。写情著竹帛，又恐泄天符。犹豫增叹息，俛仰缀斯愚①。陶冶有法度，未忍②悉陈敷。略述其纲纪，枝条见扶疏。

《火记》六百篇，盖是周星运火之大数，朝暮各系一卦直事，云六百篇，篇次一一皆同，故年与月同，月与日同，日与时同也。魏公既不敢结舌而蔽大道，复不敢显书竹帛而泄天机，犹豫增叹，深虑不及将来。故略述纲纪，少露枝条，其余细微，备于口诀云耳。

以金为隄防章第三十七

以金为隄防，水入乃优游。金计有十五，水数亦如之。临炉定铢两，五分水有余。二者以为真，金重如本初。其三遂不入，火二与之俱。三物相合③受，变化状若神。下有太阳气，伏蒸须臾间。先液而后凝，号曰黄舆焉。岁月将欲讫，毁性伤寿年。形体为④灰土，状若明窗尘。

金母在中宫，为水银隄防，则金水优游，情性相恋。金水逐辰受气，各得其半，共合一斤之数。既产⑤金砂，母亦不损，故云金重如本初也。

---

① 斯愚，校本作"思虑"。
② 忍，校本作"可"。
③ 合，校本作"含"。
④ 为，校本作"如"。
⑤ 产，底本作"砂"，据校本改。

其三遂不入者,真土也。金、火、木为三物,被水火二者逐辰与之,俱入器中,乃得三性合会,二味相拘,变化若神也。金母始因太阳精气伏蒸,遂能滋液而后凝结,是名黄舆焉。以至周星、阴阳、五行,功考互漏,退位藏形,尽归功于中宫黄帝土德也,故云毁性伤寿年。归土德而化土,则神精状若明窗尘也。

捣治并合之章第三十八

捣治并合之,持入赤色门。固塞其际会,务令致完坚。炎火张于下,昼夜声正勤。始文使可修,终竟武乃陈。候视加谨慎,审察调寒温。周旋十二节,节尽更须亲。气索命将绝,休死①亡魄魂。色转更为紫,赫然成还丹。粉提以一丸,刀圭最为神。

捣治丹基,坚完固济,然后安鼎内,号曰赤色门。上水流下,下火炎上,晦朔进退,昼夜升降。文发子初,武随巳止,午起阴符,以至于亥,运之否泰,调以寒温,十二节终,终则更始。一周火足,魂魄改形,转为紫金,赫然成丹。服之一粒,刀圭更神;神妙之功,述无尽已。

推演五行数章第三十九

推演五行数,较约而不繁。举水以激火,奄然灭光明。日月相激薄②,常在晦朔间。水盛坎侵阳,火衰离昼昏。阴阳相饮食,交感道自然。

五行是虚无之气,窥视难名。若以天地总数则之,则无逃其运用。致感鼎内,五行自拘,阴阳交媾,火兴水退,水激火衰,日魂起于朔晨,月魄终于晦暮,雄雌相禅,砂汞互生,天地自然,丹道昭矣。

---

① 休死,校本作"体死"。
② 激薄,校本作"薄蚀"。

名者以定情章第四十名

名者以定情，字者缘①性言。金来归性初，乃得称②还丹。吾不敢虚说，仿效圣人文。古记题龙虎，黄帝美金华。淮南炼秋石，王阳加黄芽。贤者能持行，不肖毋与俱。古今道犹③一，对谈吐所谋。学者加勉力，留连④深思惟。至要言甚露，昭昭不我欺。

金者，情也；水者，性也。金既生水银，是情归性也。且金生于水，水为金母，水复生于金，金返为水母，故有还丹之号。上文云母隐子胎，子藏母胞是也（本卷二十四章内云）。然魏公所述，殆无虚诈，乃托易象及古今⑤《龙虎经》而论之，仍讚黄帝、淮南王、王阳先真圣人，皆能持而行之。古今共一门径，非不肖者所可及也。故喻后来留意思之，要言甚露明，明明不我欺也。

《周易参同契分章通真义》卷中

朝散郎守尚书祠部员外郎赐

紫金鱼袋昌利化飞鹤山真一子彭晓注

乾坤刚柔章第四十一

乾刚坤柔，配合相包。阳禀阴受，雄雌相须。须以造化，精气乃舒。坎离冠首，光耀垂敷。玄冥⑥难测，不可画图。圣人揆度，参序无基⑦。四者混沌，径入虚无。六十卦周，张布为舆。龙马就驾，明君御时。和

---

① 缘，校本作"以"。
② 称，校本作"成"。
③ 犹，校本作"由"。
④ 留连，校本作"留念"。
⑤ 古今，校本作"古文"。
⑥ 冥，校本作"明"。
⑦ 无基，校本作"元基"。

则随从,路平不邪。邪道险阻,倾危国家。

乾刚坤柔,配合相包。凡修金液还丹,先立乾坤,既济鼎器,然后使阴阳合精气于其中;次运水火坎离,继合日月龙虎,故得鼎中光耀。玄冥罔窥,良由参度圣文,究寻药母,俾乾坤坎离,混而相符。游降六虚,敷舒五气,循六十卦,历十二辰,布为车舆,以迎龙马。内有中宫金母,如君治国御时,运和气以相从,任无为而大顺,是故路平不陂,无往不复。若或运火参差,取时无准,则路生险阻,家国见倾,致使神室金妃,无凭滋产。然金丹之要,全在铅、火二字,铅火则水火也,为还返之宗祖。其余五行气候,皆辅助而成功。金妃,则母也。

君子居室章第四十二

君子居其室,出其言善,则千里之外应之。谓万乘之主,处九重之室。发号施令①,顺阴阳节。藏器待时②,勿违卦月。屯以子申,蒙用③寅戌。余六十卦,各自有日。

《易》曰:君子居其室,出其言善,则千里之外应之。喻金翁处于神室,如君居九重之上。凡运旦夕水火,如发施号令,欲令众气得所,又须安静无为,藏器俟时,顺爻辞,循刻漏,一一领览。屯蒙,旦夕之符,谓六十卦应一月候,昼夜各受一卦,周而复始。寅申是阴阳终始之位也。

聊陈两象章第四十三

聊陈两象,未能究悉。立义设刑,当仁施德。逆之者凶,顺之者吉。按历法令,至诚专密。谨候日辰,审察消息。纤芥不正,悔吝为贼。

聊陈两象,谓水火、阴阳也。从子至巳,属春夏,火行发生之候,合于器内,而温养神精,乃象施仁德也;自午至亥,属秋冬,符运肃杀之候,降于胎中,而凝合灵汞,乃象立刑仪也。魏公使后人则日月之行度,分

---

① 施令,校本作"顺令"。
② 待时,校本作"俟时"。
③ 用,校本作"以"。

阴阳之废兴,循以卦爻,顺之寒暑,垂诫专谨,消息往来,俾鼎内悔吝不生,象中盗贼不起,则赤精降气,白汞成形,金液还丹不日而就矣。

二至改度章第四十四

二至改度,乖错委曲。隆冬大暑,盛夏霜雪。二分纵横,不应漏刻①。风雨不节,水旱相伐。蝗虫涌沸,群异旁出。天见其怪,山崩地裂。孝子用心,感动皇极。近出己口,远流殊域。或以招祸,或以致福,或兴太平,或造兵革。四者之来,由乎胸臆。

夏至、冬至、春分、秋分,此四者,谓子、午、卯、酉,于十二辰间,分擘四季疆界。复有土德巡游四季之末,生成龙虎金木之形。非只以四季为文,更于十二辰间,又分二十四气、七十二候,象一年之气数也。如纤毫刻漏,参差咫尺,日月失度,晦朔偏颇。昼夜不等,或阳火过刻,水旱不调,则隆冬变为大暑;或阴符失节,寒暖相侵,则盛夏返作浓霜。金宫既砂汞不萌,一鼎乃虫螟互起,大则山崩地圮,金虎与木龙沸腾;小则雨暴风飘,坎男共离女奔逸。金虎木龙,乃东西之魂魄;坎男离女,是南北之夫妻。孝子迸散者,则胎中真汞,被火候过差,飞走不住,以至皇极鼎口,因而迸出殊域也。或吉或凶、或兴或起,四者及以上变证,皆由运火之士胸臆也。若能轨范天机,衡量日月,细意调燮,至诚运图,召和气于鼎内而产乾精,俾真宰于胎中而生坤粹,号曰真水银是也。

动静有常章第四十五

动静有常,奉其绳墨。四时顺宜,与气相得。刚柔断矣,不相涉入。五行守界,不妄盈缩。易行周流,屈伸反复。

凡运水火,动静依时,使龙虎二气相须,子母重胞慕恋,五行守界,四季周流,盈缩不亏,反复无失,即日见其功成矣。

---

① 漏刻,校本作"刻漏"。

晦朔之间章第四十六

　　晦朔之间,合符行中。混沌鸿濛,牝牡相从。滋液润泽,施化流通。天地神明,不可度量。利用安身,隐形而藏。始于东北,箕斗之乡。旋而右转,呕轮吐萌。潜潭见象,发散精光。

　　晦朔之间,金水符合之际,艮后寅前是也。阳符既退,金水同宗,故混沌相符,牝牡相得,流气滋润,施液母胞,化生神灵,不可度量。又能安身利用,藏质隐形,伏体潜潭,精光渐发。既于东北右转,乃是遇朔复兴,起自箕斗,拟转①西位,呕轮吐萌,渐思明耀。尚在伏阴之际,将议复圆旧形,故于东北艮乡,以循发生终始之位,再动潜龙也。此喻运符至戌亥之间,鼎中金水,如经晦朔,将近子符发生,谓艮位去寅不远,故曰呕轮吐萌。同金母于晦朔之间,金水滋畅,至月旦遇子符一阳之火,金遇火重明复耀,则左旋吐萌,渐生龙体也。故下文云盛衰渐革,终还其初也。

昴毕之上章第四十七

　　昴毕之上,☳震出为征。阳气造端,初九潜龙。阳以三立,阴以八通。故三日震动,八日☱兑行。九二见龙,和平有明。三五德就,☰乾体乃成。九三夕惕,亏折神符。盛衰渐革,终还其初。☴巽继其统,固济操持。九四或跃,进退道危。☶艮主止进,不得踰时。二十三日,典守弦期。九五飞龙,天位加喜。六五☷坤承,结括终始。韫养众子,世为类母。上九亢龙,战德于野。用九翩翩,为道规矩。阳数已讫,讫则复起。推情合性,转而相与。

　　昴毕之上,☳震出为证者,谓月之初生于西方昴毕之上,以行阳火。至子丑将运五日一周之气,自此而始,再生一阳爻,震气动②发生之端

---

① 拟转,校本作"旋转"。
② 动,校本作"初动"。

于鼎内,因此渐生阳气。至三五十五日,方成纯乾,而龙体成就也。阳以三立者,火行三日,鼎内阳气初布,故云三日震动也。阴以八通者,已得二候,生二阳爻,至于八日,☱兑金得用,金水气停,属上弦,金水相通,故云八日兑行也。九二见龙,初平有明者,谓月当上弦,成形方半,喻鼎内金水,受寅卯之符,阴阳各半也。三五德就者,谓九三乾乾,行至辰巳,正得三候,共计十五日,三爻尽为纯阳,☰乾体成就也。此后阴阳界分,故谓之盛衰渐革,终还其初,乃周而复始也。☴巽继阴统,九四或跃,进退道危者,阳爻退而变一阴爻,巽故得承领阴符。行五日在午未之上,柔爻渐进,阴气旋生,包固阳精,无敢动逸。四候既满,生二阴爻,☶艮行五候,符至申酉,遇下弦二十三日,金水复均也。九五飞龙,天位加喜者,谓六候三十日,坤行阴符至戌亥,是乾坤之气俱足,龙虎、阴阳、万物之数周旋,故云九五加喜也。六五☷坤承,结括终始,韫养众子,世为类母者,谓坤始变一爻为阳成震,作乾家长男,以至三爻,俱变为纯阳成乾;阳极阴生,复于乾体变一爻为阴成巽,作坤家长女,以至三爻,俱变为纯阴成坤。始终出没,皆由坤体长养万物,世为类母。众子即众卦,是故六五坤承,结括还丹终始,为道之规矩也。用九翩翩者,谓亢极见命以退位,乃阳数已讫,则转而相与也。

循据璇玑章第四十八

循据璇玑,升降上下。周流六爻,难可察睹。故无常位,为易宗祖。
谓上文云乾坤为道之规矩,欲顺阴阳之则,须循魁斗之行,变化备于①六爻,周流故无常位,乃为易道宗祖。盖喻坎离运气于鼎中,周流六虚于象内,莫能窥睹,玄妙潜生,是为药之宗祖也。

朔旦为复章第四十九

朔旦为复☳,阳气始通。出入无疾,立表微刚。黄钟建子,兆乃兹

---

① 备于,底本作"补于",据校本改。

彰。播施柔暖,黎烝得常。

朔旦为复者,五阴一阳,阴气已极,阳气复生,谓六柔爻下体,初变一刚爻,是一阳发生之兆,故从子初起阳火也。阳气始通,律应黄钟,鼎内受微阳之气,始造砂汞之基。五阴一阳,以阳为主,则布气通流,无所不至,是谓出入无疾也。《易》曰:复,反复其道,复其见天地之心乎?喻天地鼎中,将生万物,自兹而始,应十一月子,进阳火候也。

临炉施条章第五十

临☳炉施条,开路正光。光耀渐进,日以益长。丑之大吕,结正低昂。

临卦四阴二阳,喻行丑火,阳德渐进,光耀鼎中。冬至之后,日以益长,阳气浸布,生成神气精也。符应大吕,结正低昂者,金水感气,渐结流珠于上下,应十二月丑,进阳火候也。

仰以成泰章第五十一

仰以成泰☳,刚柔并隆。阴阳交接,小往大来。辐辏于寅,运而趋时。

泰卦三阴三阳,阴阳气停,夫妇交接,渐兆龙虎之精,敷荣金汞,故云小往大来。《易》曰:无平不陂,无往不复。阴阳相承之道,应正月寅,进阳火候也。

渐历大壮章第五十二

渐历大壮☳,侠列卯门。榆荚堕落,还归本根。刑德相负,昼夜始分。

大壮卦二阴四阳,谓仲春阳气虽盛,阳中犹含阴气,阴道将离,故榆荚随阴而落也。刑德相负者,谓二月、八月阴阳分位之时,阳为德,德则万物生;阴为刑,刑则万物死。故二月阳中含阴,阴气犯物,乃于仲春而榆荚堕落,象金砂随余阴气动静落于胞中,故云归根也;八月阴中含阳,阳气发生,乃于仲秋而荠麦复生,象金水随余阳气滋液满于室内,故云复荣也(下文观卦内云)。刑德相负之际,阴阳两停之时,应二月卯息符候也。

夬阴以退章第五十三

夬☱阴以退,阳升而前。洗濯羽翮,振索宿尘。

夬卦一阴五阳,阳升阴退,阳气已盛,而鼎内尚余些些阴气,被辰火荡涤,金砂得以洗濯,羽翮振其宿尘,应三月辰,进阳火候也。

乾健盛明章第五十四

乾☰健盛明,广被四邻。阳终于巳,中而相干。

《易》曰:大哉乾元,刚健中正,纯粹精也。乾元,万物资始。自冬至一阳生,至于纯阳,云行雨施,品物流形。喻鼎内自十一月受符,至四月六爻尽变为纯乾,资成品类,故金胎遇正阳之火,金得火而成器,同益光明,广被四邻,充满鼎室,应四月巳,进火候也。中而相干者,阳极阴生,谓下文阴干阳德也。

姤始纪序章第五十五

姤☰始纪序,履霜最先。井底寒泉,午为蕤宾。宾服于阴,阴为主人。

《易》曰:姤,遇也。五阳一阴,阴生阳退,阴阳分界,龙虎交媾,故相遇也。又曰:系于金柅,贞吉。谓一阴首唱,系于后变,以至极阴也。履霜最先者,一阴初生,必至极阴,既有微霜,爻至坚冰也。井底寒泉者,谓五阳下有一阴,阴气未得敷舒,五阳虽多,阴方受事。凡卦之六爻,五阴一阳,以阳为主;五阳一阴,以阴为主。多以少为主,故云阴为主人也。喻鼎内金母,本是太阴水精,初得阴气微信,金水少得舒情,必知坚冰极阴之至也。应五月午,退阴符候也。

遯世去位章第五十六

遯☰☷**世去位,收敛其**①**精。怀德俟时,栖迟昧冥。**

遯卦四阳二阴,阴气渐盛,阳气渐衰,谓阳遯其位,收敛真精,以待将来。残阳居阴,渐欲阏绝,乃栖迟于昧冥也。《易》曰:物不可以终遯。故俟时也。喻鼎内赤龙之精,被阴用事,渐合金水,欲萌姹女,则收敛真精,任阴阳之变化也。应六月未,退阴符候也。

否塞不通章第五十七

否☰☷**塞不通,萌者不生。阴伸阳屈,没阳姓名。**

否卦三阳三阴,天地俱息,阴阳不交,万物不萌,中宫金母,舒卷自安,应七月申,退阴符候也。

观其权量章第五十八

观☴☷**其权量,察仲秋情。任畜微稚,老枯复荣。荠麦芽蘖,因冒以生。**

观卦二阳四阴,阴气已盛,比仲秋情,谓鼎内金得阴气,随水相合,变化滋生。姹女,水银也。然阴气得用,而鼎内犹余阳和,反于仲秋,复生荠麦,故云老枯复荣也。冒生者,遍地生也。喻金水承阴符于仲秋,生养灵汞,满胞胎中也。八月、二月,阴阳刑德相负,已于上文大壮卦中注之。应八月酉,息符候也。

剥烂肢体章第五十九

剥☶☷**烂肢体,消灭其形。化气既竭。亡失至神**②**。**

---

① 其,校本作"真"。
② 神,校本作"坤"。

《易》曰：剥，剥也。一阳五阴，阴盛阳衰，柔侵刚尽，金水俱息，肢体消化，归功土德，应九月戌，退阴符候也。亡失至神者，谓下文六爻纯阴也。

道穷则反章第六十

道穷则反，归乎坤☷元。恒顺地理，承天布宣。

乾始于坤六阴柔爻，九地之下，变一刚爻，谓之一阳生。阳气从兹而始，以至六变纯阳，乾体成就。纯阳气足，阳极阴生，复于乾六阳刚爻之下，变一柔爻，谓之一阴生。以至六变纯阴，复归坤体，故云：道穷则反，归乎坤元也。坤，地也，母也，阴也；乾，天也，父也，阳也。阴得阳而生，阳得阴而成，一阴一阳之谓道，曲成万物而不遗，故云：恒顺地理，承天布宣也。此喻一年十二月，一日十二辰，运阴阳进退之火符，合乾坤坎离之精气，周而复始，妙用无穷，因使圣女、灵男交阴阳于神室，飞龙、伏虎，媾魂魄于母胞，是以神变无方，化生纯粹者也。

玄幽远眇章第六十一

玄幽远眇，隔阂相连。应度育种，阴阳之元。寥廓恍惚，莫知其端。先迷失轨，后为主君。无平不陂，道之自然。变易更盛，消息相因①。终坤始复②，如循连环。帝王承御，千载常存。

天地虽则玄远，谓日月交气，应其行度，则又相连，育种万物，为阴阳祖也。阴阳媾精于天地寥廓恍惚之间，则莫知其出没也。喻鼎器设象乾坤父母，运轴坎离男女于鼎内寥廓恍惚之间，则莫睹其变化踪由也。金为药宗于器内，初则玄黄未分，迷失轨辙，次则阴阳剖判，终则人君五行互用。无往不复，否泰相济，消息相因，始复终坤，起朔止晦，入符出火，益水安金，行火止水，理似循环，内象金主③养育，亦同人主，如

---

① 相因，校本作"相应"。
② 终坤始复，校本作"始复终坤"。
③ 金主，校本作"金水"。

四时符火,加减不失,即千秋龙虎常存也。

将欲养性章第六十二

将欲养性,延命却期。审思后末,当虑其先。人所禀躯,体本一无。元精云布,因气托初。

魏公谓世人欲延生命却死期者,须知得身之始末。始末者,元气也。喻修还丹,全因元气而成,是将无涯之元气,续有限之形躯。无涯之元气者,天地阴阳长生真精圣父灵母之气也;有限之形躯者,阴阳短促浊乱凡父母之气也。故以真父母之气,变化凡父母之身,为纯阳真精之形,则与天地同寿也。陶真人云:元气者,人之根本也。古歌曰:炼之饵之千日期,身既无阴那得死。故纯阳之精气,无死坏也。

阴阳为度章第六十三

阴阳为度,魂魄所居。阳神日魂,阴神月魄。魂之与魄,互为室宅。性主处内,立置鄞鄂;情主营外,筑垣城郭。城郭完全,人物乃安。爰斯之时,情合乾坤。乾动而直,气布精流;坤静而翕,为道舍庐。刚施而退,柔化以滋。九还七返,八归六居。男白女赤,金火相拘。则水定火,五行之初。上善若水,清而无瑕。道之形象,真一难图。变而分布,各自独居。

阴阳为度者,凡修金液还丹,先定阴阳行度,次立乾坤鼎炉也。魂魄所居,互为室宅者,谓日魂月魄,相拘于金室,为丹根基也。性主处内,立置鄞鄂者,性属金也,金主理内,承领外符而养灵汞。鄞鄂,即形貌也。情主营外,筑固城郭者,情,火符也,火行六虚,而为砂汞,城郭、人民,即砂汞也。当此之际,亦由乾坤动静,流气布精,土居中宫。为道舍庐,阳伏阴施,泰来否去,阴阳刑德,是为药之本途也。九还、七返、八归、六居者,谓金生数四,成数九;火生数二,成数七;木生数三,成数八;水生数一,成数六;土生数五,成数十是也。男白女赤者,谓金始因水生而属阴,系北方坎卦,是乾家中男,乃曰坎男金白,故云男白也;火属阳,系南方离卦,是坤家中女,乃曰离女火赤,故云女赤也。且金在鼎内则为男,是离女之夫;及在鼎外反为女,是坎男之妻。故金母受太阳之气,而产神汞也。拘则水定者,谓金火相拘,使真水不流荡也;水五行初者,水生数一也;上善若水者,水为万物之母,清而无瑕,不可视见也;道之形象者,潜运于鼎中,变化不一,不可图画也;变而分布者,谓五行各守疆界,而火符四时不差忒也。

类如鸡子章第六十四

类如鸡子,白黑①相符。纵广一寸,以为始初。四肢五脏,筋骨乃俱。弥历十月,脱出其胞。骨弱可卷,肉滑若铅。

凡修金液还丹,有坛,坛上有灶,灶上有鼎,鼎中有神室,神室中有金水也。神室象鸡子,金水亦如之。言类如鸡子者,重叠相裹也;白黑相符者,金水相包也;纵广一寸者,安灵汞也。若以乾坤枢辖,坎离生成,十月具形,与人无异,四肢五脏,骨肉俱全。此数联者,盖魏公显露内外法象,砂汞形仪也。阴君②《神室歌》曰:后土金鼎,生死长七。神室明三,圆五径一。混沌徘徊,天地五星。阴阳两合,象如鸡子。形容无差,黄白表里。厚薄均匀,六一固济。好守午门。参同自契③。又曰:以水飞土,母制之也。肉滑若铅者,丹砂因铅而生以象母。曹真人歌曰:百刻达离气,丹砂从此出。体似真珠状,丹砂本非赤。是明形似真珠,而肉类铅滑。

阳燧取火章第六十五

阳燧以取火,非日不生光。方诸非星月,安能得水浆?二气玄且远,感化尚相通。何况近存身,切在于心胸。阴阳配日月,水火为效征。

阳燧、方诸感气而犹生水火,乾坤日月设象,而宁不生成?况近取

---

① 白黑,校本作"黑白"。
② 阴君,校本作"阴真君"。
③ "参同自契"一句,校本作"《参同契》又曰:以水飞土,母制之也。"

诸身,远取诸物,始采天地之母将为丹基,终合日月之精用为药祖,种类相产,水火相拘,岂无效证乎?

耳目口三宝章第六十六

耳目口三宝,固塞勿发扬①。真人潜深渊,浮游守规中。旋曲以视听,开阖皆合同。为己之枢辖,动静不竭穷。离气内营卫,坎乃不用聪。兑合不以谈,希言顺鸿濛。三者既关楗②,缓体处③空房。委志归虚无,无念以为常。证难以推移,心专不纵横。寝寐神相抱,觉悟候存亡。颜容浸以润,骨节益坚强。排却众阴邪,然后立正阳。修之不辍休,庶气云雨行。淫淫若春泽,液液象解冰。从头流达足,究竟复上升。往来洞无极,怫怫被容中。反者道之验,弱者德之柄。耘锄宿污秽,细微得调畅。浊者清之路,昏久则昭明。

《易》曰:坎为耳,离为目,兑为口。坎、离、兑,乃水、火、金也。铃键水火,封固金母,谓婴儿姹女为真人,浮游于胎中,使金母缓体,安于空器内,无念动之间,以证自然,男女滋生也。既鼎内阴阳,升降调和,则胎中龙虎,起伏相抱,固住真精,颜色浸润,骨节坚强。修之不休,久而可验。抽除阴火,谓排却阴邪;添入阳符,乃正兴阳运。周而复始。神室安和,云行雨施,汞流金液,如冰解释。自足至头,遍帀真人之身,往来金母之体。火气怫郁于鼎内,阴精守弱于规中。昏久则明,是阴极阳生之际;清中显浊,乃火往水复之时四季迭兴,五行互用。反者,为证道之验,坎去离来;弱者,乃树德之基,阳施阴伏。坎耳不聪者,令阴魄合和真水,使不流荡也;离目不视者,令阳魂温养真汞,使不逃逾也;兑口不谈者,缄闭金胎,使不开阖漏失赤龙精气也。魏公所述《真契》四篇,立辞指喻,皆是远取近用,事显言微,其意不欲明泄天机,复不欲蔽藏至道,故于此,尽明内象与外用同焉者也。

---

① 发扬,校本作"发通"。
② 关楗,校本作"关键"。
③ 处,校本作"守"。

世人好小术章第六十七

世人好小术,不审道浅深。弃正从邪径,欲速阙不通。犹盲不任杖,聋者听宫商。没水①捕雉兔,登山索鱼龙。植麦欲获黍,运规以求方。竭力劳精神,终年无见功。欲知服食②法,事约而不繁③。

魏公谓世人好学小术,要趋迳径。不知小术疾迳,有始无终,用功至多,获成者寡。如盲聋者苟于视听,渔猎者误于山河。既取舍之有乖,在是非之宁别?劝④求至道,约而不繁,况金液还丹,是白日冲天之上道。若遇明师,或逢神授,遵其妙诀而修之,则易简之理得矣。

太阳流珠章第六十八

太阳流珠,常欲去人。卒得金华,转而相因⑤。化为白液,凝而至坚。金华先唱,有顷之间。解化为水,马齿阑干⑥。阳乃往和,情性自然。迫促时阴,拘畜禁门。慈母育养⑦,孝子报恩。严父施令,教敕子孙。五行错王,相据以生。火性销金,金伐木荣。三五与一,天地至精。可以口诀,难以书传。

太阳流珠者,地气感天气而化珠。露是纯阳之精,气能发生万物,有气而无形,故号曰赤龙也。阳火化气为硃砂,故火生土,土生金。金是太阴之玄精,能长养万物,有气而有质,故号曰金华也。赤龙者,本生于甲乙,亦名曰青龙,阳也,父也,夫也,火也;金华者,寄生于庚辛,亦名曰白虎,阴也,母也,妻也,水也。盖取青龙、白虎之义也。如此或以阴阳颠倒,五行互用,更为男女,递作夫妻,则其义也如彼。太白真人歌

---

① 没水,校本作"投水"。
② 服食,校本作"伏食"。
③ 繁,校本作"烦"。
④ 劝,校本作"勤"。
⑤ 相因,校本作"相应"。
⑥ 阑干,校本作"琅玕"。
⑦ 育养,校本作"养育"。

曰：五行颠倒术，龙从火里出；五行不顺行，虎向水中生。还丹之宗，龙虎之祖，龙从火生，虎向水产，其言不易也。金妻先唱，木壻播施，神母妊娠，而生姹女。姹女渐长，变化多端，或解化为水，或马齿阑干，其金母始自水生，而变化之中，终不绝水体也。阳乃往和，情性自然者，金汞相生也；迫促时阴，拘畜禁门者，阴气继运，资护内宫也；慈母育养，孝子报恩者，慈母内胎也孝子真水银也。阴君歌曰：阳真砂，阴真汞也。是水银生于金母，故谓之报恩也。相衔相吞者，乃龙虎之交气也。严父施令，教敕子孙者，乾卦，父也，谓敕众卦，使轮助离女坎男及五行，共生砂汞子孙也。还丹以铅、火二字为宗祖，终始运用者也。其余气候、节符，神佐共成神基也。过此以往，则皆非金液还丹之道也。火能销金，火又生于木，金复克木，是以火、金、木反制为荣。古歌曰：丹砂木精，得金乃并。又曰：三性既合会，二味自相拘。固济胎不泄，变化在须臾。三性者，火、金、木也；二味者，铅汞、龙虎也。故云三五与一，天地至精也。可以口诀，难以书传者，岂可轻议于非人也？注云：更为男女者，神水克火，及至在神室中，火却克金，故汞为砂中水，金为水中砂，砂生汞，金生水也。

子当右转章第六十九

子当右转，午乃东旋。卯酉界隔，主定①二名。龙呼于虎，虎吸龙精。两相饮食，俱相贪便。遂相衔嚼，咀嚼相吞。荧惑守西，太平②经天，杀气所临，何有不倾？狸犬守鼠，鸟雀畏鹯，各得其功，何敢有声？

子右转至酉也，午东旋至卯也（此十二辰，阴阳往复，符火候也）。卯酉二界者，金木气停也；主客二名，金木之号也。青龙既能吐气，白虎因得吸精，精气相含，共生纯粹。荧惑者，极阳火数也；守西者，火气逼金胎也。金得火，盛明光耀，遍于器内，金气承火经天，故云：杀气所临，何有不倾？则姹女真汞，不敢逃逾，如猫捕鼠，似雀畏鹯也。太白者，金

---

① 主定，校本作"主客"，底本彭注作"主客"。
② 太平，校本作"太白"，底本彭注作"太白"。

精也;经天者,甲乙也。金、火、木递互制伏,俱无所伤,各得成功,则无不顺之声也。

不得其理章第七十

不得其理,难以妄言。竭殚家产,妻子饥贫。自古及今,好者亿人。讫不谐遇,希有能成。广求名药,与道乖殊。如审遭逢,睹其端绪。以类相况,揆物终始。

魏公谓修金液还丹,不得其理,不可妄动,虚费财产,复累妻儿。自古及今,好自道者,计有亿人,不遇明师,不逢真诀,竟致无成。若得传授,见其端倪,取类而修之,则终始成功矣。

五行相克章第七十一

五行相克,更为父母。母含滋液,父主禀与。凝精流形,金石不朽。审专不泄,得为成道。立竿见影,呼谷传响。岂不灵哉,天地至象①。若以野葛一寸,巴豆一两,入喉辄僵,不得俛仰。当此之时,虽周文揲蓍,孔子占象,扁鹊操针,巫咸扣鼓,安能令苏,复起驰走?

五行相生相克,更为父母,互作夫妻。父母相禀而生,阴阳相须而立,共成不朽之丹。人或得之,宜乎慎密,以成其道也。其有立竿见影,空谷应声。野葛入口,尚能立有效验,况金液还丹者哉?

河上姹女章第七十二

河上姹女,灵而最神。得火则飞,不见埃尘。鬼隐龙匿,莫知所存。将欲制之,黄芽为根。

河上姹女者,真汞也。见火则飞腾,如鬼隐龙潜,莫知所往。或拟制之,须得黄芽为母,养育而存也。黄芽即真铅也。

---

① 至象,校本作"舒象"。

物无阴阳章第七十三

物无阴阳,违天背无①。牝鸡自卵,其雏不全。夫何故乎?配合未运②。三五不交,刚柔离分。施化之精,天地自然。犹火动而炎上,水流而润下,非有师道③,使其然也。资始统政,不可复改。观夫雌雄,交媾之时,刚柔相结,而不可解。得其节符,非有工巧,以制御之。若男生而伏,女偃其躯。禀乎胞胎,受气元初。非徒生时,著而见之。及其死也,亦复效之。此非父母,教令其然。本在交媾,定置始先。

《易》曰:一阴一阳之谓道。天地之间,若离阴阳,即无万物也。孤阴寡阳,不能自生成也。故喻神药之用,或三五未运,与金木不交,其何以成丹乎?火炎上,水润下,皆自然之性。配合而修之,而自产其神精。盖各受元始之气,而情性定矣。且如男生则伏,死亦如之;女生则仰,死亦如之。故自雌雄交媾,而胤其真精也。

坎男为月章第七十四

坎男为月,离女为日。日以施德④,月以舒光。月受日化,体不亏伤。阳失其契,阴侵其明。晦朔薄蚀,掩冒相倾。阳消其形,阴凌灾生。男女相须,含吐以滋。雌雄错杂,以类相求。

月魄,金砂也;日魂,火汞也。若遇日退,则月便承权,金火递互施功,更相制伏,俱无所伤也。晦朔之间,是阴阳相禅之际,日月盈缩之时,故日月薄蚀,掩冒相倾而消其形也。喻鼎内阴符阳火,逐刻漏而相交,晦去旦来,分时晷而易换,既有相掩,故云灾也。其中复有坎男离女、雄情雌性,相须含吐,类聚生成,变化真精,以为神药也。

---

① 无,校本作"元",疑底本刻误。
② 运,校本作"连"。
③ 道,校本作"导"。
④ 施德,校本作"德施"。

金化为水章第七十五

金化为水,水性周章;火化为土,水不得行。故男动外施,女静内藏。溢度过节,为女所拘。魄以钤魂,不得淫奢。不寒不暑,进退合时。各得其和,俱吐证符。

火至二月、八月,金水舒畅,或水液生于金,或金砂化为水,故和融周章也。火数既极,复归功于土,土守四季,竭水不飞,故水不得行也。男动外施,则火行于外;女静内藏,则金守于中宫。火气虽过,金被水拘,阴魄既拘,阳魂亦伏,寒温相恋,各得其宜,俱吐证符,滋生灵汞也。

丹砂木精章第七十六

丹砂木精,得金乃并。金水合处,木火为侣。四者混沌,列为龙虎。龙阳数奇,虎阴数偶。肝青为父,肺白为母。肾黑为子[①],脾黄为祖,子五行始。三物一家,都归戊己。

丹砂木精,得金乃并者,丹砂本于金胎而结就,金又是水根,金因火击发而产丹砂,故丹砂因得与金兼并也。金木自变化,水火互经营,四者相混杂,其内龙虎形。阴阳奇偶数,昼夜升降分。肝青为父者,甲乙为火宗,而与金母合,故得名为父;肺白为母者,金母镇内胎,常以火为夫,故得名为母;肾黑为子者,金母本于水中生,及乎在鼎中,水却反生于金,故水为子也。子水数一,为五行始。金、水、木三物同功,首尾造化,俱归戊己者,是故脾黄为药之祖也。

刚柔迭兴章第七十七

刚柔迭兴,更历分部。龙西虎东,建纬卯酉。刑德并会,相见欢喜。刑主伏杀,德主生起。二月榆落,魁临于卯。八月麦生,天纲[②]据酉。

---

① 肾黑为子,校本此句后多"心赤为女"四字。
② 天纲,校本作"天罡"。

子南午北,互为纲纪。一九之数,终而复始。含元虚危,播精于子。

水火迭兴,遍历经行,分布十二辰中,龙虎卯酉分界。阴刑伏杀,阳德生起,刑德相逢,两相制伏,俱成和合,故云欢喜也。二月榆落者,缘自子进阳火,至卯虽阳气得用,而未至纯阳,尚余阴气,乃阳中有阴,故被刑杀,阴盗阳气,反于仲春发生之月,而落榆荚也;八月麦生者,缘自午退阴符,至酉虽阴气得用,而未至纯阴,尚余阳气,乃阴中有阳,故被德生,阳盗阴气,反于仲秋肃杀之月,而生麦苗也。此喻鼎中金母,因阴阳盛衰相盗之际,或则舒卷真精,或则摧落砂汞。子南者,亦阴中含阳,坎男之象也;午北者,亦阳中含阴,离女之象也。一数,阴也;九数,阳也。阴阳终始,为药之用。元气生于虚危,阳气复播精于子而生真灵也。

关关雎鸠章第七十八

关关雎鸠,在河之洲。窈窕淑女,君子好逑。雄不独处,雌不孤居。玄武龟蛇,蟠蚪相扶。以明牝牡,竟当相须。假使二女共室,颜色甚姝,令苏秦通言,张仪结媒,发辩利舌,奋舒美辞,推心调谐,合为夫妻,弊发腐齿,终不相知。若药物非种,名类不同。分刻参差,失其纪纲①。虽黄帝临炉,太一执火,八公捣炼,淮南调合,立宇崇坛,玉为阶陛,麟脯凤腊,把籍长跪,祷祝神祇,请哀诸鬼,沐浴斋戒,冀有所望。亦犹和胶补釜,以硇涂疮,去冷加冰,除热用汤,飞龟舞蛇,愈见乖张。

凡修金液还丹者,先明铅火之根,次认阴阳之理,孤阴不自产,寡阳不自成。须候阴阳相交,牝牡袭气,龙呼虎吸,男成女产,故云:牝鸡自卵,其雏不全。二女同车②,其情不契。且天地之间,若离阴阳,即无万物,故采天地之真精,取阴阳之根本而为药基。若以金石、草木、冰雪、霜露、盐卤之物,非种异类,孤阴寡阳,纵使黄帝临炉,太一执火,八公捣炼,淮南合和,以致广置坛墠,丰备酒肴,敬跪祝辞,告诸神鬼,而望还丹

---

① 纪纲,校本作"纲纪"。
② 同车,校本作"同居"。

成者，有如和胶补釜，以碙涂疮，飞龟舞蛇，终不可得矣。

《周易参同契分章通真义》卷下

朝散郎守尚书祠部员外郎赐
紫金鱼袋昌利化飞鹤山真一子彭晓注

惟昔圣贤章第七十九

惟昔圣贤，怀玄抱真。服炼①九鼎，化迹隐沦。含精养神，通德三光。津液腠理，筋骨致坚。众邪辟除，正气常存。累积长久，变形而仙。忧悯后生，好道之伦。随傍风采，指画古文②。著为③图籍，开示后昆。露见枝条，隐藏本根。托号诸石，覆谬众文。学者得之，韫椟终身。子继父业，孙踵祖先。传世迷惑，竟无见闻。遂使宦者不仕，农夫失耘，商人弃货，志士家贫。吾甚伤之，定录此文。字约易思，事省不繁。披列其条，核实可观。分两有数，因而相循。故为乱辞，孔窍其门。智者审思，用意参焉。

魏公谓三皇修九鼎神丹而服食，致含精养神，通德三光，化沦无形，以为神仙，宾于上帝。伤悯后来好道之士，或依约古文，或旁采经诀，开示浅近，启发枝条，隐匿本根，假托金石，谬乱宗祖，不显真规。后人得之，不究踪迹，据文率意，将假作真，韫椟藏诸，迷迷相指，遂有瘗财废业，虚损道心。故特定录此篇，所贵字约而易思，事省而不挠，露其核实，非示乱辞，庶几开发未萌，直论砂汞，智者熟究，必获其真诠也。

法象天地章第八十

法象莫大乎天地兮，玄沟数万里。河鼓临星纪兮，人民皆惊骇。晷

---

① 服炼，校本作"伏炼"。
② 古文，校本作"古今"。
③ 为，校本作"于"。

影妄前却兮，九年被凶咎。皇上览视之兮，王者退自改。关楗①有低昂兮，害气遂奔走。江淮之枯竭兮，水流注于海。天地之雌雄兮，徘徊子与午。寅申阴阳祖兮，出入复终始。循斗而招摇兮，执衡定元纪。

既济鼎器，法象天地，于器间玄沟，便同数万里也。河鼓三星，或临星纪，以近北斗，主有兵威，是故人民惊骇。且兵主金，盖喻鼎内金被火候猛烈迫胁，使金镕铄鼎室，亢旱凶咎是生，良由晷漏参差，致阳九作沴。尚赖皇上土德，止竭金水，烁火自消，改过归已。其或关楗未固，鼎器泄符，则周运元气奔腾，江淮水符流荡。阴生于午，阳起于子，动静徘徊，不离二位，寅阳申阴，水火终始，皆循斗建以定衡纪也。

升熬于甑山章第八十一

升熬于甑山兮，炎火张设下。白虎唱导前兮，苍液和于后。朱雀翱翔戏兮，飞扬色五彩。遭遇罗网施兮，压之不得举。嗷嗷声甚悲兮，婴儿之慕②母。颠倒就汤镬兮，摧折伤毛羽。漏刻③未过半兮，鱼鳞狎鬣起。五色象炫耀兮，变化无常主。潏潏鼎沸驰兮，暴勇不休止。接连重叠累兮，犬牙相错距。形如仲冬冰兮，阑干吐钟乳。崔嵬而杂厕兮，交积④相支拄⑤。

鼎居灶上，炉坛接连，故以喻甑山也。鼎炉上水下火也。白虎前唱，金母得火成形，或吐白砂，或生苍液。丙丁朱雀，运气往来，驱趁五行，因成五彩。五气聚乾坤之鼎，四时逐水火之门。天地关防，阴阳罗网，姹女被扼，真汞难逃。时有嗷嗷悲声，终乃依依恋母，以至摧折毛羽，胎内则或汞或砂。及经刻漏火符，胞中则或鳞或鬣。变化无常主，动静有常程，或暴涌不休，或潏溢无止。实鳌则犬牙错距，虚悬则钟乳阑干，偎倚相支，崔嵬杂厕，皆明金水之变化，尽显砂汞之形仪。妙用无

---

① 关楗，校本作"关键"。
② 慕，校本作"恋"。
③ 漏刻，校本作"刻漏"。
④ 交积，校本作"交精"。
⑤ 拄，校本作"柱"。

穷,神精是产,希微哉！此魏公以此指示丹砂水银之成象也。

阴阳得其配章第八十二

阴阳得其配兮,淡泊而相守。青龙处房六兮,春华震东卯。白虎在昂七兮,秋芒兑西酉。朱雀在张二兮,正阳离南午。三者俱来朝兮,家属为亲侣。本之但二物兮,末而为三五。三五并与①一兮,都集归二所。治之如上科兮,日数亦取甫。

阴阳得配,则金水淡泊相守也。青龙、白虎、朱雀,乃木、金、火三气也。运入鼎中,而为亲侣。且药基元只有金火二物,末成三五与一者,木、土、水合内金、火二物,共成变化也。所有修运日数,前篇已备释矣。

先白后黄章第八十三

先白而后黄兮,赤黑达表里。名曰第一鼎兮,食如大黍米。自然之所为兮,非有邪伪道。若山泽气相蒸兮,兴云而为雨。泥竭遂成尘兮,火灭化为土。若蘖染为黄兮,似蓝成绿组。皮革煮成胶兮,曲蘖化为酒。同类易施功兮,非种难为巧。惟斯之妙术兮,审谛不诳语。传于亿世后兮,昭然自可考。焕若星经汉兮,昺如水宗海。思之务令熟兮,反覆视上下。千周灿彬彬兮,万遍将可睹。神明或告人兮,心灵乍自悟。探端索其绪兮,必得其门户。天道无适莫兮,常传与贤者。

内胎金水变化之状,先白者,乃金吐液也;后黄者,乃液变黄芽也;赤黑达表里者,水火阴阳精气通达胎气也;金液还丹,为第一鼎者,号曰金砂黄芽也。《古文龙虎经》曰:壳为金精,水环黄液是也。日食一粒,如黍米大,三年限满,白日冲天。又曰:众丹之灵迹,长生莫不由。盖道门有二十四大丹,皆由第一鼎金砂黄芽而始。若不由此而始者,乃旁门有质之药,非金液还丹之列也。昔李诠注《阴符》云:还丹之术百数,要在神水华池。百数者,火候也。抽添煅炼,九十日丹成。又十日补完火

---

① 与,校本作"为"。

数,总之百日也。要在神水华池者,盖金砂黄芽,由是而出,则曰自非凿开混沌,见天地之根,擘裂鸿濛,视阴阳之母,无以议金液还丹之正道也。然神母在鼎中,被阴阳之气相蒸,如云行雨施,而水火运用,各归于土,则药在胎内,颜色形状,随时变易,而无定貌,似蓝蘖之染绿黄,如皮、曲之为胶、酒,逐其本类,变化而成也。故圣人采天地之根基,为还丹之父母,运五行而化生灵药,殆非五金八石、诸物杂类而为之也。所述斯文,昭然可考,如星在汉,似水朝宗,事理周旋,法象圆备,魏公岂欺我哉？但须熟读万遍,其义自彰,或神助心灵,因而自悟,乃得见其门户也。《道德经》曰：天地无亲,常与善人也。

晓按：诸道书或以《真契》三篇,是魏公与徐从事、淳于叔通三人,各述一篇,斯言甚误。且公于此再述《五相类》一篇,云：今更撰录,补塞遗脱。则公一人所撰明矣。况唐时蜀有真人刘知古者,因述《日月玄枢论》,进于玄宗,亦备言之。则从事笺注,淳于传授之说,更复奚疑。今以四篇统分三卷,为九十章,以应阳九之数也。

补塞遗脱章第八十四

《参同契》者,敷陈梗概。不能纯一,泛滥而说。纤微未备,阔略仿佛。今更撰录,补塞遗脱。润色幽深,钩援相逮。旨意等齐,所趣[①]不悖。故复作此,命《五相类》,则大易之情性尽矣。五位相得,而各有合。

乙（浮石）丁（文火）己（物）辛（世银）癸（真铅）

三（木）二（文火）五（土）四（金）一（水）

甲（沉石）丙（武火）戊（药物）庚（世金）壬（真汞）

魏公先述《参同契》三篇,铺舒寥廓,未备纤微。且复撰此《五相类》一篇,补塞遗脱,则乾坤、阴阳、五行、终始之情性尽矣,还丹首尾法象之文旨备矣。

---

① 趣,校本作"趋"。

大易情性章第八十五

大易情性，各如其度。黄老用究，较而可御。炉火之事，真有所据。三道由一，俱出径路。

乃知炼丹之仪，一一各有节度。黄帝、老君用究其道，垂文至斯，较量炉火之事，真有所据。五行同宗，金、木、火三道，俱出一径也。

枝茎华叶章第八十六

枝茎华叶，果实垂布。正在根株，不失其素。诚心所言，审而不误。

凡修金液还丹，当须先认根株，方得繁生华叶，而果实垂布也。不失其素，谓不失真水银也。但认得真铅为药根株，则自然繁生真汞果实，信斯言之不误后人也。

象彼仲冬节章第八十七

象彼仲冬节，竹木皆摧伤。佐阳诘贾旅，人君深自藏。象时顺节令，闭口不用谈。天道甚浩广，太玄无形容。虚寂不可睹，匡郭以消亡。谬误失事绪，言还自败伤。别序斯四象，以晓后生①盲。

修丹火候，或枝茎繁舒，或果实熟茂，或草木零落，应彼仲冬，启塞顺时，皆由其运火节符也。佐阳诘贾者，闭关禁旅，象固塞鼎器，不令漏泄真精气也；人君深自藏者，乃中宫金母也；闭口不谈者，兑金室也；天道甚浩广，则鼎内变化无涯；太玄无形容，则金水滋液罔测，潜运无极，神化无方，四序推移，匡郭消灭，而金水之形变化矣。魏公谓大道运育，真宰无形，若不以法象调和，阴阳拘束，契之潜化，令②以天机，争得牵引日月之精魂，留连咫尺之鼎室，而成其妙化哉？如谬误事绪，则必败伤，故序此文，以悟后来未见者耳。

---

① 后生，校本作"后来"。
② 令，校本作"合"。

会稽鄙夫章第八十八

会稽鄙夫，幽谷朽生。挟怀朴素，不乐欢荣①。栖迟僻陋，忽略利名。执守恬淡，希时安平②。宴然③闲居，乃撰斯文。歌叙大易，三圣遗言。察其旨趣，一统共伦④。

此乃魏公自述，不徇世名，至亲道域，安闲燕处，乃撰斯文。约三圣之遗言，会一端而共论，将乾坤鼎而同大冶，运坎离气而比化权，则而象之，取而行之，谓天且弗违，而况于人乎？况于鬼神乎？是故神无方易无体，得不协其动静，循彼阴阳，而成变化于有无之中乎？神哉！

务在顺理章第八十九

务在顺理，宣耀精神。神化流通，四海和平。表以为历，万世可循。序以御政，行之不繁。引内养性，黄老自然。含德之厚，归根返元。近在我心，不离己身。抱一毋舍，可以长存。配以服食⑤，雄雌设陈。挺除武都，八石弃捐。

火候须顺阴阳之理，然而起发神精，遍满金宫，一室和畅，依法御政，事不至繁，万世可循也。使金水养性于中宫，俾黄老含德于内象。金生砂汞，则归愚返元；抱一胞胎，则水生母舍；姹女恋母，则终始长存。若非雄雌设陈，类其真母，而无成功也。如以武都雄黄，及五金八石之类为之者，尽可弃捐也。

审用成物章第九十

审用成物，世俗所珍。罗列三条，枝茎相连。同出异名，皆由一门。

---

① 不乐欢荣，校本作"不染权荣"。
② 安平，校本作"安宁"。
③ 宴然，校本作"宴乐"。
④ 共伦，校本作"共论"。
⑤ 服食，校本作"伏食"。

非徒累句,谐偶斯文。殆有其真,砾硌可观。使予敷伪,却被赘愆。命《参同契》,微览其端。辞寡意大,后嗣宜遵。委时去害,依托丘山。循游寥廓,与鬼为邻。化形而仙,沦寂无声。百世一下,遨游人间。陈敷①羽翩,东西南倾。汤遭厄际,水旱隔并。柯叶萎黄,失其华荣。吉人相乘负,安稳可长生。

魏公令至诚修炼此药,是世上珍宝之物也。罗列三条,则青龙、白虎、朱雀,木、金、火是也。还丹不出此三物而成。且三物本只金火、二味,未成木、金、火三物也(此乃内象三物,非外木、金、火也)。虽多异名,盖以寓言穷理,其实一门而已。缘属辞比事,谐偶斯文,所贵分擘玄黄,去除瘤赘,故命《真契》,以览其端。后人遵而修之,便于名山仙隐,择地安居,积行累功,去世离俗,与天地合其德,与日月合其明,与四时合其序,与鬼神合其吉凶,专密无差,高尚其事,故阴君歌曰:不得地,莫妄为,须隐密,审护持。保守莫失天地机,以至道成之后,身入无形,坐存立亡,遨游东西,水火无碍,尧洪汤旱之沴,阳九阴六之灾,俱无患矣。

---

① 陈敷,校本作"敷陈"。

《周易参同契》鼎器歌明镜图

朝散郎守尚书祠部员外郎赐紫金鱼袋彭晓注

鼎器歌

晓所分《参同契》,并《补塞遗脱》四篇,为九十章,以应阳九之数。外余《鼎器歌》一篇,本在《补遗》之前,谓其辞理钩连,字句零碎,独存于此,以应水一之数。歌曰:

圆三五,

鼎周圆一尺五寸,中虚五寸。又张随注云:此名太一炉,法圆象天,方象地,状若蓬壶。亦如人之身形,三层,象三丹田也。故三光、五行、四象、八卦尽在其中矣。

寸一分。

厚一寸一分。

口四八,

口偃开如金之锅釜,卧唇仰折,周围约三尺二寸,明心横有一尺。

两寸唇。

立唇环匝高二寸。

长尺二,

鼎通身长一尺二寸,上水,入鼎八寸。

厚薄匀①。

通身厚一寸一分,令均匀也。

腹齐②三,

---

① 匀,校本作"均"。
② 齐,校本作"脐"。

鼎身腹底通直,令上、中、下等。

坐垂温。

鼎悬于灶中,不著地,悬胎鼎是也。

阴在上,

上水鼎,以润下。

阳下奔。

下运火,以炎上。

首尾武,

巳、午是阴阳界分,巳为阳子尾,午为阴亥首,故火武也。

中间文。

巳、午两向,中间阴阳进退,各得其中,故火文也。

始七十,终三旬。二百六,善调匀。

七十、三十①、二百六十,都合三百六十日,应周天大数也。于其间细意调匀符火,不令失天地之大数。魏公欲谐偶成文,故分而言之也。

阴火白,

火数偶阴,云太白是也②,金水得用,故多白少赤。

黄芽铅。

黄芽生于铅,铅是芽母也。

两七聚,辅翼人。

两七者,后篇云:青龙处房六兮,白虎在昴七兮(下卷八十二章内云),喻青龙七宿之气与白虎七宿之气合聚,神胎辅翼,而生灵汞真人也。缘鼎器立三才,中宫为人,故中篇云:真人潜深渊,浮游守规中是也(中卷六十六章内云)。

赡理脑,定升玄。子处中,得安存。

神室金母,养育水银真子也。前篇云:温养子珠是也(上卷二十章内云)。

来去游,不出门。渐成大,情性纯。

姹女婴儿,得母安养,又为关楗,鼎器坚牢,无路逃逸,只在器内上

---

① 三十,校本作"三旬"。
② 火数偶阴,云太白是也。此句校本作:"火数遇阴,云火白是也。"

下游泳，日月数周，渐成纯质。

却归一，还本原。

始以水母为丹基，水母复生其水银，故谓之归一还元也。

善爱敬，如君臣。至一周，甚辛勤。密防护，莫迷昏。

周年辛勤，细意防护，无致懈怠也。

途路远，复幽玄。若达此，会乾坤。

丹道幽微，旨趣深远，若能了达，可谓乾坤入掌，日月在心，无所不至也。

刀圭霑，静魄魂。

金液还丹，刀圭霑五内，即神炼气清，魂安魄静，更易凡骨变为真人。

得长生，居仙村。乐道者，寻其根。

令好生之子，寻究神药根源而修之，勿致误用杂类也。

审五行，定铢分。

凡修还丹，先究阴阳之情性，次明水火之根源，审察五行，区分昼夜，循环刻漏，析别分铢，方有所获也。故曹真人曰：金液通神仙，须向五行觅。五行处处有，素非仙人惜。要识真铅汞，一水与一石。中宫先为主，水火系为物。二物为夫妇，夫妇相配匹。百刻达离气，丹砂从此出。则知金液还丹，非阴阳五行、真铅真汞合和成药，则余无别径也。

谛思之，不须论。深藏守，莫传文。

使研精覃思，勿轻易论之，缄藏于心。若妄以书传，必遭天谴。

御白鹤兮驾龙鳞，游太虚兮谒仙君，录天图兮号真人。

丹成之后，功满德充，膺箓受图，位居真人，证诸道验，不其然乎？

讃序

（朱晦庵云：恐此是徐从事之语）。

《参同契》者，辞隐而道大，言微而旨深。列五帝以建业，配三皇而立政。若君臣差殊，上下无准；序以为政，不至太平；服食奇法，未能长生；学以养性，又不延年。至于剖析阴阳，合其铢两，日月弦望，八卦成象，男女施化，刚柔动静，米盐分判，以经为证，用意健矣。故为立法，以传后贤。推晓大象，必得长生。为吾道者，重加意焉。

魏公所述，皆是假借为辞。君臣父子而互为，男女夫妻而更作，乃神药受气，变化之次序也。苟尊卑无常，君臣失序，则大丹之基倾而莫立。且四篇《真契》中，只陈至药门户，启发铅汞宗祖，并无服食别法，又无养性诸术。恐人迷惑正道，故于此重叙修丹之意，莫不以阴阳、日月、动静、刚柔，分判坎离，和合男女，循诸八卦，分以二弦，子午、火符、晨昏、否泰，以南混北、举东合西，交媾精粹而成还丹者也。凡吾同志，宜加意焉。

晓所《分章解义》毕，窃谓《真契》言微道秘，文泛理深，既三卷之首尾钩牵，而五行之上下轮起，在至人之铺舒甚显，恐末学之愚昧难明，是敢复约《真契》，著成《明镜图诀》一篇，列八环而符动静，明二象以定阴阳，《真契》幽邃，一览而更无遗矣。

诀曰：

造化潜施迹莫穷，簇成真诀指童蒙。
三篇秘列八环内，万象门开一镜中。
离女驾龙为木婿，坎男乘虎作金翁①。
同人好道宜精究，究得长生路便通。
至道希夷妙且深，烧丹先认大还心。
日爻阴偶生真汞，月卦阳奇产正金。
女妊朱砂男孕雪，北②藏荧惑丙含壬。
两端指的铅金祖，莫向诸般取次寻。

---

① 金翁，校本作"金公"。
② 北，校本作"地"。

日象火气魂

日者阳也，阳内含阴，象砂中有真汞也。阳无阴，则不能自耀其魂，故名曰雌火，乃阳中含阴也。日中有乌，卦属南方，为离女也。

月象金气魄

月者阴也，阴内含阳，象铅中有真银也。阴无阳，则不能自营其魄，故名曰雄金，乃阴中含阳也。月中有兔，卦属北方，为坎男也。

明镜图①

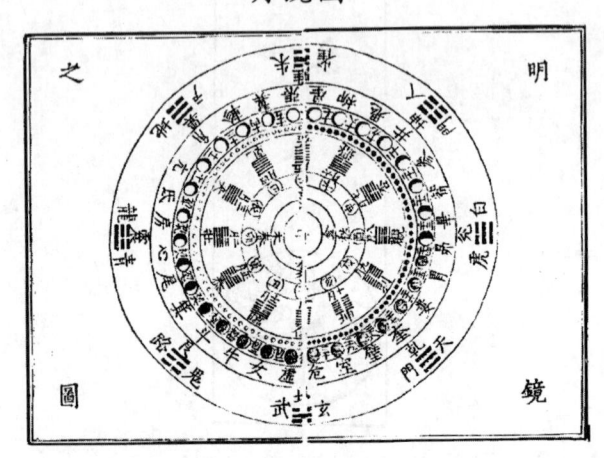

第一环

四象八卦，天地门户，人门鬼路，列入八维而互用也。

第二环

二十八宿者，明周天行度火数，起天元也。

第三环

三十圆缺之象者，合一月火数，应六十卦互用也。

第四环

五十点黑，五十黑白，乃阴符阳火百刻之数，应天符动静也。

第五环

十二卦者，明逐月爻象进退，龙虎起伏也。

第六环

十二辰者，火候升降攒合，运天符也。

第七环

---

① 《明镜图》，底本原在鲍仲祺后序之后，今移植于此。

显周天之大①数,蹙合四时,以应内象也。

第八环

列阴阳、五行、万象入鼎中,辅助金水、龙虎、离女坎男交媾,共生真砂真汞,而成还丹也。

《参同契》者:参,杂也;同,通也;契,合也。谓与诸丹经理通而义合也。凡修金液还丹,先寻天地混元之根,次究阴阳分擘之象。明水火相克,复为夫妻;认金水相生,反为母子。故有男兼女体,则铅内产砂;女混男形,则砂内生汞。日者阳也,日中有乌,阳含阴也;月者阴也,月中有兔,阴含阳也。此天地显垂真象,令达者则之,可谓真阴阳也。复有阴阳反覆之道,水火相须之理,造化生成之径。既知其径,须取其根。根者,则天地混元之根也。既得其根,须取其象。象者,则阴阳分擘之象也。既得其象,须循动静;既循动静,须知其数;既知其数,须依刻漏;既依刻漏,须明进退;既明进退,须分龙虎;既分龙虎,则南北之界定矣,金木之形合矣,大丹之道成矣。复有内外法象,内外水火,有坛灶焉,有鼎室焉,有胞胎焉,有爻象焉,有水火之候焉,有抽添之则焉,有铸泻之模范,有离合之形体。此皆头头俱备,阙一不可。志士又须撤声色,去嗜慾,弃名利,投灵山,绝常交,结仙友,隐密潜修,昼夜无息,方可希望。或不如是,则虚劳动耳。故阴君曰:莫辞得失,一志而修,还丹乃可冀也。时孟蜀广政十年,岁次丁未九月八日,昌利化飞鹤山真一子彭晓序。

魏伯阳约《周易》而作《参同契》,以明修丹之诀,故指药物之根基始于同类,示火符之进退终要相拘,梗概敷陈,纤微备著,所以启迪后人者,切且至矣。世之学者,诚心熟读,定见精求义自晓。然惟是此书,作于汉世,词意奥雅,类多古韵,其后读者浅闻,妄辄更改。至五代末,彭晓为之分章义解,诚可谓佐佑真经矣。然承误注释,或取断章(朱晦庵谓:故易统天心及得不坚乎。皆合属下章之类。),大义虽明,而古文阙裂,意者彭《义》亦为近世浅学妄更,所以若是。今自秘馆所藏,民间所录,差误衍脱,莫知适从。近者晦庵朱先生,尝隐名而为之雠定,考辨正

---

① 大,校本作"火"。

文,引证有理,颇得其真,可以依据。独《分章义解》,绝无善本,临安郑焕所校,自谓详备,而尤多舛误,其视经语,每有不合,较之他本,则文意稍连。愚之试邑,适当繁剧,公余得暇,尝取其书而读之,日觉有味,因合众本,为之校定。其于正文,多从晦庵之旧,而《通真义解》,大略从郑本,其于众本多同者,亦自从众。其间《契》文与《义》说不相附类(若《契》云:兼并为六十。而《义》云:兼并为六十四卦也;若《契》云:则水定火,而《义》云:拘则水定之类),则亦两存而互见。虽不可谓之尽善,然于丹经大意,亦略昭明矣。谨按彭序以谓魏公得《古文龙虎经》而撰《参同契》,今所在有此书,而反不若《真契》之古奥。或者以谓此乃今之《三坟》书、《狐首经》之比,是未可知也。然而其经固已出于五代之前矣。彭《义》之后,复撰《明镜图诀》,欲以启《真契》之户牖,今于篇首冠以其经,而后附以其诀,庶可通为一书,识者得以审识焉。锓版而行,以与同志,共证至道。嘉定元年戊辰十一月五日辛丑冬至,通直郎知建宁府建阳县主管、劝农公事借绯鲍澣之仲祺谨书[①]。

[①] 按:鲍仲祺后序原在底本"讚序"注后,今移植于文末。

附录：

一、还丹内象金钥匙

（并序，一名《黑铅水虎论》，一名《红铅火龙诀》）

昌利化飞鹤山真一子撰

夫金液还丹并诸经诀者，无出《古文龙虎上经》、魏伯阳《周易参同契》，为还丹经诀之最妙也。莫不以铅火为宗，龙虎为祖。诸家经诀中，有明铅而不明火者，有说虎而不说龙者，虽则互有指陈，实则殊途归于一理，尽一源也。丹诀中有太白真人《歌》四句，少即少矣，妙即妙焉，实为直指龙虎之幽微，全露汞铅之宗旨。歌曰：五行颠倒术，龙从火里出；五行不顺行，虎从水中生。此要言二十字，可谓泄天地互用之机，分阴阳反覆之道。水虎，真汞之本；火龙，真铅之门。还丹根基，于斯尽矣，实为真秘之言，不易之诰也。余因撰诸《黑铅水虎论》、《红铅火龙诀》，盖演真人之微邃，开秘诀之循途也，名之曰《还丹内象金钥匙火龙水虎论》，庶诱将来，用祛未悟者也。

黑铅水虎论

夫黑铅水虎者，是天地妙化之根，无质而有气也。乃玄妙真一之精，为天地之母，阴阳之根，日月之宗，水火之本，五行之祖，三才之元。万物赖之以生成，千灵禀之以舒惨。至于高天厚地，洞府仙山，玄象灵官，神仙圣众，风雨晦朔，春夏秋冬，未有一物不因铅气产出而成变化也。故《经》云：天得一以清，地得一以宁，神得一以灵，谷得一以盈，万物得一以生。又云：无名天地之始，有名万物之母。即是真一之精，圣人异号为真铅，则天地之根，万物之母是也。岂可以嘉州诸铅、硫黄、砒砂、青盐、白雪、雄黄、雌黄、消石、铜、铁、金、银、水垢、水精、凡砂、凡汞、桑霜、楮汁、松子、柏脂、秽污之物，白石、消石、夜霜、朝露、雪水、冰浆，其诸矾土杂类之属，草木众名之类，已上皆误用，不可备载也。或问曰：其真铅如何？乞为指的，将示未明。答曰：黑铅者，非是常物，是玄天神水，生于天地之先，作众物之母。此真一之精，元是天地之根。能于此精气中，产生天地五行万物。岂将天地之后所生之杂物呼为真铅，即误之甚矣。缘此精上为星辰，下为真铅之精，常与太阳和合，长养万物，所随太阳，极远不过二十六度。故我先真圣师，采此阴精，设其法象，诱会太阳之气，结为神丹，故《经》云：太阳流珠，其性猛烈，急而难当。若不以方便法象留连，取其至精，安肯等闲住于杂物之上？非我北方正气，纯粹之精，铸成鼎器，运养周生，难见龙虎相吞，夫妇合体而成神物哉！

红铅火龙诀

夫红铅火龙者，是天地妙用发生之气，万物因之以生，有气而无质。故将一年三百六十日，蹙于一月三百六十时。又于一月三十日三百六十时内，朝夕各系一卦。又移此六十卦三百六十爻，陷于五日六十时内，复象一月也。两日半三十时，便为三十日，又象一月。朝暮各占一卦，又系六十卦，计三百六十爻，复象一年三百六十日也。又于两日半三十时内，却分十五时，应半月一十五日用事。复将此半月从一至十五日，又陷于十二辰中，自子后至巳前六辰之内，系三十卦，计一百八十爻，便象冬至后到夏至前，应半年一百八十日也；自十六日至三十日，又陷于六辰之内，午后至亥前六辰之中，系三十卦，计一百八十爻，便象夏至后到冬至前，应半年一百八十日也。春秋二分在时内，二分二至于一日十二辰中，都合三百六十，象一年之气。始复䷗至乾䷀，自遘䷫终坤䷁，循十二辰，候分震巽，甲门子、丑、午、未，阴符阳火，圆合天符三百三十六度，是晦朔阴阳，刑德交会，天地变化，万物生成之数也。皆依刻漏运行，夺取气候入神鼎中，使真铅天地之母，受此运用而产神精。《易》曰：乾之策，三百六十日足，阴阳起伏运用，一年周星，万物之大数也。凡一年计三百六十日，计四千三百二十时。每日朝暮两卦，计六十卦，每卦六爻，合计三百六十爻。（又夺得一年三百六十日，计数夺得四千三百二十年正气，在神室中。）凡五日为一周，合六十时，应一月六十卦用事。六十时系卦三百六十爻，便应三百六十日一年也（又夺得一月内四千三百二十年正气于两日半）。假如有一月三百六十时，便象一年三百六十日，于三百六十时内用六十卦，将六十卦气候又陷于五日六十时内，用六十卦时为一周，又象一年。复于五日内分两日半，计三百六十爻，复象一年也。又分三十卦一百八十爻，移在半月十五日，朝暮各一卦，计三十卦，又将此十五日配在半日六辰之内，共分得三十卦一百八十爻，便象半年一百八十日也。每一辰内，于二十四气中分得二气，七十二候中分得六候。此气候逐子后午前六辰阳火，入神室之中，各有寒暄气候符证，互立变化之功。此六辰是冬至巳后、夏至巳前，半年一百八十日，运火合天符，动静盈缩，造化万物之数也。圣人蠡于一百八十日节候，陷于半日六辰之中，计夺得二千一百六十年正气，入于神室中，养万灵也（如兼午后六辰，圆合一日夜火数，即夺得四千三百二十年正气，在一日夜之内。还丹之道，要妙在震巽，起阴阳之中，复遘分进退之符，十二卦周行，一年气足，坎离运用，龙虎生成，数满周星，神、精、水、火，进气而出，即非常药也。）。午后亥前六辰，阴符分得气候，节符与已前六辰数时刻并同，亦象夏至后、冬至已前一百八十日也。所有震巽阴阳进退之符，刑德相背，圆缺相交，出入抽添，起伏否泰，即少有不同也。此是合天符进退周星，造化万象生成潜运之数也。故先真到此，皆传在口诀，至诚轻泄，勿使非人知之，令窃弄神机妙用也。诸经诀云：月有《火记》，明六百篇卦爻，行于世也，今不备录（六百篇《火记》，盖魏真论周星数，实篇篇相类，冀达士细思，道知返掌也）。今所云一日一夜内，运阴阳符火入鼎中，如震复至乾六卦为阳火也，自巽遘至坤六卦为阴符候也。一日一夜内，合夺得四千三百二十年正气，在神室中，生产神精也（全依内百刻也）。凡一时夺得三百六十年正气，一日夜夺得四千三百二十年正气，一月夺得一十二万九千六百年正气，一年夺得一百五十五万五千二百年正气也。故《经》云：人服金液还丹一粒，如稻米许，三气限满，必获上升。三年药成，已于身内受得四百六十六万五千六百年正气，年寿也。如常服食，以寿限无量，出天地三界之外,纯阳真精之身,有生而无死。天地阳九①,否泰动静,常数服金丹之人,逃出阴阳之外,九阳之表,故寿年无数也。贤达思之,此外乃无上至真之妙道也。遇者得无保秘之,缄于心口,以待贤能者哉!

凡一月三百六十时,一年十二月,合四千三百二十时,象四千三百二十年。内卯酉二卦,息符一年,内合数共除出六十日,两计七百二十时,象七百二十年。汞内胎符火数,实十个月,计三千六百年,合天符,合三百六十度,符合《参同契》六百篇《火记》也。其余出息七百二十年,是金沐浴其精之限,微哉!此法是大丹红铅黑铅龙虎交媾,生成乾精坤粹真砂纯妙之上道,运火之秘诀,养赤龙之魂方也。先真圣人心之隐文,希夷之妙道也,非防闲浅近之事矣。故《经》云:既得真铅,又须得真汞②。为此事也(《经》云:得在受气抽添)。凡运节符火数,一一皆依约刻漏,昼夜一百刻,分四时、五行、二十四气、七十二候,不可分毫差矣。若使四季不调,五纬失度,即真砂真汞不产,龙虎不交。故《经》云:纤芥不正,悔吝为贼是也。贤达君子,反覆思之,无意轻动,令不合天道,则令天地妙用之气,凭何节候而成变化,生于万象哉?《阴符经》云:天有五贼,见之者昌。知之修炼,谓之圣人也。

时有习常道者,止余东邻,闻余斯言,忽叩扁而至,大哈而谓余曰:吾闻昔先圣有言曰,死生有命,修短在天。又西域书云,天地及日月,时至皆归尽。至于劫,石有消,无存纤芥。天地之内,万物从起,岂有不拘常数而长存哉?数尽皆归于空,空者,无也。又闻言人之生,如箭射空,力尽还坠。今子独云饵金液还丹之人,寿年无数;复云我命在我不在于天者,子言得非习偏见,有好恶,立虚准乎?余答曰:吁呼,此盖鄙俚偏执之谈也,岂达古贤通圣论哉!且鄙俚偏执之人,焉能凿混元、征造化之端,擘鸿蒙、结阴阳之表欤?岂将睫目之附近,度量寥③廓之幽端乎?且乾坤之气,而生成万物,诸途而出,始因元判,受析阴阳,有万法焉,有万形焉,得泉石焉。且阳数奇,九之数也。相须阴阳之气,相禅乾坤之

---

① 九,四库本作"元"。
② 汞,底本作"正",据四库本改。
③ 寥,底本作"廖",据四库本改。

内，故互用之数，未有无用之物类也。且九地之下无阳精，而纯阴浊气也；九天之上无阴精，而纯阳清气也。有修积阴之气者，尽弃魂神，于无中炼妙有，任定而性寂静，故死而为阴爽之鬼也。有修纯阳之精者，谓存神气而于有中炼妙，全身形而入无形，故生无死，为天上神仙也。且鬼神者，受积阴之气，阴鬼之道，鬼贵无形，故弃阳而炼阴之气，气积即息，息即归阴，阴即归死，有得死者，故名寂灭。寂者，凝静也；灭者，空无也。鬼道贵无形，盖任空寂，于真无中炼妙有，为下土阴中清虚善爽之鬼神，非寻常之有也。鬼神阴静之中，以斯为妙道。有阴中妙门，炼阴中之妙法（炼阴之法，故有大小，以有大小之门）。天上之神仙者，受纯阳之精，神仙之道贵有形，故弃阴而炼阳。阳气积而动，动即返阳，阳即归生，生即得仙不死者，故名曰上升。上者，轻也，飞也；仙者，升也，举也。仙道贵有形，盖运气于真有中炼妙无，为上天九阳中清真妙灵之神仙，即非常之无也。神仙于阳动之中，以斯为妙道，有阳中之妙门，消阴之妙法。炼阳法有大小门，非一也。积阴之精附地，积阳之形奋天，天地自然之道，非有为也。故《易》云：方以类聚，物以群分。本乎天者亲上，本乎地者亲下。各从其类也。故修丹者术士，炼纯阳，出阳精，取而服之，变为纯阳之身，是以就天，乃从其类也，故名之曰上升九天。天上无阴，乃纯阳阳涛之境，出乾坤阴阳之表，故寿限无数也。真汞，无也，故不同乾坤之内有数之物，且上天不有，为乐①空寂之形，不可服丹。故阴教无纯阳之神仙，与下士定寂之鬼，明有优劣，非等伦也。纯阳之真无死数，积阴之神无生数，此真阴真阳俱出天地之表，故无常数也。且天地之间，阴阳炼真形二门，于斯无别理也。又问曰：阴阳二门炼真形之法，得非西域瞿昙氏之法邪？中华李老君法邪？答曰：余始只以明天地之间，炼凡为圣，阴阳二门出世之道，元不说李老君、瞿昙氏之法邪。若以二真造兹之法，即二真何多于天地乎？此二真皆能盗天地，贼阴阳变化之情，炼阴阳纯精之道，俱无成数之身，故后世立此二真为阴阳炼真之教。且二真俱曰修道，故道之一字，是阴阳二门、众妙之法

---

① 乐，原本作"药"，据上下文义改。

强名也。玄玄善号也,故总之曰道。老君、瞿昙各得道中之一门尔,故皆出阴阳之外,俱得无生死之数也。又问曰:今修道之人,存神养气,复炼金液阳丹服食,以至为纯阳之真。修阴寂之人,可得服丹乎?答曰:修阳之人,盖存阳魂,留暖气,故饵丹以助之,成纯阳之身;修阴寂之人,弃阳魂而就阴魄,阴寂之形虚而冷,不可以受阳丹也。若服阳丹,即阴形岂可为纯阴妙化乎?即阴寂不凝,炼妙空不生妙有,妙有不生空也。又问曰:阴阳铅汞别有丹药乎?答曰:阴寂之法,易阴之形,空中有空,有中不有,为乐空寂之形,不可服丹,故阴教无丹药也。此义昭然,贤达可见。但性理凝寂,绝相离言,即真为空,妙有而已。修阴之人,得此言之为心印,过此以往,无别义也。又问曰:窃闻高僧中有出没自在,死生任情,接迹见闻,不可胜数,以载于经论,动逾数百,今指一二,粗立事端。且僧佛图澄生死自在,著于明史,述《金液诀》,形于丹经;又僧昙鸾师作《气术论》行于世,皆同道家。忽暂亡而起,忽蹑空而行,阴教之中,岂曰无之?吾仁之言,阳法有上升,阴教归空寂,即此二僧,皆留形住世,隐显自由,得非空寂乎?吾曰:嘻,有何难明哉!其二子皆内修阳法,外修僧形,法岂分外貌乎?僧玄皆人也,同天地间一物耳。若外为僧,内修阳法,何异于外貌黄冠乎?且阴阳之道,任情变化,岂有偏党乎?惟达摩师《气诀》,正是外内不出入,凝定空寂中,炼妙有之法,便是空寂法中阴真。又问曰:今云炼阳即出九天之上,炼阴即入九地之表,将欲并教天下,得否?答曰:不可也。治世之道,无出于文也。斯阴阳二门,且出世之道,不可治世,不可普教于人也。问者曰:吾偏习治世鬻誉之书,不达延生出世之道,罔知二主之旨,难通三教之情。今既闻命,实是饱于玄风,醉其真义也。吾向来井蛙醯鸡哉!乃唯唯而退。余所略书阴阳二门炼真之至道,意者为上智之人,明达而自知,无劳论也;愚昧无知,勉论不及也;中智之人,心或进退,往往执言不回,多云生死有命,富贵在天,复云天地及日月,时至皆归尽。斯言举世鲜有不言者,遂便颙颙待死,迕真失正,迷于所苦,自甘取也。即轻薄无知泛滥之徒,岂可见天地之心乎?天地之用生成乎?岂知阴阳互情乎?阴阳相盗出没乎?余因达还丹有长生无数之辞,故少立通论,以示同人。非淫欲虚诞,沽诮于贤达者哉!于斯复有向美索乎?同心之子,幸鉴于斯。

歌曰:大道生吾真,阴阳运吾质。寄生天地间,生死互经历。死生终有门,二路各分一。一门阴静中,于中有虚寂,修成阴中神,此是西胡术。别有阳中道,道秘在仙籍。劲指天地根,此根号真一。真一天地先,天地因而辟。令人采取精,炼为庚辛石。邀取木中龙,合之令契密。忽然为夫妻,渐生男女出。十月男女生,却化为金液。金液作神丹,饵之天地毕。书情告同人,何妨留意觅。日月疾如风,三万六千日。

——出宋·张君房《云笈七签》卷七十

二、《周易参同契分章通真义》序

宋 刘永年

《参同契》喻陈金丹机要备矣,不能推穷此经者,止以随傍风采,滞于金石,坚执凡火可以成丹,愈谬正经。永年绍兴戊午尝遇至人亲授口诀,仍训永年但看《参同契》,与我诀俱同。永年谨依师旨观阅,道理昭然,以此无惑。因广求众本,何止千数,愨诚校正,印行鬻之,使好事者得达真趣,岂小果哉?

——辑自元·戴起宗《悟真篇注疏》

三、《参同契分章通真义》三卷《明镜图》一卷

宋 陈振孙

真一子彭晓秀川撰。蜀永康人也。序称广政丁未以《参同契》分十九章①而为之注,且为图八环,谓之《明镜图》。曩在麻姑山传录。其末有秀川传。汪纲会稽所刻本,其前题祠部员外郎彭晓,盖据秘阁本云尔。麻姑本附《传》,亦言仕蜀为此官。

——出宋·陈振孙《直斋书录解题》卷十二

---

① 按:书目云"十九章",当"九十章"之误。

四、《周易参同契通真义》三卷

（浙江巡抚采进本）

后蜀彭晓撰。晓字秀川，永康人，自号真一子。仕孟昶为朝散郎守尚书祠部员外郎，赐紫金鱼袋。其事迹未详。杨慎序《古本参同契》，则以晓为道士。考王建之时，杜光庭尝以道士授官。晓为道士，亦事理所有，但未知其据何书也。葛洪《神仙传》称魏伯阳作《参同契五行相类》凡三卷。其说是《周易》，其实假借爻象以论作丹之意。世之儒者不知神丹之事，多作阴阳注之，殊失其旨云云。今案：其书多借纳甲之法，言坎离、水火、龙虎、铅汞之要，以阴阳、五行、昏旦、时刻、为进退持行之候。后来言炉火者，皆以是书为鼻祖。《隋书·经籍志》不著录，《旧唐书·经籍志》始有《周易参同契》二卷，《周易五相类》一卷，而人之五行家，殊非其本旨。晓序谓伯阳先示青州徐从事，徐乃隐名而注之。至桓帝时，复以授同郡淳于叔通，遂行于世，而传其诀者颇鲜。其或然欤？至郑樵《通志·艺文略》，始别立《参同契》一门，载注本一十九部三十一卷。今亦多佚亡，独晓此本尚传。共分九十章，以应阳九之数；又以《鼎器歌》一篇字句零碎，难以分章，独存于后，以应水一之数；又撰《明镜图诀》一篇，附下卷之末。晓自作前后序，阐发其义甚详。诸家注《参同契》者以此本为最古。至明嘉靖中，杨慎称南方有发地中石函者，得古文《参同契》，以为伯阳真本，反谓晓此本淆乱经、注。奸异者往往信之。然朱子作《参同契考异》，其章次并从此本。《永乐大典》所载《参同契》本，亦全用晓书，而以俞琰诸家之注分隶其下。则此本为唐末之书，授受远有端绪。慎所传本，殆丰坊《古大学》之流，殊荒诞不足为信。故今录《参同契》之注，仍以此本为冠焉。案：《唐志》列《参同契》于五行类，固为失当；朱彝尊《经义考》列《周易》为之中，则又不伦；惟葛洪所云，得魏伯阳作书本旨。若预睹阵抟以后牵异学以乱圣经者，是此书本末源流。道家原了了，儒者反愦愦也。今仍列之于道家，庶可知丹经自丹经，易象自易象，不以方士之说淆羲、文、周、孔之大训焉。

——出《四库全书总目》

五、《周易参同契通真义》三卷

余嘉锡

后蜀，彭晓撰。晓字秀川，永康人，自号真一子。仕孟昶为朝散郎尚书祠部员外郎，赐紫金鱼袋。其事迹未详。杨慎序《古本参同契》则以晓为道士。考王建之时，杜光庭尝以道士授官。晓为道士，亦事理所有，但未知其据何书也。

嘉锡案：《十国春秋》卷五十七有《彭晓传》，除叙其名字、别号、官职及注《参同契》之外，别无一事，故《提要》亦不能详。近人文廷式《纯常子枝语》卷九曰：《参同契》世传彭晓注，然多不详。宋正一道士陈葆光《三洞群仙录》(《道藏》正一部二十卷)引《野人闲话》(成都景焕撰，见《书录解题》。)云：祠部员外郎彭晓，字秀川，自号真一子。常谓人曰，我彭篯之后，世有得道者，余虽披朱紫，食禄利，未尝懈怠于修炼，去作一代之高人，终不为下鬼矣。宰金堂县，则恒骑一白牛于昌利山往来，有会真之所，往往有白鹤飞鸣前后。晓注《阴符经》、《参同契》。每符篆谓之铁扇子，有疾病者饵之则愈(按见《群仙录》卷十二)。是其事实也。

案：彭晓后蜀人，去汉已远，《参同契》授受之事，晓安得知之，知其必有所本。考《真诰》卷十二云：定录府有典执法郎淳于斟，字叔显(《御览》卷六百六十六引作字叔颢)，主试有道者。斟，会稽上虞人，汉桓帝时作徐州县令。灵帝时，大将军辟掾，少好道，明术数，服食胡麻黄精饵，后入吴乌目山隐居，遇仙人慧车子，授以虹景丹经，修行有道，今在洞中，为典柄执法郎。原注：(此陶弘景自注也)《易参同契》云：桓帝时，上虞淳于叔通，受术于青州徐从事，仰观乾象，以处灾异，数有效验。以知术数，郡举方正，迁洛阳市长。如此亦为小异。乃知彭晓之说，源出于此。弘景所引，盖《参同契》序中之文。汉、魏人作序，皆叙其书之源流及其人之仕履，与刘向《别录》之体同。故此序中详载淳于叔通始末。今本《参同契》无此篇，殆传写佚脱，否则后人以其非本文而削之也。然晓谓伯阳以示青州徐从事，至桓帝时，复以授同郡淳于叔通。考魏伯阳为会稽上虞人(见彭晓序)，而淳于叔通亦上虞人，故称同郡。

是叔通之术为伯阳所亲授,而弘景所引《参同契》,谓叔通受术于徐从事,二说不同,亦疑晓误也。弘景既未言徐从事作注,则彭晓所谓徐乃隐名而注之者,事之有无,亦在疑似间矣。弘景此注叙《参同契》源流本之旧序,最明白可据。后人以《真诰》为神仙家言,薄其书不观,故不知引证,而《提要》亦以为其说出于彭晓矣。

考《开元占经》卷百二十引《会稽典录》曰:淳于翼字叔通,除洛阳市长。桓帝即位,有大蛇见德阳殿上,翼占曰,以蛇有鳞甲,兵之应也。此与弘景注《参同契》言桓帝时,上虞淳于叔通为洛阳市长者,姓名乡贯(上虞属会稽郡)时代、官职,无一不合。然则叔通即淳于翼,而《真诰》乃谓之淳于斟,以为南岳夫人所言,许掾所书(许翙尝为上计掾,《真诰》以为仙去,见卷二十),其说诞妄不经,不足信也。翼占蛇妖事,亦见《续汉书·五行志》注引《搜神记》曰:桓帝即位,有大蛇见德阳殿上,洛阳市令淳于翼曰,蛇有鳞甲,兵之象也。见于省中,将有椒房大臣受甲兵之诛也,乃弃官遁去。到延熹二年,诛大将军梁冀,捕家属,扬兵京师也(见今本《搜神记》卷六)。姚振宗《后汉艺文志》卷四引《曲录》及《搜神记》(所引有删节)注于《参同契》条下。盖亦知翼即传《参同契》之淳于叔通,惜未能以《真诰》注证明之耳。

袁宏《后汉纪》卷二十二云:尚(度尚也)字博平,初为上虞长,县民故洛阳市长淳于翼,学问渊深,大儒旧名,常隐于田里,希见长吏。尚往候之,晨到其门,翼不即相见,主薄曰(当作白)还,不听,停车待之。翼晡乃见,尚宗其道德,极谈乃退。案《后汉书·孝女曹娥传》言:元嘉元年县长度尚改葬娥为立碑(《后汉纪》亦载此事,但不著年月)。元嘉元年为桓帝即位后之五年,则度为上虞长正在翼弃官遁归之后,故隐于田里,不见长吏。其人之学行品节,于斯可见矣。《御览》卷三百八十五引《会稽先贤传》(吴谢承撰)曰:淳于长通年十七,说宓氏《易经》,贯洞《内事》万言,兼《春秋》,乡党称曰圣童。今人周作人辑会稽郡书,以为即《典录》之淳于翼也。草书叔字与长字笔画颇近,传写至误耳。两汉不闻有宓氏《易》,唯《隋书·经籍志》五行家有《周易集林》十二卷,京房撰。又引《七录》云伏万寿撰。《唐书艺文志》有伏氏《周易集林》

一卷,伏与宓通,盖即所谓宓氏《易》也(姚氏《后汉艺文志》云范书《儒林·伏恭传》恭子寿,官至东郡太守,疑即伏万寿)。《御览》卷十引其文,亦焦、京之流亚。《内事》则谶纬之书,《隋志》有《春秋内事》、《孝经内事》。叔通深通方术,能占知蛇妖,仰观乾象,以处灾异。神仙家言,出于方技,故又从徐从事受《参同契》。陶弘景所引必汉魏人旧序,非无稽也。《元和姓纂》卷三云《会稽上虞列仙传》有淳于斟,字叔孙,与《真诰》复不同,不足据。

——出余嘉锡《四库提要辩证》卷十九

六、程晓传

昌利化飞鹤山彭晓,本姓程,西蜀永康人。少好修炼,自号真一子,与击竹子何五云善。孟蜀时,明经登第,迁金堂令。据传遇异人得丹诀,注《阴符经》、《参同契》、《金钥匙》、《真一诀》。篆符以施病者,号铁扇符。能长啸,为鸾凤声,飞鸟闻而皆至。蜀王孟昶屡召,问以长生久视,晓曰:以仁义治国,名如尧舜,万古不死,长生之道也。累迁祠部员外郎,蜀州判官权军州事。广政十七年十二月卒,十日颜状如生,后人见于青城山,立松柏之上飞去。(出《蜀梼杌》)

——出元·赵道一《历世真仙体道通鉴》卷四十三

七、彭晓传

彭晓,永康人也,父真一。初为道士,后偕兰溪僧贯休入蜀。返初服,仕蜀,至郡守,诰命朝散大夫守尚书祠部员外郎。晓尝注《参同契》,复约其义,作《明镜图》,列八环,以符动静,明二象而定阴阳。诗曰:造化潜施迹莫穷,簇成真诀指童蒙。三篇秘列八环内,万象门开一境中。离女驾龙为木婿,坎男乘虎作金翁。同人好道宜精究,究得长生路便通。又曰:至道希夷妙且深,烧丹先认大还心。日爻阴耦生真汞,月卦阳奇产正金。女妊朱砂男孕雪,地藏荧惑丙含壬。两端指的铅金祖,莫向诸般取次寻。或曰晓父真一亦道流,能诗,失传。

——出清《光绪永康县志》卷十一

第四卷

道枢·参同契

宋 至游子曾慥 集

点校说明

1.《道枢·参同契》上中下三篇，南宋曾慥集。曾慥，字端伯，号至游子，南宋晋江人（今福建泉州）。所辑《道枢》四十二卷，集唐宋内修丹法之大成，堪为研讨内修丹法之宝典。《参同契》三篇即出自《道枢》卷之三十二至卷之三十四。曾慥所集《参同契》三篇，虽非注释体例，但是其以《参同契》为名，要为阐发《参同契》之微言大义，凡丹家之火候、药物俱备述无遗，可视为唐宋以来最重要之《参同契》解读本。其中渊源有自，还需读者多番精详考究，溯源直探钟吕丹法之心传。

2.本篇整理点校据《道藏》之《道枢》第三十四卷为底本，以清《道藏辑要》本为校本，末附清《泉州府志》"曾慥传"，可略悉其生平。

道枢·参同契

宋 至游子曾慥 集

《参同契》上篇

（同章异辞，有浅有深，测乎天地，则知其心。）

道生一，一生二，二生三，三生万物。至药之理，其毕于斯欤！孰能知道之始哉？其惟伏羲氏而已矣。于是有大易者，元始之气，造化之用也。故混沌之初，玄素胞胎，中有真精，能亲所亲，其自然者耶。水流湿，火就燥，人能通乎道，道亦通乎人矣。人道相通，谓之圣人。故玄者，人之不昧者也，盖不知其能育白金焉。

夫一阳处乎五阴之下，初九潜龙之位也。玄功归一，万物生焉，故曰：肾者，太极也。处其阴阳而能化育者，莫大乎日月。日月者，太易也、至药也、阴阳之郛郭也。于是阴阳含养而产白金，生一之道也。玄主乎静神魂，神魂静则通灵彻视矣。物象既立，谓之太初，混沌合而别一气，谓之真一，斯九二见龙在田之象也。《经》曰：得乎一，万事毕。故真一者，主乎骨之髓，《关雎》之淑女也。是以成真一者，玉质而金声，真一所谓也。自无生于有，自有返于无，还丹之根蒂也。夫为至药而不知真一者，吾未见其有成也。将欲炼之，必考诸五行之精，于是白金黄芽者，丹之母也。金质而汞者，非汞之形也，其乃金葩凝液，抱一含真，以脱五行者也。于是有太始焉。一主于火，二主于土。南方者，离也，故主火。火能生土者焉，而无正形，其寄位于丙丁者也。阴者，道之本也，药之基也；阳者，形之始也。汞之未变，阳不可独立，阴不可自生也。是以阳因阴而有者也，阴禀阳而孕者也，二者和合而大道成矣。火者，生土也；土者，育万物也。故药之用土，以能生长乎，汞为万物之基焉。土之数五，属乎脾，旁该四象（四藏也），于是五宫五帝游于九天，禀道以生一。然则土也者，得位乎九五，其最尊者欤！夫人之神三万有六千,其形影万有二千,其精光千有二百,其魂有三,其魄有七,其神有五,皆以依乎五藏,以脾为之主。故药之中,以土之德为尊焉,以其能化五行,而成至药也。

太素者,本也,本立而道生矣。三丹者,其皆资于斯者欤。其上应乎三天之宫,是谓上清之火、玉清之金、太清之土焉。其西七魄也,其东三魂也。魄者,阴之精,主秋之气,肃杀者也;魂者,阳之精,主春之气,发生者也。是以龙虎相对,魂魄相依。

《经》曰:震者,木之精也,丹砂也。木之精得金,乃并而为大丹之君焉。火为父,气为使欤。志士者,其唯察五行之相生更王,则成大丹矣。

《经》曰:三五一者,天地之至精也。居四时而能生成者,春也。三者何以生万物乎?斯天地之化气,而成人物、禽兽者也。吾之万物者,金银也。三者,补气、增筋力、益精神者也。坎,阴也,执一者也。阳爻之形,其见者五也。三者,木之灵也。大丹之道,此其玄关哉!

物之太极,未有不返者也。地处于混沌,如鸡子焉,判为二仪。二仪者,天地也,乾坤也,阴阳也。天者,其清乎?地者,其浊乎?万物育于中矣。其犹药之中,以汞变化万物者欤。故至人者,先立鼎以象天地,于是日月星辰、四象五行,因鼎而立焉。其炼之也,不失乎星点含五行之色象,而后为至也。夫阴阳不交,天地斯闭塞矣。若天降地腾,山泽通气,不可不交。故天地有开阖焉,日月有交映焉。至人则而行之,三十有六,旬一启发,涤濯增合焉,此其九转者耶(全乎四象者,斯通于灵矣。四象者,青龙也,白虎也,朱雀也,玄武也。在《易》为四象,在人为四支,在天为四时,在地为四极,在药为四神)。

青龙者,阳也,木而主生成者也;白虎者,阴也,金而司杀者也;朱雀者,阳也、日也,有火焉主于南方,有土焉主于己,能生长者也;玄武者,阴也、月也,有水焉主于北方,有土焉主于戊,能戡三彭,药之基者也。其或交合焉,入于中宫,不离于戊己者也。九转者,四神五行位于内,二象位于外。四神一飞一伏为其用者也,二象一佐一助为其补者也。吾之筋骨、血肉、神气,恶可不足一焉。不足于一,则为瞆为疾矣。吾之药成,必阳得阴者也。于是能含护之,至三百有六十焉。斯凝胎则可以还神固形,玉髓金筋,登乎真人之录矣。夫不通至理,而修诸旁通之方,虽制其汞伏于火而死,而不知适足以夭折其生欤。其犹画地为镜,祈以照胆;冶铅为刀,祈以剿鲸。亦不明矣。

　　夫至药者,法诸天,法诸地,法诸人,而后可也。气之青者,天也。其日月、五曜及经星列焉,不失日月星辰之点,则其光通达矣。如无此象,徒为伏于火而已尔,非至药也。吾药之数,合于日月、五曜之交,或失之铢累,差之君臣,则必害吾生矣。气之黄者,地也。厚则安静,斯土之用欤,其必得汞之类而为之焉。五岳四渎,安则不倾,有山川焉,有品汇焉,各利其方所。于是五岳为炉,汞化万物,天覆之,地载之,人民安之。天地者,鼎也;人民者,汞也。夫人之形本五行而成,故其补之,则必以五行之精气。昔者女娲氏炼五色石以补天之阙者,其善喻乎。骨,金也;血,水也;肉,土也;气,木也;暖,火也。斯岂世之所云五行哉!四者管摄始得谓之至药焉。吾求汞之同类,各炼其精为之,不可以非其类使杂焉。语曰:狐兔不乳骥,燕雀不卵凤。其谓此欤。五行者,留神以补其形,是为龙虎焉。不知五行,则以他人为父母矣。故气者,木也;骨者,虎也;血者,水①之象也;肉者,土之象也。不死之道,其在离宫乎?既知五行,则身有主矣。五行者,亲于汞者也;五行相配,生成吾药者也。金生水,水生木,木生火,火生土,土生金。故春,木也;夏,火也;秋,金也;冬,水也;四时之季,土也。木之主仁,而能生成,故丹者,木之精也。木者能生火,则丹者木之子欤。十有一月,一阳爻生矣。十有二月,至于正月,其皆为春欤。火主礼,而能滋茂,吾药至于斯时亦然矣。故火也者,坚万物而不朽者也。圣人于是炼阴药以成阳药,则阴身归于阳位矣。形固神备,至宾于天者,火之功也。是以金丹者,自春而发生,夏而滋隆。譬夫草木,犹禀四时而成,况吾丹哉?火至二者,能生于土也。二月、三月、四月,其皆为夏欤。四时之季有土,土主信,故无弃于生成,思沃执于择物,虽得中位,亦不执四维焉。然于四象资土而生者

―――――――――
　　① 水,原本作"木",《辑要》本作"水",考前云"气,木也"云云,则当从《辑要》本作"水"。

也,万物因土而生者也。吾药之土,出于华池,因火而生者也。其寄治于丙丁者,明土之所生者也。木以火而成土焉,土能生金,故土有五德焉。罗络终始,为药之用者也(土王四季也)。秋主义也,吾之药至于七月而生成,何也? 立秋之后,草斯秀矣。吾药至于斯时,九还七返亦已毕矣。过仲秋之金,其气盛,月之二魄(蟾兔也),三五圆明,吾之药于是金体成实矣。曰卯曰酉,二八之门也;曰寅曰申,阴阳之祖也。此杀生以时,不可以逾者也。何以言之? 金生于水者也。秋金之功,退而禅位,五月、六月,其位水,一阴爻生而为金,故至于七月者,无生育矣。何也? 秋,令也,其在于人也,肾为智。智者,藏也,总五行四象,而潜运其化者也。圣人则之,是为大化基穴之始也。三事者,由此根而生乎? 其在于时也,主乎冰壮雪盛,万物遁藏者也。圣人则之,用火弥年,四气备矣。故十月脱胎,自寅而至亥,药之功终矣。懵人以为十月脱胎,而弗知四气不全焉。夫丹之成也,必四时更用,自其初也至于十月,盖已一岁矣,剜胎之中,亦有沐浴漼用者二焉,四时足而后脱矣。于是四气周矣,五行具矣,含曜星罗矣。此至药之始成者也。八月、九月、十月斯为冬焉,五行极王而乃禪代①,即成化之功,归于紫色,此无为自然之理也,故曰:阴阳者,三皇之祖也。

水也、土也,二者何先? 其惟根源之杞梓乎? 华池者,虎之胎也;卯门者,龙之趾也。四象、五行生成而不穷者也。夫药者,无以克之,则不伏焉。金之克木者,木斯归金矣;木之克土者,土斯归木矣;土之克水者,水斯归土矣。五行之杂,又有十焉,姑言其二:甲者,庚之妇也;丙者,壬之妇也。所克,老妇之财也。夫不明五行②,大其谐和,不知君臣,爽其锱铢,而望药之成,其犹梯而登天、针而钓海者哉。故不知所以制伏,则神气不交焉。

黄帝曰:金丹之要,在乎神水、华池。何谓也? 以阴一而制阳一者也。天老曰:白者,金之精,其所谓阳一欤! 黑者,水之基,其所谓阴一欤! 水者,道也,三一之义也。三一者,三丹田也耶。吾能守之,则乘龙

---

① 代,原本脱此字,据《辑要》本补。
② 行,原本作"于",《辑要》作"行",据文义,当从《辑要》本。

輧游于上清矣。三者俱得乎一者也。夫能知焉，则吾之药已过半矣。是以金由水而生，水由金而长，金水合度，其药兹至。人必穷水火，水火内五行也，非外水火也。此道也，三皇以之垂范焉，予孔子陈《十翼》以辅之。

德者，得①也，修之于身，其德乃真。真者，何谓也？金液灌形者欤，修乎外者，非吾所谓真也。老子曰：上德不德，不以德为德，而下求之者也。故上德者，水也；下德者，金也。吾金丹有陶铸之理，日月之候，日盈月满而更相禅焉。《经》曰德主生气是也。阴阳之数备矣。五行推运，清浊卷舒，阳胜渐交，阴伏而归宝，此所谓真德之德也，恶有不成丹哉？五行成于土者也。人而服之，化气成宝，斯长生矣，谓之真人，故曰土有五德，非世所谓仁、义、礼、智、信之德者也。

日者，积阳之精也，其数九焉。在天成象，在地成形，合和万物，布气以生灵者也。其中有踆乌，阴之精也。其象含护，魂魄相经，是以离之支，火之宫，亦得九焉。结气朱英，炼之固形，于是参乎二五一之玄矣。故日者，其主血脉，丹之父也。古之至人，炼日之精，其身归于纯阳而游太清矣。月者，阴之精也，积而成坎，居水之方，其数一焉。吾丹之有金者，其犹月乎，阳而交乎阴，凝而成质者也。故坎之象，内阳外阴。夫日月之行有淹速，药之性有燥缓。阳，燥也；阴，缓也。药乃不然，阳，缓也；阴，燥也。燥也，象月之行焉；缓也，象日之行焉。日之行也，昼夜一度，一岁周天矣；月之行也，昼夜十有二度，一日周天矣。故日月者，一岁十二度合焉。圣人于是取象以三十日者，日月之合次也，则开鼎焉，增涤吾药也。日有乌，月有蟾兔，何也？乌者，阴之精气也；蟾兔者，阳之精气也。二气含护，还之自然，二气为内象也，二气为外象也。日月二用为药之郛郭也。郛郭者，何也？金鼎也，坎离配合而为之欤。故坎，阴也、月也；离，阳也、日也。水、土、金三物同者也。二气交合于鼎之内，舒光照耀，其犹日月连环于六合之中者欤。饵之炼之千日，而阴尽不死矣。

① 得，原本作"德"，据《辑要》本改。

吾试立象证谕焉：玄武者，阴也；蛇者，阳也；龟者，阴也。牝牡之义也，金龟之道也。龟蛇之配合，盖天地阴阳之自然者也。故至药者，须配合阴阳，采摘精微，通神合真，君臣有度，于是应日月之交会，顺四气之周流，然后为至也。

交合者，何道乎？坎男离女，配合乎日月而潜合焉，尽一元气而芽药成矣。元气者，六旬也。于是建寅之辰，终始于申者，七返也；自子而至于申者，九还也。七返之理毕矣。是以至药者，晦朔交合，务易子孙生长之义，终始于此矣，是火之用也。天者，昼夜一周，其行三百六十有五度，日月星辰，周天而旋，于是天降地腾，日一合焉，万物以之生化者也。五日者，一元气之象，六十时也。然则一月有六元，是为三百有六十时。其旬有五日为阳，象乎春夏；其旬有五日为阴，象乎秋冬。则一月者具四时生成之道矣。吾可以象乎一岁之火候，用卦节开鼎器焉。一日一夜，其时十有二，其六为阳也，其六为阴也，二元十日也。日用火有节，亦有进退消息之宜存于其间，子午分升降消息焉。消者，用其时也；息者，不用其时也。日月者，三十日而一交焉。十有五日而圆者，二时之象也（半年也）；至晦而阴者，一岁之象也。于是药全伏矣。朔日为生，故吾之药则而象之，以加损洗濯焉。此岁月日时之候也。《经》曰：三十辐，共一毂。此曰用火之法也。圣人于是托易象、立卦节焉。屯也、蒙也，明受于朝暮，故朝用乎屯，暮用乎蒙，则不愆于晦明矣。既济也、未济也，月之始终用事者也。

孰知阴之中有阳者乎？犹铅之中有白金者也，故黄芽产于河车。此何道也？铅汞为之，于是阴谷含乎阳华，斯内象之精也。譬夫父母，传气而成身，身之扶虚者，精华之气也。彼有以金、银、铅花、朱砂为黄芽者，犹内肉以为胎，可乎？孰知阳之中亦有阴者乎？阳之含阴，如日之有乌焉，阴阳潜应之义也。故汞生于砂，阳中有阴欤。汞阴类而含阳性，离外阳而内阴者也。白金产于河车者，阴含阳也，其云之从龙，风之从虎欤，阴阳自然之道也。夫吾之至药，其禁戒、其条理各有方焉，是岂简牍可传哉？其精也，更为主宾，互相含养，采四气，炼五行，然后而为至药矣。于是可以还骨髓、益寿考，岂不赖四神之精、五行之粹耶？彼孤阴寡阳而成药者,惟可已疾而止尔,安能返老归真也哉?其故何也?神气不全矣,或见砂之伏于火旁,状于汞,乃曰独汞可以成药者,是男可自生,女可自孕,生民以来未之有也。

吾试言九转之法象,吾尝为之图焉。内曰中黄宫,戊己之位,其外曰黑,次曰白,次曰赤,次曰青。青龙位于东,白虎位于西,朱雀位于南,玄武位于北。又有日月星辰焉,五行生克焉。白金种象,乃使通灵彻视矣。《经》曰:铸之斯为珠焉。此神仙之造化者也。以之为杖,刑戮自如;以之为镜,可伐精魅。

夫太易者,日月星辰不足为高也,四周八极不足为遥也,近在诸身,远在天地。天也、地也、人也,若得一则皆为之大。大者,象形者欤(大字,一人为大也。);一者,真一也。得之者位真人矣。可以变化无极,策神召灵,神丹之力也。夫纳金木水火土焉,有青黄赤白黑焉。四象分镇,五神无忒,七曜含章,罗缕规矩。先天之基,后天之宜,可以灌体脱肌,天涯永适矣。易者,易也。易含万象,故圣人穷乎日月,于是通幽洞冥焉。然天之易,十有六;地之易,十有六;人之易,十有六;鬼之易,十有六。合乎六十有四矣。若天垂象于天,则五星游于列舍,明祸福焉;旦夕分晖,掌阴阳之交顾焉。垂象于地,则化气万类,播植以时矣,巢处穴居,各安其所矣;垂象于鬼,则使无形之形,削罪籍而生矣;垂象于人,则身神并飞,骖龙乘云,揖九天、邀三宫,寿同三光矣。圣人于是托易象而炼元气,以固形而保神,纳四象以通灵,采五行以制伏,周乎二十四气,而至药成矣。方其十月而土胎,合乎天地之造化。此道也,可以使之返本还元焉。夫人禀元气以成形,然为阴之积滞。夫欲返阴还阳,千日而后陶冶其形,使皮也、毛也、骨也、肉也,其变金玉,则升天而位乎真人矣。此志士所以炼药、炼身而为之者欤。彼望大丹而升天,亦已惑矣。古之上升者,素服下丹,故遇上药而获升天,盖本有之也。

昔者黄帝铸九鼎于荆山之野,以象九州岛焉。一宫者,冀也;二宫者,荆也;三宫者,青也;四宫者,徐也;五宫者,豫也;六宫者,雍也;七宫者,梁也;八宫者,兖也;九宫者,扬也。各占其方之吉凶,非至药之用也。惟其出世之药,其祖三皇。三皇者,何谓也?曰天皇,曰地皇,曰人皇。三皇尝有遗文,言三门焉。三门有三鼎,三三者九也。于是有上仙之上药,中仙之上药,下仙之上药。此九转还丹者也。次之有金液之道,亦还丹之理也。舍是其小,小者止可已疾而已尔。故三皇之大丹者,出世之根本也。丹之中有三丹焉,应乎三天、三五、三光、三才者也;三丹之中有九尊焉,应乎九州、九宫、九气、九天、九地者也。所应者,每宫宿皆有神护助之矣。其名曰九品,于是谓之九鼎焉。一鼎之中,吾有洛阳之大鼎,其白如练,其坛三层,其炉八面。炎帝入于离门,阴云旋于坎中,故为一世界,天地日月星辰、二十八宿、四神五行、君臣人物、土地山川、金台玉楼、宝花异果、玉液甘泉,其香袭人,饵之者超于上仙,游于芝府。老君曰:吾非自然者也,学而得之者也。三丹之炉,其大体、其火数各异焉(有二图,见别卷)。

　　夫修至药必置炉。炉者,鼎也,垣郭也。鼎而无炉,犹人无舍也,城无郭也,其何以安之哉?故炉者,鼎之户也,舍于炉以避风隙,则三气不散矣。坛有三层,炉有八面八门,十二交互,随斗所建焉。其象龟山,大小从所便焉。《经》曰:先天地而生,旁有垣阙,肖蓬莱者也。于是在乎上知天文,下知地理,中知人情,明闲卦象,通会阴阳,识四序之休王,得日时之升降,火候进退,生杀合仪,此修至药之先务也。若夫率尔用心,未有不失之者也。且夫天地之立也,阴阳有界隔,子午有正位,春生秋杀,天地之自然也。日月有交,阴阳有位,至药有象,火候有卦,用之如循环之道焉。

　　正月者,九二也,丹体和合发生之时也。其卦泰☷☰,其律太簇。泰也者,乾下而坤上也。泰始辐辏,刚柔得中,寅春发生,芽兆滋隆,四象归一,混混濛濛,君子在位,彰德惟洪。此其为阳息者也。

　　二月者,九四也,汞化成金者也。其卦大壮☳☰,其律夹钟。大壮也者,乾下而震上也。阳爻渐壮,乾一化坤,翡翠榆荚,混然同根,清气相薄,胜负难分,或沉或浮,结象卯门。此其为阳息者也。

　　三月者,九五也,洗濯微□,光曜进功,鲜明者也。其卦夬☱☰,其律姑洗。夬也者,乾下而兑上也,五阳一阴斯已。其体阴阳相薄,刚柔得纪,阴夬潜消,飞龙之世。此其为阳息者也。

四月者，上九也，火王之时，密其□□者也。其卦乾☰，其律仲吕。刚健潜龙，腾蛇于□□□□□□有纪表，有法则，阴阳祖始，阳极则沉，善防□□。此其为阳息者也。

　　五月者，初六也，至药阳用而在乎阴位者也。其卦姤☴，其吕蕤宾。姤也者，乾上而巽下也。始结其端，霜雪其素，胎滞蒙肥，阴为阳主，道之枢机，伏藏为户，履霜之至，坚冰寒冱。此其为阴息者也。

　　六月者，六二也，化柔成刚，其道乃亨，世止以永为意者也。其卦遁☶，其吕林钟。遁也者，艮下而乾上也。遁潜晦迹，畜养安居，不显令名，俟时而舒，凝液既毕，方直乘舆。此其为阴息者也。

　　七月者，六三也，汞性惟刚，药至斯时，生成已息者也。其卦否☷，其吕夷则。否也者，坤下而乾上也。否立间隔，阳已结交，天地得体，刚柔敌爻，杀气相临，阳晦阴消，靡美贞吉，含章讽谣。此其为阴息者也。

　　八月者，六四也，金气王矣，药成质矣，蟾兔所以圆明者也。其卦观☴，其吕南吕。观也者，坤下而巽上也。斗建南吕，观彼权衡，以育元气，更衰代荣，卯酉二门，榆落荠生，括畜其萌，咎乃不行。此其为阴息者也。

　　九月者，六五也，神气化藏，火之基者也。其卦剥☶，其吕无射。剥也者，坤下而艮上也。剥以毁体，沦寂其肌，还返既老，精凝不飞，否极则泰，消化形微，元吉兹亨，黄下之衣。此其为阴息者也。

　　十月者，上六也，至药已成者也。其卦坤☷，其吕应钟。坤柔化气，灰土为形，幽理泉井，阳玄阴经，结法可度，轮环生成，先迷灰炉，后禅绥兴，龙战饮血，崇功令名。此其为阴息者也。

　　十有一月者，初九也，阳气之潜迹者也。其卦复☳，其律黄钟。复也者，坤上而震下也。复阳气潜，畜兹阴德，混茫其形，张时法则，为众纪纲，先迷后得。此其为阴息者也。

　　十有二月者，九二也，芽蘖已滋，斗建子丑，禅位之始者也。其卦临☱，其律大吕。临也者，兑下而坤上也。临炉周竟，见龙在田，晖曜分赫，兹始而迁，递推主宾，不为物先，黎蒸得尝，后勿为前。此其为阳息者也。

天老曰：前之所列，如绳贯珠，纶绪可则，开神仙之绵密者欤。吾将明其用焉。复者，以显丧朋，而初起火者也，何也？坤六爻，阴也。其始一爻，变而为阳，故阳之一爻在乎五阴之下，六爻俱阴者，得其朋也。一爻变阳者，丧其朋也。复也者，上坤下震，此黄芽之初，养蒙之象，变化之术也。

震者☳，以显其变者也。乾六爻，阳也，震为乾之长子者也。何也？坤者下变，斯成震也；震者上变，斯成艮也。所以为长子而继体于乾欤。故坤者，乾之位也；乾者，坤之位也。互为主宾焉。十有一月，坤之一爻变乎阳，至于四月，则六爻备，而归于乾位用事者也。

巽者☴，以显其成者也。日，阳也；月，阴也。自一日而至于十有五日，则月变而成乾也，于是震用事者也。金气圆满，至于十有六日，变乾之一爻而为巽，一阴生矣。长爻，阳也；短爻，阴也。汞性刚而难伏者也。于是变刚为柔，金药之质成乎柔矣。故巽受乾之化，十有六日而月出巽地，药自朔旦而生，至是则火亦欲伏矣。

屯者☳，坎上而震下也，以明吾之用日之火、月之火者也。故朝之用者，屯当其直焉；夕之用者，蒙当其直焉；晦朔之用者，则既济未济焉。凡至晦朔之际，开器以受阳之一爻焉。月十有五日为阳，降阳之正位，至于十有六日，其阳折损，故曰即亏，以变乾为巽，是刚而为柔者也。

兑者☱，以显其平者也。日月者，三十日一合焉，既合，三日而始见矣。故八日谓之上弦，二十有三日谓之下弦。弦者，平也。是以一日至于八日，月之增，其平者半；十有五日至于二十有三日，月之亏，其平者半。吾之用火，一日至于八日，金水相入矣；二十有三日，而药成不动，斯其平者欤。

艮者☶，以明其形者也。夫金生于巳，王于酉，墓于丑。秋者，金王之时也。八月十有五日，其形圆明，而吾之药至于斯也，乾体方就，五色晖曜，日以坚实焉。丑者，金之墓，艮之位也。药至于艮，明成形矣。金非金不见者也，二十有三日则见于丙地，下弦不动，吾之药其伏矣。乾者，以显其刚者也。月之一日，阳之爻交体相生，至十有五日圆明矣。吾之药，用火至十有五日，金水合而俱得其所矣。汞阳而性刚，难伏者也。以法制之,斯不动焉。

东方者,木之位也。金得木而荣,十有五日则月在乎东方,甲之地也,斯盛满于甲矣。坤者,以显其化者也。坤之一爻,其变成震。震者,木也,阳也;坤者,阴也。然以五土养乎一阳,一阳者,木也,汞是也,象铅之有银者也。故曰坤者,其为震之母欤。乾坤者,合十有二爻,一岁之象也,因以立兆基焉。何谓也?自坤变而成阳,自子至于巳,六爻之变尽矣。乾者,自午至于亥,六爻变而归坤。坤,土也,吾之药更十有二月而成,土功斯毕矣。《经》曰金从月生者也。朔受日之符,故朔旦为复,阳气始通矣。晦至于朔,则震来受其符焉。继坤以生震龙,则月生之后,坤变成震,终而复始乎!

正月者,泰䷊也,日乌之象全矣,其三爻阳也。是月也,有屯䷂(震下坎上)、有蒙䷃(坎下艮上)、有需䷄(乾下坎上)、有讼䷅(坎下乾上)、有师䷆(坎下坤上)、有比䷇(坤下坎上),以当其直焉。故吾一日,其朝用屯,其夕用蒙;二日,其朝用需,其夕用讼;三日,其朝用师,其夕用比。一日而至于三日,其震动者也。

二月者,大壮䷡也。月附乎日而未见也。四日,其朝用小畜䷈(乾下巽上),其夕用履䷉(兑下乾上);五日,其朝用泰䷊(乾下坤上),其夕用否䷋(坤下乾上);六日,其朝用同人䷌(离下乾上),其夕用大有䷍(乾下离上)。

三月者,夬䷪也,月之右始生者也。三日见于庚地而夹焉。故凡用火一候,于是月之候有六,故十有二月则七十有二,功斯终于千矣。是月也,七日,其朝用谦䷎(艮下坤上),其夕用豫䷏(坤下震上);八日,其朝用随䷐(震下兑上),其夕用蛊䷑(巽下艮上);九日,其朝用临䷒(兑下坤上),其夕用观䷓(坤下巽上)。

四月者,乾䷀也。八日上弦见于丁地,其平如绳焉。月有二气,则十有二月,其气二十有四矣。十有五日,二弦合其精气,于是乾坤之体合而乃成二八,应乎易道,正而不倾者也。十日,其朝用噬嗑䷔(震下离上),其夕用贲䷕(离下艮上);十有一日,其朝用剥䷖(坤下艮上),其夕用复䷗(坤上震下);十有二日,其朝用无妄䷘(震下乾上),其夕用大畜☷(乾下艮上)。

五月者,姤☰也,日乌之象全矣。十有五日乾体就矣,圆照于东方焉。十有三日,其朝用颐☷(震下艮上),其夕用大过☰(巽下兑上);十有四日,其朝用咸☷(艮下兑上),其夕用恒①☰(巽下震上);十有五日,其朝用遁☷(艮下乾上),其夕用大壮☰(乾下震上)。

六月者,遁也;七月者,否☷也。兔之象全矣。金与水俱得太阳之气,温养以成还丹者也。《经》曰:乾健盛明者也。日有十二时,三十日则其时三百有六十,故每月有一日用火焉。凡一小周,则十有二月者也。十有六日,其朝用晋☷(坤下离上),其夕用明夷☰(离下坤上);十有七日,其朝用家人☷(离下巽上),其夕用睽☰(兑下离上);十有八日,其朝用蹇☷(艮下坎上),其夕用解☰(坎下震上)。

八月者,观☷也,五行错王,相据以主者也。《经》曰:十有六,其转受统焉。巽辛见于平明,巽绝其统,十有六转受统焉。月盈则亏,故十有六转相减者也。一气之阙,十有五日而终,又化其色,日照曜于日阙焉,汞所以化为液欤。十有九日,其朝用损☷(兑下艮上),其夕用益☰(震下巽上);二十日,其朝用夬☷(乾下兑上),其夕用姤☰(巽下乾上);二十一日,其朝用萃☷(坤下兑上),其夕用升☰(巽下坤上)。

九月者,剥☷也,月亏其右,而存左之余如钩焉。一日见于丙地,艮者直于丙南焉。下弦者,二十有三日也。丙弦合其精,乾坤体成矣。二十有二日,其朝用困☷(坎下兑上),其夕用井☰(巽下坎上);二十有三日,其朝用革☷(离下兑上),其夕用鼎☰(巽下离上),二十有四日,其朝用震☷,其夕用艮☰。

十月者,坤☷也,月之象全矣,再损而成艮焉,二十有三日,下弦者也,其水半斤,凡月用火用药并归土之功焉,故其形如土灰也。二十有五日,其朝用渐☷(艮下巽上),其夕用归妹☰(兑下震上);二十有六日,其朝用丰☷(离下震上),其夕用旅☰(艮下离上);二十有七日,其朝用巽☷,其夕用兑☰。

---

① 恒,原本作"常",据《辑要》本改。

十有一月者，复☷也，三十日于是日月合矣。故曰阳□□坤元，阴阳之气索减藏焉。日月合用，金砂依分者欤。坤之三十日者欤，节虚相□□者欤，□□□□□者欤，晦朔满蚀，掩斯日月相倾者欤。二十有八日，其朝用涣☴（巽上坎下），其夕用节☵（兑下坎上）；二十有九日，其朝用中孚☴（兑下巽上），其夕用小过☳（艮下震上）；三十日，其朝用既济☵（离下坎上），其夕用未济☲（坎下离上）。

吾于是推坤焉。坤，阴位也，一变为震。震者，继乾之体，其为长子者也。震一变为兑，兑一变为复，为乾之三者也，吾于是推乾焉。乾，阳位也，一变为巽，巽转受统，以归坤位者也。巽一变为艮，艮一变复为坤者也。坤者，明药之功毕者也。坎也，离其为二用者也。

元阳子曰：龙虎者，铅汞也；金虎者，铅也。还丹之根本也。铅之色黑，属乎北方壬癸之水，水之数一者也。夫能知其一，则万事毕矣。故铅者，其含五色，其禀五行之英，斯仙人之禄也。老子曰：抱一守中，子身自仲。夫一之道大矣哉！

吾观夫三黄一黑可，以不死者欤。何谓也？此灵丹之名也。在人为三，以一修三，斯飞仙矣。三者，木也、铅也、丹砂也；一者，水也。丹砂者，南方太阳之精，其精为汞；汞者，青龙也，木中数也。木出火，火赤而属南方，是以东方父母之位也。木精得乎金，其并铅者欤。铅者，金也，青龙居于东方（青龙木精），是为中男焉。铅之金，其位在酉，其居西方，其白虎者欤，是为中女焉。《二十四圣歌》曰：中男中女子午居，卯酉之门唯日月。分明长最为初焉。中男御乎少女，皆成乎灰，共乎水土。此五行之大数也。丹砂出乎汞，汞者，阳之精，好飞而难伏，是为姹女者耶，故曰：河上姹女，灵而最神。得火即飞，不见垢尘。虎隐龙匿，莫知所存。将欲制之，黄芽为根。黄芽者，铅也、水也；汞者，火也。水能克火者乎？木之性直而克于金，水之性柔而克于土，土之性厚而克于木，金之性坚而克于火。此铅汞之深根，大道之以渐而进至于通灵焉。

吾有纳胎元气，延生之理，试申言之：夫天地太初元和之气，终归于一者也，能生万物，故乾坤者受乎元气者也。水者，汞之母也，其生金，金复变化焉。阴炼夫玄阴之精，其初起火，以相合而用卦也。旬加一爻,至于既济,终而更始,于是日月相交,而还丹赫然而出矣。北方以取河车,河车者,水基之中,是为汞者也。必得南方朱雀之一,使水火之气合以成还丹者也。西方之金,随阴阳而炼,出乎碧水,其花如玉焉。龙蛇者,金火也,其初入炉,制伏未定,须密固刀圭之器,不可泄焉。夫金花也、汞也,其成还丹,则生于万物,制其死生,齐于天地,非八石、五金之伦也。姹女者,汞也;玄阴之精者,水基也。二气合而归于一,还丹成矣。河上非有汞也,合于阴律(火候也),二气合焉,则荡荡乎火盛而药成,其神如龙,不可知矣。然随其晦朔,察其火候,以视其容质焉,于是还丹之方尽矣。

葛稚川问于郑思远曰:人权舆于阴阳者欤?阳精魂立,阴精魄成,两精相薄,而成神明。神之逝也,形斯毙矣。敢问神可全乎?形可延乎?思远曰:神以道全,形以术延者也。稚川曰:道之旨何如?思远曰:取金之精,合石之液。结为夫妇,列为魂魄。一体混沌,两精感激。河车覆载,鼎候无忒。洪炉烈火,烘陷熻赫。烟未及黑,焰不假碧。如蓄扶摇,若藏霹雳。姹女气索,婴儿声寂。透出两仪,丽于四壁。时历几多,马驰一驿。宛其死矣,适然从革。恶黜善迁,情回性易。紫色内达,赤芒外射。熠若火生,乍凝血滴。号曰中还,退藏于密。雾散五内,川流百脉。骨变金植,颜回玉泽。阳德乃敷,阴功乃积。南宫度名,北帝落籍。稚川曰:天地至大者也,人身至小者也,夫能制至精以成药,孰测其浅深哉?夫气双则和矣,体独则愀矣;和则寿,愀则夭矣。一阴一阳之谓道,一金一石之谓丹。石者,乘阳而热者也;金者,乘阴而寒者也。其犹水流而趋湿,火动而就燥乎?思远曰:阳终于巳,阴极于亥,其为四时,周行不息者也。且夫石液隐于鬼,金精在于山,此孤阴之变化,可待乎九幽者也。未若乎君子好逑,配乎淑女,于是阴阳得中,魂魄无外矣。然如之何其伏炼石液乎?采于蚕食之先,用乎火化之后,盛阳自上临下焉,浅釜虚中而受焉。周旋乎日月,伺候乎五伏,橐籥疾鼓,金汁斯不走矣。以水倾之,则自有而入乎无者也;以火温之,则自无而入乎有者也。素粉委而雪为惭矣,黄酥凝而金为丑矣。转制不已,神超鬼骤,提挈乎魂气,斯可与天地齐龄欤。

魏先生曰：三五与一，天地之精也。夫孰知其归于一哉？一者，水之数也，五行之始也。盖能生天地为牝牡，还日精于月窟，结纯粹于中气，紫灵潜运，与真同合者也。易者，吾言乎至道。故乾坤运而品汇贞，坎离用而金水并，此道之枢也；牝牡相得，气交体合，此道之用也。日月运矣，寒暑节矣，滋液润泽，施化流通，此道之验也；阴伸阳屈，阳用阴潜，一往一来，推情含性，此道之三反也。其故何哉？剖一气以法乎天地，自有为以合乎无为者也。夫岂假于他哉！

神农氏曰：知白守黑，可以不死。何谓也？白者，金之精也，非世之所谓金也；黑者，水之基也，非世之所谓汞也。铅者，其外黑，其内金花。金花者，青龙也，其卦为乾，居于木位，其数三者也。被褐怀玉，外为狂夫，斯为白虎者也，又为丹砂、为汞、为坤，居于土位，其数五者也，故曰：三五和谐，八石之纲纪也。合三五而言之，其数八矣。故曰金者水之母也，其母隐子胎焉；水者金之子也，其子藏母胞焉。其故何也？金水合孕，韫匮于母中，须造化而生者也，故曰：长子继父体，因母立兆基。斯砂产于金，故汞流而为子欤。以金养子，继体而荣，此自然之妙也。《潜通诀》曰：玄白生金公，巍巍建始初。此丹砂生于铅者也。《金碧篇》曰：赤髓流为汞。汞非外也，其乾坤交合，受气而生者乎。天气降，地气应，阴阳交而汞流矣。其父戊己，其母黄金。由是观之，丹砂者，合三才、应五行而生者也，岂口之所可云哉？

《经》曰：植禾当以粟，覆鸡用其子。此铅也、汞也，非其类不相为用者欤。情分于性，性继乎情，情性相依，还返自然，是为变化。然则乾坤也、牝牡也、金水也、土木也、性情也，虽其出同，而其名异矣。不合其类，则不能入焉，故曰同类相从，此之谓也。

水以土克者也，金以木荣者也，唯其相克相生，故更为父母焉。汞非五方之正位也，丹砂非龙虎之配合也，不同其类，则不可合矣。故曰：莫坏我铅，俾我命全；莫废我车，俾我返家。故曰：铅断河车空，所作必无功矣；铅破河车绝，所作无所出矣。是以铅之中有金者也，金之中有还丹者也，能见其宝而识之，斯得道矣。然宁修铅中之金，不可修金中之宝也。吾于是知龙虎本乎一者也。世之人用意逾巧，去真弥远，或曰用铅耶，或曰用汞耶，诚用汞也，则乾坤其可直乎？刚柔其可分乎？诚推铅为之也，则金水何由而生乎？还返何由而行乎？如是恶得变化由其真哉！古先至人赞铅而不及汞，何也？岂以二者共成，不得不兼而美之乎？必以汞为主，假铅气而成、何得造本而举末耶？道果隐于不言者哉！后之人惑之，是欲耕石求稻，难乎有获矣。铅之中有砂汞，犹人之有情性，非外物也，砂汞于铅非杂类也。三一之道，修情合性，性合然后归根复朴矣。金液之方，以金养汞，然后返魂还元矣。外物为情，则性不可合矣。三宫其可固乎？水银为汞，则铅不可亲矣。八石其能妙乎？八石者，三五之异名也。性主处内，立置鄞鄂；情主营外，筑植城垣。是知砂汞者，铅之情；元气者，人之根本也。金主营外，犹吾之情焉；汞主治内，犹吾之性焉。以金制汞，则推情合性之义也；含精养神，则修性合真之道也。

东方甲乙木，青龙也；西方庚辛金，白虎也。龙呼于虎，虎吸其精，两相饮食，俱相贪荣，何也？龙为情也，虎为性也，相依还返之旨欤，故曰：太阳流珠，常欲去人。卒得金花，转而相因。化为白液，凝为正坚。金花先唱，有顷之间。解坏为水，马齿阑干。是岂世之所谓汞与丹砂者乎！夫吾既已言知白守黑之理矣，于是太玄之精为道之根本焉。枢纽天地，锻炼阴阳，契于自然，伴于造化，故定二弦之数，以二八合于上下，得乾坤之体焉。吾稽乎太易之卦，极乎天地之用，故六爻者，有三百八十四神存乎其中矣。乾之策二百十有六，坤之策一百四十有四，引而伸之，类而长之，总二万五百有二十，所以应万物之数，备刚柔之体者乎。天之数二十有五，地之数三十，故天地之数五十有五，所以成变化而归还返者也。若夫天者积阳也，地者聚阴也。天否地闭，神明见矣。元化一施，其用无极，亦在金木水火之合焉。其寒暑衰荣，若春夏秋冬昼夜之相易也。金生水、水生木、木生火、火生土者，阳之用也；土克水、水克火、火克金、金克木者，阴之用也。此其相生相杀，迭盛迭衰，合乎天地四时而成实万物者也。

日者，阳精也；月者，阴魄也。金生于月，则坎之男也；珠生于日，则离之女也。金为月之精，以处乎阳位；汞含离之气，以应乎阴爻。于是用天地之灵，孕日月之精，阴尽阳生，否极泰来，是以金入于烈火，其色不夺于光，由开辟以来，日月不亏其明者，盖有金木营于内，水火应于外，乾健不息以致用，日彩不铄而益振也。日月者，所以能长且久，万物终始者焉。龙虎配合，斯道之魁柄也欤。其合于天地之准、阴阳之数，故能使天地潜应，如连珠合璧，转于无穷。前圣修之，斯能先天地，首万物，独立长世，神形不化者也。推其至当，蔽之以一言曰：砂汞者，无乾坤不可得矣；龙虎者，舍金公无自入矣。及乎大药既成，斯有服之之方焉。

甲子之旬，其日直于建，至于癸亥，是为节候。吾则三日斋，存神定思以服之。六十日者，一节也。甲子之中，而日不直建，则满也、定也、开也，亦可矣。其服也，始于十有一月，于是六旬而后，身轻能行矣，次六旬而四肢通利，次六旬而颜色有光矣，次六旬而五藏实而凶邪远矣，次六旬而体坚强矣，次六旬而耳目聪明矣，此一岁之验也；次六旬而手爪有光矣，次六旬而影响显彰矣，次六旬而精气益长矣，次六旬而发白还黑矣，次六旬而牙齿坚刚矣，次六旬而□□□□□矣，此二岁之验也；次六旬□□□□□□□，次六旬□□□□□□□□，次六旬而道德通达矣，次六旬而六甲神从矣，次六旬而心开目明矣，次六旬而远知四方矣，此三岁之验也；次六旬而瞻视有光矣，次六旬而五神不忘矣，次六旬而无饥渴矣，次六旬而百神来矣，次六旬而五藏润矣，次六旬而能寒热矣，此四岁之验也；次六旬而能浮沉矣，次六旬而能深浅矣，次六旬而能方圆矣，次六旬而能强弱矣，次六旬而能纵横矣，次六旬而能短长矣，此五岁之验也；次六旬而能美丑矣，次六旬而能老少矣，次六旬而能小大矣，次六旬而能轻重矣，次六旬而能出入无间矣，次六旬而行厨无边矣，此六岁之验也。服之久而不已，则与天地相倾，变形千化，升于太清焉。

——出宋·至游子曾慥集《道枢》卷之三十二

《参同契》中篇

草衣子（世传汉娄敬著《参同契》，自号草衣子云。）曰：吾尝观五行生克之理,测日月短长、弦望晦朔之因,改移南辰,转机北斗,于是知四时八节、七十有二候、二十有四气,炼药于黄庭之中,得阴阳之造化,二十有六变焉。

水中之铅者,吾命之元也,补其清髓,斯不死矣。夫欲炼其铅者,必藉汞焉。汞者,身中之宝也,铅汞结而成丹,斯为仙于世矣。一物归于三形,则其身自荣矣。变转合于一体,斯识乎夫妇者也。采阴中之阳,水火既济,尝乎刀圭,则身自昌矣。修身莫大乎存息,存息者,三形作一砾者也。能及乎千息,其登三清矣。何哉? 神也、息也、气也,其归于一焉;精也、液也,九乃合成焉。此丹之至要也。夫吾之丹,岂若世之用金银为郭郭者哉? 金银,外物也,恶能变化乎? 吾之药,其唯汞而已。取银之精,炼金之津而互换焉,不离于造化者也。三五与一者,道之真也。配以一阴一阳,周于七十有二候,即于十有二元而九转焉。自甲子为之始,服之可以永年矣。

左肾者主于津,谓之曰朝帝君焉,其逆行则化为液,其在口则为华池之水。夫河出于昆仑之山,其水之气,上腾为雾,天之气,下降为露。阴阳相合,以为膏雨,而滋荣万物者也。其犹左肾之生津焉。以咽纳之,归于五藏六府,而化为血,以荣其身,致光泽焉。故万物无阴阳之气则不生,五藏六府无其津则病矣。右肾主于命者也,其生精,则上朝于帝君,下流入于囊籥焉,其溲之胞,上有二带以系之,其青脉如缕,左出精,右出溲焉。凡血入于胞囊则为精,精复化为髓矣。精竭髓尽,人是以死欤。故修命者,上纳于气,下勿泄于精,运用精气而与津合,所以成大药者也。何则精化为宝? 久而炼之,斯为金丹焉,是人之性命者也。故神也、息也、气也,一物而三形者也。津与精竭,则性命终矣。

中宫之正气,其黄者土也,而脾主焉,是为丹田,而性命之根元也。肾之左右,其黑白之津精相合,而入于中宫,此所谓鼎者也。金木者,相克也。得中宫之气,则性命乃成焉。何谓也? 土生金,金生水,水生木,木生火,火生土也。故津也、精也,列于中宫,归于上丹,而根元于是生矣。此大药之本也。日用四时,闭其息而炼之,金精不泄,则大药成矣。息者,火也;气者,水也。斯固济之道也。

铅生于左肾，其外黑，其内白，白主于银者也。何以变木之气乎？木之正气为阳，而主于北方，属于子之位者也，银见其时则死矣。阳气养之，其变为黄，于是用其四时，寻其戊己，使三体运转于中宫，则铅变其刀圭，其味美矣。坎户以之合成，则金精主于真水也。

汞者生于右肾，其精白，主于金者也。何以变金之精乎？自离宫而生金之气，主于南方，属于午之位。此阳中之金也。金，阴数也，上列于中宫，则铅花见矣。受气于鼎，以为之表里，求于戊己以成丹。一物三形，复返乎正体，于是真水生于离宫，铅汞相投，其味益美矣。

如是则龙从铅变，虎从汞变焉。何也？龙者，木也，生于铅者也，其色青而主于气焉。吾尝推而观之，则龙者盖金之孙、水之子也。金三反以克木，则其宝成矣。其聚为酪，其散为酥。何也？龙本生于水，是为卯之宫，西方之白虎，其所畏惧者也。于子之后，闭其气以存千息，则龙潜于田而不升矣。故曰日魂生于震。欲修其身养其命者，宜识所谓龙欤。虎者，金也，水也，生于汞者也，其色白而主于精焉。吾尝推而观之，则虎者盖火之孙、土之子也。火三反以罚金，则其宝成矣。其聚为流珠，其散为甘露。何也？虎本生于金也，其性刚强，于午之前，三克与龙战焉。降在中宫，其身自昌矣，故曰月魄生于兑。欲修其身养其命者，宜识所谓虎欤。于是铅汞合成丹矣。铅者，日之精也，木之正气也；汞者，月之华也，金之真气也。木者，甲也，金也，庚也。真正相合，甲庚相承，则大药成矣。故真阴真阳、津精相吞，昼夜十有二时，运转其身，各为流珠，聚于丹田。此其为大药者也。聚则阴阳结矣，散则流珠遍海涯矣。此时铅汞之合者也，未睹龙虎之相伏者矣。相伏者，何也？日用四时，阴阳交战，聚于五胜之地者也。上者斯为龙木之津，下者斯为虎金之精，龙归于下，虎腾于上，至于中宫，则龙虎相伏，而归于一矣。

此何道也？戊己在其内，水火运焉，以成乎既济之道，则鼎中之金成矣。龙于是乎变而为婴儿，虎于是乎变而为姹女焉。婴儿者，阳也，真气也，其名则金公也、玉液也、华池之琼浆也。故木之运，在于中宫，是为大药之根元、虚无之真体、杳冥恍惚之正机者也。其能配乎姹女，必黄婆为之合焉。姹女者，阴也，真精也，其名则玉女也、金液也、白水也。故金之运，在于明堂。明堂之中有洞房焉，姹女之所居也，吾能得之，则大药成矣。是为空中之实、气中之物，得于杳冥恍惚者也。其始何如哉？自血为精，五行之变也。闭其神息，则药自止焉。黄婆者，中宫也，丹田也。其名则鼎也、炉也、石室也。四象、五行者，全藉乎戊己之真土。何也？万物生于土，故土者，四象之室，五行之主也。不得其土，则四象无君，五行失主矣。吾尝谓黄婆者，大药之宗也。中宫之土所以为坛者，何也（坛者，炉也）？坛者，下有三层，必得五方，以取真土。故下有一层，其高一尺有二寸，应乎一岁之十有二月，一日之十有二时也。下有八卦，其中一尺，应乎十干也。八卦之上一层，其高八寸，应乎二十有四气也。上方圆一丈有六尺，应乎十有六两之数也。四面植刀，应乎四时也。八方复悬镜焉。吾于是日用四时，择乎铅汞，于九一之中审火之候，于体之中取阳，变而为炉。炉者，阳也，神室也，金丹之枢纽也。内神成形，用以炼丹，固济其门（炉门也），审其火候，其铢两徐加焉，勿使有湿气。下火勿遽，一炼一剂，如复炼焉，则已炼之炉不可用也，其神伤矣。鼎者，用土以变成之者也，非世之所为之鼎也。阴阳造化乎真土，冶金而为之欤。口勿巨，腹勿大，耳勿锐小，足勿宽狭，鼻勿薄，而高下得其数，口无漏其气，然后可用也。是鼎也，其唯在吾身而已，中宫之真气可成者也。然鼎之变有十病焉：一曰春夏秋冬之铁，二曰其模不均，三曰悬胎以铸，四曰其腹大，五曰其足短曲，六曰厚薄不齐，七曰口耳狭小，八曰砂窍漏气，九曰铁黑不白，十曰铸不以时。夫以二八铸之，则丹可成矣。丹之一转，是为白雪。白雪者，铅汞相投，金木相克，合而为一，气生于其鼎。其凝也，如仲秋之露，深冬之霜，名曰神符，其子午运行者也。丹之二转，是为二气。二气者，铅汞相结，金木相伐，炼其大药，有黄气生焉。如春之冰，其色青白，其光红赤，犹未至于成也，始可去疾矣。水火不差于二九，则进而登于九转焉。丹之三转，是为黄芽。黄芽者，铅汞相投，传于五藏，入于中宫，会于五行。夫戊己者，土也。金木之气而得乎土，如君有臣，子有父，宾有主，可以运用焉。闭其息，存其意，杜天之关，锁地之户，归于下丹田，于是大药之根蒂生矣。受土之气，故其色黄。此神息气归于一体，龙虎降于鼎者也。丹之四转，是为四神。四神者，白虎金也，青龙木也，玄武水也，朱雀火也。用寅、用申，以运其四象，入于中宫，朝于赤城，时至于卯酉，行功运转于是四者焉，婴儿姹女合矣。此四九之转也，默而存想，神光见矣。丹之五转，是为白马芽。白马芽者，五行备矣。五藏之正气得精津以相结，于是气也、息也合于戊己，日用己亥，为之运行，上朝于泥丸焉。至于卯酉，则般运而归于下元焉，入于鼎，用文武之火以养之。当丑之时，存想则有白气出矣。于是丹田之药，其生如马之牙而发白光焉。此九五之数，始绝诸味，三尸其匿矣。丹之六转，是为玉液。玉液者，三阴三阳交战，而龙虎伏矣。婴儿为夫，姹女为妇，而铅汞合矣。子之后，午之前，运用而闭息焉，六府之真气自生矣。六神既全，而为之配合，度乎重楼，十有二环，下朝于赤城，入于兰堂紫府，而复入于鼎，玉液结而龟蛇见矣。丹之七转，是为灵砂。灵砂者，七返也，外应乎北斗焉。夜之五时，于其七窍之内，以行五藏之真气，朝则行乎皮之下，暮则流乎骨之上。气行则血斯顺矣，血流则气斯行矣。其归于元，则化为金精焉。气逆则血止，而斯疾矣。故存精补髓者，大药之谓也。其色赤，散而为流珠，聚而为块，在于其鼎运动，失其时，则随其光而飞逝矣。吾常行功于寅申之时，闭其息，存其神可也。丹之八转，是为神砂。神砂者，日用四时，运行八卦，火候无差，调伏而固济焉。于是闭其息，存其神，饥餐元和之气，渴饮华池之琼浆，五谷除而诸味绝，金精不泄，于是天关不闭，而地户自锁矣。丹之九转，是为金砂。金砂者，阴之爻一百九十有二，其为金八两焉；阳之爻一百九十有二，其为银八两焉。其散为三万六千元，其聚斯为金丹，方圆五寸，其重十有六两，是为三百八十有四铢。此日精月华二气，造化之所成者也。饵之一圆，其寿千岁，莲出于火中矣。三物一形，何谓也？金也、木也、土也，聚而归于中宫。斯正气也，人之性命根元系焉，故为青、黄、白，生于肾之左右，聚于丹田为一形，散而为三物者也。是以三魂阳也，得之则身斯荣矣。气化为血，血化为精，如宝瓶焉。金也、木也、土也，变而为液，而火返为金，炼之斯为真金焉。

三物何以为一体乎？水也、土也、金也，聚之斯为神，散之斯为血、为精、为鼎。此吾之中宫也，心也，肾也，脾也，斯赤黄黑者耶，故曰：三一之数也，圣人所以存三守一焉。是以散则为三，聚则为一，而变秋石于丹田者也。

丹既九转矣，炼乎外，黑而变为九色，入于中宫，成乎紫金，自然体健身轻而为地仙。此何道也？四象五行，皆以为土，斯丹之祖也。九转通于造化，百日而功立矣。夫如是，其必存想焉。方百日之功立，乃于子之后，午之前，与夫丑、寅、申、巳、亥之时，趺坐于静室，密固其户，瞑目握固，闭其精，存其神，想夫五藏之真气出于中宫而见于前，如五色之祥云而生于鼎焉，是为丈夫而生男者也，于是日魂月魄、水火之气，变成金木之体矣。日魂者，阳也，火之气也；月魄者，阴也，水之气也；水火者，相生而相克者也。及其内成，则日为婴儿，月为姹女，不离乎洞房，见金公于玉堂之内，姹女孕矣。十月而变真人焉，其名曰正阳。斯大药之宗也，修真养命之根元也。能识恍惚之铅汞者，真龙虎也。

何以知夫金木相成、水火变乎正气、甲庚相乘者乎？草衣子曰：月之三日，则月见乎西南之庚，是为得朋。何也？月者，水之正气也，金之所生也。所以见于庚，是为上弦，其为金八两焉。二十有八日见于甲，是为丧朋。何也？甲者，木也，其精为日，见于东北焉，故日者火之正气克于金者也。所以二十有八日，月见于东北而晓，太阳见而月没，是为下弦，其为银八两焉。金银合而为十有六两，阴阳之爻各一百九十有二，是为三百八十有四铢。此十有六两之数也。吾观夫弦望、增亏、盈昃①，而于子之后定其神息，午之前闭其气，至于千息，则金银之数无失矣。虽然，吾不可以不知日月、八卦、阴阳之变焉。

十有一月，斗建于子，地雷复☷☳者也。于是一阳始生，战于五阴。故凡子之时，皆阳之初也，吾以起功焉，金丹见而药有根矣。运入于炉，以养其正金焉。

正月者，斗建于寅，地天泰☷☰者也。上为三阴者地也，下为三阳者天也，阴阳于是交战焉。阴阳之爻各九十有六，阴者为金四两，阳者为银四两。凡寅之时，皆泰之卦也，是为交合而初定乎三返者也。其阳欲

---

① 昃，原本作"冥"，据《辑要》本改。

胜则返归于元，故银表金里，状如胡芦，运养神砂，以镇丹田焉。

四月者，斗建于巳，纯阳乾☰者也。乾，金也，白元之君见而真情悦矣。合于四方，其水运天。凡巳之时，大药反转而右旋，入于丹田，透于尾闾，般运复入于上元之昆仑，斯返背逆流，补于泥丸者也。

五月者，斗建于午，天风姤☴者也。一阴而战于五阳也。凡午之前，一阴始生，故前其三刻辨阴阳之元，以行功焉。何以行功欤？用铅以求铅者也。一阴生，则其乾破矣。金见于土，不归其母，金丹变而入于玉泉焉。

七月者，斗建于申，天地否☷者也。三阳处于上，三阴处于下，阳与阴战者也。见其上弦，其为金八两，其为银十有六两。凡申之时，皆否之卦也，是为七返者欤。婴儿姹女共于一坑，于申之时，运其火之候，丹成而朝三清矣。

十月者，斗建于亥，纯阴坤☷者也。凡亥之时，皆坤之卦也。大药顺西而右转，度于重楼，十有二环，复下绛宫，朝于赤城之帝君，运而入于丹田，是为九还者也。

二月者，斗建于卯，火水未济☲者也。火处于上，水处于下，其卦不用乎火，其名曰开炉。凡卯之时，使气吐清浊，运养其血，以增化金精焉。未济者，鼎也。四象得土则交并矣。中宫戊己者，药之主乎。唯鼎也，其中不可有水之声焉。

八月者，斗建于酉。水火既济☵者也。水处于上，火处于下，其卦虽用而不行，其名曰沐浴。夫既济者，真鼎也。九一之数既济，龙虎降矣，此修真之初也（谓之第一程）。其要在乎识夫妇之情焉。吾之药至于斯亦已极矣，于是变真气为内火，以焚其身。内火者，何也？运行五藏之纯阳者也。其阴既绝，则血化为精，精化为髓，髓转为身，以成白乳，功满则其体通明矣。寒则运行于心气，热则运行于肾气，自然不寒不热矣。运行于火候之气，则火自生，而元君者，龙吞虎纳，与三官之主居于金殿，千日之后，紫云自兴于足矣。

——出宋·至游子曾慥集《道枢》卷之三十三

《参同契》下篇

云牙子（魏翱，字伯阳，汉人，自号云牙子云。）游于长白之山，而遇真人，告以铅汞之理，龙虎之机焉。遂著书十有八章，言大道也。夫恍惚者，铅汞也；杳冥者，龙虎也。此阴阳造化之根源也。

元阳子曰（伯阳既著《参同契》，元阳子注释其义。）：阴阳者，从黑而生白，是水之数一，水生金，金数三。水者，谓之离，生于坤，为地、为阴、为母、为女，其生气是为金；金者，在于西北，属于乾，为天、为阳、为父、为男。故曰：离宫有象，藏乎真水；坎户含华，隐乎正金。以乾生三男，坤生三女，变化而为八卦，更相生养而成八之数焉。云牙子曰：朱砂也、黑锡也、雄黄也，锻之中炼之，则成二气矣。元阳子曰：在乎其身，非求于外也。云牙子曰：变转白雪、黄芽，方其下火，宜加审焉。元阳子曰：朱砂、黑锡为雄黄制之，复以文火锻之，其变白雪，其成黄芽。雄黄者，土也，五数返为一者也。云牙子曰：虽改易河车之体，及其七返，则因乎翻既济焉。元阳子曰：见其寅者，木也；见其申者，金也。金能伐木，为之七返，藏在是焉。肝也、肺也，其在外为东西焉。金者，精也；木者，津也。津精相合而成丹砂者也。何也？精从离宫，下而产铅，津从坎宫，上而产汞。离坎者，水火既济之鼎也；河车者，北方之正气也。转入于东宫，其地甲乙，斯作金花钦。云牙子曰：九转而成紫金之砂，化之为宝，其金满家。元阳子曰：铅也、汞也、雄黄也，锻之成大药，返见于乾坤。其阳一百九十有二铢，是为金八两；其阴一百九十二铢，是为银八两；合于卦爻之三百八十有四，而还丹成矣。云牙子曰：先辨其药，及见其苗，然后方知根橐籥焉。元阳子曰：丹田之下，左为橐，右为籥，中有台焉。藏乎日月之根，昼夜轮转，四时环周，炼于三田。此三魂之要，大药之源也。大药者，何也？茯苓安其魂，人参定其魄，然非世之所有者也。茯苓者，其内黑，其外白；人参者，其外赤黄，其内白青。此苗见矣，当辨其根。云牙子曰：采取者，当用二八之真焉。其药之中，有酪有酥。元阳子曰：二八者，卯酉也，十有六之数也。是为金木相克，上用于卯，下用于酉。卯者，龙之血也；酉者，虎之血也。二体相合，则为酪、为酥、为日月之魂魄。南宫者,日也、离也;北宫者,月也、坎也。于是成水火之本基,合铅汞之类者也。云牙子曰:文武火之中,其相制欤。元阳子曰:文武之火,四时之功程也。闭则纳气,以行九一之数。采木火之津者,其相制也;合金水之精者,其下功也。入于中宫,用土而成大药焉。云牙子曰:缓捣之其功,其数无差而后可也。元阳子曰:是功程之数也,闭则纳气,以心默数之,九息一咽,自九而日增之,至于百息而纳气焉。为之日月导引,采阴阳之造化,日月之精华,于是金之津、玉之精,九一而采之,是为缓捣者也。复行三一,是为文武①之火也。火者,其息也、其真土也。云牙子曰:和合玉液之浆,锻之成丹砂。元阳子曰:玉液者,其名琼浆,其名天酒,是华池之水也。既采其药,于是必以津精相投焉。闭其息而存缩之,抽吸之,得土以相合,以息为火而锻炼焉。云牙子曰:金液还丹本乎铅②汞为之,其饵之也,乌为凤,蛇为龙。元阳子曰:还丹结成朱雀,吾见其为凤矣,吾驾螣③蛇而见其为龙焉。云牙子曰:用功四时者,春秋是也。元阳子曰:立春也,立夏也,立秋也,立冬也,是之谓四时焉。四时各七旬有二日,以为木、火、金、水四象,是之谓四孟之首焉。寅申者,金木相刑之大药也;大药者,二百八十有八年之数也。吾小用之,则于四孟各四旬有五日,则一百九十日之数也。日月四时则亦一百九十之数焉。且阴阳造化,长生之小数,吾于是行功焉。云牙子曰:巳、亥为还者,八卦之首也。元阳子曰:巳者火,巳四月,纯阳之体,其卦应乎乾,而为天焉;亥者,水也,十月纯阴之体,其卦应乎坤,而为地焉。天地相合,则六阳六阴备矣。自子至巳,始于地雷复之卦,其爻六阳④,半年之数也;自午至亥,始于天风姤之,其爻六阴,半年之数也。故金丹者,得真气之九还,是为水火既济,水火相克,制之得乎正体,斯合一斤之数者也。云牙子曰:月会于甲庚,日会于壬丙,相克相包,而求

---

① 武,原本作"或",据《辑要》本改。
② 铅,原本作"松",据《辑要》本改。
③ 螣,原本作"腾",据《辑要》本改。
④ "其爻六阳",原本作"其卯六阴",据《辑要》本改。按:《辑要》本作"其爻六阳",似也有讹,复卦之爻,五阴一阳,疑当作"其爻五阴"(存疑)。

于四象者乎！元阳子曰：甲者，木也，东北之位也。月至于二旬有八日，于东北而丧朋焉。何也？阳生而阴灭者也。庚者，金也，西南之位也。月至于三日，于西南而得朋焉。何也？阴生而阳灭也。壬者，水也，阳生于日魂者也；丙者，火也，阴生于月魄者也。金之气，乃阳中之阴，为日之魂；木之气，乃阴中之阳，为月之魄焉。故曰：阴阳造化，其生分坎离者乎！坤之相克，其包为著。包者，藏也。壬生甲，丙生庚。此金、木、水、火四象之相求者也。得入于中宫之鼎，则大药可成矣。《经》曰：木为青龙，金为白虎，日为朱雀，月为玄武，四象交会，入于中宫，其长生不离于戊已之土。且以炼药者，必识虎焉。阳得其阴，则自然含互矣。云牙子曰：水火翻，成真鼎之器；河车运，而戊己留矣。元阳子曰：四象者生于戊己，是为中宫之尊者也。故四象者，制戊已而成，无戊己则四象无主矣。戊者，土也；己者，粪也。相合为一，老子所谓天得一以清，地得一以宁，神得一以灵者乎！四象所以合而为一者，万物无不因乎上者也。金也、木也、水也、火也，入于中宫，是为归于鼎。鼎者，丹田也。云牙子曰：青龙、白虎生于南北，擒制相伏而游于鼎中。元阳子曰：青龙者，木也，生于坎户；白虎者，金也，产于离宫。是以青龙为铅，从北而生者也；白虎为汞，从南而生者也。汞生砂，其外赤而应乎阳，内生水银焉；铅生于石砾，其外黑而应乎阴，炼出白锡焉。铅者，津也，其名曰玉液、曰华池之水；汞者，精也，其名曰曾青、曰法水。二者一体也。至于中元，朝于赤帝，分配于上下者。上者铅之阳也，下者汞之阴也。阴阳相和而得乎黄婆，则成大药。此龙虎游于鼎中者也。云牙子曰：金公求于黄婆，以与玉女会焉。元阳子曰：金公者，铅也，其名曰婴儿；玉女者，汞也，铅汞相合，入于中宫；黄婆者，居鼎之中。鼎之中者，丹田也，土也。一生五，五合于一，谓之十干。此六合之数也。是为日精月华，日魂月魄，银表金里之体也。云牙子曰：铅汞之生，本一体者也。元阳子曰：铅汞者，下元命门之根也。囊籥之中产乎二肾，左者壬也，右者癸也。肾之二气合而为一，是为铅汞焉，上下飞腾，分乎南北，离宫坎户以为之配，上下翻覆而铅汞变矣。铅者，阳也，其名曰金公、曰婴儿；汞者，阴也，其名曰离女、曰姹女。《经》曰：坎男、离女而为夫妇，水火成之，黄婆为之母,能保此者,真水火也。云牙子曰:金银者,真宗的也,上下飞腾而二名者欤。元阳子曰:金银者,阴阳之气也;上下者,二弦也。月之三日见于庚,二十有八日见于甲,八日、二十有二日,各见于离之宫。此阴阳变转造化,而成形者也。前十有五日而圆,后十有五日而阙,此二八之基,阴阳之数,六爻俱备者也。是以日魂月魄生于坎离,乃金木之气,因水火而成胎胞,抱养以变还丹之色,而为四神之丹焉。云牙子曰:阴阳翻变而为九域,坎户离宫显其变通。元阳子曰:采阴阳之正气,存精而成者也。其数则用七、八、九、六而已,其时则用寅、申、巳、亥而已。于是下火锻之,铅勿使飞,汞弗使走,惟安于中宫之鼎,可以变白马之牙,用其刀圭,自成玉液矣,其名曰黄芽。将欲成乎七返,则用寅以为始,其卦应于泰,是为三阴三阳交合之位,其内应于肝,其外象于卯。故寅者,木也,四孟之长也;震者,仲也,可以用寅,不可用卯焉;申者,其卦应于否,否极泰来,泰来否至,交合随时,是以三阴三阳返覆而生,其内应于肺,其外属于酉。酉者,西方之金也;申者,长也;兑者,仲也。可以用申,不可用酉。自寅至申,龙虎自足而为七返焉,灵砂二变而还于九域。九域者,九转之门户也。一曰谷神,二曰乾关,三曰华池,四曰牝门,五曰魂窗,六曰天户,七曰知臏,八曰希夷,九曰九域。自黑而生九色(青①、白、黄、赤、绯、绿、碧、红、紫)者,由此而入也。本乎心肾之翻成者也,是谓离宫坎户焉。离,阴也,心也;坎,阳也,肾也,阴阳之变也。云牙子曰:日月之魂魄者,仙人之所惜也。盖能炼三田而作玉珠,仙人食其刀圭焉。元阳子曰:日魂月魄者,精也,气也,阴阳之真气也,人之根蒂也。精气往来于三宫之中,炼其三宫而还于丹田,斯作紫金,方圆弥寸,其重一斤,此阴阳正气结而成者也。中宫之鼎,其名曰刀圭。刀圭者,土也,谓之黄芽焉。云牙子曰:日魂月魄,出于坎离。元阳子曰:木气从坎户而生,上应于铅,谓之玉液。在于华池,左窍之所出,其名曰日魂焉。金洁,坎离宫而产,下应于汞,谓之金液。四时上下往来,交感

---

① 青,原本作"气",据《辑要》本改。

不离于丹田(子丹田也),由尾闾①右窍而上行,其名曰月魄。极②其变为流硃,入于泥为骨,变为金髓,变为珠矣。云牙子曰:因乎壬丙,入于希夷,甲会于庚,而神机变焉。元阳子曰:丙者,火也;壬者,水也。水火既济而药成矣,故曰希夷。希夷者,五行之根,从土而生者也。夫九转者,亦从此而结,是为还丹焉。田者,木也;庚者,金也。金木相刑,乃成真正者乎。金木者,药之本也。知此以修铅汞③,则金于神机欤。云牙子曰:复之爻,姤之体,其为二基耶。元阳子曰:复爻者,建子之月,一阳初生是焉,子之后者也;姤体者,建午之月,一阴初生,是为午之前者也。云牙子曰:用六时可以调其息气。元阳子曰:六时者,六合之数也。云牙子曰:卯酉翻腾,应其髓在乎④三田,可以相制炼焉。龙虎既见,可以擒矣。元阳子曰:卯者,木也,其应二月;酉者,金也,其应八月。金木之相制者也。木者,其气化液,谓之铅,乃阳,青龙之真气也;金者,其气化血,其血化精,谓之汞,乃阴,白虎之真气也。六时变转以炼之,可去三虫矣。云牙子曰:龙生火中,其见神光;虎生水中,其性坚刚。元阳子曰:龙者,木也,气也,从离宫而上,入于天关,其化成津。吾舌之下有二窍焉,其左主津,其右主气;腭之中有二窍焉,其左纳津液,其右生涕涎。木者,从坎户之所生,在于艮,宜用其寅。寅者,真木也,用息以烹之;息者,火也。其津如银,上结者成酥,下就者成液,是为太阳之酥,与精合而为丹,斯有神光矣。虎者,月华也,金之气也。金木相刑,气与精合,在鼎之中,其色云母。云牙子曰:丙壬交会则变二气矣。元阳子曰:丙者,离也,火也,心也;壬者,坎也,水也,肾也。水火相克,而成既济矣。坎为铅,离为汞,铅炼出白银,汞返成朱砂,二者合而锻之,则为二气之砂。云牙子曰:田中马芽,其生如笋。元阳子曰:二气之砂,运入于丹田,锻之如竹之萌,如白马之芽。云牙子曰:金木相交而归于鼎,水坎调伏入于雄坑。元阳子曰:金者水也;汞者阴也,木者火也,铅者阳也。金

---

① 尾闾,原本作"即间",据《辑要》本改。
② 极,原本作"渴",据《辑要》本改。
③ 汞,原本作"承",据《辑要》本改。
④ 乎,原本作"手",据《辑要》本改。

为精，木为津，四象调伏，运于中宫之鼎，闭息存气，入于雄坑。雄坑者，鼎也，土也。云牙子曰：五行成合，则能通变矣。玉液、云砂，并乎九转。元阳子曰：其药从肾宫而下，于是玉泉凝结矣。盖金之气出入于离宫，下转于肾而为血，血化为精，其名曰金精。上结则曾青焉，下成则法水焉。其性好飞，炼之坚刚则成宝矣。云牙子曰：二兽相逢，自能制伏，见乎黄君，其身则昌。元阳子曰：龙而下、虎而上者，相逢也。如是则自然合而归于一，此制伏者也。黄君者，鼎之土也。铅汞为土所制，则归于中宫，何也？吾闭千息，则铅汞上下流转于三田之中，复返于下元，入于兰台而成紫金，其身则昌矣。云牙子曰：任从三宫往来之变，饥则食于玉液，而勿急忙焉。元阳子曰：三宫者，上曰泥丸，中曰绛宫，下曰兰台石室。夫日精月华，四时上下往来，朝于元君，又有赤帝君居于中焉，黄元君居于下焉。因气以养精，因精以养神，神能通变，三三则九矣。学者但能养气住息，饥吞冲和之气，渴饮华池之浆，于是亦可使气化血，血化精，精益于脉，脉补于肉，肉增于髓，髓壮于筋，筋润于发，发返于黑，而后金骨既成，变老为童焉。夫惟闭息而心默数之，及于千息，则五谷自除，饥渴绝矣。烹之玉液，以润五藏，以利六府，至于万息，则可以仙矣。云牙子曰：闭天关，扃地户，其药未成，不可以狂。元阳子曰：天关不入，地户不出，此修生之要也。若夫餐霞服气，用药以辟谷，此乃狂者之作，去仙远矣。故《经》曰：惟用身中汞，勿于诸境取之。云牙子曰：金津生于坎户，玉液产于离宫。元阳子曰：金津者，精也；坎者，肾也；玉液者，从离宫而来，与精相合而归中宫，以成大丹。大丹者，铅汞也。云牙子曰：二者本一而已，分配而为二仪者也。元阳子曰：铅为津，汞为精，因气而化者也。至于离宫而复分配乎上下，此阴阳之造化乎。盖一物而二体焉，及其相合，用息以炼之，大药既成，五谷除而三虫亡矣。云牙子曰：于恍惚求之，则杳冥之中，自有形焉。元阳子曰：恍惚有物，其虚中而实，是谓阳气也。杳冥有精，其无中而有，是谓阴精也。精与气合而为神。神者，息也；息者，为土，为火。火能养土，土能存火，故曰一体而为三者欤。云牙子曰：空之中有实精焉，无之中能成道焉。元阳子曰：空为实者，运精以补脑乎。无而成者，气化津，津化血，血补精乎。

精者,神也,神存则体健,神去则体绝,能养精气,兼存其神,则其道自成,故曰:纯阴不成胎,纯阳不结砂。云牙子曰:因于造化之体,阴阳变通,其身荣矣。元阳子曰:精气相感而生正气。正气者,人之根蒂也,正气散而神不聚矣。神息者,命也,是乃金木之宗乎。体能造化,其身悦泽而返童者也。云牙子曰:九还七返者,乾坤之功程也。元阳子曰:自寅至申,申复至寅,各半岁之象也,故曰返焉。是为夹背而上,至于脑户,复下至于玉泉,亦曰七返焉。自巳至亥,亥复至巳,由尾闾入于金锁骨中道而上入于泥丸,度于重楼十有二环中,朝于赤帝,流行至于丹田,朝于黄元,而后入于金堂,有七天大夫收之,纳于宝藏,一曰神珠,二曰宝龟,三曰赫赤金丹,其光九色,故曰九还焉。云牙子曰:神水、曾青者,土名也,上下通流而各行焉。元阳子曰:神水者,津也,主于舌之下,从肾而逆上,穿于离宫而过,其名曰华池之浆;曾青者,精也,从右肾而逆上,过于离宫,复下出于玉泉,入于希夷。云牙子曰:神水者,出于丙丁;曾青者,出于壬癸。元阳子曰:丙者,南方也,生于巳;丁者,亦南方也,生于未。皆属于阳焉,夹其离者也。其西者阳也,其中者阴也。是生神水曰玉液、曰铅、曰龙、曰婴儿、曰金公、曰太阳酥。壬者,北方也,在于亥;癸者,亦北方也,生于丑。皆属于阴焉,夹其坎者也。其西者阴也,其中者阳也。是生曾青,曰金津、曰汞、曰虎、曰姹女、曰玉质、曰法水。《经》曰:五行者,留神保神,是为龙虎者也。不悟五行之精,犹以他人为父母欤?水主乎气,金作乎髓,肉为乎土,血为乎水,故不死之道在乎离宫焉。识乎五行,则身有主矣。还丹者,水银之精也,殊质不可以为侣也。云牙子曰:于其中宫而寻鼎器,八门相对,斯应于功程乎。元阳子曰:中宫之鼎者,黄元君也。八门者,何也?曰休、曰生、曰伤、曰杜、曰景、曰死、曰惊、曰开,于是日用乎八卦,起于八宫,使药运用如功程焉。云牙子曰:用乎水火而成既济。元阳子曰:水火者,津精也,气息也。上水下火,炼之而成丹,勿有差焉。云牙子曰:日精月华相合而炼之,则成砂焉。元阳子曰:日精者,阳也,木之气也;月华者,阴也,金之气也。云牙子曰:知其白,守其黑,其名曰河车。元阳子曰:阴而黑者也,阳而白者也。阳为铅,用火以炼之,内有白锡见焉。是以知其白守其黑。黑者,水之数一也;白①者,金之数四也。得一而后生一,是为阴阳,是为日月之精华,此河车也。《经》曰:北方正气为河车,东方甲乙成金花。此之谓也。云牙子曰:运行中宫之内,丹田生乎黄芽。元阳子曰:以日精月华、日用四时而运转入于中宫者,精也,铅也,河车也。日华者,汞也,金花也;中宫者,土也。铅汞见土,斯生黄芽者欤。云牙子曰:谷气消矣,其阴尽矣,金花见矣。元阳子曰:知夫铅汞者,下丹田真气所生也。但闭息存神,以养其气,息闭至于千数,则五谷之死气除矣。不饥不渴,其神存而真气日生矣。饥餐元和之气,渴饮天池之玉浆,其香如菊,故曰金花。云牙子曰:海之中无秽质矣,三虫之去渐远矣。元阳子曰:水谷之海,其滓所藏,采铅炼汞,至于百日;闭息养气,至于千息,其滓除矣。三虫者,何也?上曰彭倨,其居上丹田,三十日而亡,吾颜色光悦矣;中曰彭质,其居中丹田,六十月而亡,吾饥渴绝而形润矣;下曰彭矫,其居下丹田,九十日而亡,吾嗜欲止而还童矣。三尸何以亡乎?吾闻三百六十息,食气二十有四通一咽,九十通而一休息,夜半而起,祝曰:东方青牙饮朝华,南方赤牙饮丹池,中央仰望泰山,服元气,饮醴泉,西方明食饮灵液,北方玄滋食玉粘。五方各三咽而止,三虫于是亡,而白气出于眉,如玉霞矣。云牙子曰:其形起于金骨,伴于浮查。元阳子曰:铅汞之炼也,日月四时,运转三宫,百日而金丹成矣。闭息养气,至于万数,而金骨变矣。意有所之,乘飞云,登浮查者,五假之仙也。云牙子曰:从一至十,可以分配于岁月之程。元阳子曰:一而至十,十而至百,百而至千,千而至万,万而至亿,亿而至兆②,兆而至垓,此数也。一日一夜为百刻者,大小之数也。何也?一日十有二时,其六为阳,自子至于巳者也;其六为阴,自午至于亥者也。尽夜百刻二十分四十有四秒,七十有二变,其象一岁焉。十月者,十岁也,此其小者也。一岁十有二月,其六为阳,自十有一月至于四月者也;其六为阴,自五月至于十月者也,此其大者也。云牙子曰:日也、时也、运也,此其数也,在乎度阴阳之情而已。元阳子曰:日者,与时同者也。养性炼命者,可用四时、四孟

---

① 白,原本作"内",据《辑要》本改。
② 兆,原本作"治",据《辑要》本改。

焉(四时谓立春、立夏、立秋、立冬之日。)。时可用寅、申、巳、亥焉。此七返九还者也。寅,木也;申,金也;巳,火也;亥,水也。是为四象焉。纳于中宫,是为五行焉。寅,金也;巳,水也;申,木也;亥,火也。纳于中宫,翻配坎离,故曰七返者也。《经》曰:离有真水,坎有正金,故曰九还者也。此阴阳之情也。云牙子曰:六合与冲破,神机互包成。元阳子曰:子丑、寅亥、巳申、午未、戌卯、酉辰,此六合也;子午、卯酉、巳亥、寅申、辰戌、丑未,此冲也。于六合以运转,于其冲以行功,乃天机包成者也。依此而行,则无差矣。云牙子曰:功之成也,大则九载,小则百日。元阳子曰:九载者,其小功,犹二十有七焉。百日闭息,则金丹立成,愈于九载之难也。云牙子曰:寅申并于巳亥,而子午转其金丹焉。元阳子曰:寅申、巳亥者,四时也,日月之功程也。子午者,导引般载,从乎尾闾而逆上,入于泥丸,复顺转归于丹田,于是真性见矣,金晶变矣。其法子之后、午之前,生气之时,可以用功焉。此玉液金晶之名也。云牙子曰:卯酉开炉而浴之,其参铢分两均矣。元阳子曰:卯酉(时与日同)不可进火,可以沐浴焉,寅申、巳亥可以进火,其用一铢二参七忽七丝七抄,火不可急行也,可以徐加其数焉。火者,何也?闭息养气,存神之数也。自九而增加至于万,则金丹成矣,婴儿见矣,十月解胎而子母成矣。云牙子曰:银表金里,神室合于子形。元阳子曰:银表者,铅也;金里者,汞也。此龙伏虎之津,虎伏龙之精欤。神室者,阴阳相制也,二者相结而如鸡卵,谓之合子形也。云牙子曰:安于中宫之鼎,然后用卦体行之。元阳子曰:中宫者,丹田也;青、黄、白者,丹之命也;卦体者,阴阳铢两、大易爻数、火之准也。云牙子曰:乾生于坎者,金精也。元阳子曰:乾者,金位也,其应西北,旬有五日,月照于庚方,与甲乙之木合气者也。云牙子曰:坎生于艮,而出石也。元阳子曰:坎者,水也,金所生焉。水产于艮,艮者山也,其应东北,二旬有八日,月之下弦者也。云牙子曰:震木、水石产于山中。元阳子曰:震者,木也,卯之位也,金之孙,水之子也,从山所出焉。是为二阴一阳,日月相望而生气,以为日之精,其名曰龙土,初九之数也。云牙子曰:巽为风,生乎土中。元阳子曰:其位西南,坎之女也,其生于木焉。春生万物,是为二阳一阴,阴在于下,三十日而成华者也。云牙子曰：离者，朱雀也，其藏于土。元阳子曰：离者，从震所产焉，因风而成，其体为火，是为朱砂，中有水银，其应于午，属于地也。何以藏于上乎？坤在西南，与乾夫妇也，六十日而成紫精矣。云牙子曰：兑出于坤宫，自合其情。元阳子曰：兑者，西方也，酉位也，坤所产焉。于是日月相望，月增日亏，是为一阴一阳，阳在于下，九十日而成紫金砂矣。云牙子曰：子之后，复之初卦也。寅申交泰，七返也。元阳子曰：复者，五阴一阳，见龙在田也。自子至于申为否，三阴三阳，故曰七返。云牙子曰：午之前，遇来相应者也。巳亥者，乾坤之九还成矣。元阳子曰：午者，一阴初生，行功之候也（时与月同）。其卦为姤，五阳一阴，履霜坚冰也。巳者，乾之卦也，六阳之数足矣。阳者为银八两，阴者为金八两，金银相合，其重三百八十有四铢，此一斤之数也。九还者，九转也，九色备矣。云牙子曰：艮投于坤，其阳将尽，运乎阴阳，九月之程者也。元阳子曰：艮者，东北也，一阳二阴也；坤者，西南也，三阴也。艮投于坤，其卦为剥，九月之象也。一阳五阴，至于十月，阳尽而坤见矣。云牙子曰：兑入于乾，其阴欲绝，卦分于节令者，九三经也。元阳子曰：兑者，西也；乾者，西北也。俱为金焉。入于乾，是为夬，三月之象也。五阳一阴，至于四月，阴绝而乾成矣，此九还也。大药于是乎成紫金之丹。云牙子曰：上弦者，月之初也，生于庚位。元阳子曰：月之三日，月出于庚，是为金晶之气初生者也。于是阴爻之重十有二铢，其名曰月魄。云牙子曰：下弦月之丧也，其在甲地。元阳子曰：月之二十有八日，月出于甲，太阳见矣，于是为木晶之气初生者也。阳爻之重十有二铢，其名曰日魂。日月相合，其重一两。《易》曰：西南得朋，上弦也；东北丧朋，下弦也。得朋者，日没而月生也；丧朋者，月没而日生也。此阴阳之交数也。故铅生于木，为阳、为银、为表、为夫焉；汞生于金，为阴、为金、为里、为妇焉。其合成四象者也。云牙子曰：七八者，日月相望也；二八者，阴阳相备也。元阳子曰：日月者，十有五日一望焉，日月相见初生者也。前乎十有五日者，二日也，日增月亏；后乎十有五日者，八日也，月盈日亏。是为六阴六阳，其爻备矣。其阴阳之重，各一百九十有二铢，一斤之数也。云牙子曰：月者，八与二十三对者也。其生之辰,俱在乎离。元阳子曰:八日、二十三日,月之出,日之没,俱在于南。南者,离也;离者,火中有水焉;月者,金之气,于水为子焉。云牙子曰:阴阳配对者,金也、银也,大药相见相契矣。元阳子曰:金者,阴也、月也;银者,阳也、日也。汞得铅而成大药,此日月之契合也。云牙子曰:存其神息,则丹成矣。元阳子曰:神者,气也、木也、息也、血也、水也。息者,有五谷焉,又为土、为金、为水、为木、为火者乎。血者,水也,于是又为髓、为精。精者,神也。夫能存其精气,于是津气相合,养其命而延年矣。云牙子曰:九转则三清之天符其至矣乎?元阳子曰:既识铅汞,炼之成丹,镇于三宫,日用其卦,六时以运转之,天关不入,地户不出,斯无漏者也,天符宜其至矣。云牙子曰:七变者,从一气生者也;神符、白雪者,自乎甲庚者也。元阳子曰:七变者,七返也;气者,自丹田真气之所生也;甲庚者,金木之相刑也;神符、白雪者,精津相合在乎鼎也。云牙子曰:用意于寅申,勤行火候,存其白黑,以返金晶。元阳子曰:寅者,木也、铅也;申者,金也、汞也。自寅至亥而炼之也。云牙子曰:日用者,四时也、八卦也,大药可以变童婴矣。元阳子曰:日用者,一日为一岁也;四时者,寅、申、巳、亥也;八卦者,乾、坤、离、坎、否、泰、复、姤也。三百二十日,大药成矣;一千三百日,三虫亡矣。云牙子曰:三虫灭则坦然无虑,可以养金精矣。元阳子曰:于是五谷绝矣,金精自住矣。云牙子曰:天关闭矣,地户牢矣,中宫婴儿玩乎日月。元阳子曰:天关闭则诸味不入,地户牢则下无漏矣。中宫者,丹田也。中有铅汞,其名曰婴儿,玩乎阴阳之正气者乎。云牙子曰:明堂之前有玉池。元阳子曰:明堂者,橐籥也、精海也、洞房也。云牙子曰:黄婆于是婚姹女焉。元阳子曰:铅汞见土,乃归于一者也。云牙子曰:结就则真胎脱矣,推于二十四气,十月则其期也,于是顶门产乎婴儿。元阳子曰:正气渐结于丹田,返乎童子之色,此胎脱者也。卯酉之月,不可下火,可以沐浴。故一岁所用者,十月而已。存想真气,自其顶门游行出入,此其婴儿者也。

——出宋·至游子曾慥集《道枢》卷之三十四

附录：

曾慥传

曾慥，字端伯，晋江人，怀从兄。初为尚书郎、直宝文阁奉祠，博学能诗。闲居银峰，集百家之说，类纂成书，可以资治体助名教。供笑谈，广见闻者，凡六百二十余种。自号至游居士。又采诸家修炼之术，为《道枢》百二十二篇，独摈采御之法，以为残生害道云。

——清同治修纂《泉州府志》卷五十四

第五卷

周易参同契考异

宋 朱熹 注
清 袁昶 批

点校说明

1.《周易参同契考异》三卷,南宋朱熹注,清袁昶批。朱子以理学大儒作《周易参同契考异》三篇,向为后世儒门所讥议。然就朱子自身而言,研究整理《参同契》,其自有补救衰躯之目的;而深一层意义,则有寻绎先天易数之微意。若欲博知朱子《参同契》学,当进读《朱子语类》一书,方可全面领会朱子之《参同契考异》一书。

2. 袁昶,原名振蟾,字爽秋,一字重黎,号浙西村人,浙江桐庐人。袁昶之批注主在易学,略可一观。袁昶批注系据《周易参同契三十四家注释集萃》录入。

3. 本篇以《道藏》本为底本,校本颇多:有清《守山阁丛书》本、清《纷欣阁丛书》、清《四库全书》本、清《朱子遗书》本、日本享和二年(1802)刊本、民国《四部备要》本,同时还参考了朝鲜人南九万(1629—1711)刊刻《周易参同契考异》本,简高丽本①。按:南九万,乃明末清初时朝鲜之大儒,著有《药泉集》三十四卷。其刊《考异》末作"跋",述及

---

① 按:上海古籍出版社出版的《朱子全书》中伍伟民整理点校的《周易参同契考异》本,其校勘高丽本颇详,此次点校也多有参考。

刊刻缘由，惟仿魏伯阳隐语署名。今检《药泉集》卷二十七，有此一"跋"，故可证此刻为南氏所刊。附录篇中有《参同契吐注》一篇，原存南氏刊本之末，据《药泉集》卷二十九，存有《参同契首章解》，与《吐注》全同，故知《吐注》亦为南氏所作。朝鲜崔锡鼎（1646—1715）所著《长谷集》卷十二"《参同契解》跋"云："先生尝有所论解，并加口诀，而未及卒编，只有数段，不可孤行。今托北伯李公善溥，附刊于朱《解》之后。"益证《吐注》出于南氏之手笔也。

按：南九万与其叔父书云："朱子《解》新刻一本上送，素知叔父主不好此等文字，而念学此欲飞升者果诞妄。若恒以太阳流珠，常欲去人为戒，亦可知生之可惜，岂不为尽年之一助乎？"此或即南氏刊注《参同契》之初衷乎？

周易参同契考异[1]

宋 朱熹 注
宋 庐陵后学黄瑞节 附录
清 袁昶 批注

《周易参同契》卷上

《周易参同契》，五代彭晓《解义·序》曰：魏伯阳，会稽上虞人。修真潜默，养志虚无，博赡文词，通诸纬候。得《古文龙虎经》，尽获妙旨。乃约《周易》，撰《参同契》三篇，复作《补塞遗脱》一篇，所述多以寓言借事，隐显异文，密示青州徐从事，徐乃隐名而注之。桓帝时，公复传授与同郡淳于叔通，遂行于世。参，杂也；同，通也；契，合也。谓与《周易》理通而义合也。其书假借君臣，以彰内外；叙其离坎，直指汞铅；列以乾坤，奠量鼎器；明之父母，保以始终；合以夫妻，拘其交媾；譬诸男女，显以滋生；析以阴阳，导之反复；示之晦朔，通以降腾；配以卦爻，形于变化；随之斗柄，取以周星；分以晨昏，昭诸刻漏。莫不托易象而论之，故名《周易参同契》云。

【附录】[2]按：《参同契》注本，凡一十九部，三十一卷。其目载夹漈郑氏《艺文略》。彭晓本最传。然分三卷为九十章，以应阳九之数。歌《鼎器》一篇，以应水一之数。其傅会类如此。盖效河上公分《老子》为上经、下经八十一章，而其实非也。鲍氏云：彭本为近世浅学妄更，秘馆所藏，民间所录，差误衍脱，莫知适从。朱子考辨正文，引证依据，其本始定。今不敢又赘附诸说云。

【附】朱子曰：《参同契》本不为明《易》，姑借此纳甲之法，以寓其

---

[1] "考异"二字，据四库本、守山阁本、纷欣阁本、日本刊本、四部备要本补。
[2] "附录"一词，据诸本补，以示黄瑞节在朱熹注后所添加的文字，以便区分注于附录之文字，后皆仿此，不另作说明。

行持进退之候。异时每欲学之，而不得其传，无下手处，不敢轻议。然其所言纳甲之法，则今所传京房占法，见于《火珠林》者，是其遗说。所云甲、乙、丙、丁、庚、辛者，乃以月之昏旦出没言之，非以分六卦之方也。此虽非为明《易》而设，然《易》中无所不有，苟其言自成一家，可推而通，则亦无害于《易》。○伯阳《参同契》，恐希夷之学，有些自其源流。○先天图与纳音相应，蔡季通言与《参同契》合，以图观之：坤复之间为晦，震为初三，一阳生，八日为兑，月上弦，十五日为乾，十八日为巽，一阴生，二十三日为艮，月下弦，坎离为日月，故不用。《参同》以坎离为药，余者以为火候。○邵子发明先天图，图传自希夷，希夷又自有所传，盖方士技术，用以修炼，《参同契》所言是也。○《参同契》文章极好，盖后汉之能文者为之，其用字皆根据古书，非今人所能解，以故皆为人妄解。世间本子极多，其中有云：千周灿彬彬兮，万变将可睹。神明或告人兮，魂灵忽自悟。言诵之久，则文义要诀自见。○须溪刘氏曰：古书惟《参同契》似先秦文。

上 篇

乾坤者，易之门户，众卦之父母。

乾坤以宇内言之，则乾天在上，坤地在下，而阴阳变化，万物终始，皆在其间；以人身言之，则乾阳在上，坤阴在下，而一身之阴阳万物变化终始，皆在其间。此乾坤所以为易之门户，众卦之父母也。凡言易者，皆指阴阳变化而言，在人则所谓金丹大药者也，然则乾坤其炉鼎欤？

坎离匡郭，运毂正轴。

乾坤位乎上下，而坎离升降于其间，所谓易也。先天之位，乾南坤北、离东坎西是也。故其象如垣郭之形，其升降则如车轴之贯毂以运轮，一下而一上也。毂，车轮之心，外实而持辐，内空以受轴者也；轴，车下横木，两头贯毂而受辖者也。

牝牡四卦，以为橐籥。

牝牡谓配合之。四卦，震、兑、巽、艮是也。橐，鞴囊；籥，其管也。盖纳甲之法，乾为望，坤为晦，而坎离升降于其间。震为生明，而兑为上弦；巽为生魄，而艮为下弦。如鼓韛之有缓急也。

【附】朱子曰：邵子云，乾坤定上下之位，坎离列左右之门。《参同契》首卦位铺排，都只一般。

覆冒阴阳之道，犹工御者，执衔辔，准绳墨，随轨辙。处中以制外，数在律历纪。

此言人心能统阴阳，运毂轴以成丹也。衔辔谓所以使阴阳者，绳墨谓火候，轨辙指其升降之所由，中谓心，外谓气，数即下文六十卦之火候也。

月节有五六，经纬奉日使。兼并为六十，刚柔有表里。

月以五日为一节，六节为一周，兼昼夜为六十，以配六十卦。昼刚夜柔，刚里柔表。盖六十四卦，除乾、坤、坎、离为炉灶丹药所用，以为火候者，止六十卦也。

朔旦屯直事，至暮蒙当受。昼夜各一卦，用之如次序。

此六十卦之凡例。一月而一周，盖逐日用功时刻之早晚也。

既未至晦爽，终则复更始。日辰为期度，动静有早晚。

既未谓晦日之卦，朝既济，暮未济也。爽谓生明之时。

春夏据内体，从子到辰巳。秋冬当外用，自午讫戌亥。

春夏谓朝，秋冬谓暮，内体谓前卦，外用谓后卦，此亦六十卦之凡例。后篇屯以子申，蒙用寅戌，乃以纳甲之法尽发之。大率一日所用，子、午、卯、酉四时而已。

赏罚应春秋，昏明顺寒暑。爻辞有仁义，随时发喜怒。如是应四时，五行得其序。

此言朝暮用功有不同之处，未详其说。

天地设位，而易行乎其中矣。天地者，乾坤也；设位者，列阴阳配合之位也。易谓坎离，坎离者，乾坤二用。

此引《易》而释之，以明乾、坤、坎、离之用。言乾上而坤下、离降而坎升也。乾坤二用，谓乾用九，坤用六。九老阳，六老阴也。

二用无爻位，周流行六虚。往来既不定，上下亦无常。幽潜沦匿，升降于中。包囊万物，为道纪纲。以无制有，器用者空。故推消息，坎

离没亡。

乾坤二卦六爻，九六各有定位。唯用九、用六而无定位。而六爻之九六，即此九六之周流升降也。纳甲之法，乾纳甲壬，坤纳乙癸，震纳庚，巽纳辛，艮纳丙，兑纳丁，皆有定位，而坎纳戊，离纳己，无定位。盖六卦之阴阳，即坎离中爻之周流升降也①。故以此之无，制彼之有，知②器有形，而其用乃在其形之空处。盖用《老子》所谓埏埴以为器，当其无，有器之用之语也。消息，谓自坤之息，历震兑而极于乾；自乾而消，历巽艮而极于坤也。没亡，谓无位也。后章用九翩翩，为易宗祖一节，亦是此意也。

【附】朱子曰：或问《参同》本是《龙虎上经》，果否？曰：不然。盖是后人见伯阳传有《龙虎上经》一句，遂伪作此经。大概皆是隐括《参同》之语而为之也。其间有说错了处，如二用云者，用九、用六，九、六亦坎离也；六虚者，即乾、坤之初、二、三、四、五、上六爻位也。言二用虽无爻位，而常周流乎乾坤六爻之间，犹人之精气，上下周流乎一身而无定所也。《龙虎经》却错说作虚危去，盖讨头不见，牵合一字来说。

按：彭氏以为魏公得《古文龙虎经》而撰《参同契》。朱子以为经乃后人伪作。今考《参同契》中有古文记龙虎之文，往往古有其文，如《火记》之类，特恐非今所传者耳。鲍氏云：此乃《三坟书》、《狐首经》之比，未可知也。又按：《金碧古文龙虎上经》，差简于《参同契》，然其语次布置，与《契》不甚相远而加整焉。末云《火记》不虚作，亦《契》中语也。然则《火记》又《参同》之所自出与？

言不苟造，论不虚生。引验见效，校度神明。推类结字，原理为征。坎戊月精，离己日光。日月为易，刚柔相当。土王四季，罗络始终。青赤白黑，各居一方。皆禀中宫，戊己之功。

此亦造字之法，明坎月离日之合而为易也。盖坎戊离己，皆居中宫土位。而四方四行，皆禀其气。

易者，象也。悬象著明，莫大乎日月。穷神以知化，阳往则阴来。

---

① 袁昶批注：荀爽《易》本此。
② 知，高丽本、守山阁作"如"。

辐凑而轮转,出入更卷舒。

此总明日月为易之意。下乃详言其法与一月之火候。

晦至朔旦,震来受符。当斯之时,天地媾其精,日月相撢持。雄阳播玄施,雌阴化黄包。混沌相交接,权舆树根基。经营养鄜鄂,凝神以成躯。众夫蹈以出,蠕动莫不由①。于是仲尼赞洪濛,乾坤德洞虚。稽古称元皇,关雎建始初。冠婚气相纽,元年乃芽滋②。圣人不虚生,上观显天符。天符有进退,讪信以应时。

此书之法,以一月为六节,分属六卦:震一、兑二、乾三、巽四、艮五、坤六。每五日为一节,故言朔旦则震始用事,而为日月阴阳交感之初。于是加修炼之功,如圣人之作六经,皆有所托始也。此实一篇之要言。而雄阳播玄施,雌阴化黄包,又一节之要处。他皆以明此耳。

故易统天心,复卦建始萌。长子继父体,因母立兆基。消息应钟律,升降据斗枢。

此又以一月为十二节,以复、临、泰、壮、夬、乾、姤、遁、否、观、剥、坤为序,每二日半为一节。复即前六节,震卦之内体也。长子,震也;父,乾也;母,坤也。下章云朔旦为复。

三日出为爽,震受庚西方。八日兑受丁,上弦平如绳。十五乾体就,盛满甲东方。

三日,第一节之中,月生明之时也。盖始受一阳之光,而昏见于西方庚地也;八日,第二节之中,月上弦之时,盖受二阳之光,而昏见于南方丁地也;十五日,第三节之中,月既望之时,全受日光盛满,而昏见于东方之甲地也③。

蟾蜍与兔魄,日月气双明。蟾蜍视卦节,兔者吐生光。

此言望夕之月,全受日光,而借蟾为瞻,借兔为吐也。

七八道已讫,屈折低下降。十六转受统,巽辛见平明。艮直于丙

---

① 袁昶批注:知此可知虞仲翔《易》依秘书说之,谬非《易》本谊也。
② 袁昶批注:朱子发《汉上易传》,信此说。惠定驳《龙虎经》之伪本此。
③ 袁昶批注:虞仲翔《易》说本此,非孟喜本指也。应作爻得五日又半字,卦得二日有半,合之为一月之数。

南,下弦二十三。坤乙三十日,东北丧其朋①。节尽相禅与,继体复生龙。壬癸配甲乙,乾坤括始终。

七八,谓十五日也。十六日,谓第四节之始也。始生下一阴为巽而成魄,以平旦而没于西方辛地也;二十三日,第五节之中,复生中一阴为艮而下弦,以平旦而没于南方丙地也;三十日,第六节之终,全变三阳而光尽,体伏于东北,借《易》朋字作明字也。一月六节既尽,而禅于后月。长子继父,复生震卦,壬配甲,癸配乙,皆属乾坤,括十日之始终,自晦至朔旦,至此一月之火候也。

【附】朱子曰:一息之间,便有晦、朔、弦、望。上弦者,气之方息,自上而下也;下弦者,气之方消,自下而上也。望者,气之盈也,日沉于下而月圆于上也。晦朔之间,日月之合乎上,所谓举水以灭火,金来归性初之类是也。

七八数十五,九六亦相应②。四者合三十,阳气索灭藏③。

索,尽也。

八卦列布曜,运移不失中。玄精眇难睹,推度效符证。居则观其象,准拟其形容。立表以为范,占候定吉凶。发号顺时令,勿失爻动时。上察河图文,下序地形流。中稽于人情,参同考三才。动则循卦节,静则因象辞。乾坤用施行,天下然后治。

此用乾坤用九,天下治也之语。上言乾坤用,即用九、用六也。治,或作理,盖避唐讳。此下至国无害道,皆以国政为喻。

可不慎乎,御政之首。管括密微,阖舒布宝。要道魁柄,统化纲纽。爻象内动,吉凶外起。五纬错顺,应时感动。四七乖戾,侘傺俯仰。文昌总录,诘责台辅。百官有司,各典所部。日合五行精,月受六律纪。五六三十度,度竟复更始。原始要终,存亡之绪。或君骄佚,亢满违道;

---

① 朋,高丽本、守山阁本、遗书本、四库本、日刊本、四部备要本均作"明"。校者按:朱子注中明明说"借《易》'朋'字作'明'字",可知原本为"朋"字,诸本妄改正文为"明"字。

② 应,高丽本作"当"。

③ 袁昶批注:七为少阳,九为老阳,八为少英,六为老阴。阳数进,阴数退。

或臣邪佞,行不顺轨。弦望盈缩,乖变凶咎。执法刺讥,诘过移主。辰极受正,优游任下。明堂布政,国无害道。

此皆取譬之言,然其间亦有可详味者。

内以养己,安静虚无。元本隐明,内照形躯。闭塞其兑,筑固灵株。三光陆沉,温养子珠。视之不见,近而易求。黄中渐通理,润泽达肌肤。初正则终修,干立末可持。一者以掩蔽,世人莫知之。

此乃以内事言之,于《经》中最为要切。而三光陆沉,温养子珠之一言,又要切之要切者。前所譬御政之首、魁柄、纲纽,正谓此也。初正、干立,原始而言也;终修、末持,要终而言也。一者以掩蔽,言其造端之处,隐而不章者也。

上德无为,不以察求;下德为之,其用不休。上闭则称有,下闭则称无。无者以奉上,上有神德居。此两孔穴法,金气亦相胥。

此下渐难通晓,今略以意解之:上德,即上文所谓雌阴化黄包、三光陆沉,下文所谓汞白为流珠、青龙与俱,所谓流珠水之母者,正思虑所不及也;下德,即上文所谓雄阳播玄施、温养子珠,下文所谓白虎为熬枢、黄土金之父者,正著意用力处也。闭则皆失其所宜矣。下不可无,故无者以奉上。神德,谓微妙处,《龙虎经》作上有青龙居金气,即谓雄阳白虎也。大率阳既下,即阴自上矣。所谓孔穴者,此也。《鼎器歌》云:阴在上,阳下奔。此亦至要之言。

知白守黑,神明自来。白者金精,黑者水基。水者道枢,其数各一。

白谓汞,黑谓铅。金精,言其生于铅;水基,能生水也。白黑各一,而为水为道枢,所谓神德者也。

阴阳之始,玄含黄芽。五金之主,北方河车。

玄含黄芽,水中有土,静而有意也;北方河车,黑而生水也。以下文考之,正谓铅耳。

故铅外黑,内怀金华。被褐怀玉,外为狂夫。

铅,即上文所谓金气。

金为水母,母隐子胎;水者金子,子藏母胞。

此即上文知白守黑之义。

真人至妙,若有若无。仿佛大渊,乍沉乍浮。退而分布,各守境隅。

此所谓温养子珠者也。

望之类白,造之则朱。炼为表卫,白里贞居。方圆径寸,混而相拘。先天地生,巍巍尊高。旁有垣阙,状似蓬壶。环匝关闭,四通踟蹰。守御密固,阏绝奸邪。曲阁相通,以戒不虞。

径寸,即所谓子珠者;垣阙,疑即下文所谓情主营外,垣为城郭者耶？皆未详其何说。

可以无思,难以愁劳。神气满堂,莫之能留。守之者昌,失之者亡。动静休息,常与人俱。是非历藏法,内视有所思。履行步斗宿,六甲以日辰。阴道厌九一,浊乱弄玄胞。食气鸣肠胃,吐正吸新邪。昼夜不卧寐,肠鸣未尝休。身体以疲倦,恍惚状若痴。百脉鼎沸驰,不得清澄居。周回立坛宇,朝暮敬祭祠。鬼物见形象,梦寐感慨之。心欢意喜悦,自谓必延期。遽以夭命死,腐露其形骸。举措辄有违,悖逆失枢机。诸术甚众多,千条有万余。前却违黄老,曲折戾九都。

言此道与诸旁门小法之不同,不能详解。

明者省厥旨,旷然知所由。勤而行之,夙夜不休。服食三载,轻举远游。入火不焦,入水不濡。能存能亡,长乐无忧。道成德就,潜伏俟时。太一乃召,移居中洲。功满上升,应箓受图。《火记》不虚作,演《易》以明之。偃月法鼎炉,白虎为熬枢。汞日为流珠,青龙与之俱。举东以合西,魂魄自相拘。上弦兑数八,下弦亦如之。

偃月,疑前下圆,后上缺,状如偃月也。白虎,铅也,火也,气也,西也,魄也,阳也。为熬枢,言下奔而致蒸润上行也。汞,日精也;青龙,水也,东也,魂也,阴也;上弦,阳也;下弦,阴也。

【附】朱子曰:坎离、水火、龙虎、铅汞之属,只是互换其名,其实只是精气二者而已。精,水也,坎也,龙也,汞也;气,火也,离也,虎也,铅也。其法以神运精气,结而为丹。阳气在下,初成水,以火炼之,则凝成丹。其说甚异。

两弦合其精,乾坤体乃成。二八应一斤,易道正不倾。

八日为兑,上弦,又进八日,乃成乾体;二十三日为艮,下弦,又退八日,乃成坤体。一本注云:铢有三百八十四,亦应爻之数。盖一斤之铢数也。自震而起,至乾而满,历巽而消,至坤而尽。

金入于猛火,色不夺精光。自开辟以来,日月不亏明。金不失其重,日月形如常。金本从月生,朔旦受日符。金反归其母,月晦日相包。隐藏其匡郭,沉沦于洞虚。金复其故性,威光鼎乃熺。

金,即铅也。金归其母,复其故性,谓敛藏不用,日不照月,纯坤卦也。熺字,本作喜,一本作僖,今按皆无理。案:《说文》:熺,炎也。后汉多用此字。

子午数合三,戊己号称五。三五既和谐,八石正纲纪。呼吸相贪欲,伫思为夫妇。黄土金之父,流珠水之母。水以土为鬼,土填水不起。朱雀为火精,执平调胜负。水胜火消灭,俱死归厚土。三性既合会,本性共宗祖。

子水一,午火二,数合三也①。戊己土,其数五。三五合而为八,八石象也。然其实但水火二物,而以土为主耳。土属脾,脾主意,谓以意使火下而水上,相呼吸也;金,即火也;朱雀,疑指心而言,又意之主也。此火字,与前章熬字意不同,别是一火也。执平,谓执衡司夏也。此书之意,大抵为以火烹水,以水灭火,亦如前章月受日光,反归其母之意也。

巨胜尚延年,还丹可入口。金性不败朽,故为万物宝。术士服食之,寿命得长久。土游于四季,守界定规矩。金砂入五内,雾散若风雨。薰蒸达四肢,颜色悦泽好。发白更生黑,齿落出旧所。老翁复丁壮,耆妪成姹女。改形免世厄,号之曰真人。

此言内丹,而言入口,未详其旨。余见后章驰入赤色门下。

胡粉投火中,色坏还为铅。冰雪得温汤,解释成太玄。金以砂为主,禀和于水银。变化由其真,终始自相因。

此皆以同类相变为譬也。

欲作服食仙,宜以同类者。植禾当以黍,覆鸡用其子。以类辅自

---

① 袁昶批注:二抱一,火守水,《朱子语类》畅言之。

然,物成易陶冶。鱼目岂为珠,蓬蒿不成槚。类同者相从,事乖不成宝。是以燕雀不生凤,狐兔不乳马,水流不炎上,火动不润下。

又以异类不能相成,反覆明之。

世间多学士,高妙负良才。邂逅不遭值,耗火亡货财。据按依文说,妄以意为之。端绪无因缘,度量失操持。捣治羌石胆,云母及礜磁。硫黄烧豫章,泥汞相炼治。鼓下五石铜,以之为辅枢。杂性不同种,安肯合体居。千举必万败,欲黠反成痴。稚年至白首,中道生狐疑。背道守迷路,出正入邪蹊。管窥不广见,难以揆方来。

此言为外丹者,药非同类,不能成宝。

若夫至圣,不过伏羲,画八卦,效天图。文王帝之宗,结体演爻辞。夫子庶圣雄,十翼以转①之。三君天所挺,迭兴更御时。优劣有步骤,功德不相殊。制作有所踵,推度审分铢。有形易忖量,无兆难虑谋。作事令可法,为世定诗书。素无前识资,因师觉悟之。皓若褰帷帐,瞋目登高台。

言三圣迭兴,事有优劣。盖伏羲法天,文王踵羲,夫子踵文。有形者易制,无形者难及也。因自言因师以悟此理也。诗书两句未详。

《火记》六百篇,所趣等不殊。文字郑重说,世人不熟思。寻度其原流,幽明本共居。窃待贤者谈,曷敢轻为书。结舌欲不语,绝道获罪诛。写情寄竹帛,恐泄天之符。犹豫增叹息,俛仰缀斯愚。陶冶有法度,未忍悉陈敷。略述其纪纲,枝条见扶疏。

《火记》六百篇,盖古书,今亡,未可知。

以金为隄防,水火乃优游。金数十有五,水数亦如之。临炉定铢两,五分水有余。二者以为真,金重如本初。其三遂不入,火二与之俱。二物相含受,变化状若神。下有太阳气,伏蒸须臾间。先液而后凝,号曰黄舆焉。

此言丹之第一变也。金、水并见上。入,一作火,据下文三物,即当作火。然又云下有太阳气,则似只是二物,恐当作入,而三亦当作二耳。

---

① 转,守山阁、纷欣阁、四库本、遗书本、日刊本、四部备要本作"辅"。

此是金、水数皆十五,而五分其水,只用其二,盖十五之六也。其三,则十五之九也。水二,一作火二,与上水火、下三物相应。但上无火之铢两,下又有太阳字,则又未必然也。二物相含受,即阴阳坎离之交。三物之误甚明。

岁月将欲讫,毁性伤寿年。形体为灰土,状若明窗尘。

此似第二变也。

捣治并合之,驰入赤色门。固塞其际会,务令致完坚。炎火张于下,昼夜声正勤。始文使可修,终竟武乃陈。候视加谨慎,审察调寒温。周旋十二节,节尽更亲观。气索命将绝,休死亡魄魂。色转更为紫,赫然成还丹。粉提以一丸,刀圭最为神。

此第三变也。捣治并合,此当别有所作用。赤色门,谓口也。液凝灰土,理须自见。盖吐出而炼治之,复吞纳也。炎火,即所谓太阳气;声正勤,后章亦言嗷嗷声正悲,如婴儿慕母是也。修,疑作脩①字,唐人两字多互见。气索命绝,又是前章火灭金复之意。粉提、刀圭,未详。

推演五行数,较约而不烦。举水以激火,奄然灭光荣。日月相激薄,常存晦朔间。水盛坎侵阳,火衰离昼昏。阴阳相饮食,交感道自然。名者以定情,字者缘性言。金来归性初,乃得称还丹。

此解上文还丹得名之义,因火灭而金复也。

吾不敢虚说,放效圣人文。古记题龙虎,黄帝美金华。淮南炼秋石,王阳②加黄芽。贤者能持行,不肖毋与俱。古今道由一,对谈吐所谋。学者加勉力,留念深思惟。至要言甚露,昭昭不我欺。

《周易参同契》卷中

(下卷同)

中　篇

乾刚坤柔,配合相包。阳禀阴受,雄雌相须。须以造化,精气乃舒。

---

① 脩,守山阁、四库本、遗书本、日刊本、四部备要本作"循"。
② 袁昶批注:玉阳疑作王阳。王阳,汉人,有道术。校者按:王阳,底本即作"王阳",袁昶所见本或作"玉阳",故袁氏批注校之。

坎离冠首,光耀垂敷。玄冥难测,不可画图。圣人揆度,参序玄基。四者混沌,径入虚无。六十卦周,张布为舆。龙马就驾,明君御时。和则随从,路平不邪。邪道险阻,倾危国家。

此与上篇首章相表里。

君子居其室,出其言善,则千里之外应之。谓万乘之主,处九重之室。发号出令,顺阴阳节。藏器俟时,勿违卦日。屯以子申,蒙用寅戌。余六十卦,各自有日。聊陈两象,未能究悉。立义设刑,当仁施德。逆之者凶,顺之者吉。按历法令,至诚专密。谨候日辰,审察消息。纤芥不正,悔吝为贼。二至改度,乖错委曲。隆冬大暑,盛夏霰雪。二分纵横,不应漏刻。风雨不节,水旱相伐。蝗虫涌沸,山崩地裂。天见其怪,群异旁出。孝子用心,感动皇极。近起己口,远流殊域。或以招祸,或以致福,或兴太平,或造兵革。四者之来,由乎胸臆。动静有常,奉其绳墨。四时顺宜,与气相得。刚柔断矣,不相涉入。五行守界,不妄盈缩。易行周流,屈伸反覆。

此与上篇论屯蒙朝暮,内体外用相表里。盖乾纳甲壬,坤纳乙癸,震庚、巽辛、坎戊、离己、艮丙、兑丁也。重卦之法:乾下三爻纳甲子、寅、辰,上三爻纳壬午、申、戌;坤下三爻纳乙未、巳、卯,上三爻纳癸丑、亥、酉;震下三爻纳庚子、寅、辰,上三爻纳庚午、申、戌;巽下三爻纳辛丑、亥、酉,上三爻纳辛未、巳、卯;坎下三爻纳戊寅、辰、午,上三爻纳戊申、戌、子;离下三爻纳己卯、丑、亥,上三爻纳己酉、未、巳;艮下三爻纳丙辰、午、申,上三爻纳丙戌、子、寅;兑下三爻纳丁巳、卯、丑,上三爻纳丁亥、酉、未。而内体从子至辰、巳,外用从午讫戌、亥。故朝屯,则初九庚子之爻当子时,六四戊申之爻当卯时;暮蒙,则初六戊寅之爻当午时,六四戊戌①之爻当酉时。余六十卦,各以此法推之。此再言一日之火候也。

晦朔之间,合符行中。浑沌鸿濛,牝牡相从。滋液润泽,施化流通。天地神灵,不可度量。利用安身,隐形而藏。始乎东北,箕斗之乡。旋

① 戊戌,高丽本作"丙戌"。

而右转，呕轮吐萌。潜潭见象，发散精光。毕昴之上，☳震出为征。阳气造端，初九潜龙。阳以三立，阴以八通。故三日震动，八日☱兑行。九二见龙，和平有明。三五德就，☰乾体乃成。九三夕惕，亏折神符。盛衰渐革，终还其初。☴巽继其统，固济操持。九四或跃，进退道危。☶艮主进止，不得踰时。二十三日，典守弦期。九五飞龙，天位加喜。六五☷坤承，结括终始。蕴养众子，世为类母。阳数已讫，讫则复起。推情合性，转而相与。上九亢龙，战德于野。用九翩翩，为道规矩。循据璇玑，升降上下。周流六爻，难得察睹。故无常位，为易宗祖。

此再以纳甲言一月之火候也。又以乾六爻纳于其间，以明阳气之消息。箕斗但言东北，毕昴但言正西。借天之四方，以言地之四方耳，非谓天之东北、西方也。六五，恐是廿六字。廿，音入，即二十字。二十六日以候，坤卦用事也。用九以下，与上篇乾坤二用处相表里。

朔旦为☳复，阳气始通。出入无疾，立表微刚。黄钟建子，兆乃滋彰。播施柔暖，黎烝得常①。☱临炉施条，开路正光。光耀寖进，日以益长。丑之大吕，结正低昂。仰以成☷泰，刚柔并隆。阴阳交接，小往大来。辐凑于寅，运而趋时。渐历☳大壮，侠列卯门。榆荚堕落，还归本根。刑德相负，昼夜始分。☰夬阴以退，阳升而前。洗濯羽翮，振索宿尘。☰乾健盛明，广被四邻。阳终于巳，中而相干。☴姤始纪绪，履霜最先。井底寒泉，午为蕤宾。宾服于阴，阴为主人。☶遁去世位，收敛其精。怀德俟时，栖迟昧冥。☶否闭不通，萌者不生。阴伸阳诎，没阳姓名。☷观其权量，察仲秋情。任蓄微稚，老枯复荣。荠麦芽蘖，因冒以生。☶剥烂支体，消灭其形。化气既竭，亡失至神。道穷则反，归乎☷坤元。恒顺地理，承天布宣。玄幽远眇，隔阂相连。应度育种，阴阳之原。寥廓恍惚，莫知其端。先迷失轨，后为主君。无平不陂，道之自然。变易更盛②，消息相因。终坤始复，如循连环。帝王承御，千秋常存。

此以十二卦细分一月之火候，亦通一岁之火候也。一月之法，二日

---

① 袁昶批注：复为天根，姤为月窟，阴阳消长之根荄也。
② 盛，高丽本作"衰"。

半为一卦,复为震之坤,临为兑之坤,泰为乾之坤,大壮为乾之震,夬为乾之兑,乾为乾之乾,姤为乾之巽,遁为乾之艮,否为乾之坤,观为坤之巽,剥为坤之艮,坤为坤之坤,临为复震,大壮为复兑,乾为复乾,遁为复巽,观为复艮,坤为复坤。其推演之例,以卦名、律名、辰名三者而言:辐凑即太簇,侠例①即夹钟,洗濯即姑洗,中吕即仲吕,昧冥即林钟,即申,任蓄即南,阂即亥,应即应钟,大率傅会假托,不足深究也。后为主君,盖亦读《易》而后得主为句,其误久矣②。

将欲养性,延命却期。审思后末,当虑其先。人所禀躯,体本一无。元精云布,因气托初。阴阳为度,魂魄所居。阳神日魂,阴神月魄。魂之与魄,互为室宅。性主处内,立置鄞鄂;情主营外,筑垣城郭。城郭完全,人物乃安。于斯之时,情合乾坤。乾动而直,气布精流;坤静而翕,为道舍庐。刚施而退,柔化以滋。九还七返,八归六居。男白女赤,金火相拘。则水定火,五行之初。上善若水,清而无瑕。道之形象,真一难图。变而分布,各自独居③。类如鸡子,黑白相扶。纵横一寸,以为始初。四肢五脏,筋骨乃具。弥历十月,脱出其胞。骨弱可卷,肉滑若铅④。

此与上篇知白相表里。言人之始生,亦以阴阳交合而成。今欲为丹,亦犹是也。凡言道者,皆丹之托名。铅疑是饴字,以似而误也。

阳燧以取火,非日不生光。方诸非星月,安能得水浆?二气玄且远,感化尚相通。何况近存身,切在于心胸。阴阳配日月,水火为效征。耳目口三宝,固塞勿发扬。真人潜深渊,浮游守规中。旋曲以视览,开阖皆合同。为己之轴辖,动静不竭穷。离气内营卫,坎乃不用聪。兑合不以谈,希言顺以鸿。三者既关键,缓体处空房。委志归虚无,无念以为常。证难以推移,心专不纵横。寝寐神相抱,觉寤候存亡。颜容寖以

---

① 例,诸校本作"列"。
② 袁昶批注:此用邵康节重卦之法,于本书之义未必尽全。
③ 袁昶批注:金火相拘,拘则水定,水五行初,执行恬淡,希时安宁,远客燕闻,乃撰斯文。校者按:袁批注中"执行",疑为"执守"之误,"燕闻"当为"燕间"之误。
④ 袁昶批注:顺则成子,泥则成仙,故丹家云:五行颠倒术,龙从火里出;五行不顺行,虎向水中生。

润,骨节益坚强,辟却众阴邪,然后立正阳。修之不辍休,庶气云雨行。淫淫若春泽,液液象解冰。从头流达足,究竟复上升。往来洞无极,怫怫被容中。反者道之验,弱者德之柄。芸锄宿污秽,细微得调畅。浊者清之路,昏久则昭明①。

此一节乃涵养本原工夫,尤为②要切。

【附】朱子曰:离气内营卫,尝见前辈读内为纳,其说是也。

世人好小术,不审道浅深。弃正从邪径,欲速阙不通。犹盲者不任杖,聋者听宫商。没水捕雉兔,登山索鱼龙。植麦欲获黍,运规以求方。竭力劳精神,终年无见功。欲知服食法,事约而不烦。太阳流珠,常欲去人。卒得金华,转而相因。化为白液,凝而至坚。金华先倡,有顷之间。解化为水,马齿阑干。阳乃往和,情性自然。迫促时阴,拘畜禁门。慈母欲③养,孝子报恩。严父施令,教饬子孙。五行错王,相据以生。火性销金,金伐木荣。三五为④一,天地至精。可以口诀,难以书传。子当右⑤转,午乃东旋。卯酉界隔,主定二名。龙呼于虎,虎吸龙精。两相饮食,俱相贪便。遂相衔嚥,咀嚼相吞。荧惑守西,太白经天,杀气所临,何有不倾?狸犬守鼠,鸟雀畏鹯,各有其功,何敢有声?不得其理,难为妄言。竭殚家产,妻子饥贫。自古及今,好者亿人。讫不谐遇,希有能成。广求名药,与道乖殊。如审遭逢,睹其端绪。以类相况,撰物终始。五行相克,更为父母。母含滋液,父主禀与。凝精流形,金石不朽。审专不泄,得为成道。

言学小术者,劳而无功;得此法者,约而不烦。太阳以下,与前篇知白、熬枢、黄舆等章相表里。五行相生,母子之恩也;火金相克,严父之令也。三五,谓火、金、木,并皆禀土气也。一说谓三五即前篇子午、戊己也。一,未详所指。或曰:与当作为。下篇三五并与一,亦放此。东,

---

① 袁昶批注:离谓目,兑谓口,坎谓耳,黜聪塞明,闭兑櫎门,形乃长生。
② 为,底本作"未",据诸校本改。
③ 欲,诸校本作"育"。
④ 为,诸校本作"与"。
⑤ 右,底本作"左",据诸校本改。

疑当作左,此言阴阳定位也。龙虎六句,母子之恩也;荧惑、太白以下八句,严父之令也;不得其理、广求名药,为外丹者也;以类相况,如前篇言八石正纲纪之类也。

立竿见影,呼谷传响。岂不灵哉,天地至象。若以野葛一寸,巴豆一两,入喉辄僵,不得俛仰。当此之时,虽周文撰著,孔丘占象,扁鹊操针,巫咸叩鼓,安能令苏,复起驰走?河上姹女,灵而最神。得火则飞,不见埃尘。鬼隐龙匿,莫知所存。将欲制之,黄芽为根①。物无阴阳,违天背原。肥鸡②自卵,其雏不全。夫何故乎?配合未连。三五不交,刚柔离分。施化之精,天地自然。犹火动而炎上,水流而润下,非有师导,使其然者。资始统政,不可复改。观夫雌雄,交媾之时,刚柔相结,而不可解。得其节符,非有工巧,以制御之。若男生而伏,女偃其躯。禀乎胞胎,受气元初。非徒生时,著而见之。及其死也,亦复效之。此非父母,教令其然。本在交媾,定制始先。坎男为月,离女为日。日以施德,月以舒光。月受日化,体不亏伤。阳失其契,阴侵其明。朔晦薄蚀,奄冒相包。阳消其形,阴陵生灾。男女相须,含吐以滋。雄雌交杂,以类相求。金化为水,水性周章;火化为土,水不得行。故男动外施,女静内藏。溢度过节,为女所拘。魄以检魂,不得淫奢。不寒不暑,进退合时。各得其和,俱吐证符。

以毒药能杀人,为黄芽能制姹女之譬。外丹,即谓丹砂,此未详何所指也。物无阴阳以下皆物理,明为此法者,当阴阳交合为本也。

丹砂木精,得金乃并。金水合处,木火为侣。四者混沌,列为龙虎。龙阳数奇,虎阴数偶。肝青为父,肺白为母。肾黑为子,脾黄为祖。三物一家,都归戊己。刚柔迭兴,更历分部。龙西虎东,建纬卯酉。刑德并会,相见欢喜。刑主伏杀,德主生起。二月榆死,魁临于卯。八月麦

---

① 袁昶批注:心,藏火也。生于物,死于物,机在目。知道者为腹不为目。盖畏其水不胜火而至焚和。乃偾然而乡尽也。上文太流流珠,此文姹女之火,皆状心难制,能制心,则无事不辨,岂特卫生之径哉。未济,阳之穷也,火升岁降。心不可制,故穷也。

② 肥鸡,守山阁本作"牝鸡"。

生,天罡据酉。子南午北,互为纲纪。九一之数,终则复始。含元抱真,播精于子。关关雎鸠,在河之洲。窈窕淑女,君子好逑。雄不独处,雌不孤居。玄武龟蛇,盘虯相扶。以明牝牡,毕竟①相胥。假使二女共室,颜色甚姝,令苏秦通言,张仪结媒,发辩利舌,奋舒美辞,推心调谐,使为夫妻,弊发腐齿,终不相知。若药物非种,名类不同。分剂参差,失其纪纲。虽黄帝临炉,太一降坐,八公捣炼,淮南执火,立宇崇坛,玉为阶陛,麟脯凤腊,把籍长跪,祝章神祇,请哀诸鬼,沐浴斋戒,冀有所望。亦犹和胶补釜,以硇涂疮,去冷加冰,除热用汤,飞龟舞蛇,愈见乖张。

　　丹砂木精,得金乃并,即上章姹女、黄芽之意。心赤、脾黄二章,诸本无之,未详孰是。龙虎、子午,交错方位,关关以下,又以二女明药物之非种。

《周易参同契》卷下

下　篇

　　惟昔圣贤,怀玄抱真。服炼九鼎,化迹隐沦。含精养神,通德三元。精液凑理,筋骨致坚。众邪辟除,正气常存。累积长久,变形而仙。忧悯后生,好道之伦。随傍风采,指画古文。著为图籍,开示后昆。露见枝条,隐藏本根。托号诸石,覆冒众文。学者得之,韫椟终身。子继父业,孙踵祖先。传世迷惑,竟无见闻。遂使宦者不遂,农夫失芸,商人弃货,志士家贫。吾甚伤之,定录斯文。字约易思,事省不烦。披列其条,实核可观。分两有数,因而相循。故为乱辞,孔窍其门。智者审思,以意参焉。

　　言昔之仙者,著书示人,而不明言其事,托名诸石,为身内阴阳之号,故学者多失其指。今著此书,省约易晓,仍恐漏泄,故多谬乱之辞,而孔窍其门也。其下歌辞,又撮一书大指云。

　　【附】按:乱辞,如《离骚》之乱曰也,下文可见。

---

① 毕竟,高丽本作"竟当"。

法象莫大乎天地兮,玄沟数万里。河鼓临星纪兮,人民皆惊骇①。暑景妄前却兮,九年被凶咎。皇上览视之兮,王者退自改。关键有低昂兮,害气遂奔走。江淮之枯竭兮,水流注于海。

　　此一节言水溢之咎。王者能自改,则害气息而水土平矣。玄沟,盖谓天汉;河鼓,星名;星纪,丑位。未详其说。九年,谓洪水;关键低昂,谓阴阳升降也;害气,灾害之气。以人身取譬而言,亦为水火不既济之象。

　　【附】朱子曰:玄沟、害气,恐未是说人身内事,方是设譬之辞。〇《王莽传》曰:害气将究矣。盖上文说洪水为灾,而王者能改,故害气去而洪水平也。害,讹作周,又讹作固,后人遂妄改为精,而增而字,皆非是。然因周字可见其为害字,盖篆、隶文皆相似也。

　　天地雌雄兮,徘徊子与午。寅申阴阳祖兮,出入复终始。循斗而招摇兮,执衡定元纪。升熬于甑山兮,炎火张设下。白虎倡导前兮,苍液和于后。

　　【附】朱子曰:虎,一作礜,一作砆。按,三字皆假名,但下句云苍液,即此合作礜与砆;而前有礜磁之文,即作礜为得。然下句又云朱鸟及再列三兽之名位,则此当为虎,而液亦当为龙矣。倡导前,即前所谓熬枢,下文云和于后,即此似皆指有情之物,作龙虎为当也。此一节又是以火烹水、以水灭火、金水相合、复还本初之意。

　　朱鸟翱翔戏兮,飞扬色五采。遭遇网罗施兮,压止不得举。嗷嗷声甚悲兮,如婴儿②慕母。颠倒就汤镬兮,摧折伤毛羽。漏刻③未过半兮,龙鳞狎猎起。五色象炫耀兮,变化无常主。潏潏鼎沸驰兮,暴涌不休止。杂还④重叠累兮,犬牙相错拒。形如仲冬冰兮,阑干吐钟乳。崔嵬以杂厕兮,兼积相支柱⑤。阴阳得其配兮,淡泊自相守。青龙处房六

---

① 袁昶批注:河鼓,星名,星纪丑位。河鼓牵牛,谓气直于宫。
② 如婴儿,高丽本作"婴儿之"。
③ 漏刻,高丽本作"刻漏"。
④ 杂还,高丽本作"接连"。
⑤ 兼积相支柱,高丽本作"交积相支拄"。

兮，春华震东卯。白虎在昴七兮，秋芒兑西酉。朱雀在张二兮，正阳离南午。三者俱来朝兮，家属为亲侣。本之但二物兮，末乃为三五。三五并为①一兮，都集归二所。治之如上科兮，日数亦取甫。先白而后黄兮，赤色通表里。名曰第一鼎兮，食如大黍米。

此复总言还丹之法，撮其精要。子午，谓乾坤；寅申，谓坎离；升熬，即所谓熬枢。伏蒸者，白虎金、青龙水、朱雀火，以金生水，水而灭火以成丹，其形如此。前所谓先液后凝、马齿阑干是也。嗷嗷声正悲，亦前所谓昼夜声正勤者；阴阳得配、淡泊相守，即所谓各守境隅、各自独居者。房，东方七宿之中；六，其度数也。昴七、张二，放此。二物，谓阴阳；三五，谓火、金、木皆禀土气也。并与一，详其文意，与似当作为。二所、取甫，皆未详其文义。

自然之所为兮，非有邪伪道。山泽气相蒸兮②，兴云而为雨。泥竭乃成尘兮，火灭自为土。若蘖染为黄兮，似蓝成绿组。皮革煮为胶兮，曲蘖化为酒。同类易施功兮，非种难为巧。

譬上事。

惟斯之妙术兮，审谛不诳语。传于亿代③后兮，昭然而可考。焕若星经汉兮，昺如水宗海。思之务令熟兮，反复眎上下。千周灿彬彬兮，万遍将可睹。神明或告人兮，魂灵忽自悟。探端索其绪兮，必得其门户。天道无适莫兮，常传与贤者。

言其书指著明，学者但能读千周万遍，则当自晓悟，如神明告之也。董遇云：读书千遍，其义自见。又曰：思之思之，又重思之；思之不通，鬼神将教之。非鬼神之力也，精神之极也④。非妄语也。

五相类

【附】此篇五章：一《参同》、二太易、三象彼、四邻国、五委时。

---

① 为，诸校本作"与"，据朱子注，当作"与"。
② 高丽本作"若山泽气相蒸兮"。
③ 代，高丽本作"世"。
④ 袁昶批注：即扬子云诵千赋则自善赋之义。

《参同契》者,敷陈梗概,不能纯一。纤微未备,缺略仿佛。今更撰录,补塞遗脱。润色幽深,钩援相逮。旨意等齐,所趣不悖。故复作此,命《五相类》,则太易之情性尽矣。

　　太易情性,各如其度。黄老用究,较而可御。炉火之事,真有所据。三道由一,俱出径路。枝茎华叶,果实垂布。正在根株,不失其素。诚心所言,审而不误。象彼仲冬节,竹木皆摧伤。佐阳诘商①旅,人君深自藏。象时顺节令,闭口不用谈。天道甚浩旷②,太玄无形容。虚寂不可睹,匡郭以消亡。谬误失事绪,言还自败伤。别序斯四象,以晓后生盲。

　　此言晦朔之间,浑沌鸿濛,隐形而藏之时也。太玄无形容,上善若水、真一难图之象也。四象,未详。

　　邻国鄙夫,幽谷朽生。

　　【附】朱子曰:魏君实上虞人,当作会稽。或是魏隐语作邻。

　　挟怀朴素,不乐权荣。栖迟僻陋,忽略令名。执守恬淡,希时安平。远客燕间,乃撰斯文。歌叙大易,三圣遗言。察其所趣,一统共伦。务在顺理,宣耀精神。神化流通,四海和平。表以为历,万世可循。序以御政,行之不烦。引内养性,黄老自然。含德之厚,归根返元。近在我心,不离己身。抱一毋舍,可以长存。配以服食,雄雌设陈。挺除武都,八石弃捐。审用成功,世俗所珍。罗列三条,枝茎相连。同出异名,皆由一门。非徒累句,谐偶斯文。殆有其真,砾硌可观。使余敷伪,却被赘愆。命《参同契》,微览其端。辞寡意大,后嗣宜遵。委时去害,依托丘山。循游寥廓,与鬼为邻。化形而仙,沦寂无声。百世一下,遨游人间。陈敷羽翮,东西南倾。汤遭厄际,水旱隔并。柯叶萎黄,失其华荣。吉人相乘负,安稳可长生。

鼎器歌

　　圆三五,寸一分。口四八,两寸唇。长二尺,厚薄匀。腹三齐,坐垂

---

① 商,高丽本作"贾"。
② 旷,高丽本作"广"。

温。

二尺，或作尺二，彭晓解作二尺。三齐，一作齐三。按：齐，即脐字。

阴在上，阳下奔。

此二句是要法。

首尾武，中间文。阴火白，黄牙铅。两七窍，辅翼人。胆理脑，定升玄。子处中，得安存。来去游，不出门。渐成大，性情纯。却归一，还本原。至一周，甚辛勤。密防护，莫迷昏。途路远，极幽玄。若达此，会乾坤。乐道者，寻其根。审五行，定铢分。谛思之，不须论。深藏守，莫传文。御白鹤兮驾龙鳞，游太虚兮谒仙君，录天图兮号真人。

讚　序

《参同契》者，辞陋而道大，言微而旨深。列五帝以建业，配三皇而立政。若君臣差殊，上下无准；序以为政，不至太平；服食其法，未能长生；学以养性，又不延年。至于剖析阴阳，合其铢两，日月弦望，八卦成象，男女施化，刚柔动静，米盐分判，以经为证，用意健矣。故为立法，以传后贤。惟晓大象，必得长生，强己益身。为此道者，重加意焉。

此似注序，后人所作。今注亡而序存耳。立法，即立注，字转写误耳。

【附】朱子曰：或云后序，或云魏君讚辞，其文意乃是注之后序。彭晓序云：魏君密示青州徐从事，令笺注，徐隐名而注之。恐此是徐君语也。其注则不复存矣。

右《周易参同契》，魏伯阳所作。魏君，后汉人。篇题盖放纬书之目，词韵皆古，奥雅难通。读者浅闻，妄辄更改，故比他书尤多舛误。今合诸本，更相雠正，其间尚多疑晦，未能尽祛。姑据所知，写成定本。其诸同异，因悉存之，以备参订云。空同道士邹䜣。

【附】按：邹䜣二字，朱子借之托名也。邹本《春秋》邾子之国。《乐记》：天地䜣合。郑氏注云：䜣当作熹。

【附】朱子曰：按，《魏书》首言乾坤坎离四卦，橐籥之外，其次即言屯蒙六十卦，以见一日用功之早晚。又次即言纳甲六卦，以见一月用功之进退；又次即言十二辟卦，以分纳甲六卦而两之。盖内以详理月节，而外以兼统岁功，其所取于《易》以为说者，如是而已，初未尝及夫三百八十四爻也。今世所传火候之法，乃以三百八十四爻为一周天之数，以一爻直一日，而爻多日少，则不免去其四卦二十四爻，以俟二十四气之至而渐加焉，已非出于自然吻合之度矣。且当日所用之爻，或阴或阳，初无次第，不知功夫有何分别？又况一日之间，已周三百六十之数，而其一气所加，仅得一爻，多少重轻，不相权准。又此二十四者，进增微渐，退减暴疾，无复往来循环之势，恐亦后人以意为之，未必魏君之本指也。运①意此书大要，在于坎、离二字。若于此处得其纲领，则功夫之节度，魏君所不言者，自可以意为之。但使不失其早晚之期、进退之节，便可用功，不必一一拘旧说。故今推得策数一法，似亦齐整。其与爻数之法，虽皆魏君所不言，然此为粗有理也。盖月以十二卦分之，卦得二日有半，各以本卦之爻，行本卦之策。自八月观卦以后，至正月泰卦，阳用少二十八策，阴用老二十四策。自四月大壮以后，至七月否卦，阳用老三十六策，阴用少二十二策②。阳即注意流行，阴即放而冥寂。一爻已足，即一开析舒气以其休息之③。十二卦周，即为一月之功；十二月周，即为一岁之运。反复循环，无有余欠。其数已具图，欲与季通讲之，未及写寄，而季通死矣。

【附】按：朱子于昔所著书成象④者，未尝随声附影，轻附于圣人之徒，如《麻衣易》，以为戴师愈所作，《关子明易》以为阮逸伪作。其重于传信如此。独于《参同契》无一语疑似。且其解《易》，得于邵子为多。而其言曰：邵子得于希夷，希夷源流自《参同契》。是以从上处之也。尝曰：眼中见得了了如此，但无下手处。又曰：今始识头绪，未得其作料孔穴。庆元丁巳，蔡季通编置道州，将别，留宿寒泉，相与订正《参同

---

① 运，诸校本作"逆"。
② 二十二策，诸校本作"三十二策"。
③ 析，高丽本作"目"，守山阁本作"放"，舒，守山阁本作"其"。即一开析舒气以其休息之，四库本作"即一开辟之气其休息之。"
④ 象，诸校本作"家"。

契》,终夕不寐。呜呼,是师、是弟子,处忧患不乱如此,而独于《参同》拳拳焉,脱屣世俗之意决矣。明年,季通卒,又得所谓策数之法,恨不及与季通讲之。又二年,而先生卒矣。然则《参同》、《阴符》二书,自其师弟子始,而二书不庋于圣人可信,故成书以之列太极、先天之后,岂有二乎哉!

附录：

一、《周易参同契考异》提要

臣等谨案:《周易参同契考异》一卷,宋朱子撰。考陈振孙《书录解题》,称朱子以《参同契》词韵皆古,奥雅难通,读者浅闻,妄輒更改,比他书尤多舛误。因合诸本,更相雠正。朱子自跋亦称,凡诸同异,悉存之,以备考订。故以《考异》为名。今按书中注明同异者,惟天下然后治之治字,云或作理;威光鼎乃熺之熺字,云本作僖。参证他本者,不过二处。如修字疑作循,六五疑作廿六,铅字疑作饴,与字疑作为之类。朱子所自校者,亦只六七处。其余每节之下,随文诠释,实皆笺注之体,不尽订正文字,乃以《考异》为名,未喻其旨。《跋》末自署空同道士邹䜣,盖以邹本邾国,其后去邑而为朱,故以寓姓。《礼记》郑氏注谓䜣当作熹,又《集韵》熹虚其切,䜣亦虚其切,故以寓名。殆以究心丹诀,非儒者之本务,故托诸廋词欤？考朱子《语录》论《参同契》诸条颇为详尽。《年谱》亦载有庆元三年蔡元定将编管道州,与朱子会宿寒泉精舍,夜论《参同契》一事。《文集》又有答蔡季通书曰:《参同契》更无缝隙,亦无心思量,但望他日为刘安之鸡犬耳云云。盖遭逢世难,不得已而托诸神仙,殆与韩愈谪潮州时,邀大颠同游之意相类。故黄瑞节《附录》谓其师弟子有脱屣世外之意,深得其情。黄震《日抄》乃曰:《参同契》者,上虞人魏伯阳作,其说出于《神仙》,不足凭。近世蔡季通学博而不免于杂,尝留意此书而晦庵与之游,因为校正,其书颇行于世,而求其义则绝无之云云。其持论固正,然未喻有托而逃之意也。

——出《四库全书》

二、题袁机仲所校《参同契》后

朱 熹

予顷年经行顺昌,憩筼筜铺,见有题:煌煌灵芝,一年三秀,予独何为,有志不就之语于壁间,三复其词而悲之。不知题者何人,与予意会也。庆元丁巳八月七日,再过其处,旧题不复见,而屈指岁月忽四十年,此志真不就矣。道间偶读此书,并感前事,戏题绝句:鼎鼎百年能几时,灵芝三秀欲何为?金丹岁晚无消息,重叹赟笃壁上诗。晦翁。

——出《朱文公文集》八十四卷

三、《朱子解周易参同契》跋

朝鲜 南九万

昔在孝考初,日本人求《参同契》,命校书馆印以活字,凡屡百本,因分赐朝臣。时余尚少,得见其书于人家,开卷不省为何语。中岁又得一阅,虽未能探赜其蕴奥,爱其文句之铿锵,反复首尾,不欲释手者久之。第恨芸馆所印乃《道书全集》中真一、抱一、上阳三家解也。真一虽近古稍善,间不免为荒唐梦呓之语;抱一则有甚焉;至于上阳,专袭梵语,为沿门持钵之态,尤无足观。其后又见注数家,皆无所发明。闻有朱子所解而独未之见。辛亥春,始得俞石涧琰《发挥》一册,则朱子《解》参入其中,而兼有黄氏瑞节所《附录》者。观俞氏所述,与真一等三家鲁卫耳。朱子《解》亦略而不备,而至于孔穴肯綮之地,则几于襄野迷途之叹矣。虽然知之为知之,不知为不知,此正夫子所以诲由知也夫,岂若三家与俞氏者流诞妄无忌、自欺欺人者比哉!若黄氏所附,皆采撷朱子平日言论之及于此书者,以备参绎,然则此亦朱子解也。噫,彼御六气而游无穷者固无所待,非但无解,亦无可契矣。今既帝县不解,欲闻之于副墨、洛诵之间,则因朱子之所已解者推而明之,不犹愈独抱隐文坐待心灵之自悟乎?是用于俞氏书中掇取朱子《解》及黄氏《附录》,作为一编,付诸剞劂。崇祯后癸丑日南至。

挥鉏掷金,盖取诸寅。戴冠小心,横目履丁。一直一平,开口吞午。先撇为飏,后勾成乙。夔首禹股,当胸藏甲。震来得雨,人往坐亥。立跟备艮,饮酪避酉。左从谐韵,右乃用戊。

——出明崇祯年间高丽刊本《周易参同契考异》

四、《周易参同契考异》一卷

（写本）

清 周中孚

宋朱子撰，黄瑞节附录（瑞节，庐陵人。），《四库全书》著录。《书录解题》、《通考》、《宋志》俱载之。《宋志》无《考异》二字，盖偶脱也。前有自序，序末题空同道士邹䜣，黄氏《附按》云：邹䜣本春秋邾子之国。《乐记》：天地䜣合。郑氏注云：䜣当作熹。今按魏君作《参同契》，其末自叙，亦有委时去害，依托邱山，循游寥廓，与鬼为邻至吉人相乘负，安稳可长生十六句，以隐其姓名。朱子盖仿之也。自序称《参同契》词韵皆古，奥雅难通，读者浅闻，妄辄更改，故比他书尤多舛误。今合诸本，更相雠正，其诸同异，悉存之以备参订。黄氏《附案》引鲍氏云：彭晓妄更，秘馆所藏，民间所录，差误衍脱，莫知适从。朱氏考辨正文，引证依据，其本始定云云。然其书虽多所正定，而于彭氏移易《鼎器歌》，犹未之复正。其校同异者不过数处，余皆注解也。黄氏附录朱子《语录》之言，间加以附按，颇与本书有裨云。其前先载《赞序》（即徐从事注序），次及朱子自序，亦俱有《附录》、《附按》。

——出清·周中孚《郑堂读书记·补逸》卷三十

五、《参同解》跋

朝鲜 崔锡鼎

药泉南先生按北藩时，得朱子注《参同契》于同春宋公家籝，入梓已行矣。先生尝有所论解，并加口诀，而未及卒编，只有数段，不可孤行。今托北伯李公善溥，附刊于朱《解》之后。按朱夫子之言曰：眼中了了，但无下手处。真知则实践，即夫子雅言也。人患眼中欠了了，是以无下手处。苟于本原看得透，则行之自可沛然，安有孔穴肯綮，几于襄野迷涂之叹哉！然夫子之训如此，是必有轮扁不传之妙，非浅学谫闻所可与论者耳。近世青霞子权克中颇精于丹学，而顾余生后不及见。友人闵征士以升博学淹贯，其于修炼家文字，亦有论解图说。此友已逝，无因对床相讲，惜也。同春翁借此书也，有书云：俟公丹鼎之熟，愿为刘安鸡犬。今则药泉翁墓草已宿，更无叩问之地，不胜贫笃壁上之感。仍附识于此，岁玄默执徐素秋。

兑足承二，盖取诸宗。离腹为器，干则用中。艮山在南，射雉矢亡。乾惕藏心，获金于傍。巽目聪明，萧公交股。坎水东行，女游西浒。震开笑口，有秋伏火。坤八以究，半爻居下。

——出崔锡鼎（朝鲜）《明谷集》卷十二

六、《参同契》吐注

朝鲜 南九万

乾坤者，易之门户，众卦之父母。坎离匡郭，运毂正轴。牝牡四卦，以为橐籥。覆冒阴阳之道，犹工御者，准绳墨，执衔辔，正规距，随轨辙，处中以制外。

乾坤，阴阳也；门户（两户为门，半门为户。），言其出入；父母，言其生成坎离土火也；匡郭，犹《易·系》所谓范围之围，言其包括之也。坎以坤而包乾，离以乾而包坤，此所谓匡郭也。毂，车轮之中受轴之处，轴横贯毂中以之转轮者也。橐籥，炉鞴之名。橐外之棱所以受籥者，籥内之管所以鼓橐者，盖言其虚而为用也。乾其户而坤其门，乾其父而坤其母；坎则阴其毂而阳其轴，而离则阳其毂而阴其轴；乾坎其牡而坤离其牝，乾坤其橐而坎离其籥。皆所以取譬而形容之者也。绳墨、规矩，乃阴阳进退之候，水火升降之序也；衔辔、轨辙，乃搬运水火之法，循环阴阳之迹也。处中制外，即天君主宰而百体从令也。《易》曰：在天成象，在地成形。譬之于人，头之耳目所以成象于上，腹之脏腑所以成形于下。此《说卦》所谓天地定位，邵子所谓一身还有一乾坤。而即此所谓门户父母，乃天地之体也。人之一身只是气血而已，凡发之为喘息，蕴之为温暖，以至于声音言语、足行手转之类，皆属气出之为。涎唾藏之为精髓，以至涕泪、汗液、毛荣、肤泽之类皆属血。求其气之本，则在于肾；求其血之本，则在于心。肾虽为气之本，实为天一之水，故气之所至，水亦滋焉；心虽为血之本，实为地二之火，故血之所行，火亦炽焉。此《说卦》所谓水火不相射（音石，言水火下然上沸而不相灭息也。或音食，犯也，是不相害；或音斁，是不相厌。二义皆通。水火本相克之物，而如未济之水火中间有物隔之，却相为用），周子所谓生阴生阳，互为其根，而即此所谓匡郭、毂轴，乃阴阳之用也。

此章乃开卷之初而群言之首，苟明乎此，则余可类而推之矣。

数在律历纪，月节有五六，经纬奉日使。兼并为六十，刚柔有表里。朔旦屯直事，至暮蒙当受。昼夜各一卦，用之依次序。既未至晦爽，终则复更始。日辰为期度，动静有早晚。春夏据内体，从子到辰巳。秋冬当外用，自午讫戌亥。赏罚应春秋，昏明顺寒暑。爻辞有仁义，随时发喜怒。如是应四时，五行得其理。

律应阴阳升降周年之候，历纪日月往来周天之运。始于黄钟，终于中吕，起于立春，尽于大寒。是其数也。月节五六，一月三十日也。九九之数，五六三十。或曰五日为一候，六候为一月，是为五六，亦通。牝牡四卦之余，有六十卦，以二卦十二爻奉一日十二时。

第六卷

周易参同契注

宋 无名氏 注

点 校 说 明

1.《周易参同契注》上中下三卷,宋无名氏注。本注以《黄庭》之说作印证,兼取钟吕《灵宝》之说,而于宋元丹经,未见称引。其注本取彭晓《参同契通真义》之分章为注。世无单行本,唯《道藏》收录。考《道藏》本中凡两避宋讳"恒"字,则其所录当系宋本。又注中引麻衣之《正易心法》,按朱熹所云,系出伪托,故将其注之时次于朱熹《考异》之后。

2.本篇以《道藏》映字号本整理点校,无参校本。

周易参同契注

无名氏 注

《周易参同契注》卷上

乾坤者,易之门户,众卦之父母。坎离匡郭,运毂正辐。

《系辞》曰:乾坤,其易之门耶?盖乾得乎纯阳,坤得乎纯阴。凡众卦之阳爻,皆得乎乾之阳;众卦之阴爻,皆得乎坤之阴。故乾坤之阴阳,所以为入众卦之门户也。在人,则乾为首,而备耳、目、鼻、口、舌之显于外者也;坤为腹,而备心、肝、脾、肺、肾之在乎内者也。故凡众石之属阳者,皆乾之所为;其属阴者,则坤之所为也。其始也,未有众卦,而坎则孕于坤之中,离则孕于乾之中。在人,则肾属坎,而居乎下;心属离,而居乎上。及坎离一合,则坎运其阳,离运其阴,以成六十卦。人之坎男离女交媾,则众石实自此而基也。故曰运毂正辐。

上第一章

牝牡四卦,以为橐籥。覆冒阴阳之道,犹上御者,准绳墨,执衔辔,正规矩,随轨辙。处中以制外,数在律历纪。月节有五六(三十日也),经纬奉日使。兼并为六十,刚柔有表里。

四卦者,乾、坤、坎、离也;牝牡者,阴阳之道也。以言其大,则穷众卦之阴阳,皆四卦而为之覆冒;以言其用,则众卦之阴阳,皆四卦而为之鼓动。是其居中以制外,亦犹二者准绳墨于内,而规矩自能正于外。御者执衔辔于内,而轨辙自能随于外也。以其数而言,则乾之九,坤之六,坎之七,离之八,实为律历之纲纪也。以一月而言,则二辰共五日,而六辰共十五日,故一月有六五之数也。以一日而用两卦,则刚柔相为经纬,相为表里者,实尽乎此。

上第二章

朔旦屯直事,至暮蒙当受。昼夜各一卦,用之依次序。

《易》自乾坤二卦之后，则次之屯蒙。今言旦屯暮蒙，则日用两卦可知矣。若更能依屯蒙之后卦次序而推之，则昼夜各一卦，而一月可周六十卦也。

上第三章

既未至晦爽，终则复更始。日辰为期度，动静有早晚。

易卦终于既济、未济，自初一以屯蒙而推之，以至于晦日之旦暮，则终于既、未可知矣。然终则必有始，故次月之初，复自屯蒙而始也。非特日用之有其序，则屯蒙必行于子时。五日共二辰，则上弦行于卯时，下弦行于酉时，与夫十五、十六，则行于午时。其动之亦有早晚也，不可以不察。

上第四章

春夏据内体，从子到辰巳。秋冬当外用，自午讫戌亥。

阳气自子生而上升，故以春夏为内体；阴气自午而下降，故以秋冬为外用。此言十二月之火候也。

上第五章

赏罚应春秋，昏明顺寒暑。爻辞有仁义，随时发喜怒。如是应四时，五行得其理。

在《易》：天道有阴阳，地道有刚柔，人道有仁义。夫阳至于春则发生，阴至于秋则肃杀。人则象阳之发生，而施仁以为赏；象阴之肃杀，则主义以为罚。其喜怒之见于外也。如此，而修炼之士，则体春之发生，于阳气大壮之时，在一月则上弦之日也而飞金精。盖春属木，而金精则属坎之水，水能生木，乃施仁之义也。复体秋之肃杀，于阴气正盛之时，在一月则下弦之日也而采药。盖秋属金，而离宫之药则属火，火能制金，乃讨叛之义也。如是而象四时，则五行岂不得其理乎？

上第六章

天地设位，而易行乎其中矣。天地者，乾坤之象也；设位者，列阴阳配合之位也。易谓坎离，坎离者，乾坤二用。二用无爻位，周流行六虚。往来既不定，上下亦无常。幽潜沦匿，变化于中。包囊万物，为道纪纲。

坎离为乾坤二用者，盖乾纯阳也，皆天德也，不能以自用也。故

《易》曰：天德不可为首也。而用之则在乎阴，乃聪明睿智，守之以愚，而后群龙为之用，故曰：见群龙无首，吉。无首者，守愚之谓也。坤，纯阴也，两贱不能以相使，亦不能自用也，故《易》曰：利永贞。而用之则在乎阳。盖自用则迷，而得主则利，故曰：东北丧朋，乃终有庆。东北，阳方也。故乾卦言用九，坤卦言用六，其余则不言用也。故纯阳而一阴生，则离之虚中，乃乾之用也；纯阴而一阳生，则坎之刚中，乃坤之用也。是故六十卦中之阳爻，皆乾中有阴，以为之运；六十卦中之阴爻，皆坤中有阳，以为之运。此乾坤所以为众卦之父母，故不在乎众卦之列，而坎离为乾坤之用，故亦幽潜沦匿，而不以爻位自著。夫六虚者，谓众卦之初，皆具乎纯坤之体，而中六位皆虚也。惟中六位皆虚，故坎离变化于中，得以运乾坤之阴阳，以周流于六虚之内，而后六十卦之体备矣。惟其欲周六十卦，故阴阳之或上或下，或往或来，故不可以为典要，又曷常有定体哉！此坎离虽不用，而包囊万物，为道纪纲者，实在乎是。在人则乾为父，坤为母，父之精、母之血，亦坎离为乾坤之二用也。然父母皆不能以自用，阳必资乎阴，阴必资乎阳，及坎离之相交为用，则五脏六腑、百骸九窍，莫不于是而生焉。

上第七章

以无制有，器用者空。故推消息，坎离没亡。

有者万物，无者一阳之气也。有者魄也，无者魂也。此言无者，谓坎离生阴阳二物，而成六十卦，故曰消息。所谓没亡者，坎离不用也。

上第八章

言不苟造，论不虚生。引验见效，校度神明。推类结字，原理为证。坎戊月精，离己日光。日月为易，刚柔相当。土王四季，罗络始终。青赤白黑，各居一方。皆禀中宫，戊己之功。

言土旺四季者，盖五行中，土无正位，亦犹坎离四卦为乾坤二用，而运成六十卦也。是以坎管戊，离管己，以居中也。故自初一至初八午，用十五卦，以象乎春之青；又自八日午至月半，用十五卦，以象乎夏之赤；又自十六至二十三午，用十五卦，以象乎秋之白；又自二十三午至三十日，用十五卦，以象乎冬之黑。故曰青、赤、白、黑，皆禀乎戊己也。

上第九章

易者,象也。悬象著明,莫大乎日月。穷神以知化,阳往则阴来。辐辏而轮转,出入更卷舒。《易》有三百八十四爻,据爻摘符,符谓六十四卦。晦至朔旦,震来受符。当斯之际,天地媾其精,日月相撢持。雄阳播玄施,雌阴化黄包。混沌相交接,权舆树根基。经营养鄞鄂,凝神以成躯。众夫蹈以出,蠕动莫不由。

雄阳,谓坎也;播玄施者,谓初变为震,次为兑,以至于为乾。乾,天也,天色玄,故《龙虎经》曰:雄阳翠玄水。雌阴,谓离也;化黄包者,谓初变为巽,次为艮,以至于坤。坤,地也,地色黄,故《龙虎经》曰:雌阴赭黄金。

上第十章

于是仲尼讚鸿濛,乾坤德洞虚。稽古当元皇,关睢建始初。冠婚气相纽,元年乃芽滋。

昔圣人作《易》,上经始乾坤,父母之道也,故《易·系》曰:乾道成男,坤道成女。下经始咸恒①,夫妇之道也,故《序卦》曰:有男女,然后有夫妇。自天地而言之,则乾居上,而坤居下,是为不交之否;自一身而观之,则离女坎男之不交,是为火水之未济。岂非独阳不生,独阴不成,而旷然洞虚者乎?及其天地一交而为泰,水上火下则为既济,岂非天地交而万物生,男女交而志通者乎?故圣人序《诗》,则以关睢为首,而夫妇之道愈正矣。

上第十一章

圣人不虚生,上观显天符。天符有进退,诎伸以应时,故易统天心。《易》与天地准,非圣人莫能明之。

上第十二章

复卦建始萌,长子继父体,母因立兆基(坤上)。消息应钟律,升降据斗枢。三日出为爽,震庚受西方。八日兑丁受,上弦平如绳。十五乾体就,盛满甲东方。蟾蜍与兔魄,日月气双明。蟾蜍视卦节,兔者吐生

---

① 按:咸恒,原作"成恒",据《周易》及文义改。

光。七八道已讫（十五数），屈折低下降。

上第十三章

十六转受统，巽辛见平明。艮直于丙南，下弦二十三。坤乙三十日，东北丧其朋。节尽相禅与，继体复生龙。

日月相会之地谓之辰，故一年十二度会也。而会必于朔，故曰日月合璧谓之朔。惟其朔旦之合璧，故月魄有时而蚀日。然日月皆逆行于天，而日一日行一度，月则一日行十三度强也。月至三日，而明始生，则去日已仅四十度，故当其日之西沉，而月受日之魂，如纯坤之得一阳也，是为震卦；而见于西方庚位之上，故震管庚，及至八日，去日愈远，阳魂日盛，是为兑卦；当日西沉，而月之行已至于南方丁位之上，乃上弦也，故兑管丁，及至十五日，则日月相望，而阳意满矣，故为乾卦；当日西沉，而月已出于东方甲位之上，故乾管甲，方其月魂之满也，及至中宵壬子之时，而阴魄已生矣，是为离卦，故离管壬；至十六已后，阴魄始见，如纯乾之得一阴也，是为巽卦。方其魂之初生也，则可自日沉而定其所管之方隅；及其魄之已生也，其出愈迟，则月之行住，尤不可以日沉而定之矣。故其定之也，则以日出而辨明之。故十六已后，其日将升，而月始抵于西方辛位之上，故巽管辛。至于二十三日，取日已近，而阳魂已消其半，是为艮卦。当日之升，而月之行度方至于南方丙位之上，故艮管丙，乃下弦也。古人云：近一远三谓之弦。上弦则去日前，行为未远，故为近一；下弦则去日为尤远，而反在日之后，故为远三。自二十三至于月末，则阳意消尽，复为坤卦。当日之升，始至于东方乙位之上，故坤管乙。惟其阴气既极，而阳意已于晦夜子癸之时孕之矣，是为坎卦，故坎管癸。至于次月，复受震庚之符，故曰继体复生龙，盖震为龙故也。

上第十四章

壬癸配甲乙，乾坤括始终。七八数十五，九六亦相应（十五数）。四者合三十，阳气索灭藏。八卦布列曜，运移不失中。

乾管甲而亦管壬，坤管乙而亦管癸。据横天甲子，坎亦管癸，离亦管壬，何也？盖乾卦纯阳，阳极而一阴生，是乾于阳极之时，而离已生矣；坤卦纯阴，阴极而一阳生，是坤于阴极之时，而坎已生矣。故曰：壬癸配甲乙,乾坤括始终。阳气索灭藏者,谓至三十日,则化纯坤体,故无阳矣,亦如月至三十日,则无光矣。

上第十五章

元精眇难睹,推度效符证。居则观其象,准拟其形容。立表以为范,占候定吉凶。发号顺时令,勿失爻动时。上察河图文,下序地形流。中稽于人心,参合考三才。动则循卦节,静则因象辞。乾坤用施行,天地然后治,可得不慎乎。

火候之诀,最为精妙,非常情所能推测,宜细推详,与彼相符,以为图象,庶有形容为可拟也。此非上察河图文之谓乎?其次,则立表于地,以占时侯,可以为人之轨范,非下序地形流之谓乎?又其次,方得顺时以举事,无过无不及之失,非中稽人心之谓乎?如是则三才既定,卦节无差,斯与天地合德,日月合明,与鬼神合其吉凶矣,可不慎乎。

上第十六章

御政之首,管括微密,开舒布宝。要道魁柄(斗指十二辰),统化纲纽。爻象内动,吉凶外起。五纬错顺,应时感动。四七乖戾(二十八宿),誃离俯仰。

御政之首,言行金丹之初,须先括定微密之旨,使心下瞭然,如数一、二,然后方随斗所指,以收众宝,次第而行之。纲纽既定,循爻象而动,则吉凶无不应。五纬,即五行、四时也。相为错综,各顺其理,故能随时感应。四七者,二十八宿布于四方,为周天三百六十之躔度,苟前后之或失其序,俯仰誃离,则乖戾集,可不戒哉?

上第十七章

文昌统录,诘责台辅。百官有司,各典所部。

文昌言人君发政之所,台辅喻坎离,百官喻六十卦。

上第十八章

日合五行精,月受六律纪。五六三十度,度竟复更始。原始要终,存亡之绪。或君骄溢,亢满违道;或臣邪佞,行不顺轨。弦望盈缩,乖变凶咎。**执法讥刺,诘过贻主。**

人君骄逸亢满,谓临炉不能定铢两,不依法度;臣邪行不顺轨,谓六十卦之用前后失序,则适以害神室胎仙也。

上第十九章

辰极受正,优游任下。明堂布政,国无害道。内以养己,安静虚无。原本隐明,内照形躯。闭塞其兑,筑固灵株。三光陆沉,温养子珠。视之不见,近而易求(运三光入内,故曰陆沉)。

辰极谓斗也,人首象天,正泥九宫也。受正者,谓搬运坎离之龙虎,而朝纳于此,然后得以优游任下,谓运火以炼之也。泥丸之前一寸为明堂,又自此而后,入三田之内,故国无害道,而可保其长久也。虽然,又当明内丹以养己,使安静于虚无之境。夫原本既隐,然内照形躯,如水生珠而崖不枯,此言坎宫之铅也。至于收离宫之汞,与夫龙虎以固筑灵株,则全藉心中五华之气也。苟非闭塞其兑,则难以收之。兑,口也。此吾身之真气,非外气也,故曰近。夫三光者,日月星也。

上第二十章

黄中渐通理,润泽达肌肤。初正则终修,干立末可持。一者以掩蔽,世人莫之知(一者,水也)。

黄中,脾也,能化砂石之药,以养四肢及五藏,以生枝叶,故曰终修、末可持也。一者,水也,谓水能勿妄泄,亦能自内以养己,但世人未晓也。

上第二十一章

上德无为,不以察求;下得为之,其用不休。上闭则称有,下闭则称无。无者以奉上,上有神德居。此两孔穴法,金气亦相须。

上德、下德者,谓离为心而居上,其中有玉液可为还丹,而有益于人,故曰上德;坎为肾而居下,其中有金液亦为还丹,而有益于人,故曰下德。夫欲采玉液,固不假于修为;欲采金液,非假于炉灶,而修为不可得也。及其闭而塞之也,玉液已闭,而入于玄膺,谓玄牝也,则喜其有归也;金液已闭,而入于尾闾关,则喜其无漏也。此称有、称无之辨。金液则自下而上以为魄,玉液则自上而下以为魂,故曰神德居。

上第二十二章

知白守黑(白金黑水也),神明自来。白者金精,黑者水基。水者道枢,其数名一。阴阳之始,玄含黄芽。五金之主,北方河车。故铅外黑,内怀金华。被褐怀玉,外为狂夫。

玄,天色也;黄,地色也。言纯乾之中,阳极生阴,而离已生焉。离出而生巽、生艮,以至于坤,此言含黄芽也。人之受胎也,本于父精,遂化而生五藏,故五藏之金,以肾为主。存于肾,则为金,飞金晶则用河车以运之也。河车,即气自北方而直至泥丸也。

上第二十三章

金为水母,母隐子胎;水者金子,子藏母胞。真人至妙,若有若无。仿佛大渊,乍沉乍浮。退而分布,各守境隅。

金能生水,故曰母金;金在坎中,故曰隐子胎。坎为肾,肾虽金之子,必先藏于母之胞,而后有此身也。虽然,其初藏于母胞也,非真人之存于胞中,安能若是之至妙?自其妙而观之,方以为有,而块然一物,方以为无,而万物具焉。若沉浮于大渊之中,不可以常情窥也。及其退而分布,则五藏六腑、百骸九窍,莫不由此而具焉。

上第二十四章

采之类白,造之则朱。炼为表卫,白里贞居。方圆径寸,混而相拘。先天地生,巍巍尊高。

人身上为天、下为地,当其未有是身也,则受父之精,而后能有此天地,故精气为先也。《易》以乾为首、坤为腹是也。方圆径寸,乃丹田也。金在坎中,其色白。方其操之也,不得乎南方之朱,安能以造成金丹哉?亦犹父之精必得乎母之血,然后可以尽生成之义。是故白居乎里以为贞,而离为表卫以炼于外,故能相拘于方寸之中矣。盖纯阴之中,一阳复而为坎,然后化为震、为兑,以至于为乾;纯阳之中,一阴生而为离,然后化而为巽、为艮,以至于为坤。是则坎离者,先天地而生,故能巍巍然,如是之尊高也。

上第二十五章

旁有垣阙,状似蓬壶。环匝关闭,四通踟蹰。守御密固,阏绝奸邪。曲阁相通,以戒不虞。可以无思,难以愁劳。神气满室,莫之能留。守之者昌,失之者亡。动静休息,常与人俱。

垣阙,肾部之宫;曲阁,尾闾关;戒不虞者,防梦寐而或泄也。惟能平日无邪思,则可矣。动之则失,静而休息则存矣。

上第二十六章

是非历藏法,内视有所思。履行步斗宿,六甲以日辰。阴道厌九一,浊乱弄元胞。食气鸣肠胃,吐正吸外邪。昼夜不卧寐,晦朔未尝休。身体日疲倦,恍惚状若痴。百脉鼎沸驰,不得清澄居。累土立坛宇,朝暮敬祭祠。鬼物见形象,梦寐感慨之。心欢意喜悦,自谓必延期。遽以夭命死,露腐其形骸。举措辄有违,悖逆失枢机。诸术甚众多,千条有万绪。前违黄老,曲折戾九都。

历举旁门小法,使后学知所戒也。

上第二十七章

明者省厥旨,旷然知所由。勤而行之,夙夜不休。服食三载,轻举远游。跨火不焦,入水不濡。能存能亡,长乐无忧。道成德就,潜伏俟时。太一乃召,移名中洲。功满上升,膺录受图。

言《同契》之书,能用心以明之,则金丹之旨无出乎是。

上第二十八章

《火记》不虚作,演《易》以明之。偃月法鼎炉,白虎为熬枢。汞日为流珠,青龙与之俱。举东以合西,魂魄自相拘。上弦兑数八,下弦艮亦八。两弦合其精,乾坤体乃成。二八应一斤,易道正不倾。铢有三百八十四,亦应卦爻之数。

上弦铅八两,下弦汞八两,一两二十四铢,合十六两言之,有三百八十四铢,应六十四卦三百八十四爻也,故曰乾坤体乃成。白虎者,坎中之银也。非假偃月炉以煎熬之,终莫能得是宝也。谓之枢者,既得是宝,则欲其自曲阁之道以运之,使至泥丸而后止;其次,则离为日,流珠自玉池而出,而青龙亦与之同涂而至。苟能以汞龙自玄牝门而入,则龙与虎合,故曰举东以合西也。虎为魄,龙为魂,则自相拘于炉鼎之内矣。

上第二十九章

金入于猛火,色不夺精光。自开辟以来,日月不亏明。金不失其重,日月形如常。金本从月生,朔旦受日符。金返归其母,月晦日相包。

隐藏其匡郭,沉沦于洞虚。金复其故性,威光鼎乃熺。

　　金即坎中液也,得离火以炼之,愈坚而愈莹。日即离也,月即坎也,坎离不以金火,既施于用,而遂失其明,而金亦常不失其重者,生生而不穷也。日月之形常如是者,其源本至坚固也。虽然,惟金火施为金丹之用,则可以如是。苟为不然,则《黄庭经》所谓叶去树枯失青青,气亡液漏非已形者,又不可与此同日语也。《经》曰:初正则终修,干立末可持。此之谓也。大抵金常生于坎,亦随日魂之消长而为盛衰也。故朔旦受日符,则愈生而愈盛,自阴符生而至于晦,则月魄化为坤矣。故金返归其母,乃坤之土为金之母也。故虽然阴极则阳生,故月于晦夜已包乎日之魂,如坎之孕于坤中也。但其明未著于外,而特隐藏于匡郭之中,而沉沦于洞虚之内也。然当此之时,金丹得以复其故性,而其明愈炽矣。

　　上第三十章

　　子午数合三,戊已号称五。三五既谐和,八石正纲纪。呼吸相贪欲,伫思为夫妇。黄土金之父,流珠水之母。水以土为鬼,土镇水不起。朱雀为火精,执平调胜负。水盛火消灭,俱死归厚土。三性既合会,本性共宗祖。

　　坎为水,一数也;离为火,二数也。合之而为三矣。坎管戊而离管已,戊已属土,五数也,故为三五。二者,夫妇之义,故和谐。八石者,《黄庭经》以为八素琼是也。谓自初八而至十五,八日所采之丹资也。二者相贪为夫妇,必须呼吸以求之。盖出日则呼,入月则吸。黄土,脾液也,故能生金肺液也。流珠谓太阳流珠,亦肺液也,故能生坎水。然坎水之为物,当阴符一至,则阳气索灭藏,体魄化为坤,坤属土,故水为之镇,而微弱不振矣。非得火精而为之调和,安能以返其魂哉?惟当阴盛火消之余,故此水终为土所制,而无生意矣。然谓之水盛,而不言阴盛者,盖自下弦而至三十日,以时则属乎冬,以方则象乎北,故曰水盛。三性共祖宗者,盖人之始受胎也,以父精为主,而化成五藏,故五藏之五行皆宗于水也。

　　上第三十一章

巨胜尚延年(胡麻也),还丹可入口。金性不败朽,故为万物宝。术士服食之,寿命得长久。土游于四季,守界定规矩。金砂入五内,雾散若风雨。熏蒸达四肢,颜色悦泽好。发白皆变黑,齿落生旧所。老翁复丁壮,耆妪成姹女。改形免世厄,号之曰真人。

坎中之金,制为还丹,终不败朽,故万物之中最为宝也。土游四季者,谓坎离二卦管戊己,而布六十卦于三十日之内,分为四时,故一月夺一年之气候。坎金离砂自入炉鼎之外,则用之以养内丹。其金砂之入五藏,不啻如云雾之散,如风雨之润,故能熏蒸四肢,以反老成童者,岂不有本于此哉!

上第三十二章

胡粉投火中,色坏还为铅。冰雪得温汤,解释成太玄。金以砂为主,禀和于水银。变化由其真,终始自相因。欲作服食仙,宜以同类者。植禾当以黍,覆鸡用其子。以类辅自然,物成易陶冶。鱼目岂为珠,蓬蒿不成槚。类同者相从,事乖不成宝。是以燕雀不生凤,狐兔不乳马,水流不炎上,火动不润下。

胡粉乃以铅为之,今投于火而复为铅;冰雪自水而结之,投于温汤亦化为水。是犹金丹亦藉砂和水银为之,及火灭而复其本性,以见物之有本,而终始不能以自坏也。修炼之士,其可外坎离而别用其心也哉!

上第三十三章

世间多学士,高妙负良才。邂逅不遭遇,耗火亡货财。据按依文说,妄以意为之。端绪无因缘,度量失操持。捣冶羌石胆,云母及礜磁。硫黄烧豫章,泥汞相炼飞。鼓下五石铜,以之为辅枢。杂性不同类,安肯合体居。千举必万败,欲黠反成痴。侥幸讫不遇,圣人独知之。稚年至白首,中道生狐疑。背道守迷路,出正入邪蹊。管窥不广见,难以揆方来。

智不足以明是理,切莫妄意以有为。妄意而为之,反为识者之见哂。

上第三十四章

若夫至圣,不过伏羲,始画八卦,效法天地。文王帝之宗,结体演爻辞。夫子庶圣雄，十翼以辅之。三君天所挺，迭兴更过时。优劣有步骤，功德不相殊。制作有所踵，推度审分铢。有形易忖量，无兆难虑谋。作事令可法，为世定诗书。素无前识资，因师觉悟之。皓若褰帷帐，瞋目登高台。

《易》书之作，乃成于三圣之手，岂易明哉？况金丹之旨，有体乎《易》，其微妙隐奥，尤过乎是。

上第三十五章

《火记》六百篇，所趣等不殊。文字郑重说，世人不熟思。寻度其源流，幽明本共居。窃为贤者谈，曷敢轻为书。若遂结舌瘖，绝道获罪诛。写情著竹帛，又恐泄天符。犹豫增叹息，俛仰缀斯愚。陶冶有法度，未忍悉陈敷。略述其纲纪，枝条见扶疏。

六百篇者，盖一年除二月、八月息火，而一月每用六十卦，十个月总有六百卦也。幽明，幽谓天地之道，明谓人也。

上第三十六章

以金为隄防，水入乃优游。金计十有五，水数亦如之。临炉定铢两，五分水有余。二者以为真，金重如本初。其三遂不入，火二与之俱。三物相合受，变化状若神。下有太阳气，伏蒸须臾间。先液而后凝，号曰黄舆焉。岁月将欲讫，毁性伤寿年。形体为灰土，状若明窗尘。

十五者，谓十分取其五也。乃自初一至十五日，则自上弦之日采金也，故下曰水五分。水，乃玉池神水也，亦然。其三不入者，乃一日作四分分也，金水皆取一分，而余二十三日不入也。火二者，阴阳二段，加减火也。金即坎中之阳，水即离中之阴，乃玉池清水也。岁月将欲讫者，在十二月，则坤卦之讫在亥月也；在一月，则讫于坤乙三十日也；在一日，则讫于亥时也。火之阳魂，皆于此而灭，故曰毁性。一日夺一小年，一月夺一中年，十二月夺一大年，皆至于年终，则伤其明也。惟其毁伤如是，则月之形体有类乎灰土，而状亦何异于明窗尘哉？

上第三十七章

捣治并合之，持入赤色门。固塞其际会，务令致完坚。炎火张于下，昼夜声正勤。始文使可修，终竟武乃陈。候视加谨慎，审察调寒温。

周旋十二节,节尽更须亲。气索命将绝,休死亡魄魂。色转更为紫,赫然成还丹。粉提以一丸,刀圭最为神。

捣治并合之,言众药皆聚也。赤色门,谓鼎也。固塞完坚,勿令有漏,然后发火以炼之,始文终武,用审寒温,如至火度一周,则气索火绝,魂消魄复,而丹已成矣,非神而何?

上第三十八章

推演五行数,较约而不繁。举水以激火,奄然灭光明。日月相激薄,常在晦朔间。水盛坎侵阳,火衰离昼昏。阴阳相饮食,交感道自然。

月本无明,藉日以为明,惟月至晦,则变纯坤体矣。而坎阳已孕于中,故常当晦朔之交,而月或侵阳,故有举水激火之说。坎侵阳,离昼昏,乃月食日也,此亦交感自然之谓也。

上第三十九章

名者以定情,字者缘性言。金来归性初,乃得称还丹。吾不敢虚说,仿效圣人文。古记题龙虎,黄帝美金华。淮南炼秋石,王阳加黄芽。贤者能持行,不肖毋与俱。古今道犹一,对谈吐所谋。学者加勉力,留念深思惟。至要言甚露,昭昭不我欺。

名者,有实之可名也,字则表而出之,又涉于无名也。有者,魄也,其情也;无者,魂也,其性也。惟金丹至火灭,乃得复其性而成丹矣。虽然金丹之旨,亦须留心精审,则厥旨自明,非有隐也。

《周易参同契注》卷中

乾刚坤柔,配合相包。阳禀阴受,雄雌相须。须以造化,精气乃舒。坎离冠首,光耀垂敷。玄冥难测,不可画图。圣人揆度,参序元基。四者混沌,径入虚无。六十卦周,张布为舆。龙马就驾,明君御时。和则随从,路平不邪。邪道险阻,倾危国家。

自初一至十五日,乃乾包坤;自十六至三十日,乃坤包乾。月之为物,其初徒有其质,而受阳光,然后明焉。元基者,坎离也;四者,添乾坤也;入虚,谓不用;舆者,载六十卦而行也;君即心也。

上第四十一章

君子居其室，出其言善，则千里之外应之。谓万乘之主，处九重之室。发号出令，顺阴阳节。藏器俟时，勿违卦月。屯以子申，蒙用寅戌。余六十卦，各自有日。

发号出令，顺阴阳节，言采取丹药并火候也。自六十卦而言之，一日当用两卦；自发火而言之，一日即朝暮用两时也。故但以屯蒙言之，乃乾坤后之初卦也。但行之自有进退耳，故用时前后不同也。且如半夜子时一阳之生也，当体一阳而用火；丑时二阳生，则体二阳而用火；以至巳时，则当用六数火也。一数，即三气象一阳爻也；二数，即三度行二气，象二阳爻也；以至六数，则三度行六数，象六阳全也。乃有八变而成卦之道也。反阴符一生于午，则退一数而行五数；火退至于亥，则六阴全而无火矣。其曰屯用子申者，乃指屯卦而言之也，盖上坎下震为屯卦，震卦则初起庚子，坎卦则次起戊申也；又曰蒙用寅戌者，亦指蒙卦言之也，盖上艮下坎为蒙卦，坎初起戊寅，而艮次起丙戌是也。以是见一卦之各有朝暮也。直日卦而言之，则六十卦记于十二时之中，其用则各有先后，但一日无出两时而行火，故总以屯蒙言之。

上第四十二章

聊陈两象，未能究悉。立义设刑，当仁施德。逆之者凶，顺之者吉。按历法令，至诚专密。谨候日辰，审察消息。纤芥不正，悔吝为贼。

自初一至十五日，施明于月，故曰当仁；自十六至三十日，月魄渐以掩明，故曰设刑。

上第四十三章

二至改度，乖错委曲。隆冬大暑，盛夏霜雪。二分纵横，不应漏刻。风雨不节，水旱相伐。蝗虫涌沸，群异旁出。天见其怪，山崩地裂。孝子用心，感动皇极。近出己口，远流殊域。或以招祸，或以致福，或兴太平，或造兵革。四者之来，由乎胸臆。

冬至象子时，夏至象午时，春分卯时，秋分酉时。冬至一阳生，则行一数火，至六阳极，则行六数火；夏至一阴生，则减一数火，只行五数。至六阴极，则火数减灭。且以冬至之月论之，一月只行一数火，皆于子时行之，十二月皆然。如月火自初一至初三早，皆以子时行之；自初三晚至初五，皆以丑、亥时行之；自初六至初八早，皆以寅、戌时行之；自初八晚至初十，皆以卯、酉时行之；自十一至十三早，皆以辰、申时行之；自十三晚至十五，皆以巳、未时行之；自十六至十八早，皆以午时行之；自十八晚至二十，皆以巳、未时行之；自二十一至二十三早，皆以辰、申时行之；自二十三晚至二十五，皆以卯、酉时行之；自二十六至二十八早，皆以寅、戌时行之；自二十八至三十日，皆以丑、亥时行之。此第五篇曰用之有早晚是也。至于十二月二阳生，所行二数火亦然。由是而观，则自一阳至六阳，可默而知矣。

上第四十四章

动静有常，奉其绳墨。四时顺宜，与气相得。刚柔断矣，不相涉入。五行守界，不妄盈缩。易行周流，屈伸反复。

与气相得者，如子时一阳生，即可行一数火也，虽月、时、日三者相并，亦可徐徐而行之，不可连发也。如欲遽行丑时、寅时之火，适所以为害也。何者？盖二时无二阳、三阳以相应故也，此所以贵乎与气相得。

上第四十五章

晦朔之间，合符行中。混沌鸿濛，牝牡相从。滋液润泽，施化流通。天地神明，不可度量。利用安身，隐形而藏。始于东北，箕斗之乡。旋而右转，呕轮吐萌。潜潭见蒙，发散精光。

自朔至晦，火数皆当合符，不可有过不及之患。惟于上弦以至下弦，皆混沌之际，牝牡于此而相从，坎离之滋液于此而流通。宜于丑、寅之时，乃箕、斗之度也，宜采取以应之。右转者，逆行也；呕轮，月华也；吐萌，日华也；潜潭，坎离之宫也。

上第四十六章

昴毕之上，震出为征。阳气造端，初九潜龙，阳以三立，阴以八通。故三日震动，八日兑行。九二见龙，和平有明。三五德就，乾体乃成。九三夕惕，亏折神符。盛衰渐革，终还其初。巽继其统，固济操持。九四或跃，进退道危。艮主止进，不得逾时。二十三日，典守弦期。九五飞龙，天位加喜。六五坤承，结括终始。韫养众子，世为类母。上九亢龙，战德于野。用九翩翩，为道规矩。阳数已讫，讫则复起。推情合性，

转而相与。

昴毕之上,庚方也。一阳始生,于卦为震,于爻为初九,三日哉生明;初八为上弦,二阳已盛,于卦为兑,于爻为九二;十五日,三阳满,于卦为乾,于爻为九三;十六后,一阴生,于卦为巽,以纯乾言之,则于爻为九四;下弦为艮卦,谓之不得逾时者,言采取铢两不可过也,以纯乾言之,则为九五;自二十三至三十日,坤卦也,故以坤承言之。然以六五言者,盖阴符皆以坤为主,故以六五言之,在纯乾为上九,阳消已尽,阴极复生,故以用九终之。

上第四十七章

循据璇玑,升降上下。周流六爻,难可察睹。故无常位,为易宗祖。

璇玑,正天文之器也。阳气生,则自下而上;阴气降,则自上而下。周流六爻,互消长于六爻之内,以成六十卦,不可为典要。此刚柔二者,所以为易之宗祖也。

上第四十八章

朔旦为复,阳气始通。出入无疾,立表微刚。黄钟建子,兆乃滋彰。播施柔暖,黎烝得常。

上第四十九章

临炉施条,开路正光。光耀渐进,日以益长。丑之大吕,结正低昂。

上第五十章

仰以成泰,刚柔并隆。阴阳交接,小往大来。辐辏于寅,运而趋时。

上第五十一章

渐历大壮,侠列卯门。榆荚堕落,还归本根。刑德相负,昼夜始分。

上第五十二章

夬阴已退,阳升而前。洗濯羽翮,振索宿尘。

上第五十三章

乾健盛明,广被四邻。阳终于巳,中而相干。

上第五十四章

姤始纪序,履霜最先。井底寒泉,午为蕤宾。宾服于阴,阴为主人。

上第五十五章

遁去世位，收敛其精。怀德俟时，栖迟昧冥。

上第五十六章

否塞不通，萌者不生。阴伸阳屈，没阳姓名。

上第五十七章

观其权量，察仲秋情。任畜微稚，老枯复荣。荠麦牙蘖，因冒以生。

上第五十八章

剥烂肢体，消灭其形。化气既竭，亡失至神。

上第五十九章

道穷则反，归乎坤元。恒顺地理，承天布宣。

此言十二月火，乃年火也。惟卯、酉、亥三月不用火者，乃火败在卯，死在酉，绝在亥故也。五行中之生金怕死火是也，故息火以应之。

上第六十章

玄幽远渺，隔阂相连。应度育种，阴阳之元。寥廓恍惚，莫知其端。先迷失轨，后为主君。无平不陂，道之自然。变易更盛，消息相因。终坤始复，如循连环。帝王承御，千载常存。

玄幽远渺，隔阂相连，指坎离幽远，虽不相通，而实有相通之道。应度，谓上弦、下弦之内也；育种者，即阴阳之元也。阴之元始于离，阳之元存于坎。先迷者，言离之阴不为先倡，故上弦先育阳之元，阴之育则在下弦焉。为主君者，亦男正位乎外，女正位乎内也。

上第六十一章

将欲养性，延命却期。审思后末，当虑其先。人所禀躯，体本一无。元精云布，因气托初。

后末者，即延命却期之事也。先，此谓人之受胎之始，始于无物也。及自元精一布，而因气托初，则百骸、九窍无不备焉。还丹之法，正体乎是。

上第六十二章

阴阳为度，魂魄所居。阳神日魂，阴神月魄。魂之与魄，互为室宅。性主处内，立置鄞鄂（鄞鄂，形貌也。）；情主营外，筑垣城郭。城郭完全，人物乃安。于斯之时，情合乾坤。乾动而直，气布精流；坤静而翕，为道舍庐。刚施而退，柔化以滋。九还七返，八归六居。男白女赤，金火相拘。则水定火，五行之初。上善若水，清而无瑕。道之形象，真一难图。变而分布，各自独居。

魂之与魄，互为室宅。以火候言之，则日魂交月魄，而有进退之义；以坎离言之，则坎男之精气，不得乎离女之胎以养，则不能成金丹；以一身言之，则百骸九窍、六腑五藏，非得乎五金之气以为之根本，亦不能以长存。是知火气神所以为魂，而实质所系皆魄也。故魂无魄则无所寓，魄无魂则为弃物矣。故营于外者，为情魄之用也；处于内者，为性魂之用也。乾动而直，气布精流，类男子之交合也；坤静而翕，为道舍庐，类女子之胞胎也。故刚施而退，则柔化而愈滋。在修炼之士，九还七返，八归六居，其道亦然也。九还者，乃三千行满，为九年之数，以象怀胎九月余也；七返者，乃铅、汞、龙、虎、血、气、神也，皆欲返于三田；八归者，乃八百功成，谓一月八两，一年九十六两，故九年积而为八百余两，以归丹田也；六居者，乃天地之六子也，始三年，则育长男长女于下田，中三年，则育中男中女于中田，末三年，则育少男少女于上田也。男白者，坎中之金也；女赤者，离中之砂也。则水定火，即前所谓临炉定铢两也。上善，即离中之阴。自道生一，则为坎中阳。自坎中阳之变化，则五藏六府、百骸九窍，莫不各有定居也。

上第六十三章

类如鸡子，白黑相符。纵广一寸，以为始初。四肢五藏，筋骨乃俱。弥历十月，脱出其胞。骨弱可卷，肉滑若铅。

言人自受胎而至生养也。纵广一寸，愚尝读释《难经》云：以同身寸为尺，与升斗之度。有曰方寸为两。则知人于胞胎之始，亦自此一寸而始也。前言八两者，其定于此乎？

上第六十四章

阳燧以取火，非日不生光。方诸非星月，安能得水浆？二气玄且远，感化尚相通。何况近存身，切在于心胸。阴阳配日月，水火为效征。

此言坎为月，而中有水也；离为日，而中有火也。其与阳燧取火、方诸取水，何异哉？

上第六十五章

耳目口三宝，固塞勿发扬。真人潜深渊，浮游守规中。旋曲以视听，开阖皆合同。为己之枢辖，动静不竭穷。离气内营卫，坎乃不用聪。兑合以不谈，希言顺鸿濛。三者既关健，缓体处空房。委志归虚无，无念以为常。证难以推移，心专不纵横。寝寐神相抱，觉悟候存亡。颜容浸以润，骨节益坚强。排却众阴邪，然后立正阳。修之不辍休，庶气云雨行。淫淫若春泽，液液象解冰。从头流达足，究竟复上升。往来洞无极，怫怫被容中。反者道之验，弱者德之柄。耘锄宿污秽，细微得调畅。浊者清之路，昏久则昭明。

反者，谓老翁复丁壮、耆妪成姹女也，此道之验也；弱者，谓自卑者人尊之，自后者人先之，故为德之柄；污秽者，在己不善之行也；细微者，精微之道也；浊昏者，乃和光同尘，埋光铲彩之道也。此皆养道于外者也。自怫怫被容中以上，皆养道于内者也。《易》曰：离为目，坎为耳，兑为口。三者各有神存焉。既言固塞，又言关健，目固可瞑，口固可合，而耳则以两手掩之。又曰缓体处空房，谓当寤寐之时，则瞑目、掩耳、闭口、啮齿，使内常闻风雷之声，火气闅闅然而不绝，则神气自存。如是则阴邪尽却，而正阳自立。勤而行之，则和气流畅，而养于内者如此。

上第六十六章

世人好小术，不审道浅深。弃正从邪径，欲速阏不通。犹盲不任杖，聋者听宫商。没水捕雉兔，登山索龙鱼。植麦欲获黍，运规以求方。竭力劳精神，终年无见功。欲知服食法，事约而不繁。

世之好善者，初无大见识，得一小法则喜不自胜，以为天下无能知者，适所以自蔽也。

上第六十七章

太阳流珠，常欲去人。卒得金华，转而相因。化为白液，凝而至坚。金华先唱，有顷之间。解化为水，马齿阑干。阳乃往和，情性自然。迫促时阴，拘蓄禁门。慈母育养，孝子报恩。严父施令，教敕子孙。五行错王，相据以生。火性销金，金伐木荣。三五与一，天地至精。可以口诀，难以书传。

太阳,首也;流珠,肺液也。《黄庭经》谓:七液洞流冲庐间。庐谓庐额之间也。惟此一液,易于去人,盖人皆恶之也。金华者,肾液也,肺属金,肾属水,子母相聚。马齿阑干,之言其多也。阳者乃日魂也,亦为性也。慈母乃坤也,坤为腹,而生五藏之液,故五藏之液能养其身;严父,乾也,乾为首,必须五藏之液上至泥丸宫,而后能化之为金丹。火性销金者,火谓离宫之液也,采之必在下弦,下弦象秋,位在乎酉,金旺之时也;金伐木荣,金,坎宫之液也,飞之则在上弦,上弦象春,位在乎卯,木荣之时也。三者,心、肺、肝也;五者,脾也;一者,肾也。欲成金丹,须藉乎此,故曰天地至精。

上第六十八章

子当右转,午乃东旋。卯酉界隔,主客二名。龙呼于虎,虎吸龙精。两相饮食,俱相贪便。遂相衔咽,咀嚼相吞。荧惑守西,太白经天,杀气所临,何有不倾?狸狗守鼠,鸟雀畏鹯,各得其功,何敢有声?

子坎午离,右转东行,逆行也,谓采药飞金晶之事也。坎居北而在下,必欲右转而上升;离居南而在上,闭欲东行而下降。卯,木也,龙也;酉,金也,虎也。二者所主之名虽不同,然一呼一吸,而二者相会,交相制伏,不能飞走。西与太白,皆金也。其始也,金离子胎,一吸之间,而荧惑得以守其金,故金随荧惑而竟经于天矣。太白既经天,复能制伏乎苍龙,故六十八篇内曰:火性销金,金伐木荣是也。故《黄庭经》曰:出日入月呼吸存。得之者皆相制伏也,不服则有声。

上第六十九章

不得其理,难以妄言。竭殚家室,妻子饥贫。自古及今,好者亿人。讫不谐遇,希有能成。广求名药,与道乖殊。如审遭逢,睹其端绪。以类相况,揆物终始。

五位相得而各有合,类相况也。火候文武,物终始也。

上第七十章

五行相克,更为父母。母含滋液,父主察与。凝精流形,金石不朽。审专不泄,得为成道。立竿见影,呼谷传响。岂不灵哉,天地至象。若以野葛一寸,巴豆一两,入喉辄僵,不得俛仰。当此之时,虽周文揲蓍,孔子占象,扁鹊操针,巫咸扣鼓,安能令苏,复起驰走?

五行推相制伏,则不飞走。不飞走,故能相生。且立竿必见影,呼谷必传响,五行相聚,而必成丹可知矣。

上第七十一章

河上姹女,灵而最神。得火则飞,不见埃尘。鬼隐龙匿,莫知所存。将欲制之,黄芽为根。

姹女,离中五华之气也。《经》中常言闭口者,恐其散于外也。此又非呼吸所求之气也。惟此气中有真一之水,乃气为水母也。黄芽者,即坎金之所化也。二者雌雄相求,故不能以相舍。

上第七十二章

物无阴阳,违天背元。牝鸡自卵,其雏不全。夫何故乎?配合未连。三五不交,刚柔离分。施化之精,天地自然。犹火动而炎上,水流而润下。非有师导,使其然也。资始统政,不可复改。观夫雌雄,交媾之时,刚柔相结,而不可解。得其节符,非有工巧,以制御之。若男生而伏,女偃其躯。禀乎胞胎,受气元初。非徒生时,著而见之。及其死也,亦复效之。此非父母,教令其然。本在交媾,定制始先。

男生而伏,喻坎为男,必伏而收之,《黄庭经》曰后卑是也;女偃其躯,喻离为女,必仰而收之,《黄庭经》曰前昂是也。如是,而后得交媾之义,故后七八篇曰子南午北。

上第七十三章

坎男为月,离女为日。日以施德,月以舒光。月受日化,体不亏伤。阳失其契,阴侵其明。晦朔薄蚀,掩冒相倾。阳消其形,阴凌灾生。男女相须,含吐以滋。雌雄错杂,以类相求。

施德、舒光,乃男女相须,以类相求也。惟日魂加月魄,谓行火也。至晦朔之交,月魄或时掩日。若到朔旦,则宜施微阳,勿令阴气侵阳太甚,恐有所损。

上七十四章

金化为水,水性周章;火化为土,水不得行。故男动外施,女静内藏。淫度过节,为女所拘。魄以钤魂,不得淫奢。不寒不暑,进退合时。

各得其和,俱吐证符。

男动外施,女静内藏,与二十二篇上德、下德同意。

上第七十五章

丹砂木精,得金乃并。金水合处,木火为侣。四者混沌,列为龙虎。龙阳数奇,虎阴数偶。肝青为父,肺白为母。肾黑为子,脾黄为祖,子五行始。三物一家,都归戊己。

丹砂,心中气也。肝属木,故能生火。金,肺液也,常与肝液为一。然金本以水为子,故与之合;木以火为子,故与为侣。肝为龙,三数也,为火之父;肺为虎,四数也,为水之母;肾为金之子,脾乃肾之祖。三物者,木火一也,金水二也,土三也。一家者,皆吾身之所有也。离管己,坎管戊,功实归之。

上第七十六章

刚柔迭兴,更历分部。龙西虎东,建纬卯酉。刑德并会,相见欢喜。刑主伏杀,德主生起。二月榆落,魁临于卯。八月麦生,天罡据酉。子南午北,互为纲纪。一九之数,终而复始。含元虚危,播精于子。

东震,肝也,龙也;西兑,肺也,虎也;南离,心也;北坎,肾也。当上弦之日以至十五日,则飞坎宫之金,自北而南;当十六至下弦之日,则采离宫之药,自南而北,故曰子南午北。然龙常随火,虎常随水,故坎离交媾,而金木不得以间隔,故龙交乎虎,虎交乎龙,遂曰龙西虎东。大抵金丹专以坎金为主,复终之以含元虚危,播精于子。

上第七十七章

关关雎鸠,在河之洲。窈窕淑女,君子好逑。雄不独处,雌不孤居。玄武龟蛇,蟠虯相扶。以明牝牡,竟当相须。假使二女共室,颜色甚姝,令苏秦通言,张仪结媒,发辩利舌,奋舒美辞,推心调谐,合为夫妻,弊发腐齿,终不相知。若药物非种,名类不同。分剂参差,失其纪纲。虽黄帝临炉,太一执火,八公捣炼,淮南调合,立宇崇坛,玉为阶陛,麟脯凤腊,托籍长跪,祷祝神祇,请哀诸鬼,沐浴斋戒,冀有所望。亦犹和胶补釜,以硇涂疮,去冷加水,除热用汤,飞龟舞蛇,愈见乖张。

自开辟以来,有天地而后有阴阳,有男女而后有夫妇,有日月而后有魂魄，有心肾而后有气液，要在上下相交，雌雄相媾，而后有生生不穷之理，岂孤立所能独存哉？

《周易参同契注》卷下

惟昔圣贤，怀玄抱真。服炼九鼎，化迹隐沦。含精养神，通德三光。津液腠理，筋骨致坚。众邪辟除，正气常存。累积长久，变形而仙。忧悯后生，好道之伦。随傍风采，指画古文。著为图籍，开示后昆。露见枝条，隐藏本根。托号诸石，覆冒众文。学者得之，韫椟终身。子继父业，孙踵祖先。传世迷惑，竟无见闻。遂使宦者不仕，农夫失耘，商人弃货，志士家贫。吾甚伤之，定录此文。字约易思，事省不繁。披列其条，核实可观。分两有数，因而相循。故为乱辞，孔窍其门。智者审思，用意参焉。

昔圣贤服炼九鼎，含精养神，与三光合其德，故能津液充于腠理之间，使筋骨坚致，正气常存而为仙矣。但文籍之著，以示后人，托号诸石，其义颇深，隐而难明，故后学终无所见，不得其门而入。今魏公著此，使知铅汞之分两有数，火候之相循不乱，学者更宜审思焉。

上第七十九章

法象莫大乎天地兮，玄沟数万里。河鼓临星纪兮，人民皆惊骇。晷影妄前却兮，九年被凶咎。皇上览视之兮，王者退自改。关楗有低昂兮，害气遂奔走。江淮之枯竭兮，水流注于海。天地之雌雄兮，徘徊子与午。寅申阴阳祖兮，出入复终始。循斗而招摇兮，执衡定元纪。

天地之间有玄沟者，乃黄河之水天上来，经流于北方者也，在人则北方河车，实似之河鼓之星在河边也，在人则坎男也；星纪，北斗之分野也，在人则自北方河车，而直上以达泥丸之比也；人民，譬则一身之内也，在人欲飞金晶，则必震动于内，故曰惊骇。至如晷影前却者，谓坎为月，坎中之阳则为月之晷影。前却者，却之而不使前，谓妄洩也，如水之妄行。故尧有年之水，而凶咎是作。皇上，即上清真人，知其不可，故王者当退而改过；王者，心神也，关闭之道，不可不谨。其或有低昂而不定，则邪气得乘而害之矣。江淮者，南方之水道也，在人则为离中之阴，自玉池而出之比也,其所以枯竭者,则其水流注于海,而不知荫注之道也。夫天地之一雌一雄,不出乎子坎午离之徘徊而飞翔也。寅者,火之所由生,亦火之所聚,乃《易》所谓艮之成终而成始者也;申者,水之所由生,亦水之所聚,乃《易》所谓致役乎坤,又曰坤作成物者也。其可不循斗之所指,以定其用哉!

上第八十章

升熬于甑山兮,炎火张设下。白虎唱导前兮,苍液和于后。朱雀翱翔戏兮,飞扬色五彩。遭遇网罗施兮,压之不得举。嗷嗷声甚悲兮,婴儿之慕母。颠倒就汤镬兮,摧折伤毛羽。刻漏未过半兮,鱼鳞狎鬣起。五色象炫耀兮,变化无常主。潏潏鼎沸驰兮,暴涌不休止。接连重叠累兮,犬牙相错距。形如仲冬冰兮,阑干吐钟乳。崔嵬而杂厕兮,交积相支拄。

熬,鼎也;甑山,灶也;白虎,肺液也;苍液,肝龙也;朱雀,乃心吐五华之气也。故有五彩,而属火焉。火得坎水而制之,如朱雀之遇罗网,故火只得与苍液之母相恋,而在于鼎中。刻漏未过半者,子时也。子时初施微火以炼之,故其波如鱼鳞然狎鬣而起。其曰无常主者,谓火气日增,故变化无定论,极而至于武火,则暴涌矣,连叠积累,如犬牙相错,如钟乳阑干,以至杂厕而相拄者,又前后不已之所形容也。

上第八十一章

阴阳得其配兮,淡泊而相守。青龙处房六兮,春华震东卯。白虎在昴七兮,秋芒兑西酉。朱雀在张二兮,正阳杂南午。三者俱来朝兮,家属为亲侣,本之但二物兮,末而为三五。三五并与一兮,都集归二所。治之如上科兮,日数亦取甫。

卯东方震卦,房宿之所居也,其时属春,其物华,在人为肝,为青龙,谓之六者,六,水之成数也,言当上弦之后,大壮之卦卯位也,则飞坎宫之水是也;酉西方兑卦,昴宿之所居也,其时属秋,其物芒,在人为肺,为白虎,谓之七者,七,火之成数也,言当下弦之内,观卦酉位也,则采离宫之火是也;午南方也,张,星之分野也,谓之二者,地二生火也,阳气于此乎极,日魂于此乎满,火气至此而盛,故曰正阳。夫六者,铅也;七者,汞也;二者,火也。三者常相亲为一,则丹成矣。火,虚物也,其实铅汞,二物其终也。东三、南二为五也,西四、北一为五也,中宫脾土亦五也,故为三五,皆归于鼎,并为一也。都集归二所者,玄牝、尾闾也;上科者,入鼎之谓也。以日数而行火,尤不可以不谨。

上第八十二章

先白而后黄兮,赤黑达表里。名曰第一鼎兮,食如大黍米。自然之所为兮,非有邪伪道。若山泽气相蒸兮,兴云而为雨。泥竭遂成尘兮,火灭化为土。若蘗染为黄兮,似蓝成绿组。皮革煮成胶兮,曲蘗化为酒。同类易施功兮,非种难为巧。惟斯之妙术兮,审谛不诳语。传于亿世后兮,昭然自可考。焕若星经汉兮,昺如水宗海。思之务令熟兮,反覆视上下。千周灿彬彬兮,万遍将可睹。明神自告人兮,心灵乍自悟。探端索其绪兮,必得其门户。天道无适莫兮,常传与贤者。

肺属金,白也;脾属土,黄也。盖肺液自冲庐而下,脾液自黄野而升,此二者常相会合。赤,心气也;黑,肾气也。此二者亦常相为表里,四者俱会于泥丸宫,故为第一鼎。及其成丹,则一日大如黍米,以入丹田之内,非妄语也,实天地自然之道耳。岂不如山泽通气,而能兴云致雨乎？火盛则泥竭化而为尘,及其火灭,复归于土。此乃阳魂初加于坤为震,至十五日遂无坤矣。及阴符浸盛,则坤体复故是也。其所以翻来覆去,如蘗则为黄,蓝则成绿,革煮为胶,蘗化为酒,皆其所自然而然,非有以使之也。

上第八十三章

补塞遗脱

《参同契》者,敷陈梗概。不能纯一,泛滥而说。纤微未备,阔略仿佛。今更撰录,补塞遗脱。润色幽深,钩援相逮。旨意等齐,所趣不悖。故复作此,命《五相类》,则大易之情性尽矣。

五位相得而各有合

乙浮石、丁文火、己药物、辛世银、癸真铅

三木、二火、五土、四金、一水

甲沉石、丙武火、戊药物、庚世金、壬真汞

十干起于甲乙,终于壬癸。然天三生木,故甲乙得三数;地二生火,故丙丁得二数;天五生土,戊己得五数;地四生金,故庚辛得四数;天一生水,故壬癸得一数。然甲、丙、戊、庚、壬,阳干也;乙、丁、己、辛、癸,阴干也。阴则隐而未见,阳则见于外者也。五行之藏于五藏之内者,则皆以阴位配之;五行之发于五藏之外者,则以阳干配之。乙当为沉,甲当为浮,恐字误也。然五藏之宝,《龙虎经》以为七十二石,是皆以石言之也。又曰五金,又皆以金言之也;或曰到头不出于神水,是皆以水言也;又曰中和流汞情,是又皆以铅汞言也。今以金银而配庚辛,以火而配丙丁,故不得不以石配甲乙,以铅汞配壬癸也。夫谓之各有合者,乃金能生水,而坎中所生,复以金言之,乃五行颠倒术也,故水与金合;木能生火,而离中所生,亦以木言之,亦五行颠倒术也,故木与火合。夫丙丁既令以火言之,离宫之汞乃寄于壬,盖壬属离之所宫也。戊己总以药物言之,盖坎管戊,而离管己,又皆药物之所由而生也。

上第八十四章

大易情性,各如其度。黄老用究,较而可御。炉火之事,真有所据。三道由一,俱出径路。

金、木、火三道俱出一径。三道者,即木三、火二合为五数,一道也;金四、水一合为五数,二道也;脾液属土,五数也。是谓之道由一者,皆归于泥丸也。

上第八十五章

枝茎华叶,果实垂布。正在根株,不失其素。诚心所言,审而不误。

五藏,譬则树也,枝茎、华叶、果实皆其所生也。然此数者之如是,正赖于根株之不失其素,而先有以养之于内也。故《毕法》必欲先养内丹,而后飞金晶以炼外丹者此也。

上第八十六章

象彼仲冬节,竹木皆摧伤。佐阳诘商旅,人君深自藏。象时顺节令,闭口不用谈。天道甚浩广,太玄无形容。虚寂不可睹,匡郭以消亡。谬误失事绪,言还自败伤。别序斯四象,以晓后生盲。

当仲冬之时，万物皆归根复命，故枝叶皆摧伤。是以人君顺时令而至日闭关，商旅不行，后不省方者，欲其归藏也。修炼之士，当知以身为树，以五藏为根，而五藏所生之宝为华叶、果实也。及华叶摧落之余，必收藏以粪其根株也。乃临炉定铢两之外，余则收之，如二十二篇之金砂入五内，雾散若风雨是也。

上第八十七章

会稽鄙夫，幽谷朽生。挟怀朴素，不乐欢荣。栖迟僻陋，忽略利名。执守恬澹，希时安平。宴然闲居，乃撰斯文。歌叙大易，三圣遗言。察其旨趣，一统共伦。

三圣遗言，上而在天，下而在地，中而在人，无一不包，故曰《易》与天地准。圣贤达而在上，则用以治国、平天下；穷而在下，则用以齐家、修身。又翛然出乎尘俗之表，用以修性，或用以长生，初未始有二道也。

上第八十八章

务在顺理，宣耀精神。神化流通，四海和平。表以为历，万世可循。序以御政，行之不繁。引内养性，黄老自然。含德之厚，归根返元。近在我心，不离己身。抱一毋舍，可以长存。配以服食，雄雌设陈。挺除武都，八石弃捐。

修炼之士，惟能顺天地之常经以行之，则精神无不宣耀，神化流通，欲其不和平也不可得已。阴阳家推以为历，以授民时，而万世不易；黄老引之以养性，故知吾身之宝，所蓄为至厚，所生为无穷。于其华叶、果实之成熟者，象物之归根返元，抱一而行，未尝或舍。又使之雌雄相配，以尽生成之义。使修炼之士果能知此，则武都之八石何用哉？

上第八十九章

审用成物，世俗所珍。罗列三条，枝茎相连。同出异名，皆由一门。非徒累句，谐偶斯文。殆有其真，砾硌可观。使予敷伪，却被赘愆。命《参同契》，微览其端。辞寡意大，后嗣宜遵。委时去害，依托丘山。循游寥廓，与鬼为邻。化形而仙，沦寂无声。百世一下，遨游人间。陈敷羽翮，东西南倾。阳遭厄际，水旱隔并。柯叶萎黄，失其华荣。吉人相乘负，安稳可长生。

成物者，即物之成熟而可用者也，世俗果能参味乎此，瞭然心目之间，吾知其必宝此以为无价之珍，虽世俗之所贵者，不足以动其心矣。三条即三五也，其名虽异，不出乎吾身之内。由一门者，皆自泥丸而成就也。然一修此之法，尤当知全身远害之道，或委时而去，以依托乎丘山之势；或循游寥廓之表，而与鬼为邻，皆避世也。不然，则恐如物之忽遭水旱，朽叶或至于萎黄，而失其华荣者矣。为是道者，可不择吉人而与之相处者乎？

上第九十章

鼎器歌

（本在《补遗》之前，今存于后。）

圆三五（周圆一尺五寸，中虚五寸，名太一炉，圆天方地，状若蓬壶。），寸一分（厚一寸一分）。口四八（唇卧仰，折周围三尺二寸，明心横一尺。），两寸唇（高唇环匝二寸）。长尺二（连身长尺二，上水入鼎八寸。），厚薄匀（厚一寸一分）。腹齐三（身腹底通直，上、中、下等），坐垂温（鼎悬于灶，不著地。）。阴在上（水入），阳下奔（下火）。首尾武（巳阳子尾，午阴亥首，武火也。），中间文（巳、午两间文火）。始七十，终三旬。二百六，善调匀（合周天三百六十数）。阴火白（大白，火数，遇阴金得用，故多白少赤。），黄牙铅（铅乃牙母，黄牙生于铅。）。两七聚（青龙房，白虎昴。），辅翼人（青龙、白虎，各七宿之气。）。赡理脑，定升玄。子处中（神水金母养育，银水真子温养。子，珠也。），得安存。去来游，不出门。渐成大，情性纯（姹女、婴儿得母安养，只在鼎内。）。却归一，还本原（始以水母为丹基，水母复生真水银。）。善爱敬，如君臣。至一周，甚辛勤。密防护，莫迷昏。途路远，复幽玄。若达此，会乾坤。刀圭霑，净魄魂。得长生，居仙村。乐道者，寻其根。审五行，定铢分。谛思之，不须论。深藏守，莫传文。御白鹤兮驾龙鳞，游太虚兮谒仙君，录天图兮号真人。

鼎之制度，皆以人之左手中指中一寸以为度也。然此鼎器之造，其所象者颇推未合，留之以俟明者。其用火之数，则曰：始七十，终三旬，此特言一月之火也。魏公之意，则以为自一十息以至三十息，皆不足以为火，还从初一日以四十息为始，初二日则五十息，初三日则六十息，尤以为未也，何者？盖月魂至三日方生明，盖微阳也，故六十息亦未足。以火言之，至于二十八、二十九日、三十日，阴气浸盛，亦只自六十息、五十息退而至四十息，故曰终三旬。始七十者，言自初四日一日之内，而加行七十息，方可以言火也。自初四而往，一日每增十息，至十五日共成增一百八十息矣。又自十六日，以百八十息而退，至月末，合成二百六十之数，故曰二百六。又以七十与三旬而凑之，以法周天三百六十之数，此魏公之意也。阳生子为首，至巳为尾；阴生午为首，至亥为尾。此言首尾武者，巳午之间也；中间者，子亥之间也。阴，离宫也。太白言离中液也；黄牙铅，坎中液也。两七者，《黄庭经》专言之七日，盖自八日晚，而至十五，为七日半也；自十六而至二十三午，亦七日半也，故总以七日言之也。赡理脑者，补泥丸也；升玄者，自北方河车而升也；子者，指修炼之士言之也；不出门者，皆在乎吾身之内也。三田渐满谓之成，火归一、还原者，成金丹也。一周，乃一年三坛火候周也。须防护，恐其漏失，直至九周，然后为大成，途路岂不远哉！

《易》以乾坤为体，坎离为运，始以震巽，终以艮兑，而乾坤则包括乎上下。卦画成三，象三才也；重而为六，顺六气也；爻位以五，备五行也；揲五以六，明往复也。此兼三才而两之之义也。此十日、十二辰之所由以行也。上经首乾坤，终坎离；下经首咸恒，终既济未济。分以九宫，序以反对，乾坤二画，而六十四卦之爻，莫不由之。坎离乃阴阳中气，其相次则倒正不变，而震、艮、巽、兑，得气之偏，相次则皆以全体相反。是皆阴阳循环，奇耦相参，虚实相求，刚柔相推之理。天地四时之运行，人身血气之流转一体之义，备见于斯。夫物生而后有象，象而后有滋，滋而后有数。滋，蔓也，衍也。繁衍之大，其数五十，故八骸九窍、五藏六府、手指足指，合以二肾而总有五十焉。其一不用者，心也，太极之位是也。至于揲蓍，则分二象两卦，一象三揲之，以四象、四时归奇，于扐以象闰，故而再扐而后挂。天数五，奇也，凡虚而运者是也，意、气、志、慧、智也；地数五，耦也，凡实而有者是也，四肢一体也。天数二十有

五、九窍、五藏、六府、五官是也；地数三十，手足指、二十八骸、二肾是也。凡五十有五，此所以成变化而行鬼神也。聚絪缊而为精气，即嘘吸而为阴阳，有所运为，为无不遂，是变化以之而成。智愚本于一性，善恶由乎一念，有所思虑，虑无不至，是鬼神以之而行。此即一阴一阳之谓道，阴阳不测之谓神乎。天地均矣。乾之策二百一十有六，筋脉之数也；坤之策百四十有四，齿牙、骨节之数也。凡三百有六十，合大小筋脉、骨节之数而成一身，合三百六十日而成一岁。夫子曰：当期者，犹有未养焉尔。周天三百六十五度四分度之一，三百有六旬有六日，定四时成岁。今言三百六十者，是虚其六以揆之也，即大衍除五与一之义。汉儒以三百六十日，与三百八十四爻，而二十四爻无位。于是有六日七分之说，。除坎、离、震、兑四正，而为二十四气之说，是殆未之思也。夫子以乾坤二策，散而为三百六十日，则乾坤十二爻已无其位。凡在卦者，无非乾坤也。六旬有六日，与月之大小，减出六日，虽曰盈朔而虚以待用，又不可除，是十有二日，而十有二爻当之矣。积以为闰，其用岂有穷哉？是理也，常周流乎六虚之中，惟六虚则能运之。总而言之，五十有五，大衍之数，惟曰五十者，实衍所生，惟有五十。盖五官之运，既已为虑一心私，又置不用，则四十有九之数全契乎天理之正。如是，则吾身非人也，天也。以吾身之天，而契乎上天之天，其气数之推移，一与天同。以之修身，则能穷神知化，德之盛也；以之卜筮，则吉凶悔吝无不先知；以之治国、平天下，则《周官》三百六十，属日成月，要有不可紊。夫子谓有圣人之道四焉者，无不在也。至于二篇之策，万有一千五百二十，当万物之数，即吾身毫发、毛窍之谓，而天下万物之数备之。日有十二辰，总一年之辰，则四千五百二十，而二篇之策，又以当之矣。

《子华子》曰：上决而成天，下决而成地。既已决矣，命之曰中，决必有所合也，命之曰和。中玄和同，万物化生。夫是之谓三三六六，四营而成《易》，十有八变而成卦，八卦而小成，引而伸之，触类而长之，天下之能事毕矣。推而衍之，先天之数是也。故道以之而显，德行以之而神，可以酬酢乎？世变可以祐助乎？神明皆本于天一地二、天三地四、天五地六、天七地八、天九地十之数，麻衣所谓天一生水，坎之气孕于乾金。此皆言其成象,必待天一与地六合而成水,乾坎合而水成于金。凡此皆言其成形。夫以五行生成之数,虽儿童亦能成诵,要其义,实虽老壮亦不知着落,即成变化,行鬼神之意,麻衣知之矣。故夫子曰:知变化之道者,其知神之所为乎。又曰:《易》无思也,无为也,寂然不动,感而遂通天下之故。圣人以此洗心,退藏于密,吉凶与民同患,神以知来,知以藏往,古之聪明睿知,神武而不杀者夫。故又曰:法象莫大乎天地,变通莫大乎四时,悬象著明莫大乎日月,崇高莫大乎富贵。无非以是而推之也。故又曰三天两地而倚数。试以人之手、足指而验之,手指之节,则两地而三天,足指之节,则三天而两地,手、足指之各具其五,是又五数之所自见也。乾之《文言》曰:大人者,与天地合其德,与日月合其明,与四时合其序,与鬼神合其吉凶。先天而天弗违,后天而奉天时,天且弗违,而况于人乎?况于鬼神乎?大有一卦,惟五爻为阴,是亦虚五之意,而上九之天爻,则有曰:自天祐之,吉无不利。天也,人也,一也,合而言之,道也。故为之说,曰《易》由乾坤而至坎离,由坎离而震、艮、巽、兑,则天地之体备而《易》道彰。由天地而阴阳,由阴阳而精气,则人性成而吾身立。是知八卦九章,即吾身之八骸、九窍,五运六气即吾身之五藏、六府。象、数、爻、策,无一事之不备;精、神、魂、魄,无一物之不有。一气周流,阴阳阖辟,大易之道端在是矣。

第七卷

周易参同契

宋 储华谷 注

点 校 说 明

1.《周易参同契》上中下三卷,宋储华谷注。储华谷,原名储泳,字文卿,华谷乃其号。民国二十三年(1934)储学洙纂《南汇二区旧五团乡志·人物》谓其:"本宜兴儒籍世家,避宋季乱,隐居周浦,筑书舍于老护塘西偏,工诗,著有《祛疑说》、《易说》、《道德经注》、《阴符经解》、《参同契注》、《悟真篇》、《崔公入药镜说》、《诗集》等行世。"死后葬于周浦汇龙桥,因其墓形似木鱼,故又称"木鱼坟"。储氏之注,专于以易理卦爻及河洛之说以释丹道,且慎口诀之传。又考储华谷《祛疑说》之"服丹药"一文,谓"惟修养之士,嗜欲既寡,肾水盈溢,水能克火,恐阴盛阳偏,乃服丹以助心火。心为君,肾为臣,君臣相得,故能延年。"故知储氏于丹法也内外兼修,或可由此明其《参同契注》之要旨也。

2. 本注据《道藏》本作整理点校,无参校本。

周易参同契

宋 储华谷 注

《周易参同契》卷上

乾坤者,易之门户,众卦之父母。坎离匡郭,运毂正轴。

易者,乾坤之合体,往来阖辟,故曰门户;交错而生六十四卦,故曰父母;坎藏于坤,离藏于乾,故曰匡郭。坎离宅乾坤之中,中爻之运犹轴之运毂也。

牝牡四卦,以为橐籥。覆冒阴阳之道,犹工御者,执衔辔,准绳墨,随轨辙,处中以制外。

以乾坤、坎离为牝牡,造化万有,中爻为乾坤妙用,故曰处中以制外。

已上言药物。

数在律历纪,月节有五六。经纬奉日使,兼并为六十。刚柔有表里。朔旦屯直事,至莫①蒙当受。昼夜各一卦,用之如次序。既未至晦爽,终则复更始。

月节五六三十日,两卦直一日,以配六十卦。两卦十二爻,六爻属阳,六爻属阴。按十二时,合律之十二声,历之十二月,纪之十二年。始屯、蒙而终既、未,周而复始。

此章以一月论火候。

日辰为期度,动静有早晚。春夏据内体,从子到辰巳。秋冬当外用,自午讫戌亥。赏罚应春秋,昏明顺寒暑。爻辞有仁义,随时发喜怒。如是应四时,五行得其序。

十二时以应十二月气候。从子至辰巳,自午讫戌亥,定二至阴阳

---

① 莫,当作"暮"。

也；赏罚应春秋，爻辞有仁义，定二分刑德也。

此章以一日论火候。

天地设位，而易行乎其中矣。天地者，乾坤也；设位者，列阴阳配合之位也。易谓坎离，坎离者，乾坤二用。二用无爻位，周流行六虚。往来既不定，上下亦无常。幽潜沦匿，升降于中。包囊万物，为道纪纲。

日月为易，故曰易谓坎离。坎离中爻乃乾坤之妙用，进退升降于六爻，故中爻变化，为道纪纲。坎离独得乾坤之中气，人受天地之中以生也。

此章以中爻论坎离之体。

以无制有，器用者空。故推消息，坎离没亡。

器以空为用，故离虚能受坎实。离虚为无，坎实为有，离中之阴爻化为坎之中画，变成纯乾，失其坎离之体，故曰坎离没亡。此皆中爻妙用，以明易行乎其中之义。

此章以交姤论坎离之用。

言不苟造，论不虚生。引验见效，校度神明。推类结字，原理为征。坎戊月精，离己日光。日月为易，刚柔相当。土旺四季，罗络始终。青赤白黑，各居一方。皆禀中宫，戊己之功。

坎离所以能交日月，所以能合者，以坎中有戊，离中有己也。戊己者，中也。亦明升降于中，处中制外，易行其中之义。

此章兼言药物之体。

易者，象也。悬象著明，莫大乎日月。穷神以知化，阳往则阴来。辐辏而轮转，出入更卷舒。时至朔旦，震来受符。当斯之时，天地姤其精，日月相撢持。雄阳播玄施，雌阴化黄包。混沌相交接，权舆树根基。经营养鄞鄂，凝神以成躯。众夫蹈以出，蠕动莫不由。

观日月合璧之象，而得坎、离交姤之道；观震来受符之卦，而见一阳来复之机。坎男为雄阳，中藏乾画施其天玄之气于离；离女为雌阴，化其中爻坤黄之体而成乾。

此章论进火交姤。

于是仲尼赞洪濛，乾坤德洞虚。稽古称元皇，关雎建始初。冠婚气相纽,元年乃芽滋。

　　日月合璧,天地姤精也。人与万物,皆天地姤精而生。仲尼于《易》,发明男女姤精、万物化生之道;于《诗》则序正夫妇人伦之首,以明阴阳相求之义。

　　此章言药物。

　　圣人不虚生,上观显天符。天符有进退,屈信以应时。

　　观天之道,执天之行,明易卦火候,上合天符之进退也。下章详论之。

　　故易统天心,复卦建始萌。长子继父体,因母立兆基。消息应钟律,升降据斗枢。三日出于爽,震受庚西方。八日兑受丁,上弦平如绳。十五乾体就,盛满甲东方。蟾蜍与兔魄,日月气双明。蟾蜍视卦节,兔者吐生光。

　　复见天地之心,是为冬至,候莫秘于一阳也。自一阳而后,六阴六阳、一消一息,应十二钟律;诎伸升降,应斗枢转旋。坤初变震,故曰因母。此说出伏羲先天卦。

　　此章论阳火之候。

　　七八道已讫,屈折低下降。十六转受统,巽辛见平明。艮直于丙南,下弦二十三。坤乙三十日,东北丧其朋。节尽相禅与,继体复生龙。

　　此章论阴符之候。

　　壬癸配甲乙,乾坤括始终。七八数十五,九六亦相应。四者合三十,阳气索灭藏。八卦列布曜,运移不失中。

　　壬、甲配乾,乙、癸配坤。七、八、九、六,乃洛书五行之成数,皆得十五,应十五日三爻属乾,十五日三爻属坤,合三十日。日月一会,终而复始。八卦列布曜,运移不失中者,谓八方布二十八宿,斗运中天,火符阴阳之分不可违也。中谓二至也。

　　此章论纳甲火候。

　　玄精眇难睹,推度效符证。居则观其象,准拟其形容。立表以为范,占候定吉凶。发号顺时令,勿失爻动时。上察河图文,下序地形流。中稽于人情,参同考三才。动则循卦节,静则因象辞。乾坤用施行,天下然后治,可不慎乎。

天道深远而难窥,因易象以见之。立表占候,正欲勿失爻动时而已。言一阳之候,不可失。动其机,食其时,斯可以交姤坎离,而成纯乾之体。夫斗极运化,进退屈伸,此天道示象之昭昭者也;潮候应月,相与亏盈,此地道流形之显著者也。是日闭关,商旅不行,人情之顺时合天者也。动静一循易道,皆以发明不失爻动之时之妙。

此章总论阴符阳火,

下章独明一阳之候。

御政之首,管括微密。阖舒布宝,要道魁柄,统化纲纽。

御政之首,乃子阳初动,交姤坎离之时;管括微密,乃闭关不行,后不省方。塞兑闭门,不伤稚阳之长,自然子阳进而成泰,随斗柄以定晨昏,故曰统化纲纽,谓斗也。

此章论一阳。

下章论进火法度。

爻象内动,吉凶外起。五纬错顺,应时感动。四七乖戾,侈离俯仰。文昌总录,诘责台辅。百官有司,各典所部。

火候爻象运于内,神化景象形于外,先时、不及时,则五纬错行,乖二十八宿之次。

此章言失火候之正如此。

日合五行精,月受六律纪。五六三十度,度竟复更始。原始要终,存亡之绪。

一日之间,震巽迭运,终而复始。

此章言循火候之正如此。

或君骄佚,亢满违道;或臣邪佞,行不顺轨。弦望盈缩,乖变凶咎。执法刺讥,诘过贻主。

刚柔失其道,动静失其时。

此章言交姤不合法度则如此。

辰极受正,优游任下。明堂布政,国无害道。内以养己,安静虚无。元本引明,内照形躯。闭塞其兑,筑固灵株。三光陆沉,温养子珠。视

之不见,近而易求。黄中渐通理,润泽达肌肤。初正则终修,干立末可持。

不失其时,无为而治,自然三光陆沉,有诸内则形诸外,故润泽达肌肤也。自五纬错顺而下,皆明爻象内动,吉凶外起。

此章言交姤合法度则如此。

一者以掩蔽,世人莫知之。上德无为,不以察求;下德为之,其用不休。上闭则称有,下闭则称无。无者以奉上,上有神德居。此两孔穴法,金炁亦相须。知白守黑,神明自来。白者金精,黑者水基。水者道枢,其数名一。阴阳之始,玄含黄芽。五金之主,北方河车。故铅外黑,内怀金华。被褐怀玉,外为狂夫。金为水母,母隐子胎;水者金子,子藏母胞。真人至妙,若有若无。仿佛大渊,乍沉乍浮。退而分布,各守境隅。

水数一而藏阳,金乃黑铅中之白银,世罕知之,一即上德之坎也。坎为上德,为有;离为下德,为无。离以翕受为用,绵绵若存,故其用不休,所以奉上也。离汞须阳金而变化,金亦须离火而施精,故曰相须。知水中有金,守其水则金自至,母隐子胎故也。水数一而色黑,故曰守黑。明一者,掩蔽之义。

此章言采药法度。

望之类白,造之则朱。炼为表卫,白里贞居。方圆径寸,混而相拘。先天地生,巍巍尊高。旁有垣阙,状似蓬壶。环匝关闭,四通踟蹰。守御密固,阏绝奸邪。曲阁相通,以戒不虞。可以无思,难以愁劳。神炁满室,莫之能留。守之者昌,失之者亡。动静休息,常与人俱。

此章言圣胎成象,贵在护养。

是非历藏法,内视有所思。履行步斗宿,六甲以日辰。阴道厌九一,浊乱弄玄胞。食炁鸣肠胃,吐正吸外邪。昼夜不卧寐,肠鸣未尝休。身体以疲倦,恍惚状若痴。百脉鼎沸驰,不得清澄居。周回立坛宇,朝暮敬祭祠。鬼物见形象,梦寐感慨之。心欢而意悦,自谓必延期。遽以夭命死,腐露其形骸。举措辄有违,悖逆失枢机。诸术甚众多,千条有万余。前却违黄老,曲折戾九都。

凡辞旨易晓，并不注。后准此。

明者省厥旨，旷然知所由。勤而行之，夙夜不休。服食三载，轻举远游。入火不焦，入水不濡。能存能亡，长乐无忧。道成德就，潜伏俟时。太乙乃召，移居中洲。功满上升，膺箓受图。

此章言成道之事。

《火记》不虚作，演《易》以明之。偃月法鼎炉，白虎为熬枢。汞日为流珠，青龙与之俱。举东以合西，魂魄自相拘。上弦兑数八，下弦亦如之。两弦合其精，乾坤体乃成。二八应一斤，易道正不倾。

金水同居，故坎月与白虎为熬枢；木火同位，故流珠则青龙与俱。举东合西者，以离受坎，复归纯乾之体。自朔八日而上弦，自望八日而下弦，故曰二八应一斤，药之候也。

此章以四象论药物。

金入于猛火，色不夺精光。自开辟以来，日月不亏明。金不失其重，日月形如常。金本从月生，朔旦受日符。金反归其母，月晦日相包。隐藏其匡郭，沉沦于洞虚。金复其故性，威光鼎乃熹。

坎中金为真阳之药，入离火炼之，亘古不坏。谕月之金精，受太阳符火，光明如常也。

上章总论四象。

此章独言金为真药。

子午数合三，戊己号称五。三五既和谐，八石正纲纪。呼吸相含育，伫恩①为夫妇。黄土金之父，流珠水之母。水以土为鬼，土镇水不起。朱雀为火精，执平调胜负。水盛火消灭，俱死归厚土。三性既会合，本性共宗祖。

子水一，午火二，戊己五，合为八石。坎离夫妇，有呼吸含育之象。金、水、火三性归土，乃合而为一。本性共宗祖者，同出于一，复归于一也。

此章言交姤。

———————

① 恩，疑为"思"字之误。但陈显微本也作"恩"字。

巨胜尚延年，还丹可入口。金性不败朽，故为万物宝。术士服食之，寿命得长久。土游于四季，守界定规矩。金砂入五内，雾散若风雨。熏蒸达四肢，颜色悦泽好。发白更生黑，齿落出旧所。老翁复丁壮，耆妪成姹女。改形免世厄，号之曰真人。

此章言真阳之药，其效如此。

胡粉投火中，色坏还为铅。冰雪得温汤，解释成太玄。金以砂为主，禀和于水银。变化由其真，终始自相因。欲作服食仙，宜以同类者。植禾当以黍，覆鸡用其子。以类辅自然，物成易陶治。鱼目岂为珠，蓬蒿不成槚。类同者相从，事乖不成宝。是以燕雀不生凤，狐兔不乳马，水流不炎上，火动不润下。世间多学士，高妙负良才。邂逅不遭值，耗火亡货财。据按依文说，妄以意为之。端绪无因缘，度量失操持。捣治羌石胆，云母及矾磁。硫黄烧豫章，泥汞相炼持。鼓下五石铜，以之为辅枢。杂性不同种，安肯合体居。千举必万败，欲黠反成痴。稚年至白首，中道生狐疑。背道守迷路，出正入邪蹊。管窥不广见，难以揆方来。

人性具离中真阴，非真阳不能变化。杂类岂能相入，金石皆外物尔。

若夫至圣，不过伏羲，画八卦，效天图。文王帝之宗，结体演爻辞。夫子庶圣雄，十翼以辅之。三君天所挺，迭兴更御时。优劣有步骤，功德不相殊。制作有所踵，推度审分铢。有形易忖量，无兆难虑谋。作事令可法，为世定诗书。素无前识资，因师觉悟之。皓若褰帷帐，瞋目登高台。《火记》六百篇，所趣等不殊。文字郑重说，世人不熟思。寻度其源流，幽明本共居。窃为贤者谈，曷敢轻为书。结舌欲不语，绝道获罪诛。写情寄竹帛，恐泄天之符。犹豫增叹息，俛仰缀斯愚。陶冶有法度，未忍悉陈敷。略述其纲纪，枝条见扶疏。

举伏羲、文王、仲尼三圣，明此道之出于易象、河图、洛书也。

（震顺八数，巽顺三数，离顺七数，坎顺一六数，乾逆四数，兑逆四数，坤艮一顺一逆，合皇极十五数。）

　　魏先生谓天以河图授伏羲，伏羲错之以洛书之数，是为先天八卦。以先天卦加河图，则药物火候昭然可见。此圣人之所以见道，而达造化之机也。夫以乾合离，是谓阳炉离宅于乾也；以坤合坎，是谓阴鼎坎宅于坤也。震与离会，龙从火里出也；兑与坎会，虎向水中生也。亦二物总因儿产母之旨也。至于月（缺）震而满乾，减巽而没坤，此又分至火候之妙也。天道浩荡，非易象不足以明之；易道精微，非圣人不足以发之。是道也，三君启之于前，魏君明之于后，信乎其出于河图矣。

　　以金为堤防，水入乃优游。金数十有五，水数亦如之。临炉定铢两，五分水有余。二者以为真，金重如本初。其三遂不入，火二与之俱。三物相含受，变化状若神。下有太阳炁，伏烝须臾间。先液而后凝，号曰黄舆焉。岁月将欲讫，毁性伤寿年。形体为灰土，状若明窗尘。

　　金水同居，举金则水入矣。金九、水六，共十五数。十五分中，水得六数，五分有余也。金、水二者为真药，故曰二者以为真也。夫木性资金情以为药，子藏母胞，故水随金入，发火于下，变化生焉。水、金、火三物，本者性也。制木以金，致金以水，炼金以火，木无所事，故言三物而不及木，其三遂不入也。阳极故先液，阴生故后凝。号曰黄舆者，天玄地黄，坤为地，为大舆故也。修炼至此，阳极阴生，乾渐变坤也。坤道穷极，龙战玄黄，形体为灰土，此第一真景象也。

　　此章言阳极阴生。

捣治并合之,驰入赤色门。固塞其际会,务令致完坚。炎火张于下,昼夜声正勤。始文使可修,终竟武乃陈。候视加谨慎,审察调寒温。周旋十二节,节尽更亲观。气索命将绝,休死亡魄魂。色转更为紫,赫然成还丹。粉提以一丸,刀圭最为神。

　　四象以合,塞兑闭门,无思无为,以固际之。及阴剥阳生,自坤化乾,乾为大赤,故曰驰入赤色门。始文使可修者,为修丹进火是也。火不可以遽进,始以文火调之,使刚柔不抗行度,其可修则进火,发火初温微是也。始则发火以妪之,名曰野战;中则文火以养之,名曰灌溉;终则烈火以成之,名曰烹煎。言进火之节也。色转更为紫,赫然成还丹者,紫为乾,大赤之象,益之六三震之上爻也。其究为健,健,乾也,震变而为乾也,其爻辞有曰:告公用圭。益纯,乾乃有圭象。乾为金,为玉,故曰刀圭也。夫坎离因戊己二土而合,乃成乾体,故圭字从二土也。火候已足,坤化为乾,更乾坤三宫,休死亡魄魂,此第二真景象也。

　　此章言阴极阳生。

　　推演五行数,较约而不烦。举水以激火,奄然灭光明。日月相激薄,常在晦朔间。水盛坎侵阳,火衰离昼昏。阴阳相啖食,交感道自然。

　　此论前章形体为灰土,炁索命将绝,如日月相激薄,掩其光明,坎水胜离火故也。

　　名者以定情,字者缘性言。金来归性初,乃得称还丹。吾不敢虚说,仿效圣人文。古记题龙虎,黄帝美金花。淮南炼秋石,王阳加黄芽。贤者能持行,不肖毋与俱。古今道由一,对谈吐所谋。学者加勉力,留念深思惟。至要言甚露,昭昭不我欺。

　　金情至阳,归于水性之至阴,所谓复归其根,还以事之也。情根于性,性反其根,故曰还丹。与中篇推情合性同义。

　　此章言结成还丹。

《周易参同契》卷中

　　乾刚坤柔,配合相包。阳禀阴受,雌雄相须。须以造化,精气乃舒。坎离冠首,光耀垂敷。玄冥难测,不可画图。圣人揆度,参序玄基。四者混沌,径入虚无。六十卦周,张布为舆。龙马就驾,明君御时。和则随从,路平不邪。邪道险阻,倾危国家。

乾坤、雌雄,是为药物。阳禀阴受者,坎主禀与,施其阳于离;离主禽受,须其阳于坎。是谓配合相包也。须以造化,精气乃舒者,知坎离交姤之道,又须造化之六阳以为火候,乃能使之播精也。坎离冠首者,元首为道,言药乃玄气也。玄气者,玄、元、始三炁之初炁也,故曰玄冥,又曰玄基。径入虚无者,言四象会合,正欲实离宫之虚无也。按六十卦行周天,火不失其时,则和平而无险阻矣。龙马就驾者,震为龙,乾为马,一阳至六阳,行火之时也。自坎离冠首至参序玄基以上,言药物也;四者混沌,径入虚无,言交姤也。六十卦周以下,言火候也。学士进火,犹明君御时,故以皇上、王者、帝王、人君为谕。奉若天道,辅相阴阳,使三光合度,以致太平。大其用则帝王以之,善其身则学士以之。

君子居其室,出其言善,则千里之外应之。谓万乘之主,处九重之室。发号施令,顺阴阳节。藏器俟时,勿违卦月。屯以子申,蒙用寅戌。余六十卦,各自有日。聊陈两象,未能究悉。立义设刑,当仁施德。逆之者凶,顺之者吉。按历法令,至诚专密。谨候日辰,审察消息。

以月节总论,则冬至为复卦;以气候详论,则冬至为中孚。爻辞首之,其旨深矣。

戊戊戊庚庚庚☷子戌申辰寅子

如屯卦,则初爻庚子为冬至一阳,至六四见戊申,为春分沐浴。

丙丙丙戊戊戊☶寅子戌午辰寅

如蒙卦,则初爻戊寅为夏至一阴,至六四见丙戌,为秋分沐浴。

右以两卦为例,定二分二至也。故下文云:二至改度,乖错委曲,二分纵横,不应漏刻。如屯蒙两卦,则二分、二至定矣,阳火、阴符之妙尽矣。

纤芥不正,悔吝为贼。二至改度,乖错委曲。隆冬大暑,盛夏霜雪。二分纵横,不应漏刻。风雨不节,水旱相伐。蝗虫涌沸,山崩地裂。天见其怪,群异旁出。孝子用心,感动皇极。近起己口,远流殊域。或以致祸,或以致福,或以太平,或造兵革。四者之来,由乎胸臆。

二至以分阳火、阴符之候，二分以定生杀、沐浴之机。毫发差殊，阳亢阴僭，悔吝生矣。王者不能法天地，顺阴阳，灾异生矣。以之修身，以之治天下，其致一也。

此章言不循二卦之候如此。

动静有常，奉其绳墨。四时顺宜，与气相得。刚柔断矣，不相涉入。五行守界，不妄盈缩。易行周流，屈伸反覆。

二至、二分，截然不相侵越，动静不失其时，先天而天不违，后天而奉天时也。

此章言循二卦之候如此。

晦朔之间，合符行中。浑沌鸿濛，牝牡相从。滋液润泽，施化流通。天地神灵，不可度量。利用安身，隐形而藏。始乎东北，箕斗之乡。旋而右转，呕轮吐萌。潜潭见象，散发精光。

下章以先天卦按月出没论火候，故此章先推月之所以生明，由合璧撢持，隐形养魄于晦朔，然后自东北而渐生明也。

昴毕之上，☳震出为征。阳气造端，初九潜龙。阳以三立，阴以八通。故三日震动，八日☱兑行。九二见龙，和平有明。三五德就，☰乾体乃成。九三夕惕，亏折神符。盛衰渐革，终还其初。

此阳火候也。

☴巽继其统，固际操持。九四或跃，进退道危。☶艮止进止，不得逾时。二十三日，典守弦期。九五飞龙，天位加喜。六五☷坤承，结括终始。蕴养众子，世为类母。阳数已讫，讫则复起。推情合性，转而相与。上九亢龙，战德于野。用九翩翩，为道规矩。

此阴符候也。

循据璇玑，升降上下。周流六爻，难可察睹。故无常位，为易宗祖。

此论上章火候，按易卦六爻，应环璇玑升降也，故无常位，可以见一阳爻动，非冬至，非子时，非朔旦，特借是明之尔。

朔旦为☳复，阳炁始通。出入无疾，立表微刚。黄钟建子，兆乃滋彰。播施柔暖，黎烝得常。

☱临炉施条，开路正光。光耀寖进，日以益长。丑之大吕，结正低昂。

仰以成☷☰泰,刚柔并降。阴阳交接,小往大来。辐凑于寅,运而趋时。

渐历☳☰大壮,使列卯门。榆荚堕落,还归本根。刑德相负,昼夜始分。

☱☰夬阴以退,阳升而前。洗濯羽翮,振索宿尘。

☰☰乾健盛明,广被四邻。阳终于巳,仲吕相干。

☰☴姤始纪绪,履霜最先。井底寒泉,午为蕤宾。宾服于阴,阴为主人。

☰☶遁去世位,收敛其精。怀德俟时,栖迟昧冥。

☰☷否塞不通,萌者不生。阴伸阳诎,没阳姓名。

☴☷观其权量,察仲秋情。任畜微稚,老枯复荣。荠麦芽蘖,因冒以生。

☶☷剥烂支体,消灭其形。化炁既竭,亡失至神。道穷则返,归乎坤元。恒顺地理,承天布宣。

十二月火候,反覆发明屯蒙二卦之义。《纳甲图》生明于东北寅位,故以朔旦言之,复起朔旦,知一阳之不在子月、子时明矣。

以上数章并言火候。

玄幽远眇,隔阂相连。应度育种,阴阳之原。寥廓恍惚,莫知其端。先迷失轨,后为主君。无平不陂,道之自然。变易更盛,消息相因。终坤始复,如循连环。帝王承御,千载常存。

阴阳运转复姤,循环互为其根。帝王得其道而承天御物,故能千载常存,大其用也。夫帝王身为三极之主,正五事以格天地之和,顺阴阳以御生杀之柄,故能享国长久,民安国富,皇极建而膺五福也。黄帝以之而升举,体用兼明也。否则骄佚亢满,皇极不建,水旱相伐,弦望盈缩,冬暑夏雪,亦罔或克寿矣。自天子达庶人,得之者昌,失之者亡,故下章继言学士之用。

此章言帝王之用。

将欲养性,延命却期。审思后末,当虑其先。人所禀躯,体本一无。

元精云布，因炁托初。阴阳为度，魂魄所居。阳神日魂，阴神月魄。魂之与魄，互为室宅。性主处内，立置鄞鄂；情主营外，筑垣城郭。城郭完全，人物乃安。于斯之时，情合乾坤。乾动而直，气布精流；坤静而翕，为道舍庐。刚施而退，柔化以滋。九还七返，八归六居。男白女赤，金火相拘。则水定火，五行之初。上善若水，清而无瑕。道之形象，真一难图。变而分布，各自独居。

人之未生，一真而已。自无而有，变炁以成形体，托形以居魂魄。日魂本阳神，月魄本阴神。房日兔反在月中，毕月乌反在日中，坎离之中爻亦然，互为室宅也。性为魂，情为魄，性得情以守卫，则不失其初矣。坎男得乾画，动而施精；离女得坤画，虚而翕受。自然九火、七金还元返本，八木、六水归根居源，此以洛书成数论四象也。金白火赤，故曰赤白。金乃坎男中真阳，火乃离女中真阴，此金火之二用。上言七、八、九、六四象，下止言金、水、火者，与三物相含受同义。四象合体，是为真一，其象不可名状；散则五行，各得一方之炁而已。

此章言学士之用。

类如鸡子，黑白相扶。纵横一寸，以为始初。四肢五脏，筋骨乃具。弥历十月，脱出其胞。骨弱可卷，肉滑若铅。

此论上章道之形象。

阳燧以取火，非日不生光。方诸非星月，安能得水浆？二炁玄且远，感化尚相通。何况近存身，切在于心胸。阴阳配日月，水火为效征。

以物感日月，尚可致水火，况人具真阴、真阳，法日月以媾坎离，何难之有？

耳目口三宝，固塞勿发通。真人潜深渊，浮游守规中。旋曲以视览，开阖皆合同。为己之轴辖，动静不竭穷。离气内营卫，坎乃不用聪。兑合不以谈，希言顺鸿濛。三者既关键，缓体处空房。委志归虚无，无念以为常。证难以推移，心专不纵横。寝寐神相抱，觉寤候存亡。颜容浸以润，骨节益坚强。辟却众阴邪，然后立正阳。修之不辍休，庶炁云雨行。淫淫若春泽，液液象解冰。从头流达足，究竟复上升。往来洞无极，怫怫被容中。反者道之验，弱者德之柄。芸锄宿污秽，细微得调畅。

浊者清之路,昏久则昭明。

圣胎已结,周密固闭,守之以无为,持之以不昧,自然有此功用,自昏而明,由浊而清,从坤体而渐变纯乾也。

前章言圣胎之象。

此章言保养之法。

世人好小术,不审道浅深。弃正从邪径,欲速阙不通。犹盲不任仗,聋者听宫商。投水捕雉兔,登山索鱼龙。植麦欲获黍,运规以求方。竭力劳精神,终年无见功。欲知服食法,事约而不烦。

义明不必释。

太阳流珠,常欲去人。卒得金华,转而相因。化为白液,凝而至坚。金华先倡,有顷之间。解化为水,马齿阑干。阳乃往和,情性自然。迫促时阴,拘畜禁门。慈母养育,孝子报恩。严父施令,教敕子孙。五行错王,相据以生。火性销金,金伐木荣。三五与一,天地至精。可以口诀,难以书传。

流珠乃离中之汞,性本炎上而飞走,阳金则挟水以制之,妙合而凝矣。金华先倡,有顷之间,化而为水者,金火既合,火能销金而为水,故下文云火性销金也。阳乃往和,情性自然者,谓阳情阴性得其类,自然混合,则炁归元海,漏永息长,故曰迫促时阴也。火不炎上,凡念泯息,使鬼道不通,故曰拘畜禁门也。阳金制木使不得生火,火生祸发必克矣,故下文云金伐木荣也。离得坤画为母道,居南司夏,以长养为事,故曰慈母养育;坎得乾画为父道,居北司冬而严凝,以杀为主,以害为恩,故云严父。三五与一见后注。

此章言坎离交姤之造化。

子当右转,午乃东旋。卯酉界隔,主定二名。龙呼于虎,虎吸龙精。两相饮食,俱相贪荣。遂相衔嚥,咀嚼相吞。荧惑守西,太白经天,杀炁所临,何有不倾?狸犬守鼠,鸟雀畏鹯,各有其功,何敢有声?

子右转而加酉,午东旋而加卯。酉临午位,正日短星昴,以殷仲冬一阳之时也。当此之时,可以交姤。二名,谓龙虎也。相吞相衔,乃交姤景象。始则相贪,中则相衔,终则相吞,工夫自浅而深,自然合璧,坎离交姤矣。荧惑守西,太白经天者,午加西酉,大火临午,正日永星火,以正仲夏一阴之时也。阴主肃杀,万物退敛,当此之时,阴符息火,学士知子、午一阴一阳之机,使金虎擒制木龙,不得飞走,如犬守鼠,如鸟畏鹯,各有其功也。

此章言阳火、阴符之妙旨。

不得其理,难为妄言。竭殚家产,妻子饥贫。自古及今,好者亿人。讫不谐遇,希有能成。广求名药,与道乖殊。如审遭逢,睹其端绪。以类相况,揆物终始。五行相克,更为父母。母含滋液,父主禀与。凝精流形,金石不朽。审专不泄,得为成道。立竿见影,呼谷传响。岂不灵哉,天地至象。若以野葛一寸,巴豆一两,入喉辄僵,不得俛仰。当此之时,虽周文揲蓍,孔丘占象,扁鹊操针,巫咸扣鼓,安能令苏,复起驰走?

五行相克,谓金见水则金衰,木见火则木克。更为父母者,木本生火,火乃孕木;金本生水,水乃胞金是也。母含滋液,父主禀与,见阳禀阴受注。

河上姹女,灵而最神。得火则飞,不见埃尘。鬼隐龙匿,莫知所存。将欲制之,黄芽为根。

离为姹女,位在午,野属周,分三河,故曰河上姹女。立名定象,岂苟乎哉?离火生则祸发必克,谕人之性动不以正,则散乱失其本真,所谓出入莫知其乡也。如朱砂中有汞,见火则飞走无踪矣。近取诸身,远取诸物,其理一也。此与太阳流珠一章同义。流珠,即姹女,离中火是也;黄芽,即金华,坎中金是也。

此章言药物。

物无阴阳,违天背元。牝鸡自卵,其雏不全。夫何故乎?配合未连。三五不交,刚柔离分。施化之精,天地自然。犹火动而炎上,水流而润下。非有师道,使其然者。资始统政,不可复改。观夫雌雄,交姤之时,刚柔相结,而不可解。得其节符,非有工巧,以制御之。若男生而伏,女偃其躯。禀乎胞胎,受炁元初。非徒生时,著而见之。及其死也,亦复效之。此非父母,教令其然。本在交姤,制定始先。

言独阴不成、独阳不成,坎离之合,亦出自然,非人力强使之然也。

坎男为月，离女为日。日以施德，月以舒光。月受日化，体不亏伤。阳失其契，阴侵其明。晦朔薄蚀，奄冒相包。阳消其形，阴陵生灾。男女相须，含吐以滋。雄雌交杂，以类相求。金化为水，水性周章；火化为土，水不得行。故男动外施，女静内藏。溢度过节，为女所拘。魄以检魂，不得淫奢。不寒不暑，进退合时。各得其和，俱吐证符。

以日月、男女、雌雄，明配合之象，失其符则为薄蚀也。金化为水，水性周章者，金中生水，欲克离火，然离火生土，又克水，使水降伏不动也。男动外施，女动内藏者，与阳禀阴受同义。魄以检魂，情卫性、金制木也；不得淫奢者，性不化情也；不寒不暑，进退合时者，不失阴阳分至之候，进火息符，皆合节度，故各吐证符。

丹砂木精，得金乃并。金水合处，木火为侣。四者混沌，列为龙虎。龙阳数奇，虎阴数偶。肝青为父，肺白为母。肾黑为子，脾黄为祖。三物一家，都归戊已。

四象合而归戊已，见前注。

以上并论交姤。

刚柔迭兴，更历分部。龙西虎东，建纬卯酉。刑德并会，相见欢喜。刑主伏杀，德主生起。二月榆死，魁临于卯。八月麦生，天罡据酉。子南午北，互为纲纪。九一之数，终则复始。含元虚危，播精于子。

阳长则阴消，阴消则阳长，刚柔迭兴也。二十八宿主十二辰，遍历十二分野，更历分部也。龙位东而临西，虎位西而临东，卯酉相加，故曰龙西虎东也。《龙虎经》云：南北为经。则知卯酉为纬矣，故曰建纬卯酉。卯为德，主生；酉为刑，主杀。卯酉相加，生中有杀，杀中有生。故二月榆落，戌中辛临乙也；八月麦生，辰中乙临辛也。卯既在酉，自然子在南，午在北，故曰：子南午北，互为纲纪。《龙虎经》所谓张翼飞虚危是也。惟张紫阳深明此义，故有八月十五玩蟾辉，正是金精壮盛时之诗。且八月十五仲秋之中，乃宵中星虚，以殷仲秋之时；夜半虚危之宿，正当星张之位，子南午北，龙西虎东，刑德并会，天地反覆，金水盛满，药体纯乾之时也。九一之数，终而复始，坎一加离九，九复加一，相为终始；继之曰含元虚危，播精于子者，午火受胎于子，以午加子，故曰含元虚危也;坎水播施中爻纯粹之精于离,以子加午,故曰播精于子也。

此章言药体纯乾。

关关雎鸠,在河之洲。窈窕淑女,君子好逑。雄不独处,雌不孤居。玄武龟蛇,蟠虺相扶。以明牝牡,毕竟相须。假使二女共室,颜色甚姝,令苏秦通言,张仪结媒,发辩利舌,奋舒美辞,推心调谐,使为夫妻,弊发腐齿,终不相知。若药物非种,名类不同。分剂参差,失其纪纲。虽黄帝临炉,太乙降坐,八公捣炼,淮南执火,立宇崇坛,玉为阶陛,麟脯凤腊,把籍长跪,祝章神祇,请哀诸鬼,沐浴斋戒,冀有所望。亦犹和胶补釜,以硇涂疮,去冷加冰,除热用汤,飞龟舞蛇,愈见乖张。

言阴必资阳,重发关雎建始初之义。

《周易参同契》卷下

惟昔圣贤,怀玄抱真。服炼九鼎,化迹隐沦。含精养神,通德三元。精液凑理,筋骨致坚。众邪辟除,正气长存。累积长久,变形而仙。忧悯后生,好道之伦。随傍风采,指画古文。著为图籍,开示后昆。露见枝条,隐藏本根。托号诸石,覆冒众文。学者得之,韫匮终身。子继父业,孙踵祖先。传世迷惑,竟无见闻。遂使宦者不遂,农夫失芸,商人弃货,志士家贫。吾甚伤之,定录斯文。字约易思,事省不烦。披列其条,实核可观。分两有数,因而相循。故为乱辞,孔窍其门。智者审思,以意参焉。

九鼎者,金鼎也。九在洛书,成数为金,九为乾金阳数。鼎者,金之室也。

此章首言药。

法象莫大乎天地兮,互沟数万里。河鼓临星纪兮,人民皆惊骇。晷景妄前却兮,九年被凶咎。皇上览视之兮,王者退自改。关键有低昂兮,害炁遂奔走。江淮之枯竭兮,水流注于海。天地之雌雄兮,徘徊子与午。寅申阴阳祖兮,出入复终始。循斗而招摇兮,执衡定元纪。

鼎之与器,法象乾坤。互沟者,阴阳界限,如鼎器交互相接之所,言金木间隔,如天地相去,何止数万里之远,所以使之合者,道也。河鼓临星纪者,火临金位而逼金也。谓离当居下,而反居上,离性炎上,水火未济,不能禽受坎中乾金,违龙低虎昂之旨,失其关键,故刚柔抗行,不相涉入,使真药奔散四出,故曰人民皆惊骇。人民,谕药物也,《悟真篇》虎称岩头、龙称海底,火在下、金在上也。前篇云炎火张于下,又曰下有太阳炁,其法度高下显然可见矣。晷景妄前却者,晷景乃进火退火时刻也。若进退失节,不当前而妄前,不当却而妄却,则九年之水为凶咎矣。此即二至改度、二分纵横,则水旱相伐,山崩地裂是也。王者知其失而改正之,合关键之低昂,五炁顺序,贼害乖戾之炁,奔走远去,江淮之水自然朝宗于海,药物归元矣。天地之雌雄,徘徊子与午者,坎男离女之真阴真阳也;寅申阴阳祖者,谓阴符阳火祖于寅申也。《纳甲图》月出震庚,阳爻初动,阳火祖之;月减巽辛,阴爻初变,阴符祖之。先天卦,震居寅位,巽在申位,所以定二至,故寅申为阴阳祖也;月出寅而入申,入而复出,故曰出入复终始;循斗极运转,以定纳甲火候,故曰执衡定元纪。元星君、纪星君,斗中星名也。夫河鼓临星纪,人民皆惊骇,言不合法度,药物散失也;晷景妄前却,九年被凶咎,言不循火候,水失其性也;关键有低昂,言改正其失,允合法度;害炁奔走,灾渗消也;江淮之枯竭,水流注于海,言合法度,循火候,而药物归元也。子午言药物,寅申言火候,循斗以用寅申之否泰朝昏也。宜详味之。

此章详论交姤法度,末论火候。

升熬于甑山兮,炎火张设下。白虎倡导前兮,苍液和于后。朱鸟翱翔戏兮,飞扬色五采。遭遇罗网施兮,压之不得举。嗷嗷声甚悲兮,如婴儿慕母。颠倒就汤镬兮,摧折伤毛羽。漏刻未过半兮,龙鳞狎猎起。五色象炫耀兮,变化无常主。潏潏鼎沸驰兮,暴涌不休止。杂还重叠累兮,犬牙相错拒。形如仲冬冰兮,阑干吐钟乳。崔嵬以杂厕兮,交积相支拄。阴阳得其配兮,澹泊自相守。青龙处房六兮,春华震东卯。白虎在昴七兮,秋芒兑西酉。朱雀在张二兮,正阴离南午。三者俱来朝兮,家属为亲侣。本之但二物兮,末乃为三五。三五并与一兮,都集归一所。治之如上科兮,日数亦取甫。

白虎、苍液,金木也。朱雀得木则生火,其性飞走。金既克木,金又挟水以制之，故朱雀如遇网罗，不得飞举。离火既不得生，复归震木，故龙鳞五色熠耀。震为龙，离为文，明也。犬牙、冬冰、阑干、钟乳，皆真景象。青龙、白虎、朱雀应前白虎、苍液、朱雀三物，重发其义。房六、昴七、张二亦然。火生于木，水生于金，举三物则五行在其中矣。房六、昴七、张二总数三五，此药物也。言火候亦取三五十五，为阳火之数，故曰数亦取甫。龙虎本二物，得火成三五，并水之一为四象，皆归戊己，而混一矣。凡言火候于前者，必继言药物交姤；凡言药物交姤于前者，必继之以火候。宜详审之。

此章言交姤景象。

先白而后黄兮，赤色通表里。名曰第一鼎兮，食如大黍米。自然之所为兮，非有邪伪道。山泽气相蒸兮，兴云而为雨。泥竭乃成尘兮，火灭自为土。若蘖染为黄兮，似蓝成绿组。皮革煮为胶兮，曲蘖化为酒。同类易施功兮，非种难为巧。惟斯之妙术兮，审谛不诳语。传于亿代后兮，昭然而可考。焕若星经汉兮，昺如水宗海。思之务令熟兮，反覆视上下。千周灿彬彬兮，万遍将可睹。神明或告人兮，魂灵忽自悟。探端索其绪兮，必得其门户。天道无适莫兮，常传与贤者。

离中阴火本白，得铅则黄，火足丹成，则变为赤色，即色转更为紫也。赤色通表里，乃乾为大赤之义。黍珠成象，名第一鼎，丹道圆成也。圣贤立言，皆有法度次序。

此章言火足丹成之象。

五相类

《参同契》者，敷陈梗概，不得纯一。纤微未备，缺略仿佛。今更撰录，补塞遗脱。润色幽深，钩援相逮。旨意等齐，所趣不悖。故复作此，命《五相类》，则大易之情性尽矣。

五位相得而各有合。

乙（浮石）丁（文火）己物辛（世银）癸（真铅）

三木、二火、五土、四金、一水。

甲（沉石）丙（武火）戊药庚（世金）壬（真汞）

此洛书先天数也。

大易情性，各如其度。黄老用究，较而可御。炉火之事，真有所据。三道由一，俱出径路。

黄老之学出于大易，炉火之说据于黄老，三者同出于《易》，皆论情性而已。

枝茎华叶，果实垂布。正在根株，不失其素。诚心所言，审而不误。

譬如果木自春而抽茎发枝，至夏而开花布叶，至秋而结果成实，要其发生之源，在于根株，故曰：正在根株，不失其素。谓不失其本然之性也。由交泰、壮而至纯乾，其根株正在复卦，冬至基之，还返妙用，无出一阳子时。圣真所秘，学士但知一阳之用，则临、泰、壮、夬，自然变化，非假人力，故独以象彼仲冬节一章，表而出之。此章勾接下文之义，以根株喻冬至，故曰：象彼仲冬节，竹木皆摧伤。谓由春之枝茎而为夏之华叶，由夏之华叶而为秋之果实，皆出于冬月之摧伤。元炁潜藏于根株，受发生于一阳初复之时也。

象彼仲冬节，竹木皆摧伤。佐阳诘商旅，人君深自藏。象时顺节令，闭口不用谈。天道甚浩旷，太玄无形容。虚寂不可睹，匡郭以消亡。谬误勿事绪，言还自败伤。别叙斯四象，以晓后生盲。

此以冬至发明一阳之机也。佐阳诘商旅，人君深自藏，即复卦之商旅不行，后不省方。学士不得其纲领，复表而出之，其忧后世也深矣哉！别叙斯四象，铅汞皆在壬癸，壬乃乾中之离，癸乃坤中之坎，有旨哉！

此二章专言一阳火候。

剑国鄙夫，幽谷朽生。挟怀朴素，不乐欢荣。栖迟僻陋，忽略令名。执守恬淡，希时安平。燕然闲居，乃撰斯文。歌吟大易，三圣遗言。察其所趣，一统共论。

易晓不注。

务在顺理，宣耀精神。神化流通，四海和平。表以为历，万世可循。序以御政，行之不烦。引内养性，黄老自然。含德之厚，归根返元。近在我心，不离己身。抱一毋舍，可以长存。配以服食，雌雄设陈。挺除武都，八石弃捐。审用成功，世俗所珍。罗列三条，枝茎相连。同出异名,皆由一门。非徒累句,谐偶斯文。殆有其真,砾硌可观。使余敷伪,却被赘愆。命《参同契》,微览其端。辞寡意大,后嗣宜遵。

顺此洛书之理,可使神化流通,四海和平。表而出之,则可以治历明时,叙正五行,则可以建极御政,帝王之用也;引而养性,则归根返元,抱一长存,学士之用也。

委时去害,依托丘山。循游寥廓,与鬼为邻。化形而仙,沦寂无声。百世一下,遨游人间。陈敷羽翮,东西南倾。汤遭厄际,水旱隔并。柯叶萎黄,失其华荣。吉人相乘负,安稳可长生。

此魏伯阳造四字隐语,见前叙。

鼎器歌

(坤为鼎,藏坎;乾为器,藏离。分则为乾坤,合则为鼎器。)

圆三五,寸一分。

圆三五,寸一分者,阴阳合则三五归一也,彭真人所谓辞理钩连也。圆者,乾坤会合也。

口四八,

口者,玄牝之门,出入变化,具四象八卦。鼎具金水,器具木火,坤鼎具三男,乾器具三女。

两寸唇。

阴阳二气界分,所谓互沟也。

长尺二,厚薄匀。

鼎六阳,器六阴,应十二辰,阴阳均平也。

以上论鼎器交合,药物具足。

腹齐三,

天有腹齐,天之中也(见晋《天文志》)。地与人皆有中,乃三才交姤之门户。在天地为天地之根,在人为玄牝之门。

坐垂温。阴在上,阳下奔。

此进火法度,使水火既济也。鼎出于坤为阴,器出于乾为阳,所谓上下釜也。

此论采炼法度。

首尾武，中间文。

进火之节。

此论周天火候。

始七十，终三旬。二百六，善调均。阴火白，黄芽铅。

阴精之火本白，见铅而生芽乃黄。

两七窍，辅翼人。

白虎七数之鼎，青龙七宿之器，各具一七窍，两七会合，辅翼而成圣胎也。

瞻理脑，定升玄。

胎成则升入上宫而就安养。

此论圣胎成象。

子处中，得安存。来去游，不出门。渐成大，情理纯。却归一，还本源。至一周，甚辛勤。密防护，莫迷昏。途路远，复幽玄。若达此，会乾坤。刀圭霈，净魄魂。乐道者，寻其根。审五行，定铢分。谛思之，不须论。深藏守，莫传文。

此论保养圣胎。

御白鹤兮驾龙鳞，游太虚兮谒仙君，受天图兮号真人。

此论脱胎神化。

讚曰：

乾为离宅，坤为坎郛。真阴离处，真阳坎居。离纳己妇，坎纳戊夫。日月合璧，戊己为枢。宾浮主沉，制有以无。药之与物，二八河图。五贼运火，皇极洛书。法象羲易，按爻摘符。魏君真师，觉我顽愚。百拜稽首，千古范模。

上下三十世，火候惟口传。信受奉行者，永为瑶池仙。

第八卷

周易参同契解

宋 抱一子陈显微 解

点 校 说 明

1.《周易参同契解》三卷,南宋陈显微注。陈显微,字道宗,号抱一子,维扬(今江苏扬州)人①。郑伯谦谓其于宋"嘉定癸未(1223)遇至人于淮之都梁,尽得金丹真旨。"其后始读《参同契》,而迎刃无留疑。于是在钱塘八九年间,为诸弟子讲解《参同契》之丹法要义,而《周易参同契解》一书,即其讲授之笔记而成。《参同契》之外,陈显微还著有《文始真经言外经旨》、《立圣篇》、《显微卮言》、《抱一子书》,并校正后赵刘景先《神仙养生秘术》一书,此书专言外丹烧炼服食之术。今观显微《参同契解》,既讲内丹,也不废黜外丹,直续彭真一注《参同契》之遗意,恰见唐宋以来丹道名家内外丹法并重,非只是专致于身内精、神、气之修炼。惟此书既为陈显微费近十年时间讲授所成之书,恐此注并未能全尽当时传授之要诀耳。至清末忽有万启型氏,自谓得陈显微之神授,传玄科秘法,力振显微之学,风云一时,其也一异事也。

2. 本注以《道藏》本为底本,校本有五:一、明《金丹正理大全》本,

---

① 按:《四库全书》作"淮阳"人,淮阳,一为河南淮阳,一为江苏淮阳,不知《四库》所本为何,姑存疑。

简称正理本。二、明《道书全集》本,简称全集本①。三、明《古文参同契集解》本,简称集解本。四、清《四库全书》本,简称四库本。五、清《道藏辑要》本,简称辑要本。

---

① 按:台湾自由出版《道藏精华》本所收版本亦出《全集》本。

周易参同契解

抱一子陈显微解

《抱一子周易参同契解》叙

　　夫物之成乎形象者,久则必毁,而乾坤不毁;物之聚乎精华者,久则必散,而日月不散;物之丽乎木、火、土、水者,其质终坏,而真金不坏;物之属乎砂、石、草、木者,其性可死,而真丹不死。然则乾坤也,日月也,真金也,真丹也,皆物之至神者尔。是以仙家金丹之号,非苟而取。故金丹者,象乾坤以为体,法日月以为用。乾坤,吾身之天地也;坎离,吾身之日月也。乾坤升降则有候,坎离配合则有机,至宝炼成,一得永得,此其所以不毁、不散、不坏、不死欤,大矣哉! 金丹之道包空括壤①,越数超形,非其他妙法、三千六百门所可望洋也。

　　先圣钦重道宝,惧泄非人,每以心传,不形竹素。后汉魏伯阳,悼大道之几郁,悯志士之无师,始以所得《古文金碧龙虎经》,假象托趣,演而伸之,纾发丹秘,晓诸未悟,目之曰《周易参同契》。其辞古意深,人病难读,徐从事、张随、彭真一皆尝传注,今所见惟彭耳。然文义虽详,而真机尚隐,近时俗解,类以旁门附会,视彭益舛,贻误后学,不足观矣。抱一先生陈君,天禀夙颖,洞明性宗,嘉定癸未,遇至人于淮之都梁,尽得金丹真旨。宝庆初来辇下,以慈济心接挽后辈,始得《参同契》读之,迎刃无留疑。已而尽谢朋从,入室修炼者余年,功益深而道益著,于是以其亲履实诣者,笔诸训解,言入微而义释,辞不费而理彰,犹蔡墨之辩神龙,和氏之指真玉,丹道有所恃赖矣。昔伊川程子,谓世有至难者三事:为国而至于祈天,永命养形而至于长生,学而至于圣人,三者其功则一,皆可以夺造化。今先生之道,非但养形而已也。后学能熟味此篇,

---

① 括壤,全集本作"抱一"。

深求而自得之，然后知先生之所谓道有非言语、文字之所能及者矣。《易》曰：神而明之，存乎其人。仆洗耳先生造极之论殊久，且预闻著述之意，于是乎书。

先生名显微，字宗道，后隐，以微名，维扬①人也，号抱一子。有《立圣篇》及《显微卮言》并《抱一子书》，传行于世云。

有宋端平改元夏五月朔旦，金华洞元天璧壶道人郑伯谦拜手谨叙。

自序②

夫道大矣，造化不能违也，神圣不能测也，天地赖之以生。圣人不得而名，不可以心思，不可以言议，不可以智知，不可以识识，以性会之，犹隔天渊，况以情求之者乎？及乎道生一也，一生而后道可得而神明矣。一者，有物混成，先天地生是也。大哉一乎，天地之母，造化之本，万物之祖也。万物莫不皆具此一，而卒未能长存也。关令尹子曰：天地成理，以物包焉，物物皆包之，是则一物一身各有一乾坤也。且人之一身阴阳、性命、魂魄、寤寐动静，生死之类，皆二也。各具之一，果安在哉？老子曰：了得一，万事毕。一者，金丹也；金丹者，返本还元，归根复命之妙道也；丹者，会乾坤，交坎离，簇阴阳，合男女，使二者复变而为一，以至于九宫八卦、七政六位、五行四象、三才之生于二者，莫不皆归于一，然后会之丹；金者，五行之极，五行相生至金而极，天一生水，水生木，木生火，火生土，土生金，金最后生，备五行之气，造化之功用全矣。金之为宝，镕之得水，击之得火，其柔象木，其色象土，水、火、土、木，四性俱备，历万年而不朽，百炼而愈坚实，刚健纯阳之至宝也。天得纯阳，故曰乾为金，一得纯阳，故曰金丹。神得纯阳，故曰金仙。其一揆也。释氏以地、水、火、风四大假合，修证金身得到无量寿。地、水、火、风即土、水、木、火、四者，不坚所以易坏，惟一坚密身乃金刚不坏，亦斯道也。丹以金名者，此也。圣人知夫二可以返一，一可以返道，故得九还七返、

---

① 维扬，四库本作"淮阳"。

② 此陈显微序，底本无，据正理本补。

八归六居、攒四簇五、四会三合二之理。广而至于周天三百六十五度、二十八宿、七十二候、十二分野、八节四时，凡造化之所有者，无不会合此金丹之用，非天下至神至圣，孰能得而知之？然天机虽秘，代不乏人，在夫一念之精微，可以感天动地。若人善根纯熟①，好②道心切，舍人间事，求出世因，研究道真，孜孜玄学，考仙经，穷圣典，低心访友，下意求师，必遇至人，授之口诀。志道而不遇者有矣，无志而遇者，未之有也。

真仙上圣，多述经书，开示后学，惟东汉魏伯阳真人准《易》作《参同契》三篇，独尽玄秘，述至道之血脉，叙大丹之骨髓。近世学道之士，罕见古文，今得是书，可谓丹经之祖矣。其论至备而密隐天机，其旨至微而显陈法象。是经既作，古今笺注者非一，然皆未明魏君之本旨，所以张紫阳深疾后世迷徒恣其臆说，将先圣典教妄行笺注，盖叹注是书之谬也。嗟夫，金丹大药，难遭难遇，非世间事。是书所述，至深至秘，非世间法。苟未遇至真，未达渊奥，徒恃广览，妄释圣经，岂不亵渎高真，迷谬后学，而招凿空之丑耶？

愚遭遇师真，积有岁月，每览是书，爱其敷叙详备。自入室办大事之后，游戏人间，以访人接友为乐，勘辨贤愚，审察邪正。痛伤近世得道者稀，悟真者少，虽复显露天机，亦未易会解。二三道友闻是而劝愚注之，且曰：是书之旨，昧千载矣。诸家之注既不足观，达道之人又不时见，今君不注，则魏君之道，将谁发明？愚应之曰：魏君不言乎，熟读千周万遍，神明自能告人，在学者精勤耳，何待赘辞？况愚腾腾兀兀，懒散度时，岂暇事笔砚耶？自是而后，二三道友，每相会谈道之际，辄举一二段求释其旨。在钱塘八九年间，口释是书，不觉将尽，一旦录以示愚，惟欠数③段，求足成全④文，且请为序。愚因嘉之，信手补注，就序金丹之所以云。

端平改元二月圆日，抱一子陈显微序

---

① 熟，四库本作"一"。
② 好，四库本作"向"。
③ 数，四库本作"敷"。
④ 全，四库本、辑要本作"前"。

《周易参同契解》卷上

抱一子陈显微解

上　篇

乾坤者，易之门户，众卦之父母。

《金碧经》曰：神室者，丹之枢纽，众石之父母。魏君谓：乾坤者，易之门户，众卦之父母。其义一也。非神室则无以成丹，非乾坤则无以见《易》。乾坤，纯体之卦也；六子，破纯体而为卦也。麻衣曰：乾坤错杂，乃生六子。六子即是乾坤破体，是则六子因乾坤而生，而六十四卦亦莫不出于乾坤，故曰众卦之父母。父母之体本是纯阳纯阴，自六子之生而纯阳纯阴之体破矣，乌可复纯乎？陈希夷曰：破体炼之，纯体乃成。是知破体炼之，可返纯体而入道，众石炼之可归神室而成丹。然而众石非外物，吾身中之众卦也；神室亦非外物也，吾身中之乾坤也。欲炼大丹，先设乾坤为神室，神室既设，而变化在乎其中矣。

坎离围①郭，运毂正辐。

乾坤既奠，阴阳自交。乾下交坤而为坎，坤上交乾而为离，坎离成而变化又在乎其中矣。陈希夷曰：日为天，氤自西而下以交于地；月为地，氤自东而上以交于天。男女交精之象也。日月往来，寒暑生焉，四时成焉，昼夜分焉，阴阳定焉。天地不能寒暑也，以日月远近而为寒暑；天地不能四时也，以日月南北而为四时；天地不能昼夜也，以日月出没而为昼夜；天地不能晦明也，以日月交会而为晦明。阴阳虽妙，不外乎日月；造化虽大，不外乎坎离。是故众卦之变虽不齐，而不出坎离之中。爻周流乎六位也，犹众②辐之设，虽不一，而不出乎一，毂之运居其中也。坎离中爻，谓坎中之一，离中之--，上下往来六爻之内。老子曰：三十辐，共一毂，当其无，有车之用。达者得其道，而运身中之日月；常

---

① 围，校本均作"匡"。后同。
② 众，校本均作"车"。

人昧其理,而违造化之阴阳。则未免有覆隍之虞、脱辐之咎,其于围郭正毂,果何有哉?

牝牡四卦,以为橐籥。覆冒阴阳之道,犹工御者,准绳墨,执衔辔,正规矩,随轨辙,处中以制外。

乾者纯阳,牡卦也;坤者纯阴,牝卦也。坎者阴中有阳,离者阳中有阴,牝牡相交之卦也,故谓之牝牡四卦。其他六十卦,或偏阴在上,或偏阳在下;或偏阳在上,或偏阴在下。阴阳不纯,牝牡不交,不可谓之牝牡。惟此四卦,覆冒阴阳之道,以为橐籥。乾坤者,橐籥之体;坎离者,橐籥之用。知四卦体用,则犹工者准绳墨而就规矩,御者执衔辔而循轨辙,处其理于中,制其妙于外,庶几举无差忒,动合自然也。

数在律历纪,月节有五六。经纬奉日使,兼并六十四,刚柔有表里。

律历之中,一月三十日,而牝牡四卦之余,适有六十卦。以卦奉日,一日两卦,一卦为经,一卦为纬,朝屯暮蒙,朝需暮讼,以至既济未济。而卦象内外刚柔之体,朝在上则暮在下,刚在表则柔在里也。并兼前四卦,则《周易》六十四卦皆为吾用,是则大丹之道,可以参诸《易》,而《参同契》之所以作也。

朔旦屯直事,至暮蒙当受。昼夜各一卦,用之依次序。既未至晦爽,终则复更始。日辰为期度,动静有早晚。

麻衣曰:消息画象,无止于辞,辞外见意,方审《易》道。又曰:卦有反对,最为关键,反体既深,对体尤妙。☳屯卦也,反之为☶蒙卦也。自需、讼以下,皆以倒体为次,如颐、小过之类。不可反者,则以对体次之,故☶颐卦则以☱大过卦次之,此对体也。自朔旦用屯蒙,至晦爽用既未,晦爽循环,终而复始。可见朝阴则暮阳,昼动则夜静,亲疏回互,主客递分,消息盈虚,避就生杀。进火忌斯须之谬,退符防毫发之差;抽添须辨浮沉,运用审之昏晓。学者因象而求意,得意而忘象可也。《悟真篇》诗云:此中得意休求象,若究群爻漫役情是也。

春夏据内体,从子到辰巳。秋冬当外用,自午讫戌亥。

卦有内外二体,内卦三爻,法一年之春夏、一日之子后午前;外卦三爻,法一岁之秋冬、一日之午后子前。内卦法阳,外卦法阴,乾坤交泰之象。春夏养阳,秋冬养阴,子后进火,午后退符,其理一致。

赏罚应春秋,昏明顺寒暑。爻辞有仁义,随时发喜怒。如是应四时,五行得其理。

赏为阳,罚为阴;仁为阳,义为阴;喜为阳,怒为阴。朝则行阳以应春夏,暮则行阴以应秋冬。苟能应四时之宜,自然得五行之理,非区区行赏、行罚,汲汲为义、为仁,与夫作喜、作怒也。魏君假是以喻阴阳生杀云尔。况丹者,至阳之精,倘有纤毫阴炁煅炼未尽,终未成就。修真之士,动静语默之间,可不谨欤?至如好生利物、仁慈宽恕、惠爱忠信、和喜清静、真实不妄之类,皆阳也;好杀害物、残忍嫉忿、责怪凌侮、骄傲狠愎、淫欲虚诈不实之类,皆阴也。戒阴修阳,阴将自亡;阴尽阳纯,自然成真。

天地设位,而易行乎其中矣。天地者,乾坤之象也;设位者,列阴阳配合之位也。易为①坎离,坎离者,乾坤二用。二用无爻位,周流行六虚。往来既不定,上下亦无常。幽潜沦匿,变化于中。包囊万物,为道纪纲。

此段魏君自解,以乾坤为神室,列阴阳配合之位,使坎离交于其中,以成变化之功。易谓坎离者,日月为易也。日月乃天地之易,坎离即人身中之易。乾坤,其体也;坎离,其用也。二用无爻位,周流行六虚,往来不定,上下无常,幽潜莫测,沦匿难寻,而变化于中,生成至宝,犹阴阳交感,化生万物,而为道之纪纲也。

以无制有,器用者空。故推消息,坎离没亡。

《金碧经》曰:有无相制,朱雀炎空。紫华曜日,砂汞没亡。魏君之言,盖发明《金碧经》之旨也。其旨盖以性火真空制命水至宝,火体本空,遇物而现,而虚明无我者,皆火德也。及乎运火于太虚鼎器之中,使弥天紫焰,遍界红光,金宫玉阙,变现千端,神兽灵龙,飞腾万状,此铅汞也,亦坎离也,固非无也。然作用既已,果安在哉?故云:故推消息,坎离没亡。

① 为,校本均作"谓"。

言不苟造,论不虚生。引验见效,校度神明。推类结字,原理为证。坎戊月精,离己日光。日月为易,刚柔相当。土旺四季,罗络始终。青赤白黑,各居一方。皆禀中宫,戊己之功。

易卦纳甲法:坎纳六戊,离纳六己,坎为月,离为日,故曰:坎戊月精,离己日光。日月二字,合为易字,故曰推类结字。是皆原理为证,而非虚造言论也。易既不外乎日月,丹岂不本乎坎离?然坎之与离,皆存戊己,古人云:都缘彼此怀真土,遂使金丹有返还。况土旺四季,罗络始终,水、火、木、金,虽各居一方,而皆禀中宫土德。张紫阳诗云,四象五行全藉土,土之功大矣哉!土者,金母也。知五行之俱归于土,则知五行之俱变为金,然后能会造化于中宫,种黄芽于后土矣。

易者,象也。悬象著明,莫大乎日月。穷神以知化,阳往则阴来。辐凑而轮转,出入更卷舒。

《金碧经》曰:丹术著明,莫大乎金火。穷微以任化,阳动则阴消。魏君以《易·系辞》参之。然大易之道,垂象于日月;大丹之道,著明于金火。金火即坎离也,故金精盛则玉兔增辉,火德旺而金乌倍烈。学者既穷其神而知其化,使阳往而阴来,辐凑而轮转,递互出入,相为卷舒,取大易爻象而为节符,视日月昏明而行火候,自然夺天地之机,盗造化之妙矣。

《易》有三百八十四爻,据爻摘符,符谓六十四卦。晦至朔旦,震来受符。当斯之时,天地构其精,日月相撢持。雄阳播玄施,雌阴统黄化。混沌相交接,权舆树根基。经营养鄞鄂,凝神以成躯①。众夫蹈以出,蠕动莫不由。

《易》有三百八十四爻,药有三百八十四铢。二十四铢为一两,三百八十四铢为十六两,即二八之数。据爻象阴阳升降之理,摘卦为符,而视符行火,符即爻画,非别有符也。据《易》言之谓之卦,据丹言之谓之符,故曰符谓六十四卦也。卦当阳生之震,则火进一阳之符,当斯之时,神室炼其精,金火相运推。雄阳,龙也;雌阴,虎也。播玄施者,龙腾

---

① 驱,校本均作"躯"。

玄天而降雨也；统黄化者，虎入后土而产金也。上天入地，混沌交接之象也。于是权舆而立其根基，经营而养其鄞鄂，其神既凝，其驱自成。凡大而天地，细而蜎动，有形有气者，莫不由是而出。惟产此一点于外，乃降本流末，为生生不穷之道；产此一点于内，乃返本还元、长生超脱之道也。

于是仲尼讚鸿濛，乾坤德洞虚。稽古当元皇，关雎建始初。冠昏炁相纽，元年芽乃生①。

形炁未具曰鸿濛，具而未离曰浑沦。《易》曰：易有太极，是生两仪。易，犹鸿濛也；太极，犹浑沦也；乾坤者，太极之变也。合之为太极，分之为乾坤。故合乾坤而言之，谓之浑沦；分乾坤而言之，谓之天地。仲尼讚《易》，首陈乾坤为《易》之门户，以乾坤洞虚之德，而蕴鸿濛之《易》也。《关雎》之诗，冠昏之义，取二炁相纽而言也。乾坤未分则谓之浑沦，阴阳相纽则谓之始初。列子曰：太初，炁之始也；太始，形之始也。故曰关雎建始初也。金丹者，太乙元君取乾坤未分、阴阳未离之炁，化为真汞，炼作真丹，故曰：先天一炁，混元至精。又曰：有物混成，先天地生。《金碧经》曰：元君始炼汞，神室含洞虚。玄白生金公，巍巍建始初。其旨在此。元年者，首年也，修炼之初，首初一年，滋生黄芽，金丹成矣。学者当观时节因缘，下手用功，采取至宝，以结丹头。丹头既得，自然默会天机，而立超圣地。世人迷昧，不晓天机，妄以私意测度，或错认邪蹊，或误求外物，又岂知神灵至宝生于虚无者邪？盖乾坤未分，阴阳未判，自有其时也。学道之士，切在至诚专心，归向道真，一旦逢师，授之口诀，或熟读是书，豁然契悟，则自能晓悟其时，方能采至宝于虚无，取灵物于恍惚。或问曰：虚无恍惚之中，岂有物耶？答曰：岂不见阳燧取火、方诸取水，其火、其水，凭虚而生？但人未知虚空之中，自有天然神通妙用，视之不见，听之不闻，搏之不得者耳。

圣人不虚生，上观显天符。天符有进退，屈伸以应时，故易统天心。

显天符者，日月也。日月有进退屈伸，与易卦阴阳升降、往来代谢

---

① 生，校本均作"滋"。按：抱一注文以"滋生"作解，故作"滋"较妥。

之理相应,故知易统天心而作《易》,圣人有大功大德于天下,岂虚生也哉!

☷☳复卦建始萌,长子继父体,因母立兆基。消息应钟律,升降据斗枢。三日出为爽,☷☳震受庚西方。八日☱兑受丁,上弦平如绳。十五☰乾体就,盛满甲东方。蟾蜍与兔魄,日月气双明。蟾蜍视卦节,兔魄吐精光。七八道已讫,屈折低下降。十六转受统,☴巽辛见平明。☶艮直于丙南,下弦二十三。☷坤乙三十日,东北丧其朋。节尽相禅与,继体复生龙。

大道形于造化,而造化至难窥测也。苟能窥造化而测其机,则能采道妙而盗其用。非真仙上圣,畴克尔哉! 古之圣真,仁天下之心,不可思议也。既测造化之机,而利诸己;复明造化之妙,而利诸人。在己者,固可以心知意会;而示人者,非假象托文,将何以发明,使人默而识之乎? 于是仰观俯察于天地之间,而显造化之妙用者,莫大乎日月;旁求于经书之中,而载造化之妙理者,莫出于易卦。而又将日月往来盈亏之迹,校易卦爻画变动之理,莫不相参而一致,是则《参同契》之所由作也。谓参大易之理,同造化之妙,契大丹之道也。今观乎一阳初生,其卦为复(震下坤上),震为长男,坤为母,乾为父,复卦本是纯坤,一阳自乾来,变下为震,故曰因母立兆基。震具乾体而微,然积渐二阳以至三阳,则乾体成矣,故曰长子继父体。消息应钟律者,一月增一爻也;据斗枢者,一时进一爻也。每月①初三日,月现微明于西方庚位,应震之一阳初生,而《周易》纳甲法,震卦纳六庚,其造化之理参合如此;初八日,月现上弦于南方丁位,应兑卦二阳生,而纳甲法则兑纳六丁;以至十五日,月满于东方甲位,则乾卦又纳六甲。其时卦备三阳,兔蟾俱盛,蟾蜍本金气之精,故视卦节而渐旺;玉兔乃卯木之魄,故望太阳而吐光。七八者,十五也。三五之道已终,则满者亏而伸者屈,高者低而升者降。至十六日,一阴生,而当阴用事,月于平旦,现在西方辛位,以应巽卦纳辛;至二十三日,月②于平旦现在南方丙位,应艮卦纳丙;至三十日,月

---

① 每月,底本无"每"字,据校本补。
② 月,底本无此字,据校本补。

没东方乙位,应坤卦纳乙。节尽则又相禅与,阳复用事,继体生龙。龙者,震也。八卦之中,独坎离二卦不与者,往来升降于六卦,即坎离之二用也。坎离之用大矣哉!

壬癸配甲乙,乾坤括始终。七八数十五,九六亦相应。四者合三十,阳气索灭藏。八卦布列曜,运移不失中。

乾纳六甲、六壬,坤纳六乙、六癸。八卦之中,惟乾坤纳二干,余卦只纳一干,故曰:壬癸配甲乙,乾坤括始终。以显乾坤之中,皆有真水也。少阳数七,少阴数八,合之得十五;老阳数九,老阴数六,合之得十五。四者合之得三十,应一月之数。七、八、九、六者,四象也。大易之理与造化之理,莫不一致也。至三十日月没之际,阳气索然灭藏。过是,则一阳又复生矣①。宛转循环,终而复始。运移不失其中,则准造化而无差,应卦爻而不忒矣。

元精眇难睹,推度效符证。居则观其象,准拟其形容。立表以为范,占候定吉凶。发号顺节令,勿失爻动时。上察河图文,下序地形流。中稽于人心,参合考三才。动则依卦变,静则循象辞。乾坤用施行,天地然后理,可得不慎乎。

元精者,至灵至神之至宝也,生于虚无,无形象之可睹,隐于眇忽,无踪迹之可求。将欲采之,必洞晓阴阳,深达造化,推其符证,效其法度。居则观象而准拟其形容,动则立表以占候其吉凶,上察天文,下观潮候,中稽人心。更须循卦节而行阳,则动勿失爻象变动之时;体象辞而行阴,则静不失至柔含光之理。如是,则乾坤之用在我施行,而灵神之精可得而采取矣。况八风调则甘露降,阴阳泰则醴泉生,是皆天地治也。和则致祥,乖则致厉,可得不谨欤?

御政之首,管括微密。开舒布实②,要道魁柄,统化纲纽。爻象内动,吉凶外起。五纬错顺,应时感动。四七乖戾,誃离俯仰。

用功之初,犹御政之首,须当遏绝凶淫,屏去嗜欲,管括元气,使微密坚固,无走泄之虞,自然布实于金胎,生神于玉室。苟毫发差殊,则如

---

① 生矣,此二字底本无,据校本补。
② 布实,校本作"布宝",下同。

政事错谬。应时感动,天变乖离,其要在乎运火候于精微,体斗杓之运转,爻象内动,吉凶外兴,五纬或差,列宿随庚矣。

文昌统录,诘责台辅。百官有司,各典所部。

丹居神室,犹人君之立国,而人君之立国,盖取于天象,有三台公辅之位,有文昌统录之司。台辅之职,则坐而论道,调燮阴阳,使百官各任其职,故诘责在台辅也;统录之司,则揆量人材,黜陟贤否,使百官各尽其能,故统录在文昌也。百官有司,各称其职,则民物安妥而天下太平;众卦火符,不失其度,则万化流通而圣胎增长。然治国者,在一人之所招;修丹者,在一心之所感而已。

日合五行精,月受六律纪。五六三十度,度竟复更始。原始要终,存亡之绪。或君骄溢,亢满违道;或臣邪佞,行不顺轨。弦望盈缩,乖变凶咎。执法刺讥,诘过贻主。

此段五、六,以明水土之用也。土数五,日之数五,而五行之数亦五也;水数六,月之数六,而六律之数亦六也。自甲至癸十干,谓之十日,而五干刚、五干柔,此日之数五也;月律十二,而六律、六吕,此月之数六也。五其六而为三十度,度竟复更始者,晦朔循环也。金火二物,互相存亡于晦朔之间。或君骄溢,亢满违道者,土数多而分两违也;或臣邪佞,行不顺轨者,水铢不定也;分两盈缩,则乖变凶咎,不当责火,过在土也。《金碧经》曰:非火之咎,谴责于土。盖谓此也。

辰极受正,优游任下。明堂布政,国无害道。内以养己,安静虚无。原本隐明,内照形躯①。闭塞其兑,筑固灵株。三光陆沉,温养子珠。视之不见,近而易求。

丹居神室,犹北辰在上以正众星,人君布政以临万国。中正而不动,则森罗顺共;端拱而无为,则天下和平。是则为政法天。而丹法为政也,则当隐藏其明,回光内照,无为静默,固蒂深根。日月与万象俱沉,使光辉之不露;婴子共玄珠增长,本温养之无亏。无为功里见神功,非有相中生实相。视之不可见,听之那得闻?然近而易求,非从外得,

---

① 躯,底本作"驱",据校本改。

在学者阴功善行如何耳？

黄中渐通理，润泽达肌肤。初正则中美①，干立末可持。

黄者，中宫之色；丹者，中宫之宝。《周易·坤卦·六五·文言》曰：君子黄中通理，正位居体，美在其中，畅于四肢，发于事业，美之至也。而况身有大丹，怀藏至宝，则其精神异常，肌肤润泽可知矣。大抵欲为神仙，先为君子，德行或慊于君子，则人道犹未充，况仙道乎？故魏君取《易》居中履正之辞，以发明有中形外之理，使上根之士，闻之则积行累功而登仙，中士闻之，亦不失为善人君子。

一者以掩蔽，世人莫知之。

《经》曰：了得一，万事毕。而一之妙理，岂易知之者耶？苟知是一，而后可以得。是一，如是之一，真一之一也，非数之一也。真一之一，自道而生；而数之一，则天一生水之一也。知一自道生，则大丹之道无余蕴矣。故曰一者以掩蔽，但世人莫能知之耳。

上德无为，不以察求；下德为之，其用不休。上闭则称有，下闭则称无。无者以奉上，上有神德居。此两孔穴法，金气亦相须。

天道下济而光明，地道卑而上行②。坤道上行，而其体本静，静则无为，而不可以察求；乾道下济，而其体常动，动则有为，而自强不息。上闭称有者，坤道上行，闭之则有水，而水有形；下闭称无者，乾道下济，闭之则有火，而火无迹。无者以奉上者，乾可以索坤而上行也；上有神德居者，坤则含真一之宝也。乾下济则能生坤之气，坤上行则能生乾之金，其要在乾坤二窍互相为用。上下交泰，则金多而气自生，气多而金自盛，是则金之与气实相须。此乾坤二妙用也。

知白守黑，神明自来。白者金精，黑者水基。水者道枢，其数名一。阴阳之始，玄含黄芽。五金之主，北方河车。故铅外黑，内怀金华。被褐怀玉，外为狂夫。

白者，银也；黑者，铅也。知白守黑，谓炼银于铅也。炼银于铅，则神明自生。银为金之精，铅为水之基。五行之中，惟独水之数一，合道

---

① 美，校本作"修"。
② 地道卑而上行，此句校本作"地道上行而卑暗"。

之枢，而为阴阳之始也。虽非真一之一，而得真一之用，故真一之道，先取金子为黄芽之根。金子，即水也。欲合万殊而为一，必先于万殊之中，求其一者而为基也。此金丹之法，有取于用铅者，其理如此，所以谓水为道枢也。论至于此，始明水得真一之用，而未是真一之一也。水之生数一，水之成数六。以成数六言之，则水一含土五也，故铅外黑，内含金华，而有玄含黄芽之妙用焉。水者，五行之始；铅者，五金之主。水本居北，般运而南，使水自下升，载宝而上，如河车之运，故曰河车。以黄杂黑，故曰被褐，谓铅质本贱也；而白银在内，故曰怀玉，谓至宝宜藏也。大抵造化之理，莫不以贱护贵，以晦养明，以卑保尊，以狂养圣，虽外视狂夫，而内怀至宝。可见机缄不露，良贾深藏，岂可与急急于人知者同日而语？魏君之旨，虽本在铅，而义亦两及之。

金为水母，母隐子胎；水者金子，子藏母胞。真人至妙，若有若无。仿佛太渊，乍沉乍浮。进退分布，各守境隅。

银是金，铅是水，金生水，故金为水母，水者金子；铅藏银，故母隐子胎，子藏母胞。金胎处铅中，即是真人在渊内，或现或隐，乍沉乍浮，及乎用铅既已，水退渊澄，真人出现，则又各守境隅矣。《金碧经》曰：灰池炎灼，铅沉银浮。其旨同此。

采之类白，造之则朱。炼为表卫，白里贞居。方圆径寸，混而相拘。先天地生，巍巍尊高。

采之类白者，采浮银至宝于西方；造之则朱者，结金丹圣胎于南室。丹成显象，如混沌鸡子，白里贞居，方圆径寸，混而相拘。此魏君显示先天之法象也。既生于天地之先，其巍巍尊高，岂可思议？

旁有垣阙，状似蓬壶。环匝关闭，四通踟蹰。守御固密，阏绝奸邪。曲阁相通，以戒不虞。可以无思，难以愁劳。神炁满室，莫之能留。守之者昌，失之者亡。动静休息，常与人俱。

神室之中，法象既圆，世界成立。金轮在外，如墙阙之周遮；世界居中，同蓬壶之美丽。银山铁壁之坚密，则使阏绝奸邪以无虞；琼楼玉阁之四通，则可游戏神通而无碍。当是时也，可以无思，难以愁劳。保护太和，如持满器。一念动止，则法身随焉；神炁充身，至难保护。守之则昌,失之则亡,学者勉之哉!

是非历藏法,内视有所思。履斗步罡宿,六甲次日辰。阴道厌九一,浊乱弄元胞。食黍鸣肠胃,吐正吸外邪。昼夜不卧寐,晦朔未尝休。身体日疲倦,恍惚状若痴。百脉鼎沸驰,不得清澄居。累土立坛宇,朝暮敬祭祠。鬼物见形象,梦寐感慨之。心欢而意悦,自谓必延期。遽以夭命死,腐露其形骸。举措辄有违,悖逆失枢机。诸术甚众多,千条有万余。前却违黄老,曲折戾九都。

世间法术不可胜计,虽历藏诸法,在学者明辨邪正,审察是非而已。如闭目内视,而思五脏之精光;步斗而行,以取天罡之正炁。按日辰而祭甲,厌九一以行阴;吐正炁而吸邪,浊元胞而服黍。昼夜不卧,晦朔无休,身体日疲,精神恍惚。或立坛而祠鬼,或感梦以祈神。诸术虽多,皆非正法,将期延寿,反更夭亡,腐臭形骸,枉伤天命,诚可悲叹。又岂知金液还丹,并与父母肉身变化而飞腾者哉!如前所述诸法,皆违背黄帝、老君之道,观其举措,反获戾于九都之府矣。

明者省厥旨,旷然知所由。勤而行之,夙夜不休。服食①三载,轻举远游。跨火不焦,入水不濡。能存能亡,长乐无忧。道成德就,潜伏俟②时。太乙乃召,移名③中洲。功成上升,膺箓受图。

世之明者,省魏君所述之旨,知所以修炼之由,勤而行之,夙夜无替,不踰三年,丹道成就,便可出水入火,轻举远游,变化灵通,逍遥自在。然道成德就,须当潜伏人间,积功累行,以待太乙元君之召,然后移名中洲,膺图受箓,功满上升,身归紫府。所谓功满三千,大罗为仙;功满八百,大罗为客。在功行之高下云耳。

《火记》不虚作,演《易》以明之。偃月法鼎炉,白虎为熬枢。汞日为流珠,青龙与之俱。举东以合西,魂魄自相拘。上弦兑数八,下弦艮亦八。两弦合其精,乾坤体乃成。二八应一斤,易道正不倾。铢有三百八十四,亦应卦爻之数。

---

① 服食,正理本、全集本作"伏食"。
② 俟,校本作"俟"。
③ 移名,校本作"移居"。下同。

古有丹书,述火候功用,谓之《火记》,凡六百篇,其旨不外乎《周易》。然《火记》之作,岂虚而无据耶?当演《易》以明之,可也。《易》有三百八十四爻,即周天火候,上下二弦,二八一斤之数。一斤计三百八十四铢,适与卦爻相应。乾爻一百九十二,坤爻一百九十二,而乾坤之道备矣。偃月炉者,谓玄关一窍之体用也。其窍半黑半白,如半弦月,故曰偃月炉。知偃月为炉鼎,则大丹之道思过半矣。白虎在下,为发火之枢机;青龙居上,起腾云之风浪。其间真汞变化流珠,是则东龙与西虎相交,阴魄与阳魂相制,运神功于金鼎,煅圣药于玉炉,倒造化之机,翻乾坤之用,非天下之至通,其孰克知此哉?

　　金入于猛火,色不夺精光。自开辟以来,日月不亏明。金不失其重,日月形如常。金本从月生,朔旦受日符。金返归其母,月晦日相包。隐藏其匡郭,沉沦于洞虚。金复其故性,威光鼎乃熹。

　　日月与金最为长久,自开天辟地以来,日月之形如常而未尝亏明,真金之重如初而未尝夺色,盖三者一体也。人徒见金精盛而月倍明,以知金自月生,而不知月之明本生于日也。故会合之际,月藏其明,沉沦同虚,以受日化,乃能生金。而金性本出于日,故其坚刚重实,禀太阳之色,具太阳之性也。万物遇火,莫不销坏,惟金入火,色不夺光,经百炼而愈坚,度大冶而益赤。盖火乃太阳之气,金乃太阳之精,金入猛火,乃复其故性,是以鼎炉火炽则金色愈增,而威光熹然可爱矣。

　　子午数合三,戊己数称五。三五既和谐,八石正纲纪。呼吸相含育,伫恩①为夫妇。黄土金之父,流珠水之母。水以土为鬼,土镇水不起。朱雀为火精,执平调胜负。水盛火消灭,俱死归厚土。三性既会合,本性共宗祖。

　　八石,外药也,以三五譬之。子水一,午火二,子午之数合而成三也。土数五,故戊己称五也。三五和谐,水、火、土三者合会也。三五相为夫妇,互作君臣,如八石之互相制度也。土生金,故土为金父;土克水,故土为水鬼。流珠,汞也。生于日而结为金,金生水,故流珠为水

————————

① 恩,校本均作"思"。

母。以水沃之,则火不炎;以土镇之,则水不滥。是则,三物一家,都归戊己也。水得土则消,火得土则息,金得土乃归其父也。土为金父,则火为金祖,故曰三性会合,则本性共宗祖也。

巨胜尚延年,还丹可入口。金性不败朽,故为万物宝。术士服食之,寿命得长久。土游于四季,守界定规矩。金砂入五内,雾散若风雨。薰蒸达四肢,颜色悦泽好。发白皆变黑,齿落生旧所。老翁复丁壮,耆妪成姹女。改形免世厄,号之曰真人。

胡麻又名巨胜,此凡药也,服之尚可延年,况神丹乃纯阳之精,其性如金刚之不坏。而金在万物之中,为至贵之宝,苟得服之,寿命长久,岂不万倍于凡药乎？辰、戌、丑、未四方,皆有土可见,金、木、水、火皆资土而立。而五脏之数五,虽禀金、木、水、火,其实亦资土五而荣也。金者,土之子。真丹入腹,而金气入于五脏之内,则溟濛烟雾,遍体薰蒸,如陶冶之中。火正炽时,而上水下施,如烟如雾,其时,四肢百脉,淫淫春泽,熏熏流布①,自然回颜换骨,返老还婴,颜色光鲜,精神悦泽,发白返黑,齿落更生,老翁变作壮年,耆妪翻成姹女。形体改换,世厄自逃,昼夜清明,神识不寐。法身与幻质皆充,阴魄与阳神俱妙,方可谓之真人矣。当是时,虽混尘凡而不同三界,虽居浊世莫测行藏。欲去,则直造蓬洲;放意,则径超象外矣。

胡粉投火中,色坏还为铅。冰雪得温汤,解释成太玄。金以砂为主,禀和于水银。变化由其真,终始自相因。欲作服食仙,宜以同类者。植禾当以黍,覆鸡用其子。以类辅自然,物成易陶冶。鱼目岂为珠,蓬蒿不成槚。类同者相从,事乖不成宝。是以燕雀不生凤,狐兔不乳马,水流不炎上,火动不润下。

物类相感,有不期然而自不容不然者。胡粉本铅烧就,而再投火中,则其色变坏,复化为铅;冰雪本水结,再得火炁,则复化为水。至宝之生,本出乎太阳真精,结灵聚秀,初结成碌砂,则其中已有真汞。真汞离母,则曰水银。水银在大冶之中,为太阳所炼,岁久凝为白银,白银历

---

① 淫淫春泽,熏熏流布,校本作"淫淫若春泽,熏蒸而流布"。

久始变黄金,则是金本以砂为主。砂者,神也,故曰神砂;汞者,精也,故曰水银。今者炼丹之初,先采阳精变化为砂,次取水银与砂相合,研和二物,煅炼成金。既已成金,方用铅养。盖真精生化出乎太阳,本与太阴交合而生,须得真铅,始堪服食。真铅生于太阴,故曰同类。金得真铅,如子得母,以此相辅,陶冶易成。譬之①以黍种禾、以鸡抱卵,同禀相感,同气相须也。苟不知此,别求异类,则徒劳心力,枉费工夫,犹燕雀不能生凤,狐兔不能乳马,水不可以蒸物,火不可以润物也。知此理,则砂汞合而精神生,水火交而蒸润得。则是火居水下而可以遂炎上之功,水居火上而可以成润下之德,非天下至精,其孰与于此哉?

世间多学士,高妙负良材。邂逅不遭遇,耗火亡货财。据按依文说,妄以意为之。端绪无因缘,度量失操持。捣治羌石胆,云母及礜磁。硫黄烧豫章,泥汞相炼持。鼓下五石铜,以之为辅枢。杂姓不同种,安肯合体居。千举必万败,欲黠反成痴。侥幸迄不遇,圣人独知之。稚年至白首,中道生狐疑。背道守迷路,出正入邪岐。管窥不广见,难以揆方来。

金丹之理,妙夺造化,迥出思议之表。不遇至人,徒劳测度;若用外物,尤其狂妄;守邪背正,又非贤材。往往学道之人,不肯坚心寻师访友,苦志勤求,或有始无终,或狐疑中道,蹉跎白首,衰老无成,是皆以②管窥天、自高自满者之过也。然明明日月,荡荡乾坤,寒暑往来,朝昏相代,无非大道方来之理。不遇至人,难以揆度。学者宜先积行累功,以祈感遇,切勿自欺,到此③宝山,空手归去。

若夫至圣,不过伏羲,始画八卦,效法天地。文王帝之宗,结体演爻辞。夫子庶圣雄,十翼以辅之。三君天所挺,迭兴更御时。优劣有步骤,功德不相殊。制作有所踵,推度审分铢。有形易忖量,无兆难虑谋。作事令可法,为世定诗书。素无前识资,因师觉悟之。皓若褰帷帐,瞋目登高台。

---

① 之,底本无,据校本补。
② 以,底本无,据校本补。
③ 到此,底本无此二字,据校本补。

魏君天资挺拔，犹且因师觉悟，故叹金丹妙理，非有形有兆，实难忖难量。虽三圣寓是理于《易经》，而八卦参玄机于造化，象指既形之妙言，彰可兆之功，揆之《参同》，犹存世法。虽圣人审分铢而制作，使学者探赜隐而推求，奈何指秘辞心①，道超象外，《参同》不作，冥昧奚明？此魏君所以准穷理尽性之书，述超凡入圣之道，如执左契，似寨前帷，本出师资，非干前识。是知天机虽远，而人人有分；大道不隐，而世世得人。勿谓宿有仙骨，方可希求，当知但办肯心，无不可者。翻覆魏君前后谦辞，始知前真慈悲之旨。

　　《火记》六百篇，所趣等不殊。文字郑重说，世人不熟思。寻度其源流，幽明本共居。切为贤者谈，曷敢轻为书。若遂结舌瘖，绝道获罪诛。写情著竹帛，又恐泄天符。犹豫增叹息，俛仰缀斯愚②。陶冶有法度，未忍悉陈敷。略述其纪纲，枝条见扶疏。

　　世之学者，见丹经紫书火候之说，述进退文武之功，有始终起止之异，不狐疑者鲜矣。所以诸经多云有六百篇，以载火候功用。殊不知言殊旨一，体异用同。既识朝屯暮蒙之反覆，则知昼姤夜复之循环，如转璇玑，如循轨辙，虽文辞之郑重，实祝付③之勤渠。故彰六百篇，以周三百日，不出乎进退两卦，但在夫始终一诚，心志精专，丝毫不忒。叹夫圣言不隐，世不熟思，故魏君复叙三篇，无非一理，盖欲调④析纪纲，陈敷法度，使后学易明，厥量大哉！

　　以金为隄防，水入乃优游。金计有十五，水数亦如之。临炉定铢两，五分水有余。二者以为真，金重如本初。其三遂不入，火二与之俱。三物相含受，变化状若神。下有太阳炁，伏蒸须臾间。先液而后凝，号曰黄舆焉。岁月将欲讫，毁性伤寿年。形体为灰土，状若明窗尘。

　　欲炼大丹，先以纯金修筑城郭，周遭围绕，然后取真水于其中，始无渗漏。或谓金隄，或言城郭，皆此意也。欲筑金隄，但知四象五行全藉

---

① 心，校本作"中"。
② 愚，校本作"虑"。
③ 祝付，整理本、全集本、作"祝符"，四库本作"嘱付"，集解本与底本同。
④ 调，校本作"条"。

土之理,则金自然生成矣。会用五行真土,能成五行真金,盖土者金母也。既成五行真金,则能柜五行真水,盖水者金子也。水、土、金三物,纽结成方寸之形,而婴儿现象于其间矣。及夫运用上升,则金光满室,腾腾若车舆之行,故号黄舆也。但临炉定则,金重不过五分,放水多些少不妨。其三不入,火二与俱者,木三、火二也。火二与木三俱不入,如人之魂神,本自无体,寓物而现。修真之功,但炼水、土、金三物,三物既结就而成宝,则魂神自然与之俱妙矣。水入金防,本是凝液,借太阳在下之气,伏蒸煅炼,变化成舆①。火力既周,神功既足,则千变万化,凤辇龙车,皆是物也。及乎脱胎,则形体闪烁,如明窗日影射尘之状。此魏君显露功成变化之象,奈何世人不知,妄行忖测,曾未梦见,敢肆臆说,惟亲诣者能知之耳。

捣治并合之,驰入赤色门。固塞其际会,务令致完坚。炎火张于下,昼夜声正勤。始文使可修,终竟武乃陈。候视加勤慎,审察调寒温。周旋十二节,节尽更相亲。气索命将绝,休死亡魄魂。色转更为紫,赫然成还丹。提粉以一元②,刀圭最为神。

此言运用之功,动天地之橐籥,如捣而治之,直至南方赤门,方固闭而使水火际会。此功昼夜不绝,先以文升,次以武降,周旋十二时,一日既终,更宜勉强。至于气已索然,命将垂绝,百脉归根,万窍归寂,非死也,犹死也。绝后重苏,金光转紫,状如紫粉,一刀圭许,时时呈露,处处现前,变化不测,神妙不可思议矣。

推演五行数,较约而不烦。举水以激火,奄然灭光明。日月相激薄,常在晦朔间。水盛坎侵阳,火衰离昼昏。阴阳相饮食,交感道自然。

若以五行较之,火见水则奄然灭光。然日月亦水火也,每遇合朔,而不相伤,何也?盖天地阴阳交感相食,自有定数定期,无水盛火衰之害。能察其机而盗用之,则宇宙在手,万化在身,虽水火之相克而合为夫妇,金木之间隔而自然交通,然天下莫能见,而莫能知也,悲夫!

名者以定情,字者缘性言。金来归性初,乃得称还丹。吾不敢虚

---

① 舆,校本作"黄舆"。
② 元,校本作"丸",四库本作"九"字。

说,仿效圣人文。古记题龙虎,黄帝美金花。淮南炼秋石,王阳加黄芽。贤者能行持,不肖毋与俱。古今道由一,对谈吐所谋。学者加勉力,留念深思惟。至要言甚露,昭昭不我欺。

此言还丹之所以称还丹也。还者以情言,丹者以性言。金来归性初者,言金公本我性①所生,今使之复见其母,还归本初,与姹女相合,结成婴儿,故曰还丹。紫阳诗曰:金公本是东家子,送在西邻寄体生。认得唤来归舍养,配将姹女结亲情是也。古今名称虽不同,其实一道也。

《周易参同契解》卷中

抱一子陈显微解

中　篇

乾刚坤柔,配合相包。阳禀阴受,雄雌相须。须以造化,精气乃舒。坎离冠首,光耀垂敷。玄冥难测,不可画图。圣人揆度,参序元基。四者混沌,径入虚无。六十卦周,张布为舆。龙马就驾,明君御时。和则随从,路平不邪。邪道险阻,倾危国家。

乾坤刚柔,二者配合,递相包含,则自然阳禀与而阴受藏也。盖阳雄则播施,阴雌则含受,孤阳不生,孤阴不育,雄雌二者相须,精炁舒布以成造化,如人受胎,莫不以阴阳相交为之造化,故当以乾坤二卦为始。今云坎离冠首者,盖乾坤为天地,坎离为日月,天地定位,不能合而为一,而交于其中。合而为一者,日月也。故乾坤为药之体,坎离为药之用。所以只言坎离冠首者,以明大药之用全在坎离也。是则乾坤如②鼎,而坎离为药耳。然坎离之用,即于乾坤二体之间,上下往来,飞潜不定,岂易画图哉?圣人欲揆度其玄妙以告学者,惟观六十杂卦之中,一阳画－－阴爻,或在上,或在下,玄冥难测。但当如明君之御时,而以六

---

① 性,底本无,据校本补。
② 如,校本作"为"。

十卦为舆，泰然无为以就驾，则可晏然而顺步，徐徐而进道，雍容和易，稳路平驱，自始至终，周循诸卦，安有险阻之患？故曰：和则随从，路平不邪。苟不达此，妄行邪径，则有颠覆之忧、倾危之咎矣。刘海蟾云莫教翻却紫河车。与此意同。盖言路虽平夷，须防险阻，不可不谨也。

君子居其室，出其言善，则千里之外应之。谓万乘之主，处九重之室。发号出令，顺阴阳节。藏器伺时，勿违卦月。屯以子申，蒙用寅戌。余六十卦，各自有日。

修丹之士，一年处室尤为艰难，所动虽小，所感甚大。如万乘之君，深居九重，动止语默，关系天和，如《易》所谓君子居室，应在千里，正可为比。惟当顺阴阳之降腾，随刑德而进止，如怀至宝，如护目睛，如养胎儿，如持满器。俟时之至，不可违于卦月。屯则自子至申，蒙则自寅至戌，其余诸卦，各自有时。盖一日两卦，一时一爻。欲识阴阳，须分昼夜；欲知昼夜，须分黑白；黑白既分，卦爻斯得。《易》曰通乎昼夜之道，而知者此也。

聊陈两象，未能究悉。立义设刑，当仁施德。逆之者凶，顺之者吉。按历法令，至诚专密。谨候日夜，审察消息。纤芥不正，悔吝为贼。

两象者，屯蒙也；未能究悉者，不敢尽泄火候天机也。学者遇师得旨，依时下手，结就丹头，须当按乎历法，至诚专密，谨候日夜，审察消息。遇阳则进，如当仁而施德；遇阴而退，如立义而设刑。顺之则吉，逆之则凶。如其间毫发不正，则有悔吝存乎其间而为贼害，如苗中之草莱、镜中之尘垢。且世人炼丹砂犹恐水火差误，况兹金液大丹乎？

二至改度，乖错委曲。隆冬大暑，盛夏霜雪。二分纵横，不应漏刻。风雨不节，水旱相伐。蝗虫涌沸，群异旁出。天见其怪，山崩地裂。孝子用心，感动皇极。近出己口，远流殊域。或以招祸，或以致福，或兴太平，或致兵革。四者之中，由乎胸臆。

二至者，阴阳之始从出也，苟乖错其用，则天变随之，夏雪冬雷，灾异斯惨；二分者，阴阳之所交分也，苟乖错其用，则天变亦然，山崩地裂，水旱为灾，不可胜言矣。此盖运火之士，失时差误，而真胎损害，世界崩摧。孝子喻真胎，皇极喻祸福，或致太平，或致兵革，或以招祸，或以致福,皆由运火之士,胸臆所感召也。炼丹之法,与世法无殊,然治世之所感召,犹如影响,况夺天地之造化,而与天地合其德、同其运耶?

　　动静有常,举①其绳墨。四时顺宜,与炁相得。刚柔断矣,不相涉入。五行守界,不妄盈缩。易行周流,屈伸反覆。

　　火候祸福,既如前章。则当动静有常,如循绳墨,不可差四时之宜,自然与二气相得。刚不侵逾,柔不退缩,或屈或伸,或反或覆,五行周流,各守疆界,方可无虞也。

　　晦朔之间,合符行中。混沌鸿濛,牝牡相从。滋液泽润,施化流通。天地神灵,不可度量。利用安身,隐形而藏。始于东北,箕斗之乡。旋而右转,呕轮吐萌。潜潭见象,散发精光。

　　至于晦朔之间,则当合符行中,如混沌鸿濛,不可度量。盖牝牡相从,滋液润泽,施化流通之时也,岂可用工乎?故利用安身,隐形而藏。却自箕斗之乡,呕轮吐萌,发散辉光可也。寒山子诗云:不得露其根,根虚则子坠。盖体用不同,施工亦异故也。

　　昴毕之上,☳震出为征。阳气造端,初九潜龙。阳以三立,阴以八通。故三日震动,八日☱兑行。九二见龙,和平有明。三五德就,☰乾体乃成。九三夕惕,亏折神符。盛衰渐革,终还其初。☴巽继其统,固济操持。九四或跃,进退道危。☶艮主进止,不得踰时。二十三日,典守弦期。九五飞龙,天位加喜。六五☷坤承,结括终始。韫养众子,世为类母。阳数已讫,讫则复起。推情合性,转而相与。

　　魏君以一月之间月形圆缺,喻卦象进退。自初三日为一阳火,初八日为二阳,十五则三阳全而乾体就,十六则一阴生,二十三则二阴生,三十日则三阴全而坤体成。昴毕在西方庚位,如上卷所言震庚见西方之意,亦同。余备述于前图②,魏君重复言之,欲学人深明体用耳。

　　循据璇玑,升降上下。周流六爻,难可察睹。故无常位,为易宗祖。

　　一日之间,火候周旋如璇玑之运,自子升上,至午降下,周历六爻。虽无形可观,而默运造化,会之于心。其时灵药随日往来、升降上下,未

---

① 举,校本作"奉"。
② 图,校本均作"卷"。

尝停止，岂有常位？所以与大易阳生阴降之理合也。为易宗祖者，圣人先悟金丹之理，以自修持，超凡入圣，而后述是理于《易》，以示后人。是知大易之作，本诸大丹；而大丹之道，乃易之宗祖也。

朔旦为复☷☷，阳气始通。出入无疾，立表微刚。黄钟建子，兆乃滋彰。播施柔暖，黎烝得常。

半夜子时，火候起绪也。一阳未生，火候未动，众阴群居，如众庶无统。及乎火候既动，阳气始通，播施和暖，烝熏鼎器。光明既兆，则为万物发生之主。是时修炼之士，便能默会进火之机，以微刚为表准，出入往来，收放无疾。自兹以往，渐渐增修，以至纯乾，煅炼成宝。大凡初功，尤宜加谨。前辈诗云：夜寒宜向火，护众到天明。如①即播施柔暖、黎烝得常之义也。

临☷☷炉施条，开路正光。光耀渐进，日以益长。丑之大吕，结正低昂。

丑时，进二阳火候也。至是，则光耀渐进，开玄路，正光明也。阳自下生，当就下结。其时用功正低，待过此一爻，渐以放仰，以随化机，故曰结正低昂。

仰以成泰☷☷，刚柔并隆。阴阳交接，小往大来。辐凑于寅，运而趋时。

寅时，进三阳火候也。至是，则刚柔交分，阴阳各半，上水下火。是则精水上腾，神火下仰，仰者欲升，腾者欲降，阴阳交接，小往大来，造化辐凑于此。

渐历大壮☷☷，侠列卯门。榆荚堕落，还归本根。刑德相负，昼夜始分。

卯时，进四阳，沐浴之候也。其时，昼夜始分，生杀相半。万物至春敷荣，而榆荚至是独落。盖榆荚应星，星至晓隐，以金丹与森罗万象相参，而万象森罗亦生于日月故也。

夬☷☷阴以退，阳升而前。洗濯羽翮，振索宿尘。

---

① 如，校本作"此"。

辰时，进五阳火候也。至是，则五阳上升，水源清澄，如禽出水，振洗羽翼，将欲奋飞，为冲天之举矣。

乾☰健明威①，广被四邻。阳终于巳，中而相干。

巳时，进六阳火候也。至是，则纯乾体就，月圆水满，光盛神盈，正而不偏，圆而不缺，光被四表，明遍十方矣。

姤☴始纪绪，履霜最先。井底寒泉，午主②蕤宾。宾服于阴，阴为主人。

午时，退一阴符候也。至是，则阴为主而阳为客，苟不识主中宾、宾中主，则差之毫厘，为害不细。勿以一阴方萌，未能为害。奈何井底寒泉，而履霜冰至。前辈所以切切论主宾之分者，以此。

遁☶去世位，收敛其精。怀德俟时，栖迟昧明③。

未时，退二阴符候也。

否☷塞不通，萌者不生。阴伸阳屈，没阳姓名。

申时，退三阴符候也。

观☴其权量，察仲秋情。任畜微稚，老枯复荣。荠麦芽蘖，因冒以生。

酉时，退④四阴符，沐浴候也。荠麦应日，故至八月芽蘖，日魂胎于酉也，木至是而胎藏，⑤至是而沐浴，故酉为沐浴之候。

剥☶烂肢体，消灭其形。化炁既竭，亡失至神。

戌时，退五阴符候也。

道穷则返，归乎坤☷元。恒顺地理，承天布宣。

亥时，退六阴符候也。

玄幽远渺，隔阂相连。应度育种，阴阳之源。寥廓恍惚，莫知其端。先迷失轨，后为主君。不平不陂⑥，道之自然。变易更盛，消息相因。

---

① 明威，校本作"明盛"。按：注文有"光盛"一词，故正文作"明盛"颇宜。
② 主，校本作"为"。
③ 明，校本作"冥"。
④ 退，底本无，据校本补。
⑤ 校本"至是"之前有"土"字。
⑥ 不平不陂，校本作"无平主陂"。

终坤始复,如循连环。帝王乘御,千载尚存。

磁石吸铁,阳燧取火,方诸取水,皆阴阳相感、隔碍相通之理,岂能测其端倪哉?修丹之功,始若迷昧,及乎火候既终,丹力既熟,方知身为世尊,如帝王之乘御矣。此道岂外乎终坤始复之机哉?魏君重复言之,可谓明尽矣。

将欲养性,延命却期。审思后末,当虑其先。人所禀躯,体本一无。元精云布,因炁托初。

夫血气之属各有性,而性未尝不出于正也;血气之属各有命,而命未尝不出于情也。然性本正矣,及乎迷失真性,而沦溺于邪蹊,甚至为凶人、为蛇、为蝎、为异类,变其性而为邪性者有矣。命本情矣,及乎明心见性,了知一切,众生各因淫欲而正斯命。于是炼精化炁,入圣超凡,变其命而为正命者有矣。知性之本正,然后能养;知命之可正,然后能延。试思夫人之始,初禀受形躯之时,本一正性也,而父母交精,元炁云布,果出于正耶?果出于情耶?《圆觉经》谓命因欲有,与此同旨。

阴阳为度,魂魄所居。阳神日魂,阴神月魄,互为室宅①。性主处内,立置鄞鄂;情主营外,筑垣城郭。城郭完全,人民②乃安。爰斯之时,情合坤乾。乾动而直,气布精流;坤静而翕,为道舍庐。刚施而退,柔化以滋。九还七返,八归六居。男白女赤,金火相拘。则水定火,五行之初。上善若水,清而无瑕。道之形象,真其③难图。变而分布,各自独居。

夫情性生于魂魄,魂魄生于明暗,明暗生于日月,日月生于阴阳。圣人以乾坤刚柔、动静阖辟之机推测之,此大丹之道,所以契大易也,其要不出乎以阴阳为度也。故日出于卯,则天明而魂;日入于酉,则天暗而魄盛。魂为阳神,魄为阴神,魂以昼为室,魄以夜为宅。其实不出乎明暗二机也。夫人昼明则用魂用神,而魂神本性也;夜暗则归精归魄,精魄本命也。命生情,故以精魄为城郭;性生心,故存心神为鄞鄂。城

---

① 室宅,校本作"宅舍"。按:据校本,底本脱"魂之与魄"四字。
② 人民,校本作"人物"。
③ 真其,校本作"真一"。

郭固全，人物乃安。当斯之时，以情营外，然后乾坤合，而刚柔、动静、阖辟之理得矣。于是，一运之气，周乎太空；升降混沦，俱化真土；九金八木、七火六水，还返归居，皆入于土矣。归土，则五行全而万物生其中。男现白形，女呈赤貌，盖五行聚会而金火相拘，火炼金而金柜水，如汤在鼎而玉鼎汤煎，如鼎在炉而金炉火炽。只言水、金、火者三物，总在土中。言火则自然有木，造化既成，铅凝汞结于鼎中，则水之为功，又善之上者也。至宝无瑕，至真难摸，火候既足，五行分布，则又各自独居，而不相凌犯矣。

类如鸡子，黑白相扶。纵广一寸，以为始初。四肢五脏，筋骨乃俱。弥历十月，脱出其胞。骨弱可卷，肉滑若铅。

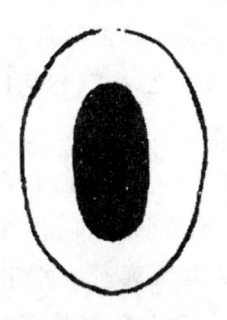

纵广一寸，横微狭焉，法身在其中矣。前辈有云：争如跳入珠光内，踊身直到紫微宫。

阳燧以取火，非日不生光。方诸非星月，安能得水浆？二炁玄且远，感化尚相通。何况近存身，切在于心胸。阴阳配日月，水火为效征。

阳燧者，炼五色石作镜，向日以艾取火，《淮南子》谓之火方诸；又有水方诸，以水晶为珠，向月取水，又谓之阴燧。阳燧、方诸若不假日月，则不能生水取火。人身之中，阴阳升降，与天地造化同运，其间水火交遇之理，亦岂外夫日往月来交会之机以求证效哉？

耳目口三宝，固塞勿发通。真人潜深渊，浮游守规中。旋曲以视听，开辟①皆合同。为己之枢辖，动静不竭穷。离炁内营卫，坎乃不用聪。兑合不以谈，希言顺鸿濛。三者既关键，缓体处空房。委志归虚

---

① 开辟，校本均作"开阖"。

无,无念以为常。证难以推移,心专不纵横。寝寐神相抱,觉悟①候存亡。颜容浸以润,骨节益坚强。排却众阴邪,然后立正阳。修之不辍休,庶炁云雨行。淫淫若春泽,液液象解冰。从头流达足,究竟复上升。往来洞无极,怫怫被容中。反者道之验,弱者德之柄。芸锄宿污秽,细微得调畅。浊者清之路,昏久则昭明。

耳不听,则坎水内澄;目不视,则离火内营;口不言,则兑金不鸣。三者既闭,则真人优游其中,须用无念无虑,不可愁劳,委志虚无,心专不逸。缓体处空房者,无他意也。盖欲人守雌抱一,缓弱其体,独处空房之中,寝寐则与神相抱,觉悟则审候存亡,然后排却阴邪,纯阳积聚一身之中,太和充溢,象解冰之液液,如春泽之融融,庶气云行,如雨如雾,上下往来,从头达足。修之不辍,污秽尽除,筋骨调畅,颜容光泽,骨节坚强,血化白膏,神形俱妙。但七门既返,殆若亡生,百脉俱沉,形气销尽,力弱不支,昏浊如醉,此乃道之验、德之柄也。昏者明之基,浊者清之源,自兹已往,圆明洞照,虚彻灵通,莫不自昏浊始也。

世人好小术,不审道浅深。弃正从邪径,欲速阙不通。犹盲不任杖,聋者听宫商。投水捕雉兔,登山索鱼龙。植麦欲获黍,运规以求方。竭力劳精神,终年不见功。欲知服食法,事约而不繁。

世人弃正从邪,嗜好小术,徒劳心力,至子无我②,至老无成,焉知大道之妙,至简至易,约而不繁者哉!

太阳流珠,常欲去人。卒得金华,转而相因。化为白液,凝而至坚。金华先唱,有顷之间。解化为水,马齿琅玕。阳乃往和,情性自然。迫促时阴,拘畜禁门。慈母养育,孝子报恩。严父施令,教敕子孙。五行错王,相据以生。火性销金,金伐木荣。三五与一,天地至精。可以口诀,难以书传。

人命在卯,日出于卯,而万物仰之以生,则是万物皆借太阳之精以立命命焉③。太阳流珠者,命宝也。其此命宝,寓神则营,营而乱思,乱

---

① 觉悟,正理本、全集本均作"觉寤",《四库全书》本与底本同。
② 至子无我,正理本、全集、集解本作"至了无成",四库本作"至老无成"。
③ 以立命命焉,校本作"以立命矣"。

思则逐物而迁化矣；寓精则持盈而难保，难保则挠念而欲泄矣，故曰常欲去人。但世之知是理者鲜矣。虽知之而能存者又鲜矣。然太阳之宝，本木魂之精，若得金华而制伏之，则化为白液，凝作黄芽，如马齿琅玕之状，拘畜酉门而成变化。其法以五行吞啖之理，如父驱子，如子投母，似母养育，似子报恩。故先用火销金，次用金伐木，皆如严父之驱子，然后化而为水。水者，木之母也，故曰母育。复凝成金水者，金之子自子变母，故曰报恩。要不出三五与一，所谓三五一都三个字，古今明者实然稀。苟不遇至人授之口诀，岂可易以文字窥测天机也耶？

　　象彼仲冬节，草木皆摧伤。佐阳诘贾旅，人君深自藏。象时顺节令，闭口不用谈。天道甚浩广，太元无形容。虚寂不可睹，匡郭以消亡。谬误失事绪，言还自败伤。别序斯四象，以晓后生盲。

　　仲冬之节，万物归根，当斯之时，造化难测。观夫天道，则塞闭不通，浩广而难知；察彼太玄，则虚寂隐沦，无形之可睹。果何据而测造化之机耶？魏君别序四象，以示后来，具于下章。

　　子当右转，午乃东旋。卯酉界隔，主定二名。龙呼于虎，虎吸龙精。两相饮食，俱相贪荣。遂相衔嚥，咀嚼相吞。荧惑守西，太白经天，杀气所临，何有不倾？狸犬守鼠，鸟雀畏鹯，各得其功，何敢有声？

四象图

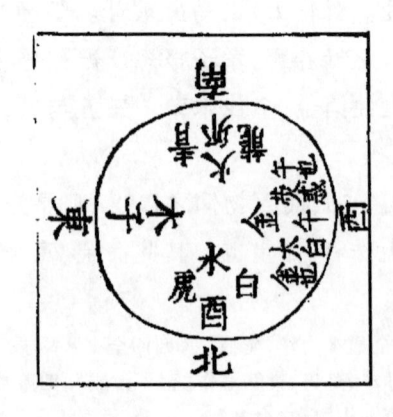

子从右转来东卯，午从东旋来西酉，皆越九转也。如此则龙从火立出，虎向水中生，荧惑守西而制金，太白经天而昼见矣。自然龙呼于虎，虎吸龙精，狸犬假虎威而制鼠，鸟雀望日乌而畏鹯，各得其功，不敢出气。此皆五行相制之理，不容不然者如此。

　　不得其理，难以妄言。竭殚家财①，妻子饥贫。自古及今，好者亿人。讫不谐遇，希有能成。广求名药，与道乖殊。如审遭逢，睹其端绪。以类相况，揆物终始。

　　不得其理，徒求外药，枉费资财；一旦遭逢，睹其端绪，则能夺天地之化机，揆万物之终始矣。

　　五行相克，更为父母。母含滋液，父生②禀与。凝精流形，金石不朽。审专不泄，得为成道。立竿见影，呼谷传响。岂不灵哉，天地至象。若以野葛一寸，巴豆一两，入喉辄僵，不得俛仰。当此之时，虽周文揲蓍，孔子占象，扁鹊掺③针，巫咸扣鼓，安能令苏，复起驰走？

　　夫人之命，既可使之速死，亦可使之长生。毒药入口，虽圣哲不能复苏；刀圭下咽，虽鬼神不能强害。神灵之妙，尽在虚明，本五行变化之机，实大造发生之体。故立竿见影，皆神火之灵明；而呼谷闻声，亦神虚之应响。金石难朽，本出于虚无；而铅汞至灵，实生于造化。可谓恍惚中有物，杳冥中有精。非夫至神，孰能而知之哉？

　　河上姹女，灵而最神。得火则飞，不见埃尘。鬼隐龙匿，莫测所存。将欲制之，黄芽为根。

　　北方正炁变为姹女，见火则飞腾出没，隐匿无常。若炼就黄芽，方能制伏，如鬼子母入琉璃钵中，神通无所施矣。得吾道之高者，自能知之。

　　物无阴阳，违天背元。牝鸡自卵，其雏不全。夫何故乎？配合未连。三五不交，刚柔离分。施化之精，天地自然。犹火动而炎上，水流

---

① 家财，校本作"家产"。
② 生，校本均作"主"。
③ 掺，校本作"操"。

而润下。非有师道①，使其然也。资始统政，不可复改。观夫雌雄，交媾之时，刚柔相结，而不可解。得其节符，非有工巧，以制御之。若男生而伏，女偃其躯。禀乎胞胎，受气元初。非徒生时，著而见之。及其死也，亦复效之。此非父母，教令其然。本在交媾，定置始先。

张紫阳诗云：莫把孤阴谓有阳，独修一物转羸尪。钟离先生诗云：莫谓此身云是道，独修一物是孤阴。须知一阴一阳谓之道，男女交精，万物化生，而后可语还丹矣。苟二物不合，三五不交，水火未济，刚柔离分，则阴阳隔绝，天地闭塞，所谓偏阴偏阳谓之疾也。

坎男为月，离女为日。日以施德，月以舒光。月受日化，体不亏伤。阳失其契，阴侵其明。晦朔薄蚀，掩冒相倾。阳消其形，阴凌灾生。男女相须，含吐以滋。雌雄错杂，以类相求。

天地所以能长久者，以日月往来，阴阳交会，相资以发光辉。一才失度，则有薄蚀之患。人之坎离，犹天地之日月也，能以类盗天地之机乎？

金化为水，水性周章；火化为土，水不得行。故男动外施，女静内藏。溢度过节，为女所拘。魄以钤魂，不得淫奢。不寒不暑，进退合时。各得其利②，俱吐证符。

此言金水为夫妻，水火为配耦之妙。金生水，水性温，苟无土以制之，则未免过溢之患。木生火，火生土，土生而后水不得行，拘收藏畜，而与火为配耦。是则金木相克，得为夫妇者，假火之力也；水火相克，而为配偶者，假土之力也。然后进退合时，各得其和，而随时变现，俱吐符证矣。

丹砂木精，得金乃并。金水合处，木火为侣。四者混沌，列为龙虎。龙阳数奇，虎阴数偶。肝青为父，肺白为母，肾黑为子。脾黄为祖，子五行始。三物一家，都归戊己。

金木甲庚，相资为用者，彼此怀真土也。金四与水一，合化土五；木三与火二，合化土五。东木之龙、西金之虎，东三西四，奇耦不齐，及乎

① 道，校本作"导"。
② 利，校本作"和"。按：注文中作"和"，故宜从"和"字。

分作三家，合成一舍，则都归戊己矣。

刚柔迭兴，更历分部。龙西虎东，建纬卯酉。刑德并会，相见欢喜。刑主伏杀，德主生起。二月榆落，魁临于卯。八月麦生，天罡据酉。子南午北，互为纲纪。一九之数，终而复始。含元虚危，播精于子。

自子至巳为乾刚，自午至亥为坤柔，识此迭兴之理，则自然龙西虎东，子南午北，建纬卯酉，生起杀伏，互为纲纪，各得时矣。二月本生起，而西酉临之，故榆死归根；八月本杀伏，而东卯临之，故荠麦发生。自西卯顺行九转，然后见南方之子；自东酉逆行九转，然后见北方虚危。此一九之数。含元虚危，播精于子者，此也。

关关雎鸠，在河之洲。窈窕淑女，君子好逑。雄不独处，雌不孤居。玄武龟蛇，蟠虬相扶。以明牝牡，竟当相须。假使二女共室，颜色甚殊，令苏秦通言，张仪结媒，发辩利舌，奋舒美辞，推心调谐，合为夫妻，敝发腐齿，终不相知。若药物非种，名类不同。分剂参差，失其纪纲。虽黄帝临炉，太乙执火，八公捣炼，淮南调合，立宇崇坛，玉为阶陛，麟脯凤腊，把籍长跪，祷祝神祇，请哀诸鬼，沐浴斋戒，冀有所望。亦犹和胶补釜，以硇涂疮，去冷加冰，除热用汤，飞龟舞蛇，愈见乖张。

此言一阴一阳之谓道，偏阴偏阳之谓疾。苟得其配，不劳余力，自然交遇，以结圣胎。苟不得其配，则徒劳万般，枉费神思，终不可得，愈见乖张矣。

《周易参同契解》卷下

抱一子陈显微解

下　篇

　　惟昔圣贤，怀玄抱真。服炼九鼎，化迹隐沦。含精养神，通德三光。津液腠理，筋骨致坚。众邪辟除，正气长存。累积长久，变形而仙。忧悯后生，好道之伦。随傍风采，指画古文。著为图籍，开示后昆。露见枝条，隐藏本根。托号诸石，覆谬众文。学者得之，韫椟终身。子继父业，孙踵祖先。举世迷惑，竟无见闻。遂使宦者不仕，农夫失耘，商人弃财①，志士家贫。吾甚伤之，定录此文。字约易思，事省不繁。披列其条，核实可观。分两有数，因而相循。故为乱辞，孔窍其门。智者审思，用意参焉。

　　魏君虑世人不达，故又指古之圣贤②，怀玄抱真，莫不服食九鼎，通德三光，故除邪存正，化形而仙。忧悯后生，好道之流，将仙经妄行笺注，不惟自无见闻，亦并与其子孙迷惑，故甚伤之，又述此篇。

　　法象莫大乎天地兮，玄沟数万里。河鼓临星纪兮，人民皆惊骇。晷影妄前却兮，九年被凶咎。皇上览视之兮，王者退自改。关键有低昂兮，害气遂奔走。江淮之枯竭兮，水流注于海。天地之雌雄兮，徘徊子与午。寅申阴阳祖兮，出入复终始。循斗而招摇兮，执衡定元纪。

---

① 财，校本作"货"。
② 魏君虑世人不达，故又指古之圣贤，校本作"魏君虑世人不达其故，又指古之圣贤"，校本多一"其"字。

法象图

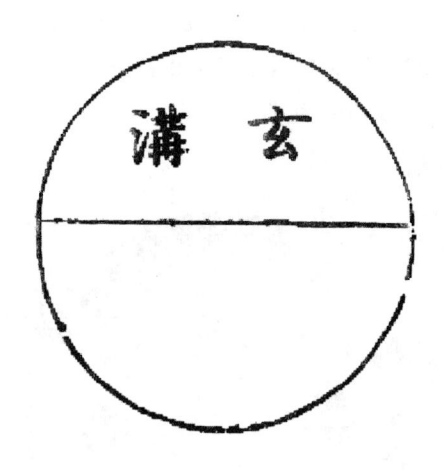

寅申阴阳出入图　循斗图

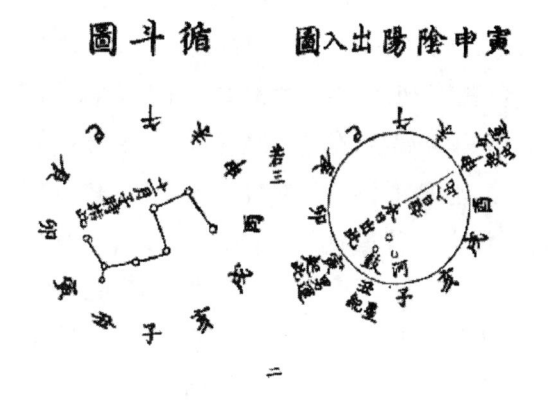

　　升熬于甑山兮，炎火张设下。白虎唱道前兮，苍液和于后。朱雀翱翔戏兮，飞扬色五彩。遭遇罗网施兮，压之不得举。嗷嗷声甚悲兮，婴儿之慕母。颠倒就汤镬兮，摧折伤毛羽。漏刻未过半兮，鱼鳞狎猎起。五色象炫耀兮，变化无常主。潏潏鼎沸驰兮，暴涌不休止。接连重叠累兮,犬牙相错距。形如仲冬冰兮,阑干吐钟乳。崔嵬而杂厕兮,交积相支拄。

此段魏君全彰玄关法象以示人也。

阴阳得其配兮,淡泊而相守。青龙处房六兮,春华震东卯。白虎在昴七兮,秋芒兑西酉。朱雀在张二兮,正阴离南午。三者俱来朝兮,家属为亲侣。本之但二物兮,末而为三五。三五之与一兮,都集归二所。治之如上科兮,日数亦取甫。

先白而后黄兮,赤黑达表里。名曰第一鼎兮,食如大黍米。自然之所为兮,非有邪伪道。若山泽炁相烝兮,兴云而为雨。泥竭遂成尘兮,火灭化为土。若蘗染为黄兮,似蓝成绿组。皮革煮成胶兮,曲蘖化为酒。同类易施功兮,非种难为巧。惟斯之妙术兮,审谛不诳语。传于亿世后兮,昭然自可考。焕若星经汉兮,昺如水宗海。思之务令熟兮,反覆视上下。千周灿彬彬兮,万遍将可睹。神明或告人兮,心灵将自悟。探端索其绪兮,必得其门户。天道无适莫兮,常传与贤者。

大丹九鼎者,谓神丹大九转之功也。此乃无上至真,超出三界之上药。至于第一鼎之丹,亦须小九转之功足备,方成黍米之状。此玄珠之象也,其状或白,或黄,或青,或黑,或赤,初无定色,又如真珠之状,古人谓之摩尼宝珠,常现五色。又曰:体似真珠状,丹砂本非赤。皆亲诣之语。其他妄言形状,指画千般,自诳何益?与其未识而妄言招谴,曷若勤勤恳恳,参师访道,必到亲见之地,然后立言,亦未为晚。纵得之于身,不立言何害[①]?魏君奉劝学者,且熟读是书,千周万遍,至诚不息,或感神明告人,或得心灵自悟,自然探其端倪,得其门户。所谓天道无适无莫,常传与贤者是也。愚尝述《立圣篇》,首篇云:大道无私感即来,神仙此语岂虚哉?苟非著意求铅汞,争悟天机脱圣胎。亦此意也。

《参同契》者,敷陈梗概。不得纯一,泛滥而说。纤微未备,阔[②]略仿佛。今更撰录,补塞遗漏[③]。润色幽深,钩援相逮。旨意等齐,所趣不背。故复作此,命《五相类》,则大易之情性尽矣。

五位相得,而各有合。

乙(浮石)丁(文火)已(物)辛(世银)癸(铅)

三(木)二(文火)五(土)四(金)一(水)

甲(沉石)丙(武火)戊(药)庚(世金)壬(汞)

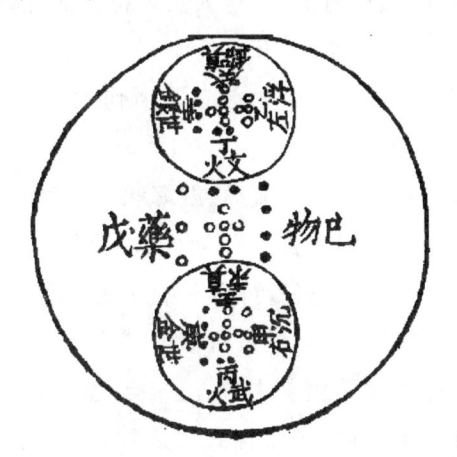

大易情性,各如其度。黄老用究,较而可御。炉火之事,真有所据。三道由一,俱出径路。

大矣哉,道之为道也。生育天地,长养万物,造化不能逃,圣人不能名。伏羲由其度而作《易》,黄老究其妙而得虚无自然之理,炉火盗其

---

① 不立言何害,校本作"不立言亦何害",多一"亦"字。
② 阔,校本作"阙"。
③ 漏,校本作"脱"。

机而得烧金干汞之方。是皆仰观俯察,远取近用,或寓于言,或修于身,或托于物,事虽分三,道则归一也。

枝茎华叶,果实垂布。正在根株,不失其素。诚心所言,审而不误。

道不在言,言犹枝茎华叶也;因言会意,意犹果实垂布也;因意会道,道犹根株也。枝叶易见,果实易知,而根株则难见难知也;言则易知,意则易会,而造道之妙者鲜矣。然而根株虽隐,发露于叶茎;大道幽玄,发明于言语。况魏君诚心之言,审而不误,在学者深造自得之耳。

会稽鄙夫,幽谷朽生。挟怀素朴,不乐欢荣①。栖迟僻陋,忽略利名。抗②守恬澹,希时安平。宴然闲居,乃撰斯文。歌叙太易③,三圣遗言。察其旨趣,一统共论。

魏君生于东汉,会稽上虞人也。挟朴怀素,忽略利名,隐居学道,潜默修真,不知师授谁氏,深造道玄,得太乙火符金液九转大还神丹之妙。既已利己,又以利人,乃撰斯文,开示后学,其功大矣,其德盛矣,而犹以鄙朽自牧,至人谦晦如此哉!此书与三圣所作太易,意趣大统相合,故命曰《参同契》云尔。

务在顺理,宣耀精神。神化流通,四海和平。表以为历,万世可循。序以御政,行之不繁。引内养性,黄老自然。含德之厚,归根返元。近在我心,不离己身。抱一无④舍,可以长存。配以服食,雄雌设陈。挺除武都,八石弃捐。审用成物,世俗所珍。

读是书者,务在顺太易相参之理,近求诸己,使其间所言神通变化之用,归之于精神心术之微,则入神致用之妙得矣。入神致用之妙得,则仙道成矣。岂惟学仙、学道者赖是书哉?序以御政,则行不繁,而四海平;表以为历,则神化通,而万世法;引内养性,则合黄老自然之道,含归真返元之德;配以服食,则设雌雄制伏之事。但世人不当认为外药耳。苟妄认为外药,则武都雄黄、四神八石之类,炼而服之,去道远矣。

---

① 欢荣,校本作"权荣"。
② 抗守,正理本、四库本校作"执守",全集本作"执手"。
③ 太易,校本均作"大易"。
④ 无,校本作"毋"。

审其用而为炉火之术,则能炼世银而为黄金,干水银而为白银,亦可为世俗所珍也。

罗列三条,枝茎相连。同出异名,皆由一门。非徒累句,谐偶斯文。殆有其真,砾硌可观。使予敷伪,却被赘愆。命《参同契》,微览其端。辞寡意大,后嗣宜遵。委时去害,依托丘山。循游寥廓,与鬼为邻。化形而仙,沦寂无声。百世一下,遨游人间。敷陈羽翮,东西南倾。尧汤厄际,水旱隔并。柯叶萎黄,失其华荣。吉人相乘负,安稳可长生。

此书三篇,大率首尾辞旨相似,魏君发明丹道,再三敷叙,重复其言者,盖欲学者首尾相参,易于晓会,故其言谓此书三条,皆枝茎相连,其辞旨虽取喻不同,似出异路,其实一门而已,岂徒然谐偶累句以求美诵耶?殆隐藏至理,砾硌可观,因命曰《参同契》者,魏君自取是名也。既以是书示后世,则魏君自是隐矣。遂委时去害,依山托迹,形化而仙。至于百世一下,遨游人间,游戏三界,指示玄门,济度群品,则未尝不敷陈羽翼,借便于人也。何异孔子十翼《易经》乎?魏君岂一日忘天下乎?然魏君之旨,则在乎使东木、南火、西金三物归于一家,如前篇三者俱来朝之义,使人寻文会旨也。至于道成之后,身外有身,如吉人相乘负,无往而不自由,虽当尧之洪水,汤之大旱,万物萎黄,海变桑田,而其一灵妙有,乘真人法身,往来自如,出入无碍,可谓安稳获长生矣。

鼎器歌

圆三五,

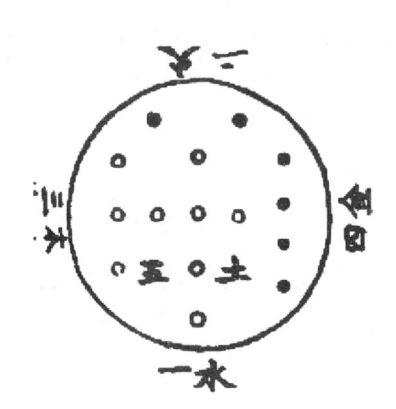

鼎身周围一尺五寸，以象三五之数。盖围尺五则径五寸也。三五者，谓东三、南二，一五也；中五，二五也；北一、西四，三五也。本一太极〇之中，而含三五之妙，变五行为三五，变三五为一〇。金丹之妙，尽于是矣，故鼎器象焉。

寸一分。

厚一寸一分。

口四八，

四象八卦合之，十二也。鼎口周围一尺二寸，以象一日十二时循环十二位，而不出鼎口之义也。

两寸唇。

鼎唇厚二寸，如两层之状，象乾坤两仪，橐籥之形，亦如人有重唇也。

长尺二，

鼎高一尺二寸，象一年十二月，表周年火候满于一鼎。自十一月鼎底阳生一寸，至周岁，则满鼎矣。

厚薄均。

鼎上下厚薄均匀，表安炉立鼎无偏颇不均之处。

腹齐三，

安置鼎器，须要平正，使鼎口齐鼎心，鼎心齐鼎腹，三者既齐，始无倾侧之患。

坐垂温。

鼎象人身，人象鼎。使口齐心，心齐腹。如是而坐垂温者，用火不必猛，所谓温温铅鼎是也。

阴在上，阳下奔。

首尾武，中间文。

进阳火，则子、丑、寅为首，辰、巳为尾；退阴符，则午、未、申为首，戌、亥为尾。首尾俱用武火，至中宫沐浴，则用文火也。

始七十，终三旬。

始终百日之功，圣胎已就也。

二百六，善调均。

百日之后，更须谨调二百六十日，火候足，成三百六十日，满一周年之功也。

阴火白，黄芽铅。

阴真君诗云：火候遇阴为太白是也。阴，黑也，黑中用白，阴中用阳也。至宝得阴火，方变作黄芽，产于阴方，黑铅故也。

两七聚，辅翼人。

阴真君《神室歌》曰：后土金鼎，生死长七。盖七者，火之成数也。所贵生界亦用七，死界亦用七，故曰生死长七。于阴阳两界，用火不差，则两火聚，而自然辅翼其中之真人矣。

赡理脑，定升玄。子处中，得安存。

婴儿在鼎，恋玄而住；天玄在上，则婴随升。爱护安存，莫着外境。欲知端的意，北斗面南看。

来去游，不出门。渐成大，情性纯。

闭固微密，使无漏泄之虞，则圣体渐大，而情性愈纯矣。

却归一，还本源。

圣胎既就，火候既终，则归一还源也。

至一周，甚辛勤。密防护，莫迷昏。

一年火候甚是辛勤，在修炼之士，尤宜密加防护，惺惺不迷，可也。

途路远，复幽玄。

前辈诗云：一粒还丹大似拳，时人服了便登仙。莫教些子尘缘隔，阻隔蓬莱路八千。

若达此，会乾坤。刀圭霭，净魄魂。

修真至此,方能晓会乾坤之理,而盗天地之化机,日饮刀圭,使魂灵魄圣也。

乐道者,寻其根。审五行,定铢分。

是理不出乎五行,苟好道参玄,寻其根源,审五行之细微,定铢分之轻重,则默而识之,不待口传而自悟解,在学者专心致意,精思入神而已。

谛思之,不须论。深藏守,莫传文。

学道之士,苟能因文悟解,则必传诸文字,漏泄天机。切在隐秘深藏,毋遗轻泄之谴。

御白鹤兮驾龙鳞,游太虚兮谒元君,受天图兮号真人。

丹成之后,白鹤龙鳞在我,神通自能变化,非出于外来也。世有不知修炼积功累行,可致神仙,而妄想求真,有昼夜翘思而待天诏者,岂不谬哉?至有为鬼神所迷,妖怪所惑,化作龙舆凤辇,腾云驾雾,卒陷狐魅者,多矣。又岂知变化自我者为正,自外来者,未始不出于邪怪也。学者可不知之。

《参同契》摘微

窃为贤者谈,曷敢轻为书。若遂结舌瘖,绝道获罪诛。写情著竹帛,又恐泄天符。犹豫增叹息,俛仰缀斯愚。陶冶有法度,未忍悉陈敷。略述其纲纪,枝条见扶疏。以金为隄防,水入乃优游。金计有十五,水数亦如之。临炉定铢两,五分水有余。二者以为真,金重如本初。其三遂不入,火二与之俱。三物既合受,变化状若神。下有太阳炁,伏蒸须臾间。先液而后凝,号曰黄舆焉。岁月将欲讫,毁性伤寿年。形体为灰土,状若明窗尘。

余谓魏公玄要,悉在此章。彭真一、陈抱一、储华谷三家,议论不同,中间宁无穿凿,其说皆失经意。愚不自揣,辄将师旨率为之注。盖此章首尾次序、收功证验,皆有法度,故释其义。其余诸章,引明天道,启发人用,俱可以心领而意会也矣。

以金为隄防,

歌曰:老君炼丹无别药,惟有神室是金作。盖将阳金铸作神室,陧防真汞飞走之故也。

水入乃优游。

此水非是金水之水,乃是天元真一之水,即真汞也。即将阳金铸作神室,陧防火毒无虞。受炼之际,真一之水可以凝结成丹,在于神室之中,得自优游,无诸散失也。

金计有十五,水数亦如之。

金水共三十之数,月之用也。

临炉定铢两,

铢是小分,两是大分,进火受炼之际,当定轻重、时吉时凶、可进不可进也。

五分水有余。

金水共三十之数,作为五分分之理,合每有二分半,六日为一分。至金华受炼之日,止用九也,犹不及二分,余者皆水之分,故言水有余也。

二者以为真,

五分之中,止用二分。自三日月出庚,金方受生,至上弦皆金生之日也,色轻光淡,月体未圆。六日为一分,自初三至初九,正当第二分也。八日兑受丁,十五乾体就,至此丁甲用事,所以超神接气也。又且金旺水秀,正是兑金、乾金二者受炼之真候也。

金重如本初。

金数有十五,前云:知白守黑,神明自来。白者金精,黑者水基。大尽初二,小尽初三。黑圈中一点白,起至十五,乾金体就,金数十五也。后月继前月,体不减、色不亏。又云:自开辟以来,日月不亏明,金不失其重。可谓金重如本初。月月如是。修炼者故得其用也。

其三遂不入,

自兑金炼至乾金,色足体满,十五乾体已就,受炼之极也。一亏之后,则五分之中二而已,其三不入也。三者,皆水之分数也。今炼金不炼水,虽不言炼水,举母子存,分言之水,则属阴符,故言其三遂不入也。

火二与之俱。

兑金、乾金二者，五分之中，入火受炼之日，止用二分，二金相与，俱入火中受炼矣，则前五分有余。分而言之，则阳火二、阴符三，故云其三遂不入，火二与之俱也。

三物既合受，变化状若神。下有太阳炁，伏蒸须臾间。先液而后凝，号曰黄舆焉。岁月将欲讫，毁性伤寿年。形体为灰土，状若明窗尘。

土、金、木三物，相合滋育，受太阳火炁薰蒸，制伏于神室中，先白后黄，变化若神，九年九易。岁月将讫，消毁凡胎炁性，及有限寿年之阴质，变体纯阳，寿同天永，故云毁性伤寿年。其形显隐间，状若明窗尘。

《参同契》后叙

丹经紫书行于世者多矣，惟魏伯阳依《金碧龙虎经》，托易象，作《参同契》，敷叙丹法，最为精详。吕真人之《歌》尝曰：《金碧》《参同》不计年，妙中妙兮玄中玄。高象先诗亦云：《金碧龙虎》《参同契》，留为万古丹中王。盖美其至也。越郡旧有彭真一注本，仆曩得之，玩读无虑数过，而辞深义隐，邈不可窥。扣诸江湖学仙之流，亦莫不以是为病秪，叹曰：道渊乎哉！岁在甲辰阳月下弦日，天锡缘，幸获遇抱一先生陈君于山阴之大云，明年夏五圆日，再遇于在所之佑圣观。先生且语仆曰：子志于道，更当为道立功。吾尝徇友人之请，作《参同契解》一编，中所著辞，率皆直指，漏露丹秘，曾无留机，实欲开后学冥昧之途，不敢为古书幽深之语，子能谋为传行计，善行岂小哉？仆既受其书，篝灯静读，玄玄之妙，朗在目前，不惟魏君本旨赫然彰明，而诸经书所秘而不敢言者，且昭揭于此矣。即举手讃曰：吾先生可谓慈仁之至，而是书可谓读《参同契》者指南也。敬募诸有缘，相与而锓之梓。所冀递相授受，同志毕览，因文悟解，立登真玄。其或有未能尽悉渊微，犹俟夫师之亲指者，则亦未免为旁门邪径、殊术臆说、似是而实非者乱惑也。后之览者，愿加之意。

淳祐乙巳仲秋旦日，门人天台①稽首谨题

又 叙

尝闻先达高象先诗云：《金碧龙虎》《参同契》，留为万古丹中王。又古今诸仙多尊《参同契》为丹法之祖。盖古有《金碧龙虎经》，辞寡意深，世人莫晓，至汉魏君伯阳演经为《契》。魏君，越之上虞人。今越之公库板行，惟以彭晓笺《义》而为善本。然世代迁革，今所行者，已非彭真，独首《叙》与《明镜图》，得魏君之旨。至于诸家之注，皆以旁门附会，故张平叔慨叹世人将仙经妄行笺注者是也。抱一先生陈君，自淮游浙，学者以是书质其真伪。盖世之好异之士，或以《参同契》为伪书，犹今所行麻衣之《易》也。愚师事抱一先生最久，亲闻奥论，谓魏君以伯阳自名，实老氏之化身也。而《参同契》辞章近古，全述真机，实魏君之言，非常人所可拟述也。犹麻衣之《易》，实陈希夷记录麻衣之言，非世儒可道，而或者妄传以为己作，惑误后人，是犹贪天之功，岂不获罪于天耶？愚闻是语，心融意释，因请抱一先生为之注。然而先生无心事事，不可以笔砚浼，愚时以一二段求释其旨，岁月既久，方成全编，敬命梓工以传同志。噫，《金碧经》待《参同》而始显，《参同》得先生解而始明；是犹《春秋》之有《左传》，又得杜预为之释也。上天怜愍学道者流，生先生于斯世，发明丹经之秘奥。学者秘而传诸，毋贻轻泄漏慢之谴，不胜至祷。

时端平改元正旦，希微子王夷焚香再拜誓心敬跋

---

① 天台，四库本作"天台生"。

附录：

《周易参同契解》三卷

（浙江巡抚采进本）

宋陈显微撰。显微字宗道，自号抱一子，淮阳人。嘉定、端平间临安佑圣观道士也。是书乃端平元年其弟子王夷所刊，显微自为序。书中次第，悉依彭晓之本。其《鼎器歌》一首，亦从彭本附于卷末。惟分上、中、下三篇而不分章，则从葛洪《神仙传》之说。象彼仲冬节以下七十字，彭本、陈致虚本俱在枝茎华叶之下，而是本移在太阳流珠一节之下，则显微据经中别序四象之语，更其旧次也。盖其时错简之说盛行，王柏诸人递相煽动，流波所汩，并及于方以外矣。以其诠释详明，在《参同契》诸注之中犹为善本，故存备言内丹者之一家，犹经解之中录吴澄诸书之意云尔。

——出清《四库全书总目》

第九卷

周易参同契发挥

元 林屋山人全阳子俞琰 述

点校说明

1.《周易参同契发挥》九卷,《周易参同契释疑》一卷,元俞琰撰。俞琰,字玉吾,号全阳子、石涧真逸、林屋山人,吴郡(今江苏苏州)人。

2. 俞氏于《参同契》一书,初有心灵自悟之得。殆后遇异人真传指授,复取《参同契》读之,则势如剖竹,迎刃而解。于是参诸南宗北派之丹诀,触处皆同,若合符节。而其《参同契发挥》一书,即系俞氏丹道奥诀之旨归,故其云"丹道之口诀细微,俱载于《参同契发挥》三篇"。今读《发挥》,或苦其注之繁征博引,不知所归。但当时俞氏得诀归来,于诸道书丹经,如开锁钥,满目宝藏,任意取索。故能于《发挥》一注中,揭亲证之内景,融诸家之异同,于是咸归《参同契》最上一乘之妙道。

3.《参同契释疑》,系俞氏参合《参同》诸本,考订异同,写为定本。较之朱子《考异》,则更进一层,但也伏下之后《古文参同契》的先笔。

4.《参同契发挥》九卷,其它版本多作三卷,九卷本或为《道藏》本之更次。此次整理,以《道藏》本为底本,校本有三:一、《四库全书》本,简称四库本。二、《道藏精华录》本,简称精华本。三、明《古文参同契集解》本,简称集解本。

5. 附录《易外别传》,以台湾自由出版社《道藏精华》第十二集之二影印元刊本为底本,参校本有:明《道藏》本、明《金丹正理大全本》、明

《道书全集》本、清《四库全书》本。其中底本脱卷末俞琰跋文,则据校本补入。

6.末序跋数篇,皆资研究之用。

周易参同契发挥

元 林屋山人全阳子俞琰 述

《周易参同契发挥》序

《参同契》乃万古丹经之祖，其辞古奥密微，莫可测议。然亦未有真知实践得其正传，而不能通此者也。若其论议与之相戾，而曰我自有秘授，焉用此为，则亦妄人而已。昔者紫阳朱夫子鸣道于淳熙庆元间，旁通百氏，有异乎吾之说者，未尝随声附和而苟同也，乃独爱伯阳之书，为之精研熟究，而不自以为癖。有注释，有考异，且尝曰：邵子得于希夷，希夷源流自《参同契》。又曰：眼中见得了了如此，但无下手处。又曰：今始得头绪，未得其作料孔穴。及西山蔡先生编置道州，夫子送之，留寒泉精舍，相与订正是书，而竟夕不寐。至西山卒，又得所谓策数之说，恨不得与西山讲之。居无何，而夫子卒矣。是书之注，盖行于西山既没之后，而一时门人亦未有及此者，故不复有所询访。其间所未满意者，正不无也。石涧俞君玉吾所著《发挥》三篇，盖所以补空同道士之所不足，且以发明彭氏、陈氏、郑氏、王氏之所未发者，旁搜博取，无所不至。盖得至人指授，非区区训诂者比。予老矣，鼎器颓弊，药物耗竭，无复有所望矣。观俞君之注释是书，安得不重为之太息也。岩谷之士，气清神全，有能得是书以印正焉，则于后天而老凋三光者，其亦庶几矣乎。遂为书其篇首，而藉是以缀姓名于不朽云。

朝请郎秘书监兼尚书左右司阮登炳七十七岁书

《周易参同契发挥》题词①

自《参同契》成书以来，近世考亭大儒亦复注脚。今观全阳子所著

---

① 按："周易参同契发挥题词"九字底本无，兹据《道藏精华录》本补。

《发挥》，研精覃思，钩深致远，可谓羽翼是书矣。然考亭当时，犹有愿为刘安鸡犬之望，晚年《感兴》之作，飘然直有往从脱屣意，岂非有得于此书而然耶？全阳子它日功成蝉蜕，从伯阳于阆风玄圃间，必相与曰：是可以《参同契》矣。

至大三年岁庚戌腊，嗣天师张与材题

杜道坚序[①]

朱文公谓：《参同契》文章极好，其用字皆根据古书。又谓：其做得极妙、极精致。遂与蔡季通相订正，而为之解注。人见其解注之辞，尚多阙疑而未详，遂谓文公且然，宁复有详于文公者？殊不知仙家丹书，皆内景法象隐语，所谓口诀之秘，则有师授，断非世儒训诂之学所能意解。夫文公之于是书，岂文义有所未究？盖欠教外别传一句耳。今观全阳子之《发挥》，章剖句析，发前人之所未发，是得师授口诀而为之说者也。其语意直截，大类萧了真，议论衮衮，且多引证。学者试一览之，不惟得以通此一书，又可以兼明《悟真》、《翠虚》诸书之旨。当涂南谷子杜道坚，见其发露天机，略不吝惜，深服其运心之普，敬叹不自休，遂为之序，又从而为之歌曰：

至道不远兮，恒在目前。窃天地之机兮，修成胎仙。妙莫妙兮，凝吾之神。安以待之兮，若存而绵绵。黄帝求玄珠兮，象罔乃得。此理可心会兮，非言辞之可传。虚极静笃兮，恍惚变化。絪缊蟠构兮，如烟云之回旋。龙吟虎啸兮，铅汞交结。依时采取兮，进火烹煎。剑挂南宫兮，闭固神室。炼成五色石兮，补自身之青天。结胎片饷兮，运火一年。如灵鸡之抱卵兮，万虑俱捐。转天根月窟之关键兮，往来上下。融融液液兮，真气周帀乎三田。勤而行之兮，勿计得丧。累土成层台兮，积涓流而成川。机缘难偶兮，时不待人。下手速修兮，毋待雪霜之满颠。

[①] 按："杜道坚序"四字底本、校本均无，此系校者所增加。考序文有"当涂南谷子杜道坚……为之序"云云，及相关书目介绍《发挥》一书，有杜氏之序，故而推断此序即出于杜道坚之手。

重刊《周易参同契发挥》序[1]

　　昔者圣人之作《易》也，肇自庖牺氏受河图而画卦，文王重之而系卦辞，周公推六位吉凶而系爻辞，孔子因大、小象而作十翼，其本原则由太极动而生阳、静而生阴，两仪既分，四象攸立。动静互为其根，而生五行，因阴阳奇偶之交而成八卦。黄帝命大桡作甲子，其十干、十二支不过探五行之情，而亦不出于八卦之方位。卦重而为六十四，爻分而为三百八十四，于是有天道焉，有地道焉，有人道焉。三才道备，则盈天地间，为万物者，莫不有理、有气、有象、有数，其盈虚消长、进退存亡，莫不入于圣人范围之内，而察识其所以然之故。故其为书，广大悉备，因以之设教，按五行八卦，立为推步、占筮之法，足以开物成务以前民用焉。盖易为君子谋，而人不可以不用乎易也。世人不体天地运行不息之理，不探五行生克制化之情，不循卦爻往来进退之位，冥行妄动，未能反之于身，不知修炼为何物，其保七尺躯而全归者，鲜矣，况望其长生久视于天地间哉？彼神仙者流，其能长生久视者，以有还丹之道耳。然古之仙人，必有心传口授，一时秘诀多不轻泄，以故世罕有述焉。间有不由大道，任其私智，谓曲径之斜捷易，行旁门之淫僻可致，甚者服燥药、饮热饵，视为神丹，卒以丧身阏寿，又乌能保其长生哉？至后汉魏公伯阳，以为还丹之道，不可惑于邪说，必本诸易道，然后可也。盖易道具阴阳动静之机，该卦爻变易之妙，生生不息，化化无穷，今也返观吾身，亦一天地耳。吾得一元之气，亦天地之气耳。天地之能长存，吾独能效之乎？此《参同契》之书所以作也。参者，谓与《易》参考之而不谬；同者，谓与《易》同合之而不违；契者，谓与《易》契默而识之而自会也。

　　予昔闻古仙有炼丹之法，丹成可以长生冲飞，故天下之名山胜处，皆有炉灶之异迹存焉。吁，山中之奇石有偶类炉灶者耳。及观是书，乃知以炉灶炼丹为妄。夫仙家引导修炼之说，运之在内，不假乎外者也；取之在己，不假乎物者也。若金之为宝也，欲其真粹不杂不伪，非资铅

---

[1] 按：此"序"为底本所无，兹据四库本录入。

汞用火以炼之，又何以得其真粹坚刚，其质为丹，同天地为不朽哉？今《参同契》假以此义，以吾身之乾坤为鼎器，以坎离日月为药物，凝吾神，聚吾气，使龙虎媾精交用，进火候以俟其变化，则丹道可成也。然此书紫阳朱夫子尝为之考订，注释阙疑尚多，虽云有头绪，犹未得其作料孔穴，况其下于朱子，究之而易得哉？至元世有全阳子俞公玉吾，始研精是书，初则未得其窍，求之甚难，至真积力久，信之弥笃，则有若神告而自悟，于是博采诸真人秘诀，较之是书，无有不符于《易》之说。故为是书发挥，添一注脚，则丹道之明，如指诸掌。但言还丹之道，至简至易，不过俯而就人。然又言必待三年九转，则又似易而实难，又欲人久于其功可也。是则学道希仙之士，其可以俄而度浅而窥，又当寻其户牖，察其关键，鼓橐籥，进火候，守龙虎，以待交媾，则黄芽自长，玉英自呈，还丹之道，其庶几矣。若是可以冲举，可以长存，可以乘长云于八极之间，冒刚风于九霄之上，迥与世隔，超居神洲，永阶仙陛，百世一下，来游人间，长生度人，人莫测其所之，其俯视尘世蜉蝣旦莫、蠛蠓起伏，真不直一笑耳。

《周易参同契发挥》序

神仙还丹之道，至简至易，如此○而已矣。此○者何？《易》之太极是也。太极动而生阳，☾动极而静，静而生阴，☽静极复动，一动一静，互为其根，此乃造化之妙，神之所为，道之自然者也。《易》之为书，广大悉备，有天道焉，有人道焉，有地道焉。仁者见之谓之仁，知者见之谓之知，千变万化，无往不可。是故，东汉魏伯阳假之以论作丹之意，而号其书为《周易参同契》也。参也者，参乎此○也；同也者，同乎此○也；契也者，契乎此○也。得师传而与此参、与此同，与此契，是为正道。反是，则为泛泛无稽之于言，臆度不根之学，旁门小法而已，非吾之所谓道也。夫是书所述，皆寓言也。以天道言，则曰日月、曰寒暑；以地道士言，则曰山泽、曰铅汞；以人道士言，则曰夫妇、曰男女。岂真有所谓日月、寒暑、山泽、铅汞、夫妇、男女哉？无非譬喻也。或言三五、或言二八、或言四象、或言两弦，旁引曲喻，名虽不同，不过一阳☾一阴☽而已。

合阴阳☯而言之，不过一太极○而已。散而成万，敛而成一，浑兮辟兮，其无穷兮，与《易》之造化相通，此其所以为《周易参同契》也。

仆初读是书，莫省其说，妄意揣度，靡所不至。或谓予曰：子欲修丹，须得神仙口诀，研究纸上语而求长生，徒自劳耳。而仆也笃信此书，终不忍去手。盖魏公有千周万遍，神告心悟之说。意者至人之士言，必不我欺。于是愤悱研究，矻矻者穷年，忽一日，果尔心灵自悟，得其门而入。自此遡流寻源，则怡然理顺，若有神告之者。然而，未得师承，犹弗敢遽执为是。冥搜暗索，终夜忘寝，信心愈笃，遂感异人指示先天真一○之大要，开说后天火候之细微，决破重玄，洞无疑惑。归而再取是书读之，则势如剖竹，迎刃而解。又参以刘海蟾之《还金》、张紫阳之《悟真》、薛紫贤之《复命》、陈泥丸之《翠虚》，但见触处皆同，而无有不契者矣。仆不揣凡骨，孜孜于神仙之学，窃亦自笑其愚，多幸夙有缘，合得闻斯道之秘。丹之真运用，盖尝试之；丹之真景象，盖尝见之。校之仙经，若合符节。因睹今之学仙而不得正传者，往往偏执胶固，不务理之贯通，小见自足，不求道之大全，党甲以伐乙，祖左以攻右，牵合附会，妄乱穿凿，以似是而饰真非，竟不究古仙本旨，非惟自误，又以误人。仆用是不忍隐默，敬为是书添一注脚，其间漏泄真机，并无靳惜。凡论天地阴阳，则参以先儒之语；述药火造化，则证以诸仙之言。反复辩论，务欲发明魏公本旨，固不敢秘玄妙之机以绝人，亦不敢杂谬悠之语以惑人。后之来者，与我同志，试留心玩诵此书，则断断有神告心悟之效无疑也。虽然，仆之士言辄，又何足取信于人。明达之士，但以魏公之言为信，而参其动☾静☽机，同其阴阳☯之运，契其画前○未画之妙，方表仆之所述，果亦真实不妄。幸无以先入之说为主，而遽谓《参同契》为纸上语云。

至元甲申四月十四日，林屋山人全阳子俞琰玉吾自序

《周易参同契发挥》卷之一

林屋山人全阳子俞琰 述

上篇第一

乾坤者,易之门户,众卦之父母。

阖户谓之坤,辟户谓之乾,一阖一辟谓之变,往来不穷谓之通,此乾坤所以为易之门户也;乾生三男,坤生三女,男女构精,万物化生,此乾坤所以为众卦之父母也。夫人之一身,法天象地,与天地同一阴阳也。人知此身与天地同一阴阳,则可与论还丹之道矣。

坎离匡郭,运毂正轴。

坎,月也;离,日也。日月行于黄道,昼夜往来,循环无穷,如匡郭之周遭也。毂犹身也,轴犹心也。欲毂之运,必正其轴。修还丹者,运吾身中之日月,以与天地造化同途,不正其心可乎?

牝牡四卦,以为橐籥。覆冒阴阳之道,犹御者之执衔辔,有准绳,正规矩,随轨辙。处中以制外,数在律历纪。月节有五六,经纬奉日使。兼并为六十,刚柔有表里。朔旦屯直事,至暮蒙当受。昼夜各一卦,用之依次序。既未至昧爽,终则复更始。

乾,纯阳,牡卦也;坤,纯阴,牝卦也。坎,阴中有阳;离,阳中有阴。牝牡相交之卦也。丹法位乾坤于上下,列坎离于东西,而乾坤之阖辟,坎离之往来,俨如橐籥之状,故曰:牝牡四卦,以为橐籥。橐籥者,虚器也。橐即鞴囊,籥其管也。老子《道德经》云:天地之间,其犹橐籥乎?虚而不诎,动而愈出。盖太虚寥廓,犹橐籥之体;气之阖辟往来,犹橐籥之用。知此,则还丹之道思过半矣。然是道也,操则存,舍则亡,故必慎汝内,闲汝外,有如列子《冲虚至德真经》所谓泰豆氏之御,然后可以从事于此。盖泰豆氏之御也,齐辑乎辔衔之际,而急缓乎唇吻之和;正度乎胸臆之中,而执节乎掌握之间。内得于中心,而外合于马志,是故能进退。履绳墨而旋曲中规矩，炼丹之法，亦犹是也。数在律历纪者，巡行十二位，应律之十二声、历之十二月、纪之十二年也；月节有五六者，以一月三十日分为六节也。经，乾坤南北之定位也；纬，坎离东西之妙用也。奉日使者，奉日之所使也。其候与天同运，随日升沉，无少异也。兼并为六十者，《易》有六十四卦，除乾、坤、坎、离四卦之外，恰有六十卦。一日十二时，用两卦直事，每一爻当一时，两卦计十二爻，应律历纪之数。以一月三十日并之，共得六十卦也。以六十卦布于一月三十日内，则朔日朝为屯，暮为蒙。昼夜十二时，恰应两卦十二爻之数，自此朝需暮讼，朝师暮比，依次而用。以至晦日用既济、未济，晦朔循环，周而复始。其间卦象内外刚柔之体，或反或对，皆不必执泥也。张紫阳《悟真篇》云：此中得意休求象，若究群爻谩役情。盖非真以六十卦布于一月三十日之内也。或者不悟此理，惟执泥卦象之说，乃谓日用两时为火候，从而准则铢爻，推测气候，汲汲焉日视土圭，夜瞻刻漏，岂不大谬哉？

日辰为期度，动静有早晚。

陈泥丸《翠虚篇》云：天上分明十二形，人皆分作炼丹程。即日辰为期度之谓也。日即火也，辰即候也。人能以天上之日辰反而求之吾身，则日临之位即时辰也。《悟真篇》云：炼药须知昏晓。即动静有早晚之谓也。动者，日出而作也；静者，日入而息也。盖吾一身之中，自有日出日入之早晚，其火候动静，一一暗合天度，即非用天枢潮候而为下功之时也。

春夏据内体，从子到辰巳。秋冬当外用，自午讫戌亥。

卦有六爻，下三爻为内，上三爻为外。试即屯、蒙二卦明之：朝用屯，阳火上升之候也。而屯之初九，正当身中之子，由内而外，故曰：春夏据内体，从子到辰巳。暮用蒙，阴符下降之候也。而蒙之上九，正当身中之午，由外而内，故曰：秋冬当外用，自午讫戌亥。然所谓春夏秋冬、子午巳亥，与夫内体外用之说，皆譬喻也。乃若泥象执文而行卦气，则徒自劳苦，何益哉？

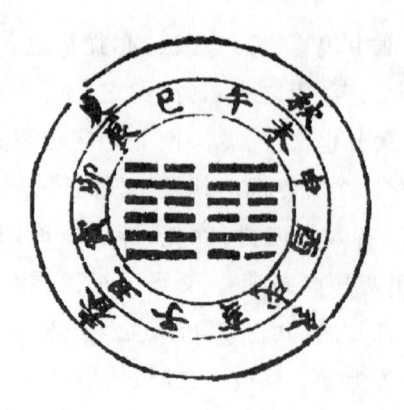

赏罚应春秋，昏明顺寒暑。爻辞有仁义，随时发喜怒。如是应四时，五行得其序。

阳气当春而发生，阴气当秋而肃杀。丹法之赏罚，亦犹是也。永日自寅而东出，短日自申而西入。丹法之昏明，亦犹是也。爻辞有仁义，随时发喜怒者，潜藏飞跃，进退加减，各随其时也。薛紫贤《复命篇》云：火候抽添思绝尘，一爻才过一爻生。阴文阳武依加减，一颗还丹火里成。岂真有所谓卦爻哉？他如赏罚昏明、仁义喜怒、与夫四时五行之说，皆譬喻也。

天地设位，而易行乎其中矣。

一高一卑，天地之位也；一阴一阳，天地之易也。阳生于子，自子、丑、寅、卯而极于巳，积一百八十日而阴又生；阴生于午，自午、未、申、酉而极于亥，积一百八十日而阳又生。阴生阳，阳生阴，阴复生阳，阳复生阴，阴阳相生，循环无穷，是之谓易。是易也，天地有之，人身亦有之，岂不闻《悟真篇》云：先把乾坤为鼎器，次抟乌兔药来烹。此岂谓身外之乾坤、身外之乌兔哉？学者当求之于身中可也。今夫天位乎上，地位乎下，二气则运行乎其中，一升一降，往来不穷，犹橐籥也。人受冲和之气，生于天地间，与天地初无二体。若能悟天地橐籥之妙，此心冲虚湛寂，自然一气周流于上下。开则气出，阖则气入。气出则如地气之上升，气入则如天气之下降，自可与天地齐其长久。《子华子》云：古之知道者，筑垒以防邪，疏源以毓真，深居静处，不为物撄，动息出入，而与神气俱。魂魄守戒，谨室其兑。专一不分，真气乃存。上下灌注，气乃流通。如水之流，如日月之行而不休。阴营其藏，阳固其府。源流沺沺，满而不溢，冲而不盈。夫是谓之久生。舍此而曰我自有登云捷法，则是旁蹊曲学，非吾大丹之道也。

天地者，乾坤之象也；设位者，列阴阳配合之位也。易谓坎离，坎离者，乾坤二用。二用无爻位，周流行六虚。往来既不定，上下亦无常。

乾为天，坤为地，吾身之鼎器也；离为日，坎为月，吾身之药物也。先天八卦，乾南坤北，离东坎西。南北列天地配合之位，东西分日月出入之门。反而求之吾身，其致一也。乾坤其体也，坎离其用也。坎离二者，周流升降于六虚，往来上下，盖无爻位；吾身之坎离，运行乎鼎器之内，潜天而天，潜地而地，亦岂有爻位哉？

幽潜沦匿，变化于中。

幽潜沦匿者，神入气中，气入脐中，而沉归海底去也；变化于中者，时至气自化，静极机自发，而抱出日头来也。陈希夷《指玄篇》云：邈无踪迹归玄武，潜有机关结圣胎。此之谓也。

包裹万物，为道纪纲。

《悟真篇》云：道自虚无生一气，便从一气产阴阳。阴阳再合生三体，三体重生万物昌。盖金丹之母，不过先天一气而已。裂而为二，分而为三，散而为万，皆自此一气中来，故曰：包裹万物，为道纪纲。

以无制有，器用者空。

《道德经》云：三十辐，共一毂，当其无，有车之用；埏①埴以为器，当其无，有器之用；凿户牖以为室，当其无，有室之用。故有之以为利，无之以为用。林鬳斋注云：毂，车之容轴者也；辐，轮之股也。毂惟虚中，故可以行车。埏埴，陶者之器也，虚而圆，故可以成器。户牖，室中之通明处也。此三者，皆是譬喻虚者之为用，故曰：有之以为利，无之以为用。车、器、室皆实有之利也，而其所以为车、为器、为室，皆虚中之用。今魏公谓以无制有，器用者空，实用老子之说。盖丹法以太虚为鼎炉，而太虚之中自有天然妙用，奇哉奇哉！《关尹子》云：衣摇空得风，气嘘

---

① 埏，底本作"**埏**"字，据校本改。

物得水。陈抱一注云：知摇空得风，则鼓吾橐籥，可以生气；知嘘物得水，则胎吾之气，可以化精。苟昧此而他求所谓鼎器，则非虚无之道矣。

故推消息，坎离没亡。

息者，进火之候，坤三变而成乾也；消者，退符之候，乾三变而成坤也。今自朔旦震卦用事之后，历兑至乾；望罢巽卦用事之后，历艮至坤。其间不见坎离爻位，是谓坎离没亡欤？曰：坎离非没亡也，行乎六虚之间，而往来不定尔。

言不苟造，论不虚生。引验见效，校度神明。推类结字，原理为征。坎戊月精，离己日光。日月为易，刚柔相当。土旺四季，罗络始终。青赤白黑，各居一方。皆禀中宫，戊己之功。

坎外阴而内阳，月之象也；离外阳而内阴，日之象也。坎纳戊，戊阳土也；离纳己，己阴土也。二土交合，则阴阳相济，刚柔相当，犹日月两字合之而镌成易字也。青、赤、白、黑，即木、火、金、水也。木、火、金、水，各居一方，惟土居中央，分旺辰、戌、丑、未，而罗络一岁之始终，是故木得之以旺，火得之以息，金得之以生，水得之以止，四者皆禀其功也。然是土也，遍满乎宇内，本无定位焉。在坎则为戊土，在离则为己土，在中宫则为戊己土，在四季则为辰、戌、丑、未土，均是物也。旨哉！《悟真篇》之诗有曰：四象五行全藉土。又曰：只缘彼此怀真土，遂使金丹有返还。盖非真土调和，则阴阳否隔，刚柔离分，不能成丹也。呜呼，魏公作是书以发明斯道之秘，无非引验见效，亲到实诣之说。复恐其说未足以取信于后人，遂又校度日月之神明以为法，推原易卦之道理以为证，可谓深切而著明矣。又岂肯苟造无稽之言，虚生无益之论，以诳惑后之来者哉？

易者,象也。悬象著明,莫大乎日月。穷神以知化,阳往则阴来。辐辏而轮转,出入更卷舒。

易者,象也,即上文所谓日月为易是也。夫魏公之为是说也,将以指陈身中之阴阳。而身中之阴阳,则无形可求,百姓日用而不知,苟非假象托物,将何以发明而使人穷其神、知其化哉?于是仰观俯察乎天地之间,惟有日月之象,显然著明,故以其显然著明者示人,使之洞见天地之阴阳,而默识乎神化之妙,则吾身之日用不知者,自可以不言而谕也。盖日月往来乎黄道之上,一出一入,迭为上下,互为卷舒,昼夜循环,犹如车轮之运转,无有穷已。人能反身而思之,触类而长之,则吾一身之中,自有日月,与天地亦无异矣。韩逍遥《内指通玄秘诀》云:法轮要转常须转,只在身中人不见。驾动之时似日轮,日轮向我身中转。又云:法轮转得莫停留,念念不离轮自转。何用外求哉?

《易》有三百八十四爻,据爻摘符,符谓六十四卦。

一部全《易》,计三百八十四爻;一斤大药,计三百八十四铢。此丹道、易道之相通,而《参同契》所以作也。爻者,卦画也;符者,卦之合体也。《易》有六十四卦,丹法以乾坤为鼎器,以坎离为药物,以其余六十卦为火候。今以乾坤观之,始于屯蒙,终于既济未济,其间反体、对体,无一不相合。于此见一阴一阳之谓道。而古仙据爻摘符,以比喻鼎器、药物、火候,可谓巧且备矣。

晦至朔旦,震来受符。当斯之时,天地构其精,日月相撑持。

晦至朔旦者,晦朔之间也;震来受符者,乾交于坤而成震,身中之一阳生也。斯时神与气交,气与神合,有如天地之构精,日月之合璧,故曰:当斯之时,天地构其精,日月相撑持。天地即吾身之乾坤也,日月即吾身之坎离也。天地、日月以时而相交,故能陶万汇而成岁功;乾坤、坎离以时而相交,故能夺造化而成圣胎。魏公恐学者不明身中之阴阳造化,遂借日月相交之时为喻,非曰一月止有晦朔之间可以用功也。《悟真篇》云:日月三旬一遇逢,以时易日法神功。学者能知以时易日之妙,则能窃天地之机,而成大丹矣。

雄阳播玄施,雌阴统黄化。

雄阳播玄施者,天气降而至于地也;雌阴统黄化者,地承天气而生物也。《悟真篇》云:甘露降须天地合,黄芽生要坎离交。盖丹法之生药,与天地之生物相似,皆不过阴阳二气,一施一化,而玄黄相交尔。

浑沌相交接,权舆树根基。

阴阳二气,上下交接,混而为一,故谓之浑沌。浑沌乃天地之郛郭、万物之胞胎也。丹法以之为权舆,而树立根基,则天地万物皆在吾身,而不用求之外矣。

经营养鄞鄂,凝神以成躯。

鄞鄂,即根蒂也。丹法经营于此,而回光内照,则神恋气而凝,气恋神而住,自然交结成胎。如其神光内泄,气马外驰,则日月失道,金汞异炉,欲望成丹,不亦远乎。白紫清《珠玉集·丹髓歌》曰:昔日遇师亲口诀,只要凝神入气穴。此所以称之为神丹而号之曰神仙也。

众夫蹈以出,蠕动莫不由。

阴阳交接之道,乃生生化化之源也,不特人与禽兽由此而出,虽螺飞蠕动、跂行喙息、至微之类,莫不皆然,故曰:众夫蹈以出,蠕动莫不由。是道也,施之于人则生人,存之于己则生药,但有圣凡逆顺之分尔。

《周易参同契发挥》卷之二

林屋山人全阳子俞琰 述

上篇第二

于是仲尼赞鸿濛,乾坤德洞虚。稽古当元皇,关雎建始初。冠婚气相纽,元年乃芽滋。

尝观《易》首乾坤,《书》称稽古,《诗》以关雎为先,《礼》以冠婚为重,《春秋》以元年为第一义。是知圣人之作经,皆有所托始也。炼丹而不究其始,又安能洞晓阴阳、深达造化哉?

圣人不虚生,上观显天符。天符有进退,诎信以应时。

符者,合也。月行于天,一月一度,与日交合,故谓之天符。天符有进退,屈信以应时者,月自初一以后,光渐进,魂长魄消,阳伸阴屈,象一日之子至巳；十六以后，光渐退，魄长魂消，阴伸阳屈，象一日之午至亥也。古之至人，观天之道，执天之行，遂借天符之进退、阴阳之屈伸，设为火候法象以示人。盖天地俨如一鼎器，日月乃药物也。日月行乎天地间，往来出没，即火候也。人能即此，反求诸身，自可默会火候进退之妙矣。

故易统天心，复卦建始初。

易者，一阴一阳之谓也；天心，北方子之中也；复，十一月之卦也。复之为卦，正当北方子位之中，气应冬至，邵康节《击壤集·冬至吟》云：冬至子之半，天心无改移是也。朱晦庵以为康节此诗最好。盖立冬是十月初，小雪是十月中，大雪是十一月初，冬至是十一月中，小寒是十二月初，大寒是十二月中，冬至子之半即十一月之半也。人言夜半子时为冬至，盖夜半以前一半属子时，今推五行者多不知之。然数每从这处起，略不差移，此所以为天心。今魏公谓易统天心，复卦建始初者，阳气潜萌于孟冬纯阴之月，而始于坤卦之下，积成一画之阳，然后变为复卦也。人固知十月为坤，至十一月，则五阴之下变一阳画而为复，殊不知十一月冬至，无缘平白便生一画之阳，遽变为复。盖十月小雪，坤下爻已有阳生其中，但一日之内，一月之间，方长得三十分之一，必爻积之一月，至十一月冬至，始满一画为复。然此亦譬喻也。年以冬至为复，月以朔旦为复，日以子时为复，无非借以发明身中造化，殆不必泥于年、月、日、时也。《翠虚篇》云：一月三旬一日同，修丹法象夺天功。盖年与月同，月与日同，日与时同，于是蹙年成月，蹙月成日，蹙日成时，一时之中，自有一阳来复之机。是机也，不在冬至，不在朔旦，亦不在子时，非深达天地阴阳，莫知玄机，如是其秘也。

长子继父体，因母立兆基。

乾父下交于坤母之初爻而成震，震为长男，故曰长子继父体；震自坤体而生，犹婴儿生于母腹中，故曰因母立兆基。《悟真篇》云：金公本是东家子，送与西邻寄体生。与此同旨。知此则知炼丹不用寻冬至，身中自有一阳生，而不泥乎年、月、日、时之说矣。

消息应钟律，升降据斗枢。

自子至巳为息，自午至亥为消。消息应钟律者，钟律于一岁十二月之内，每月换一管，一岁换尽十二律。吾身火候之消息，亦犹是也。自下而上为升，自上而下为降。升降据斗枢者，斗枢于一日十二时之内，每时移一位，一日移遍十二辰。吾身火候之升降，亦犹是也。《指玄篇》云：寥寥九地移钟管，黯黯长天运斗魁。盖不过取象比喻而已，即非用律管之短长、天罡之所指而为期度也。

三日出为爽，☳震受庚西方。

月三日哉生明，昏在西方庚位，其象如震，应震卦之纳庚。若以吾身之火候言之，则所谓河车不敢暂留停之时是也。

八日☱兑受丁,上弦平如绳。

月至八日为上弦,昏在南方丁位,其象如兑,应兑卦之纳丁,以喻吾身阳火上升之半也。

十五☰乾体就,盛满甲东方。

月至十五,与日相望,昏在东方甲位,其象如乾,应乾卦之纳甲,以喻吾身阳火盛满之候也。

蟾蜍与兔魄,日月无双明。

蟾蜍者,月之精;兔魄者,日之光。日月无双明者,日以昱乎昼,月以昱乎夜。日出则月没,月出则日没,昼夜递照,而出入更卷舒也。人之呼吸,何异于是哉?岂不见《黄庭经》云:出日入月呼吸存。盖呼吸即日月也。

蟾蜍视卦节,兔者吐生光。

丹法以上半月为阳,属震、兑、乾;下半月为阴,属巽、艮、坤,故曰蟾蜍视卦节。月为太阴,日为太阳,阳主吐,阴主纳,月本无光,受日之光而白,故曰兔者吐生光。

七八道已讫,屈折低下降。

七、八即十五也。阳火自震而升,至于十五纯乾,则已满上半月之候,其势极矣,其道危矣。盖不容不屈曲折旋而低降也。陈朝元《玉芝书》云:九重城里龙车发,十二楼前虎驾回。即此义也。

十六转受统,☴巽辛见平明。

月至十六日既生魄,晨在西方辛位,明乍亏,其象如巽,应巽卦之纳辛。以吾身火候言之,则阴受阳禅,峰回路转之时也。

○

☴

辛

☶艮直于丙南,下弦二十三。

月至二十三日为下弦,晨在南方丙位,明半亏,其象如艮,应艮卦之纳丙,以喻吾身阴符下降之半也。

☽

☶

丙

☷坤乙三十日,东方丧其明。

月至三十日为晦,晨在东方乙位,明尽丧,其象如坤,应坤卦之纳乙,以喻吾身阴符穷尽之候也。

节尽相禅与,继体复生龙。

魏公以一月三十日分为六节,自朔旦至五日为第一节,属震;六日至十日为第二节,属兑;十一日至十五日为第三节,属乾;十六日至二十日为第四节,属巽;二十一日至二十五日为第五节,属艮;二十六日至三十日为第六节,属坤。六节既尽,则日月合朔之后,阳又受阴之禅,复变为震。震为龙,一阳动于二阴之下。震也,重渊之下有动物,岂非龙乎?

壬癸配甲乙,乾坤括始终。

乾纳甲、壬,坤纳乙、癸,故曰壬癸配甲乙。十干始于甲乙,终于壬癸,故曰乾坤括始终。盖纳甲者,火候之取象也,火候之抽添与月之盈亏无异。今以六卦布于一月,则震象三日,月出于庚;兑象上弦,月见于丁;乾象望日,月满于甲;巽象十六日,月亏于辛;艮象下弦,月消于丙;坤象晦日,月没于乙。不过借此以论身中六卦火候之进退,非真以为一月三十日也。何以明之?盖参以历法,则昼夜有短长。若昼短日没于申,则月合于申,望于寅;昼长日没于戌,则月合于戌,望于辰。十二月间,三日之月未必尽见庚,十五日之月未必尽见甲;合朔有先后,则上下弦未必尽在八日、二十三日,望晦未必尽在十五日、三十日。今魏公谓:三日出为爽,震受庚西方。十六转受统,巽辛见平明。盖指二、八月昼夜均平之时,姑以取象而已,非真以月出庚之时进火,月亏辛之时退符也。学者但观月体之盈亏,反而求之吾身,则身中一阳生,即三日月生之震象也;二阳长,即八日月弦之兑象也;三阳满,即十五日月圆之乾象也。一阴生,即十六日月亏之巽象也;二阴长,即二十三日月弦之艮象也;三阴足,即三十日月没之坤象也。岂可拘以月出没之方位,而律以卦体爻画之数、与夫历家盈缩短长之法哉?

纳甲图

七八数十五,九六亦相当。四者合三十,易象索灭藏。

七火数也,八木数也,合之得十五;九金数也,六水数也,合之亦得十五。四者合之,共得三十,应一月三十日之数。三十数终则日月合璧,易象索然而灭藏也。《复命篇》云:一月一还为一转,一年九转九还同。唯凭二卦推刑德,五六回归戊己中。五六即三十也。

四象图

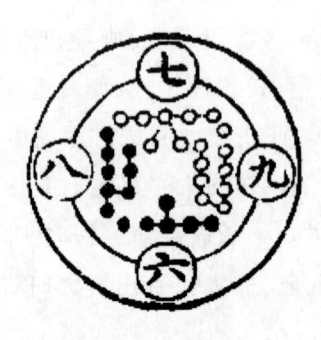

象彼仲冬节，草木皆摧伤。佐阳诘商旅，人君深自藏。象时顺节令，闭口不用谈。天道甚浩广，太玄无形容。虚寂不可睹，匡郭以消亡。谬误失事绪，言还自败伤。

丹法所谓冬至、所谓晦朔之间，皆比喻阴极阳生之时也。以一月言之，则如月晦之夜，月光索然而灭藏；以一年言之，则如仲冬之节，草木索然而摧尽。其义一也。《易》曰：雷在地中，复，先王以至日闭关，商旅不行，后不省方。盖安静以养其动，而仰顺乎天道也。然而天道甚浩广，真机在于顷刻之间；太玄无形容，妙处在于窈冥之内。故当日中冬至之时，必先闭塞其兑，澄心守默，使金汞同归于炉中，如日月合璧之时，隐藏其匡郭，沉沦于洞虚，则神凝气聚，金液乃结。傥或忘其缄默，任重楼浩浩而出，则是自取其伤败也。

别序斯四象，以晓后生盲。

四象，即七、八、九、六也，即上文所谓七八数十五，九六亦相当是也。以七、八、九、六合之，则为三十，应一月三十日之数，皆设象比喻也。魏公恐学者不得其说，以盲引盲，妄认三十日之盈虚消息为一月火候，故又别序此七、八、九、六之四象，以晓其未晓者，庶有以显夫一月三十日之数皆譬喻，而非真以月之三日进火、月之十六日退符也。有如子午卯酉、子申寅戌、春夏秋冬、分至启闭、昼夜晨昏、还返归居，皆此义也。学者若知七、八、九、六即一月三十日之数，则其余泛引曲喻，皆可默而识之矣，何必执文泥象哉？

八卦布列曜，运移不失中。

中者，黄道也。八方布以八卦，周回列以二十八宿，乃日月往来之行路也。《悟真篇》云：既驱二物归黄道，争得灵丹不解生。作丹之时，但恐心猿奔逸于外尔，苟能收视返听，凝神片时，使二物归于黄道而不失其中，则氤氲交媾，结成一滴露珠，而飞落丹田中矣。

元精眇难睹，推度效符征。

元精生于窈冥，眇不可睹，《道德经》云：窈兮冥兮，其中有精；其精甚真，其中有信。盖大丹之道，与造化相符。天信至，则琼钟一扣，玉洞双开，此其征也。古歌云：始青之下月与日，两畔同升合为一。非洞晓天地之阴阳，深达吾身之造化，岂可俄而度也？

居则观其象，准拟其形容。

作丹之时，当外立表漏以测天运之晷刻，内修真一以验本身之刻漏，庶不失天地之机。然神定气和，则内外符合；神昏气躁，则时刻差互，不可不定也。

立表以为范，占候定吉凶。

大丹火候，不用时辰，何必立表占候哉？所以立表占候者，恐失天人合发之机也。若不会玄机，而自朝至暮从事于土圭刻漏以为火候，则又谬之甚矣。

发号顺节令，勿失爻动时。

地雷震动巽门开，龙向东潭踊跃来。此身中一阳爻动之时也。此时暖气冲融，心觉恍惚，便堪进火，勿可缓也。《珠玉集·还源篇》云：万籁风初起，千山月乍圆。急须行政令，便可运周天。此之谓也。《指玄篇》云：礔礰光中扶赤子，鼓鼙声里用将军。亦此之谓也。

上察河图文，下序地形流。中稽于人心，参合考三才。

施栖真《三住铭·序》云：与日月而周回，同天河而轮转，轮转无穷，寿命无极。谓大丹之道与天道相参合也。施栖真《静中吟》云：妙用如江河，周流无穷已。长养玄谷芝，灌溉瑶池水。谓大丹之道，与地道相参合也。夫大丹之道，所以与天地相参合者，何哉？皆在乎此心默为之运用也。古之修丹者，仰以观于天文，俯以察于地理，中以稽于人心，于是虚吾心，运吾神，回天关，转地轴，上应河汉之昭回，下应海潮之升降，天地虽大，造化虽妙，而其日月星辰之著明、五行八卦之环列，皆为吾掇入于一身之中。或为吾之鼎炉，或为吾之药物，或为吾之火候，反身而观，三才皆备于我，盖未尝外吾身而求之他也。《击壤集·观易吟》云：一物其来有一身，一身还有一乾坤。能知万物备于我，肯把三才别立根。天向一中分造化，人于心上起经纶。天人安有两般义，道不虚行只在人。渊乎其有旨哉！

动则依卦变，静则循爻辞。

《道德经》云：致虚极，守静笃，万物并作，吾以观其复。夫物芸芸，各复归其根。归根曰静,静曰复命。至矣哉!此万物之所以复命也。吾身之金丹大药,其胚胎于至静之中,而产于阴极之时乎。《易》曰:至哉坤元,万物资生,乃顺承天。坤厚载物,德合无疆。盖坤为地,纯阴之卦也,地能禽受天气,故百昌皆产于土。丹法含光返照之时,潜神于内,与纯阴之月,闲①塞成冬,略无少异。《复命篇》云:受得真仙诀,阴中炼至阳。盖谓此也。然静极又有动以继之,顷之一阳动于六阴之下,一变而为复,再变为临,三变为泰,四变为大壮,五变为夬,至六变为纯乾,则阳气周遍于六虚,而现出深潭日一轮矣。

  乾坤用施行,天地然后治。

  乾坤之用,坎离是也。天地得坎离运用于其间,所以阴阳交泰而和气致祥。天地一日而非坎离,则造化或几乎熄矣。大丹妙用法乾坤,安有异于乾坤者哉?

  可不慎乎,御政之首。

  一阳才动作丹时,犹人君御政之首也。发号施令,可不慎乎?

  管括微密,阖舒布宝。

  管括微密者,眼含其光,耳凝其韵,鼻调其息,舌缄其气,叠足端坐,潜神内守,不可一毫外用其心也。盖眼既不视,魂自归肝;耳既不听,精自归肾;舌既不声,神自归心;鼻既不香,魄自归肺;四肢既不动,意自归脾。然后魂在肝而不从眼漏,魄在肺而不从鼻漏,神在心而不从口漏,精在肾而不从耳漏,意在脾而不从四肢孔窍漏。五者皆无漏矣,则精、神、魂、魄、意,相与混融,化为一气,而聚于丹田也。迨夫一息换鼻,吾心恍然,则龙虎冲开大路,开而一渠流转八②琼浆矣。

  要道魁杓,统化纲纽。

  丹道之要,全在乎斗。斗者,所以斡运一身之阴阳,统摄一身之万化,犹网之有纲,衣之有纽也。盖人身三田,分于三处,若得斗柄之机斡运,则真气上下循环,如天河之流转,此之谓要道也。若夫《复命篇》云:驱回北斗转天罡,手握南辰入洞房。是又要之又要者也。

---

  ① 闲,校本作"闭",据文义,作"闭"为宜。
  ② 八,四库作"人",精华本作"八"。

爻象内动,吉凶外起。

《悟真篇》云:受气之初容易得,抽添运用切防危。盖一阳生于身内,是谓受气之初,得之固易。然于此时下手,则吉凶悔吝生乎动,不可毫发差殊也。

五纬错顺,应时感动。四七乖戾,誃离仰俯。

五行要攒簇,金火要同炉,亦在人一念间,返本还源尔。否则,鼎中列宿皆差违,而天地悬隔矣。

文昌统录,诘责台辅。百官有司,各典所部。

《史记·天官书》云:斗魁戴匡六星曰文昌宫。今日文昌统录者,绛宫天子统乾坤也。人身之中,安有所谓文昌者哉?无非譬喻也。天有三台四辅,丹有三龙四虎。诘责台辅者,甲乙无令失,庚辛莫要差也。天有众星分野,丹有众卦火符。百官有司,各典所部者,按一年二十四气,列周天二十八宿,而鼎炉火候密推排也。由是言之,则天之万象森罗,皆在吾一身中矣。

日含五行精,月受六律纪。五六三十度,度竟复更始。

日有十干,五干刚而五干柔;月有十二管,六管阴而六管阳。以丹道言之,日即火也,日含五行精者,一物含五彩也;月即药也,月受六律纪者,白金烹六卦也。五六三十度,度竟复更始者,太阳一日行一度,行至三十度,则又与太阴交合,周而复始,未尝暂停也。

原始要终,存亡之绪。

始,月朔也;终,月晦也。存亡之绪者,晦朔之间,阴将尽而犹未尽,阳将生而犹未生也。然所谓晦朔,乃譬喻尔,非真所谓三十日之终、初一日之始也。

或君骄溢,亢满违道;或臣邪佞,行不顺轨。弦望盈缩,乖变凶咎。执法刺讥,诘过贻主。

君乃神也,臣乃气也。作丹之时,铅汞归土釜,身心寂不动。盖身动则气散,心动则神散,须是凝神聚气,心息相依,然后灵胎可结。不然,则身中之弦望有盈缩,而乖变凶咎矣。推求其故,盖由心君放肆而违道,于是气亦邪佞而行不顺轨,故曰:执法刺讥,诘过贻主。

辰极处正，优游任下。

《复命篇》云：北斗南辰下，眉毛眼睫边。灰心行水火，定息采真铅。又云：精气元为本，神灵共一家。但能擒五贼，自可结三花。当其含光默默之时，要在绵绵若存，任其自然，不可劳其神也。

明堂布政，国无害道。

《史记·天官书》云：东宫苍龙房心。心为明堂，在人身则洞房紫极灵门户是也。《黄庭经》云：明堂金匮紫房间，上清真人当吾前。黄裳子丹气频烦，借问何在两眉端？于此垂光下照，则犹人君坐明堂而布政，而通道于九夷八蛮也。《复命篇》云：洞门常寂照，蓬岛镇长春。与此同旨。

内以养己，安静虚无。

王重阳《全真集》云：玄关妙用不难穷，只在无言静默中。盖心安而虚，道自来居，虚极静笃，则元阳真气自复也。

原本隐明，内照形躯。

《全真集》云：如通须是搜元有，要见还应向内观。盖返本还源、回光内照，乃修炼之大端。先儒谓道家养生之法，收视返听，如金水潜光于内，诚哉是言也。

闭塞其兑，筑固灵株。

兑，口也；灵株，坎宫也。闭塞其兑，则上不泄；筑固灵株，则下不漏。杨子《太玄经》云：藏心于渊，美厥灵根。盖神不外驰，则和气充周，美在其中也。

三光陆沉，温养子珠。

三光，洞房之灵象也。人能撮聚三光，返照于其内，则中央正位产玄珠矣。《黄庭经》云：洞房灵象斗日月，三光焕照入子室。明眼之士，请试思之。

视①之不见，近而易求。

金丹大药只在目前，岂不近耶？奈何视之不见，搏之不得，虽近犹

---

① 视，底本脱此字，据校本补。

远也。若得法度，求之则不过片饷功夫，便有满目黄华显露，夫何远之有？《悟真篇》云：功夫容易药非遥，说破人须失笑。笑也者，笑其近而易求，而人自索之于高远也。《复命篇》云：分明只在眼睛前，自是时人不见天。惟其不见也，于是舍内务外，或采日精月华，或炼金石草木，或行房中之术，正所谓道在迩而求诸远，事在易而求诸难，悲夫！

黄①中渐通理，润泽达肌肤。

丹田有物，而一气流通，则和顺积中而英华外发也。

初正则终修，干立末可持。

表端则影直，源深则流长，得其一，则万事毕矣。

一者以掩蔽，世人莫知之。

大道之祖，不出一气而成变化。析而为黑白②，分而为青黄，喻之曰日月，名之曰龙虎，有如许之纷纷，是皆阴阳二字也。其实即一物也。又如神水，华池之名；铅炉，土釜之号。皆一处也。或曰冬至子时，或曰晦朔之间，人不知，以为一阳来复必在冬至子时，日月合璧必在晦朔之间，于是检寻历日，轮刻掐时，谬之甚矣。抑孰知攒年蹙月、攒月蹙日、攒日蹙时，而一时之中，自有一年一月之造化哉！然一时即一处也，一处即一物也，故凡冬夏二至、春秋两分、卯酉甲庚、晦朔弦望、子午巳亥、子申寅戌、二十四气、七十二候、一年交合、一月周回、离坎之时，兔鸡之月、巽乾之穴、二八之门、朝屯暮蒙、昼姤夜复，尽在此一中出。《翠虚篇》云：后来依旧去参人，勘破多少野狐精。个个不知真一处，总是旁门不是真。世之知此一者，能有几人哉？

《周易参同契发挥》卷之三

林屋山人全阳子俞琰 述

上篇第三

上德无为，不以察求；下德为之，其用不休。

---

① 黄，底本脱此字，据校本补。
② 黑白，底本作"黑曰"，据校本改。

《道德经》云：上德无为而无以为，下德为之而有以为。今曰上德无为，不以察求者，神守于玄宫，而默默无为也；下德为之，其用不休者，气腾于牝府，而绵绵不绝也。盖借老子之说，以发坎、离两穴之秘也。

上闭则称有，下闭则称无。无者以奉上，上有神德居。此两孔穴法，有无亦相须。

上闭则称有者，离宫有象藏真水也；下闭则称无者，坎户无形隐赤龙也。无者以奉上，上有神德居者，元神栖于本宫，则气皆随之而升上，所以妙在八门牢锁闭也。《悟真篇》云：长男乍饮西方酒，少女初开北地花。若使青娥相见后，一时关锁住黄家。黄家，即上田元神所居之宫也。此两孔穴法，有无亦相须者，下不闭则火不聚，上不闭则药不升也。《悟真篇》云：送归土釜牢封闭，次入流珠配厮当。故必相须而后可也。何谓流珠、土釜？即坎、离两穴之异名也。

知白守黑，神明自来。白者金精，黑者水基。

白者，金也；黑者，水也。丹法以水为基，而金精生于水中，所以知白者惟守其黑，守黑则白自现也。守之何如？即如猫之守窟以待鼠，至其身不动，其目不瞬，而此心惟鼠是务，更无他念也。神明者，天机也。如欲盗其机，必先虚其心，心虚则神凝，神凝则息定，息定则两畔同升共一斤，而神明自来也。《离骚·远游篇》云：毋滑而魂兮，彼将自然。壹气孔神兮，于中夜存。虚以待之兮，无为之先。与此同旨。紫阳朱子注云：盖广成子之告黄帝，不过如此，实神仙之要诀也。

水者道枢，其数名一。阴阳之始，玄含黄芽。五金之主，北方河车。故铅外黑，内怀金华。被褐怀玉，外为狂夫。

水者，道之枢，阴阳之始也。何者？天一生水，居五行之首也。水一加以土五，是为水之成数，其玄含黄芽之象乎。玄含黄芽者，水中产铅也。铅为五金之主，在北方玄冥之内，得土而生黄芽。黄芽，即金华也。金华乃铅之精英，故铅体外黑，而金华隐于其中，犹至宝藏于褐夫之怀也。北方河车，即帝车也。以其随天河而轮转，故称河车。今夫真铅生于水中，得真火煅炼而出，则河车不敢暂留停，运入昆仑峰顶也。

金为水母，母隐子胎；水者金子，子藏母胞。

金生水,故曰金为水母。水者金子,水中有金,故曰:母隐子胎,子藏母胞。学者若知水中金之义,则知产药之川源矣。

真人至妙,若有若无。仿佛大渊,乍沉乍浮。

真人,元神也;若有若无者,绵绵若存,用之不勤也;仿佛大渊,乍沉乍浮,言真人往来于大渊,微茫仿佛,浮沉不定也。萧紫虚《金丹大成集》云:昆仑山上黄华路,时引元神去复还。盖大渊即昆仑也。

进退分布,各守境隅。

丹法自子而进,自午而退,进退分布,各守境界,不相涉入。杨虚白《金丹纯粹吟》云:子午炉前分进退,乾坤鼎内别浮沉是也。

采之类白,造之则朱。

白者,白金也;朱者,朱汞也。采之类白者,采北方坎宫之白金以为丹母,而白金与朱汞乃同类相从者也;造之则朱者,每日运火,抽去铅气,而添汞于其间也。陈默默《崇正篇》云:内守河车居北阙,由来天一水为先。合符须得周天火,立义还同渡岸船。搬运有功连昼夜,斡旋至妙体璇玑。修丹上士如明此,方识真铅不用铅。学者徒知以铅汞交结为药,而不知抽铅添汞之火功,则虽结丹头,不能免其不耗散也。

炼为表卫,白里贞居。

炼为表卫者,真火运用于外炉也;白里贞居者,金丹安处于内炉也。内炉有丹,须得外炉之火,昼夜炼养,然后成熟。郝广宁《太古集》云:顶运骊珠光自现,腹藏秘宝粲然安。岂非火运于外而丹藏于内哉?

方圆径寸,混而相扶。先天地生,巍巍尊高。旁有垣阙,状似蓬壶。环币关闭,四通踟蹰。守御固密,阕绝奸邪。曲阁相连,以戒不虞。

方圆径寸,谓泥丸宫也。今人但谓心为方寸,殊不知人身三田,其中皆虚一寸,而气脉皆相通也。混而相扶,谓头有九宫,而泥丸居其中。《黄庭经》云:泥丸九真皆有房,方圆一寸处此中是也。先天地生,谓泥丸一穴,乃一身万窍之祖窍,此窍开则众窍齐开也;巍巍尊高,谓泥丸宫在昆仑峰顶,乃元神所居之位,上应玄都,是万神会集之乡也;旁有垣阙者,七窍旁罗于其外,而洞房黄阙皆在其前也;状似蓬壶者,犹海上有三神山,而蓬莱居其上也;环币关闭者,收视返听而谨窒其兑也;四通踟蹰者,元和内运,一气流通,而朱雀绕琼台而翱翔也;守御固密者,如龙养珠心不忘,如鸡抱卵气不绝也;阕绝奸邪者,任从魔境侵,但自运斤斧也;曲阁相连,以戒不虞者,神若出,便收来,而双童长守洞门也。

可以无思,难以愁劳。

谭长真《水云集》云:丝头莫向灵台挂,内结神胎管得仙。盖心无为则气和,气和则至宝结矣;心有为则气乱,气乱则英华散矣。是故可以无思,不可以愁劳也。

神气满室,莫之能留。守之者昌,失之者亡。动静休息,常与人俱。

真积力久,太和充溢,动静休息,常须谨守,守之则昌,失之则亡,不可须臾离也。

是非历藏法,内视有所思。履斗步罡宿,六甲次日辰。阴道厌九一,浊乱弄元胞。食气鸣肠胃,吐正吸外邪。昼夜不卧寐,晦朔未尝休。身体日疲倦,恍惚状若痴。百脉鼎沸驰,不得清澄居。累土立坛宇,朝暮敬祭祠。鬼物见形象,梦寐感慨之。心欢而意悦,自谓必延期。遽以夭命死,腐露其形骸。举措辄有违,悖逆失枢机。诸术甚众多,千条有万余。前却违黄老,曲折戾九都。

三千六百法,养命数十家,泯泯棼棼,不可枚举。有如阖目内视,历五藏以存思;履斗步罡,按日辰而祭甲,是岂金丹之道哉?至若行阴者,以九浅一深为火候,而致元胞之搅乱;食气者,以吐故纳新为药物,而使肠胃之虚鸣。坐顽空,则苦自昼夜不眠;打勤劳,则不顾身体疲倦。或摇头撼脑,提拳努力,于是百脉沸驰,而变出痈疽者有之;或累土立坛,朝祠暮祭,于是夜梦鬼交,而陷于妖魅者有之。始焉此心喜悦,自谓必可延期,一旦中道夭亡,不免形骸腐坏。是皆操持悖谬,明违黄帝之文;举措乖讹,全失老君之旨。执迷不悟以至于此,其获戾也,又谁之咎欤?是故王良器作《破迷歌》,陈泥丸作《罗浮吟》,历举世间旁门诸术之谬,滔滔二三千言,盖恐后人不得正传而错行邪径之失也。今之学者,更能以王、陈二公之言,过目一遍,必当见其失而内自省矣。

明者省厥旨,旷然知所由。

魏公作此《参同契》一书,粲然如昏衢之烛,昭然如迷海之针,盖欲使后之明者,因言会意,旷然洞达,知所以修炼之由也。魏公此心可谓仁矣。或者乃视之为纸上语,而更不著眼,是诚自暴自弃,岂不惜哉!

勤而行之,夙夜不休。

邱长春《鸣道集》云:不是朝昏坐,行功扭捏成。盖修炼九转金液大丹,与旁门小安乐法不同,是必谢绝人事,专心致志,夜以继日,勤而行之,乃能成功。彭真一不云乎:志士又须撤声色,去嗜欲,弃名利,投灵山,绝常交,结仙友,隐密潜修,昼夜无怠,方可希望。或不如是,则虚劳动尔。真一此说,厥亦明甚。或者昧此,惟欲日用两时为火候,闻吾昼夜不休之说,则莫不惊笑,以为不胜其劳且烦,盖亦弗思甚矣。《翠虚篇》云:执著之人得不真,朝行暮辍又非诚。切不可轻信日用两时为火候之说。昔者皇甫履道见王三一置筹壶,问曰:安用?曰:欲知子、午二正尔。曰:十二时中,当无令间断,何止子、午耶?要之丹道与天道一也,天道有一息不运乎?天道无一息不运,则丹道讵可有一息间断哉?马丹阳《渐悟集》云:师恩深重终难报,誓死环墙炼至真。环墙者,所以绝人往来,而专心修炼也。

服食三载,轻举远游。跨火不焦,入水不濡。能存能亡,长乐无忧。道成德就,潜伏俟时。太乙乃召,移居中洲。功满上升,膺箓受图。

修丹只是片饷功夫,今曰服食三载,何耶?《翠虚篇》云:片饷功夫修便现,老成须是过三年。盖片饷功夫,只是结丹之时,而所谓三载者,乃一年入室之后,更须温养,不可遽然远出也。钟离正阳《指玄三十九章》云:孩儿幼小未成人,须藉孃孃养育恩。其说是已。若过此三载以后,则身如烟云,行步如飞,可以轻举,可以远游,大浸稽天而我不溺,大旱金石流土山焦而我不热,存亡在我,而长乐无忧矣。然温养事毕,更当潜伏人间,积功累德,以开度群迷,方可翩然而往。是故朱灵根嘱皇甫履道接引后学,金华洞仙戒扬虚白不得幽栖,必功济群品乃仙去,岂容独善其身哉?

《火记》不虚作,演《易》以明之。

古有《火记》六百篇,何其多耶?彭真一《还丹金钥匙》云:《火记》

六百篇,篇篇相似。然则所谓六百篇者,亦犹六十卦也。盖《火记》①之数,小而言之则为六十卦,演而伸之则为六百篇。六十卦为一月之候,而六百篇者,十个月之候也。故曰:《火记》不虚作,演《易》以明之。

偃月作鼎炉,白虎为熬枢。汞日为流珠,青龙与之俱。举东以合西,魂魄自相拘。

偃月炉,铅炉也,其位在坎,白虎居之;流珠宫,汞鼎也,其位在离,青龙居之。白虎为熬枢者,白虎隐丹田,而火从脐下发也;青龙与之俱者,驱青龙下就于白虎也。东西即坎离也,魂魄即日月也。龙虎之出处,与铅汞之所产,初无两途。王易玄《赤龙大丹诀》云:若辨龙随虎,兼知汞在铅。学者若知驱龙就虎之秘,则知以汞投铅之说矣。《复命篇》云:师指青龙汞,配归白虎铅。两般俱会合,水火炼经年。又云:龙虎一交相眷恋,坎离才媾便成胎。溶溶一掬乾坤髓,著意求他啜取来。盖丹法至简至易,但举东方青龙之魂,以合西方白虎之魄,则东西既无间隔,自然龙虎交媾,而魂魄相投产紫金也。《金碧龙虎经》王保义注疏云:炼至药不出水火,水火既交,则鼎内龙虎之气,便相和洽,而成金液。其说明矣。作丹之时,苟能虚心静嘿,凝神入于气穴,则东西配合,金木交并,南北混融,水火既济,而四象五行会聚,都在一方凝结,又何劳用力哉?

上弦兑数八,下弦艮亦八。两弦合其精,乾坤体乃成。二八应一斤,易道正不倾。铢有三百八十四,亦应卦爻之数。

上弦之时,兑卦用事,月生一半之明,故曰上弦兑数八;下弦之时,艮卦用事,月生一半之魄,故曰下弦艮亦八。合两弦而观之,则乾坤鼎器成立,而药物火候尽在其中矣。二八应一斤,易道正不倾者,月有上下二弦,上弦金半斤,计一百九十二铢;下弦水半斤,计一百九十二铢。总而计之,共得三百八十四铢。《易》有六十四卦,卦有六爻,阳爻一百九十二,阴爻一百九十二,总而计之,共得三百八十四爻。魏公借此以论丹道之妙,不过取其阴阳两齐而配合相当尔,盖非真有所谓三百八十

---

① 火记,校本作"火候"。

四铢，真有所谓三百八十四爻也。《悟真篇》云：二八相当自合亲。陈素阳《至道篇》云：我隐默中调二八。盖二八即是两个八两，轻重均平，不偏不颇之义。若使准则铢爻，而手持念珠数呼吸，此乃自取辛苦，岂至简至易之道哉？乃若《复命篇》云：方以类聚物群分，两畔同升共一斤。《金丹大成集》云：二八门中达者稀，弦前弦后正当时。盖谓身中巽门，非此上弦八两、下弦八两之谓也。

金入于猛火，色不夺精光。自开辟以来，日月不亏明。金不失其重，日月形如常。金本从日生，朔旦受日符。金返归其母，月晦日相包。隐藏在匡郭，沉沦于洞虚。金复其故性，威光鼎乃熺。

世间万物入火皆坏，惟真金不坏，盖五行相生，至金而极。而金之为宝，镕之得水，击之得火，其柔象木，其色象土，水、火、木、土，四性俱备，故真金经百炼而愈坚，未尝失其本体之重。自开天辟地以来，不知几千万年，而日月之形如常，未尝亏其明，盖阴阳之精，互藏其宅，各得其所安，故日月之形，万古不变。且悬象著明，莫大乎日月；丹术著明，莫大乎金火。金即月也，火即日也。今人但知金为月之光，而不知月之光本生于日也。夫月为太阴，本有质而无光，其盈亏也，以受日光之多少。月之朔也，始与日合，越三日，而明生；八日而上弦，其光半；十五日而望，其光满。既望而渐亏，二十三日而下弦，其亏半；三十日而晦，其光尽。方其朔旦之初，与日相离，受日之光而生明，其体渐白；及其晦也，则与日相包，魄存而光泯，其体尽变为黑。今以丹道言之，则金本从日生，朔旦受日符者，太阴真金生于坤宫，本由太阳真火所化，其受气之初，亦犹月受日光，自朔旦而始也；金返归其母，月晦日相包者，金在坤宫与火相守，亦犹月晦之夜，日月相撑持也；隐藏其匡郭，沉沦于洞虚者，神气深入乎其根，渐渐沉归海底，如月魄之不见也；金复其故性，威光鼎乃熺者，月体本黑，受日之光而白。今焉与日相包，而隐藏其匡郭，则复其本体之黑矣。但守其黑，勿问其白，守之之久，神明自来，俄顷光芒透鼎，火力炽盛，则三日庚生兑户开，黑银怀出白银来也。

子午数合三，戊己数称五。三五既和谐，八石正纲纪。

子水一，午火二，子午之数合而成三。土数五，故中央戊己称五。三与五并之则成八，故云八石。三五既和谐者，水、火、土三者合为一也。且土克水，水克火，岂和谐者？今土为水火之媒，在其间调停配合，使水火结为夫妇，所以和谐也。八石正纲纪者，水、火、土三者合为一则纲纪正，万目张矣。

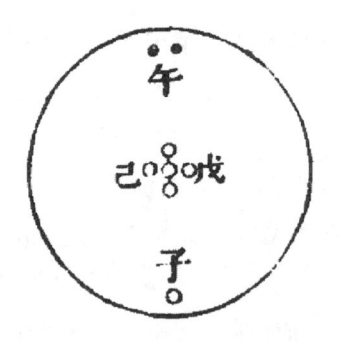

呼吸相含育，伫息为夫妇。

阳升阴降，天地之呼吸也。天地呼吸于其内，是以长久。人能效天地呼吸于其内，亦可与天地同其长久。《金丹大成集》云：呼出心与肺，吸入肾与肝。呼则接天根，吸则接地根。呼则龙吟云起，吸则虎啸风生。呼吸风云，凝成金液。兹盖一气自然之呼吸，非口鼻之呼吸也。李长源《混元宝章》云：只就真人呼吸处，放教姹女往来飞。人能虚心凝神，回光内照，于真人呼吸处，随其升降，顺其自然而存之，少焉呼吸相含育，兀然自伫，则打成一片，结为夫妇也。何谓真人呼吸处？廖蟾辉《三乘内篇》

云:前对脐轮后对肾,中央有个真金鼎。即真人呼吸处也。《黄庭经》云:后有密户前生门,出日入月呼吸存。人惟念不到此,故呼吸亦不在此。庄子《南华真经》云:真人之息以踵,众人之息以喉。盖在喉则近而短促,其息浅浅;接踵则长而绵延,其息深深。修炼至于其息深深,则我命在我,不为大冶陶铸矣。《还源篇》云:心下肾上处,肝西肺左中。非肠非胃腑,一气自流通。如此明明直指,复何疑哉?复何疑哉?

黄土金之父,流珠水之母。水以土为鬼,土填水不起。朱雀为火精,执平调胜负。水盛火消灭,俱死归厚土。三性既合会,本性共宗祖。

土居中央,故称黄土,土生金,故曰黄土金之父。流珠,乃汞也,以其走动不定,故称流珠。流珠入于水中,则结成真金,金生水,故曰流珠水之母。土本生金,金本生水,今也土入于水中,则水为土所制矣。水为土所制,则不能载金而升上,故曰:水以土为鬼,土填水不起。若得南方朱雀之火,猛烹极煅之,则火盛水沸,其金随水而上腾矣。盖朱雀乃南方火精,执衡司夏,今坎水方为土鬼制伏,火能烹而沸之,使之升上,故曰:朱雀为火精,执平调胜负。及夫水沸上腾,入于南方离宫,则离火反为坎水所克,火为水克而消灭,则水又不可太滥,于是又以土克水,水得土则止,故曰:水盛火消灭,俱死归厚土。水、火遇土谓之三性,三性既已会合,则混而为一,俱归于坤宫,故曰:三性既合会,本性共宗祖也。

巨胜尚延年,还丹可入口。金性不败朽,故为万物宝。术士服食之,寿命得长久。

巨胜,胡麻也,服之尚能延年。金液九转大还丹,乃金精壮盛之时,窃取天地正气,以结成圣胎,岂不能长生欤?又况金性坚刚,经万年而不朽,故为万物中之至宝,宜乎神仙以此为重,所以不曰水、火、木、土之丹,而独名之曰金丹也。

土游于四季,守界定规矩。

土无定位,周流于辰、戌、丑、未之间,在辰为季春,在未为季夏,在戌为季秋,在丑为季冬,春、夏、秋、冬皆是土游之地,故曰土游于四季。土能竭水藏火,守于水则水不流,守于火则火不焰,今以之守于坤而采药,守于乾而运火,故曰守界定规矩。

金砂入五内，雾散若风雨。

金砂之升鼎也，穿两肾，导夹脊，过心经，入髓海，冲肺腧，度肝历脾，复还于丹田。当其升时，瀹然如云雾之四塞，飒然如风雨之暴至，恍然如昼梦之初觉，涣然如沉疴之脱体，精神冥合如夫妇之交接，骨肉融和如澡浴之方起，是皆真景象也，非譬喻也。《复命篇》云：不知将谓气，得后自然真。盖非亲历，则莫能知之。

熏烝达四肢，颜色悦泽好。发白皆变黑，齿落生旧所。老翁复丁壮，耆妪成姹女。改形免世厄，号之曰真人。

得丹之后，昼夜温养，无令间断，则真气熏烝，达于四肢，自然神清气爽，颜色悦泽，发白返黑，齿落更生，老翁复为壮夫，耆妪又成姹女，自此改形度世，跳出樊笼，号曰真人焉。抑尝论之，人与天地并立为三才，则与天地相为终始可也。今焉天地无终穷，而人生年不满百，何耶？盖人在天地间，不过天地间一物尔，以其灵于物，故特谓之人，岂能与天地并哉？若夫窃天地之机，以修成金液大丹，则与天地相为终始，乃谓之真人。既为真人，则超凡入圣，无复向来之形矣，逍遥物外，永谢尘世之厄矣。

胡粉投火中，色坏还为铅。冰雪得温汤，解释成太玄。金以砂为主，禀和于水银。变化由其真，终始自相因。欲作服食仙，宜以同类者。植禾当以黍，覆鸡用其卵。以类辅自然，物成易陶冶。鱼目岂为珠，蓬蒿不成槚。类同者相从，事乖不成宝。是以燕雀不生凤，狐兔不乳马，水流不炎上，火动不润下。

胡粉本黑铅烧就，若投之火中，则复还为铅；冰雪乃阴气结成，若沃以温汤，则解化为水。何者？返本还元，其理不容不然也。炼金之法，以砂为主，而和以水银。盖水银生于砂中，与砂为同类之物，所以终始相因而成变化者，由其真也。《悟真篇》云：竹破须将竹补宜，覆鸡当用卵为之。万般非类徒劳力，争似真铅合圣机。盖谓真汞得其铅，则一阴一阳，气类相感，是为同类。譬犹植禾当以其黍，覆鸡必用其卵，以类相从，则其道自然，不劳于力而成变化。若使舍其同类而别求他物，则犹鱼目之不可为珠，蓬蒿之不能成槚，类既不同，安有变化？亦犹燕生燕、雀生雀,使之生凤,则不能生矣;狐乳狐、兔乳兔,使之乳马,则不能乳矣。火性炎上,使之润下可乎?水性润下,使之炎上可乎?所以欲作服食仙,宜以同类者,类同者相从,事乖不成宝也。然吾身自有一天地,自有一阴阳,而《还源篇》乃云:夺他天地髓,交姤片时中。而必须窃取天地之气,乃日月圣父、灵母之气;吾身之气,乃骨血凡父母之气。故以真父母之气,变化凡父母之身为纯阳真仙,则与天地同寿也。或人自昧求同类,不知自己同乾坤,却向身外觅同类,妄指童女为真铅,遂托黄帝玄素之事,饰其邪说,以逢士夫之欲。于是富家贵宦行其术,而往往陷于死亡者有之,盖不特唐相国夏侯孜之一人也。是故葛稚川《抱朴子》以为水杯盛汤、羽苞蓄火,陶隐居《真诰》以为抱玉赴火、金棺葬狗,洞微子目之为猪狗行状,李玉溪称之为地狱种子。古今丹书所以皆极口痛骂此术者,以其害人而终亦自害其身也。《南华真经》云:无劳尔形,无摇尔精,乃可以长生。未闻有所谓御女之说。谁生厉阶,至今为梗,诬污前真,迷误后学,其旁门诸术中,害道之最尤者欤!

世间多学士,高妙负良才。邂逅不遭遇,耗火亡货财。据按依文说,妄以意为之。端绪无因缘,度量失操持。捣治羌石胆,云母及礜磁。硫黄烧豫章,泥汞相炼飞。鼓铸五石铜,以之为辅枢。杂性不同类,安肯合体居。千举必万败,欲黠反成痴。侥幸讫不遇,圣人独知之。稚年至白首,中道生狐疑。背道守迷路,出正入邪蹊。管窥不广见,难以揆方来。

《悟真篇》云:饶君聪慧过颜闵,不遇真人莫强猜。只为丹经无口诀,教君何处结灵胎。盖世间高才好学之士,不为无人,而求其遇真师得正传者,或寡矣。彼有烧炼三黄四神之药,妄意以为道在于是,殊不知五金八石,乃世间有形有质之物,其种类不同,其性质各异,安肯合体而并居哉?故凡为此术者,莫不千举万败,欲黠成痴,何则?端绪无因缘,度量失操持故也。《指玄三十九章》云:访师求友学烧丹,精选朱砂作大还。将谓外丹化内药,元来金石不相关。盖神仙金液大还丹,乃无中生有之至药,而所谓朱砂、水银者,不过设象比喻而已。奈何世人不识真铅汞,将谓凡砂及水银,往往耗火费财,卒无成功,遂至皓首茫然,反起虚无之叹。呜呼，真道简而不繁，至言淡而无味，人谁信之？人谁行之？甚至得正传而中道生疑，于是出正入邪蹊者有矣。《内指通玄秘诀》云：多恃聪明强是非，纵闻法要自相违之人也。背大道而守迷路，管窥天而不广见，乌足与论方来无穷之玄奥哉！

《周易参同契发挥》卷之四

林屋山人全阳子俞琰 述

上篇第四

若夫至圣，不过伏羲，始画八卦，效法天地。文王帝之宗，循而演爻辞。夫子庶圣雄，十翼以辅之。三君天所挺，迭兴更御时。优劣有步骤，功德不相殊。制作有所踵，推度审分铢。

伏羲法天地而作《易》，始画八卦，其先天一图，乾天在上，坤地在下，离日、坎月则列于东西，震雷、巽风、艮山、兑泽则居于四隅，是岂无所踵而然哉？文王循卦体而演《易》，乃作爻辞，其后天一图，震、巽二木生离火，继以坤土藏之；兑、乾二金生坎水，继以艮土止之。又岂无所踵而然哉？孔子踵羲、文而赞《易》，遂作《十翼》，在当时虽无帝王之位，而万世为帝王之师，是乃庶圣之雄者也。是三君子皆古之大圣人也，伏羲生于邃古，文王生于商末，孔子生于晚周，迭兴御时，步骤虽有优劣，而以功德较之，则前圣后圣，其归一揆，盖不相殊也。且如八卦之画、爻辞之演、《十翼》之作，篇无闲言，言无闲字，推度重轻，极为详审，盖其制作皆有所踵也。今夫魏公作此《参同契》一书，而必假《易》之卦象以发明其说，可谓有所踵矣。

有形易忖量，无兆难虑谋。作事令可法，为世定此书。素无前识资，因师觉悟之。皓若褰帷帐，瞋目登高台。

事之有形有兆者，可以忖量，可以虑谋。金液大丹乃无形无兆之事，不可忖量，不可虑谋也。苟不示之以言，则后世何所取法，此《参同契》所以作也。然《参同契》之作也，岂魏公自出己见哉？不过因师授之说而为之尔。《西升经》云：学不得明师，安能解疑难？盖世间一法一术，尚须磬折求师，然后得其旨。况此金液大丹，乃长生超脱之道，学者得不低心参访以期感遇哉？葛稚川《神仙传》云：刘政求养生之术，勤寻异闻，不远千里，苟有胜己，虽奴客必师事之。今之人果能如刘君之不耻下问，则自有真仙踵门点破丹穴，一旦得其口诀，群疑尽释，皓若褰帷帐而撤其掩蔽，豁如登高台而眺乎旷远，心目为之开明，岂不大快也欤！

《火记》六百篇，所趣等不殊。

《悟真篇》云：契论经歌讲至真，不将火候著于文。要知口诀通玄处，须共神仙仔细论。后学不悟真筌，见有所谓《火记》六百篇之说，则莫不惘然自失，以为火候如此其繁且难，殊不知六百篇亦犹六十卦尔。六十卦为一月之候，六百篇乃十个月之候，盖一月六十卦，卦卦一般，十个月六百篇，篇篇相似，故曰所趣等不殊也。

文字郑重说，世人不熟思。寻度其源流，幽明本共居。窃为贤者谈，曷敢轻为书。结舌欲不语，绝道获罪诛。写情著竹帛，又恐泄天符。犹豫增叹息，俛仰辄思虑。陶冶有法度，未忍悉陈敷。略述其纲纪，枝条见扶疏。

古今丹书，汗牛充栋，千名万字，引喻无穷，得不谓之郑重乎？然而寻度其源流，则不过一阴一阳而已。此两者同出而异名，古仙皆倾肝沥胆以告世人，而世人福缘浅薄，自不暇熟思尔。今夫魏公作此一书，指陈鼎器之出处、药物之川原、火候之法度，与夫存亡有无、主客先后之秘，言言彻底，字字著实，盖为世之贤者设，岂肯轻为著述，以钓人虚誉耶？当知书为晓者传，事为识者贵。农夫得彤弓以驱鸟，南夷得衮衣以负薪。金丹大道，惟贤者而后乐此，匪我知者可多谈哉？《太上玄科》曰：遇人不传失天道，妄传非人泄天宝。传得其人身有功，妄传七祖受冥考。所以魏公将结舌而噤无一语，则恐绝道脉而获罪。若写情而著之竹帛，则又恐泄天符而得谴。于是犹豫增叹息，俛仰辄思虑，本欲明明直说，以告学者，实不敢轻泄真机，遂姑述药物火候之大略，以使后人因言而会意，则庶乎此道不泯其所传也。既不敢明于言，又不忍秘于默，故未免举其宏纲，撮其机要，以陶冶法度，散于三篇之中，而有如枝条之扶疏也。

以金为隄防，水入乃优游。金计有十五，水数亦如之。临炉定铢两，五分水有余。二者以为真，金重如本初。其土遂不入，二者与之俱。三物相含受，变化状若神。

以金为隄防，水入乃优游者，以上弦半斤金，为外炉东南半壁之隄防，然后下弦半斤水，自西而下入于北方内炉，则其势不迫而优游自如也。金计有十五者，自初一至十五也，即上弦金半斤之谓也；水数亦如之者，自十六至三十也，即下弦水半斤之谓也。丹法先以文升，后以武降，不如是则不能深达于九泉之下，故曰：临炉定铢两，五分水有余也。夫金水各半，合成二八一斤之数，一阖一辟，往来不穷，乃吾身之真阴阳也。然水要半斤有余，金又不可亏其半斤之重，故曰：二者以为真，金重如本初也。其土遂不入者，周回鼎器间，只有上弦半斤金，下弦半斤水，而土则无位也。其所谓不入，非不入也，土无定位，无所往而不入也。且如天地二十四位，其间即无戊己，岂果无戊己哉？盖自壬子至于乾亥，往来不定，上下无常，无非戊己所游之地也。二者与之俱者，遍鼎器之间皆土，而金、水二者与之偕行也。金、水与土偕行，则三物互相含受，混而为一矣。混而为一，则缚住青山万顷云，捞出碧潭一轮月，而变化之状如神矣。《至道篇》云：升降名为金水，运时巽曰真风。盖升者，金也；降者，水也；而所以为之升降者，土也。虽然金、水、土三物，不过皆设象比喻尔，究而言之，大道从来绝名相，真仙本自无花草，何金水之有哉？何土之有哉？

下有太阳气，伏烝须臾间。先液而后凝，号曰黄舆焉。

《玉芝书》曰：凡炼丹，随子时阳气而起火，其火力方全，余外别时起火，其火不然。盖子时太阳在北方，而人身气到尾闾关，于此时而起火，则内外相合，乃可以盗天地之机而成丹。其初太阳在下，水火交媾，二气絪缊，烝而为液；次则水中火发，阳气渐炽，其液方凝于其中，逼出金华，是名真铅；及其运用而上升，则腾腾若车舆行于黄道之上，故号之曰黄舆焉。

岁月将欲讫，毁性伤寿年。

腊月三十日，天运将周，则日穷于次，月穷于纪。若以丹道言之，则人身自有一周天，与天地无以异也。

形体为灰土，状若明窗尘。

古歌云：用铅不用铅，须向铅中作。及至用铅时，用铅还是错。又云：铅为芽母，芽为铅子。既得金华，舍铅不使。其旨深矣。人徒知子时肾气生，得火烹炼，凝而成液，遂认为真铅，而欲取以点化离宫之真汞。殊不思既成液矣，则有形有质，其体重浊，安能逆流而升上？神仙之作丹，不过于此状①，发火于其下，以感其气尔。火力既盛，其气翕然上腾，与山川之云起相似。迨夫升入泥丸，然后化为甘雨，下入重楼，盖未尝用其质也。丹法所谓取清舍浊，正谓此也。清者，浮而在上，所谓状若明窗尘是也；浊者，沉而在下，所谓形体为灰土是也。炼外丹者，取其飞结于鼎盖之上者，号曰明窗尘。魏公以此发明内丹，欲学者触类而长之也。

捣治并合之，驰入赤色门。

捣治并合之者，两处擒来共一炉，一泓神水结真酥也；驰入赤色门者，夺得兔乌精与髓，急须收入鼎中烧也。金丹大药产在坤，种在乾，乾居上为鼎，坤居下为炉，非猛烹极煅，则不能出炉，非倒行逆旋，则不能升鼎。《悟真篇》云：两手捉来令死斗，化成一块紫金霜。又云：河车不敢暂留停，运入昆仑峰顶。兹盖后天下手功夫，与先天产药之时不同，

---

① 状，校本作"时"。

其中复有观心、吸神二用，皆助火候之力者，古仙往往秘而不言，人谁知之？或泥于下手之说，从而按摩导引、搬运辘轳，徒尔劳神用力，又安识运神火以观真心，鼓巽风以吸真神之妙用哉？

固塞其济会，务令致完坚。

《金丹大成集》云：知时下手采将来，固济神庐勿轻泄。又云：搬归顶上结三花，牢闭玉关金锁。盖金砂升鼎之时，须是固济谨密，然后圣胎完坚也。

炎火张于下，龙虎声正勤。

《指玄三十九章》云：只消闪入华池鼎，真火掀天煅一场。《渐悟集》云：因烧丹药火炎下，故使黄河水逆流。此乃烹炼之火，不得不炎也。《悟真篇》云：虎跃龙腾风浪粗，中央正位产玄珠。《翠虚篇》云：龙吟虎啸铅汞交，灼见黄芽并白雪。盖丹田之火炽盛，则云烝雾渰，泥丸风生，而宛有龙吟虎啸声也。彭鹤林《元枢歌》云：得诀归来试炼看，龙争虎斗片时间。九华天上人知得，一夜风雷撼万山。历试者当自知之。

始文使可修，终竟武乃陈。

采药之初，凝神聚气，调匀鼻息，呼吸应手。迨夫神气之入乎其根，闭极则失于急，纵放则失于荡，惟使其绵绵续续，勿令间断，然后神久自凝，息久自定。少焉，巽户轰雷，龙腾虎跃，则驱回尾穴连空焰，赶入天衢直上奔也。王保义云：文火乃发生之火，武火乃结实之火。盖始焉发生，终焉结实，始文终武，不可以一途取也。

候视加谨慎，审察调寒温。

候视加谨慎者，塞兑垂帘，含光默默，候天地之气将至，然后定息以采之，聚火以烹之，须当视其老嫩，不可轻易也。《悟真篇》云：大都全藉修持力，毫发差殊不作丹。岂可轻易哉？审察调寒温者，调停火力，审察紧缓，以渐而猛，不可荒忙骤进也。《复命篇》云：火候直须牢稳审，吹嘘全藉巽方风。岂可骤进哉？

周旋十二节，节尽更亲观。

十二节乃周天十二辰，在吾身则火候方位是也。夫十二节火候，自子而升，至午而降，环鼎器之外，如天有十二辰。今焉十二节，皆已行遍周天,则天罡复指于子,故曰:周旋十二节,节尽更亲观。《翠虚篇》云:震卦行归西兑乡,三阳姹女弄明珰。巽风吹动珊瑚树,入艮归坤又一阳。与此同旨。

气索命将绝,休死亡魄魂。

夫修炼金丹,将求长生,今魏公乃谓气索命将绝,休死亡魄魂,何也?《翠虚篇》云:促将百脉尽归源,脉住气停丹始结。盖金液凝结之际,璇玑玉衡一时停轮,而日魂月魄皆沉沦于北方海底,而索然灭藏,故曰:气索命将绝,休死亡魄魂。所谓死者,非死也,此时归根复命,神凝精结,八脉俱住,呼吸俱无,其气索然如绝也。绝后重苏,则《上清集》所谓这回大死今方活是也。呜呼,欲知大药结成时,六脉都停气不驰,此等景象,苟不曾亲历,乌能强言哉?

色转更为紫,赫然成还丹。

《翠虚篇》云:脱黄著紫因何事,只为河车数转深。盖九转火候数足,则还丹赫然光明,变化紫金之色也。

服之以一丸,刀圭最为神。

《翠虚篇》云:采之炼之未片饷,一气眇眇通三关。三关来往气无穷,一道白脉朝泥丸。泥丸之上紫金鼎,鼎中一块紫金团。化为玉浆流入口,香甜清爽遍舌端。吞之服之入五内,脏腑畅甚身康安。盖还丹入口,如蜜之甘香、薄荷之清凉。所谓刀圭者,刀头圭角些子尔。及其成功,则千变万化①,妙不可测,非旁门小术可得而拟伦也。称之为神,宜哉!

推演五行数,较约而不繁。

数也。《子华子》云:天地之大数,莫过乎五,莫中乎五。盖五为土数,位居中央,合北方水一则成六,合南方火二则成七,合东方木三则成八,合西方金四则成九。九者,数之极也。天下之数至九而止,以九数言之,五居一、二、三、四、六、七、八、九之中,实为中数也。数本无十,所谓土之成数十者,乃北方之一,南方之二,东方之三,西方之四,聚于中

---

① 化,底本作"他",据校本改。

央,辏而成十也。故以中央之五,散于四方而成六、七、八、九,则水、火、木、金皆赖土而成。若以四方之一、二、三、四归于中央而成十,则水、火、木、金皆返本还元而会于土中也。吁,玄哉!《悟真篇》云:二物总因儿产母,五行全要入中央。《混元宝章》云:四位分明颠倒用,五行同起复同归。皆发明此义。夫五行生成之数,虽三尺童子亦能诵,而知之求其义,实则几人能知其落处也。既不知其落处,又安能得其实用?于此见道要玄微,天机深远,达者惟简惟易,而迷者愈繁愈难也。

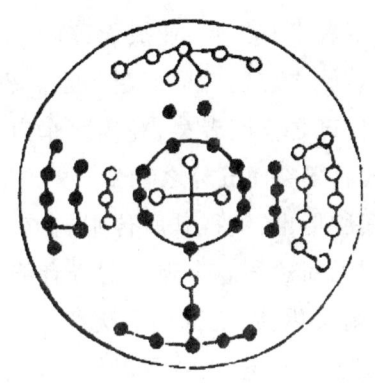

举水以激火,奄然灭光明。日月相薄蚀,常在晦朔间。水盛坎侵阳,火衰离昼昏。阴阳相饮食,交感道自然。

邵康节《皇极经世书》云:日月之相食,数之交也。日望月则月食,月掩日则日食,犹水火之相克也。今夫举水以激火,则火为水所克,而火光奄然而灭。太阴掩太阳,则阳为阴所胜,而阳光当昼而暗,何者?阴阳相交则必至相食,此乃道之自然也。魏公借日月交食之机,以明丹道之妙。而又举水火相克之说,以并言之,可谓详矣。虽然日月交食常在晦朔之间,炼金丹者,盗天地,夺造化,得不求其所谓晦朔之间乎?

名者以定情,字者缘性言。金来归性初,乃得称还丹。

《复命篇》云:一物分为二,能知二者名。二者即金木也,金与木本无二体,故以金为名,则以木为字;以木为性,则以金为情。其实即一物尔。盖金公本是东家子,送在西邻寄体生,未可以称还丹也。惟以之倾入于东阳造化炉中,归家与青娥相见,则产个明珠似月圆,乃得称还丹也。或曰:寂然不动,而情复乎性,故称还丹,是则是矣,然非魏公此章

金情木性之本义也,

吾不敢虚说,仿效圣人文。古记显龙虎,黄帝美金华。淮南炼秋石,王阳嘉黄芽。

古记之龙虎,黄帝之金华,淮南之秋石,王阳之黄芽,无非托号以寓其微意而已。今夫魏公之作是书,岂肯凿空驾虚以肆其臆说?盖亦仿效古人之微意也。朱子谓其用字皆根据古书,诚非虚说。

贤者能持行,不肖毋与俱。

鬼谷子从子华子游者十有二年,业成而辞归,子华子戒之曰:今汝之所治,吾无间然矣,然子之志则广取而泛与也。恐汝之后夫择者也,其将有剥汝之外郭而自筑之宫庭者矣,登汝之车而乘之以驰骋于四郊者矣,取汝之所以为璧者毁裂而五分之者矣。夫道固恶于不传也,不传则妨道;又恶于不得其所传也,不得其所传则病道。今汝则往矣,而思所以慎厥与也,则于吾无间然矣。今魏公谓贤者能持行,不肖毋与俱,其虑亦深矣。盖不肖则又佻薄,佻薄则必无义,其不关射羿之弓者鲜矣。《复命篇》云:此道至神至圣,无令漏泄轻为。全凭德行两相宜,言语须防避忌。当知金丹大道,惟可传与贤者,苟非其人,则不惟不可与语,虽远之可也。呜呼,古今出世者,传载皆英杰,控鹤御烟霞,固非愚与拙。彼不肖者,何足以知之?

古今道由一,对谈吐所谋。

子得一,万事毕。大哉一乎,其千经万论之原,千变万化之祖乎,信矣哉!天下无二道,圣人无二心,而万卷仙经语总同,金丹即此是根宗也。

学者加勉力,留念深思惟。至要言甚露,昭昭不我欺。

魏公谓学者能反覆玩味此书,一旦心领神会,则知予至要之言,果为甚露而昭昭然,无一毫之欺隐也。噫,魏公接引后学之心盖切矣,学者得不信受魏公此说,诵持魏公此书,而留念深思之哉?

《周易参同契发挥》卷之五

林屋山人全阳子俞琰 述

中篇第一

乾刚坤柔,配合相包。

大哉,人之有息也。张横渠《正蒙》云:人之有息,盖刚柔相摩,乾坤阖辟之象也。何谓息?一呼一吸是也。夫人一呼脉再动,气行三寸;一吸脉亦再动,气行三寸;呼吸定息,气行六寸。一昼夜百刻之中,总一万三千五百息,气行八百一十丈,上下灌注,如环之无端,莫知其纪极也。且人之未生也,居母之腹,随母呼吸,无视无听,惟有一息存焉。及其生也,剪去脐带,则一点真元之气聚于脐下,日复一日,神出气移,遂不复再守胎中之一息。今夫神仙修炼之法,使人回光内照,呼吸太和,盖将返本还源,而复归于生身受气之初也。许旌阳《醉思仙歌》云:内交真气存呼吸,自然造化返童颜。《灵源大道歌》云:千经万论讲玄微,命蒂由来在真息。外此皆邪说妄行,非真要自然之道也。今魏公谓乾刚坤柔,配合相包,言作丹之时,以乾阳下交于坤阴,使呼吸相含,刚柔相当,配为夫妇,打成一片,则神气归根,性命合一,而至药孕于其中也。或名之曰龙虎交媾,又曰金木交并,又曰龟蛇蟠虬,又曰红黑相投,又曰天地交泰,又曰玄黄相杂,又曰金土混融,又曰金汞同鼎,又曰金火同炉,又曰赤白相交,又曰日月同宫,又曰乌兔同穴,又曰夫妇欢合,又曰牛女相逢,又曰牝牡相从,又曰魂魄相没,又曰水土同乡。究而言之,不过心息相依,而阴阳内感,神气交结尔。

阳禀阴受,雄雌相须。

阳禀阴受者,琼瑶花发露珠凝,花渐开苞露渐深也;雄雌相须者,甲龙庚虎镇相随,铅汞同炉始可为也。所谓禀受,所谓相须,即交媾之说也。天地以阴阳交媾而生物,丹法以阴阳交媾而生药,盖未有不交媾而可以成造化者也。《玉芝书》云:玄黄若也无交媾,争得阳从坎下飞。

是乃作丹之大端,修仙之第一义也。元阳子《大道歌》云:玄天汪汪配地黄,两情和合入洞房。是此义也。《还金篇》云:先贤明露丹台旨,几度灵乌宿桂柯。是此义也。《还元篇》云:西方金母最坚刚,走入壬家水里藏。是此义也。《悟真篇》云:赤龙黑虎合西东,四象交加戊己中。是此义也。王良器《悟解篇》云:好将魂就魄,阴尽变纯阳。是此义也。《复命篇》云:要知大道希夷理,太阳移在月明中。是此义也。《崇正篇》云:两般灵物天然合,些子神机这里求。是此义也。《上清集》云:别无他术,只要神水入华池。是此义也。知此乃可以产药,乃可以结胎,更得火候之诀炼之,则天鼓鼕鼕震地来,玉尘糁糁散葭灰,而升入泥丸矣。若仅知有此,而不得火候之诀,则惟可暖其下元耳,非还丹也。古歌云:从红入黑是真修,炼黑入红天仙已。盖丹法有先天后天、无为有为之不同,在先天则凝神入于坤脐而产药,至后天则移神入于乾顶而成丹。先天则无为,后天则有为,不可以一律齐也。

偕以造化,精气乃舒。

《翠虚篇》云:每常天地交合时,夺取阴阳造化机。是机即天地合发之机也。夫人身中造化与天地造化相应,今曰偕以造化者,论其至妙,全在天机与人机对举,人能虚心凝神,与天地之机偕作,则造化在吾掌握中矣。天隐子云:傥三百六十日内,运自己之气,适合天地之真气,三两次则自觉身体清和,异于常时。况久久习之,积累冥契,则神仙之道不难至矣。或曰:要坐便坐,何必辨川源、识时日?兹盖不知有造化者耳,未足与议也。

坎离冠首,光耀垂敷。

坎离,日月也。丹法有内日月、有外日月。《黄庭经》云:出日入月呼吸存。此言内日月也。又云:三光焕照入子室。此言外日月也。二者盖可相有,而不可相无者也。《指玄三十九章》云:外若交时内亦交,三关通透不须劳。作丹之时,内日月交精于其内,外日月交光于其外,内外攒簇,久而不散,则恍恍惚惚,其中有物,窈窈冥冥,其中有精,而满空白云乱参差也。夫日月之照于天地间,螺蚌吸之则生珠,顽石蓄之则变玉,何况人身自有日月,岂不能回光自照,结自己之真珠、产自己之真玉哉？《上清集》云：乾坤运用，大都不过坎和离，石里缘何怀玉，因甚珠藏蚌腹？借此显天机，可谓道在眼前矣。道在眼前，而学者犹或弗悟，只缘天机太近，故昧者往往当面蹉过，而莫之能见也。

玄冥难测，不可画图。圣人揆度，参序元基。

《赤龙大丹诀》云：有物号玄冥，金丹向此生。是物也，寂兮寥兮，眇不可测，岂可得而画图哉？既不可得而画图，则惟可心知意会而已。然在己者，固可心知意会，而示人者，得不假象托文而使之默会其机乎？圣人于是探赜索隐，以发明先天之极玄，广譬曲喻，以参序金丹之元基，此丹经子书所以传行于世，而《参同契》所以准《易》而作也。元基，即根基也。《悟真篇》云：要得谷神长不死，须凭玄牝立根基。盖伏铅制汞，全在玄牝，所以玄牝为还丹之根基。男子玄牝立则精气固，女子玄牝立则月事绝。修炼若不知此，则药材从何而生、还丹从何而结、火候从何而运用哉？

四者浑沌，径入虚无。

四者，即乾、坤、坎、离也，合而为一，故曰浑沌。《指玄篇》云：苗苗裔裔绵绵理，南北东西自合来。此乾坤坎离之所以合而为一也。合而为一则神气归根，径入虚无，窈窈冥冥，莫知其所以然矣。《灵源大道歌》云：混合为一复忘一，可与化功同出没是也。然而丹家所谓虚无，非无心无念、槁木死灰之谓也。文子《通玄真经》云：视于冥冥，听于无声，冥冥之中，独有晓焉，寂寞之中，独有照焉。此盖不可言传之妙也。或者不悟，乃认为禅家之寂灭，则又谬矣。若使金丹即禅学，则径自参禅可也，何必从事乎乾坤坎离之多端，而必须洞晓阴阳，深达造化，然后为得哉？

六十卦用，张布为舆。龙马就驾，明君御时。和则随从，路平不邪。邪道险阻，倾危国家。

丹法以乾坤为鼎器，以坎离为药物，遂用其余六十卦，自屯蒙以至既济、未济，周回列于鼎外，以为周天火候，故曰：六十卦用，张布为舆。此舆张布，则六十卦皆为吾用，而龙马归吾驾御矣。《上清玉真胎息诀》云：吾以神为车，以气为马，终日御之而不倦。不倦即绵绵若存，用之不勤也。不勤云者，亦非忘，亦非守，似有似无，而不至于勤劳迫切也。善乎广成子之告黄帝曰：我守其一，以处其和，故我修身千二百岁矣，吾形未尝衰。夫身犹国也，心犹君也，心定则神凝气和，三宫自然升降，百脉自然流通，勤而行之，无有不仙者。谷神子《了然论》云：治身之道，以至神为本，以至精为药，以冲和为用，以无为为治。无为则神凝，神凝则和气所钟，和气所钟则深根固柢，深根固柢则长生久视之道成矣。若不由此，即非金液大还丹之法也。大抵气血之寓于人身，贵乎不挠，修炼之功，至简至易，不过抱元守一，专气致柔如婴儿耳。是故作丹之际，亦无他术，但虚心静默，凝神入于气穴，顺其往来，绵绵延延，勿令间断，久之则神自凝，息自定。息定而气聚，气聚而丹成，更不用按摩导引、吐纳存想之劳也。《内指通玄秘诀》云：日往即往，月来即来。随之出入，不离丹台。自今观之，大丹之道，唯一味元和之气，以成其变化，余无别径也。

君子居其室，出其言善，则千里之外应之。谓万乘之主，处九重之室。发号施令，顺阴阳节。

人君居万乘之尊，处九重之邃，出其言善，则千里之外应之。修炼之士，含光默默，返照于内，虚极静笃，则天地之气自来归之。何者？此有感则彼有应，自然之理也。发号施令，顺阴阳节者，古之圣王，孟春则命相布德和令，孟秋则命将选士厉兵，盖亦依时应节，而顺夫天地之阴阳也。治道如此，丹道当何如哉？

藏器待时，勿违卦日。

《还金篇》云：莫教违漏刻，长在一阳中。盖炼丹之法，先当知时，尤当待时。时苟未至，则惟含光默默，虚以待之而已，不可为之先也。许旌阳《三药歌》云：存心绝念候晶凝。《指玄三十九章》云：塞兑垂帘默默窥。即藏器待时之谓也。呜呼，时辰若至不劳心，内自相交自结凝。入室按时须等著，一轮黄道自腾升。岂可为之先也哉？

屯以子申，蒙用寅戌。六十卦用，各自有日。聊陈两象，未能究悉。

屯，下震而上坎，屯以子申者，震之初九庚子爻，坎之六四戊申爻也；蒙，下坎而上艮，蒙用寅戌者，坎之初六戊寅爻，艮之六四丙戌爻也。

盖子、申、寅、戌,即子、午、卯、酉也,即春、夏、秋、冬也,即金、木、水、火也,即龟、蛇、龙、虎也,皆寓言也。今以六十卦观之,始于屯蒙,终于既济未济,其间阴爻、阳爻互相交错,虽则各自不同,而反体、对体各自有合,其实卦卦一般。而魏公谓聊陈两象,未能究悉者,欲使学者缔观屯、蒙两卦之象,由此触类而长之,自可默会其余诸卦之义也。盖卦有六爻,两卦计十二爻,应一日十二时之数。六十卦计三百六十爻,应一月三百六十时之数。魏公本意不过借此以论吾身火候之分至启闭而已。如移之需、讼,则曰:需以子申,讼用寅午;移之师、比,则曰:师以寅丑,比用未申。他卦皆仿此。故曰:聊陈两象,未能究悉也。《悟真篇》云:南北宗源翻卦象,晨昏火候合天枢。亦不过发明此义。若使执文泥象,而必欲推算卦体之策数,求合卦画之阴阳,吾恐终身役役而不见其成功,荼蘭①然疲役而不知其所归,可不哀耶?

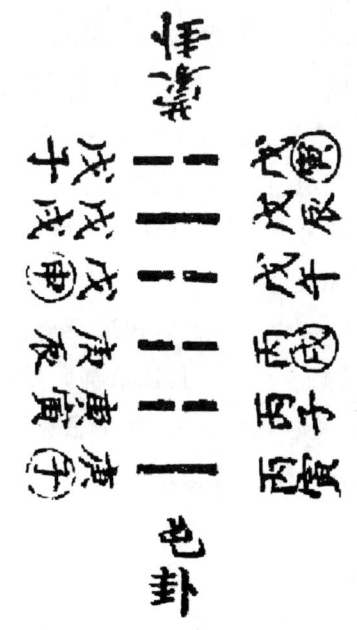

在义设刑,当仁施德。

---

① 蘭,校本作"荼"。

西方为义，东方为仁，刑主杀伏，德主生起。今曰在义设刑者，所以煅西方之铅也；当仁施德者，所以炼东方之汞也。铅属金，其性至刚，藏于坎中，非猛烹极煅则不能飞上，故用武火逼之而不可施以文；汞属木，其性至柔，隐于离中，一见真铅，则自然不动，故用文火炼之而不可施以武。《崇正篇》云：守城须假施文德，野战当先著武功。作用两般明辨取，顺宜得吉逆成凶。此之谓也。

按历法令，至诚专密。

高鸿濛《梦仙谣》云：采有时，取有日，采兮取兮须谨密。故必按历法令，知下手之口诀，至诚专密，无纤毫之杂想，然后神芝可录。乃若一年处室，自朝至暮，内运灵旗，亦当至诚专密，用志不分，然后丹可成，身可仙。若将大道为儿戏，而轻易窃弄天机，则朝行暮辍，又非诚矣。《黄庭经》云：积功成炼非自然，是由精诚亦由专。古今修丹之士，固未有不诚而得之者，亦未有不专心致志而可以成事者也。昔者弈秋语二人弈，一人专心致志，惟弈秋之为听；一人虽听之，一心以为有鸿鹄将至，思援弓缴而射之，虽与之俱学，弗若之矣。夫弈之为数，小数也，弗专心致志则弗得也，况于道乎？司马子微《坐忘论》云：无事安闲，方可修道。盖学道当得清静无为，不可以一毫外物累其心。若夫内接家事以自羁，外综王事以杂役，此亦道之不专也。张虚静《大道歌》云：神驭气，气留形，不须杂术自长生。术则易知道难遇，纵然遇了不专行。所以千人万人学，毕竟终无一二成。其说信矣。今之学者不知仙道由积累而成，但欲以片饷功夫游戏而得之，殊不思片饷乃结丹功夫，而周年火候温养，则一日之内，行坐寝食总如如，惟恐火冷丹力迟，奚可须臾间断哉？

谨候日辰，审察消息。

《悟真篇》云：天地盈虚自有时，审观消息始知机。又云：月亏盈应精神之衰盛，日出没合荣卫之寒温。盖一月有一月之盈虚消息，一日有一日之盈虚消息。晦朔弦望，一月之盈虚消息也；昼夜晨昏，一日之盈虚消息也。人身法天象地，其气血之盈虚消息，悉与天地造化同途。《素问》云：平旦人气生，日中而阳气隆，日西而阳气已虚，气门乃闭。

又云：月始生则血气始精，卫气始行；月郭满则血气实，肌肉坚；月郭空则肌肉减，经络虚，卫气去，形独居。是故天地有昼夜晨昏，人身亦有昼夜晨昏；天地有晦朔弦望，人身亦有晦朔弦望。其间寒暑之推迁，阴阳之代谢，悉与天地胥似。所以丹法以天为鼎，以地为炉，以月为药之用，而采取必按月之盈亏，以日为火之候，而动静必视日之出没。自始至末，无一不与天地合。有如《皇极经世书》，以寅为开物，犹岁之惊蛰，数自此而始；戌为闭物，犹岁之立冬，数至此而止。非丹法运火之候乎？亥、子、丑三时，则日入于地而不见，有数而不行。其间一阳初动处，万物未生时，是圣人所以见天地之心。又以范围天地，曲成万物，造化在我者也，非丹法采药之时乎？凡而抽添运用，沐浴交结，一一取法天地造化而为之，是以谓之至道。若不依天地造化而别求他法，则是旁门小术、区区臆度之说，非至道也。《淮南子》云：蛤蟹龟珠，与月盛衰。又云：月虚而鱼脑减，月死而蠃蚌膲。夫以至微之物，尚或与天地造化相应，而况于人乎？于此见修丹，于月望则气血满而药力全，望后则气血减而药力少。所以《翠虚篇》谓：月夜望中能采取，天魂地魄结灵丹。而又谓：交加二八为丹母，望远徒劳觅虎龙也。又如《悟真篇》云：八月十五望蟾辉，正是金精壮盛时。若到一阳才起复，便堪进火莫延迟。《崇正篇》云：兑金万宝正西成，桂魄中秋倍样明。便好炼头施采取，用功拟待一阳生。《金丹大成集》云：恰恰相当妙绝奇，中秋天上月圆时。阳生急采无令缓，进火功夫要虑危。即非以八月十五金精壮盛取譬，亦非曰一年止有八月十五可以采取。乃若白紫清、廖蟾辉，皆谓八月十五夜子时入室，盖以八月昼夜均，阴阳分，此时秋高气清，金精正旺，不寒不暖，最宜修炼。古仙于此时结胎，所以盗天地之金精，感天地之清气也。或者不得其传，弗知其的，惟于八月十五夜，吸采月光，是乃悬网以捕风，握绳以系影者也，奚足语至道哉？抑又有说焉，晁文元公《随因纪述》云：唐中岳隐士栖真子施肩吾，述《灵响词》，其序中云：偶览《三静经》云，夫修炼之士，当须入三静关，陶炼神气，补续年命，大静三百日，中静二百日，小静一百日。遂发至恳，且试小静，即以开成三年戊午岁起，自正月一日庚申，闭户不交人事，克期百日，方出静室，未踰月而神光照目,百灵集耳,精爽不昧,此三者皆应,则知仙经秘典不虚设也。今夫修炼大丹,亦当如此。盖静久则神清气和,鼎器内完,方可以修炼,如终日汩没于尘缘,劳其筋骨,役其心志,而遽欲于八月十五一举成功,亦戛戛乎难矣。

纤芥不正,悔吝为贼。二至改度,乖错委曲。隆冬大暑,盛夏霜雪。二分纵横,不应漏刻。风雨不节,水旱相伐。蝗虫涌沸,山崩地裂。天见其怪,群异旁出。

《悟真篇》云:纵识朱砂及黑铅,不知火候也如闲。大都全藉修持力,毫发差殊不作丹。所谓火者,非存心想肾之火,乃身中天然之真火也;所谓候者,非轮刻掐时之候,乃身中天然之气候也。火之为性,遇风则炽,遇土则藏,用之不可太过,亦不可不及,全在调其文武,审其寒温,微以巽风吹之,炽以坤土藏之,使之得中而无太过不及之患,则大小无伤两国全,而片饷之间见丹头矣。调停运用,正谓此也。倘毫发差殊,则二至改度于南北,二分纵横于东西,隆冬变为大暑,盛夏翻作霜雪,而铅汞飞走,群异旁出矣。

孝子用心,感动皇极。近出己口,远流殊域。

《复命篇》云:一夫一妇资天地,三女三男合始终。盖乾生三男,坤生三女,总曰六子。今乾父坤母,位乎上下,而六子运用于其间,往来上下,一惟父母是从,故名之曰孝子。皇极者,中央正位也,周回八方会归之所也。孝子能用心而感动之,则虎啸一声龙出窟,鸾飞凤舞入金城矣。如其举动悖乱,不协于极,则玄珠迸散,灵汞逃亡。六子非孝子,乃丹道之逆贼焉尔。

或以招祸,或以致福,或兴太平,或造兵革。四者之来,由乎胸臆。

《悟真篇》云:火生于木本藏锋,不会钻研莫强攻。祸发总因斯害己,要能制伏觅金公。盖有药而行火候,则金被火逼,奔腾至于离宫,化而为水,反以克火,故火无炎上之患;若无药而行火候,则虚阳上攻,适所以自焚其躯,此招祸致福之所由分也。又云:日月三旬一遇逢,以时易日法神功。守城野战知凶吉,增得灵砂满鼎红。盖真铅生于坎宫,浊而不起,欲其擒制离宫之真汞,当用武火猛烹极煅,然后飞腾而上。及其至于离宫,与真汞交结之后,则宜守城沐浴,更不可加以火,此太平、兵革之迥不同也。或以招祸,或以致福,或兴太平,或造兵革,其所以然者,岂由他哉?反求诸心而已矣。

动静有常,奉其绳墨。

寂然不动,反本复静,坤之时也,吾则静以待之;静极而动,阳气潜萌于黄钟之宫,复之时也,吾则动以应之。故曰:动静有常,奉其绳墨。当动而或杂之以静,当静而或间之以动,或助长于其先,或忘失于其后,则非奉其绳墨焉。夫古之至人,其动也天行,其静也渊默,当动则动,当静则静,自有常法。今之学者,不知丹法之动静有常,或专主乎动,或专主乎静。其所谓动者,乃行气之动;其所谓静者,乃禅定之静。二者胥失之矣。《指玄三十九章》不云乎:人人气血本通流,荣卫阴阳百刻周。岂在闭门学行气,正如头上又安头。曷尝以行气为动哉?《翠虚篇》不云乎:惟此乾坤真运用,不必兀兀徒无言。无心无念神已昏,安得凝聚为胎仙。又岂以禅定为静哉?《金丹大成集》云:阳主动,阴主静。《翠虚》曰:动中求静,静中有为,动静有作,口口传之。学者殆未可以管见轻议也。

四时顺宜,与气相得。

四时者,身中之春、夏、秋、冬也。下功之时,善调停而顺其宜,然后温、冻、寒、暑各得其所。吕纯阳诗云:水火均平方是药,阴阳差互不成丹。其功皆在乎调停也。

刚柔断矣,不相涉入。

刚,阳刚也;柔,阴柔也。刚柔断矣,不相涉入者,阳刚用事,则一意在下,不可涉于上也;阴柔用事,则一意在上,不可涉于下也。张紫阳《石桥歌》云:水生火,火生水,水火须分前后队。此之谓也。

五行守界,不妄盈缩。

王良器《天童经颂》云:金木中央并水火,五般守定一丹田。孰谓不守而可得哉?盖此五者散则周身为气,聚则丹田成宝。今以之凝然端守于丹田,而不妄盈缩,则相与混融,化为一气,而凝成金液矣。盈者,太过之谓也;缩者,不及之谓也。《翠虚篇》云:灵汞通真变化多,只宜存守不宜过。盖太过则伤物,不及则又不能生物,惟当绵绵若存,以意守之而已。守之之久,则时至气化,罐满必溢,神明当自来也。

易行周流,诎信反覆。

易,日月也。日月行于黄道,昼夜往来,周流不息。上半月阳伸阴屈,魂长魄消;下半月阴伸阳屈,魂消魄长。循环反复,无有穷已。人身首乾而腹坤,俨如天地,其二气上升下降亦如天地。《内指通玄秘诀》云:日月常行黄赤道,众真学此作还丹。其法即与天地无异,然其所以效日月之运用,与天地以同功,其要在乎任、督二脉。盖任、督二脉为一身阴阳之海,五气真元,此为机会。任脉者,起于中极之下,以上毛际,循腹里上关元,至咽喉,属阴脉之海;督脉者,起于下极之腧,并于脊里上至风府,入脑上巅,循额至鼻柱,属阳脉之海。所以谓之任脉者,女子得之以妊养也;谓之督脉者,以其督领经脉之海也。鹿寿长生,五百岁为白鹿,千岁为青鹿,盖能通其督脉者也。如龟鹤、蟾蜍皆寿千岁,盖能通其任脉者也。《南华真经》云:缘督以为经,可以保身,可以全生。人能通此二脉,则百脉皆通,自然周身流转,无有停壅之患,而长生久视之道,断在此矣。《内指通玄秘诀》云:法水能朝有秘关,逍遥日夜遣轮环。于中壅滞生诸病,才决通流便驻颜。其是之谓乎?又如朗然子诗云:泝流直上至泥丸,关节才通便驻颜。又云:常使气冲关节透,自然精满谷神存。岂皆虚言哉?陈希夷以为:改换腥肥气脉行。韩逍遥以为:转轮才一月,便契玄中玄。若有作用,实无作用,似乎静定,即非静定。盖自高上元君密传以来,递相付嘱,迄至于今,除此道外,更无别道。有言环中者,有言周天者,兹盖周身上下、阴阳升降之正路也。《道德经》云:谷神不死,是谓玄牝;玄牝之门,是谓天地根。绵绵若存,用之不勤。《阴符经》云:三反昼夜,用师万倍。《黄庭经》云:皆在心内运天经,昼夜存之自长生。《度人经》云:旋斗历箕,回度五常。《天童经》云:三宫升降,上下往来,无穷无已。《上清玉真胎息诀》云:上至泥丸,下至命门,二景相随,可救残老。刘虚谷《易传》云:栖神上玄,总气下牝。反覆运转,升降无穷。白紫清《东楼法语》云:上自天谷,下及阴端,二景相逢,打成一块。崔公《入药镜》云:归根窍,复命关,贯尾闾,通泥丸。

许旌阳《三药歌》云：三田内转长流布,青目乌髭发黑时。吴宗玄《学仙歌》云：坎离反覆颠倒颠,天地日月俱回旋。《指玄篇》云：一马自随天变化,六龙长驾日循环。吕纯阳诗云：时人若要学长生,先是枢机昼夜行。《静中吟》云：驰驾登天轴,昼夜如车轮。《还金篇》云：默运乾坤一合泰,从他日月两边流。《玉芝书》云：东转西流人莫测,地腾天降鬼难知。《灵源大道歌》云：元和内运即成真,呼吸外施终未了。张鸿濛《还元篇》云：十二时中子作头,般添运用勿停休。《悟真篇》云：五行妙用法乾坤,乾坤运兮五行分。《复命篇》云：巡行十二位,赤脚猛将军。刘高尚《法语》云：神存生气,气非口鼻。阴降阳升,同流天地。刘虚谷《还丹篇》云：下降上升循毂轴,左旋右覆合枢机。《崇正篇》云：般运有功连昼夜,斡旋至妙体玑璇。《混元宝章》云：自强不息同乾运,六尺身中抱九天。《翠虚篇》云：昼运灵旗夜火芝,抽添运用切防危。《还源篇》云：谁能知运用,大意要黄婆。《上清集》云：昼夜河车不暂停,默契大造同运行。《全真集》云：气血转流浑不漏。《渐悟集》云：斡运日月轮。《水云集》云：常耕清静田三段,定守无为舍一间。刘长生《仙乐集》云：住行坐卧,运坎迎离。《鸣道集》云：安闲自得长生道,昼夜无声转法轮。王玉阳《云光集》云：斡运内丹凭火候,载搬乌兔走琼轮。《太古集》云：周天度数还知道,关节熏炙处处通。不过皆是此道也。或谓之翻筋斗,或谓之转心轮,一曰法天之枢,仙寿万亿,一曰元和内运,可保长生。千经万论,无往不同,引古证今,若合符节。即非行气,即非存想,亦非肘后飞金精,亦非运心思脊骨,兹盖呼吸太和,保守自然真要之道也。奈何世之学者,每每悦难而不悦易,求远而不求近,虽有道者欲与开发,孰为之信？《内指通玄秘诀》云：世人不乐正法,论东却乐说西。苟非洞晓阴阳造化,见得透彻,莫之信也。

晦朔之间,合符行中。

晦朔之间,乃三十日半夜以前是也。丹法以时易日,则每日亥子之交即晦朔之间也。天地开辟于此时,日月合璧于此时,草木孳萌于此时,人身之阴阳交会于此时。神仙于此时而作丹,则内真外应,若合符节,不先不后,正当其中。在乾四德为贞元之间,在十二卦为坤之末、复之初，乃天、地、人之至妙至妙者也。

浑沌鸿濛，牝牡相从。

浑沌鸿濛者，一气未分之时也；牝牡相从者，阴阳混于其中而未相离也。当其未相离也，神凝气聚，混融为一，内不觉其一身，外不知其宇宙，与道冥一，万虑俱遗，溟溟滓滓，不可得而名，强名之曰太一含真气，或名之曰先天一气。《翠虚篇》云：大药须凭神气精，采来一处结交成。丹头只是先天气，炼作黄芽发玉英。盖神仙之修炼，别无他术，只是采取先天一气，以为金丹之母，勤而行之，指日可与钟吕并驾。《复命篇》云：采二仪未判之气，夺龙虎始媾之精，闪入黄房，煅成至宝。又云：采取须教密，诚心辨丑妍。至难寻意脉，容易失寒泉。特恐学者执于有为而不明大道之先天，泥于采取而不能寻其意脉尔。《崇正篇》云：寒渊万丈睡骊龙，颔下藏珠炯炯红。谨密不惊方采得，更依时日法神功。盖采者，以不采而采之，取者，以不取而取之，在于静定中有，非动作可为也。昔黄帝遗其玄珠，使知索，使离朱索，使吃诟索，索之皆不得。乃使象罔，象罔得之。象罔者，忘形之谓也。必忘形罔象，然后先天一气可得。《击壤集·先天吟》云：一片先天号太虚，当其无事见真腴。又云：若问先天一字无，后天方要著功夫。其说是已。盖太极未判，阴阳未分，此天地之先天也。以丹法言之，则寂然不动，反本复静之时是也。《混元宝章》云：寂然不动感而通，窥见阴阳造化功。信乎，寂然不动，则心与天通，而造化可夺也。《翠虚篇》云：莫向肾中求造化，却须心里觅先天。可谓深切著明矣。《击壤集·思虑吟》云：思虑未起，鬼神莫知。《还金篇》云：鬼神不见处，龙虎定相寻。先天大道，须是致虚极，守静笃，不可以一毫思虑加乎其间。当其寂然不动、万虑俱泯之时，河海静默，山岳藏烟，日月停景，璇玑不行，八脉归源，呼吸俱无。既深入于窈冥之中，竟不知天之为盖、地之为舆，亦不知世之有人、己之有躯，少焉三宫气满，机动籁鸣，则一剑凿开浑沌，两手擘裂鸿濛，是谓无中生有。甯玄子诗云：不在尘劳不在山，直须求到窈冥端。岂不信然哉？今人不知大道之祖，或指真铅为先天，或指天一生水为先天，或指两肾中间一点明为先天，或指脐间为先天，或指鼻祖为先天，或指目光为先天，或指运气为先天，此皆寻枝摘叶之偏见，非大道之先天也。《易》曰：先天而天弗违，后天而奉天时。夫先天而天弗违者，纯乎天理之自然，虽天亦不能违也；后天而奉天时者，天时之至，吾当奉承之也。非天下之至通，其孰能与于此哉！

滋液润泽，施化流通。

《还丹篇》云：万里阴沉春气合，九霄清彻露华凝。妙矣哉，其阴阳交感之真景象欤。斯时也，精神四达并流，无所不极，上际于天，下蟠于地，冥冥兮如烟岚之罩山，濛濛兮如雾气之笼水，霏霏兮如冬雪之渐凝渐聚，沉沉兮如浆水之渐矼渐清，此乃身中之天地绷缊，身中之男女构精也。迨夫时至气化，感而遂通，则倏尔火轮煎地脉，愕然神潢涌山椒。天地之间，被润泽而大丰美矣。《击壤集·恍惚吟》云：恍惚阴阳初变化，绷缊天地乍回旋。中间些子好光景，安得功夫入语言。苟非亲造实诣，又岂信有如此之真景象哉？

天地神灵，不可度量。

阴阳相交而神煞藏没，此天地神灵之时也；龙虎相交而鬼神不知，此吾身神灵之时也。以吾身之神灵合天地之神灵，则内真外应，巽门于定中豁开，而两畔同升，合为一矣。《还元篇》云：只于罔象无形处，有个长生不死根。信乎，惟忘形罔象，然后可得见也。若使可以存想、存思、计较度量而得之，则不谓之神灵矣。

利用安身，隐形而藏。

晦朔之间，日月合璧于北方，光耀隐而不见。丹法以时易日，于半夜坤、复之交，叠足端坐，如山石之不动，口缄舌气，如冬蛇之蛰伏，此即利用安身，隐形而藏也。其时含光默默，返照于其内，一呼一吸，悠悠绵绵，迤逦归于命蒂。久之，但觉窈窈冥冥，如临万丈不测之渊潭，此乃神气归根、身心复命、金液凝结之时也。《翠虚篇》云：气入丹田养白鸦，斯时方曰结黄芽。如其心猿不定，意马四驰，则神气散乱于外，欲望结成还丹，其可得乎？

始于东北，箕斗之乡。旋而右转，呕轮吐萌。潜潭见象，发散精光。昴毕之上，☳震出为征。阳气造端，初九潜龙。阳以三立，阴以八通。故三日震动，八日☱兑行。九二见龙，和平有明。三五德就，☰乾体乃成。九三夕惕，亏折神符。盛衰渐革，终还其初。☴巽继其统，固济操持。九四或跃，进退道危。☶艮主止进，不得踰时。二十三日，典守弦期。九五飞龙，天位加喜。六五☷坤承，结括终始。韫养众子，世为类母。上九亢龙，战德于野。

始于东北，箕斗之乡，东北，火候造端之地也。昴毕之上，震出为征，震亦火候造端之卦也。《翠虚篇》云：有一子母分胎路，妙在尾箕牛斗女。盖谓此也。此章引用先天六卦及乾六爻以象月体之盈亏，又杂以二十八宿月所临之位，无非譬喻也。学者未得其诀，而冒然读之，其不心目俱眩者鲜矣。夫修丹火候与月之消长无异，月三日哉生明，盖始于东北箕斗之乡，旋而右转，至晚呕轮吐萌于西南昴毕之上，其象如震，以乾卦言则应乾之初九，此喻吾身阳火起绪之初也；月初八上弦，其光半明，其象如兑，以乾卦言则应乾之九二，此喻吾身阳火用功之半也；月三五十五，与日相望，魂盛光盈，其象如乾，以乾卦言则应乾之九三，此喻吾身阳火圆满之时也；月十六望罢，哉①生魄，其象如巽，以乾卦言则应乾之九四，此喻吾身阴符继统之始也；月二十三下弦，其光半亏，其象如艮，以乾卦言则应乾之九五，此喻吾身阴符用功之半也；月六五三十，光尽泯，其象如坤，以乾卦言则应乾之上九，此喻吾身阴符结括之时也。魏公以六卦喻火候，而又配以乾之六爻，何也？盖丹乃纯阳之宝，乾乃纯阳之卦也。于

---

① 哉，底本作"载"，据校本改。

六卦之中,乾称九三夕惕,亏折神符;坤称上九亢龙,战德于野。又何也?盖守城于乾而用文,野战于坤而用武,皆当防危虑险也。

用九翩翩,为道规矩。阳数已讫,讫则复起。推情合性,转而相与。循据璇玑,升降上下。周流六爻,难以察睹。故无常位,为易宗祖。

九,阳数也。《易》曰:参天两地而倚数。盖取五行之生数,天一、天三、天五,参天相倚而成九;地二、地四,两地相倚而成六。此坤之所以用六,而乾之所以用九也。丹法之所谓用九,乃刻中火候之九转,盖法乾也。用九翩翩,为道规矩,阳数已讫,讫则复起者,一爻才过,一爻又来,而不敢毫发差殊也。《复命篇》云:数中无走失,火候莫教迟。盖谓此也。情,金情也;性,木性也。一物分二,间隔东西,若得斗柄之机斡运,则木性爱金,金情恋木,不间隔矣,故曰:推情合性,转而相与。循据璇玑,升降上下也。周流六爻,难以察睹。故无常位,为易宗祖者,周流一身,潜天而天,潜地而地,如六爻之变动也。六爻,谓前乾卦之六爻也,引而伸之,触类而长之,为六卦,为六十卦,其义一也。《还金篇》云:九转极玄机,开炉进火飞。盖谓九转功夫,自寅而起,至戌而止,乃刻中火候之秘诀。其间有抽添进退之妙,沐浴交结之奥,是故谓之极玄。修炼若不知此,则虽得真药,安能成丹?此魏公所以不敢轻泄,而姑借乾元用九之说以露其机也。自今观之,神仙之还丹,乃身中之《易》也;火候之九转,乃身中之乾也。身中之乾,无爻画之可观,无象数之可求,迎之不见其首,随之不见其后,又安有方体而得以察睹也哉?

《周易参同契发挥》卷之六

林屋山人全阳子俞琰 述

中篇第二

朔旦为☷复,阳气始通。出入无疾,立表微刚。黄钟建子,兆乃兹彰。播施柔暖,黎烝得常。

复,一阳之卦也,律应黄钟。以一日言之,为夜半子;以一月言之,为初一至初三半;以一岁言之,则斗杓建子之月是也。此时阳气始通,喻身中阳火发动之初,火气至微,要在不纵不拘、不疾不缓,使温温柔暖,播施于鼎器间也。《崇正篇》云:黄钟为子一阳兴,受气之初数未增。用火温温无煆制,每愁龙弱虎威凌。盖初爻之运,一阳始通,止可轻轻地默默举,未堪用力,故曰出入无疾。然又不可太柔,要当拨动顶门关捩,微微掣之,故曰立表微刚。须臾火力炽盛,逼出真铅,至于箕斗之乡,则河车不敢暂留停,运入昆仑峰顶也。《金丹大成集》云:复卦起潜龙,戊己微调未可攻。九二见龙,临卦主神通,从此炉中次第红。泰卦恰相逢,猛火烧乾藉巽风,炼就黄芽并白雪,奇功还返归,坤道始穷。火候之口诀尽于此矣。

☳临炉施条,开路生光。光耀渐进,日以益长。丑之大吕,结正低昂。

临,二阳之卦也,律应大吕。以一日言之,为鸡鸣丑;以一月言之,为初三半至初五;以一岁言之,则斗杓建丑之月是也。此时阳气渐进,喻身中阳火渐渐条畅,而黄道渐渐开明,故言光耀渐进,日以益长也。

仰以成☰泰,刚柔并隆。阴阳交接,小往大来。辐辏于寅,运而趋时。

泰,三阳之卦也,律应太簇。以一日言之,为平旦寅;以一月言之,为初六至初八半;以一岁言之,则斗杓建寅之月是也。此时阳气出地,喻身中三阳上升,渐渐起,渐渐仰,当急驾河车搬归鼎内,故言运而趋时也。运而趋时者,火候之运至此不可留停也。然有一日之寅,有一刻之寅。朗然子诗云：动吞津液过千口，长记存神听五更。此言一日之寅也。《金丹大成集》云：交得三阳逢泰卦，便堪进火法神功。此言一刻之寅也。一日之寅，固依天上之日辰以为期度，世固有知之者矣；若夫一刻之寅，乃身中火候之秘，古今丹书皆不敢明言。真所谓千人万人中，一人、两人知者也，玄哉玄哉！

渐历☰☱大壮，侠列卯门。榆荚堕落，还归本根。刑德相负，昼夜始分。

大壮，四阳之卦也，律应夹钟。以一日言之，为日出卯；以一月言之，为初八半至初十；以一岁言之，则斗杓建卯之月是也。此时阴佐阳气，聚物而出，喻身中阳火方半，气候停匀，故刑德相负，昼夜始分。然万物莫不当春而发生，而榆荚至是堕落，何也？盖阳中有阴也。

☱夬阴以退，阳升而前。洗濯羽翮，振索宿尘。

夬，五阳之卦也，律应姑洗。以一日言之，为食时辰；以一月言之，为十一至十三半；以一岁言之，则斗杓建辰之月是也。此时阳气既盛，逼近天际，喻身中阳火升上，故言阳升而前。而又言洗濯羽翮，振索宿尘者，盖大鹏将徙天池，则水击而上，其势当奋发也。

☰乾健盛明，广被四邻。阳终于巳，中而相干。

乾，六阳之卦也，律应中吕。以一日言之，为禺中巳；以一月言之，为十三半至十五；以一岁言之，则斗杓建巳之月是也。此时阳气盛极，周遍宇内，喻身中阳火圆满，而丹光发现，山头神漉，分为四埒，注于山下，经营一国，无不周遍，故言广被四邻。而又言阳终于巳，中而相干者，阳火数终，则阴符用事也。

☰姤始纪序，履霜最先。井底寒泉，午为蕤宾。宾服于阴，阴为主人。

姤，一阴之卦也，律应蕤宾。以一日言之，为日中午；以一月言之，为十六至十八半；以一岁言之，则斗杓建午之月是也。此时阴气方生，喻身中阴符起绪之地。灵丹既入口中，回来却入寒泉，当驯致其道，送归丹田，不可荒忙急速，故言履霜最先，井底寒泉。而又言宾服于阴，阴为主人者，盖一阴用事，则众阳为宾也。宾者，敬也，防危虑险之谓也。

☰☰ 遁世去位,收敛其精。怀德俟时,栖迟昧冥。

遁,二阴之卦也,律应林钟。以一日言之,为日昳未;以一月言之,为十八半至二十;以一岁言之,则斗杓建未之月是也。此时阴气渐长,喻身中阴符离去,午位收敛而降下,如贤者退隐僻处岩谷,故言怀德俟时,栖迟昧冥也。

☰☰ 否塞不通,萌者不生。阴信阳诎,毁伤姓名。

否,三阴之卦也,律应夷则。以一日言之,为哺时申;以一月言之,为二十一至二十三半;以一岁言之,则斗杓建申之月是也。此时阳气渐衰,喻身中阴符愈降愈下,犹三阴肃杀之时,草本黄落,故言阴伸阳屈,毁伤姓名也。

☰☰ 观其权量,察仲秋情。任蓄微稚,老枯复荣。荠麦芽蘖,因冒以生。

观,四阴之卦也,律应南吕。以一日言之,为日入酉;以一月言之,为二十三半至二十五;以一岁言之,则斗杓建酉之月是也。此时阴佐阳功,物皆缩小而成,喻身中阴符过半,降而入于丹田,如木之敛花就实,故言任蓄微稚。然万物莫不逢秋而枯老,而荠麦至此芽蘖者,何也?盖阴中有阳也。

☰☰ 剥烂肢体,消灭其形。化气既竭。亡失至神。

剥,五阴之卦也,律应亡射。以一日言之,为黄昏戌;以一月言之,为二十六至二十八半;以一岁言之,则斗杓建戌之月是也。此时阳气衰灭,枝头之果皆溃烂而坠于地,喻身中阴符将尽,而神功无所施,故言化气既竭,亡失至神也。夫火生于寅,旺于午,墓于戌。戌者,闭物之时也。一刻之火候,至此而毕事,《复命篇》谓东西动静合朝昏是也;一日之火候,亦至此而休功,吕纯阳诗云日日随他出又沉是也。区区旁门小术,但知其一,不知其二,又安能究竟于此?

道穷则反,归乎☰☰坤元。恒顺地理,承天布宣。玄幽远眇,隔阂相连。应度育种,阴阳之原。寥廓恍惚,莫知其端。先迷失轨,后为主君。

坤,六阴之卦也,律应应钟。以一日言之,为人定亥;以一月言之,为二十八半至三十;以一岁言之,则斗杓建亥之月是也。此时纯阴用事，万物至此皆归根而复命，喻身中阴符穷极，则寂然不动，反本复静，故言道穷则反，归乎坤元也。恒顺地理，承天布宣，与上篇金本从日生，朔旦受日符义同。盖天地日月一也，月受日光而日不为之亏，然月之光乃日之光也。天气降而至于地，地中生物者，皆天气也。人身法天象地，其间阴阳感合，与天地无以异也。《还元篇》云：以神归气内，丹道自然成。人能返观内照，凝神入于气穴，则神存生气凝成液。迨夫天机一动，则红莲含蕊，露珠凝碧，飞落华池滴滴，而丹田结聚作丹枢也。玄幽远眇，隔阂相连，谓亥、子之间，乃阴阳交界之时，当其六阴穷极，一阳未生，寂兮寥兮，犹如天地未判之初。神仙作丹，于此时塞兑垂帘，以神光下照于坎宫。始者幽幽冥冥，俨如寒潭之浸月；次则神与气合，隔阂潜通，犹如磁石之吸铁也。应度育种，阴阳之原，谓作丹之际，正如亥月纯坤用事之时，其时万物归根，闭塞成冬，冬虽主藏，然一岁发育之功，实胚胎于此，特闭藏无迹，人不得而见尔。而古人以此纯阴之月名为阳月者，盖小雪之日，阳气已生于六阴之下，积而至于冬至遂满，一画之阳变为复卦也。丹道亦然，当夜气之未央，但凝神聚气，端坐片时，少焉神气归根，自然无中生有，渐凝渐聚，积成一点金精。《翠虚篇》云：金精即是坤宫药，坤在西南为川源。蟾光终日照西川，即此便是药之根。盖一阳不生于复，而生于坤，坤虽至阴，然阴里生阳，实为产药之川源也。寥廓恍惚，莫知其端者，身心复命之时，神入寥廓，与太虚一体，静定之久，候至心花发现，则三宫气满，但觉恍恍惚惚，莫知其所以然也。盖恍恍惚惚，其中有物，窈窈冥冥，其中有精，乃修炼之要枢也。《玉芝书》云：此四句古今口诵者亿兆，明义理者能有几人？盖非亲造实诣，无由知也。是故状其窈冥则如临深俯幽，论其恍惚则如昼梦初觉，此乃真景象，非譬喻也。学者未曾经历，不知窈冥恍惚乃吾身之真景象，往往慨以虚文视之，惜哉。当知窈冥者，寂然不动，吾身天地未判之时也；恍惚者，感而遂通，吾身天地将判之时也。作丹之妙，莫妙乎此，岂可以虚文视之哉？《赤龙大丹诀》云：无人明恍惚，惟我识朦胧。信乎，明此者鲜有其人也。先迷失轨，后为主君者，其先昏昏默默，深入乎窈冥之中，俄顷阴极而阳生，静极而机发，则面门豁开，虚空迸裂，一段风光破寂寥，而化权归手内也。魏公此章显言产药之川源，又极论存亡有无、主客先后之秘，如此详尽，无以加矣。《还金篇》云：渺邈但捞水里月，分明只采镜中花。盖非深于道者，不能识也。

　　无平不陂，道之自然。变易更盛，消息相因。终坤始复，如循连环。帝王乘御，千秋常存。

　　无平不陂，无往不复，此乃道之自然也。丹法静极而动，动极而静，一动一静，互为其根，亦出于自然。如日月运行，一寒一暑，暑往则寒来，寒往则暑来，无非自然也。夫金丹者，身中之《易》也，《易》穷则变，变则通，盛衰相禅，消息相因，盖未有穷而不变，变而不通者也。阳始于复，阴终于坤，终始相接，首尾相衔，故曰：终坤始复，如循连环。魏公以十二辟卦论火候，又以律名、辰名铺叙，而言皆譬喻也。盖辐辏即太簇，侠列即夹钟，洗濯即姑洗，中即中吕，栖即林钟，任即南吕，伤即夷则，亡即亡射，应即应钟，振即辰，昧即未，伸即申，蓄即酉，灭即戌，阂即亥。大率皆是假借，盖不必执文泥象而强生枝节也。帝王乘御，千秋常存，谓君子终日乾乾，与时偕行，则真可以历千秋而常存也矣。

　　将欲养性，延命却期。审思后末，当虑其先。人所禀躯，体本一无。元精流布，因气托初。

　　人无愚智，同此性也，亦同此命也。君子知性之不可戕贼也，于是存而养之；知命之不可斫丧也，于是保而延之。虽不假修炼，未有不安恬令终者。况得修炼之法，盗天地，夺造化，炼魂魄而为一，合性命而双修，岂不能长生欤？夫欲求长生，须求吾未生以前，此身缘何而得，然后可以论养性延命之道，故曰：审思后末，当虑其先。盖人之生也，以父母之气交结而成形，形乃受气之本，气乃有形之根。若气不得形则无因而立，形不得气则无由而成，故曰：人所禀躯，体本一无。元精流布，因气托初。今夫神仙之修丹，以阴阳内感、神气交结，于无中生有，与男女胎孕之理实同。其十月温养功夫，真息绵绵，昼夜如一，亦与婴儿未生以前无异。《灵源大道歌》云：但看婴儿胎处时，岂解将心潜算计。专气致柔神久留，往来真息自休休。盖婴儿之在母胎也，母呼亦呼，母吸亦吸，口鼻皆闭，而以脐达。故脐者，生之根、气之蒂也。吕纯阳《玄牝歌》云：穷取生身受气初，莫怪天机都泄尽。人能穷取一念生身之处，返本还源，回光内照，采药于西南坤腹根蒂之地，而与当来受气之初相似，何用他求？奈何学者往往执文泥象，各以己见为是。其好高者，则认金丹为禅宗，遂以宗性为玄牝，以念头动处为一阳生，以扫除妄念为进火，而窃笑延命之说为髑髅下光景；其卑下者，则认金丹为御女术，遂以妇人为鼎器，以产门为生身处，以秽物为刀圭，而反讥养性之说为蒲团上枯坐功夫。一则沦于空寂，一则陷于邪僻，终身执而不悟，深可为之浩叹也。

类如鸡子，黑白相扶。纵广一寸，以为始初。四肢五脏，筋骨乃具。弥历十月，脱出其胞。骨弱可卷，肉滑若饴。

黑白者，阴阳二气也。凡人结胎之初，由父精母血、阴阳二气假合而成，浑浑沌沌，类如鸡子，百日而男女分形，然后四肢、五脏、筋骨乃具，及期而育，脱出其胞，骨弱筋柔、肌软肉滑，名曰婴儿。炼金丹者，修吾身之婴儿，亦当弥历十月。《翠虚篇》云：我昔功夫行一年，六脉已息气归根。有个婴儿在丹田，与我形貌亦如然。盖修炼圣胎，未有不用十月功夫而可以速成者也。

阴阳为度，魂魄所居。

天有黄道，为度三百六十五，其运转也，一日一周。日月行乎其间，往来上下，迭为出入，此所以分昼夜而定寒暑也。然天道密旋，本无度数，以日月经历诸辰而为行度；日月往来，本无定居，以朝暮出入之地而为所居。明乎此，然后知魏公所谓阴阳为度，魂魄所居矣。夫人身中黄道，即阴符阳火所行之处也，即日魂月魄所居之方也。有能观天之道，执天之行，识阴阳之行度，知魂魄之所居，则周天三百六十五度，循环乎一息之顷，而日月出入乎呼吸之微。呼为阳，吸为阴，与天道同一妙用，不必求之他也。

阳神日魂，阴神月魄。魂之与魄，互为室宅。

古歌云：日魂月魄若个识，识者便是真仙子。此所谓日魂月魄，非天地有形有象显然之日魂月魄，乃吾身无形无象隐然之日魂月魄也。不遇真人指授，焉能识之哉？夫日为太阳，昼以舒光，故称魂；月为太阴，夜以含景，故称魄。然日魂属阳，谓之阳神固宜；而月魄属阴，谓之阴精可也。岂可以神言？今皆谓之神者，以其变动不居，周流六虚，往来既不定，上下亦无常也。魂，东方木也；魄，西方金也。金木本来无二体，东邻即便是西家。往来东西，迭为出入，故曰互为室宅也。

性主处内，立置鄞鄂；情主营外，恒为城郭。城郭完全，人物乃安。于斯之时，情合乾坤。

性之为言静也，性主处内者，端坐虚心向内观也。立置鄞鄂者，捉得金精作命基也。情之为言动也，情主营外者，先是枢机昼夜行也。恒为城郭者，八方周匝龙行火也；城郭完全，人物乃安者，常使气冲关节透，自然精满谷神存也。于斯之时，情合乾坤者，昼夜河车不暂停，默契大造同运行也。

乾动而直，气布精流；坤静而翕，为道舍庐。

乾，天也，主乎动，畅万物而达于宇内，故云直。惟其动而直也，故使精气流动，布满三宫，而无所不至。坤，地也，主乎静，敛万物而藏于土中，故云翕。惟其静而翕也，故使精气归于元海，而为道舍庐。大抵守于乾则动，动则气布精流；守于坤则静，静则气聚精凝也。

刚施而退，柔化以滋。

乾阳下济于坤，坤柔顺而翕受之，遂生药。既经起火烹炼，则刚施而退,阴柔上行,而化作甘泉润九垓矣。

九还七返,八归六居。

六、七、八、九,即水、火、木、金也。以卦言,为坎、离、震、兑;以方言,为东、西、南、北;以宿言,为虚、房、星、昴;以象言,为龟、蛇、龙、虎;以时言,为春、夏、秋、冬;以辰言,为子、午、卯、酉。皆是物也。夫九曰还,七曰返,八曰归,同一旨意。而六独曰居者,北方坎位乃真铅所居之本乡也。真铅居于此,则九金、八木、七火三方之正气,如辐之辏毂,如水之朝宗,皆聚于此也。王保义注疏《金碧龙虎经》云：日有三照,月有三移。日月出于东而光耀于西,则西方白虎金德之正气,入于玄冥之内,化而为六戊;日月入于西而光耀于东,则东方青龙木德之正气,入于玄冥之内,化而为六己;日月居于午而光耀于北,则南方朱雀火德之正气,入于玄冥之内,就土成形,化而为黑铅,常居窈冥之内,为天地万汇之根本。王君此说与魏公之言,可谓异世而同符矣。

男白女赤,金火相拘。拘则水定,水五行初。

《翠虚篇》云：怪事教人笑几回,男儿今也会怀胎。自家精血自交结,身里夫妻是妙哉。盖金丹圣胎,以阴阳内感神气交结而成,曰男女、曰赤白,皆身中夫妇之异名也。当其阴阳内感之时,神与气交,犹金火之相拘。金火相拘而止于北方坎水之中,则神凝气聚,其水自定,水定则药物结矣,《还金篇》云水澄凝琥珀是也。水也者,大丹之根源也。天一生水,其位在北,其卦为坎,居五行之首,乃吾身药物所产之乡也。人能回光返照于此,出息微微,入息绵绵,勿令间断,则神气归根,渐渐入而渐渐柔,渐渐和而渐渐定,定之之久,则呼吸俱无,药物当自结也。

上善若水,清而无瑕。

上善若水,行其所无事,金丹大道,清静无为,亦行其所无事。马丹阳《语录》云:学道人行、住、坐、卧,不得少顷心不在道,行则措足于坦途,住则凝神于太虚,坐则匀鼻端之息,卧则抱脐下之珠,久而调息,无有间断,而终日如愚,方是端的功夫,非干造作行持也。丹阳此说岂非行其所无事耶?《悟真篇》云:谩守药炉看火候,但安神息任天然。《上清集》云:神仙伎俩无多子,只是人间一味呆。可谓行其所无事矣。夫水之为性,静定而矴之则清,动乱而泪①之则浊。金丹之妙,全是静定中来。《还源篇》云:能知药与火,定里见丹成。盖未有不定而得之者也。

道无形象,真一难图。变而分布,各自独居。

有物混成,先天地生,吾不知其名,故强字之曰道。无形可求,无象可睹,矧可得而画图哉?昔广成子之告黄帝曰:至道之精,窈窈冥冥;至道之极,昏昏默默。夫当其窈冥昏默之际,一念不生,万虑俱泯。浑浑沦沦,如太极之未分;溟溟涬涬,如两仪之未兆。惟此一物,湛兮独存,如清渊之印月;寂然不动,如止水之无波。不知孰为铅、孰为汞?夫是谓之真一。迨夫时至气化,变而分布,则轻清者腾而在上,重浊者矴而在下,于是坎宫有铅,离宫有汞,而向之所谓浑浑沦沦,溟溟涬涬者,至此分而为二,而各自独居矣。《复命篇》云:一物分为二,能知二者名。鼎炉藏日月,滴漏已三更。盖谓此也。夫金丹大药孕于先天,产于后天,其妙在乎太极将判未判之间,静已极而未至于动,阳将复而未离乎阴,于此合天地之机,识结丹之处,知下手之诀,则恍惚之中寻有物,窈冥之内吸真精,方知大道于无中生有,而真一之妙果不可以画图也。然则真一之妙,终无可以示人欤?曰:有。

---

① 泪,校本作"汩"。

○

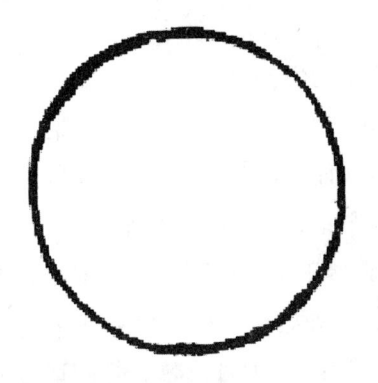

　　阳燧以取火，非日不生光。方诸非星月，安能得①水浆？二气至悬远，感化尚相通。何况近存身，切在于心胸。阴阳配日月，水火为效征。

　　《周礼·秋官》：司烜氏掌以木遂取明火于日，以鉴取明水于月。《淮南子》云：方诸见月，则津而为水。高诱注云：方诸、阴燧，大蛤也。熟摩拭令热，向月则有水生。且地之去天不知几千万里，日月悬于空中，去地亦不知几千万里，而阳燧见日则得火，方诸见月则得水，奚为感化相通，如此其速哉？何况近存身，切在于心胸，身中自有水火，心中自有药材，得不回光返照以求其感化之妙乎？乃若八月十五月明之夜，深山之兔结胎，沧海之蚌结珠，抑何为感化相通，如此其妙哉？人生天地间，为万物之灵，反不能盗天地，夺造化，曾兔、蚌之不若，学仙者亦尝于此致意否乎？大抵阴阳得类，自然感化。今魏公以阳燧取火、方诸取水为证，欲使学者潜心内观，于无中生有，其感化亦如是也。《还丹篇》云：二气才交甘雨降，两神相会玉浆流。信有之矣。夫鉴之与珠，皆光明莹洁之物，表里透彻，无纤毫痕瑕，故能拘日月之光，聚为一粟之明，虽寥廓至远，随即感应。然而定则聚，聚则有，动则散，散则无。人能虚心凝神，泰然内定，无一毫之杂想，以吾自己日月，聚光不散，久之气定时正，自有奇效。要之，至道不远，恒在目前，亦犹磁石吸铁，隔碍潜通，极为切近。但世人迷而忘返，不能求之于内尔。甯玄子诗云：殷勤好与师资论，不在他途在目前。又云：当时一句师边得，密密垂帘仔细看。

---

① 得，底本作"德"，据校本改。

可谓切近之甚矣。

耳目口三宝,固塞勿发扬。

《阴符经》云:九窍之邪,在乎三要。何谓三要?耳、目、口是也。今魏公以三要为三宝,而曰固塞勿发扬者,欲修炼之士,敛耳目之聪明,缄喉舌之真气,尽收归里,不放出外,如宝贝之珍藏也。岂不见釜甑炊米,关盖密于上,薪火然于下,外无纤毫之罅隙,内有热气之盘郁,俄顷之间,米皆烝熟为饭。今夫入室修炼,须是收视返听,闭口含津,勿使纤毫真气漏泄,然后至药滋生,大丹成熟。若使耳为声引,目为色牵,重楼浩浩而出,三者皆发扬而无余,何还丹之可求哉?

真人潜深渊,浮游守规中。

真人即元神也,深渊即太渊也,异名众多,今试举而言之,曰泥丸宫、流珠宫、玉清宫、紫清宫、翠微宫、太微宫、太一宫、太玄关、玄门、玄宫、玄室、玄谷、玄田、砂田、第一关、都关、天关、天门、天谷、天田、天心、天轮、天轴、天源、天池、天根、天堂、天宫、乾宫、乾家、交感宫、离宫、神宫、神室、神关、神京、神都、玄都、故都、故乡、故丘、故林、故宫、紫府、紫庭、紫金城、紫金鼎、朱砂鼎、汞鼎、玉鼎、玉室、玉京、玉宇、瑶峰、第一峰、最高峰、祝融峰、昆仑顶、崆峒山、蓬莱、上岛、上京、上宫、上玄、上元、上谷、上土釜、上丹田,其名虽众,其实则一也。《翠虚篇》云:天有七星地七宝,人有七窍权归脑。《太古集》云:金丹运至泥丸穴,名姓先将记玉都。是故帝一回元之道,泝流百脉,上补泥丸,脑实则神全,神全则形全也。今魏公谓真人潜深渊,浮游守规中者,随真息之往来,任真气之升降,自朝至暮,元神常栖于泥丸也。《黄庭经》云:子欲不死修昆仑。《静中吟》云:我修昆仑得真诀。《复命篇》云:会向我家家里①,栽培一亩天田。《还元篇》云:悟道显然明廓落,闲闲端坐运天关。此乃至简至易之道,但拨动计顶门关棙,而匀匀地、默默举,三宫自然升降,百骸万窍自然通达。有如万斛之舟,而惟用一寻之木;发千钧之弩,而惟用一寸之机。且是不费丝毫力,但昧者自不信尔。或存老君在泥丸

---

① 会向我家家里,精华本作"会向我家园里"。

宫中而默朝之，又画蛇添足矣。

旋曲以视览，开阖皆合同。为己之轴辖，动静不竭穷。

《皇极经世书》云：天之神栖于日，人之神发于目。大矣哉，人之神发于目也。生身处，此物先天地生；没身处，此物先天地没。水、火、木、金、土之五行攒簇于此，肝、心、脾、肺、肾之五者钟灵于此，唾、涕、精、津、气、血、液之七物结秀于此。其大也，天地可容；其小也，纤尘不纳。兹非吾一身中之大宝也欤？《内指通玄秘诀》云：含①光便是长生药，变骨成金上品仙。又云：撮聚双睛在眼前，烧成便可点金仙。如此直指示人，而学者犹或未悟，何其昧之甚耶？盖三宫升降，上下往来，无穷无已，犹车之有轮也；其运用在心，犹轮之有轴也；其钤键在目，犹轴之有辖也。《金华诗》云：仙童唯守洞门立，三岛真人长往还。其说是也。

离气内荣卫，坎乃不用聪。兑合不以谈，希言顺鸿濛。三者既关楗，缓体处空房。

离气内荣卫者，收目内视而光不露也；坎乃不用聪者，返耳内听而聪不泄也；兑合不以谈，希言顺鸿濛者，安闲心曲冷如灰，默默无言护圣胎也。三者既如此关楗，又当缓体处于空房，斯可以为修炼也。缓体者，舒徐容与，无劳尔形也；处空房者，入静室也。其中不著他物，惟设一香、一灯、一几、一榻而已。坐处不欲太明，太明则伤魂，不欲太暗，太暗则伤魄。盖魂好明，魄好暗；明属阳，暗属阴。是故《翠虚篇》谓：室宜向木对朝阳，兑有明窗对夕光。而又谓莫息明灯并百和也。且夫入静室修炼，乃一至大因缘，诚非细事。岂不见《悟真篇》云：此道至神至圣，忧君分薄难消。是岂无德行者所能妄觊也哉？然静室亦不必拘以山林，或在廛中，或居道乡，但得所托，无往不可。或疑《〈悟真篇〉记》有通邑大都，依赖有力者之语，盖以大药未成，难当寒暑，于一年之内，四季要衣，真气未完，而尚有饥渴，于一日之内三餐要食。如伍达灵之得张、程二友，张紫阳之得马、陆二公，王冲熙之得富韩公，李长源之得筠阳亲旧，于是咸底厥成。实为周天火候，须用一片功夫，不可间断，必

---

① 含，底本作"舍"，据校本改。

得同志有力者为之保护、供给、服事,俾免饥寒困苦之窃其气,乃可以专志修炼也。阴真君《金液还丹歌》云:不得地,莫妄为。《悟真篇》云:命宝不宜轻弄。得斯道之正传者,当自知之。

委志归虚无,念念以为常。

委志归虚无者,心无杂念,意不外游,而镇日玩真空也;念念以为常者,念念相续,勿令间断,而长将气度随天道也。或疑此法与禅学稍同,殊不知金丹于无中生有,养就婴儿,盖非块然面壁、槁木死灰之谓也。白紫清《语录》云:修丹口诀,第一是聚气凝神。常常握固即聚气,念念守默即凝神。学者若徒知无心无念,而不知聚气凝神,则堕于顽空,又安得胎仙之成也?

证验自推移,心专不纵横。

修炼有三分功夫,则有三分证验,有十分功夫,则有十分证验。若能勤而行之,夙夜不休,以至百日功灵,则两肾如汤煎,膀胱如火然,目有神光,耳有灵响,鼻有异香,口有甘津,此身融融液液,证验逐日推移。所贵乎心专而不可纵横者,实恐烛理未透,而于静定中似梦非梦之际,或为魔境之所摄也。《指玄三十九章》云:不可著他境物去,一心专守虎龙蟠。其说是已。丁灵阳《心性诀》云:若静中抑按功深,或是忽见仙佛鬼神、楼台光彩,一切境界,见于目前,大不得起心,生于憎爱。师父云:自己性中空廓,任他千变万化,大抵一心无动,万邪自退。但心火不生,则神气相聚,子母相守,自然水火既济,水见火而自然化为气,上腾熏蒸关窍,无所不至,自然百脉调摄,四大冲和,谨慎守之,道自相契。王栖云《盘山语录》云:修行之人,静中境界,甚有多般,皆由自己识神所化,因静而现,诱引心君。岂不闻古人云:凡所有相,皆是虚妄,心欲遣识,识神尚在,便化形像,神头鬼面,惑乱心主,若主不动,见如不见,体同虚空,无处捉摸,自然消散。《关尹子》云:人之平日,目忽见非常之物者,皆精有所结而使之然;人之病日,目忽见非常之物者,皆心有所歉而使之然。苟知吾心能于无中示有,则知吾心能于有中示无,但不信之,自然不神。或曰:厥识既昏,孰能不信?我应之曰:如捕蛇师,心不怖蛇,彼虽梦蛇而无畏怖。故黄帝曰:道无鬼神,独往独来。即此诸说观之，则知魏公所谓心专不纵横，诚为修炼者之要端也。

寝寐神相抱，觉悟候存亡。

精生有时，时至神知，百刻之中，切忌昏迷。须是行、住、坐、卧，绵绵若存，如鸡抱卵，暖气不绝，方可谓之修炼。至于真积力久，功夫纯熟，昼夜如一，更无梦觉之异，虽当寝寐之间，神亦不昧，而精生之时，神与天通，虽不待唤醒，亦自觉悟，夏云峰云：自然时节，梦里也教知是也。今魏公谓：寝寐神相抱，觉悟候存亡，欲修炼之士常惺惺也。盖金丹大药，由神气交结而成，乃是无质生质，结成圣胎，辛勤保护十月，如幼女之初怀孕，似小龙之乍养珠。盖神气始凝结，极易疏失，寝寐之际，须当与神相抱，切不可昏迷而沉于梦境。觉悟之后，惟恐火冷而丹力或迟，故必候其存亡，要在一日十二时中，无昼无夜，念兹在兹，然后功夫纯粹，而药材不至消耗，火候不至亏阙，焉可须臾离哉？

颜容寖以润，骨节益坚强。

颜容复以润，骨节益坚强者，至宝蕴于中，自然精华发于外，亦犹玉在山而木润，渊生珠而崖不枯也。

辟却众阴邪，然后立正阳。

《悟真篇》云：群阴剥尽丹成熟，跳出樊笼寿万年。夫人之一身，彻上彻下，凡属有形者，无非阴邪滓浊之物。神仙修炼之法，盖是无中生有，夺天地一点真阳结成丹头。于是昼夜运火，炼去阴气，炼之十月而胎圆，三年而功成，然后体变纯阳，化形而仙也。

修之不辍休，庶气云雨行。淫淫若春泽，液液象解冰。从头流达足，究竟复上升。往来洞无极，怫怫①被谷中。

《内指通玄秘诀》云：昼夜无休作大丹，精华透顶百神攒。盖一年处室，夜以继日，功夫不辍，自然效验显发。其和气周匝于一身，溶溶然如山云之腾太虚，霏霏然似膏雨之遍原野，淫淫然若春水之满四泽，液液然象河冰之将欲释，往来上下，百脉冲融，被于谷中，畅于四肢，拍拍满怀都是春，而其状如微醉也。《入药镜》云：先天气，后天气，得之者，

---

① 怫，四库本作"弗弗"，精华本作"拂拂"。

常似醉。《灵光集》云：颠倒循环似醉人，不忧不喜内全真。是皆丹功之灵验也。丁灵阳《回光集》云：若一念无生，则自然丹田气海之内，太阴之精度过尾闾穴、把夹脊、双关、风府、泥丸，返下明堂、鼻柱，入于华池化为甘津，咽下重楼，浇灌五脏六腑，至丹田，上下流转，充盈四大，周而复始，无不遍矣。如其朝行暮辍，用志弗专，又安能进于是哉？

反者道之验，弱者德之柄。

反者，反复也。《道德经》云：致虚极，守靖①笃，万物并作，吾以观其复。盖修丹效验，出乎虚之极，靖之笃，与天地冥合，然后元气从一阳而来复。若使虚不极，靖不笃，则为山九仞，功亏一篑，从何而得效验哉？弱者，柔弱也。《道德经》云：专气致柔，能如婴儿乎？盖修丹本柄在乎持其志，无暴其气，如婴儿之柔弱方可。若使志无所守，气无所养，则所得未锱铢，所丧已山崖，将何以为本柄哉？

芸锄宿污秽，细微得调畅。

诸虑既息，则百骸俱理；凶气消散，则道气常存。譬如农夫之务去草焉，芟夷蕴崇之，绝其本根，勿使能殖，则善者伸矣。今夫神仙之修丹，芸锄宿秽，驱遣鬼尸，安静六根，空其五蕴，于正念中清静光明，虚白晃耀，乃得五脏清凉，六腑调泰，三百六十骨节无有滞碍，八万四千毫窍皆通畅也。

浊者清之路，昏久则昭明。

《翠虚篇》云：精神冥合气归时，骨肉融和都不知。当斯之时，三田气满，恍然如在醉梦中，得不谓之昏浊乎？学者到此境界，切不可放倒，当知昏久则必明，浊久则必清。迨夫时至气化，而九天音信散胚腪，则神水湛湛华池静，白雪纷纷飞四山，七宝楼台十二层，楼前黄花深可观。分分朗朗，尽见于恍惚之间，岂终于昏浊而已哉？

---

① 靖，精华本作"静"，下同。

《周易参同契发挥》卷之七

林屋山人全阳子俞琰 述

中篇第三

世人好小术,不审道浅深。弃正从邪径,欲速阏不通。犹盲不任杖,聋者听宫商。没水捕雉兔,登山索鱼龙。植麦欲获黍,运规以求方。竭力劳精神,终年不见功。

金丹大道以积精累气而成,断不可以一蹴到也。片饷结胎,百日立基,一年入室,三年炼养,自有节次功夫,决无今日遇师,明日便能升仙之理。奈何世之学者,往往惑于道听涂说,不审道之浅深,不择师之邪正,务求速效,惟好小术。或知其一,不知其二,或得其体,不得其用,局于偏见,自以为足。甚至张皇邪说,而反谤正道,穿凿真经,以取信末学。妄以授妄,迷以传迷,如此者多矣。间有聪明之士,则又不肯屈己参访,惟钻寻故纸,以望得悟,何异盲者之不任杖哉?其愚暗之人,不通至理,强以臆说,纽合丹书,何异聋者之听宫商哉?乃若以脐内为玄关,此犹捕雉兔而入水者也;以两目为华池,此犹索鱼龙而登山者也。他如学采战以望不死,坐顽空而觊长生,岂非植麦欲获黍者乎?运规以求方者乎?是皆执迷不悟,空费心力,遂至皓首茫然,迄无成效,惜哉!

欲知服食法,至约而不烦。

《指玄三十九章》云:内里明来是至真,外边入者即非亲。谓丹在身中,不必求之外也。今魏公乃有服食之说,得非丹自外来而吞入欤?曰:非也。丹生于坎中,因火逼而出位,遍历三宫,降而入口,故曰服食也。至约而不烦者,口诀至简至易也。夫既谓之至简至易,则《参同契》不作可也,何为连编累牍,覼缕而不已耶?又尝见《悟真篇》云:大丹之法至简至易,虽愚暗小人行之,立超圣地。而又云:炼金丹者,须洞晓阴阳,深达造化,何耶?吁,有说矣,盖愚暗小人,心无忖量,易于取信,暨有所遇,则径直奉行,虽无讲明亦可。聪明之士则不然,见闻既广,疑虑常多,有一未明,必欲穷究而后已。苟不使之洞究阴阳造化之原,彼将中道生疑,一为旁门近似之说所撼,则未免投杼下机,而反谓吾道之不真矣,此所以不得不为之讲明也。然则魏公之作是书也,虽欲不郑重其辞,其可得乎?

太阳流珠,常欲去人。卒得金华,转而相因。化为白液,凝而至坚。

太阳流珠,乃灵汞也。《灵源大道歌》云:此物何曾有定位,随时变化因心意。在体感热则为汗,在鼻成风则为涕。在肾感合则为精,在眼感悲则为泪。可见其常欲去人也。金华,即真铅也,汞得真铅则转而相依,自然不飞不走,留恋于内,而化为金液,凝而至坚也。

金华先倡,有顷之间。解化为水,马齿阑干。阳乃往和,情性自然。

真铅生于坎位,先液而后凝,凝作黄芽,故有马齿阑干之喻。《翠虚篇》云:丹头只是先天气,炼作黄芽发玉英是也。夫铅,乃君也;汞,乃臣也。铅先动,汞应之,犹君倡而臣和也。铅属金,汞属木,木性爱金,金情恋木,阴阳得类,自然感合也。

迫促时阴,拘畜禁门。

迫促时阴者,时节正时须急采也;拘畜禁门者,采得归来炉里煅也。《还源篇》云:但要合天机,谁识结丹处?何谓合天机,迫促时阴是也;何谓结丹处,拘畜禁门是也。法当迫近阴极之时,迎一阳初动之机以进火,不可过之,亦不可不及,此之谓迫促时阴也。进火之际,促百脉以归源,穷九关而彻底,君火、相火、民火皆拘聚于黄宫,而煅成至宝,此之谓拘畜禁门也。《入药镜》云:天地灵,造化悭。苟非迫促时阴,拘畜禁门,安能盗其机哉?

慈母育养,孝子报恩。遂相衔咽,咀嚼相吞。严父施令,教敕子孙。

真铅之生也,孕于坤母之胞,犹慈母之育养也。迨夫飞上乾宫,擒制真汞,与真汞交结而成丹,则又复回于坤母之舍,此即孝子之报恩,慈乌之反哺也。然非炎火为之猛烹极煅,则真铅不能飞起,此严父所以施教敕之令也。《玉芝书》云:铅不得火则不飞,汞不得铅则不结。盖有细微之旨,岂可以容易言哉?

五行错王,相据以生。火性销①**金,金伐木荣。**

金生水,木生火,此常道之顺五行也。今以丹法言之,则木与火为侣,火反生木;金与水合处,水反生金。故曰:五行错王,相据以生也。火性销金者,运南方离宫之火,以炼北方水中之金也;金伐木荣者,运北方水中之金,以制南方火中之木也。

三五为一,天地至精。可以口诀,难以书传。

三者,水一、火二,合而成三也。五者,土也。三五为一者,水、火、土相与混融,化为一气也。斯时也,玄黄相杂,清浊未分,犹如天地浑沌之初,少焉,时至气化,无中生有,则窈窈冥冥生恍惚,恍恍惚惚结成团,而天地之至精孕于其中矣。屈突神和云:若明三五一,且作地行仙。其妙须是口传心授,难以尽形于毫楮也。

子当右转,午乃东旋。卯酉界隔,主客二名。

子当右转者,自西方转于子位,而虎向水中生也;午乃东旋者,自东方转于午位,而龙从火里出也。子午,即南北也;南北,即水火也;卯酉,即东西也;东西,即金木也。右转左旋,一伏一起,则水火相交,金木不间隔矣。《还元篇》云:轮回玉兔与金鸡,道在人身人自迷。满目尽知调水火,到头几个识东西。盖东西之与卯酉,皆金木之异名,即非天地方位,亦非人身左右,然又不可舍吾身而索之他也。嗟夫,近来世上人多诈,尽著布袍称道者。问他金木是何般,噤口不言如害哑。苟非遇师真指授,则徒自臆度而已,终亦莫能知也。

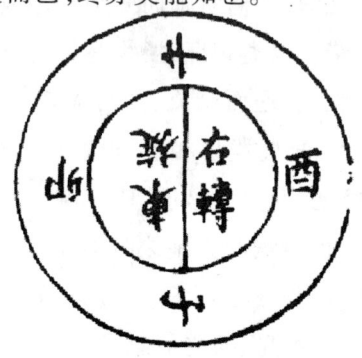

① 销,底本作"消",据校本及注文改。

龙呼于虎,虎吸龙精。两相饮食,俱相贪并。

龙,南方离龙也;虎,北方坎虎也。作丹之时,驱龙下呼于虎,虎乃吞吸龙精,一呼一吸,两相饮食,于是并合为一。《指玄三十九章》云:若解相吞归一处,神仙顷刻不劳功。其法至神圣,极容易,但恐学者不识龙虎为何物尔。

荧惑守西,太白经天,杀气所临,何有不倾?

荧惑守西者,火入金乡也;太白经天者,金过南方午位而出现也。作丹之时,运神火照入金乡,金被火逼,遂飞腾而起现于南方。《还金篇》云:沉归海底去,抱出日头来是也。金,即真铅也。杀气所临,何有不倾者,真铅飞上擒真汞,真汞自出投真铅。元阳子《大道歌》云:白虎自兹相见后,流珠那肯不相从是也。

狸犬守鼠,鸟雀畏鹯,各得其性,何敢有声?

神入气而为胎,如狸犬之守鼠;药得火而成丹,如鸟雀之畏鹯。由其物类相制,一见则自然降伏,此所以不敢作声也。

不得其理,难以妄言。竭殚家产,妻子饥贫。自古及今,好者亿人。讫不谐遇,希有能成。广求名药,与道乖殊。

《还金篇》云:不达阴阳祖,徒劳更议玄。况乎不得其理,又安可以臆见妄言哉?夫自古及今,好者亿人,广求名药,与江湖艺客往来,尽费家财,使兄弟妻子离散,乃至终身,讫不谐遇,而举世希有能成,何也?盖其入门差错,而与道乖殊,不遇明师而未烛厥理故也。

如审遭逢,睹其端绪。以类相况,揆物终始。

旁门小术,其法繁难,易遇而难成;金丹大道,其法简易,难遇而易成。如审遭逢,睹其端绪,即物类以相况,揆物理之终始,则天地之间形生气化,洪纤高下,有情无情,头头是道,皆可触类而长之也。有如鹤鸣夜半、鸡唱五更,其故何也?盖与天地之气相应也。他如寒蝉之吸风、犀牛之望星、老蚌之含月、顽石之怀玉、蝶翅之开阖、萤焰之明灭、猫睛之舒敛、鹿尾之逆运、龟之纳息、鳖之射影、风袋之鼓风、水滴之吸水、磁石之引针、琥珀之拾芥、桔槔辘轳之运水、菖蒲稻花之凝露、蛇之入蛰、鱼之在水、蜣螂之转丸、蠦蜙之咒子、鸡之抱卵、兔之怀胎、牛之有黄、龙之有珠、梅核之生仁、甜瓜之脱蒂，与夫芭蕉春风之机、梧桐秋雨之秘、碧潭之夜月、青山之暮云，无非金丹法象。张紫阳谓炼金丹者，须洞晓阴阳，深达造化，岂不信哉？

五行相克，更为父母。母含滋液，父主禀与。

丹法之要，莫大乎五行；五行之妙，无出于坎离。坎为水，金水合处，而水中有金；离为火，木火为侣，而火中有木。是为四象。加以坎纳戊土，离纳己土，是为五行。《悟真篇》云：震龙汞出自离乡，兑虎铅生在坎方。二物总因儿产母，五行全要入中央。又云：离坎若还无戊己，虽含四象不成丹。只缘彼此怀真土，遂使金丹有返还。其说明矣。丹法以火炼金，以金伐木，火盛则水沃之，水盛则土遏之，是谓五行相克。金生水，水乃金之子，而水中生金；木生火，火乃木之子，而火中生木。是谓更为父母。父犹天也，母犹地也。天气降而至于地，地受之而成生育之功，故曰：母含滋液，父主禀与。《赤龙大丹诀》云：妙在天交地，功能返与还。《翠虚篇》云：父精母血结胎成，尚似他形似我形。身内认吾真父母，方才捉得五行精。修炼之士，能以自己之天，交自己之地，以自己之五行，攒簇于其内，则相吞相啖却相亲，始觉无中有孕，而结成圣胎也。

凝精流形，金石不朽。

五行之精凝结于天地间，或为金，或为石，历千百载而不朽。人能反身而求之，以吾自己五行之精，凝结成宝，则将与天地相为无穷，金石奚足多哉？

审专不泄，得成正道。

专者，谢绝人事，一心修炼，念兹在兹，而用志不分也；不泄者，终日默默，如鸡抱卵，神若出便收来，常在腔子之内也。审如此，则功夫纯粹，药材不至销耗，火力不至间断，道乃成矣。昧者惑于下术，乃谓手按尾闾，闭其淫泆感合之秽物，谓之不泄，不思精虽不泄，神气盖已去矣。徒留其底滞挠败之物积于腰间，以成奇僻之疾，何其昧也如此？《楞严经》云：若不断淫，修禅定者如蒸沙石，欲其成饭，经百千劫，只名热沙。况此金丹大道，以性命兼修，宜如何耶？《翠虚篇》云：若欲延年救老残,断除淫欲行旁门。果将留形永住世,除非运火炼神丹。学者其审思之。

立竿见影,呼谷传响。岂不灵哉,天地至象。

立竿而影见,呼谷而响传,盖未有感而不应者也。乃若日月悬象于当天,取火则火生,取水则水至,感应如此其速,岂不至灵也哉?然天下莫不见,而莫能知也。《翠虚篇》云:日乌月兔两轮圆,根在先天采取难。月夜望中能采取,天魂地魄结灵丹。学者诚能盗天地之机于日月相望之夜,以自己日月交光于中央,则内真外应丹自来,而和他日月被烹煎矣。

若以野葛一寸,巴豆一两,入喉辄僵,不得俯仰。当此之时,虽周文揲蓍,孔子占象,扁鹊操针,巫咸扣鼓,安能令苏,复起驰走?

野葛、巴豆,草药中之至毒者也。若以野葛啗至一寸,巴豆服至一两,即时僵仆,虽周文、孔子为之揲蓍、占象,扁鹊、巫咸为之操针、扣鼓,亦不能使之复苏矣。然而今人但信毒药入口,能使人速死,而不信灵丹入口,能使人长生,是何不思之甚欤?

河上姹女,灵而最神。见火则飞,不见埃尘。鬼隐龙匿,莫知所存。将欲制之,黄芽为根。

真汞产于离,离为女,居午,以分野言之,午为三河,故称河上姹女。究其所从来,盖由虚心凝神而得之,实自心中出,是以谓之灵汞,又谓之神汞。其性猛烈,见火则飞走无踪,犹如鬼隐龙匿,莫知所存,非用黄芽为根,何以制之?黄芽,即真铅也。汞得真铅擒制交结,然后不能飞走,此所以用之为金丹之根也。

物无阴阳,违天背原。牝鸡自卵,其雏不全。夫何故乎?配合未连。三五不交,刚柔离分。

一阴一阳谓之道,偏阴偏阳谓之疾。譬之牝鸡不牡而自卵,则其无雏必矣,何者?独阳不生,独阴不成也。《悟真篇》云:莫把孤阴为有阳,独修一物转羸尪。劳形按引已非道,炼气餐霞更是狂。举世谩求金汞伏,何时得见虎龙降?劝君穷取生身处,返本还源是药王。人能回光返照,以吾自己阴阳交媾于内,则刚柔配合,三五归一,何必他求?《还源篇》云：自家燮理内阴阳。《玉芝书》云：阴阳非采他人物。《还丹篇》云：阴阳须采自家真。岂可外吾身而求之他哉？《翠虚篇》云：宁可求师安乐法，不可邪淫采精血。古云天地悉皆归，须学无为清静诀。盖金丹者，清静无为之道也，或者溺于邪僻之说，以为金丹必用妇人，惑之甚矣。

施化之道，天地自然。犹火动而炎上，水流而润下，非有师导，使其然者。资始统政，不可复改。

天地之施化，水火之炎润，此岂人力使之？乃自然而然尔。吾身自有天地，自有水火，其施化炎润，亦岂人力使之？皆不过自然而然尔。《指玄篇》云：必知会合东西路，切在冲和上下田。盖人之一身，法天象地，首即天也，腹即地也，但潜神内守，而勿忘勿助，调匀鼻息，而勿纵勿拘，自然一阖一辟、一察一受，与天地施化之道无异。若夫时至气化，机动籁鸣，则火从脐下发，水向顶中生，其妙自有不期然而然者，初不在劳神用力而后得也。是道也，乃天造地设，一定而不可易者也。魏公恐学者不明身中之阴阳上下，遂以天地之施化、水火之炎润为喻，可谓详且明矣。

观夫雌雄，交媾之时，刚柔相结，而不可解。得其节符，非有工巧，以制御之。

《全真集》云：气调神定呼交媾。《翠虚篇》云：譬如夫妇交媾时，一点精血结成婴。盖金丹之所谓交媾，乃阴阳内感，神气交结。曰雌中雄、曰夫妇，皆譬喻也。《还源篇》云：神气归根处，身心复命时。这般真孔窍，料得少人知。当其神入气中，气与神合，得其节符，真有刚柔相结而不可解之状，又岂有工巧以制御之？但见其然而然，吾亦不知其所以然而然，妙哉妙哉！

若男生而伏，女偃其躯。禀乎胞胎，受气之初。非徒生时，著而见之。及其死也，亦复效之。此非父母，教令其然。本在交媾，定制始先。

储华谷《祛疑说》云：辟气为男，阖气为女，一阖一辟，男女攸分。李玉溪注《心印经》云：男女禀受同也，但感合先后而分阴阳尔。盖阳气聚面，故男子面重，生时必伏；阴气聚背，故女子背重，生时必仰。岂独生时为然，其死也亦然。故男子溺死必伏，女子溺死必仰，走兽溺死伏仰皆然。此岂父母教其若是？盖于受气之初，一辟一阖，一先一后，已定之也。今魏公讲明清静之道，乃及于男女之伏仰，何也？曰：无他，欲学者洞明吾身之阴阳上下，而知造化自然之理而已。

坎男为月，离女为日。日以施德，月以舒光。日改月化，体不亏伤。阳失其契，阴侵其明。晦朔薄蚀，奄冒相包。阳消其形，阴凌生灾。

乾之中爻交于坤而成坎，于是坎为中男；坤之中爻交于乾而成离，于是离为中女。然则离本乾体，其中爻乃坤画，阳中有阴，故有日之象；坎本坤体，其中爻乃乾画，阴中有阳，故有月之象。《悟真篇》云：离居日位反为女，坎配蟾宫却是男。不会个中颠倒意，休将管见事高谈。此盖身中之阴阳颠倒，学者诚未可以浅见窥也。夫日以施德，夫道也；月以舒光，妇道也。今以月为坎男，则是妇为男矣；以日为离女，则是夫为女矣。此其为颠倒也。而所以日改月化，体不亏伤者，由阴阳之相资也。夫日月之食，数之交也。日望月则月食，月掩日则日食，是故日食于朔，月食于望。然而有食、有不食者，交则食，不交则不食也。今魏公举日月二者比喻丹道，而拳拳于晦朔薄蚀，其意盖有在矣。学者得不回光返照，寻吾身中之日月，求吾身中之晦朔哉？《上清集》云：因看斗柄运周天，顿悟神仙妙诀。一点真阳生坎位，点却离宫之缺。自古乾坤，这些离坎日月无休歇。今年冬至，梅花依旧凝雪。先圣此日闭关，不通来往，皆为群生设。物物总含生育意，正在子初亥末。造物无声，水中起火，妙在虚危穴。如今识破，金乌飞入蟾窟。如此直指天机，显陈道要，益足证魏公之言，昭晤乎不我欺也。

男女相须，含吐以滋。雌雄错杂，以类相求。

男女雌雄，皆吾身中阴阳二物也。二物气类相得，自然一吐一含，交结成胎。《上清集》云：自家身里有夫妻，说向时人须笑杀。是道也，学者当以清静无为求之，不可以邪见喻也。

金化为水，水性周章；火化为土，水不得行。

金生于坎宫，气而已矣，盖未化为水也。因太阳真火伏烝于其下，遂镕化为水，水性周章，沛然孰能御之？然火热既极，则又化而为土，火化为土,则土克水,水见土则止,故不得行也。

故男动外施,女静内藏。溢度过节,为女所拘。魄以钤魂,不得淫奢。

《入药镜》云:水能流,火能焰,在身中,自可验。是故调和铅汞要成丹,不可溢度过节。今夫坎男动而施于外,离女静而藏于内,一或溢度过节,则离女从而拘钤之,庶几魂魄相制,而不致乎淫奢也。

不寒不暑,进退合时。各得其和,俱吐证符。

采药时,调火功,不得疾,不得缓,但欲其和平而交媾尔。《复命篇》云:刚柔相会气均匀,妙在无伤兑震。大要以和为贵也。

丹砂木精,得金乃并。

元阳子《大道歌》云:欲识丹砂是木精,移来西位与金并。盖汞性飞走,最难降伏,惟投入于铅炉之内,与铅相合,然后不飞不走也。

金水合处,木火为侣。四者浑沌,列为龙虎。龙阳数奇,虎阴数偶。

天一生水,位居北,其象为玄武;地二生火,位居南,其象为朱雀;天三生木,位居东,其象为青龙;地四生金,位居西,其象为白虎。四者各居一方,各为一象,本不相涉也。今曰金水合处,木火为侣者,阳龙元自离宫出,阴虎还从坎位生也。夫既各为一象,则当举四象而并称之。今乃不言朱雀、玄武,而独以龙虎言之者,南北为经,东西为纬也。夫所谓金水合处者,以西四白虎之金,降入水中也;木火为侣者,以东三青龙之木,升入火中也。此所以金不在西而与水合处于北,木不在东而与火为侣于南,白虎变为黑虎,青龙化为赤龙也。盖金、水、木、火之四者,聚而为一,则浑浑沌沌,如太极之未分;列而为二,则震龙汞出自离乡,兑虎铅生在坎方。张紫阳深得其旨,遂一言以蔽之曰:四象不离二体。后之学者不知四象果为何物?或以眼、耳、鼻、舌为四象,或以肝肺为龙虎,体认既差,源流益别,又安识四象不离二体之妙哉?

肝青为父,肺白为母。心赤为女,脾黄为祖。肾黑为子,子五行始。三物一家,都归戊己。

《翠虚篇》云:肝心脾肺肾肠胆,尽是空屋旧藩篱。唾涕精津气血液,只可接助为阶梯。谓金丹乃无中生有之妙道,非有形有质之物所可为也。今魏公乃以五脏言,何也？曰:非用五脏也,特借五脏以比喻五行尔。盖肝青脾白,言金木也；心赤肾黑,言水火也。金生水,木生火,故以肝肺为父母,心肾为子女。而金木二者,又从土中生,故以脾为祖也。夫既肾为子矣,而以为五行之始,何也？曰:肾属水,水数一,一日之气起于子,生于肾,然后传及肝、心、脾、肺也。然而肝、心、脾、肺、肾之五者,不名为五脏,而名为三物,又何也？曰:金水合处,木火为侣,与中央戊己之土,合而成三也。盖四象五行全藉土,若无戊己不成丹,此其所以三物一家都归戊己也。

刚柔迭兴,更历分部。龙西虎东,建纬卯酉。刑德并会,相见欢喜。刑主杀伏,德主生起。二月榆死,魁临于卯。八月麦生,天罡据酉。子南午北,互为纲纪。

刚柔迭兴者,二气相资运转也；更历分部者,周流经历诸辰也。龙西虎东,建纬卯酉,刑德并会,相见欢喜者,象纬一动而卯酉相加,金木不间隔也。刑主杀伏者,沉归海底,如秋气肃杀,敛万物以入也；德主生起者,般上南溟,如春气发生,畅万物以出也。二月榆死,魁临于卯者,二月建卯而月将为河魁,河魁属戌,而戌中有辛,榆死于此月,由辛金之杀气临于卯也；八月麦生，天罡据酉者，八月建酉而月将为天罡，天罡属辰，而辰中有乙，麦生于此月，由乙木之生气据于酉也。子南午北，互为纲纪者，日行西陆谓之春，而二月卯时，西陆在东，北陆在南；日行东陆谓之秋，而八月酉时，东陆在西，南陆在北也。盖南北为天地之经，东西为天地之纬，鼎中魁罡一转，则龙走西而虎走东，子在南而午在北，与二、八月卯酉之造化无异。故《悟真篇》谓：兔鸡之月及其时，刑德临门药象之也。象也者，像此者也。魏公设此象以示人，其理尽自明白。奈何执文泥象者，往往只就纸上搜索，更不去身中寻思，于是迷迷相引，而无有出期。殊不知魏公所谓龙西虎东、子南午北，即吾身之天地反复也。若能晓悟吾身天地反复之妙，则东西之所以建纬，南北之所以互为纲纪，皆可默会其机矣，又何用区区向外寻也哉？

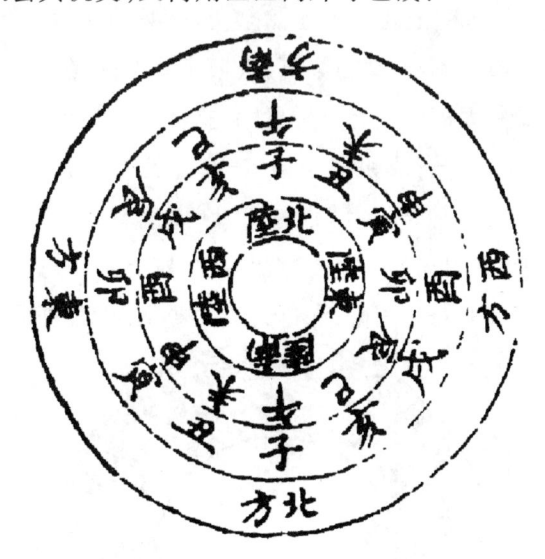

一九之数，终而复始。

一九之数，即戴九履一之数也。自一而九，自九而一，往来上下，周流不息也。

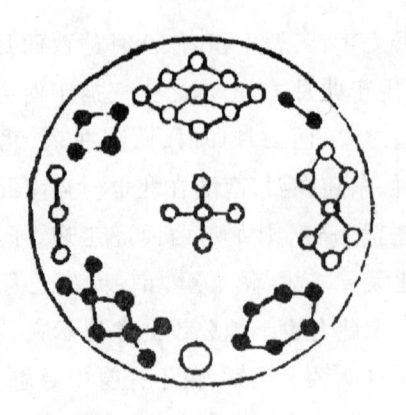

含元虚危,播精于子。

含元虚危者,日到虚危夜夜同,而元气胚胎于此也;播精于子者,子时气到尾闾关,而真精至此而生也。金丹之妙,含元于先天,播精于后天。何谓先天?寂然不动,窈窈冥冥,太极未判之时是也;何谓后天?感而遂通,恍恍惚惚,太极已判之时是也。先天惟一气尔,后天然后化为真精也。《翠虚篇》云:半斤真汞半斤铅,产在虚无太极先。须趁子时当采取,炼成金液入丹田。其说是已。盖所谓①虚危者,亥子之间,阴极阳生之时也。子时者,一阳动处是也。过此以往,则有一子母分胎路,妙在尾箕牛斗女。非洞晓吾身之阴阳,深达天地之造化,畴克知此哉?

---

① 谓,底本作"请",据校本及文义改。

关关雎鸠,在河之洲。窈窕淑女,君子好逑。雄不独处,雌不孤居。玄武龟蛇,蟠虬相扶。以明牝牡,竟当相须。假使二女共室,颜色甚姝,令苏秦通言,张仪结媒,发辩利舌,奋舒美辞,推心调谐,合为夫妻,弊发腐齿,终不相知。若药物非种,名类不同。分剂参差,失其纪纲。虽黄帝临炉,太①乙执火,八公捣炼,淮南调合,立宇崇坛,玉为阶陛,麟脯凤腊,把籍长跪,祷祝神祇,请哀诸鬼,沐浴斋戒,妄有所冀。亦犹和胶补釜,以硇涂疮,去冷加冰,除热用汤,飞龟舞蛇,愈见乖张。

金丹大道,一阴一阳而已。参之人事物理,莫不皆然。今魏公取《关雎》淑女配君子之义,以喻身中男女之相匹;又取玄武、龟蛇、蟠虬之义,以喻身中牝牡之相须。可谓广譬曲喻,纤悉不遗矣。且如兑女艮男,上下感应以相与,则谓之咸;离兑二女固②居,其志不同行,则谓之睽。以明阴阳,贵乎相得,不可以一偶③也。乃若炉火煅炼之事,亦必阴阳两齐。倪药物非其种类,分两失其纪纲,虽黄帝临炉,太乙执火,八公、淮南捣炼调合,金玉以为坛陛,麟凤以为脯腊,斋戒沐浴,把籍长跪,陈青词,拜朱章,梼④尔于上下神祇,吾见其废时乱日,劳而无功,犹如和胶泥以补破釜,以硇砂而涂恶疮,与夫去冷而加冰,除热而用汤,飞龟舞蛇,愈见乖张矣。或泥雄不独处、雌不孤居之说,谓修丹不用妇人则为寡阳,遂妄引此章,以证其邪僻之谬论,而反笑正道之迂阔,多见其不知量也。

《周易参同契发挥》卷之八

林屋山人全阳子俞琰 述

下篇第一

惟昔圣贤,怀玄抱真。

---

① 底本作"大",据校本改。
② 固,校本作"同"。
③ 偶,校本作"偏"。
④ 梼,校本作"祷"。

无视无听,抱神以静,广成子之怀玄抱真也;专气致柔,能如婴儿,老子之怀玄抱真也。乃若女娲氏炼五色石以补天,冉相氏得其环中以随成,此又列御寇、漆园史之丹法也。学者勿谓夙有仙骨,方可希求,要之,但办肯心,无不可者。圣贤何人哉?予何人哉?有为者亦若是。志道之士,诚能发勇猛心,办精进力,勤而行之,夙夜不休,则时至而气自化,水到而渠自成,又何患乎煮顽石之不烂、磨铁杵之不为针也哉?但恐学而不遇,遇而不得,虽得真诀,复不能守。朝为而夕欲其成,坐修而立望其效;升勺之利未坚,而钟石之费相寻;根荄之据未极,而冰霜之毒交攻。如是则虽有广成、老子为之师,列子、庄子为之友,亦未如之何也已矣。马丹阳《金玉集》云:炼气作生涯,怡神为日用。常教龙虎调,不使马猿弄。又云:观天行大道,默然得交泰。本师传口诀,无为功最大。盖古之修丹者,一念不生,万法俱忘,澄澄湛湛,惟道是从,于静定之中抱冲和之气,出息微微,入息绵绵,上至泥丸,下至命门,周流不已,神气无一刻之不相聚。及其内丹将成,则元气兀然自住于丹田中,与天地分一气而治。昔者黄帝闲居大庭之馆,三月内视,盖用此道也。此道至简至易,于一日十二时中,但使心长驭气,气与神合,形乃长存。与日月而周回,同天河而轮转,轮转无穷,寿命无极。《指玄篇》云:但能息息皆相顾,换尽形骸玉液流。其说是已。至若呼而不得神宰,则一息不全;吸而不得神宰,亦一息不全。要在心与息常相依,神与气常相守,念念相续,打成一片,然后形神俱妙,与道合真。《灵源大道歌》云:神是性兮气是命,神不外驰气自定。《仙药集》云:气神相见,性住命定。盖不可斯须少离也。常人则不然,气虽呼吸于内,神常萦役于外。自幼而趋壮,自壮而趋老,未尝有一息驻于形中,遂使神与气各行而不相守,卒之宅舍空虚,墙壁颓毁,而主人不能以自存,此岂天地杀之、鬼神害之哉?失道而自逝也。施栖真《钟吕传道集》云:所呼者,自己之元气从中而出;所吸者,天地之正气自外而入。若其根源牢固,元气不损,则呼吸之间,尚可夺天地之正气。苟或根源不固,精竭气弱,上则元气已泄,下则本宫无补,所吸天地之正气随呼而出,身中之元气不为己之所有,而反为天地之所夺。是故仙人多云采炼贵及时,鼎器一败,则不可救药。苏子由晚年问养生之说于郑仙姑,仙姑曰:君器败矣,难以成道。盖药材贵乎早年修炼,若至晚年行持,则老来精亏气耗,铅枯汞少,纵能用力,惟可住世安乐尔。《翠虚篇》云:分明只在片言间,老少殊途有易难。盖谓此也。或曰:吕纯阳五十岁而始闻道,马自然、刘朗然皆得道于六十四岁之后,何也?曰:屋破修容易,药枯生不难。但知归复法,金宝积如山。顾吾平日所养何如尔?

服炼九鼎,化迹隐沦。

九鼎,火候之九转也。九转火候数足,则变化踪迹,凭虚御空,而逍遥乎天地之间也。吕纯阳《窑头坯歌》云:九年火候都经过,忽尔天门顶中破。真人出现大神通,从此天仙来相贺。此之谓也。

含精养神,通德三元。

三元,上、中、下之三田也。含养之久,力到功深,则精神内藏,和气充周于一身,而百骸万窍无不贯通,自然如天河之流转。《混元宝章》云:岁久不劳施运用,火轮水轴自回环是也。夫所谓含精养神者,外不役其形骸,内不劳其心志也。盖神太用则歇,精太用则竭,日复一日,斫丧殆尽,而与草木俱腐,岂不大可哀乎?是故修丹者,虚其心,忘其形,守其一,抱其灵,故能固其精,保其气,全其神,三田精满,五脏气盈,然后谓之丹成。谭景升《化书》云:悲则雨泪,辛则雨涕,愤则结瘿,怒则结疽,心之所欲,气之所属,无所不育。邪苟为此,正必为彼。是以大人节悲辛,戒愤怒。得灏气之门,所以收其根;知元神之囊,所以韬其光;若蚌内守,若石内藏,所以为珠玉之房。诚至论也。

精溢腠理,筋骨致坚。

腠理,皮肤之间也。修炼至于精溢腠理,则血皆化为膏矣。《翠虚篇》云:如今通身是白血,已觉四季无寒热。盖修炼之功,莫大乎填脑。脑者,髓之海,脑髓满,则纯阳流溢,诸髓皆满,然后骨实筋坚,永无寒暑之忧也。

众邪辟除,正气常存。

人之所以能修炼而长生者,由其能盗天地之正气也;人之所以能盗天地之正气者,由其有呼吸也。呼至于根,吸至于蒂,是以能盗天地之正气，归之于丹田也。人之呼吸，犹天地之呼吸也。《皇极经世书》云：冬至之后为呼，夏至之后为吸，此天地一岁之呼吸也。张观物注云：冬至之后，阳长阴消，舒万物以出，故为呼；夏至之后，阴长阳消，敛万物以入，故为吸。若自日言，则子以后为呼，午以后为吸。天之一年一日，仅如人之一息。是以一元之数十二万九千六百年，在大化中为一年而已。今以丹道言之，一日有一万三千五百呼，一万三千五百吸，一呼一吸为一息，则一息之间，潜夺天运一万三千五百年之数。一年三百六十日，四百八十六万息，潜夺天运四百八十六万年之数。于是换尽秽浊之躯，变成纯阳之体，始而易气，次而易血，次而易脉，次而易肉，次而易髓，次而易筋，次而易骨，次而易发，次而易形。积九年而阅九变，然后阴尽阳纯，而与天地齐年，兹其为长生超脱之道也。今魏公谓众邪辟除，正气常存者，昼夜运火，炼尽阴气，变为纯阳，而正气常存，乃能长生也。《翠虚篇》云：透体金光骨髓香，金筋玉骨尽纯阳。炼教赤血流为白，阴气销磨身自康。盖纯阳者为仙，纯阴者为鬼，阴阳相半者为人。人能炼阳以销阴，乃可以为纯阳之仙。若有纤毫阴气煅炼未尽，则不得谓之纯阳也。

　　累积长久，化形而仙。

　　大矣哉，丹道之法天也；难矣哉，丹功之不息也。何以言之？《阴符经》云：观天之道，执天之行，尽矣。夫天之所以长且久者，以其昼夜之运也。人能观天之道，反而求之吾身，亦如天道昼夜之运，则长生久视之道，实在于此，舍此更无他道也。盖昼夜之运，即天之道也。人以藐然六尺之躯，乃能法天之道，而与天道同其运，则其为道也，岂不大矣哉？《易》曰：天行健，君子以自强不息。夫子作《象》之意，欲使知道君子象天行之健也。天之所以常行而不已者，以其健尔，健则能行之无已。君子欲其行之不息，当法乾健以自强其志，斯可矣。盖不息者，人之所难也。天道之运，昼夜而不息，人而象天道昼夜之运而不息，岂不难矣哉？然而天下之大事，必作于其细；天下之难事，必作于其易。合抱之木生于毫末，九层之台起于累土，千里之行始于足下，是故圣人图难于其易，为大于其细，亦在夫积久之功耳。《黄庭经》云：仙人道士非有神，积精累气乃成真。故自片饷结胎之后，百日而功灵，十月而胎圆，一年而小成，三年而大成，以至九年功满，人事皆尽，然后可以遗世独立，羽化而登仙。盖未有不自积累长久而得之者。若曰不必积久功夫，而可以平地登仙，则犹一锹而欲掘九仞之井，一步而欲登亿丈之城，岂有是理哉？《通玄真经》云：寸步不休，跛鳖千里；累土不止，丘山从成。临河欲鱼，不如归而织网。故夫人之学道，不患不成，惟患不勤；不患不勤，惟患无久远之心。盖久远之心，最为难也。吴宗玄《玄纲论》云：知道者千，而志道者一；志道者千，而专精者一；专精者千，而勤久者一。是以学者众，而成者寡也。若知者能立志，立志者能绝俗，绝俗者能专精，专精者能勤久，未有学而不得者也。世降俗末，去圣逾远，学者每以躁竞之心，涉希静之涂，意速而事迟，望近而应远，皆莫能相终。夫既立志不坚，信道不笃，朝为而夕改，始勤而中辍，悦于须臾，厌于持久，乃欲与天地齐年，不亦愚乎？《内观经》云：知道易，信道难；信道易，行道难；行道易，得道难；得道易，守道难。若使不难，则满市皆神仙矣，安足为异耶？吕纯阳诗云：三亩丹田无种种，种时须假赤龙耕。曾将此种教人种，不解营治道不生。兹岂道之远人哉？人自远道尔。人徒见《悟真篇》云：赫赤金丹一日成，古仙实语信堪听。若言九载三年者，尽是推延款日程。遂执此以讪笑累积长久之说，殊不究紫阳此诗，盖引用韩逍遥之语，以晓夫世之不知有一日见效之妙，而徒事三年九载之勤者尔。非曰一日便可登仙，更不用累积长久之功也。尝试论之，《上清集》云：教我行持片饷间，骨毛寒，心花结成一粒红，蕖①言即此是金丹。又云：开禧元年中秋夜，焚香跪地口相传。揭尔行持两三日，天地日月软如绵。又云：纵使功夫永见铅，不知火候也徒然。大都全藉周天火，十月圣胎方始圆。虽结丹头终耗失，要知火候始凝坚。如此，则金丹之小效，固可以片饷见之；而金丹之大功，盖不止于一日矣。抑尝以古人之说考之，如王易玄云：九转一年功，寿可同天地。又云：火运经千日，炉开见八琼。又如韩逍遥云：十月满足，丽乎二仪。又云：三年法天行

---

① 蕖，校本作"渠"。按：蕖，即芙蕖，荷花之谓。渠，即"他"之意，据白玉蟾《上清集》本诗之意，作"渠"方洽，底本作"蕖"或误。

道，永世无为金质。王、韩二公，皆唐之得道真仙也，肯妄言哉？又如吕纯阳云：千日功夫不暂闲，河车般载上昆山。又云：才得天符下玉都，三千日里积功夫。又如刘海蟾云：炉闭八关终九五，药通七返是三年。又云：九转功成千日候，已知名姓列仙都。夫洞宾之与海蟾，乃列仙中之铮铮者，肯妄言哉？不特此也，又如陈朝元云：含养胞胎须十月，焚烧丹药在三年。又云：九年还返无差错，炼取纯阳作至真。又如王良器云：大将天法烹千日，恁时除假只留真。又云：灵芝种满三丹田，千日功夫延万年。又如薛紫贤云：四象包含归戊己，精勤十月产婴孩。又云：升腾须假至三年，携养殷勤多爱恋。又如刘虚谷云：颜容可定因三住，胎息成功合一周。又云：大功欲就三千日，妙用无亏十二时。又如陈默默云：炁候篆成须百日，功夫炼就是三年。又如李长源云：勿谓丹成消一日，到头须下数年功。又如陈翠虚云：片饷功夫修便现，老成须是过三年。又云：千朝火候知时节，必定芽成汞自干。诸公之说，岂皆谬为此论，以诳惑后人者？丘长春《磻溪集》云：假使福轻魔障重，挨排功到必周全。吾党其勉诸。

忧悯后生，好道之伦。随傍风采，指画古文。著为图藉，开示后昆。露见枝条，隐藏本根。托号诸石，覆谬众文。学者得之，韫椟终身。子继父业，孙踵祖先。传世迷惑，竟无见闻。遂使宦者不仕，农夫失耘，商人弃货，志士家贫。吾甚伤之，定录此文。字约易思，事省不繁。披列其条，核实可观。分两有数，因而相循。故为乱辞，孔窍其门。智者审思；以意参焉。

《指玄三十九章》云：求仙不识真铅汞，闲读丹书千万篇。盖丹书所谓铅汞，皆比喻也，在学者触类而长之尔。殆不可执文泥象，舍吾身而求之外也。载惟古之圣贤，忧悯后世有好道之士，不得其说，遂为之随傍风采，指画古文，著为图籍，以开示之，实欲使学者有可以为溯流寻源之地也。然其著书立言，往往隐藏本根，不肯明言其事，惟托五金八石为号，以露见枝条而已。后之得其书者，不究其旨，徒尔韫椟终身，以至子子孙孙，世世迷惑，烧竭朱汞，竟无所得。遂使在官者弃官，服田者废田，商人失其本业，志士无以聊生，甚可伤也。魏公伤其如是，遂乃定录此《参同契》一书，传行于世。其间分两有数，不妄发一句；因而相循，不闲著一字；枝条一披，核实随见。可谓字约而易思，事省而不繁矣。或者见其三篇之多，疑其太赘，殊不知三篇即一篇也，一篇即一句也。以一句口诀，散布于三篇之内，所以错乱其辞，孔窍其门者，不敢成片漏泄也。智者诚能审而思之，以意参之，必当自悟焉。

法象莫大乎天地兮，玄沟数万里。

道之大，无可得而形容。若必欲形容此道，则惟有天地而已矣。天地者，法象之至大者也。有玄沟焉，自尾、箕之间至柳、星之分，界断天盘，不知其几万里也。修丹者诚能法天象地，反而求之吾身，则身中自有一壶天，方知魏公之所谓玄沟，吾身亦自有之，盖不用求之于天也。何谓玄沟？天河是也。

河鼓临星纪兮，人民皆惊骇。

河鼓，天河边之星也，其位在斗、牛之间。星纪，天盘之丑位也。河鼓临星纪，则驱回尾穴连空焰，赶入天衢直上奔。正当其斩关出路之时，一身之人民，岂不竦然惊骇？《翠虚篇》云：曲江之上金乌飞，姮娥已与斗牛欢。即河鼓临星纪之谓也。又云：山河大地发猛火，于中万象生风雷。即人民皆惊骇之谓也。

晷景妄前却兮，九年被凶咎。

晷景，即火候也；前却，即进退也；九年，即九转也。以九年麤而小之，则一月一还为一转，《翠虚篇》谓九转功夫月用九是也；更麤而小之，则一刻之中自有小九转，《金丹大成集》谓九转功夫在片时是也。晷景妄前却兮，九年被凶咎者，火候之进退，不可毫发差殊，然后九转之间，稳乘黄牝马，而可保无咎。反是，则九转之间，翻却紫河车，而凶咎随至矣。《悟真篇》云：大都全藉修持力，毫发差殊不作丹。信不可不慎也。

皇上览视之兮，王者退自后。

《太上素灵经》云：人身有三一，上一为身之天帝，中一为绛宫之丹皇，下一为黄庭之元王。夫上一天帝，即泥丸太一君也；中一丹皇，即绛宫天子也；下一元王，即丹田元阳君也。今魏公谓皇上览视之者，运神火照入坎中，以驱逐坎中之真阳也；王者退自后者，真阳因火逼而出位于坎也。于此驾动河车，则真阳飞腾而起，以点化离宫之真阴矣。

关楗有低昂兮，周天遂奔走。

天形如弹丸，昼夜运转，周匝无休。其南北两端，一高一下，乃关楗也。人身亦然，天关在上，地轴在下，若能回天关，转地轴，上下相应，则一息一周天也。

江河无枯竭兮，水流注于海。

海乃百川所归之地。江河之水所以注于海而无枯竭者，名山大川，孔窍相通，而往来相循环也。人身亦然，一气流通，则八路之水，皆逆流奔注于元海中也。

天地之雌雄兮，徘徊子与午。

午者，天之中也；子者，地之中也。子午为阴阳相交、水火相会之地，日月至此，势必徘徊。今人以太阳当天谓之停午，即徘徊之义也。以丹道言之，上升下降，一起一伏，亦徘徊于子午，盖与天地同途，初无异也。

寅申阴阳祖兮，出入终复始。

斗指寅而天下春，阳气自此而发生，畅万物以出；斗指申而天下秋，阴气自此而肃杀，敛万物以入。则知寅申者，阴阳之祖，万物出入之门也。以丹道言之，自寅而出，自申而入，周而复始，与天地岂有异哉？

循斗而招摇兮，执衡定元纪。

《史记·天官书》云：北斗七星，杓携龙角，衡殷南斗，魁枕参首。用昏建者杓，夜半建者衡，平旦建者魁。又云：斗为帝车，运于中央，临制四乡。分阴阳，建四时，均五行，移节度，定诸纪，皆系乎斗。《索隐》曰：《春秋运斗极》云：斗，第一天枢，第二璇，第三玑，第四权，第五衡，第六闿阳，第七瑶光。一至四为魁，五至七为杓。今魏公谓循斗而招摇兮，执衡定元纪者，吾身之天罡所指，起于子而周历十二辰也。夫斗居天之中，犹心居人身之中。是故天以斗为机，人以心为机，丹法以心运火候，犹天以斗运十二辰也。《翠虚篇》云：夺取天机妙，夜半看辰杓。一些珠露，阿谁运到稻花头？盖谓此也。

升熬于甑山兮,炎火张于下。白虎唱导前兮,苍龙和于后。

甑山,即昆仑山也。药升之时,金炉火炽,玉鼎汤煎,虎先啸,龙后吟,犹夫倡而妇随也。《金丹大成集》云:夜深龙吟虎啸时,急驾河车无暂歇。须臾般入泥丸顶,进火玉炉烹似雪。盖发明此义也。

朱雀翱翔戏兮,飞扬色五彩。遭遇罗网施兮,压止不得举。嗷嗷声甚悲兮,婴儿之慕母。颠倒就汤镬兮,摧折伤毛羽。

朱雀,火也。颠倒运于鼎中,驱迹五行,因成五彩,翱翔于上,为罗网所罩,则风云满鼎鸣,作婴儿之声也。既被网罗压止而不得飞举,遂敛身束羽伏于鼎中也。《赤龙大丹诀》云:朱鸟爱高飞,蟾蜍捉住伊。号虽称姹女,啼不过婴儿。赫赫威从盛,冥冥力渐衰。即此说也。元阳子《大道歌》云:青龙逐虎虎随龙,赤禽交会声喁喁。调气运火逐离宫,丹砂入腹身自冲。亦此义也。

刻漏未过半兮,龙鳞甲鬣起。五色象炫耀兮,变化无常主。漓漓鼎沸驰兮,暴涌不休止。接连重迭累兮,犬牙相错拒。形如仲冬冰兮,阑干吐钟乳。崔嵬以杂厕兮,交积相支拄。

刻漏未过半兮,龙鳞甲鬣起者,采之炼之未片饷,一气眇眇通三关,而黄云成阵,白羊成队,金钱、金花、金鳞纷纷而来也;五色象炫耀兮,变化无常主者,风摇宝树光盈目,雨打琼花雪满衣,而彤霞、紫雾变现不一也;漓漓鼎沸驰兮,暴涌不休止者,丹田火炽,泥丸风生,而三宫气满,有如饭甑烝透之时,热汤沸涌于釜中也。接连重迭累兮,犬牙相错拒,形如仲冬冰兮,阑干吐钟乳,崔嵬以杂厕兮,交积相支拄者,一抽一添,渐凝渐聚,浇灌黄芽出土,而自然结蕊复生英也。《翠虚篇》云:辛苦都来只十月,渐渐采取渐凝结。学者诚能潜心内炼,昼夜无倦,则丹体逐时时不定,火功一夜夜无差。如上景象,当一一自见之也。

阴阳得其配兮,淡泊自相守。

《悟真篇》云:阴阳同类归交感,二八相当自合亲。盖真息绵绵,勿令间断,则阴阳自得其配;虚心凝神,纯一不杂,则阴阳自然相守也。

青龙处房六兮,春华震东卯。白虎在昴①七兮,秋芒兑西酉。朱雀在张二兮,正阳离南午。三者俱来朝兮,家属为亲侣。本之但二物兮,末乃为三五。三五并危一兮,都集归一所。治之如上科兮,日数亦取甫。

周天二十八宿,东方七宿谓之苍龙,西方七宿谓之白虎。周天十二次,东方三次,中间一次曰大火;西方三次,中间一次曰大梁。大火居东方三次之中,在辰属卯,在卦属震,在四时属春,在五行属木,而房六②度又居大火之中,故曰:青龙处房六兮,春华震东卯也。大梁居西方三次之中,在辰属酉,在卦属兑,在四时属秋,在五行属金,而昴七度又居大梁之中,故曰:白虎在昴七兮,秋芒兑西酉也。朱雀在张二兮,正阳离南午者,张乃南方之宿,其象为朱雀也。然张有十八度,而特言其二者,盖以周天三百六十五度,自北方虚、危之间,平分天盘为两段,而危初度正与南方张二度相对也。三者俱来朝兮,家属为亲侣者,青龙、白虎、朱雀三方之正气,皆归于玄武之位,而房六、昴七应水火之成数,张二、危一又应水、火之生数,犹家属之相亲也。本之但二物兮,末乃为三五,三五并危一兮,都集归一所者,推原其本,即是水火二物而已。二物运于鼎中,遂列为三五。三五即房六、昴七、张二也。三家相见,并而归于危一,则结成婴儿也。治之如上科兮,日数亦取甫者,修炼大丹,当依上法度而行,迎一阳之候以进火,而妙用始于虚危也。

---

① 昴,底本作"昂",据注文及校本改。
② 六,底本、四库本、精华本均作"五",此处据集解本及文义改。

《周易参同契发挥》卷之九

林屋山人全阳子俞琰 述

下篇第二

先白而后黄兮，赤色通表里。名曰第一鼎兮，食如大黍米。

先白而后黄者，初如玉液飞空雪，渐见流金满故庐也；赤色通表里者，灵光神焰烧天地，风雷云雾盈山川也。名曰第一鼎者，以九转火候言之，此为起初第一转也；食如大黍米者，丹头才方结就，仅如黍米之大也。

自然之所为兮，非有邪伪道。

金丹大道，古仙往往以为自然。夫既曰自然，则有何法度，有何口诀？但付之自然，足矣，又安用师授为哉？曰：非然也。大丹之法，至简至易，其神机妙用，不假作为，不因思想，是故谓之自然。然必收视返听，潜神于内，一呼一吸，悠悠绵绵，不疾不缓，勿令间断，然后神归气中，气与神合，交结成胎，盖非一味付之自然也。《金碧龙虎经》云：自然之要，先存后亡。夫先存后亡者，先存神入于气穴，而后与之相忘也。如是为之，则神自凝，气自聚，息自定，即非澄心入寂，如槁木死灰也。盖澄心入寂，如槁木死灰，以之入道则可，以之修真则未也。《指玄篇》云：自然功绩自然偏，说自然来不自然。盖谓此也。乃若时至而气化，机动而籁鸣，则于自然之中，又有烹炼进火之诀存焉。《悟真篇》云：始于有作人争觉，及至无为众所知。但见无为为要妙，岂知有作是根基？学者苟未知丹法之有作，而便求无为自然，是何异于不耕不耘，而坐待丰稔者哉？

若山泽气烝兮，兴云而为雨。

天降时雨，山川出云，人皆知其然矣。而不知在天之雨，即山川之气所化，盖山泽之气烝而上升于天，于是化而为云，由其阴阳和洽，所以成雨，及其成雨，则又还降于地。吾身之金丹作用，与此更无少异。魏公设此象以示后学，可谓巧于譬喻矣。

泥竭遂成尘兮，火灭化为土。

泥乃近水之土，性本重滞而居下，及曝而干之，则土性竭而燥裂，化为埃尘矣；火乃虚明之物，因丽于木而有烟焰，及烟消焰冷，则火性灭而煨烬，化为灰土矣。知乎此，然后可以论阴阳反复之道。

若檗染为黄兮，似蓝成绿组。皮革煮为胶兮，曲糵化为酒。同类易施功兮，非种难为巧。

《悟真篇》云：万般非类徒劳力，争似真铅合圣机。盖真汞得真铅，则气类相感，妙合而凝，犹夫妇之得耦，故谓之同类。类同则如檗之染黄、蓝之染绿、皮以为胶、曲以为酒，不劳于力，自然成真。若舍此而别求他物，则非其种类，徒费功夫尔。

惟斯之妙术兮，审谛不诳语。传于亿世后兮，昭然自可考。焕若星经汉兮，昺如水宗海。

世间旁门小术，何啻三千六百家，惟此一门，乃天宝大罗飞仙金液九转大还丹、清静无为之妙术，其法至简至易，虽愚夫愚妇得而行之，亦可以超凡入圣。是以天戒至重，不许轻授于非其人，而世之参学者，不有夙缘契合，未易遭遇也。今夫魏公不秘天宝，作此三篇之书，言言详审，字字谛当，焕若星之经汉，昺如水之宗海，真亿代学仙者之龟鉴也。《指玄篇》云：多少经文句句真，流传只是接高人。《悟解篇》云：非干大道神仙惜，自是凡流不志心。或者乃信盲师之说，而妄谓神仙诳语，神仙肯诳语耶？夫古仙留丹书于世，盖将接引后学，其间论议昭然可考。夫遇者固可于此探讨，既悟者亦可于此印证，古之得道者莫不皆然。刘海蟾谓：恣进洞府，遍讨仙经。幸不违盟，果谐斯愿。杨虚白谓：名山异境，历斗而靡不经游；秘诀神方渊奥，而素曾耽玩。陈默默谓：历览群书，参叩高士，足迹几类云水。反而思之，所得尽合圣诠。盖未有自执己见而不访道友，独守师说而不读丹书者也。善乎施栖真之说曰：古人上士，始也博览丹书，次以遍参道友。以道对言，所参无异论；以人念道，所师无狂徒。后之学者，岂可谓口诀不在纸上，而竟不留念哉？若曰：我自有师传密旨，其言药物火候，乃古今丹书之所无，而《参同契》

之所不言。则亦妄人也已矣。

　　思之务令熟兮,反覆视上下。千周灿彬彬兮,万遍将可睹。神明或告人兮,心灵忽自悟。探端索其绪兮,必得其门户。

　　读书百遍,其义自见。百遍且然,况千遍万遍哉?是故诵之万遍,妙理自明,纵未得师授口诀,久之亦当自悟。其悟多在夜深,或静坐得之。盖精思熟味,反覆玩诵,蓄积者多,忽然爆开,便自然通。此之谓神明或告人兮,心灵忽自悟也。管子曰:思之思之,又重思之,思之不通,鬼神将通之。非鬼神之力也,精诚之极也。此说是已。近世张紫阳以《悟真篇》授扶风马处厚侍郎,且嘱之曰:愿公流布此书,当有因书而会意者。故其自序有云:此《悟真篇》中所歌咏大丹药物火候细微之旨,无不备悉。倘好事者夙有仙骨,睹之则智虑自明,可以寻文悟解。其谆谆勉后学之辞,与魏公同一意向。盖所谓神告心悟,毕竟有此理也。不然,二公何苦立此空言,以厚诬天下后世也哉?

　　天道无适莫兮,常传与贤者。

　　谭景升以《化书》授宋齐丘,齐丘杀景升,并窃其书自名之,寻亦不得善终,此传非其人,而彼此致祸者也;吴世云以道授许旌阳,旌阳又得谌母之至道,复授于吴,厥后皆得道成,此传得其人,而彼此致福者也。盖天道无亲,常与善人。苟非其人,道不虚行。岂得无祸福于传授贤否之间乎?呜呼,世道不古,愈降愈下,善人吾不得而见之矣,得见有恒者,斯可矣。

鼎器歌

　　圆三五,径一分。

　　圆三径一,此吾身中之宝鼎也。三才位其中,五行运其中,铅、汞、土居其中。《阴符经》谓:爰有奇[①]器,是生万象。即此物也。金丹种种玄妙,皆不出乎此。若曰不在吾身,而在他人,则非清静之道矣。

―――――――――――

①　奇,底本、四库本作"其",据集解本、精华本及《阴符经》改。

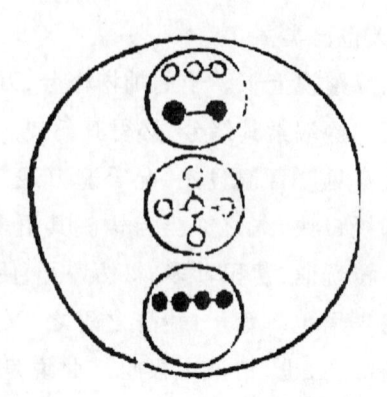

口四八，两寸唇。

口四八者，四象八卦皆在其中也；两寸唇者，具两仪上下之界分也。

长尺二，厚薄匀。

鼎长一尺二寸，以应一年十二月周天火候。鼎身腹令上、中、下等均匀，不可使之一偏也。

腹齐正，坐垂温。

坐之时，以眼对鼻，以鼻对脐，身要平正，不可欹侧。开[①]眼须要半垂帘，不可全闭，全闭则黑山鬼窟也；气从鼻里通关窍，不可息粗，息粗则火炽，火炽则药飞矣。

阴在上，阳下奔。

阴上阳下，水火既济也。《还源篇》云：娑竭海中火，昆仑山上波。谁能知运用，大意要黄婆。向微黄婆运用之功，则水曰润下，火曰炎上，何由既济哉？

首尾武，中间文。

首尾，晦朔也；中间，月望也。晦朔乃阴极阳生之时，故用武火；月望乃阳极阴生之时，故用文火。然所谓晦朔、月望，亦譬喻耳。却不可只就纸上推究也。

---

① 开，集解本无此字。

始七十,终三旬。二百六,善调匀。

三旬,即三十也。七十、三十与二百六十合之,则三百六十,应一年周天数也。修炼而至于百日数足,则圣胎方灵。圣胎既灵,此后二百六十四日,善能调匀气候,常使暖气不绝,则丹功自成。《翠虚篇》云:温养切须常固济,巽风常向坎中吹。行坐寝食总如如,惟恐火冷丹力迟。他无艰辛也。

阴火白,黄芽铅。

自子至巳为阳火之候,自午至亥为阴火之候。酉居西方,西方属金,故曰阴火白,《悟真篇》云:蟾光终日照西川是也。土中产铅,铅中产银,银自铅中炼出,结成黄芽,名为真铅,《金碧龙虎上经》云:炼铅以求黄色是也。

两七聚,辅翼人。

两七,东方苍龙七宿、西方白虎七宿也;人,中央人位也。两七聚,辅翼人者,龙蟠虎媾,会聚于中央也。若然,则南海之儵、北海之忽,相遇于浑沌之地矣,此所以烹而成丹也。《悟真篇》云:三家相见结婴儿。又曰:五行全要入中央。其斯之谓欤。

赡理脑,定升玄。

脑为上田,乃元神所居之宫。人能握元神,栖于本宫,则真气自升,真息自定,所谓一窍开而百窍齐开,大关通而百关尽通也。作丹之时,脱胎而入口;功成之后,脱胎而出壳。皆不外此。《静中吟》云:我修昆仑得真诀,每日修之无断绝。一朝功满人不知,四面皆成夜光阙。兹盖修持日久,功夫赡足,非一朝一夕之故也。

子处中,得安存。

婴儿处于胎中,得坤母殷勤育养,则得以安存矣。

来去游,不出门。

门者,玄牝之门也;来去游者,呼吸之往来也。往来不出乎玄牝之门,则阴阳气足,自通神也。

渐成大,情性纯。

行、住、坐、卧,绵绵若存,则日复一日,渐凝渐聚。胎气既凝,婴儿显相,而情性愈纯熟也。

却归一,还本元。

大丹之道,抱元守一而已。其始入也,在乎阴阳五行;其终到也,在乎混沌无极。此之谓归一还元也。

善爱敬,如君臣。

一年处室,夙夜匪懈,爱之敬之,如臣子之事上也。

至一周,甚辛勤。

《还金篇》云:快活百千劫,辛勤一二年。自古盖未有不辛勤入室一年,而能平地登仙者也。《灵源大道歌》云:他年功满乃逍遥,初时修炼须勤苦。勤苦之中又不勤,闲闲只要养元神。其说有味哉,有味哉!

密防护,莫迷昏。

《翠虚篇》云:昼运灵旗夜火芝,抽添运用切防危。若无同志相规觉,时恐炉中火候非。盖道高一寸,魔高一尺,百刻之中,切忌昏迷,在修炼之士常惺惺耳。

途路远,极幽玄。若达此,会乾坤。

运用于玄牝之间,一日行八万四千里之路,岂不途路远耶?其大无外,其小无内,迎之不见其首,随之不见其后,岂不极幽玄耶?人能达此,则可以驱驰造化,颠倒阴阳,会吾身之乾坤矣。

刀圭霑,静魄魂。

刀圭,丹头也;魂魄,龙虎也。运入昆仑峰顶,而化为玉浆流入口,则风恬浪静,虎伏龙降也。

得长生,居仙村。

丹成之后,散诞无拘系,翛然道转高,不问山林之与朝市,皆可以栖隐。今魏公不曰在市居朝,而曰居仙村者,毕竟山林是静缘也。

乐道者,寻其根。

根者,天地之根也,金丹之基也。《翠虚篇》云:一才识破丹基处,放去收来总是伊。似非至人指授,莫有识之者。乐道之士,有能寻而得此,抑何其幸耶。

审五行,定铢分。

五行顺则生人,逆为丹用,法度不可不审也。火数盛则燥,水铢多则滥,斤两不可不定也。

谛思之,不须论。深藏守,莫传文。

《悟真篇》云:近来透体金光现,不与凡人话此规。静而思之,此道乃千圣所秘,得之者但藏之肺膺[1],自受用足矣。何乃轻泄慢漏,孜孜焉语人哉？虽然,自为计则得矣,其如天下后世何？此《参同契》所以作也。

御白鹤兮驾龙鳞,游太虚兮谒仙君,受图箓兮号真人。

胎圆功成之后,须当调神出壳,或跨白鹤,或乘火龙,超度三界难,径上元始天。自此逍遥快乐,与天齐年,号曰真人。虽然凡所有相,皆是虚妄,何白鹤、龙鳞之有哉？若言他是佛,自己却成魔,又奚仙君之有哉？当知白鹤、龙鳞,皆自我神通变化,而仙君亦是自己三清,何劳上望？或者不达此理,乃昼夜妄想,以待天诏,至有为黑虎所衔、巨蟒所吞者,岂不痛哉？宋人凿井,而得一人之力,相传以为人自土中出;许旌阳举家成道后,人以为拔瓦屋入于云中。甚矣,世之好谲怪也。然此可为

---

[1] 肺膺,四库本作"胸膺",集解本作"肺腑"。

智者道，难与俗人言。其维哲人告之话言，顺德之行，其维愚人覆谓我僭，吾安得夫圆机之士而与之极论哉吁？

序

《参同契》者，敷陈梗概。不能纯一，泛滥而说。纤微未备，阔略仿佛。今更撰录，补塞遗脱。润色幽深，钩援相逮。旨意等齐，所趣不悖。故复作此，命《三相类》，则大易之情性尽矣。

参，三也；同，相也；契，类也。谓此书借大易以言黄老之学，而又与炉火之事相类，三者之阴阳造化，殆无异也。魏公悯后学之不悟，于是作此一书，以敷陈大道之梗概。然恐漏泄玄机，遂不敢成片敷露，未免傍引曲喻，泛滥而说。又恐阔略仿佛，不能备悉纤微，复述《鼎器歌》于后。凡篇中文辞之遗脱者，皆于此《歌》补塞之；义理之幽深者，皆于此《歌》润色之。使三篇之言，钩援相逮，旨意等齐，庶几后之览者，便得径路，不悖其所趣也。《翠虚篇》云：道要无中养就儿，个中别有真端的。都缘简易妙天机，散在丹书不肯泄。今夫魏公之所以敷陈不已，至于再，至于三，其意不过亦如此。不然，则大丹之要，一言半句足矣，又安用觑缕为哉？

大易情性，各如其度。黄老用究，较而可御。炉火之事，真有所据。三道由一，俱出径路。

道无不在，头头俱是。三圣如其度以作《易》，黄老究其妙以作丹，炉火盗其机而为烧炼之术。或著于言，或修于身，或寓于物，此皆仰观俯察，明阴阳配合之法，远取近用，得造化变通之理，于是有此三道，三道殊涂而同归，此其所以为《三相类》。

枝茎华叶，果实垂布。正在根株，不失其素。诚心所言，审而不误。

道者，万物之本，犹木之根株也。发而为枝茎，于是有三圣之《易》；散而为华叶，于是有炉火之术。至于结为果实，而返本还源，此黄老之所以不失其素，而修炼金液内丹，养成圣胎也。魏公以此三者互相类之道，鼎立而言，岂故好为此郑重，实欲使学者洞晓阴阳，深达造化也。其言出于诚心，厥亦审而不误矣。

邻国鄙夫,幽谷朽生。挟怀朴素,不乐权荣。栖迟僻陋,忽略利名。执守恬淡,希时安平。宴然闲居,乃撰斯文。

魏公生于东汉,名伯阳,号云牙子,会稽上虞人也。今言邻国者,隐其辞也。本高门之子,世袭簪裾,惟公不仕,修真潜默,养志虚无,博赡文词,通诸纬候,恬然守素,惟道是从,每视轩裳为糠粃焉。不知师授谁氏,而得大丹之诀,乃约《周易》,撰此《参同契》三篇。又恐言之未尽,复作《鼎器歌》,以补塞三篇之遗脱,润色三篇之幽深。密示青州徐景休从事,徐乃隐名而注之。至桓帝时,复以授同郡淳于叔通,遂行于世。嗟夫,是书阐明道要,发露天机,其体认真切如此,其讲贯该博如此,兹盖非苟知之,亦允蹈之者也。而魏公犹以鄙夫、朽生自处,至人之谦晦盖如此。

歌叙大易,三圣遗言。察其所趣,一统共伦。务在顺理,宣耀精神。神化流通,四海和平。表以为历,万世可循。序以御政,行之不繁。引内养性,黄光①自然。含德之厚,归根返元。返在我心,不离己身。抱一无舍,可以长存。配以服食,雄雌设陈。挺除武都,八石弃捐。审用成物,世俗所珍。罗列三条,枝茎相连。同出异名,皆由一门。

伏羲画八卦,因而重之。文王设卦观象,系辞焉以明吉凶。孔子又赞之以《十翼》,盖将顺性命之理,而弥纶天地之道也。是故表以为历,则坦然可循,是为万世法;序以御政,则行之不繁,足为百王之轨范。易道可谓大矣。黄帝观天之道,而执天之行;老子含德之厚,而比于赤子。《阴符》三百余字,《道德》五千余言,反复议论,无非发明造化自然之妙。是故世之修丹者,必以黄老为宗,黄老可谓至矣。乃若服食之法,得其阴阳配合之妙,以制伏铅汞,则二黄之类,先可扫除,其余众石,亦皆可弃。审其用而煅炼之,或为黄,或为白,则成物于天地间,岂不为世俗所珍?炉火可谓奇异矣。大易也,黄老也,炉火也,三条罗列,枝茎相连,同出异名,皆由一门,此之谓《三相类》。

非徒累句,谐偶斯文。始有其真,砾硌可观。使予敷伪,却被赘愆。

---

① 黄光,精华本作"黄老",四库本亦作"黄光"。

命《参同契》，微览其端。辞寡意大，后嗣宜遵。

魏公作《鼎器歌》，以继于三篇之后，其文字砾砾硌硌，粲然可观，岂徒抽黄对白、谐耦斯文，以为观美哉？殆有至真之理存乎其间也。若谓以妄伪之说诳惑后人，则稍知道者所不肯为，曾谓魏公为之乎？又况天鉴昭昭，祸福不远，何苦以伪言误天下后世，而自取欺天之罪哉？盖《鼎器歌》之作，所以补塞三篇之遗脱，润色三篇之幽深也。其辞虽三字为句，似乎简短，其意则广大兼该，靡所不备，真所谓坦然明白，可举而行者也。后学不于此而取信，将奚之焉？

委时去害，依托丘山。循游寥廓，与鬼为邻。化形为仙，沦寂无声。百世一下，遨游人间。敷陈羽翮，东西南倾。汤遭阨际，水旱隔并。柯叶萎黄，失其华荣。各相乘负，安稳长生。

此乃魏伯阳三字隐语也。委与鬼相乘负，魏字也；百之一下为白，白与人相乘负，伯字也；汤遭旱而无水为易，阨之厄际为阝字，阝与易相乘负，阳字也。魏公用意可谓密矣。元丰间，吕吉甫守单州，吕洞宾至天庆观，索笔书二诗，其一云：野人本是天台客，石桥南畔有住宅。父子生来只两口，多好歌而不好拍。时吕守之壻余中释之曰：天台客，宾也；石桥，洞也；两口，吕也。歌而不拍，乃吟诗也。吟此诗者，其吕洞宾乎？是知古仙立言于世，惟务发明斯道，以接引后人，初不欲彰己之名也。

讃　序

《参同契》者，辞陋而道大，言微而旨深。列五帝以建业，配三皇而立政。若君臣差殊，上下无准；序以为政，不至太平；服食其法，未能长生；学以养性，又不延年。至于剖析阴阳，合其铢两，日月弦望，八卦成象，男女施化，刚柔动静，米盐分判，以易为证，用意健矣。故为立注，以传后贤。惟晓大象，必得长生，强己益身。为此道者，重加意焉。

此篇以《讃序》名，乃后人讃序魏公此书之辞。又曰：故为立注，以传后贤。其非魏公本文，也审矣。朱晦庵云：或云后序，或云魏君讃，详其文意，乃是注之后序。彭序云，魏君密示青州徐从事，令笺注，徐隐名而注之。至桓帝时，复传授于同郡淳于叔通，因得行于世。恐此是徐君语也。其注则不复存矣。彭真一云：按诸道书，或以《真契》三篇是魏公与徐从事、淳于叔通三人各述一篇。斯言甚误。且公于此再述云：今更撰录，补塞遗脱。则公一人所撰明矣。况唐蜀真人刘知古者，因述《日月玄枢论》，进于玄宗，亦备言之。则从事笺注、淳于传授之说更复奚疑。愚尝细绎是说，窃叹世代寥远，无从审定，是耶非耶，皆不可知。忽一夕于静定中，若有附耳者云：魏伯阳作《参同契》，徐从事笺注，简编错乱，故有四言、五言、散文之不同。既而惊悟，寻省其说，盖上篇有乾、坤、坎、离、屯、蒙，中篇复有乾、坤、坎、离、屯、蒙；上篇有七、八、九、六，中篇复有七、八、九、六。上篇曰日辰为期度，中篇则曰谨候日辰；上篇曰震受庚西方，中篇则曰昴毕之上，震出为征。其间言戊己与浑沌者三，言三五与晦朔者四，文义重复如此。窃意三人各述一篇之说，未必不然。而经、注相杂，则又不知孰为经，孰为注也。愚欲以四言、五言、散文各从其类，分而为三，庶经、注不相混淆，以便后学参究。然书既成，不复改作，姑诵所闻于卷末，以俟后之明者。

周易参同契释疑

林屋山人全阳子俞琰述

《周易参同契释疑》序

　　世传《周易参同契》上、中、下三篇，合而观之，其辞错乱，本不可以分章也。彭真一因为解注，遂并魏公《后序》，分为九十章，以应火候之九转；外余《鼎器歌》一篇，以应真铅之得一。前辈谓此书词韵皆古，奥雅难通，读者浅闻，妄辄更改，故比他书尤多舛误。彭公为之分章解义，诚可谓佐佑真经矣。然承误注释，或取断章，大义虽明，而古文阙裂。如易统天心，可不慎乎之类，皆合与下文连属，而彭本乃截为上章，不成文理。意者彭义亦为近世浅学妄更，所以若是。兼又有错简，如象彼仲冬节一章，不当在审而不误之下；类如鸡子一章，不当在各自独居之下。陈抱一尝以象彼仲冬节一章，移于子当右转之前，亦未为得。郑虚一所校，自谓详备，而亦有错处，如中而相干，金水合处，与鬼为邻之类，盖不当改，而郑乃改中为午，水为木，鬼为仙，去本义远矣。然晦爽定为昧爽、鼓下定为鼓铸、粉提定为服之，厥亦当理。愚尝合诸本参订之，虽皆出于先正数君子雠校，而其间更有大段舛误，如三五并危一兮，都集归一所，盖谓房六、张二、昴七三方之气，并在北方危一，都会集而归于一处也。旧本乃以危一作为一，归一作归二，非惟失魏公本旨，于理亦自不通。此无他，盖因危一讹作为一，遂疑其重复而误改之耳。至若补塞遗脱等语，即魏公自序也。所谓补塞遗脱，乃指《鼎器歌》也。魏公恐篇中所述尚有遗脱，故复作此以补塞之，如首尾武，中间文、赡理脑，定升玄之说，篇中皆不曾显言，而此《歌》遂陈之也。尝详其序中[①]数句，以姓名隐括于其间，首初一句，又拈出参同契者四字，盖此章为魏公自

---

① "序中"二字，底本无，据精华本补入。

序明矣。按彭公注本,此序置在《鼎器歌》后,彭公以《鼎器歌》辞理勾连,字句零碎,分章不得,遂移此序附于三篇之末,分为九十章,以应阳九之数,退《鼎器歌》独存于后,以应水一之数,此倒置之失,实自彭公始也。五相类即非五相类,乃三相类也。三相类者,大易、黄老、炉火三者之阴阳造化互相似也。所谓三道由一,俱出径路。又曰:罗列三条,枝茎相连,同出异名,皆由一门是也。外有《讃序》一篇,或云后序,或云魏公讃,后人莫知所从,遂总名之曰《讃序》。晦庵朱子详其文意,以为注之《后序》,注亡而序存耳。近世注释者,皆祖朱子此说,因而削去不录。然旧本既载,不容不存,愚今并书之,以附于卷末,盖不欲弃其旧也。呜呼,由魏公至于今,千有余岁,去古日益远,传讹日益众,或有识者悼古文之久翳,而为之剔伪辩真,众必愕眙非诋,而笑其僭妄。于是,宁结舌不语,而终莫敢著笔为是书任其责。虽然,其如后人何?此郑虚一所以甚为是书惜也。愚区区晚学,幸遇明师,获承斯道之正传,兼得是书之善本,历试以还,讲明粗熟,期年而书成,深恐推之未尽,言之未详,改窜凡更三、四稿,又恐后人无以折衷,遂合蜀本、越本、吉本及钱唐诸家之本,互相雠校,以为定本。其诸参错不齐,则有朱子《考异》一书在,兹不复赘云。

时五星聚丑之年,金精满鼎之日,林屋洞天紫庭真逸全阳子书。

上篇释疑

匡郭,一本匡作垣,陈抱一注本改为围郭,避讳也。

运毂正轴,谓修丹当正其心,犹运毂当正其轴也。轴在毂内,以贯于毂;辐则又在毂之外,以辏于毂者也。一本轴作辐,非是。

牝牡四卦,盖缴上文乾坤门户、坎离匡郭之句总言之也。此四卦,乃鼎器、药物。后言六十卦,乃火候也。如中篇谓四者浑沌,亦是缴上文乾刚坤柔、坎离冠首之句。后又曰六十卦用,张布为舆,恰成六十四卦。六十四卦皆为吾丹道之用,此所以为《周易参同契》也。一本以牝牡四卦为震、兑、巽、艮,非是。

以为橐籥,凝神子陈会真注本以作互。

犹御者之执衔辔，有准绳，正规矩，随轨辙，处中以制外。谓如御者处于车中，而能制御马之进退，以合乎规绳也。盖与中篇龙马就驾，明君御时意同。旧本犹御者之执衔辔，有准绳，作犹工御者，执衔辔，准绳墨。非是。前辈乃承误注释，以为犹工者之于绳墨规矩、御者之于衔辔轨辙，误矣。

兼并为六十，谓日用两卦，一月三十日，兼并为六十卦也。一本作兼并为六十四，非是。

用之依次序，一本依作如。

既未至昧爽，即下文晦至朔旦之谓也。一本昧作晦，非是。盖既未即月晦，昧爽即月朔。若以为既未至晦爽，则犹言晦至晦爽，于文义大谬矣。

春夏据内体，从子到辰巳。秋冬当外用，自午讫戌亥。盖以两卦并言，前一卦属春夏，自子至巳，阳自下而升也；后一卦属秋冬，自午至亥，阴自上而降也。若只以一卦言，则一卦止有六爻，以十二时配之，恰欠其半。毕竟日用两卦直事，须当以两卦并言。

得其序，一本序作理。

变化于中，晦庵朱子注本变化作升降。一本作：升降变化于其中。

包裹，盖用文子《通玄真经》语。旧本作包囊，非是。

以无制有，乃是制造之制，非制御之制也。大丹之法，于无中造出有来，故曰以无制有。如作制御之制发明，而以无为神、为汞、为离，以有为气、为铅、为坎。此亦是一说，然非魏公本旨。愚尝反复考之，盖因《龙虎经》有所谓：有无相制，朱雀炎空。于是后人更不究上下文之义，竟以制造之制，作制御之制说了。又如中篇谓：刚柔断矣，不相涉入。言刚柔不相侵逾也，故继之曰：五行守界，不妄盈缩。却与后章刚柔离分之义不同。或又泥乎《龙虎经》有所谓：刚柔抗衡，不相涉入，非火之咎，谴责于土之说，亦未免以刚柔离分之义说了。今人相传，皆谓魏伯阳因《龙虎经》而作《参同契》，故不得不祖《龙虎经》之说，殊不知《龙虎经》乃是隐括《参同契》之语，实出于魏公之后。晦庵朱子云：后人见魏伯阳传有《龙虎上经》一句，遂伪作此经，大概皆是体《参同契》而为之，其间盖有说错了处。愚向者未得其说，亦弗敢便以朱子此论为然，后来反复玩味，以《参同契》相对互考其说，乃觉《龙虎经》之破绽旁出，而真是隐括《参同契》之语也。盖魏公之作《参同契》，乃是假借《周易》爻象，发明作丹之秘，非推广《龙虎经》之说。若果推广《龙虎经》之说，则当曰《龙虎参同契》，不得谓之《周易参同契》也。然而《龙虎经》亦是好文字，是故蔡季通深喜其言，如曰：元君始炼汞，神室含洞虚。又曰：自然之要，先存后亡。诚为至论。但不是魏公以前之书耳。

器用者空，李抱素注本者作皆。

为征，一本征作证。

相当，一本当作合，非是。

始终，一本作终始，非是。

皆禀中宫，一本禀作在，一本作中宫所禀，非是。

之时，一本时作际。

统黄化，一本作化黄包。

鄞鄂，朱子《考异》作根鄂，鄂即萼也。《诗》云：鄂不韡韡。是此鄂字。或作垠堮，或作圻堮，或作釿锷，皆非是。

称元皇，一本称作当。

元年，一本年作炁。

乃芽滋，一本作芽乃生。一本作乃牙滋。

复卦建始初，或疑与关雎建始初重复，遂改初为萌。朱子谓此乃不识古韵者妄改之也。又如下文九六亦相当，或疑与刚柔相当重复，而改当为应，皆非是。

日月无双明，谓日出则月没，月出则日没，昼夜递照，迭为出没也。一本无作炁，非是。盖古先無字皆作无，如《易》所谓无妄、无咎，皆此无字。一本作焕炳而成双。

兔者吐生光，一本作兔魄吐精光，一本作兔魄吐生光。

东方丧其明，旧本作东北丧其明，盖因《易》有东北丧朋之语，遂相承其误，习之而弗察也。按坤卦云：西南得朋，东北丧朋。盖谓坤位西南，西有兑，南有离、巽，皆阴卦也，以阴从阴，故云得朋。若东北，则震、艮、坎、乾皆阳卦也，故云丧朋。今魏公谓：坤乙三十日，东方丧其明。盖言三十日之晨，太阴没于东方乙位，即非用坤卦东北丧朋之说。何以明之？盖西方庚辛、南方丙丁、东方甲乙，乃一月六节内，太阴昏见、晨没之地，王保义所谓月有三移是也。今夫月之三日昏见于西方庚，至十六则晨没于西方辛；八日昏见于南方丁，至二十三则晨没于南方丙；十五日昏见于东方甲，至三十则晨没于东方乙。其理盖晓然矣，岂得乙为东北耶？自古甲之与乙，俱列于东方，即不在东北。今以乙为东北，则乾体就之时，曷不谓之盛满甲东北耶？甲近东北且不谓之东北，何况乙在甲之前而又近东南？其非东北也明矣。

九六亦相当，上文复卦建始初下已释之。

易象索灭藏，谓三十日之夜，日月之象，俱沉于北方也。一本易象作阳炁，非是。

象彼仲冬节至以晓后生盲，旧本错于《后序》，陈抱一移置子当右转之前，皆非是。按此章凡押两伤字，并上文易象索灭藏连之，则又押两藏字。盖古人多用重韵，后人不晓，往往妄乱迁改，遂使文意不连属。如上文关雎建始初与复卦建始初，又如刚柔相当与九六亦相当，皆重韵也，岂可遽以重韵而害其正文哉？

商旅，一本商作贾。

浩广，一本广作旷。

眇难睹，一本睹作觌。

符征，一本征作证。

节令，一本节作时。

中稽于人心，一本心作情。

依卦变，一本作循卦节。

循象辞，一本循作因、象作象，非是。

乾坤用施行，天地然后治。一本治作理，一本作天下然后治。此二句似乎引用乾卦乾元用九天下治之文，然按上文坎离者，乾坤二用，则是坎离为乾坤之用，非谓用九、用六也。如上文东方丧其明，亦非用坤卦东北丧朋之义。盖魏公之为是书，大率皆是假借，正不必牵泥也。

可不慎乎，一本作可得不慎乎，非是。

魁杓，一本杓作柄。

誃离，即别离也。一本作移离，一本作坎离。

仰俯，他本皆作俯仰。朱子谓：当作仰俯，乃叶韵，今从之。

统录，一本统作总。

日含五行精，一本含作合，非是。

诘过贻主，一本作结过移主。

辰极处正，一本处作受，一本正作政。

布政，一本作政德。

终修，一本修作循，一本作中美[①]。

以掩蔽，一本以作已。

有无亦相须，谓水火二气相资，而成造化也。有无，或作金炁，或作吟炁，皆非是。

进退分布，一本进退作退而，非是。

采之类白，一本采作望，一本作摇。

曰裹，一本作包裹。

相扶，一本扶作拘。

相连，一本连作通。

是非历藏法，谓此道非历五脏存思之法也。若以是非两字作是是非非之义，则误矣。

次日辰，一本次作以，非是。

累土，一本作周回。

而意悦，一本作意悦喜。

跨火不焦，入水不濡。道成之后，法身则然。若以血肉之躯，投畀水火，则岂特焦濡而已哉？

移居，一本居作名，非是。

功满，一本满作成，非是。

[①] "中美"二字，为底本所无，据校本补。

偃月，按下文曰汞日，则偃疑作铅，音声相传之讹耳。

作鼎炉，旧本作作法，非是。

艮亦八，一本作亦如之。

亏明，一本明作伤。

金本从日生，朔旦受日符。谓月之光从日而生，每月朔旦与日相合也。盖金火即日月也。旧本日作月，非是。若以为金本从月生，则犹曰月本从月生，此何义理？

数称五，一本数作号。

含育，一本作贪欲。

伫息，谓凝伫呼吸之息，二者合而为一，如夫妇之交合也。一本息作思，一本作恩，皆非是。

执平，一本执作气。

土游于四季，守界定规矩。诸本皆在寿命得长久之下，惟郑虚一本却在本性共宗祖之下。

金以砂为主，禀和于水银。即是直指凡砂、凡汞之造化，以譬喻丹法之造化，却非假借外一物以比并内一物，相对而言也。

以黍，一本黍作粟，非是。

其卵，一本卵作子，非是。

泥汞，一本汞作顼。

炼飞，一本飞作治，一本作持。

鼓铸，一本铸作下，非是。

杂性不同类，一本类作种。

侥幸讫不遇，圣人独知之。朱子本无此十字。

生狐疑，一本生作坐。

始画八卦，效法天地。一本作：始画八卦象，效法天地图。一本作：画八卦，效天图。皆非是。

循而，一本作结体。

庶圣，谓无位之圣人也，孔子是已。一本作圣者与，非是。

三君，一本君作圣。

令可法，一本令作诚。

为世定此书，谓金丹大道无形无兆，无以使后人取法，故定此《参同契》一书于世，与中篇定录斯文义同。旧本作为世定诗书，非是。

窃为，一本为作待。

辄思虑，一本作缀斯愚，非是。

金计有十五，水数亦如之。即前章所谓：上弦兑数八，下弦艮亦八也。盖上弦金半斤，下弦水半斤，以两弦相合而观之，则成一月三十日之数，却与水中金之义不同。一本金计有十五作金数十有五。

其土遂不入，二者与之俱。三物相含受，变化状若神。此三物即是金、水、土三件。金、水二者，与土合而为一，故曰三物相含受。若又添水火言，则成五物矣。或以三物为金、火、木，以二者为水、火，冗杂殆甚，非至论也。一本其土作其三，二者作火二，又作水二，皆非是。

捣治，一本作铸冶。

致坚完，一本致作緻。

炎火张于下，龙虎声正勤。与下篇升熬于甑山兮，炎火张设下。白虎倡导前兮，苍龙和于后。实同一义。旧本龙虎作昼夜，非是。

始文使可修，一本作始初文可修。

亲观，一本作相亲，一本作须亲。

服之，一本作粉提，一本作粉捏，一本作提粉，皆非是。

一丸，一本丸作元，一本作粒，皆非是。

刀圭，即是刀头圭角些子而已，言其不多也。若以刀为金，圭为二土，巧则巧矣，然非魏公之本旨也。

较约，一本较作简。

光明，一本明作荣，非是。

薄蚀，一本作激薄。

显龙虎，一本显作题。

嘉黄芽，一本嘉作加。

中篇释疑

偕以造化，一本偕作须，一本作始。

元基，一本作玄基，一本作元模。

六十卦用，张布为舆。一本用作周，非是。

不邪，一本邪作陂。

倾危国家，一本作家国倾危。

卦日，一本日作月。

六十卦用，各自有日。一本六十卦用作余六十卦，非是。

在义设刑，旧本在作立。

日辰，一本辰作夜。

用心，一本作逆贼，一本作迸散。

己口，一本己作鼎。

之来，一本来作中。

刚柔断矣，不相涉入。上篇以无制有下已释之。

晦朔之间，合符行中，至始于东北，箕斗之乡。盖晦朔之间，乃是亥后子前，日月于此而隐藏；箕斗之乡，乃是艮后寅前，日月自此而旋起。以比喻丹法之妙，与天地日月同途也。或者径以艮后寅前为晦朔之间，为一阳生采药之候，则相去远矣。

旋而右转，呕轮吐萌。谓阳火自腰间，旋斗历箕，上至玄关，则光耀透于帘帷之外也。一本旋而作左旋。

昴毕之上，震出为征。盖谓月初生见于西方，其象如震，以喻身中火候也。若以月出方位论先天八卦方位，则先天之震不在西，火候之震亦不在西，既不识其落处，徒见其说之相戾耳。

和平，一本和作初。

其统，一本其作阴。

六五坤承，谓六五三十日，却非谓坤卦六五爻也。

阳数已讫，讫则复起。推情合性，转而相与。诸本皆在为道规矩之下，惟朱子本在世为类母之下，非是。

周流六爻，一本流作章，非是。

难以，一本以作可。

滋彰，一本彰作亨。

生光，一本生作正，非是。

渐进，一本渐作寖。

成泰，一本成作承。

运而，一本而作移。

榆荚，一本荚作叶，非是。

振索，一本索作京。

阳终于巳，中而相干。谓四月属巳，律应中吕也。霞山子詹谷注本中而作中吕，一本中作午，非是。

午为蕤宾，为，一本作主。

遁世去位，一本作遁去世位，非是。

其精，一本其作真。

阴伸阳屈，毁伤姓名。谓七月属申，律应夷则也。伸即申也，伤即夷也。旧本毁伤作没阳，一本作没扬，皆非是。

消灭，一本灭作息，非是。

至神，一本至作其，一本神作坤。

衰盛，一本衰作更，非是。

承御，一本承作丞。

千秋，一本秋作载。

一无，一本无作元，非是。

流布，一本流作云。

类如鸡子至肉滑若饴。旧本差在后，盖疑其重韵，而妄掇之也。今移正之。类如，一本类作状；相扶，一本扶作符；乃具，一本具作俱；若饴，旧本饴作铅，朱子本改正作饴。

釿锷，上篇已释之。

恒为，一本作筑固，一本作筑完，一本作筑垣。

于斯之时，情合乾坤。一本作：爰初之时，由乎乾坤。

拘则水定，水五行初。一本作：则水定火，五行之初。

道无形象，旧本无作之，盖古者無字是此无字，之与无草写则相似，故误作之字也。一本象作状。

真一难图，一本一作其。

至悬，一本作玄且，非是。

耳目口三宝，一本作耳目己之宝，非是。

发扬，一本扬作通。

视览，一本览作听。

顺鸿濛，一本作顺以鸿。

念念，旧本作无念。

证验自推移，旧本作证难以推移，非是。

寖以，一本作以浸。

洞无极，一本洞作润，非是。

谷中，一本作中宫，一本作客中，皆非是。

任杖，一本作拄杖。

没水，一本没作投。

获黍，一本获作穫。

不见功，一本不作无。

至约，一本至作事，非是。盖草书至、是之相似也。

遂相衔咽，咀嚼相吞。旧本彭真一注及绍兴间刘永年本皆在：慈母育养，孝子报恩之下。朱子谓：今按二句，自属下文俱相贪并之下，四句相承，语意连属，不当在此。愚按此章以母子之情为喻，盖所谓遂相衔咽，如慈乌反哺之义，正当在此，今依旧本移正之。

三五为一，即上篇子午数合三，戊己数称五是也。盖与《悟真篇》三五一不同。一本为作与，非是。

子当右转，谓虎向水中生也。午乃东旋，谓龙从火里出也。子午，即水火也。子当右转者，金水合处，盖从右转至于子也；午乃东旋者，木火为侣，乃自东旋至于午也。天道左旋右转，还丹之道与天道一同。若曰：子从右转而加酉，午从东旋而加卯。则是右旋左转与天道背驰矣。东旋，一本东作左。

主客，一本客作定。

贪并，一本并作便，一本作荣，皆非是。

各得其性，一本得作有，性作功。

如审，一本审作有。

得成正道，一本作得为成道。

父主禀与，一本主作生，非是。

牝鸡，一本牝作肥。

施化之道，一本道作功，一本作精，非是。

受气之初，一本之作元。

日改月化，盖用庄子语。一本作日受月化，非是。又疑日受月化碍理，遂改为月受日化，亦非是。

水性周章，一本水性作和融。

木火为侣，谓龙从火里出，东三南二同成五也。金水合处，谓虎向水中生，北一西四共成之也。张紫阳谓四象不离二体，正是此意。或用先天离坎，加于后天震兑，以发明此说，不惟失魏公本旨，盖与身中造化大段相反。一本金水作金木，木火作水火，谬之甚矣。

列为，一本列作合，一本作引。

心赤为女，一本脱此四字。

子五行始，一本脱此四字，一本子作居。

建纬，一本纬作位。

虚危，一本作抱真。

执火，一本作降坐。

调合，一本作执火。

妄有所冀，一本作冀有所望。

以硇，一本硇作茵。

下篇释疑

惟昔圣贤，怀玄抱真至忧悯后生，好道之伦，随傍风采，指画古文，著为图籍，开示后昆，露见枝条，隐藏本根。盖谓古之圣贤，既得此道，以怀玄抱真，复忧悯后生好道之士，不得其说，遂为之随傍风采，援古证今，著为图籍，以开示之。又不敢直直敷露，于是托号五金八石而发明之也。所谓著为图籍，托号诸石，乃指古之圣贤如此，非谓后生好道之人如此也。此章彭真一、陈抱一皆体认错了，惟朱子注独得其旨。

三元，一本元作光，非是。

精溢，一本作津液，非是。

化形，一本化作变。

覆谬众文，谓反复谬乱其文，而不敢径直漏泄也。一本谬作冒，非是。

传世，一本传作举。

不仕，一本仕作遂。

故为乱辞，一本为作非，非是。

玄沟，一本沟作远。

退自后，旧本后作改，非是。

关楗有低昂兮，周天遂奔走。周天两字，旧本皆作周炁，朱子疑周炁无义理，遂改为害炁，亦非是。害字与周字盖相似，炁字与天字颇相近也。

江河无枯竭兮，水流注于海。旧本无作之，非是。之无之误，中篇道无形象下已详释之。一本河作淮。

终复始，一本作复终始，一本作复更始。

张于，一本于作设。

白虎，一本虎作矾，非是。

苍龙，一本龙作液，非是。

厌止，一本止作之。

龙鳞甲鬣，一本龙作鱼，甲作狎，非是。

接连，一本作杂遝。

自相守，一本自作而。

房六，一本六作七，非是。

正阳，一本阳作阴，非是。

三五并危一兮，都集归一所。盖谓房六、昴七、张二三方之气，并北方危一，都会集而归于一处也。中间极有造化，盖南北张危，月也；东西房昴,日也。危一合房六,则为水之生成数;张二合昴七,则为火之生成数。房六在东,张二在南,木火为侣,六与二合而成八;昴七在西,危一在北,金水合处,七与一合而成八。应二八一斤之数。所谓本之但二物者,此也。一本并危一作并为一,又一本作之与一,皆非是。一本一所作二所,亦非是。当知魏公之作是书,无语不合造化。若以为:三五之与一分,都集归二所,则造化何有哉?又况二所之说,尤其大谬,纵使果谓之二所,则当言分,不当言集。既谓之集,则当言一所,不当言二所也。

取甫,詹霞山注本作甫取。
赤色通表里,一本作赤黑达表里。
黍米,一本黍作稻,非是。
若山泽气烝兮,一本作山泽气相烝兮,非是。
亿世,一本世作代。
而可考,一本而作自。
心灵,一本心作魂。
忽自悟,一本忽作乍。
受图箓,一本作录天图,非是。①

鼎器歌释疑

径一分,旧本径作十②。
长尺二,一本尺二作二尺,非是。
腹齐正,朱子云:按齐即古脐字。一本作腹三齐,非是。
首尾武,中间文。盖谓晦朔为首尾,月望为中间也。首尾即是一处,中间亦即是一处。若言巳为阳子尾,午为阴亥首,巳、午两向为中间,则是两个首尾、两个中间矣。一说:以进阳火,则子、丑、寅为首,辰、

---

① 精华本云:"编者按,受图箓兮号真人句,历查诸本,皆在《鼎器歌》后,不知此何以在《鼎器歌释疑》之前?兹姑誌之以待考。"
② "十"字为底本所无,据校本补。

巳为尾；退阴符，则午、未、申为首，戌、亥为尾。中宫为中间，则是两首两尾一中间。其说皆未稳。

两七聚，一本聚作窍，非是。

赡理脑，一本赡作瞻，一本作胆，皆非是。

《序》释疑

三相类，谓大易、黄老、炉火三者之阴阳造化互相似也。自彭真一以木三、火二、土五、金四、水一，画为五位相得而各有合之图，故后人皆祖彭氏此说，竟以为魏公本文而并作五行之相类说了，沿袭至今，无有辩之者，皆不思魏公所言相类者果为何事？况《易》所谓五位相得而各有合，盖合五行之生成数。今彭氏止用生数，乌得谓之五位相得而各有合。或以为木三、火二为一五，金四、水一为一五，与中央土五，共成三五，则犹可谓之三五相类。今言五行之相类，则水自一数，火自二数，金、木、土之数各各不同，安取其为相类哉？一本作互相类似，亦可取，终不若三相类之说为甚明也。盖详其下文，有曰：三道由一，俱出径路。又曰：罗列三条，枝茎相连。同出异名，皆由一门，其为三相类，居然可见矣。

郐国鄙夫，魏公自谓也。魏公乃会稽上虞人，今不曰会稽，而曰郐国者，不欲显言其本贯也。若直谓之会稽，则是后人改之之辞，非魏公本文也。

挟怀朴素，一本作怀朴抱素。

不乐权荣，谓不肯爱乐权势荣耀也。乐字，当作去声。一本权作欢，非是。

利名，一本利作令。

宴然闲居，一本作远客燕间。

察其所趣，一本所作旨。

共伦，一本伦作论。

施化，一本施作神。

归根，一本根作愚，非是。

我心，一本心作形。

八石，一本八作五。

成物，一本物作功。

委时去害，依托丘山，循游寥廓，与鬼为邻，至各相乘负，安稳长生。十六句，乃是隐括魏伯阳三字。各相乘负者，如委鬼相乘负为魏，人白相乘负为伯，阝易相乘负为阳是也。一本鬼作仙，阝作厄，各相乘负，安稳长生，作吉人相乘，安隐长生。又一本作：吉人相乘负，安隐可长生。皆非是。又一本东西南倾作东西南北，水旱隔并作水旱兵革。

《赞序》释疑

立政，一本作御极。

米盐，盖用《史记·天官书》语。米盐分判，犹言黑白分明也。一本米盐作坎离，非是。

以易，一本易作经。

立注，一本注作法，非是。

为此，一本此作吾。

《参同契发挥》三篇版既成，冲虚子张本真命工以《释疑》二十页并刻之，俾读者有所考焉。冲虚子可谓好道之笃，见义之勇也。①

---

① 按：此段文字底本无，据四库本录入，以见《参同契发挥》一书之刊刻流源之一端。

附录：

一、俞石涧易外别传

元 俞琰

《易外别传》者，先天图环中之秘，汉儒魏伯阳《参同契》之学也。人生天地间，首乾腹坤，呼日吸月，与天地同一阴阳。《易》以道阴阳，故伯阳借《易》以明其说，大要不出先天一图。是虽易道之绪余，然亦君子养生之切务，盖不可不知也。图之妙，在乎终坤始复，循环无穷，其至妙，则又在乎坤、复之交，一动一静之间。愚尝学此矣，遍阅云笈，略晓其一、二。忽遇隐者，授以读《易》之法，乃尽得环中之秘，反而求之吾身，则康节邵子所谓太极，所谓天根月窟，所谓三十六宫，靡不备焉。是谓身中之易。今为图如左，附以先儒之说，明白无隐，一览即见，识者当自知之。

至元甲申八月望日，古吴石涧道人俞琰书

太极

○

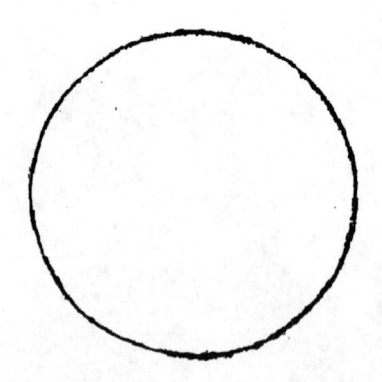

邵康节曰：心为太极。

朱紫阳曰：太极，虚中之象也。

先天图

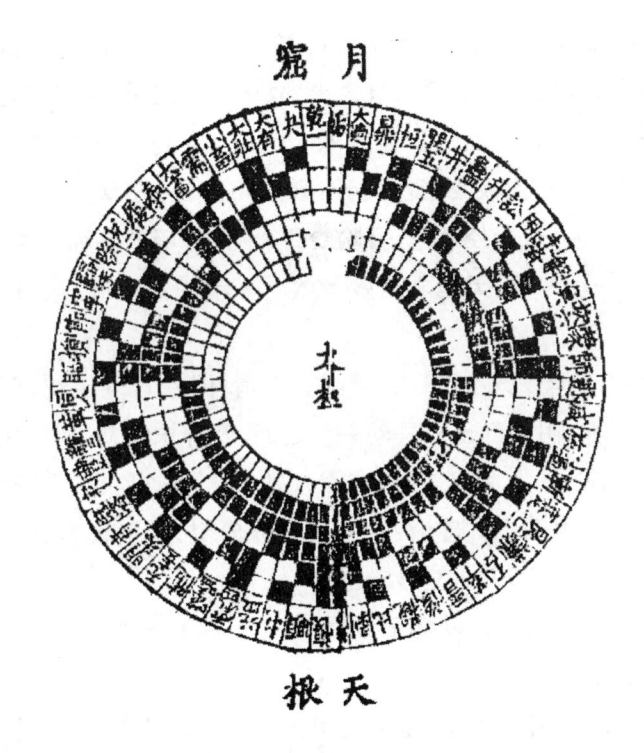

《参同契》云：终坤始复，如循连环。邵康节诗云：自从会得环中意，闲气胸中一点无。又云：乾遇巽时观月窟，地逢雷处看天根。天根月窟闲来往，三十六宫都是春。

愚谓：月窟在上，天根在下，往来乎月窟、天根之间者，心也。何谓三十六宫？乾一、兑二、离三、震四、巽五、坎六、艮七、坤八是也。三十六宫都是春，谓和气周流乎一身也。如此则三十六宫不在纸上，而在吾身中矣。是道也，邵康节知之，朱紫阳知之，俗儒不知也。

邵康节《皇极经世书》云：先天图者，环中也。

愚谓：人之一身，即先天图也。心居人身之中，犹太极在先天图之中，朱紫阳谓中间空处是也。图自复而始，至坤而终，终始相连如环，故谓之环。环中者，六十四卦环于其外，而太极居其中也。在《易》为太极,在人为心,人知心为太极,则可以语道矣。

又云:冬至之后为呼,夏至之后为吸,此天地一岁之呼吸也。

朱紫阳曰:天地间只是一气,自今年冬至到明年冬至,只是一个呼吸,呼是阳,吸是阴。愚谓:冬至后自复而乾属阳,故以为呼;夏至后自姤而坤属阴,故以为吸。呼乃气之出,故属冬至之后;吸乃气之入,故属夏至之后。大则为天地一岁之呼吸,小则为人身一息之呼吸。《参同契》云:龙呼于虎,虎吸龙精。又云:呼吸相含育,伫息为夫妇。盖以呼吸为龙虎,为夫妇,千经万论,譬喻纷纷,不过呼吸两字而已矣。

又云:一动一静,天地之至妙者欤。一动一静之间,天、地、人之至妙者欤。

朱紫阳曰:图之左属阳,右属阴。愚谓:图左自复至乾,阳之动也;图右自姤至坤,阴之静也。一动一静之间,乃坤末复初,阴阳之交,在一岁为冬至,在一月为晦朔之间,在一日则亥末子初是也。孟康曰:子之西,亥之东,其中间也。愚谓:吾身之乾坤内交,静极机发,而与天地之机相应,是诚天、地、人之至妙者也。

又云:寂然不动,以其无阳,坤之象也。感而遂通天下之故,阳动于中,复之义也。

愚谓:寂者,静之极也,是为纯阴之坤;感者,动之初也,是为阳生之复。寂感之间,即一动一静之间也。

又云:无极之前,阴含阳也;有象之后,阳分阴也。

朱紫阳曰:邵子就图上说循环之意,自姤至坤是阴含阳,自复至乾是阳分阴,坤、复之间乃无极。袁机仲曰:朱子谓坤、复之间乃无极,其论察矣。又诗云:忽然夜半一声雷,万户千门次第开。若识无中含有象,许君亲见伏羲来。无中含有象,即是坤、复之间,无极而太极也。邵子之学,非朱子孰能明之?

又《冬至吟》云:冬至子之半,天心无改移。一阳初动处,万物未生时。玄酒味方淡,大音声正希。此言如不信,更请问庖牺。又云:何者谓之机,天根理极微。今年初尽处,明日起头时。此际易得意,其间难下辞。人能知此意,何事不能知?又和魏教授诗云:读书每到天根处,长惧诸公问极玄。

朱紫阳曰:子之半是未成子,方离于亥之时。又曰:一阳初动处,在贞元之间。愚谓此处正是造化之真机。程伊川曰:若非窃造化之机,安能长生。至哉言乎。

又《恍惚吟》云:恍惚阴阳初变化,氤氲天地乍回旋。中间些子好光景,安得功夫入语言。愚谓:康节此诗,泄尽天根之极玄,苟非亲造恍惚之境,实诣氤氲之域,安知其为极玄哉?

先天六十四卦直图

乾上坤下,天地之定位也。坎离得乾坤之中,故居中。

邵康节《皇极经世书》云:天地之本,其起于中乎?是以乾坤屡变,而不离乎中也。

又云:自下而上谓之升,自上而下谓之降。升者生也,降者消也,故阳生于下,阴生于上,是以万物皆反生也。

又云:阴生阳,阳生阴,阴复生阳,阳复生阴,是以循环而无穷也。

又《乾坤吟》云:道不远于人,乾坤只在身。谁往天地外,别去觅乾坤。

愚谓:乾坤阴阳之纯,坎离阴阳之交,乾纯阳为天,故居中之上;坤纯阴为地,故居中之下;坎阴中含阳为月,离阳中含阴为日,故居乾坤之中。其余六十卦,自坤中一阳之生,而至五阳,则升之极矣,遂为六阳之纯乾;自乾中一阴之生,而至五阴,则降之极矣,遂为六阴之纯坤。一升一降,上下往来,盖循环而无穷也。天地如此,人身亦如此。子时气到尾闾,丑寅在腰间;卯、辰、巳在脊膂,午在泥丸;未、申、酉在胸膈,戌亥则又归于腹中。此一日之升降然也。一息亦然,吸则自下而升于上,呼则自上而降于下。在天则应星,而如斗指子午;在地则应潮,而如月在子午。子午盖天地之中也。《参同契》云:合符行中。又云:运移不失中。又云:浮游守规中。人能知吾身之中,以合乎天地之中,则乾坤不在天地而在吾身矣。吾安得夫圆机之士,而与之言身中之乾坤,而极论身中之中哉吁。

地承天气图

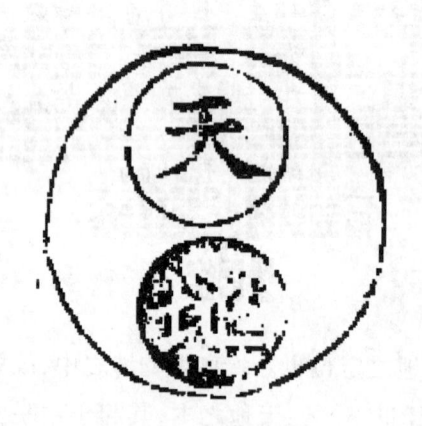

《易》曰:至哉坤元,万物资生,乃顺承天。

《参同契》云:恒顺地理,承天布宣。

愚谓:人之元气藏于腹,犹万物藏于坤,神入地中,犹天气降而至于地,气与神合,犹地道之承天,天地以此而生物,吾身以此而产药。《太玄经》云:藏心于渊,美厥灵根。与此同旨。

月受日光图

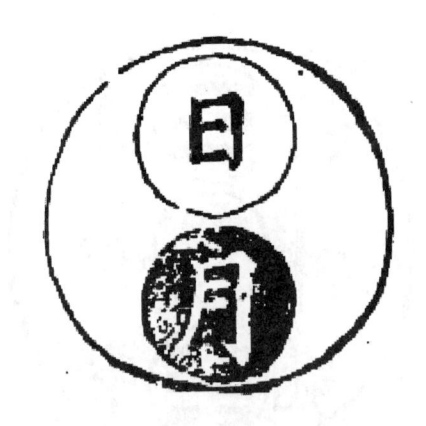

邵康节曰:月体本黑,受日之光而白。

愚谓:日为太阳,月为太阴,月本无光,月之光乃日之光也,阳明阴暗,阳禀阴受,故太阴受太阳之光以为明。人之心为太阳,气海犹太阴,心定则神凝,神凝则气聚,人能凝神入于气中,则气与神合,与太阴受太阳之光无异。

先天卦乾上坤下图

后天卦离南坎北图

邵康节曰：神统于心，气统于肾，形统于首，形气交而神主乎其中，三才之道也。

愚谓：人之一身，首乾腹坤，而心居其中，其位犹三才也。气统于肾，形统于首，一上一下，本不相交，所以使之交者，神也。神运乎中，则上下混融，与天地同流，此非三才之道欤。夫神守于肾，则静而藏伏，坤之道也；守于首，则动而运行，乾之道也。藏伏则妙合而凝，运行则周流不息。妙合而凝者，药也；周天不息者，火也。

《阴符经》云：机在目。

邵康节曰：天之神发乎日，人之神发乎目。

愚谓：目之所至，心亦至焉，故内炼之法，以目视鼻，以鼻对脐，降心火入于气海，盖不过片饷功夫而已。

乾坤坎离图

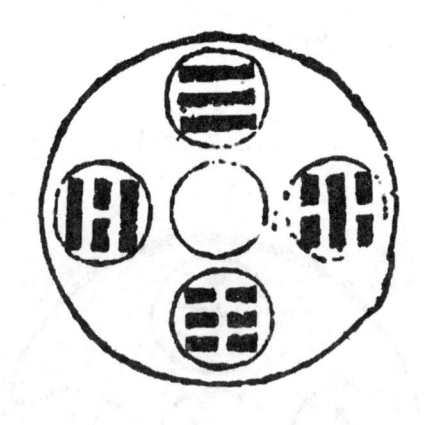

天地日月图

《易》曰：乾为天，坤为地，离为日，坎为月。又曰：乾为首，坤为腹。
《太玄经》云：阳气潜萌于黄宫。
《黄庭经》云：子欲不死修昆仑。又云：出日入月呼吸存。
愚谓：首居上而圆，诸阳之所会，乾天之象也，故《易》以乾为首。昆仑在西北乾位，故《黄庭经》以乾为昆仑。腹居下而中虚，八脉之所归，坤地之象也，故《易》以坤为腹。天玄而地黄，故《太玄》以坤为黄宫。日生于东，月生于西，故《易》以离为日，坎为月。呼吸出入，升降上下，往来无穷，故《黄庭》以呼吸为日月。或以两目为日月，非也。两目仅有日月之形，无日月之用。

八七九六图

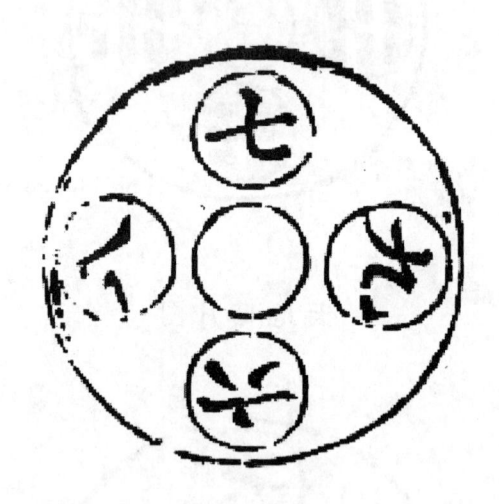

木火金水图

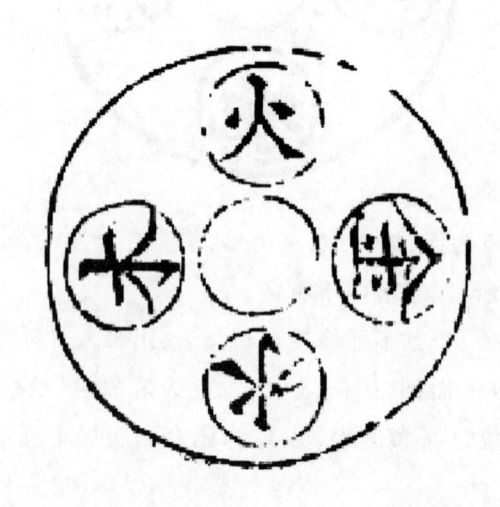

《参同契》云：九还七返，八归六居。又云：七八数十五，九六亦相应。又云：金水合处，木火为侣。四者浑沌，列为龙虎。

愚谓：六、七、八、九，乃水、火、木、金之成数。木数八，属东；火数七，属南。木自东而升，则与火为侣于南矣。金数九，属西；水数六，属北。金自西而降，则与水合处于北矣。丹家有所谓赤龙黑虎者，东方苍龙七宿运而之南，则为赤龙；西方白虎七宿运而之北，则为黑虎。无非譬喻身中之呼吸。究而言之，何龙虎之有？何金、水、木、火之有？何七、八、九、六之有？皆譬喻耳。或疑九、七、八言还、返、归，六独言居，得无异乎？曰：六居北不动，三方之还、返、归皆聚于北，故言居也。

乾坤交变十二卦循环升降图

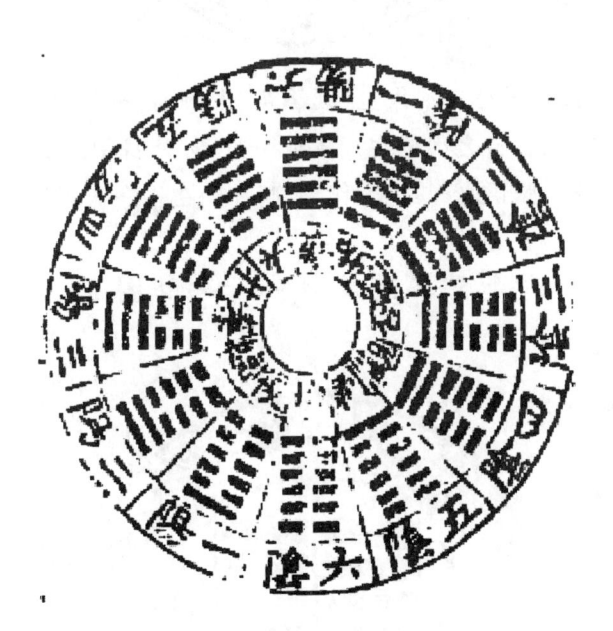

乾上坤下，吾身之天地也；泰左否右，吾身天地之升降也。复非十一月，亦非夜半子时，乃身中之子也。姤非五月，亦非日中午时，乃身中之午也。张悟真云：否泰交则阴阳或升或降。盖谓身中之泰否。

坎离交变十二卦循环升降图

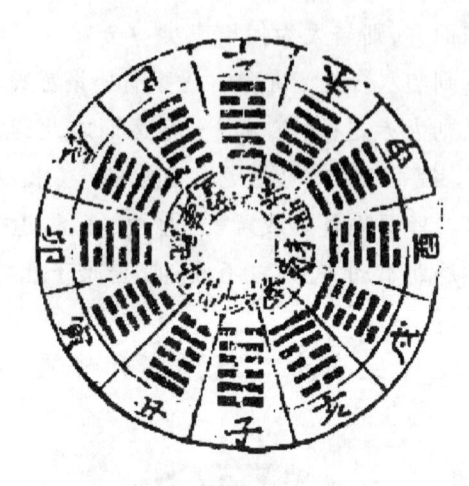

坎北、离南，吾身之水火也；既济东、未济西，吾身水火之升降也；屯居寅，蒙居戌，吾身之火候也。寅非平旦，寅乃身中之寅；戌非黄昏，戌乃身中之戌。张悟真曰：屯蒙作动静，在朝在昏。盖谓身中之屯蒙。

屯蒙二卦反对一升一降图

既济未济反对一升一降图

　　《参同契》云：朝旦屯直事，至暮蒙当受。昼夜各一卦，用之依次序。既未至昧爽，终则复更始。日辰为期度，动静有早晚。春夏据内体，从子到辰巳。秋冬当外用，自午讫戌亥。

　　愚谓：《参同契》以乾坤为鼎，坎离为药，因以其余六十卦为火候。一日有十二时，两卦计十二爻，故日用两卦，朝屯则暮蒙，朝需则暮讼，以至既济未济一也。屯倒转则为蒙，有一升一降之象。屯自内而升，为朝，为昼，为春夏；蒙自外而降，为暮，为夜，为秋冬。诸卦皆然。夫以六十卦分布为三十日，以象一月。然遇小尽，则当如之何？盖比喻耳。非真谓三十日也。或以此为闭目数息之法，则不胜其烦且劳矣。岂至简至易之道哉？

周易参同契金丹鼎器药物火候万殊一本之图

惟斯之妙术兮，审谛不诳语。
传于亿世后兮，昭然而可考。
焕若星经汉兮，昺如水宗海。
思之务令熟兮，反复视上下。
千周灿彬彬兮，万遍将可睹。
神明或告人兮，心灵忽自悟。
探端索其绪兮，必得其门户。
天道无适莫兮，常传与贤者。

右系校正彭真一《明镜图》，略加增损而成九环。

《易》曰：天行健，君子以自强不息。

胡安定曰：天之形，望之其色苍然。南枢入地下三十六度，北枢出地上三十六度，状如倚杵，此天之形也。言其用则一昼夜之间，凡行九十余万里。夫人之一呼一吸,谓之一息。一息之间,天已行八十余里。人之一昼一夜,而天行九十余万里,则天之健用可知矣。又曰:人之神气,萃之则生,散之则亡。天有刚阳之气,运行不息,故天体常存也。

愚按《参同契》云:关楗有低昂兮,周天遂奔走。关楗,谓南北二极;周天,谓二十八宿;奔走,谓运行也。天形如弹丸,周匝运转,昼夜不停,其南北两端,一高一下,乃关楗也。人身亦然,上有天关,下有地轴。若能回天关,转地轴,则上下往来,一息一周天也。

愚又按《参同契》云:循据璇玑,升降上下。璇玑,斗也。天以斗为机,人以心为机。心运于身中,犹斗运于天中。

愚又按《阴符经》云:观天之道,执天之行尽矣。盖人道与天道一也。人能收视返听,藏心于渊,驭呼吸之往来,周流不息,则与天道同运,而天行之机吾得而执之矣。虽然天之道可以观,天之行未易执也。孰能执之?唯虚心者能执之。

《易》曰:君子黄中通理,正位居体,美在其中,而畅于四支,发于事业,美之至也。

徐进斋曰:丹家亦取此义。魏伯阳《参同契》谓:黄中渐通理,润泽达肌肤。但作用不同,此为义理存养,皆天公诸天也;彼为血气保固,由人私诸己也。

愚谓:《参同契》之说,不过借易道以推明己意,其间引用《易》中之辞,未必皆取本文之义。盖《易》与天地相似,人身亦与天地相似,是故魏伯阳假《易》以作《参同契》。黄中,指身中之黄道。

《易》曰:不远复,无祗悔,元吉。

朱紫阳曰:老子云:治人事天,莫若啬。夫唯啬,是谓早服,早服谓之重积德。被他说得曲尽。早服者,言能图则不远,而复便在此也。重积德者,言先已有所积,复养以啬,是又加积之也。如修养者,此身未有所损失,而又加以啬养,是谓早服而重积。若待其已损而后养,则养之方足以补其所损,不得谓之重积矣。所以贵早服。早服者,早觉未损而啬之也。如某此身已衰耗如破屋相似,东扶西倒,虽欲修养,亦何能有益耶?今年得蔡季通书,说近来深晓养生之理,尽得其法,只是城郭不完,无所施其功也。看来是如此。愚按曾至游《集仙传》云：周从,泗州人也,徐神翁深重之,曰：我少而婚,是人幼得道,其神全,吾不及也。如周从者,其亦老子所谓早服而重积者欤。

愚又按《素问》云：丈夫八岁,肾气实,发长齿更。二八,肾气盛,天癸至,精气溢写,阴阳和,故能有子；三八,肾气平均,筋骨致强,故真牙生而长极；四八,筋骨隆盛,肌骨满壮；五八,肾气衰,发堕齿槁；六八,阳气衰竭于上,面焦,发鬓须白；七八,肝气衰,筋不能动,天癸竭,精少,肾藏衰,形体皆极；八八,则齿发去。又云：上古之人,其知道者,法于阴阳,和于术数,食饮有节,起居有常,不妄作劳,故能形与神俱,而尽终其天年,度百岁乃去。今时之人不然也,以酒为浆,以妄为常,醉以入房,以欲竭其精,以耗散其真,不知持满,不时御神,务快其心,溺于生乐,起居无节,故半百而衰也。愚谓：人至于老则多忘,神昏故也；动则疲倦,气衰故也。内炼之道,以神气为本,神昏气衰,则以何者为本？

《易》曰：水洊至,习坎。

愚按《灵枢经》云：日行二十八宿,人经脉上下、左右、前后二十八脉,周身十六丈二尺,以应二十八宿。漏水下百刻,以分昼夜。故人一呼,脉再动,气行三寸；一吸,脉亦再动,气行三寸。呼吸定息,气行六寸；十息,气行六尺。日行二分,二百七十息,气行十六丈二尺,气行交通于中,一周于身,下水二刻；日行二十五分,五百四十息,气行再周于身,下水四刻；日行四十分,二千七百息,气行十周于身,下水二十刻；日行五宿二十分,一万三千五百息,气行五十营于身,水下百刻；日行二十八宿,漏水皆尽,脉终矣。凡行八百一十丈也。又云：气之行,如水之流,如日月之行不休。故阴脉营其藏,阳脉营其府,如环之无端,莫知其纪,终而复始。

愚谓：人身气血,常常流通则安,一有壅滞则病。内炼之道,息息相继,如水之洊至,而其流相续,则真气上下灌注,亦如水之流通也。

《易》曰：坎为水,为月；离为火,为日。

项平庵曰：必以坎为体,离为用,放心欲虚而澄；肾以离为体,坎为用,故丹田欲实而温。损、益皆三阳、三阴之离,损之火上飞,益之火下伏。又曰：☲离体之火上腾，故损；☲离体之火下驻，故益。

愚谓：内炼之道，至简至易，唯欲降心火入于丹田耳。丹田在脐之后，肾之前，正居腹中。丹家讳言心肾，谓心肾非坎离，盖指呼吸为坎离。殊不思呼吸乃坎离之用，心肾乃坎离之体。人之一身，心为之主，故独居中；肾为之基，故独居下。丹家不言心肾，而言身心，身即腹也，肾在其中矣。岂可舍肾哉？肾属水，心属火，火入水中，则水火交媾，如晦朔之间，日月之合璧。

《易》曰：山泽通气。又曰：二气感应以相与。

愚按《参同契》云：自然之所为兮，非有邪伪道。若山泽气相烝兮，兴云而为雨。盖人身之阴阳，絪缊交结于丹田，则升于泥丸，瀚然如云，化为甘泽。陈希夷诗云：倏尔火轮煎地脉，愕然神瀵涌山椒。与此同旨。神瀵出《列子》。尝谓山泽之气相通，由其虚也。唯虚也，故二气感应以相与；不虚则窒而不通，安能相与？内炼之道，贵乎心虚，心虚则神凝，神凝则气聚，气聚则兴云为雨，与山泽相似。《离骚·远游篇》云：道可受兮，不可传；其小无外兮，其大无垠；毋滑而魂兮，彼将自然；一气孔神兮，于中夜存；虚以待之兮，无为之先。朱紫阳注云：盖广成子之告黄帝，不过如此，实神仙之要诀也。

《易》曰：一阖一辟谓之变，往来不穷谓之通。

程伊川曰：涵养之道，出入之息者，阖辟之机而已。又曰：阖辟往来，见之鼻息。

张横渠曰：人之有息，盖刚柔相摩，乾坤阖辟之象也。

朱紫阳《调息箴》云：氤氲开阖，其妙无穷，谁其尸之，不宰之功。

愚按《参同契》云：二用无爻位，周流行六虚。往来既不定，上下亦无常。幽潜沦匿，变化于中。二用，九、六也；六虚，卦之六画也。以喻一呼一吸，往来上下，久之则神凝息定，所以成变化也。呼则气出，阳之辟也；吸则气入，阴之阖也。盖人身之阴阳，与天地之阴阳相似，若能御呼吸于上下，使之周流不息，则阖辟往来之妙，尽在吾身中矣。或曰：大有大阖辟，小有小阖辟。一息之阖辟，即一刻之阖辟；一刻之阖辟，即一时之阖辟；一时之阖辟，即一日之阖辟；一日之阖辟，即一月之阖辟；一月之阖辟,即一年之阖辟;以至一世之阖辟,一元之阖辟,万古之阖辟,其理一也。

《易》曰:日往则月来,月往则日来,日月相推而明生焉。寒往则暑来,暑往则寒来,寒暑相推而岁成焉。

程伊川曰:《易》中只是言反复、往来、上下。愚谓:丹家之书,广譬曲喻,亦只是言反复、往来、上下,外此皆邪说妄行,非真要自然之道也。愚按《文子》云:流水之不腐,以其逝故也;户枢之不蠹,以其运故也。文子,计然也,周时人,老子之弟子也。人身气血,亦欲其往来流通,一不流通,小则为疖,大则为痈疽。疖者,节也;痈者,壅也;疽者,阻也。

愚又按子华子云:古之知道者,筑垒以防邪,疏源以毓真。深居静处,不为物撄,动息出入,而与神气俱。魂魄守戒,谨窒其兑,专一不分,真气乃存。上下灌注,气乃流通,如水之流,如日月之行而不休。阴营其藏,阳固其府,源流泄泄,满而不溢,冲而不盈,夫是之谓久生。子华子,程本也,孔子与之倾盖而语者也。人身气血,往来循环于上下,昼夜不停,犹江河之水相似。人但见江河之水东流至于海而不竭,殊不知名山大川,孔穴皆相通也。岂不见庐山瀑布乎?昼夜倾注不绝,何也?水由地中行,盖往来相循环也。日月之行亦然,随天之旋,一出一入,往来不穷。人知吾身自有日月,则往来不穷之妙只在吾身,而不又索之高远矣。医书云:人身有任督二脉,任脉者,起于中极之下,以上毛际循腹里,上关元至咽喉,属阴脉之海;督脉者,起于下极之腧,并于脊里,上至风府入脑上颠,循额至鼻柱,属阳脉之海。所以谓之任脉者,女子得之以妊养也;谓之督脉者,以其督领经脉之海也。鹿运尾闾,盖能通其督脉者也;龟纳鼻息,盖能通其任脉者也。人能通此二脉,则百脉皆通。《黄庭经》云:皆在心内运天经,昼夜存之自长生。天经乃吾身之黄道,呼吸往来于此,即任督二脉是也。

右《易外别传》一卷,为之图,为之说,披阐先天图环中之极玄,证以《参同契》、《阴符》诸书,参以伊川、横渠诸儒之至论,所以发朱子之所未发,以推广邵子言外之意。愚虽弗暇专志从事于斯,而丹之妙用,非苟知之,盖尝试之者也,故敢直指方士之所靳,以破学者之惑。尝慨夫世所传丹家之书，廋辞隐语，使览者无罅缝可入，往往目眩心醉而掩卷长叹，如蔡季通、袁机仲尝与朱子共订正《参同契》矣，虽能考其字义，然不得其的传，未免臆度而已。愚今既得所传，又何忍缄嘿以自私。乃述是书，附于《周易集说》之后，而名之曰《易外别传》。盖谓丹家之说，虽出于《易》，不过依仿而托之者，初非《易》之本义也。丹道之大纲要领，予于是书言之悉矣。丹道之口诀细微，则具载于《参同契发挥》三篇，兹不赘云。

林屋洞天石涧真逸俞琰玉吾叟书

右《易外别传》一卷，先君子之所著，而附于《周易集说》之后者也。先君子尝遇隐者，以先天图指示邵子环中之极玄，故是书所著，发明邵子之学为多。近刊《阴符经解》，儿桢请以是稿缮写，同锓诸梓，并《沁园春解》，三书共为一帙，将与四方高士共之，因请总名之曰《玄学正宗》云。

至正丙申春正月，男仲温百拜谨志

二、石涧先生小传

元 杨炳

石涧先生俞琰者，吴处士也。先世自河南扈宋南渡，家洞庭之西山。先生雄迈博闻，经史过目成诵。宋社既屋，扫涤旧业，驰骋诸家传语，天文、地志、仙书、怪牒，汪洋奇诡，恍惚神会玄解，不习而挈其要领。好鼓琴，尝疑近代《琴操》有谱无字，失古哲制作之原。研究音调，述《弦歌谱》四十余篇，裨汉太史之遗。朔南以琴名者骇叹之。晨兴，焚香诵《易》一过，暑寒弗废四十年。手钞诸家《易》说百余卷，名曰《会要》。注《易经》并十翼经传，考证古占法，纂图等凡四十卷，名曰《周易集说》，所以发先儒之蕴。又纂校百氏书，密行细字，端楷有法，垂老不衰。喜方士，谈玄学，注《周易参同契发挥》三篇，《阴符经解》一卷，阴补空同道士邹䜣之不足。又《易别传》一卷，贯融性命，推衍程、邵、张、朱言外之意。宋状元阮公菊存、国初右丞马公性斋，皆白首北面。先生自言遇隐者，授读《易》法，得寰中之秘。其阐发图说，演绎《参同》、《阴符》，非苟知之，盖尝试之者也。间论蔡季通、袁机仲虽与订正，考核字义，未免臆度。夫岂无得而有是言哉？至于丹砂化炼，刀圭玄牝，神方直造玄室，灵迹昭著，不屑为耳。方闻溺嗜者匍伏前席，祈请丹旨，先生以养心寡欲之义旁喻善诱，来者外悫中服而去。终其身不以授人也。终岁寡出，葆颐精气，益昌于学，从游无远迩饥附而饱去，参政王都中，尤卓然者也。先生风宇清峻，性率机敏，略细节，好宾游，未尝以有无计。然不耐庸俗交，华官巨室，莫敢延请。乐为隐语，嘲谐玩世。享年七十。神闲心虚，不累形物，体气彊逾中人。一日，命侍者具汤沐浴，更巾衣危坐，召仲温进卮酒，饮毕，曰：吾与汝诀矣，诸书未备者成之。言既，神采不移，翛然而逝。非达于幽明生死之故者耶！先生字玉吾，石涧其号云。

——出《四库全书》之明·钱榖辑《吴都文粹续集》卷四十五

三、《周易参同契发挥》提要

臣等谨按：《周易参同契发挥》三卷、《释疑》一卷，宋俞琰撰。琰有《周易集说》，已著录。是书以一身之水火阴阳，发挥丹道，虽不及彭晓、陈显微、陈致虚三注为道家专门之学，然取材甚博。其《释疑》三篇，考核异同，较朱子本尤详备。明白云霁《道藏目录》谓二书共十四卷，焦竑《国史经籍志》则作十二卷，毛晋《津逮秘书》以琰注与晓等三家注，合为一编，已非其旧，又并其《释疑》佚之。此本每卷俱有图，乃至大三年，嗣天师张与封①所刻，实只三卷，附以《释疑》一卷。考琰《易外别传》自序，亦称丹道之口诀细微，俱载于《参同契发挥》三篇，白云霁所记或并其它书数之，焦竑所记，悉辗转贩鬻于他书，沿讹袭谬，益不足据矣。乾隆四十五年六月恭校上。

——《钦定四库全书·子部十四·道家类》

---

① 张与封，疑为"张与材"之误。

四、《周易参同契发挥》三卷《释疑》一卷

（原刊本）

周中孚

宋俞玉吾撰，《四库全书》著录。倪氏《补元志·易类》无《释疑》一卷，钱氏《补元志》有之。焦氏《经籍志》作《发挥》九卷，《释疑》二卷，俱字之误也。其成书于元至元甲申。前有序言，称仆感神人指示先天真一之大要，开说后天火候之细微，敬为是书添一注脚。凡论天地阴阳，则参以先大儒之语；述火候造化，则注以诸仙之言。反覆辨论，务欲发明魏公本旨，固不敢秘玄秘之机以绝人，亦不敢杂谬悠之义以惑人云云。盖以朱子《参同契考异》教外别传之义，故注是书以补其所未足，且以发明彭秀川、陈宗道诸家之所未发者。旁搜博取，无所不至，而绝无牵合傅会、妄乱穿凿，以似是而饰真者也。其《释疑》三篇，前亦有自序，盖合诸本而参订之，亦较朱子为详。观其《发挥》篇末及是序，所述虽以彭氏古本为经、注混淆，而于本书仍不敢有所移易，其谨慎可谓至矣。不料，后来杨升庵即因其说而造伪本云。前有阮（登炳）、张（与材）、杜（道坚）三序。

——出清·周中孚《郑堂读书记》六十九卷

五、《周易参同契发挥》残二篇

（宋俞琰撰，元至刊本，二册，周九松汪阆源旧藏。）

张元济

题林屋山人全阳子俞琰述。前有至元甲申琰自序，次阮登炳、张与材、杜道坚序。半叶十二行，行二十三字。《四库提要》作宋俞琬，当系避清仁宗讳，但称此书为张与材刻，似未可信。按琰序称林屋山人，序后有全阳子乾坤坎离四卦，椭圆形、石涧真逸，方形，二木记。中篇末叶有：石涧书印、林屋洞天二木记，观此当为俞氏自刻也。世有明本，即由是本翻刻。此为元代初版，惜佚下篇。

藏印：毗陵周氏九松迁叟藏印、周良金印、曾藏汪阆源家、振勋私印、吴下汪三。

——出张元济《涵芬楼烬余书录》

六、宣德本《周易参同契发挥》题辞

沙元炳

《周易参同契发挥》三卷，《释疑》一卷，宋俞琰著。此书明时有二刻：一正德本，依至大三年嗣天师张与材本重雕；一即此本也。正德本首有与材序，大字行书；又有自序、杜道坚、阮登炳两序。陆氏皕宋楼、瞿氏铁琴铜剑楼、缪氏艺风堂所著录者，皆是也。此本前有宣德三年国子助教三山陈陵序，称宣德戊申仲夏，京之耆士顾公仲德、傅公遵道，久慕玄教，近会武当玉虚宫全真道士，法名讷然，字道中，咸甯子其号者，笃信是书，相劝奉真，信士朱文斌号洞岩子者，捐金募工，得旧本为之校正，缮写重刊，字画端楷明白，不至于舛讹。又有琰自序、杜、阮两序，而无与材序。盖所据本与正德别，亦一元刊本也。此本各家罕有著录，惟《邵亭见知书目》有之，称为善本。殆凭《目》验《四库》所收，即与材原刻。《提要》谓白云霁《道藏目录》作十四卷，焦竑《国史经籍志》则作十二卷，皆不足据。今观此本卷第与《提要》合，是原书分卷实只此数。《天一阁书目》，《释疑》作三卷，殆因分上、中、下三篇，遂误篇为卷耳。惟此本末叶版心题《参同契后序》，而文则《易外别传》之自序，不知何故？考《四库提要》：《易外别传》一卷，本自为一书。据琰自序，《别传》所言皆丹道之大纲要领，发挥丹道之口诀细微。是两书实相表里，岂文斌刊时并《易外别传》附之，而今已脱佚欤？

书卷首有墨笔题庚寅得之泉石居下，钤张隽之印，朱白文方印；上卷尾叶有墨笔题康熙壬午如月得之叶季迪，下钤陈之鼎印，白文方印；铉载，朱文方印；念祖堂藏书印，朱文长印。每卷又有金石山房朱文方印；《释疑》尾叶有墨笔题嘉庆丙子梦觉生观于云山草堂。

考张隽字非仲，一名僧儒，又字文通，吴江人。《苏州府志》附《吴炎传》，与潘柽章、吴炎等同死于南浔庄廷鑨案者。《南浔镇志》称其楼居积书甚富，手录者千余卷，乃明末吴中藏书家。庚寅为顺治七年，壬午为康熙四十一年，叶氏亦吴江大姓，必自张氏流入叶氏，其余不可考矣。

此本为世希有，完美无阙，全书用朱笔点勘，盖出文通手笔，尤足珍也。

——出沙元炳《志颐堂诗文集》

七、《周易参同契发挥》三卷《释疑》一卷

缪荃孙

明刻本。依元至大间嗣天师张与材本重雕。宋俞琰撰。首有与材序，大字行书。杜道坚序、阮登炳序、自序。此本与铁琴铜剑楼所藏同。陆本少阮登炳、杜道坚两序。前有古潭州袁卧雪庐考藏白文方印，首叶有五忠六氏白文方印、蒋长泰学山考藏记朱文方印。

——出《艺风堂藏书续记》卷二

第十卷

周易参同契简要释义

广宁子 郝大通 撰

点校说明

1.《周易参同契简要释义》一卷，金元郝大通撰。郝大通，名璘，字太古，号恬然子，又号广宁子、太古道人，法名大通，宁海（今山东牟平）人。郝大通师王重阳，为全真七子之一，著有《太古集》、《心经解》、《救苦经解》、《示教直言》等。《周易参同契简要释义》一篇收录于《太古集》卷一、卷二、卷三。今考卷二、卷三从乾象图至三才象三坛之图，皆未另立篇名，且其图说踵五代真一子彭晓《明镜图》之遗绪，发挥《参同契》图书之说益广而微。故今三卷合为一卷，以供《参同契》研究者见象而能悟《参同契》之精义。若或执象不能得象外之言，则诚如张伯端所谓"悟其意则象捐"、"修真上士读《参同契》，不在乎泥象执文。"

2.本篇整理点校以《道藏》本为底本，《道藏辑要》为校本。

周易参同契简要释义

（并序）
广宁子郝大通撰

教者，道之所以生也。道本无名，强名曰道；教本无形，假言显教；教之精粹，备包有无。故以无言之，存乎道体；以有言之，存乎器用。体之以为无，用之以为利。若曰有形生于无形，则乾坤安从而生？用教化于无知，则真知安从而出？若夫太极肇分，三才定位，布五行于玄极，列八卦于空廓，发挥七政，躔次纪纲，垂万象于上方，育群灵于下土。是故圣人仰观俯察，裁成辅相，信四时而生万物，通变化而行鬼神。通精无门，藏神无穴，寂然不动，感而遂通。至于修真达道之士，用之德化十方，慧超三界，升沉而龙吟虎啸，消息而蛇隐龟藏。一往一来，神号而鬼哭；一伸一屈，物我以俱忘。当是时，电激而八表腾辉，雷震而三山动色。鹤飞凤舞，鹿返羊回，冲气盈盈，瑞云密密，万神罗列，群魔遁形。玄珠迸落于灵台，芝草齐生于紫府。觉花才放，法海渊深，直入玄都，永超陆地。所谓毛吞大海，芥纳须弥，木马嘶鸣，石人唱和。此皆开悟后觉，不得已而为言。是道也，用之以顺，两仪序而百物和；行之以逆，六位倾而五行乱。非夫至极玄妙，其孰能与于此乎？于是略叙玄文，删为节要云耳。

时大定十八年岁次戊戌孟夏十有九日序

易之道，以乾为门，以坤为户，以北辰为枢机，以日月为运化，以四时为职宰，以五行为变通，以虚静为体，以应动为用，以刚柔为基，以清净为正，以云雨为利，以万象为法，以品类为一，以吉凶为常，以生死为元，以有无为教。故知教之与化，必在乎人；体之善用，必在乎心；变而又通，必在乎神。以一神总无量之神，以一法包无边之法，以一心统无数之心，自古及今，绵绵若存，是谓《周易参同契》简要释之义也。

天体道广，

清虚广远,纯阳不杂。

乾用德普。

运行不息,应化无穷。

善始嘉通,

会合群灵,通理物性。

羲和贞固。

协和济利,坚固贞正。

大妙至哉,

法此行道,随时变通。

玄元圣祖。

规矩后人,光泽天下。

资乎万物,

众象之宜,资取乾用。

统御云雨。

云气流行,雨泽施布,总及万灵,无有壅蔽。

克明初末,

克明,万物终始之道。始则潜伏,终则飞跃,可潜则潜,可飞则飞,是明达乎始终之道。

时乘六户。

阳有六则,阴有六则,健用随时,始终如一。若不以时而用者,应潜则飞,应飞则潜,应生而杀,应杀而生,六位不以时乘,而反害矣。

伏虎飞龙,

阴伏阳飞,阳生阴杀。

式宙控宇。

升降不怠,运转无穷。

变力化功,

应用之道,革故从新,为之以渐,谓之变;一有一无,忽然而改,谓之化。言乾之为道,使物渐变者,使物卒化者,莫非资始生养万物,总统隐显之功。

性端命辅。

乾之为用，见乎变化。变化之功，使物各正性命。性者，天生之质，若刚柔迟速之别；命者，人所禀受，若贵贱寿夭之属。故知无形生于有形，有形之所累也。惟天道有形，能健而不为所累者，盖谓乘变化而御大器，静专动直，不失大和。乾之为体，静住之时，则专一不转移也；其运动之时，正直不倾邪也。不失大利，岂非正性命之情者邪？乾能正定物之性命，物之性命各有情也。所禀生者谓之性，随时念虑谓之情。故以真言之，存乎其性；以邪言之，存乎其情。情去性存，命自归而辅之。

保合太和，

乾之为用，纯阳刚暴。若无和顺，则物不得利，又失其正。若能保安合会，太和之道乃能永固，使物各正性命而久长也。

利贞乃甫。

贞固乾用，利益于物。

刚专柔直，

内则存乎刚健，专一不移转也；外则用乎柔弱，正直不倾邪也。

匠众规矩。

君子所以能行此道，匠成万物，教化无穷者也。

君子自强，

运用不休，终而复始，强而又壮，君子之道备矣。君者主也，子者爱也。主临上位，爱人济物。学道之者，通乾用而行大利，昼夜不息，无有亏退；君子之人，自强勉力，不有止息，惟施于众。

教令可取。

此明君子之人，体道用事，内刚外顺，静专动直。若云行雨施，四时以序，万物以生，一切群品，无不周普。

地体道大，

沈实纯厚，无所不载。

坤用德隆。

柔和厚载，包容众垢，以顺群生，通理物情。犹乾之德，其德隆大。

长益群品，

长养利益,群灵品类,始生万有,各得通畅。

事备曲通。

顺时待物,屈己伸人。

攸攸君子,

柔顺斡正,嘉美之功。

雌极化雄。

不为事始,待唱乃和。谦尊卑光,己若进人。必人进己,先雌而化雄也。

西南不利,

阴柔不立,物有所害。

东北立功。

志意和同,性行柔弱,临事决断,不有私曲,正此义也。

乘此达彼,

得正顺志,利保守常。

黄委宗风。

惟政是从,随时渝变。

资生万有,

妙用宏阔,无所疏远。

承顺天聪。

行不违礼,柔顺不邪。

厚能载物,

至顺包承,不乱群也。

至理无穷。

居中得正,任其自然。

含弘光炽,

和光同众,俯仰不独。

品类熙冲。

和气冲满,物得生存;言善则迁,道归群品;始终不懈,君子之正。

实相非相,

依尊履正,行命有功,返视内观,相实非有,非相之实,实非相故。

真空不空。

不居任,不造为,空真不存,不空之真,真不空故。

全其众妙,

质素不奢,修仁守正。

器与玄同。

清净精洁,固志在一。恢弘博施,中正不偏。安乎得失变通,随时成其道果。

乾象图

乾者为天之用,天者是乾之体。天所以清虚高远,纯阳不杂,一气冥运,万物化生,乃可法天之用,不可法天之体,故曰乾象,再称老阳,其数则九。谓乾为天,有三画,三因之得九,此卦重之六爻,而各称九是也。夫天之道,势如偃盖,状若鸡卵,取坤为妻,而生六子也。

坤象图

（图：方框内"地"，旁题"坤象图"，下注"其数六 称老阴"）

坤者为地之用,地者是坤之体。地所以纯厚广载,纯一阴不杂,二气升降,物有变迁,乃可法地之用,不可法地之体,故曰坤象,而称老阴,其数则六。谓坤为地,有六画,象之称六,此卦重之六爻,各称六是也。夫天有三画,而兼坤之六画,故称九也。惟地属老阴,而不得兼阳,故称六也。

日象图

（图：圆内"日"，旁题"日象图"，下注"太阳之精 其数七 称少阳"）

日者,太阳之精,象离卦也。其数则七,而称少阳者。为离卦上下俱长,中虚则短,成四画,而兼乾之三画,故称七数,而为少阳者。乾天之道,覆荫万物,清虚广远,纯阳不杂,一气冥运,名曰老阳。日之为道,虽无此大,而光明著于八方,普及天下,出则为昼,没则为夜,故云少阳也。

月象图

（月 / 太阴之精 其数八 谓少阴）

月者，太阴之精，象坎卦。其数则八，而称少阴者。谓坎卦上下俱短，中实则长，成五画，而兼乾之三画，故称其八。而为少阴者，坤地之道，大有所载，名之老阴。月之光明，有圆有缺，出则为夜，照耀无穷，如地之大，故称少阴。夫日月为天地之子，而得兼乾，而不得兼坤，所谓子从父也。

天地交泰图

（天地交泰图 天交泰地 不交则否）

天地交而泰,不交而否者,谓天之阳气下降地中,地之阴气升而天上,此谓天地交而成泰。若天之气上腾,地之气下降者,谓天地二气不相交感,而万物则有所否闭,不能通畅。故天地宜交,不宜不交,万物宜泰,不宜不泰,不泰则否。故天道十有一年而泰,十有二年而否也。一纪之年,全其否泰。

日月会合图

日月會合圖

日
月

會則稱旦
不會而稱弦望

日月会而合,不相会合,而成弦望。日则一年而行天之一周,月则一月而行天之一周。一岁之内无闰,则十有二月。月各会有所合,故曰日月隔壁,谓之朔。朔者,旦也。旦者,每月一日,各有会合于日之下,名之曰朔。日月相衡谓之望,四分之一谓之弦。此者不相会合之时也。光尽体伏谓之晦,相近于合也。

天数奇象图

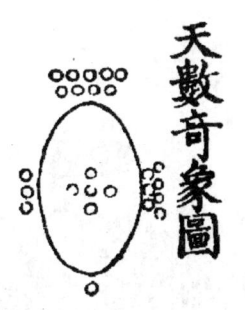

天为纯阳而有阳数。阳数有一、有三、有五、有七、有九,总而论之,共得二十有五,成乾之阳数。而为奇者,谓奇为四正方,而兼乎中,此之是也。天数有五,自相乘之,则得奇数,故曰北一、东三、南七、西九、中五,皆阳数也。阳之数,一、三、五、七、九是也。

地数偶象图

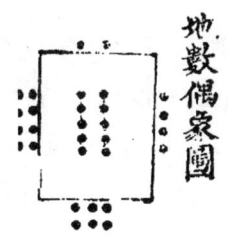

地为纯阴而有阴数。阴数有二、有四、有六、有八、有十,总而论之,共得三十,成坤之阴数。而为偶者,偶者为四正方,而兼乎中,此之是也,故曰东八、西四、北六、南二、中央十,皆阴数也。阴之数,二、四、六、八、十是也。地本方,故称偶;天本圆,故称奇。

二十八宿加临四象图

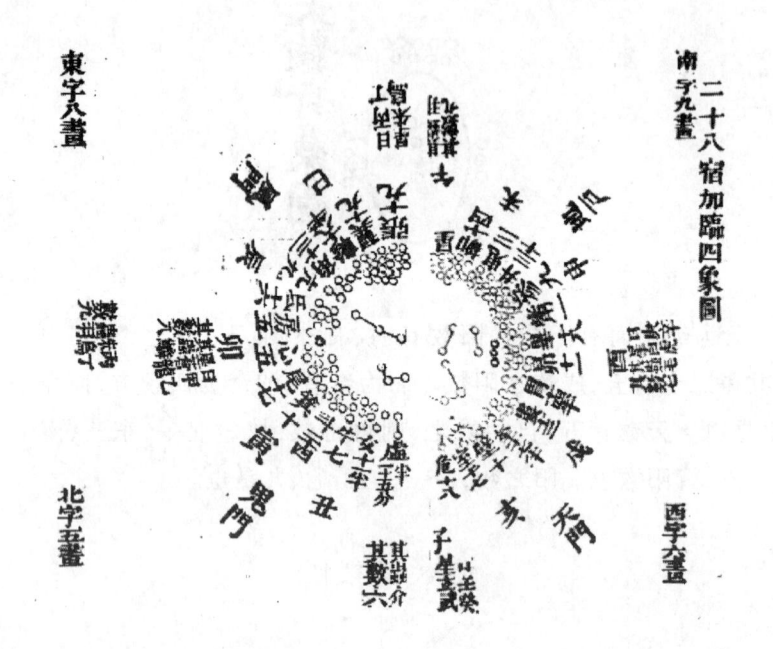

天象有二十八宿,度则三百六十有五四分度之一者,分布于十二分野之中,而经星之常道也。所以日月、五行、七政为纬,循环周度,变化生焉。以分四维、四正之义者,东方、南方、西方、北方,自得其数,同天地日月之功。有苍龙焉,有白虎焉,有朱雀焉,有玄武焉,此者亦象春之与夏、秋之与冬也。

二十四气加临七十二候图

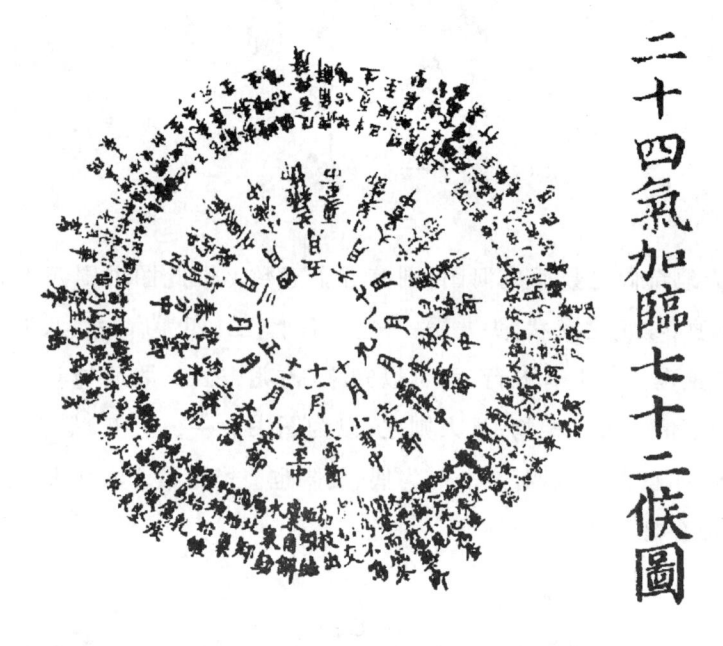

天地定位，日月运行，八节四时，自然运转。所以暑往则寒至，春去则秋来，而成一岁之功。岁功之内，有七十二候焉。候谓应时之候，明物有自然，应节气则五日七分，而为一候者也。自立春至大寒之后，凡为一年，则有之十二次，物候自来应时之气也。

河 图

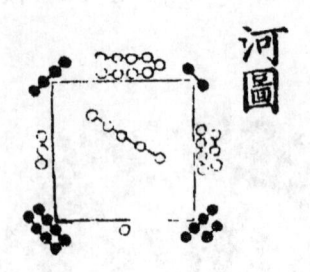

天地奇偶之数而成河图，则有五十五数。惟此图书则四十五数，而遍九宫，象龟之形状，头九尾一，左三右七，二、四为肩，六、八为足，此自然之象也。背上有五行，而可以知来，占兆吉凶。故通神明之德，以类万物之情。天生神物，圣人则之，以为图书。一、三、五、七、九为奇，属阳也，四正方；二、四、六、八、为偶，属阴也。惟地数十在于龙腹，不有所显，故存之不画也。

变化图

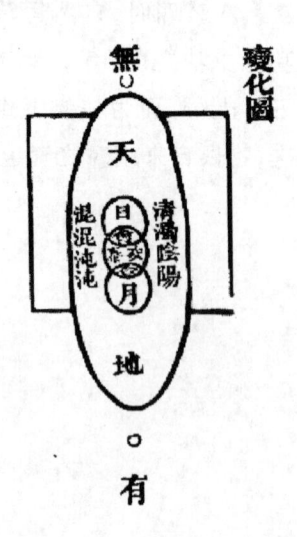

夫易之道,非神功而不可测,非圣智而不可知。故有太易,乃未见之气也;有太初,气之始也;有太始,形之始也;有太素,质之始也。气形质具,未相离者,谓之混沌。混沌既判,两仪有序,万物化成。混沌已前则为无也,混沌之后则属有也。一有一无而为混沌,混混沌沌,天地日月会合,交泰之时也。

五行图

五行者,水、火、土、金、木是也。凡天地之数,而各有合。生于五行者,所谓天一与地六,合而生水;地二与天七,合而生火;天三与地八,合而生木;地四与天九,合而生金;天五与地十,合而生土。天地之数五十有五,而生成五行,五行之数可见矣。七言得之水,九言得之火,十一数而得之木,十三数而得之金,十五数而得之土。此为天地而生五行也。

天元十干图

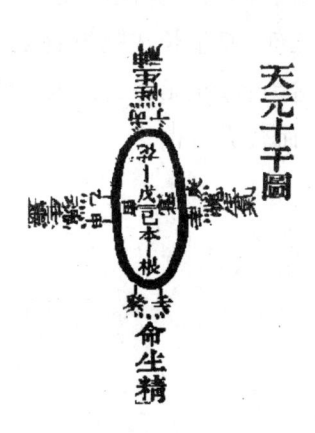

天元十干者,谓甲乙象木,丙丁象火,庚辛象金,壬癸象水,戊己象土。夫木之为体象春,而生乎万有,主魂而灵见于苗;火之为体象夏,而长乎万物,主性而神见于花;金之为体象秋,而成乎品类,主魄而气见于实;水之为体象冬,而就乎万有,主命而精见于根;土旺象,加四季之正,逐时而有也。

三才入炉造化图

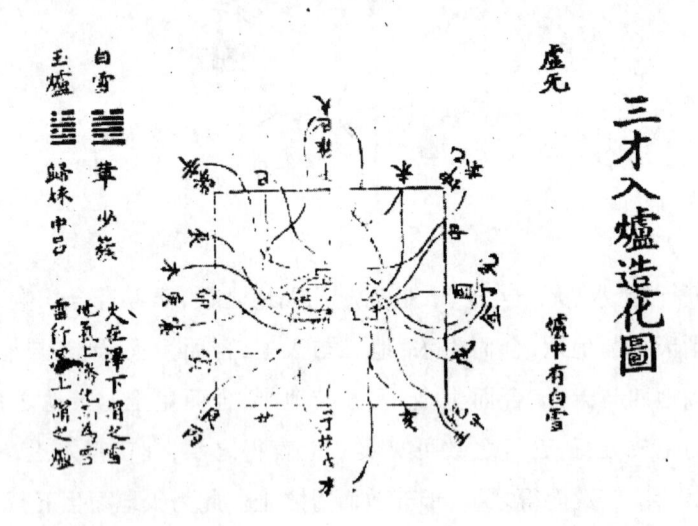

夫三才之道者,天、地、人也。天元有十干之属,地元有十二支之属,人元有五行八卦之属。此三才而配于支、干、五行、卦象之属,而入乎虚,而出乎无。虚无之间,而生长成就万物之功,不有怠倦者。因造作而必得所化,化之与造为者,本无为之化也。炉有三层,十二门,火居于中,炼乎三才之真气,而合成道也。

八卦收鼎炼丹图

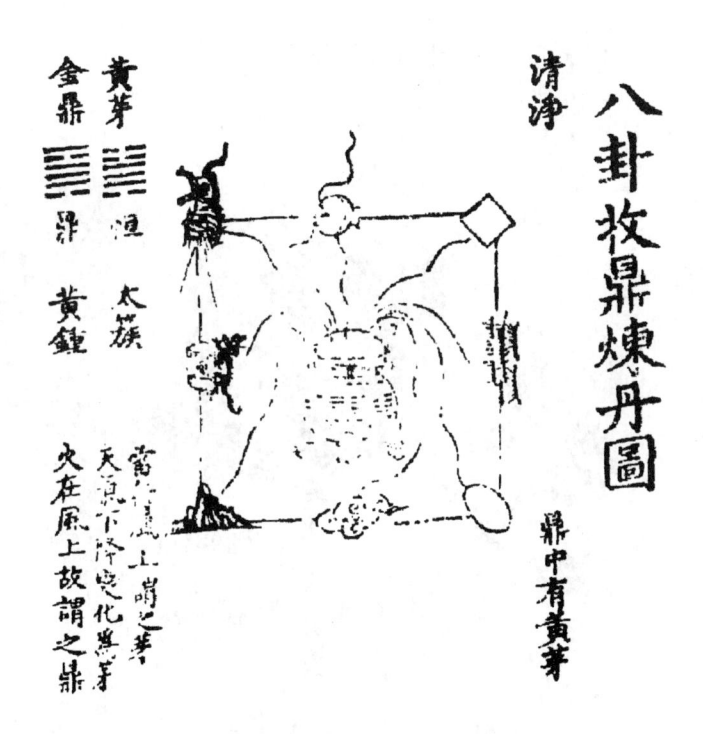

八卦收归于鼎者,谓乾象天,坤象地,震象龙发乎雷,巽象虎生乎风,坎象云降乎雨,离象电闪乎光,艮象山通乎气,兑象泽说乎物。因乾健而运,自坤顺而动,得此三男三女,妙乎大用而利于万物。此则明雷风云雨电闪之属,本自晴空而来,复归晴空而去,故谓之鼎。鼎之为器,下存于火,中炼其天地雷风、火山水泽,而成大丹也。

十二律吕之图

夫黄钟之律，以应十一月，用事则九寸。三分损一，而生林钟，以应六月用事；则三分益一，而生太簇，以应正月用事；则三分损一，而生南吕，以应八月用事；则三分益一，而生姑洗，以应三月用事；则三分损一，而生应钟，以应十月用事；则三分益一，而生无射，以应九月用事；则三分损一，而生夹钟，以应二月用事；则三分益一，而生夷则，以应七月用事；则三分损一，而生大吕，以应十二月用事；则三分益一，而生蕤宾，以应五月用事；则三分损一，而生清宫。黄钟九十分损五十七分而生仲吕，以应四月用事。则生执始，执始生去灭，去灭生南事。凡自黄钟之节至应钟,而为十二管,其有清宫、执始、去减、南事,以为律管之终,故附之于下。

乾坤生六子图

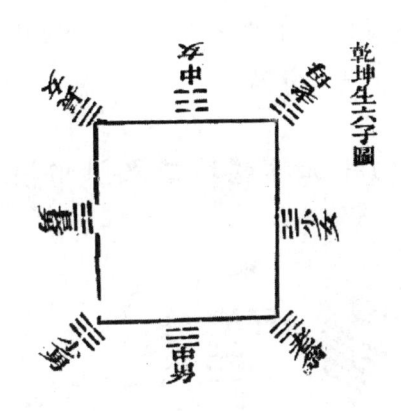

乾卦为老阳,坤卦为老阴,因合而生六子也。乾得坤之一气而生巽,长女也;乾得坤之二气而生离,中女也;乾得坤之三气而生兑,少女也;坤得乾之一气而生震,长男也;坤得乾之二气而生坎,中男也;坤得乾之三气而生艮,少男也。故曰:乾生三女巽、离、兑;坤生三男震、坎、艮是也。

八卦数爻成岁图

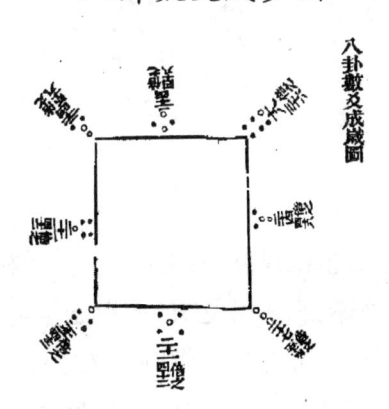

乾卦三画长，每画别九之数，故知三九二十七；其乾卦重之有六画，每画别九，则六九五十四。此者乾爻之数也。坤卦三画短，每画别六之数，故知三六一十八；其坤卦重之有六画，别六则六六三十六。此者坤爻之数也。此明一阳称九，一阴称六，外有震、坎、艮、巽、离、兑。阳阴不等，互相推求，而各有自然之数也。八卦总其数，三百有六十，半之得百有八十也，象一年之数也。

二十四气加临乾坤二象阴阳损益图

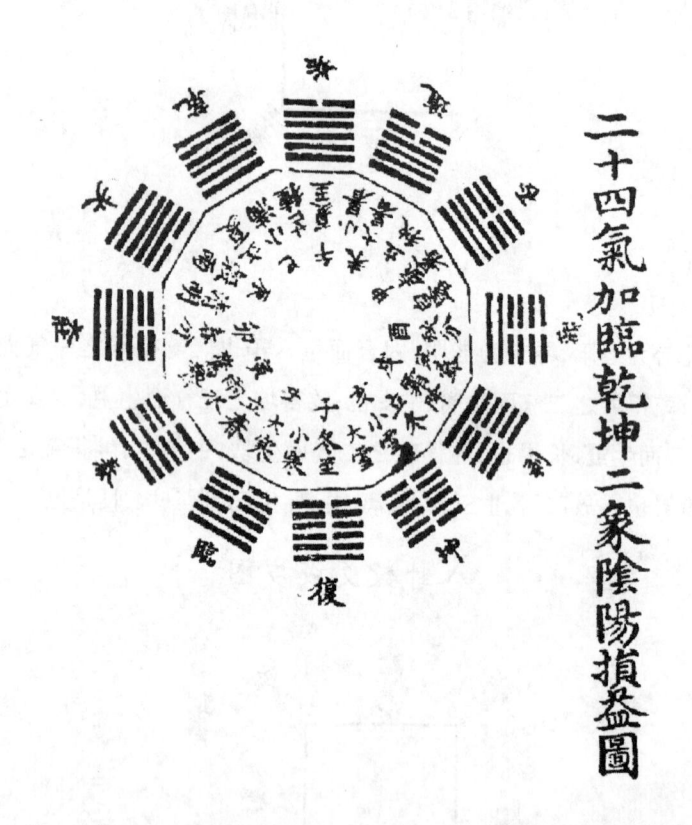

冬至之月，一阳始生而成复卦；大寒之日，二阳始生而成临卦；雨水之日，三阳始生而成泰卦；春分之日，四阳始生而成大壮卦；谷雨之日，五阳始生而成夬卦；小满之日，纯阳而成乾卦；夏至之日，一阴始生而成姤卦；大暑之日，二阴始生而成遁卦；处暑之日，三阴始生而成否

卦;秋分之日,四阴始生而成观卦;霜降之日,五阴始生而成剥卦;小雪之日纯阴,坤卦用事。所谓损之而益,益之而损也。

六子加临二十四气阴阳损益图

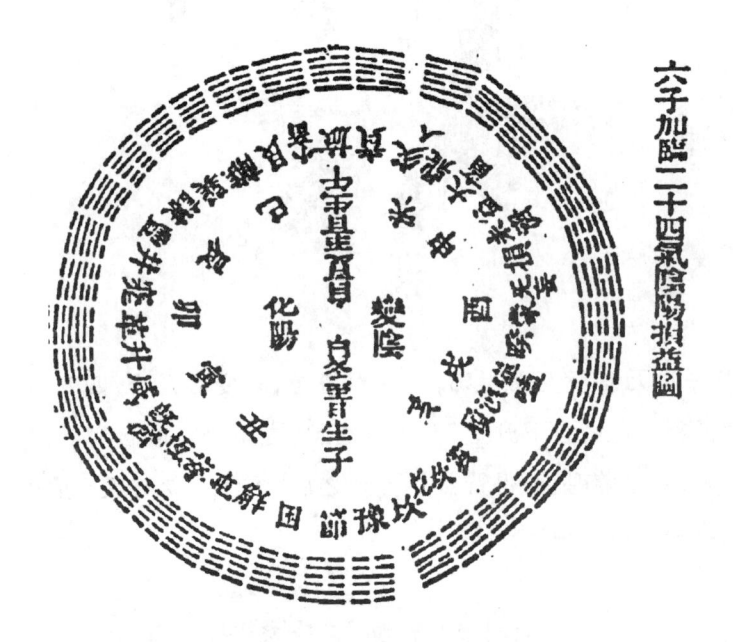

乾坤二象,象天地之大用,由未尽其理者,再明日月之运行,风雷之出没,山泽之通塞。据此六卦,三男三女所行之道,亦自冬至之日为首,以阳变阴,以阴变阳;至夏至之日为首,以阴变阳,以阳变阴。阳阴错杂,各有所变,变而通之,以明化物之功。本自无为之治,出于自然而然也。

八卦反复图

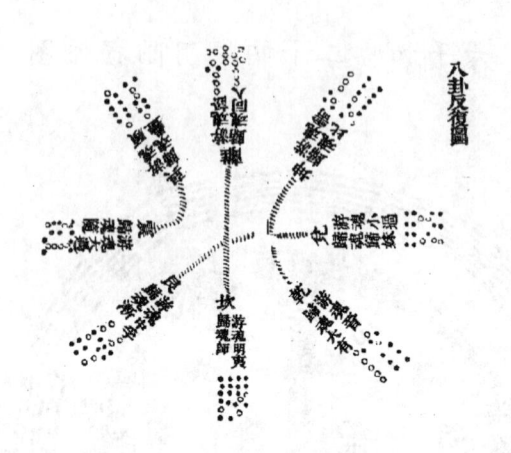

乾一世乃有所变而得姤,二变而得遁,三变而得否,四变而得观,五变而得剥。此者自下升上,上至五爻,变之至极。故自剥卦之后,自上变下者,名之游魂,而得晋卦。晋卦之后,下体三爻齐变,而为大有,名之归魂卦。他皆仿此。

六十甲子加临卦象图

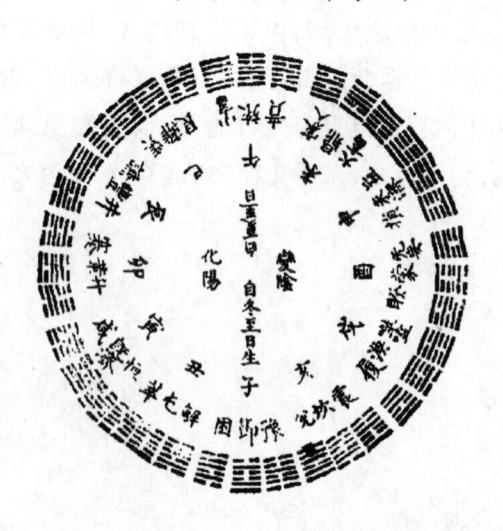

夫天地之道,而生万物,贵无过于人也。则成三才之道,而配支干纳音为六十甲子。故有乾坤二卦,而生六十有四数,则有万一千五百二十,象万物之数也。众象之内,以屯为初法,此甲子有六十而自相配偶,六十四卦而通万物之情性,以存品类之吉凶、悔吝忧虞、存亡得失,无不备矣。

二十四气加临卦象图

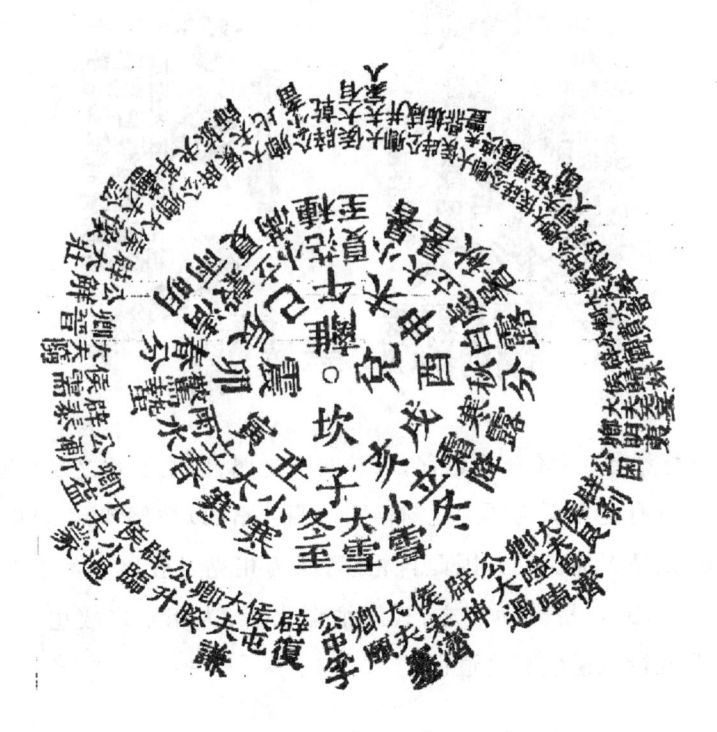

起自冬至之日,以中孚有信,阳气始生。至夏至之日,以咸相感,一阴始长,故知卦有六十,经游二十四气之间,凡三百六十而成一岁之功。一年之内,则有三百五十四日,积之闰余,故知自冬之日至满一岁,度有三百六十五日四分度之一,每一日管行一爻,六日七分而成一卦,内有闰余,共成其数也。惟坎震离兑而归四正,不在其间者也。

五行悉备图

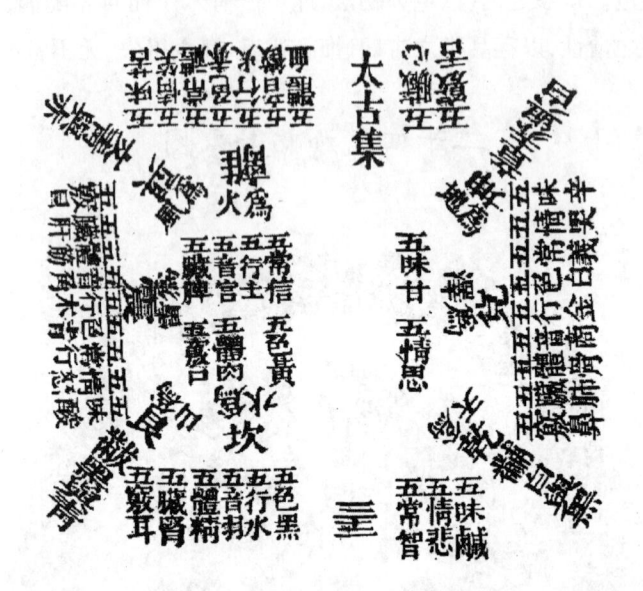

　　五行悉备，三才众象之宜，八卦四维之属，以明变化之功。有类一方之所，自有生克而为顺逆之时。且如目主肝，以情怒者，必可以引金；金主肺，以情哭而诫劝。因此自相感，而为相克之胜负。若不以金，则用火，火主心，以情笑而接之，其怒情渐去者，为相生之故也。他皆仿此，以明五行顺逆生克之道也。

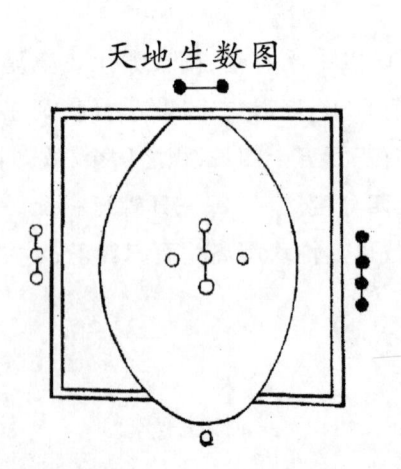

天地生数图

天阳而地阴，相交而有所生，生而各有其所。天一与地四而为生也，天三与地二为长也。凡生长之数，而天地之情可见矣，故曰：天地交而万物通，天地不交而万物不通之故也。今则阳数一、三、五，阴数有四与二，此阳之与阴，共成一十有五。阴阳各半，而成天地之道。故曰生长，而名之生数者也。

天地成数图

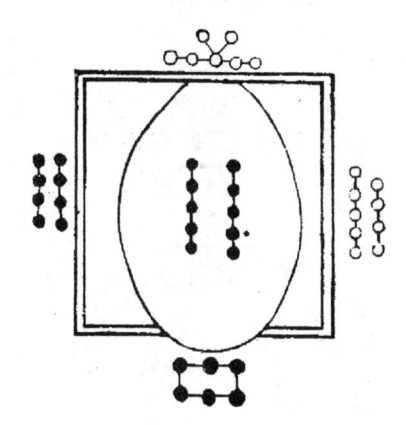

地者，阴也。乘天之阳气，而可以成就万物终始之道。始则潜伏，终则飞跃，皆物之自然也。地有阴数六、八、十，天有阳数七与九，故地六与天九而成，地八与天七而就。凡成之数则见天地之情。其于天五与地十，自相交通，共成其数者。凡天地之数，五十有五，而生长成就万物终始之道也。

五运图

五运所行,经纬十干,而成五气。且如甲己之年,土运时行,乃为黔天之气也。他皆仿此。故知五行之象,象曰五星。木德岁星行逆之时,木运行也;荧惑行逆时,火运也;太白行逆时,金运也;辰星行逆时,水运也;镇星行逆时,土运也。法此五星,分布十干,而成五运。星则有伏、须、迟、留、逆之数。

六气图

六气者,明三阳三阴之气,而行十二支,神神之相对。谓寅申之年,少阳主之;卯酉之年,阳明主之;辰戌之年,太阳主之;巳亥之年,厥阴主之;子午之年,少阴主之;丑未之年,太阴主之。每年之内,有六气焉。且如少阳司天,厥阴在泉。他皆仿此。一气有六十日也。

四象图

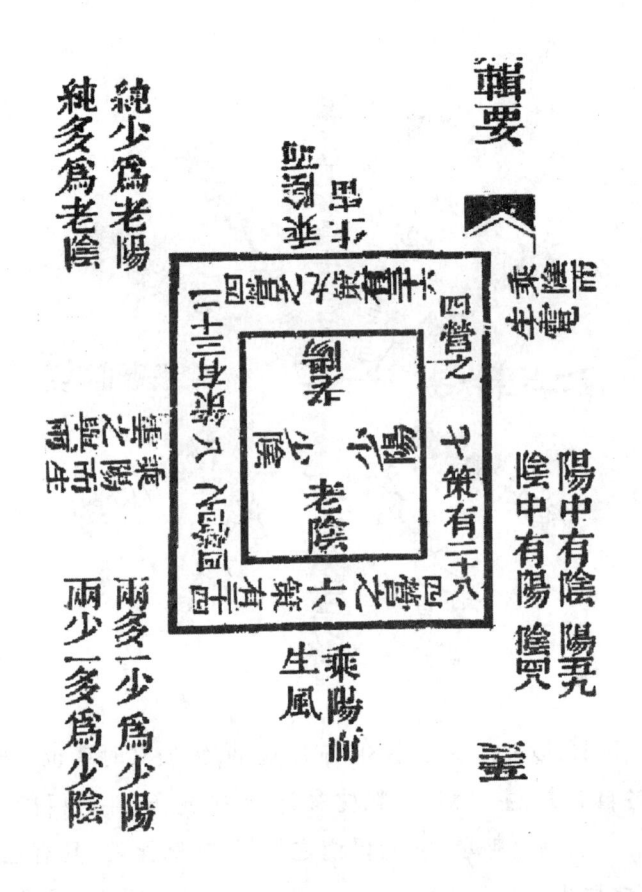

夫四象者，重明天地日月之道，六、七、八、九之数。如乾之老阳称九，坤之老阴称六；乾之少阳称七，坤之少阴称八。故知乾有六爻，爻各称九，以四因之，爻别三十六策；坤有六爻，爻各称六，以四因之，爻别二十四。乾阳爻一百九十二，坤阴爻一百九十二，总之得万有一千五百二十之策，当万物之数也。

北斗加临月将图

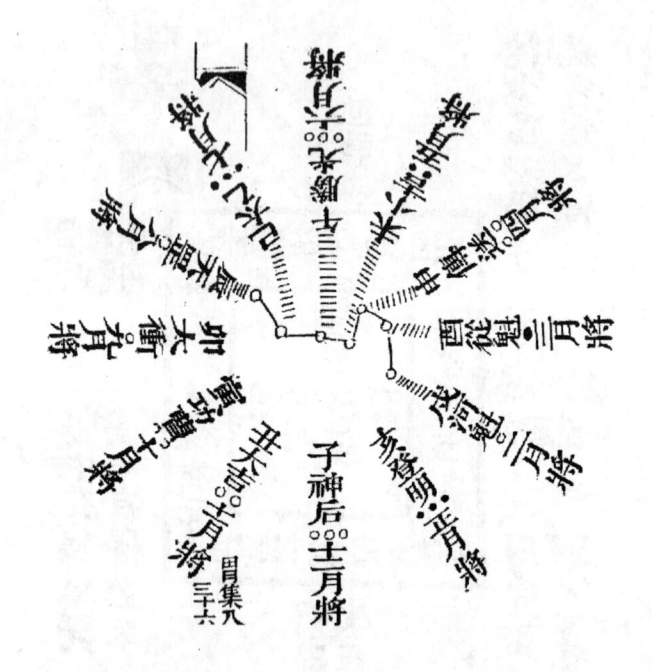

天垂万象，以北辰为之枢机，统领众星，无失其时者也。夫北斗七星之列，各自有方，主之则曰：魁枕参首，杓携龙角，斗卧巨蟹者。明知此北斗第一星，谓之魁星，第七星谓之杓星，自魁至杓，凡有七星，而布南方七宫之辰也，故曰：戌为河魁，辰为天罡。凡经七辰，象北斗焉。

二十四气日行躔度加临九道图

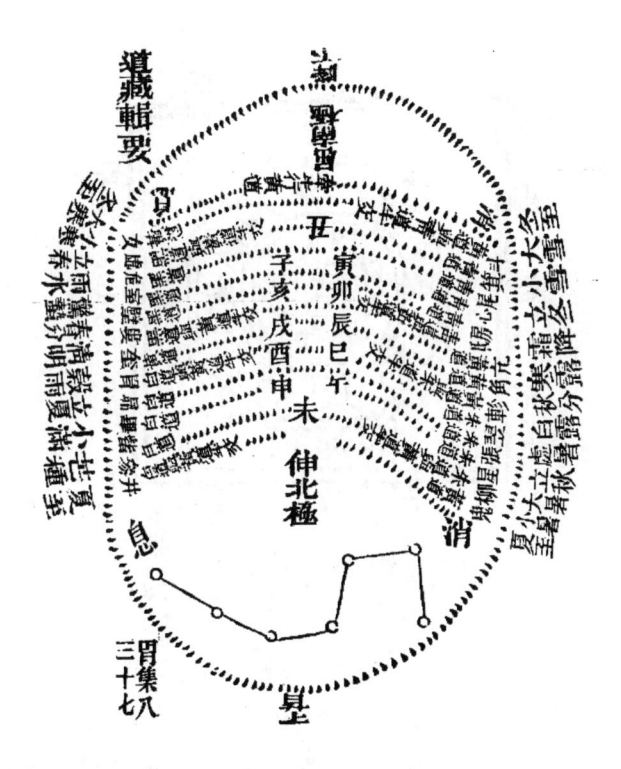

冬至之日，日行牵牛；夏至之日，日行东井。牵牛之宿，南极之星也；东井之宿，北极之辰也。自北极至于南极，一屈一伸，共行二十四气。经于二十八宿，布三百六十五度四分度之一，循环九道，以明消息之功，达其升降之理者，皆日行之道备矣。日一年行一运，月一月行一周，故知日行则有盈亏，月行则有疾有迟。日行一日一度，月行一日十三度者，谓少一十二度，象一十二月，以成一岁焉；日经十有二年，而行天之十有二运，月行之道即不然也。谓一年之中，无闰而行天之一十二周，有闰而行天之一十三周。故知月之细度，一日行一十有二度三十七分也。日月之行，闰余生焉。

三才象三坛之图

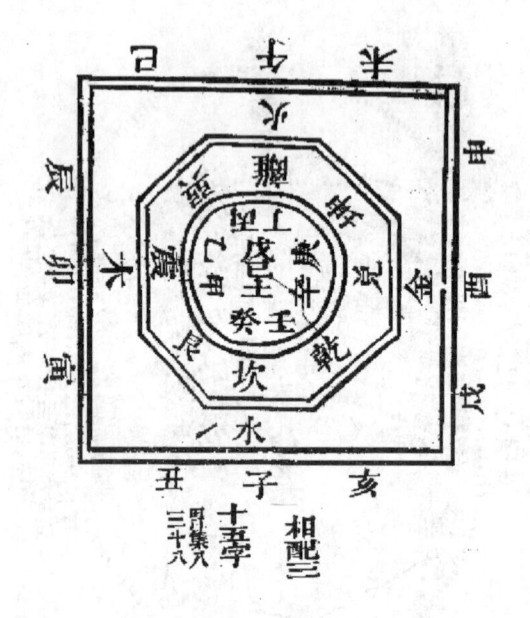

夫三才者，天一、地二、人三也。今则不然，所谓天在上，地在下，人立乎中，以象三才，非取一二三，惟取上中下品是也。故知上品类天之万象，以明十干之类是也；中品类人有万事，此者皆自天之下，自地之上而居于中，以明八卦五行之属是也；下品类地之万物，以明十二支位是也。此具三品，以证三才。《易》曰：有天道焉，有人道焉，有地道焉。天道广矣，地道大矣，人道备矣。天道虽广，若不以人法之，而天道不能显著；地道虽大，若不以人则之，而地道不能成就。惟人道独能法则于天地，变化于万有，兴废于万事者，亦自此而然也。